宿 白 集

魏晋南北朝唐宋考古文稿辑丛

生活·讀書·新知 三联书店

Copyright © 2020 by SDX Joint Publishing Company.
All Rights Reserved.

本作品版权由生活·读书·新知三联书店所有。
未经许可，不得翻印。

图书在版编目（CIP）数据

魏晋南北朝唐宋考古文稿辑丛／宿白著．—北京：
生活·读书·新知三联书店，2020.6（2021.9重印）
（宿白集）
ISBN 978 – 7 – 108 – 06565 – 0

Ⅰ.①魏…　Ⅱ.①宿…　Ⅲ.①考古－中国－魏晋南北朝时代
②考古－中国－唐宋时期　Ⅳ.① K871.4

中国版本图书馆 CIP 数据核字（2019）第 057633 号

责任编辑　钟　韵
装帧设计　蔡立国
责任校对　常高峰
责任印制　董　欢
出版发行　生活·讀書·新知 三联书店
　　　　　（北京市东城区美术馆东街22号 100010）
网　　址　www.sdxjpc.com
经　　销　新华书店
印　　刷　天津图文方嘉印刷有限公司
版　　次　2020年6月北京第1版
　　　　　2021年9月北京第2次印刷
开　　本　720毫米×1020毫米　1/16　印张 33.75
字　　数　550千字　图240幅
印　　数　5,001 – 8,000 册
定　　价　158.00元
（印装查询：01064002715；邮购查询：01084010542）

出版说明

宿白，1922年生，字季庚，辽宁沈阳人。1944年毕业于北京大学史学系。1948年北京大学文科研究所攻读研究生肄业，1951年主持河南禹县白沙水库墓群的发掘，1952年起先后在北京大学历史系和考古系任教。1983年任北京大学考古系主任，兼校学术委员，同年任文化部国家文物委员会委员。1999年起当选中国考古学会荣誉理事长至今。2016年获中国考古学会终身成就奖。

宿白从事考古研究和教学工作逾一甲子，被誉为"百科全书式"的学者，尤其是在历史时期考古学、佛教考古、建筑考古以及古籍版本诸领域，卓有成就。著名考古学家徐苹芳在《中国大百科全书·考古卷》中如此评价宿白："其主要学术成果是，运用类型学方法，对魏晋南北朝隋唐墓葬做过全面的分区分期研究，从而为研究这一时期墓葬制度的演变、等级制度和社会生活的变化奠定了基础；他结合文献记载，对这个时期城市遗址做了系统的研究，对当时都城格局的发展、演变，提出了创见。对宋元考古做过若干专题研究，其中《白沙宋墓》一书，体现了在研究方法上将文献考据与考古实物相结合，是宋元考古学的重要著作。在佛教考古方面，用考古学的方法来研究中国石窟寺遗迹。"宿白的治学方法是"小处着手，大处着眼"，在踏实收集田野与文献材料的基础上，从中国历史发展与社会变革的大方向上考虑，终成一代大家。宿白集六种，收入了田野考古报告、论著、讲稿等作者的所有代表性著述，分别可从不同侧面体现宿白的学术贡献。

《白沙宋墓》《藏传佛教寺院考古》《中国石窟寺研究》《唐宋时期的雕版印刷》《魏晋南北朝唐宋考古文稿辑丛》和《宿白讲稿》系列，曾先后由文物出版社出版，皆是相关专业学者和学生的必读经典。三联书店此次以"宿白集"的形式将它们整合出版，旨在向更广泛的人文知识界读者推介这些相对精专的研究，因为它们不仅在专业领域内有着开创范例、建立体系的意义，更能见出作者对历史大问题的综合把握能力，希望更多的学者可以从中受益。此次新刊，以文物出版社版为底本，在维持内容基本不变的基础上，统一了开本版式，更新了部分图版，并由北京大学考古文博学院的多位师生对初版的排印错误进行了校订修正。所收著述在语言词句方面尽量保留初版时的原貌，体例不一或讹脱倒衍文字皆作改正。引文一般依现行点校本校核。尚无点校本行世之史籍史料，大多依通行本校核。全集一般采用通行字，保留少数异体字。引文中凡为阅读之便而补入被略去的内容时，补入文字加〔〕，异文及作者的说明性文字则加（），缺文及不易辨识的文字以□示之。」表示碑文、抄本等原始文献的每行截止处。

宿白集的出版，得到了杨泓、孙机、杭侃等诸先生的大力支持，并得到北京大学考古文博学院的鼎力相助。在此，谨向所有关心、帮助和参与了此项工作的朋友表示衷心的感谢，并诚恳地希望广大读者批评指正。

生活·讀書·新知 三联书店
2017 年 8 月

目 录

一 城址·墓葬及其他

三国两晋南北朝考古（1986）………… 9

北魏洛阳城和北邙陵墓（1978）………… 36

隋唐长安城和洛阳城*（1978）………… 54

隋唐城址类型初探（提纲）（1990）………… 82

现代城市中古代城址的初步考查*（2001）………… 90

武威行*（1992）………… 101

宣化考古三题*………… 122
　　——宣化古建筑·宣化城沿革·下八里辽墓群（1998）

青州城考略（1999）………… 152

太原北齐娄叡墓参观记（1983）………… 166

宁夏固原北周李贤墓札记（1989）………… 174

西安地区的唐墓形制（1995）………… 185

西安地区唐墓壁画的布局和内容*（1982）………… 200

关于河北四处古墓的札记*（1996）………… 223

中国境内发现的中亚与西亚遗物（1986）………… 232

中国境内发现的东罗马遗物（1986）………… 243

中国古代金银器和玻璃器（1992）………… 246

西藏发现的两件有关古代中外文化交流的重要文物（1996）………… 254

三记拉萨大昭寺藏鎏金银壶（2011）………… 259

二　宗教遗迹

四川钱树和长江中下游部分器物上的佛像 ………… 265

　　——中国南方发现的早期佛像札记（2004）

4至6世纪中国中原北方主要佛像造型的几次变化（2005）………… 281

东汉魏晋南北朝佛寺布局初探*（1997）………… 287

隋代佛寺布局（1997）………… 312

试论唐代长安佛教寺院的等级问题（2009）………… 321

唐代长安以外佛教寺院的布局与等级初稿（2011）………… 342

武威天梯山早期石窟参观记（2002）………… 364

西部大开发中维修和保护新疆石窟寺遗迹应注意事项*（2001）………… 376

有关新疆拜城克孜尔石窟调查工作纪略（2011）………… 384

试释云冈石窟的分期 ………… 390

　　——《云冈石窟卷》画册读后（2010）

定州工艺与静志、净众两塔地宫文物（1997）………… 393

青州龙兴寺沿革（1999）………… 412

青州龙兴寺窖藏所出佛像的几个问题（1999）………… 420

大功德主苻（苻璘？）重修安阳修定寺塔事辑（2003）………… 442

独乐寺观音阁与蓟州玉田韩家（1985）………… 454

记新剥出的蓟县观音阁壁画（1972）………… 473

我和中国佛教考古学（1999）………… 477

永乐宫创建史料编年（1962）………… 483

永乐宫调查日记 ………… 497

　　——附永乐官大事年表（1963）

附　录

朝鲜安岳所发现的冬寿墓*（1952）………… 521

日本奈良法隆寺参观记（2003）………… 528

后　记 ………… 539

　　子目后括号内数字，系该文稿原刊发表的年代；又后附 * 号的子目，系收入《辑丛》时，对原刊校字较多或有部分增删的文稿。

一 城址・墓葬及其他

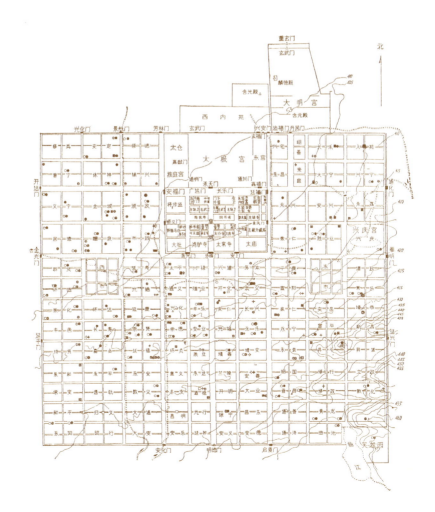

三国两晋南北朝考古

三国两晋南北朝，从3世纪初三国鼎峙起，直到6世纪末隋统一止，经历了近四个世纪。在此期间，若干政权割据的时间长，边境一些少数民族进入中原地区和部分汉人的流动、迁徙，特别是统治集团间的掠夺混战，不仅延长了分裂局面，而且加剧了社会的动荡。同时，也加速了汉族和各少数民族的交往和融合，促进了边远地带和南方地区社会经济的迅速发展，为以后隋唐的繁荣准备了条件。因此，这时期考古学的特征是：地方特色比较浓厚；过渡性比较显著；边远地带遗迹增多；不少遗迹遗物突出了军事的需求，而反映各民族间文化交流的遗迹遗物更为引人注目；佛教遗迹保存较多，佛教雕绘得到发展，形象地说明这种外来的宗教获得了较为广泛的传播。

三国两晋南北朝考古资料的发现与著录，唐代即已开始。北宋提倡恢复古礼，研讨古器物蔚成风气。宋元地方经济发展，促进了都邑志书的纂修，因此，较详细地著录三国两晋南北朝遗迹遗物，应自宋元始。清代提倡金石考据之学，石刻的搜辑和古器物的考订，规模广泛又驾宋元之上。清末迄抗日战争以前，在铁路工程中，南北各地发现了大批三国两晋南北朝墓葬，大量随葬器物流入市场。自此金石文物学家的收藏与记述，脱出主要依靠历代传世遗物的范围；而帝国主义的掠夺破坏也随之而来。当时破坏最严重的地点，是河南洛阳一带和浙江绍兴地区，而以洛阳尤甚。帝国主义勾结奸商，十数年间洛阳附近北朝大冢几无一不被盗掘。盗掘破坏之风波及江苏、山东、河北南部、辽宁南部与吉林东部。从19世纪末起，一些国家就纷纷派人进入中国新疆地区，对各种遗迹、遗物，肆无忌惮地进行有计划的、长期的劫夺和破坏。这种文物的外流和破坏，引起了学术界的注意，开始对重要遗迹进行实地调查，较重要的有北京大学文科研究所调查甘肃敦煌石窟（1923年）和汉魏洛阳城遗址（1924年），西北科学考察团调查新疆各地石窟（1928～1930年），中国营造学社调查山西大同云冈石窟（1932年），中央古物保管委员会调查江苏南京、丹阳地区六朝陵墓（1934～1935年）和河南洛阳龙门石窟、安阳宝山等石窟（1934～1935年），北平研究院史学研究会考古组调查河北南部响堂山石窟（1935年）等。重要的考古发掘，有西北科学考察团在吐鲁番地区发掘的车师、高昌墓葬（1930年）和中央研究院西北史地考察团在敦煌发掘的魏晋墓葬（1944年）。中华人民共和国成立后，大规模地开展了三国两晋南北朝的考古工作，以1950～1951年中央文物局调查北方、西北各石窟和南京博物院发掘雨花台吴晋墓群为开端。1953年以来，各地较普遍地发现了三国两晋南北朝的各种遗迹，也较普遍地对地上遗迹进行了勘测。1958年以后，逐渐开展整理研究工作，较有成绩的项目有：墓葬分区与分期的研究、城址布局的研究、边境地区遗迹遗物的讨论、中外文化交流遗物的研究和早期石窟寺遗迹的研究等。

根据田野工作和初步的整理研究成果，综述三国两晋南北朝考古，采取分区组织的方式是可行的。中原和南方是两个主要地区；北方和东北、新疆也都各具特点；青藏高原和四川西部应另分一区，但因考古发现较少，个别遗址暂附北方地区（图一）。

中原地区

中原地区指南界淮河，北迄燕山，以黄河中下游为中心的区域。这个区域内发现了大批墓葬，保存了一些重要城址和佛教遗迹。

墓　葬　中原地区魏晋北朝墓葬依据形制和随葬品的变化，一般分魏西晋（即3世纪至4世纪初）、十六国迄北魏迁洛以前（即4世纪初至5世纪末）和北魏迁洛以后迄北齐北周（即5世纪末至6世纪80年代）三期。

第一期：魏墓发现较少，洛阳涧西16工区发现有前后室的砖墓一座，后室平面呈长方形，为棺室；前室为方形，出有正始八年（247年）铭的一套铁帐架（帐构），前室左右各设耳室，耳室内多贮陶器。该墓形制虽与东汉晚期墓相似，但出土器物如四横耳罐、陶灶和侍俑等已多似西晋墓，可能是一座接近两晋的晚期魏墓。西晋墓多发现在洛阳附近，今河北南部和北京地区也有不少发现。西晋时期有前后室的砖墓，如洛阳永宁二年（302年）尚书郎妻士孙松墓，

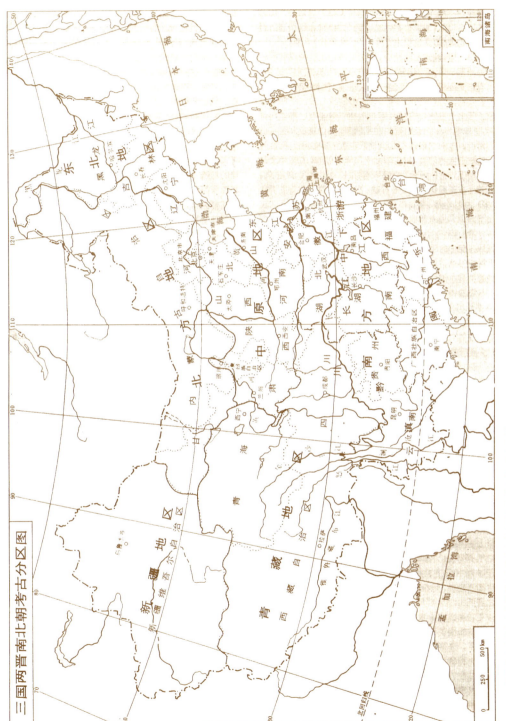

图一　三国两晋南北朝考古分区图（此图来自《中国大百科全书·考古卷》）

但流行的是单室方形砖墓和长方形竖穴洞室墓。随葬品有透雕铜扣、帷帐石趺、盘口壶、空柱盆、多子盒（槅）、酱釉小罐、陶牛车、镇墓兽、武士俑和男女侍俑；较大型墓中多出有竖置的墓志和金银饰品。

第二期：十六国迄北魏迁洛以前的墓葬发现较少，中原地区现知的地点，只有陕西西安和河南安阳。西安嘉里村方形单室洞室墓出有男女侍俑和陶牛车，与洛阳西晋墓接近；但西安草场坡发现的具前后室的洞室墓，随葬主要器物是八十余件包括陶牛车、甲马的武装仪仗俑和二十多件男女侍俑与女乐俑。大批陶俑随葬是这阶段较大墓葬的特点，山西大同的司马金龙墓也具有这个特点。安阳则是另一类型，多为长方形土圹墓，随葬器物虽少，但多殉有马、犬等牲畜，有的墓还随葬全套的鎏金铜马具。研究者推测这类墓葬的主人，有可能是十六国时期入居黄河流域的鲜卑人。

第三期：北魏迁洛以后的北朝墓葬，发现地点较普遍。洛阳附近多北魏墓；河北临漳、磁县一带多东魏北齐墓，北齐墓另一个较集中的地区是山西太原及其附近；陕西汉中发现西魏墓；陕西华县、咸阳和宁夏固原曾发现北周墓。此外，许多地方发现了地方大族的墓群，如河北景县封氏墓群和高氏墓群、赞皇李氏墓群、山东临淄崔氏墓群等。这阶段墓葬可分大、中、小三型，大中型墓中只有极少数的前后双室砖墓，绝大多数都是方形单室的砖墓或洞室墓，也偶有平面略作圆形的。大型墓墓室和墓道两侧壁面原都绘有壁画。就残存的情况看，墓室壁画多分上下两栏，上栏画四神，下栏画车马，如洛阳北魏孝昌二年（526年）元乂墓；墓道壁画上下栏绘墓主人出行与归来，如太原北齐武平元年（570年）娄叡墓；也有墓室墓道壁画都不分栏，只绘一列武装侍卫和侍女、女乐的，如固原北周天和四年（569年）李贤墓。大中型墓葬具附近出玉璜和各种珠饰的，表明墓主人原具朝服葬。其他随葬品仍以武装的仪仗和伎乐女侍俑为大宗，但数量种类都比以前更多，造型更加精美。瓷器和低温铅釉陶器日益增多。一种模仿西方金属器上锤鍱花纹效果的堆塑贴花的装饰技法，在陶瓷器上流行起来。这种情形和这阶段墓中不断发现的西方货币、西方器物以及"胡人"形象陶俑等，反映出当时中原地区和中亚、西亚方面的密切联系。这阶段出现了平置带盖的墓志，东汉竖立在墓前的神道碑、石人、石兽以及兴建高大坟冢、布置家族茔地等做法，逐渐恢复发展起来。洛阳涧河两岸发现成批的竖穴砖棺和竖穴洞室墓，这类小型墓面积窄小，一般不随葬陶俑，随葬品只有几件烧成温度低的陶器,有的有少量的永安五铢、常平五铢和永通万国等铜钱。

城　址　中原地区发现的魏晋南北朝城址有魏邺城遗址、魏晋北魏的洛阳城址和东魏北齐的邺南城址。根据调查和试掘,结合文献记载,得知魏邺城和魏晋洛阳城都是利用东汉旧城改建的。北魏洛阳不仅改建了魏晋洛阳,并在城外四面兴建了外罗城垣。东魏北齐邺南城则是参考了北魏洛阳城的布局,并利用了魏邺城的南垣向南营建的新都城。魏晋改建邺城、洛阳,重点在集中官苑衙署和加强西北隅的军事据点。北魏扩建洛阳城和东魏北齐新建邺南城,除了进一步利用旧有防御设施外,还扩大并规整了居民区(坊里),调整并对称地安排了工商业区(市),因而都城中人口集中和工商业发达这些时代特点十分突出。北魏洛阳和北齐时期的邺城都营建了众多的佛寺。有名的北魏洛阳永宁寺遗址已进行了发掘,北齐邺城的兴圣寺遗址也开始了勘查。

矿冶遗址　现已发现的冶铸遗迹,多分布在东距洛阳不远的晋南豫西地区。山西运城洞沟铜矿矿洞有东汉光和二年(179年)、中平三年(186年)刻铭,紧接中平三年铭后有魏甘露纪年(256～259年)刻铭,可知此处铜矿到魏末仍在开采。因此,矿洞内发现的铁锤、铁钎等采矿工具和炼制的铜锭等遗物以及矿洞附近分布的冶炼遗址,都有可能是魏晋时代的遗迹。

在河南渑池车站南侧,涧河北岸,发现东汉迄北朝时期的铸铁作坊遗址,在其北面发现一处大约是北魏时期遗留的铁器窖藏。窖藏中共有铁器四千一百九十五件,内铁范一百五十二件,器类六十种以上。最多的是农具,其次是手工业工具和兵器。其中有近三百件铸有产地铭文,较多的铭文具有魏晋字体的特征。经化验和研究,认为这是中国早期钢制农具和工具的一次重要发现,如528号"新安"镰和277号"龟□□"斧,是由白口铁铸件脱碳而得钢,并对刃口采取了渗碳硬化工艺;又如420号"新安"铧范,已接近现代高强度铸铁的低硅灰口铁铸件;还有257号"陵右"斧的銎部,发现了可以代替锻钢的类似现代球墨铸铁的球墨组织等。这类高水平的冶铸技术,虽然在汉代多已出现,但渑池窖藏进一步表明魏晋北朝时期又有了新的改进和推广。冶铸技术的提高,为生产的恢复和发展,提供了重要条件,也使传统的铜兵器绝大部分为铁兵器所代替。铁制身甲的完备与流行、马铠的使用等都出现在这一时期,显然不是偶然的。魏晋完成三门峡人门左岸栈道和重修汉中褒斜栈道以及北魏大事兴建褒斜工程，还有北魏以来大规模开山凿窟和细密流畅的石刻线雕的盛行，更与当时大量生产锋锐的铁工具有密切关系。

佛教遗存 中原地区发现的佛教遗存，有零散造像和寺院遗迹。寺院遗迹可分石窟寺院和佛寺遗址两种。

中原地区发现最早的佛教遗物，是十六国时期的鎏金铜像。这种早期铜像都有较浓厚的中亚风貌，其中以后赵建武四年（338年）铭的释迦坐像和传陕西三原出土的菩萨立像最具典型性。此后，现知有纪年的造像，已迟到北魏太武帝废佛（446年）前不久，有太平真君元年（440年）铭释迦铜坐像、太平真君三年铭菩萨石坐像和石塔以及四年铭释迦铜立像。上述诸像，与和平元年（460年）开凿的山西大同云冈石窟初期的作品接近。452年北魏复法以后，铜石造像同时流行，造型题材都与同时期的石窟相同；而石像形体较大者多，尤引人注目。北魏迁洛（494年）后，特别在北魏分裂（535年）以后的北朝晚期，又流行造像碑。这时的造像和造像碑，在一些细部和雕刻技法上，都出现了地区差异。以河北定县为中心的关东作品精细繁缛，关中地区的作品则简朴、不重装饰。

十六国后期开始开凿石窟寺院，现存最早的石窟，是甘肃永靖炳灵寺石窟第169窟。窟内有西秦建弘元年（420年）造像龛。此外，分布在自甘肃东部以东广大中原地区的石窟，大都开凿在5世纪中叶以后的北朝时期。主要石窟有甘肃天水麦积山石窟、河南洛阳龙门石窟和巩县石窟、甘肃庆阳南北石窟寺、河北邯郸响堂山石窟、山西太原天龙山石窟、宁夏固原须弥山石窟等。以上石窟，除麦积山多塑像和少许壁画外，多是石雕造像。中原地区的北朝石窟，可分佛殿窟和塔庙窟两类。两类石窟又可各分前后期，前期的年代是迁洛前后的北魏，后期为东西魏迄北齐、北周。前期佛殿窟，较早尚存有方形委角接近椭圆形的平面，如麦积山第74、78双窟和龙门宾阳三洞；较晚则流行龙门习见的三壁三龛式的方形窟。前期塔庙窟也以洛阳附近的巩县石窟为典型，特点是平棋窟顶和多层或单层四面开龛的塔柱。晚期石窟盛行雕饰前室和窟口，佛殿窟流行雕出华丽的帐饰和仿木结构的窟檐，如麦积山第4窟（上七佛阁）。塔庙窟则在窟口崖面雕出上设覆钵的佛塔形象，如北响堂诸窟。其中变化最大的是北响堂第1、2窟（南窟）。该窟上部覆钵部分开龛设像（即第1窟），下部窟室内（即第2窟）取消了塔庙窟的主要特征——塔柱，完全同于佛殿窟的布置。两类石窟前后期造像内容大体近似，主要题材有释迦、弥勒、释迦多宝、三佛、七佛、千佛等，前期较晚出现无量寿佛，后期出现面积较大的西方净土。无量寿和西方变的出现，反映出南朝佛教对中原的影响；前此比较重视禅观的北朝佛教，开始发生变化。

中原地区的佛寺遗迹，反映了北魏时期着重佛塔的寺院布局。河北定县城内发现太和五年（481年）塔基石函，函盖铭记孝文帝"造此五级佛图……愿国祚延苌（长），永享无穷……"，可见当时重视佛塔的情况。对熙平元年（516年）胡太后所建洛阳永宁寺遗址的发掘，揭示出该寺平面呈长方形，有名的永宁寺塔位于寺院正中，塔北有佛殿遗迹。这是现知唯一的可以大体复原的南北朝时期佛寺布局。此外，现存的北魏登封嵩岳寺塔，原也是当时该寺的重要建筑。佛寺特重佛塔，它与石窟寺院塔庙窟的设计为同一渊源，既上承汉末笮融在广陵起重楼浮屠祠的传统，又都属于尚未脱离外来佛寺布局影响的中国早期寺院布局阶段。

南方地区

南方地区即淮河以南的广大地区。这个地区主要的考古遗迹是墓葬和青瓷窑址，但也有少数的城址和佛教遗存。

墓 葬 发现地点较为普遍，但因地域辽阔，经济发展不平衡，文化传统差异大，所以地方特点比中原地区突出，依据墓葬形制和随葬器物的不同，可分长江中下游、闽广和川黔滇三区。其中长江中下游一直是南方地区政治、经济、文化的中心，墓葬资料多，系统清楚，具有一定的典型意义。

长江中下游墓葬 一般分四期：第一期为东汉末至吴初（即3世纪初至3世纪中）；第二期为吴中期至东晋初（即3世纪中至4世纪初）；第三期为东晋至刘宋（即4世纪初至5世纪中）；第四期为齐、梁、陈三朝（即5世纪中至6世纪）。

第一期：大型墓中，后室分左右两室、前室附有耳室的券顶砖墓较多。中型墓前设甬道的长方形券顶砖墓较多。大中型墓随葬品多陶器；有少量青瓷器，器类有形体扁宽的罐、盘口壶、熏和五联罐式谷仓、茧形虎子；有漆器、铜器和铁兵器；还多随葬地券和五铢铜钱。小型墓有长方形砖室和土圹两种，随葬品只有陶器和少量五铢钱。这一期墓葬与当地东汉晚期墓葬差别不大，表明孙吴初期东汉旧制还没有较大的改变。

第二期：墓葬的地方特征显著。大型墓多前附甬道的前后室砖墓。中型墓多前附甬道的长方形单室砖墓。大中型墓室顶出现四隅券进式的穹隆顶，有的墓室两壁向外砌出弧线，墓壁有的设有灯台或砌出灯龛，墓室出现了排水沟、砖棺床和砖榻。随葬器物中青瓷器的数量、种类增多，釉色复杂化。出现褐色斑饰、褐色彩绘，甚至还出现褐色釉。新出现的器形有一盘二耳杯的组合、扁壶（柙）、多子盒（槅）、三熊足砚、动物形插器、唾盂和较多的模型明器；流行堆塑阙楼人物的谷仓罐、球形熏和附有兽足的茧形虎子。较晚又出现了鸡首壶和球形虎子，还出现了陶牛车、陶马和陶俑。此外，棺内多葬金银饰品，有的出有玉佩珠饰，表明墓主人原是衣朝服入殓的。大中型墓最具典型性的是江苏宜兴西晋周氏墓群。小型墓较前阶段变化不大，出现了甬道偏置一侧的做法，随葬品中也有了少量瓷器，如罐、碗之类。

湖南长沙发现的西晋晚期的中型墓多随葬陶俑，有侍俑、属吏俑，更多的是武装仪仗俑，这大约是当时地方豪强势力强大的一种反映。

第三期：南京发现多处南迁大族的墓群，如南京北郊象山、郭家山王氏墓地、老虎山颜氏墓地和南郊戚家山谢鲲墓等。这类大族墓葬多为大中型墓。墓的形制有如前阶段的前后室砖墓；也有新流行的接近方形的单室砖墓和长甬道的单室砖墓；还有甬道前端做出类似小室的所谓吕字形砖墓。墓壁有的除砌灯龛外，还砌出棂窗。壁砖多有纪年铭，纹饰逐渐复杂。大约在这阶段的晚期，墓壁出现拼砌较大面积的七贤、荣启期人物画像砖。随葬瓷器减少，罐壶瓶类向瘦高发展，以凭几为中心的榻上用具逐渐成组。鸡首壶流行，耳杯两端上翘，榻多作圆形。新出现碗托、三足炉和六蹄足砚。器物上流行用莲花纹饰。墓志数量增多。较晚墓中出现了宋铸的四铢铜钱。南京发现的大中型东晋墓中，至少有四座出土了推测为罗马制造的玻璃器，其中一座还同出嵌有金刚石的金指环。这类西方高级品的出土，为东晋时期海上交通的发展提供了物证。

第四期：在丹阳胡桥和南京甘家巷、西善桥等地发现的墓，为墓壁砌出弧线的长方形单室、前设长甬道的大型砖墓，大约是齐梁时期的皇室陵墓。这种墓的墓室前方一般砌有较长的排水沟通向水塘，地面上一般都布置石兽、石柱、石碑等石刻。这种大型墓可分为两类：一类墓室全长在13米以上，长甬道内设石门两重，如被推定为齐景帝萧道生修安陵的一座和被推测为陈宣帝陈顼显宁陵的一座（西善桥油坊村大墓）。另一类墓室全长在 9 米以上，设一重石门，如甘家巷梁桂阳王萧融墓。这种墓的墓壁，较早的流行较大面积的拼砌画像砖，题材除竹林七贤、荣启期外，还有羽人、龙、虎和鼓吹骑从的内容，如胡桥诸齐陵；较晚的则仅用莲花忍冬花纹砖，如甘家巷萧融等墓。使用莲花忍冬花纹砖的墓，有的还在甬道壁面拼砌出蹲狮形象，如前述陈顼的显宁陵。常州戚家村发现的画像砖墓，也应属于这阶段晚期的遗迹。这种大型墓都遭到严重的破坏，随葬品残存较多的是石制器物，有石榻、帷帐石跌、石凭几、石俑等，也有少量的陶俑、漆器、陶瓷器和玉佩玉玦等。中型墓则无石门，全长皆在 6 米以下，墓室多长方形和"吕"字形，砖多素面无纹饰，但随葬品一般保存较好，瓷器如罐、壶、瓶、唾盂等都更向修长发展，新出现的器物有装饰繁缛的莲花尊、一盒五盏的组合器、粉盒、细颈瓶、高足盘和六至八滴形足砚。晚期的墓葬中出现陈铸的太货六铢铜钱。

河南南部邻近湖北的邓县画像砖墓，出土了一块书有"在吴郡"字样的墓砖，可以大致推定它属于南方地区这阶段的墓葬。548 年，侯景乱梁以后，襄阳及其以北地带，即已隶属北朝，因此这座墓的年代，不会晚于本阶段的中期。该墓画像砖中表现的丧葬习俗、孝子故事、天人姿态以及墓中所出陶俑的种类和造型，都与北魏晚期中原地区的同类内容和形象极为相似。反映出齐梁时期宛洛一带和汉水一线，不仅是南北时有军事冲突的区域，同时又是南北文化交流、主要是北朝向南朝学习的重要地区。

闽广墓葬　福建两广地理毗邻，各方面的联系密切，吴晋南朝墓葬的情况也较接近。两地发现较早的六朝墓多属西晋晚期；东晋以后的墓葬数量多，分布的区域逐渐扩大。墓室结构除与长江中下游类似的长方形小型砖墓和前建甬道的中型砖墓外，两地都有在墓室内加砌砖柱的做法。广州的两墓或三墓连建，广西北部在墓室后部加砌高台，广州、梧州永嘉末年墓使用的"广州皆平康""江南尚康平"铭文砖等，应是两广地区的地方特点。随葬器物形制的变化，除与长江中下游相似的鸡首壶、唾壶、钵、碗、砚等陶瓷器外，福州、南安六朝晚期墓多出青瓷插器、子母盏盘和动物形虎子，苍梧晋墓所出仪仗俑，融安齐梁墓所出滑石明器，建瓯梁墓和广州六朝晚期墓所出附有女厨俑的陶灶等，都具有浓厚的地方色彩。这些墓葬在结构和随葬品方面的特点，有不少与闽广相邻的赣湘两地的六朝墓有一定联系。此外，英德、曲江的齐墓中，发现波斯萨珊朝卑路斯（459～484 年）所铸的银币，反映出 5 世纪后期经南海溯北江北上的这条交通路线的繁荣。

川黔滇墓葬　四川、贵州、云南发现的蜀晋南朝墓葬的地点颇为分散，较重要的有自四川成都附近南迄西昌一带的砖室墓、广元绵阳的崖墓、贵州清镇和平坝的石板墓、云南姚安的砖石合砌墓和昭通的石室墓。

成都、西昌发现的砖室墓多中小型长方形单室墓，早期有少数长 9 米以上的大型多室墓。随葬品蜀汉时多存汉制，有一般陶器和陶俑、水田明器以及少量铜器；彭县墓中还嵌有各种生产内容的画像砖，彭县、西昌墓中还有君车出行砖。广元绵阳间崖墓多长方形单室，也有并列墓室前附同一前室的。蜀汉时期墓多陶器；晋墓瓷器增多，有盘口壶、钵、唾壶等；南朝墓瓷器种类和形态的变化与长江中下游墓相似。

贵州清镇、平坝多小型石板墓，蜀汉西晋墓的随葬品与四川接近；东晋以后的随葬器物多与两广近似。

云南的发现集中在当时云南郡治的姚安和朱提郡治的昭通。姚安发现的咸宁四年（278 年）大中大夫李某砖石合砌的大型墓，随葬品有具地方特点的附把陶杯和绳纹陶仓；也有和四川蜀汉墓所出相似的铜釜、陶瓿和铜鐎斗。昭通发现的盝顶方形壁画石室墓，墓内有墨书题记，此墓形制和部分壁画内容与两晋中原和长江中下游大中型墓颇为类似。

青瓷窑址　吴晋南朝时期南方地区的青瓷窑址，多分布在浙江和江苏靠近浙江的个别地点。

浙江青瓷窑都是建在山坡上的所谓龙窑。上虞鞍山吴窑保存完整，全长 13.32 米，宽 2.1～2.4 米，由前部半圆形火膛、中部长 10.29 米有倾斜度的券顶窑床和后部六个排烟孔所组成。上虞帐子山发现的晋代残窑，窑床内保存的窑具自前向后排列有序。这个现象表明该窑已充分利用了窑床后部，因而有人推测当时有可能解决了龙窑分段烧成的问题。所以，丽水吕布坑发现的南朝窑已向装烧面积加大、窑室券顶跨度缩小的窄长形式发展。中国南方系统的窑室——龙窑，从南朝时期就开始走向定型化。

南邻浙江的江苏宜兴丁蜀镇一带，发现多处西晋时期的长形瓷窑址，出土的窑具有柱状、覆盆状的窑座和齿口钵状的窑垫。烧造的碗、钵、洗、罐等，多压印网纹装饰带，因此有人认为，宜兴周氏墓群随葬的有网纹带饰的青瓷器即是这里的产品。丁蜀镇东北的大浦，是太湖西岸的重要港口，附近曾发现满盛丁蜀均山所烧青瓷器的沉船，可见这里的产品当时还大量向外地输出。

城　址　有南京附近的六朝都城建业——建康城和湖北鄂城的吴王城。

建康城在地面上几无遗存，过去有人拟建康宫城位于南京工学院西侧进香河和东侧珍珠河之间。南京工学院曾多次发现莲花瓦当和唐以前琉璃瓦件，推测是东晋以来宫廷建筑的遗物。近年于明代钟阜门西发现明内城城墙下压有一段较早的夯土城垣，有人估计这是南朝建康城北垣的遗迹。从这些零散资料，还难以推测建康城的轮廓。

吴王城即魏黄初元年（220年）孙权始都的武昌城，其遗址在今湖北鄂城县城迤东一带。城墙夯筑，平面略作矩形。东西长约1000米，南北现存长度约600米，北垣约已沦入长江中，南垣和东垣南段保存较好，墙基宽十余米，夯层中杂有大量汉代灰色绳纹陶片。城内北部原似有子城，约是武昌宫的所在。城西有郭城遗迹。西郭外沿西山南麓是当时的墓地。再西为武昌港口樊口。城南有冶铁遗址。武昌城北依大江，西屏西山、樊山，南阻南湖，形势险要，又有良港、铁冶，六朝时期一直是控制长江中游的军事重镇。

佛教遗存　南方地区的佛教遗存，有零散出土的有关遗物和少量的寺院遗迹。

长江中下游自吴末迄东晋的墓葬中，多出附有佛像的器物。现知最早的一件是湖北武汉市永安五年（262年）墓所出镂雕立佛的鎏金带饰。其次有浙江武义、湖北鄂城、湖南长沙等地吴末西晋初墓出土的有坐佛形象的夔凤镜。再次是长江中下游和浙江等地两晋墓中随葬的谷仓罐上出现的佛像。这阶段的佛像，从其所在位置和造型等方面推测，与此后单独雕铸作为供养的佛像意义不同。南方单独雕铸的佛像，现存最早的是刘宋遗物，有四川成都出土的元嘉二年（425年）净土变石刻和传世元嘉十四年（437年）、二十八年（451年）两件释迦鎏金铜坐像。刘宋造像较同时和稍后的中原北方造像为清秀。南朝清秀型造像大约到5世纪末向庄重端雅发展，四川茂汶所出齐永明元年（483年）无量寿佛和弥勒佛石刻可以为例。

南方开窟凿像之风远逊于北朝。南京摄山（栖霞山）齐永明二年迄梁天监十年（484～511年）营造的无量寿佛和浙江新昌石城山永明四年（486年）创建、天监十五年（516年）竣工的弥勒佛，是仅知的两处南朝大龛。两大龛原皆前接木建殿阁。主像和外观均与同时期的北朝石窟有别。南方地面建寺盛于开凿窟龛，但已发现的寺院遗迹甚少，较重要的一处是成都西门外万佛寺遗址。该地先后出土了一批罕见的萧梁石像，其中中大通元年（529年）梁武帝孙益州刺史萧范所造螺发、着通肩大衣的释迦立像，可以视作南朝后期佛像的典型。梁像中有较多形象组合复杂的造像石龛，有的龛背镌刻祈求往生西方无量寿国的铭文。南朝佛教造像突出无量寿佛和弥勒佛，反映出人们对西方净土的祈求和对弥勒成佛后世间安宁的向往。这和当时中原北方重禅观，着意于自身的解脱，因而流行雕塑释迦和弥勒菩萨等形象有所不同。四川广元古栈道的崖面上多凿窟龛，较早的窟龛造像与中原北魏晚期石窟类似。皇泽寺第9窟最具代表性，窟形和造像题材与巩县石窟、固原须弥山石窟的塔庙窟极为接近，所以，这里的窟龛造像应属中原地区的系统，与江浙一带南方地区的窟龛不同，这是值得注意的。

东北地区

东北地区指辽河以东，鸭绿江以北的地区。这个地区主要的考古发现有魏晋十六国墓葬和高句丽遗迹。

魏晋十六国墓葬 北自沈阳，南迄旅大，都发现了魏晋时期的墓葬。辽阳以北多砖室墓，辽阳附近多石板墓，旅大地区多小石板墓。

辽阳是平州和辽东郡治所在，附近多平顶石板墓，类型复杂。有砌出前中后三室的较大型墓；有砌出前后两室的中型墓；也有只具棺室的小型墓。前两种有壁画，前室左右都各砌一大一小的耳室，大耳室壁绘墓主人饮宴，小耳室壁绘庖厨、马厩；砌出三室的，其后室壁绘庭院楼阁，前中室壁画无存，按当时汉末壁画之例，推知前室壁绘伎乐百戏，中室壁绘墓主人出行。小型墓无壁画。三类墓共出的器物，多装饰品，有钗、环、镯和两端作叉形的铜饰件；陶器多粗厚的罐、钵；还有两端上翘的石灰枕。大中型墓有陶明器如井、灶、俎和圆案、耳杯、豆、长颈瓶等。在三道壕发现的一座小型墓中，曾出有太康二年（281年）纪年铭的瓦当。上王家村一座较晚的前后两室墓，前室砌出抹角叠砌式的石板平顶；耳室壁绘墓主人右手执麈尾，端坐于后列曲屏的方榻上，方榻上绘顶饰莲花的朱帐；随葬器物有陶盘、铁镜和南方地区烧造的青瓷虎子，这座墓的时间大约已晚到十六国时期。

沈阳东郊发现的券顶砖室墓有前后两室和三室连建两种，随葬器物中有辽阳石板墓中常见的石灰枕和两端作叉形的铜饰件，后者也常见于中原晋墓，常见于中原晋墓的还有釉陶小罐、位至三公镜、铁镜及盒、奁等漆器。

旅大营城子小石板墓多叠涩收顶，石板间用贝壳灰黏合，有前后两室和后室分砌左右室两种，随葬品多陶器，有罐、长颈瓶、圆案、耳杯和井、灶、俎、仓之类的明器，还有少量铜镜和剪轮五铢铜钱。

高句丽遗迹 主要遗迹分布在长白山脉南段以南，以桓仁为中心的浑江流域和以集安为中心的鸭绿江北岸。长白山脉以北多高句丽晚期遗迹。高句丽遗迹可分城址、墓葬两大类。

城　址　有山城址与平原城址两种。山城多因山势修建，形制不规整，桓仁五女山城可能是高句丽较早的城址。该城西连悬崖，东、南、北三面城垣皆以自然石板堆砌。209年，高句丽迁都丸都，即今集安县城西北的山城子山城。该城内外侧皆垒砌经过人工修治整齐的长方形巨大石块，内低外高，中填河卵石，城平面略作椭圆形，周十二里。在集安北面通向辽东的两处关隘附近的山上，都发现了城址，这显然是卫护都城的山城。散布在长白山脉西北侧，南自金县沿海的大和尚山城，东北经复县、辽阳、抚顺、西丰、辽源等地，以迄吉林龙潭山城一线的山城和在长白山南麓南通平壤的要冲凤城东南发现的乌骨城址，都是4至5世纪以后，高句丽晚期山城的遗迹。

平原城址发现较少。集安山城子山城东南的国内城址，是典型的一处。今集安县城即因国内城修建，县城北垣犹存当时规整的石垣。该城略作方形，每面里余，城内中部以北多出础石、兽面或莲花纹瓦当和残瓦，可能是高句丽王室建筑的遗迹。城东郊发现的出有石础、瓦当和各种残瓦的大型建筑址，大约也是王室建筑的遗存。

墓　葬　高句丽墓葬一般建在地面上，有积石墓和壁画石室墓两种。桓仁地区的积石墓群排列有序，用未经加工的自然石块砌建和封顶，随葬品有陶罐、陶壶、铁刀、铁矛、铁镞、铁马具、鎏金铜饰片和银镯等。集安有类似桓仁地区的积石墓群；也有单独存在的用修琢整齐的巨大石块砌建的大型积石墓，其中有宽敞墓园的，应是高句丽王室墓葬。集安积石墓多随葬陶器、釉陶器和鎏金铜马具。积石墓的年代，可以上及汉代，下迄6世纪。壁画石室墓多分布在集安洞沟附近，外封黄土，内石砌方形墓室。其中时代较早的，墓室作叠涩穹隆顶，壁画以墓主人生活为主要内容；时代较晚的为叠涩盝顶或抹角叠砌式顶，壁画出现供养佛像的画面和以莲花、四神为主的内容。壁画石室墓多出黄釉陶器、鎏金铜马具、金饰件等。这类墓大多是高句丽王室贵族的墓葬。其年代约始于4世纪，最晚的下限可能到7世纪初期。

北方地区

北方地区指嫩江、辽河以西，长城以北，西迄新疆以东的广大地区。本区域内主要的考古发现是北方游牧民族的遗迹和魏晋墓葬。前者有被推测为鲜卑的墓葬、遗址和北魏的遗迹，还有匈奴族的遗迹；后者多集中在甘肃西部的酒泉、敦煌一带。北方地区还保存有不少北魏以来的佛教遗迹。

拓跋鲜卑遗迹 主要分布在内蒙古东部。在内蒙古自治区呼伦贝尔盟阿里河镇嘎仙洞中，发现北魏太平真君四年（443年）告祭祖先石室铭，一般据以推论拓跋鲜卑早期游牧地点在大兴安岭北端东侧嫩江支流甘河上游一带。

在嘎仙洞西南约千里的满洲里东扎赉诺尔发现的大约1世纪的墓群，有人推测是《魏书·序纪》所记拓跋鲜卑"南迁大泽方千余里，厥土昏冥沮洳"时期的遗迹。该墓群绝大部分是竖穴桦木棺单人葬，葬式皆仰身直肢，头向北。棺外两侧或棺盖上，或棺前端小龛内置马头或牛、羊头。棺内外散置蹄骨。有的棺底还出有一列羊距骨。随葬器物有手制大口陶罐、小杯和轮制小罐，有骨制弭、镞、鸣镝、锥、衔、扣，有高足铜鍑、铜钏、铜带饰，有铁制镞、环首刀、矛和各种珠饰，还出有来自中原地区的规矩镜、漆奁和织出"如意"二字的锦片等。

内蒙古巴林左旗（林东）北，沿乌尔吉木伦河上游的南杨家营子发现的居住址和墓群，出有与扎赉诺尔相似的手制大口陶罐、小杯，骨制的弭、镞。墓葬也多是竖穴木棺单人仰身直肢葬。殉牲也用马、羊的头、蹄，也出现用途不详的羊距骨。以上表明此处遗迹与扎赉诺尔关系密切，但陶器、骨器的制作较扎赉诺尔为精细。随葬品中发现了一枚东汉中晚期的五铢钱，可知其时代较扎赉诺尔为晚。因此，估计南杨家营子遗迹有可能是拓跋鲜卑从千余里外的大泽南迁途中所遗留。据《魏书》记载，此后拓跋继续南移，"始居匈奴之故地"，即今戈壁之南内蒙古河套东部一带。恰在河套东部乌兰察布盟发现与扎赉诺尔、南杨家营子遗址可相互联系的两处墓群。一处位于集宁北、土牧尔台西南的二兰虎沟，一处在达尔罕茂明安联合旗（百灵庙）的东北方。前者出有与南杨家营子相似的手制陶壶和陶铃、与扎赉诺尔相似的铜鍑和三鹿纹铜牌饰。后者出有与扎赉诺尔、南杨家营子相似的手制大口陶罐和铜钏，与扎赉诺尔相似的双耳陶钵。这两处墓群均为竖穴仰身直肢葬。二兰虎沟墓出有东汉中期以后流行的长宜子孙镜，百灵庙墓出有东汉晚期的剪轮五铢钱。这两处墓群有可能是拓跋鲜卑迁移到匈奴故地初期的遗迹。

扎赉诺尔、南杨家营子以东以南的遗迹　最早发现的是扎赉诺尔东南的完工墓葬，近年又在扎赉诺尔、南杨家营子以东以南发现了不少处与完工和扎赉诺尔、南杨家营子相类似的遗迹。完工墓葬位于扎赉诺尔东南约 40 公里的海拉尔河南岸，多为竖穴土圹桦木椁的丛葬墓。这种丛葬墓有两种形式：一种如 1 号墓。该墓下层发现二十六具人骨，位于墓内北部头向西北的一具仰身直肢骨架，左侧置石、骨镞，西侧排一列陶器，头部附近出有一件牛角状器，显然是 1 号墓的主要入葬者。其余二十五具不同性别的人骨，姿态不同地置于他的四周和上面，而且多肢体分离，很可能是早亡后迁来的二次葬。该墓上部出有牛、马头骨，墓内还殉牛八头、马十匹和狗三只。另一种丛葬墓。在桦木椁内仰身直肢的骨架排列有序，随葬器物置于头、脚两侧，殉牲置于椁上。出土的陶器有各种手制陶壶和鸭形陶器；骨器有弭、镞、鸣镝、锥、匕等；还有石镞、铁镞、铁刀、铁环和铜带饰、镂孔铜铃以及各种珠饰；此外，还有来自汉族地区的陶鬲、丝麻织物和漆器残片。从葬制和随葬器物观察，完工墓葬较扎赉诺尔墓葬为早，但又与之有较多联系。因此，有人认为它们有可能是属于同一系统的不同类型的遗迹。

近年在完工和扎赉诺尔、南杨家营子的东南方发现了不少处与这两种类型遗迹相邻近的情况。如海拉尔河支流伊敏河西岸发现的墓葬所出双耳陶壶、扁平棱骨镞等都与完工墓葬的同类器物极为近似；而伊敏河东岸的墓葬头部设龛置牛或马、羊头和随葬的大口陶罐、三棱骨镞等又与扎赉诺尔、南杨家营子墓葬的情况接近。如洮儿河北岸白城子曾出有完工墓葬随葬的鸭形陶器；而洮儿河下游南岸大安鱼场墓地又出有与扎赉诺尔、南杨家营子墓葬相似的大口陶罐、小陶杯、三棱骨镞等。又如呼林河南岸通榆墓葬出有与完工墓葬相似的手制陶壶、鸭形陶器、镂孔铜铃；而科尔沁右翼中旗附近沿呼林河中游两岸曾多次发现和扎赉诺尔、南杨家营子墓葬相近的大口陶罐。此外，赤峰、朝阳曾发现与完工墓葬相似的鸭形陶器，嫩江下游曾发现与扎赉诺尔相似的遗物。看来，在洮儿河和呼林河以东以南，上述两种类型遗迹相互邻近的现象已不明显。这两种可能属于同一系统不同类型的遗迹，有人认为如果不是简单的先后承袭关系，它们在族属上也应是极为密切的，有可能是一个大族属的不同分支的遗迹。如再从时间和地域上考虑，可以推测它们大约都是文献记载的鲜卑这一系统的遗迹。

慕容鲜卑遗迹 分布在辽西大凌河中下游的石椁墓，被推测为慕容鲜卑的遗迹。辽宁义县保安寺村发现的石椁墓，时间较早，椁内置用铁钉的木棺，随葬品除陶器外，有金银饰品，其中三鹿纹金饰牌构图与扎赉诺尔、二兰虎沟所出的铜饰牌极为相似，可反映出慕容鲜卑与拓跋鲜卑间的联系。辽宁北票房身村发现的石椁墓群，石椁有大小之别，随葬品一般有轮制陶罐、漆器、铜镜和金饰，同出有綖环铜钱，时间约在3至4世纪。较大的石椁内置铁钉木棺，金饰较多，有缀悬可以摆动的金环、金片的金花冠饰，有人认为文献记载慕容氏上层喜戴的"步摇冠"，大约即附有这种冠饰。

3世纪中期以后，大批汉族人逃亡到辽西，他们与慕容鲜卑杂居，"遂同夷俗"（《魏书·海夷冯跋传》）。朝阳姚金沟村发现的后燕建兴十年（395年）昌黎太守崔遹墓和北票将军山发现的北燕王室冯氏墓群，都使用了这里流行的石椁墓制。从已发掘的冯素弗墓，可以看到更为浓厚的鲜卑习俗。但该墓也显示出较多的汉文化传统。墓中还出土五件罗马玻璃器，大约是经北方柔然领域传来的，可以推知5世纪初北方草原一线在东西交通路线中已具有一定的重要性。

北魏城址和墓葬 明确的北魏遗迹多发现在内蒙古大青山以北，南迄山西大同一带。拓跋鲜卑南迁匈奴故地后，始祖神元帝力微入居塞上。258年力微迁于定襄之盛乐，迄道武帝天兴元年（398年）又迁都平城，拓跋氏的活动中心多在盛乐一带。盛乐故城为汉定襄郡成乐县址，该城址位于今呼和浩特东南和林格尔北10公里，平面略呈方形，接北垣建郭城。城内除汉代遗物外，多出北魏瓦件和铁制农具、兵器以及大量的牲畜骨骸和骨器。这些汉以后遗物的年代，虽然不能肯定都在5世纪以前，但至少其中一部分可以作为拓跋长期重视盛乐的物证。盛乐城东凉城小坝子滩曾发现一处金银器窖藏，出土一批兽纹金饰和驼纽"晋鲜卑归义侯"金印、"晋鲜卑率善中郎将"银印等重要遗物。金饰中的一件透雕四兽纹样的牌饰，背面刻出"猗㐌金"三字，"猗㐌"即神元帝力微孙猗㐌（桓帝拓跋猗迤），明确了这批遗物的所属。

盛乐城北达尔罕茂明安联合旗西南西河子也曾发现一批金饰件，工艺水平较凉城金饰牌为高。有用细金丝编织长 128 厘米的管状龙形链饰，有上植多歧鹿角状的马头形冠饰，鹿角与马耳的尖端缀悬桃形金片。这种金饰件上都嵌有白、蓝、绿等色的玻璃小片。马头形冠饰上的桃形金片形状与作用，都和北票房身村慕容氏墓葬所出步摇冠饰相似，估计这批金饰件的年代，相当于 3 至 4 世纪的西晋晚期。拓跋居塞上后，亦用步摇装饰，这是前所未闻的新资料。

盛乐城东南 40 公里的美岱村发现大约是 4 世纪末的拓跋贵族砖室墓群，随葬器物主要有细泥轮制陶器，鐎斗、勺、灯等铜器，漆耳杯，漆鞘铁刀和较多的铜钱，这些都已和当时中原汉族墓葬没有太大的差异。但随葬品中保存了与扎赉诺尔、二兰虎沟墓葬相似的铜镂；与南杨家营子、二兰虎沟墓葬相似的铜铃；墓中还出有铜制的羊距骨，这应是拓跋鲜卑墓葬中常见羊距骨的仿制品。此外，一座墓内还附葬有"皇帝与河内太守铜虎符"。同样形制的护军铜虎符过去曾在平城遗址中发现。

平城自 398 年至 494 年为北魏都城，其遗址在今大同市城区及其附近。历年在大同城北迄车站一带发现北魏捺印花纹的灰黑色陶片、大瓦和"富贵万岁""忠贤贵永"瓦当，车站东北还出有排列整齐的覆盆础石。这些遗物表明，这个区域有可能是宫城、衙署的范围。大同东南郊出有雕刻精致的石砚、银器、铜器以及成批的鎏金铜具，还发现有排成一列方形础石的建筑遗址，应是平城南部的一处宅第遗址。平城附近多北魏砖室墓，有具前后室和二重石门的大型墓，如大同北方山永固陵和形制略小一点的在大同东南郊发现的司马金龙墓。永固陵前有思远灵图遗址，是现知在墓地建佛寺的最早实例；司马金龙墓出土陶、木俑三百多件，为研究 5 世纪后期墓俑，提供了典型资料。中型墓多发现在大同西郊，如 501 年的封和突墓。该墓为弧方形单室，前附长甬道，木棺顺置墓室中部，棺前置陶瓷器，墓室角隅置石灯，圆首墓志竖置于墓室前方右侧。墓中出有银耳杯、高足杯和鎏金银盘各一件。鎏金银盘内心锤鍱出伊朗人执矛猎野猪的图像，是一件罕见的波斯萨珊朝银器。

和大同中型墓类似的墓葬，也发现于内蒙古呼和浩特市区。内蒙古大学附近的一座，出有与美岱村拓跋贵族墓相似的陶罐，但同出的陶俑又与司马金龙墓接近，因此推测它是较司马金龙墓为早的拓跋贵族墓葬。该墓用漆棺，并出土一批中原流行的陶仓、井、碓、磨、灶等庖厨明器和陶牛车。以上情况可以反映出北魏迁洛以前，远在大青山下的墓葬即已显示出浓厚的汉化现象。

呼和浩特北傍大青山，大青山南北麓分布有较多的北魏小型城址。呼和浩特西北5公里的坝口子村土城，有人考证是有名的白道城址，城内发现北魏晚期石佛背光残片，还发现了波斯萨珊朝库思老一世（531～579年）的银币。白道城是大青山诸军镇的后方据点。已发现的军镇城址，可初步考定的，有位于乌兰察布盟内武川县西南的武川镇城址（乌兰不浪土城梁）、四子王旗乌兰花的抚冥镇城址（土城子）、察哈尔右翼后旗的柔玄镇城址（白音察干古城），有位于巴彦淖尔盟内乌拉特前旗的沃野镇城址（苏独仑根场古城）和包头市固阳县的怀朔镇城址（白灵淖库伦古城）。另外在伊克昭盟准格尔旗石子湾也发现一处军镇城址。这些军镇城址，有的只设南门，或南、北门，城内的主要防区都遗有高大台基。镇城之北或增建郭城，或阻有河流；有的还建有与镇城相呼应的外围据点，它们专重北防的目的性是非常清楚的。

大夏和吐谷浑城址 现各发现城址一处。4世纪末，游牧于朔方一带的匈奴、鲜卑诸部，在南匈奴遗族赫连勃勃统率下，逐渐强大，407年勃勃建号大夏，413年因汉奢延城改筑都城统万。统万城址在今陕西靖边县北55公里处，分东西两城，两城外围有郭城。两城和郭城都用略带青灰色的夯土版筑。东城系后建，所以西城即是当时统万城的内城。内城四面各开一门，城垣外侧建马面，四隅的角楼台基用加宽做法，城内中部偏南，残存高约10米、平面长方形的建筑台基一处，附近出有花纹方砖和大瓦，约是大夏宫殿的遗址。郭城南北垣情况不详，而东西垣相距十里，可知其面积相当宽广，但其中可肯定为大夏时期的遗物却极为稀少，当是勃勃建都后仍没有改变畜牧经济的缘故。

吐谷浑原是慕容鲜卑的一支，3世纪末西迁，6世纪于青海湖西岸建都城伏俟城，其遗址即今青海共和县铁卜卡古城。该城有用砾石叠砌的长方形外郭，东西宽约1400米，北垣已毁，长度不详，郭内偏东有南北内墙一道，西部有长、宽近200米的方形夯筑内城。内城一门，开在东壁，城内就西垣建方形台基，约是宫殿所在。台基向东有街道直通城门，城门和宫殿皆东向，可能是沿袭"以穹庐为舍，东开向日"（《后汉书·乌桓传》）的旧俗。据《晋书·吐谷浑传》，吐谷浑"虽有城郭而不居"，"人民犹以毡庐百子帐为行屋"，这既说明了古城地面遗迹稀少的原因，也反映出西徙青海的慕容鲜卑的经济生活，仍以随水草畜牧为主。伏俟城西通若羌，东联西宁、兰州，5至6世纪吐谷浑又西据今新疆境内"丝路"的南道，因此，祁连山南的中西交通线曾兴盛一时。西宁旧城内曾发现盛贮金属货币的陶罐一件，其中银币约在百枚以上，后来搜集到的七十六枚都是波斯萨珊朝卑路斯时所铸，可以认为这批银币是5至6世纪伏俟城附近的中西交通线往还频繁的证物。

河西魏晋十六国墓葬 甘肃西端酒泉、嘉峪关和敦煌一带，发现的魏晋十六国墓葬多分布在戈壁滩上，墓冢多由砾石堆成，排列有序的墓冢四周，还保留有砾石堆砌的方形茔域围墙的遗迹。茔域内的墓葬，多于砾岩中挖凿洞室，大中型墓还在洞室内砌砖室。酒泉、嘉峪关多大中型墓，敦煌多中小型墓，两地魏西晋墓和西晋末十六国墓区别较大。

魏西晋墓有具前、中、后三室的大型墓，较多的是前后双室的中型墓。这两种砖室墓，墓门拱券之上砌出有建筑雕饰和彩绘的高门楼，墓室多附有耳室，嘉峪关墓墓室壁面多嵌砌画砖或绘小幅壁画，主要内容有墓主人宴饮、厨事和庄园耕牧、采桑、打场等生产场面，以及坞壁的形象等。嘉峪关新城1号墓，墓主人持扇坐榻上，侧有"段清"榜题，该墓随葬陶器、铜铁镜等都与中原魏晋墓相似，还出有剪轮五铢铜钱，是酒泉一带魏西晋墓的典型实例。敦煌佛爷庙发现的翟宗盈墓，墓室无壁画，画砖也只嵌砌在高门楼上，但高门楼上还有较复杂的建筑雕饰，随葬品多陶器，所出长方形陶榻与中原魏西晋墓相近。

西晋末十六国墓，酒泉丁家闸曾发现具有前后室的中型砖室墓，无耳室，墓门上方的门楼低矮，只有简略的彩绘。墓室壁画除与前期内容近似者外，出现了西王母、东王公、羽人、神兽和各种云气纹样，墓主人持麈尾坐榻上，前置凭几，上绘曲柄盖，与前期简单的墓主人形象不同。随葬器物除陶器外有铁镜、铜饰、铜钱和漆盒、石砚等。敦煌多单室洞室墓，无壁画；较大的洞室墓除陶器外，还随葬有蝉纹金饰片、铜饰、铜钱、铁剪和云母片等；较小的洞室墓随葬品只存有陶器、铁镜和少量铜钱。

佛教遗迹 北方地区的佛教遗迹主要是石窟寺院和佛寺遗址。

石窟寺院主要分布在河西、雁北两区。重要的石窟有甘肃武威天梯山石窟、敦煌莫高窟、肃南金塔寺石窟、酒泉文殊山石窟和山西大同云冈石窟，最东边的一处是辽宁义县万佛堂石窟。河西区多塑像、壁画，大同、义县石窟皆石雕。

北方地区现存最早的石窟，是天梯山下层塔庙窟——第 1 窟，该窟下层壁画多存中亚风貌，有可能是北凉沮渠氏割据凉州时期（401～439 年）的遗迹。除天梯山外，各地现存石窟多北魏复法（452 年）以后所开凿。石窟的种类有大像窟、佛殿窟、塔庙窟、禅窟和禅窟群。依据各类窟形制和造像的变化，可分四期。第一期约当北魏复法之初，第二期为孝文帝迁洛以前，第三期为迁洛以后迄西魏，第四期是北周时期。第一期石窟主要是椭圆形平面的大像窟，高大的主像雄踞窟内，如云冈昙曜五窟。主要造像是三佛，其中未来佛——弥勒，多作交脚菩萨的形象。第二期大像窟减少，多佛殿窟和塔庙窟。佛殿窟多作方形和长方形平面，有的设有前室。窟内后壁前置主像，也有的开大龛内设主像，主像的题材多释迦或弥勒，也有释迦多宝对坐像。左、右、前三壁流行上下多栏式的布局，有的上下诸栏排列佛龛，有的上栏开龛、下栏作长卷分格形式的雕绘。其内容多本生或佛传，也有维摩文殊。较晚出现了七佛和做出斗栱的屋顶龛，窟口有的雕出简单的窟檐。塔庙窟中建方形多层四面开龛的塔柱，四壁布局略同佛殿窟的左、右、前壁。佛殿窟、塔庙窟这时都盛行双窟的布局。第一、二两期石窟，以位于北魏都城平城西郊的云冈石窟为典型，当时其他地点开窟造像大多受到云冈样式的影响，远在河西的敦煌莫高窟似乎也不例外。第二期还出现了大型禅窟和较小的禅窟群，禅窟一般少雕饰，其主像无论云冈、莫高，均多交脚的弥勒形象。第三期佛殿窟流行后壁开龛和三壁三龛式的方形平面，出现了满布千佛的佛殿窟。塔庙窟塔柱层数增多；又有由多层向单层发展的趋势。出现与佛殿窟布置相似的小型禅窟和禅窟群，前者如云冈第 38 窟；后者除附设禅室外，几与方形的佛殿窟无殊，如莫高窟第 285 窟。第三期各类窟的主要造像题材与二期相似，但流行了较大面积的千佛布局，个别窟出现了无量寿佛；在人物造型方面，第三期与以前有较大的差别，秀骨清像的出现和褒衣博带的流行，是它突出的时代特征。第四期石窟多分布在莫高窟，主要是后壁开龛的方形佛殿窟；少数塔庙窟单层塔柱，四面各开一龛。造像题材变化不大，千佛和佛传数量增多，有的布置到窟顶；个别洞窟出现涅槃像和卢舍那佛。人物形象向丰满发展。龙门宾阳洞一佛二弟子二菩萨的组合，这时才在莫高窟第 439 窟主龛和第 290 窟、第 428 窟塔柱正面龛中出现。

酒泉、大同和内蒙古固阳都曾发现较重要的佛寺遗迹。酒泉石佛寺湾子遗迹前后出土北凉时期的大覆钵粗相轮式的圆形小石塔七件，其中较完整的是承玄元年（428年）造"释迦文尼得道塔"。该塔台基下部线雕供养菩萨、力士，并附有八卦符号，上部环刻《增一阿含·结禁品》中的一段和发愿文；覆钵部分有八龛，内雕七佛和交脚弥勒；相轮最上的盖石有线雕的北斗星座。类似的石塔，敦煌也有发现。这批石塔给中国早期佛塔造型和佛像形象提供了新资料；塔上出现的八卦等线雕，似与中国早期佛教和道术相通有关。大同附近近年发现佛寺遗址多处，重要的有方山永固陵前以佛塔为中心的思远佛寺遗址和大同东门外御河东岸的北魏佛寺遗址。两遗址都发现了大量的佛和菩萨的塑像残体，有的还保存了贴金敷彩的痕迹。内蒙古固阳城库伦古城西北隅发现的北魏遗址中，也出土不少类似的塑像残体，还发现了壁画残片，该古城被考定为卫护平城的北魏六镇之一的怀朔镇城址。以上三处遗址所出塑像，造型与上述石窟寺院第二期较早阶段的造像相似。看来，北魏建都平城时期，平城附近的佛教寺院，开山凿窟则雕石造像，地上建寺则绘壁塑像，此制为迁洛以后所沿袭。

新疆地区

新疆地区的遗迹和遗物，主要集中在吐鲁番地区、若羌、民丰附近和库车、拜城、新和一带。

吐鲁番一带的遗迹 吐鲁番为中、北两道的枢纽，是新疆地区通向内地的重要地点，附近发现的遗迹，有城址、墓葬和少量的佛教遗迹。

吐鲁番县城东南约50公里的哈拉和卓古城（高昌城），是魏晋戊己校尉治所、前凉以来的高昌郡治和北魏以来的高昌国都城的遗址。县城西约10公里的雅尔湖古城（交河城），是汉以来车师前王庭和麹氏高昌时期的交河郡城的遗址。这两处重要城址，由于唐以后的多次改建和自19世纪起的多次破坏，已经辨认不出早期的面貌。但两城外都保留了大批古代墓葬，这批墓葬中属于唐设西州以前的，可分两期：前期是魏晋十六国时期的墓葬和车师墓葬；后期是麹氏高昌墓葬。麹氏高昌始于北魏景明元年（500年），亡于唐贞观十四年（640年）。

魏晋十六国墓葬 多分布在哈拉和卓古城之北的哈拉和卓和西北的阿斯塔那两地。目前发现最早的纪年墓，出有晋泰始九年（273年）买棺木券。最晚的出有柔然永康十七年（482年）残文书，当是阚氏高昌时期的墓葬。这些墓大都前设斜坡墓道，墓道后凿洞室墓室。墓室有方形和前窄后宽的方梯形两种，均长3米左右。方形墓有的附耳室，两种墓室的室顶多作盝顶。少数方形墓中绘有壁画，内容有墓主人席地坐像，有厨事、出行、耕牧、果园、葡萄园和日月等形象。葬具多用木棺，棺盖作两坡式；有的用铺芦柴的梯架式的葬具。时代较晚的多无葬具，尸体横陈在后壁前。随葬品多置棺前或尸体头部附近。时代较早的多木器，有盘、耳杯、碗、勺、灯座、衣架，有的还有彩绘木俑和木马、木牛车。时代较晚的多改用陶器，有盘、碗、壶、罐、釜、甑、灯等，部分陶器外壁出现彩绘的莲瓣纹饰。时代较晚的出现了"代人"木牌。纺织品多麻、毛、棉织物和单色绢，较早尚有刺绣、锦和织成履，较晚则多出绞缬和蜡缬的绢片。此外出土有漆器和五铢钱等。纸质的衣物券有的被保存下来。还发现较小的竖穴土圹墓，这类墓个别用棺，多数用破毡、柴草捆裹入葬，一般没有随葬品，有的仅有罐、碗、盘之类的陶器。墓葬类型差别显著，和内地相似。较大的方形墓壁画内容与酒泉魏晋墓接近，随葬品中如木制器皿、明器和丝织品，也和酒泉魏晋墓、武威东汉晚期墓类似。以上情况反映出这个时期中大约有一个多世纪的时间，高昌直接、间接为凉州所属的历史事实。

车师墓葬 车师人墓葬分布在雅尔湖古城北，多为西北、东南向的竖穴，头向西北，直卧穴底，无葬具。随葬带把陶杯或一浅陶钵，有的有内置双杯的盘形钵。杯钵多手制，器体厚重，陶质含砂，器底有熏痕，显然都是直接触火供烧烤的器皿。有的墓还出兽形铜环和铜片。这类墓出土的带有莲瓣装饰的陶钵和上述与西晋时期流行的一盘两耳杯相类似的钵杯组合，似可说明这类墓葬年代的下限不会迟到北朝以后。这类墓的形制和随葬品差别不大，反映当时居民贫富分化还不显著，与哈拉和卓古城北大小贫富相差悬殊的墓葬相比，清楚地有着族别的不同。文献记载这里是车师前王庭所在地，推测这类墓即是"有城郭田畜"（《汉书·西域传上》）的车师人的墓葬。

麹氏高昌墓葬 麹氏高昌时期的墓葬遍布于哈拉和卓古城北和雅尔湖古城西、南两面，它和魏晋十六国时期墓葬最大的不同处，是较普遍地出现了家族茔地，即多为两座以上以至数十座排列有序的墓葬群。每个墓群有砾石围墙。这种家族墓地说明麹氏高昌一些豪宗大族世代相继地控制着这里的政权。这类墓地中的墓葬，形制略同前期较大的方形墓，但耳室渐趋消失，室顶渐趋平圆，四壁出现了外凸的弧线。由于墓道后侧出现记录墓主人姓名、官职和入葬年月的墓表，可据此了解麹氏高昌纪元的顺序；了解高昌各茔域内墓葬排列的一般规律和按姓氏排列的特殊规律；同时还知道一墓兴建后，可以继续入葬，有的前后相距竟长达三四十年。此外，又大体明白了高昌官制，为识别高昌墓葬的等级差别提供了重要根据。高昌墓葬的等级差别在墓葬形制上反映得较为清楚。高昌第二级官吏的墓室，平面方形，边长4米左右，自第三级以下，则以长3米左右前窄后宽的方梯形墓室为多。葬仪和随葬品似乎没有明显不同，但和前期相比，木棺稀见。墓室中出现了粉饰的土尸床，有的尸体下部垫苇席，时代较晚的有在死者的眼上置波斯银币，口中含波斯银币或仿制的拜占庭金币的习俗。墓室顶或尸体上钉悬或铺盖大幅绢地的伏羲女娲彩绘像，有的墓壁还悬挂绢质的壁衣。丝织品中较多地出现了6世纪中叶以后中原织造的锦、绮之类的高级织物。流行随葬小型的非实用的绢制冥衣和卧具。这时出现了一种帽套式的绢制面衣，面衣前部缀饰一块长约20厘米、宽约15厘米的织锦，织锦下面相当眼的部位，缝缀了一片铅质的"眼罩"。陶器质量粗劣，形体变小，但种类数量显著增多。陶器外壁彩绘规整的仰覆莲瓣纹装饰，延昌时期（561～601年）之后陶器纹饰开始简化，制作更加粗糙。罐、瓿之属向高发展，小型陶器如碗、盏、灯之类增多。出现了"高昌吉利"铜钱，还出现了纸钱和蒲草俑。一些高昌墓中还发现了完整和剪残的公私文书，这些文书提供了高昌生产和阶级关系等方面的资料。一座较晚的高昌墓中还发现了一件粟特文书，它大约可作为高昌文字"兼用胡书"（《周书·高昌传》）的物证。

佛教遗迹 哈拉和卓古城附近的古塔和城东吐峪沟石窟中曾发现不少3世纪和5至6世纪的写经。约从5世纪起，各族统治集团在吐鲁番地区利用佛教以巩固其统治。上述写经中出现多卷沮渠安周称凉王时（444～460年）的供奉物，即是一例。沮渠安周不仅写经，从原存哈拉和卓古城内的承平三年（445年）《沮渠安周造寺碑》中，还知他在高昌兴建尊崇弥勒的佛寺。460年，沮渠氏为柔然破灭之后，在柔然控制下的高昌统治者继续奉行佛教，所以吐鲁番附近曾出土有柔然永康五年（470年）的写经。吐峪沟石窟东南区第4窟是吐鲁番地区早期洞窟之一，壁画上的汉文榜题的字体和5世纪迄6世纪初的写经相仿佛，估计这里早期石窟即开凿于此时。这种早期石窟，其形制有正中设坛的方形窟，也有长方形中立塔柱的塔庙窟。窟内塑像早已毁坏，壁画题材有本生故事和千佛等。石窟形制和壁画内容都与5世纪略晚的龟兹石窟相似，可推测吐峪沟早期石窟与龟兹石窟关系密切。哈拉和卓古城北伯孜克里克和雅尔湖古城西南交河南岸的山崖间，现存唐以前的塔庙窟和吐峪沟第二期石窟，大约都开凿在麴氏高昌时期。壁画中的千佛逐渐代替了本生故事，窟顶出现彩绘的抹角叠砌式平棋，有人认为这些新因素有可能源于东边的河西诸石窟。

若羌和民丰附近的鄯善遗迹 新疆塔克拉玛干沙漠南沿中部以东，属鄯善领域。鄯善遗迹以若羌和民丰附近的发现最为重要。

若羌附近遗迹 若羌东北、罗布泊西北有夯土夹红柳芦苇枝筑成的古城址，该城略呈方形，每面长度在327～333.5米之间。城内东北有土塔，塔附近应是寺院遗迹。城西部有大小宅院遗址。城中部偏西南的建筑遗迹规模较大，曾出土丝毛麻织品、铜镜片、铜铁镞、大小五铢铜钱、陶灯、木制用具和各种装饰品，还出土有汉文、佉卢文、粟特文的写在木、绢、纸上的各种文书。汉文文书数量最多，其中有外地寄给西域长史的函件和西域长史府掾属承办的文件。汉文文书纪年最早的是魏嘉平四年（252年），最迟的是前凉沿用的西晋纪元——建兴十八年（330年），可知此城址应是魏晋前凉时期西域长史治所所在地。城址西北郊有烽燧遗迹，东北郊有墓群分布，北郊有佛寺址。另一处重要遗址位于此城址西南50公里，过去曾被盗掘出346年左右前凉西域长史李柏写给焉耆王的四件信稿，信稿中称此地为海头。今天此遗址南濒干涸湖床，海头云者，或因当时此地适位大湖之端而得名。海头遗址西南大约100公里的米兰，有较多的寺院遗址，有雕塑装饰的大型佛殿废墟，有彩绘壁画的圆形佛塔。以上年代不迟于4世纪的鄯善遗迹，大部于20世纪初遭到严重破坏。

民丰遗址 若羌西约500多公里的民丰遗址，主要分布于民丰北150公里的尼雅河两岸。遗址内的建筑遗迹比较分散，成组的建筑多是以多房间的大型居室为主，附近散布着一些窄小的房间。这种布局和成组建筑遗址内等级差别悬殊，反映出当时这里的阶级关系。经过清理的一处大型居址，南北长9.75米，东西宽5.5米。大门后设甬道，通向大厅。大厅内沿壁建有1米宽的土炕，厅中央立木柱，柱下有木础。甬道、大厅的地面和炕上散置佉卢文木牍，炕上发现颜色鲜艳的提花毛织物残片和带羽的残箭杆。在其他一些大型居住址内外，采集到大批木器，有牲畜颈栓、大木篦和木刷，有大小木勺、木俑、木楦头和纺轮；也有少量的金属器如铁镰刀和"长宜子孙"铜镜片、大小五铢钱等；陶器有罐、砚；骨角器有角杯和骨板。另外还发现成堆的粟粒和完整的麦穗、干萝卜、盐块等。过去的盗掘者在这里破坏了不少大型居住址，其中有的有壁面

绘卷花图案的大厅；有的居室遗址旁布置了花园，花园里还有已枯干了的桃、苹果、梅、杏等果树和桑树、白杨树。这类居室遗址中，被盗掘者搜掠去的有装有雕刻立狮状腿的残木椅、残六弦琴和织成几何纹样的毛毯等。以上情况显示出这里多品种的农牧生产和各种手工业品的制造，特别是多样的工艺品、建筑技术和雕绘艺术的丰富多彩。盗掘者搜掠去的遗物中，最重要的是七百多件用佉卢文书写印度俗语的木牍、帛书、羊皮文书和与一部分佉卢文书同出的四十八枚汉文木简。汉文木简有晋泰始五年（269年）纪年，可推知这批佉卢文文书的大致年代。经过研究知道，佉卢文文书都是鄯善的公私文书，有鄯善官吏的公文，有私人往来的函件和契约、簿籍，还有与佛教有关的各种记录。这批文书提供了大约100年间的五个鄯善王的先后顺序，为复原3至4世纪的鄯善历史找到重要线索。汉文木简有敦煌太守和凉州刺史的文书，有西域长史营转写来的晋朝诏书和晋朝给鄯善、焉耆、龟兹、疏勒、于阗五国国王诏书的抄件，还有河西州郡行文到这里逮捕犯人的文书和敦煌太守发下的过所以及这里关吏所过录的过所底簿等。这批汉文木简，有力地表明西晋王朝的政令在这里行使有效。

库车附近的龟兹遗迹　库车、拜城、新和一带是自汉以来的龟兹中心地区，现存的城址和寺院遗址较多。

　　城址　唐以前的龟兹都城址，即今库车旧城东郊沁色依河东岸的皮朗古城。城夯筑，略作方形，周约7公里。东、北、南三垣保存较好，东垣外侧设马面，间距约40米。乌恰河贯穿古城内，流向西南。城内分布不少高大的夯土基址。位于城中部，南北长约25米、东西宽约15米，高出地面3.2米的哈拉墩，可能是唐以前的龟兹王宫遗迹。其余基址有的应是古代寺院遗址，有的可能是内城垣的残存部分。据《晋书·西域传》载，龟兹"俗有城郭，其城三重"，皮朗古城的三重情况已不能完全辨识，但新和之西的于什加提古城和新和之南的羊达克沁大城都有可能是属于唐以前"城三重"的城址。两城皆夯筑，内城中土阜起伏，当是官衙基址。于什加提古城内城至中城相隔约60余米，中城至外城相隔约240米。羊达克沁大城面积较大，内城周约510米，外城周约3351米。龟兹当时流行三重城，大约既反映内部阶级关系的紧张，又表明外来侵略力量的强大。

　　寺院遗迹　自3世纪末起，龟兹迭遭侵犯。5世纪中叶以后又相继役属柔然、嚈哒和突厥。龟兹统治者为了自身安全和统治人民的需要，除兴修坚固的城堡外，还大力乞灵于佛教。龟兹都城内佛寺情况不明，但库车、拜城地区尚存不少石窟寺院，皮朗古城东北有名的雀梨大寺保留了规模颇大的遗址。7世纪以前开凿的石窟寺院，以拜城克孜尔镇东南的克孜尔石窟数量最多，库车的森木赛姆石窟、库木吐喇石窟和克孜尔尕哈石窟也有一定数量。3至6世纪的龟兹石窟大体可分三期：第一期年代大约相当于3至4世纪。这一期石窟多平面近方形、一侧附有甬道的僧房窟，这类窟一般无塑绘。其次是以中心塔柱为界分前后两部分的塔庙窟，塔庙窟塑像早毁，壁画内容前部主要绘因缘、佛传、本生和弥勒菩萨，后部画涅槃。再次是以大立像为界分前后两部分的大像窟，前部多塌毁，只存塑绘痕迹，后部塑绘涅槃。第二期年代大约相当于5世纪。塔庙窟、大像窟情况略同前期，较晚的塔庙窟中出现卢舍那壁画。僧房窟数量相对减少，但出现大型僧房窟。流行开凿方形窟，方形窟有的类似佛殿，窟中设坛，原置塑像，壁画绘佛传和弥勒菩萨；有的后壁绘高僧，类似讲堂。这一期石窟成组的现象极为明显，典型组窟多以五座塔庙窟为主体。第三期的年代大约相当于6世纪。此期各类窟多有简化的趋势。塔庙窟出现千佛壁画。大像窟后部缩小，有的类似隧道。克孜尔石窟早期僧房窟，这时较多地被改造为塔庙窟、方形窟和长条形小型窟。改造后的各类窟壁面有的绘制千佛。洞窟类型和壁画题材的变化，反映出龟兹佛教逐步复杂化。大约从5世纪末起，大乘教派开始在盛行小乘的龟兹得到发展。石窟数量最多的克孜尔石窟从6世纪后期起，走向衰落；库车地区的石窟，特别是库木吐喇石窟日益繁盛。4世纪即已著名的雀梨大寺的遗址位于皮朗古城北约13公里苏巴什村北的铜厂河两岸，遗址隔河东西对峙。东寺址主体建筑的东、南、北三面围墙保存较好，东墙有的部分还存有马面。围墙内自南而北连接有六组建筑遗址，自南第二组以大塔为中心，西壁开一列佛龛，东壁下列四个僧房址。其他五组建筑址，则是环绕佛殿址或塔址列置僧房的遗迹。主体建筑围墙外北部和东部分布着零散存在的大小不一的僧房遗迹。西寺址与东寺址不同处是没有大范围的围墙，西南方有墓地，最北部有僧房窟群。西寺址内有六组以上的建筑遗址，皆位铜厂河西崖上。最南一组外围墙保存较好，平面略呈方形，四隅尚存角楼基址，门开在南壁正中，门外附有方形瓮城，围墙内中部有一方形佛殿遗址。西寺址的各建筑遗迹内，也多僧房遗址，最北端就高起的山坡开凿的僧房窟群，其中最大的一群有十多个僧房，有的僧房窟壁上还保存坐禅高僧的影像。以上东西寺址虽都有唐以来改筑和扩建的遗迹，但都保留了龟兹自古以来流行小乘佛教重禅观、多僧房的突出特点。西寺址西南的墓地分布不少唐以前的僧人墓，近年在一座僧塔左侧发现了洞室墓，室内木棺大部完好，棺上彩绘方菱形边饰并贴附描金缠枝忍冬纹样的素绢，这种忍冬花纹在内地流行的时间是5世纪后期，此处墓地曾多次被盗掘，盗掘者从这里攫去了不少精致的圆形舍利盒。盒木胎，外贴麻布，布上先施彩绘，贴金箔，然后刷油质透明涂料。其中最精工的一件，现存日本东京博物馆，该盒盖上画执箜篌、琵琶、笛等乐器的有翼童子四人，每人外绕连珠圈，珠圈间饰以对禽；盒身外壁绘戎装舞人七人，其中两人着猪头面具，描绘工丽生动。它不仅是龟兹的珍贵工艺品，更重要的是给"管弦伎乐特善诸国"（《大唐西域记》卷一）的龟兹，增添了新的伎乐资料。

约处龟兹西南境外，位于巴楚东北的脱库孜萨来依寺院遗址，曾被盗掘出大批较完整的塑壁、壁画和塑像，寺址附近的墓地，也曾发现圆形舍利盒等遗物。寺址的年代约属4至5世纪，是现知新疆西部重要的一处佛教遗迹。

参考书目

〔1〕 中国科学院考古研究所《新中国的考古收获》，文物出版社，1962年。
〔2〕 文物编辑委员会《文物考古工作三十年：1949～1979》，文物出版社，1979年。
〔3〕 中国社会科学院考古研究所《新中国的考古发现和研究》，文物出版社，1984年。

本文原刊《中国大百科全书·考古卷》，第418～429页，
中国大百科全书出版社，1986年

北魏洛阳城和北邙陵墓

公元5世纪末，拓跋统治集团为了进一步与汉族地主阶级相勾结，以保持其对黄河南北广大领域的继续统治，决定将都城自平城南迁洛阳。洛阳自古以来即是汉文化的中心地区。迁都洛阳，必然引起北方鲜卑各族和中原地区以汉族为主的各民族间的迅速融合；也必然加速北魏政权的彻底封建化。《洛阳伽蓝记》卷二记永安二年（529年），南朝梁人陈庆之自洛阳归来后，"钦重北人，特异于常"，并说："自晋宋以来，号洛阳为荒土，此中谓长江以北尽是夷狄。昨至洛阳，始知衣冠士族并在中原，礼仪富盛，人物殷阜……"反映了北魏迁洛以后不过三十多年"汉化"的程度，已达到使南朝人"特异"的深度。这个"汉化"，并不是简单地恢复或模拟汉魏制度，而是加入了新因素后的一次发展，这一点我们从洛阳考古资料，主要是从北魏洛阳郭城的设计和洛阳北邙北魏陵墓的布局的初步探讨中，得到某些认识。

北魏洛阳城遗址

《魏书·天象志四》："[拓跋宏（孝文）太和十七年（493年）]冬十月诏司空穆亮、将作董迩缮洛阳宫室。明年（494年）而徙都之。"《魏书·高祖纪下》："[太和十九年（495年）]九月庚午，六宫及文武尽迁洛阳。"宏子恪（宣武）景明二年（501年）"九月丁酉发畿内夫五万人，筑京师三百二十二坊[1]，四旬而罢"（《魏书·世宗纪》）。此北魏兴建的洛阳，在今洛阳老城东北[2]，经过对遗迹的勘探并与文献对比，已大致可以做出初步的复原示意图。

北魏兴建洛阳和以前兴建平城相似，都是把地势较高的汉以来的旧城，置于中部偏北，然后在其低平的外围，主要在东、西、南三面兴建郭城。

北魏对汉以来的旧城，首先继承了魏晋时期在西北隅兴建的防御措施——金墉城，并在城西壁北端开辟承明门以通金墉城；"自广莫门以西，至于大夏门，宫观相连，被诸城上"（《洛阳伽蓝记》序），说明北魏在曹魏时加厚的北城垣内侧，兴建了不少高层建筑，这些高层建筑和北魏兴建的宫城连成一片。

其次，集中全部宫廷建筑于旧城中部偏西的北侧兴建的宫城之中，这就彻底地改变了汉魏洛阳南北宫的分散设计，显然这是沿袭了平城的布局。北魏兴建的宫城，南北长（约1398米），东西窄（约660米），北为苑区，南为宫殿区，和平城宫城相同。宫殿区夯土台基密集，最集中的地点在今金村南，以俗呼"金銮殿"的南北60米、东西约100米的高地为中心，围绕成组的基址，这里应是北魏主要殿堂的所在。"金銮殿"南约500米，正当宫城南垣阙口处的"午门台"附近，夯土基平面复杂，其前还有相对的双阙遗迹，应是宫城南门阊阖门的遗址。

第三，根据文献记载，宫城外东侧置太仓、洛阳地方官署和经营苑囿籍田的机构和"拟作东宫"的空地（《洛阳伽蓝记》卷一）。西侧原为晋大市所在，北魏废为佛寺。大市"名曰金市"（《文选·〈闲居赋〉》李善注引《陆机洛阳记》），是晋"面郊后市"（《文选·〈闲居赋〉》）的后市。废了后市，是我国都城布局史上一项重要改革，这一点也和平城不设后市的情况相同。

第四，在宫城和上述太仓、衙寺等的南面，横隔了一条宽约40米的东西大街。这条街是洛阳最宽的横街，大体上是在海拔125米等高线附近设计的。它东通东阳门，西通西阳门，笔直地把洛阳城划为南北两半。地势较高的北半，到北魏晚期几乎全部为北魏皇室所征用。地势在120～125米之间的南半部，即上述横街之南，正中偏西有北对阊阖门的南出大街——铜驼街，是北魏洛阳最宽的街道，宽达41～42米。街道两侧探明不少大面积的夯基，这大约是参考了南朝都城建康的设计[3]，在铜驼街左右有中央衙署和庙、社的遗址。熙平元年（516年）皇室修建的永宁寺，位铜驼街北端西侧遗址的西面，遗迹保存较完整，南北长约298米，东西宽约210米，西南隅尚存角楼台基，遗址中部有底层约100米见方的塔基。横街之南的广大地区，分布有大小不同的夯基，即使已近南城垣的东侧以迄东南城隅一带，近年来也不断发现涂有朱红色的残墙，并同出有大量刻画或捺印出文字的残瓦、莲花或兽面纹瓦当和大型兽面纹砖等标准的北魏官府建筑遗物[4]。以上情况，清楚地说明汉以来洛阳旧城的范围，从北到南已逐步为宫城、衙署、寺院和高官宅第所占据，成为北魏都城中最核心的部分。

北魏创建的洛阳郭城，北依邙山，南通伊洛，"东西二十里，南北十五里"（《洛阳伽蓝记》卷五），近年曾勘得其部分遗迹。洛阳旧城西今象庄、分金沟间的古渠道和南入洛河故道的西石桥、东新庄间的古渠道，南北约略在一条直线上。这两条古渠，东距汉以来洛阳城适为七里，应是"出阊阖门，城外七里有长分桥，中朝时以榖水浚急，注于城下，多坏民家……长（涨）则分流入洛"的"张方沟"（《洛阳伽蓝记》卷四）的遗迹。张方沟临洛阳西郭，洛阳城郭西垣当在该沟东侧。东新庄之东牛王庄的北侧传有夯墙残迹，牛王庄南正临一故河道，这条故河道东经西大郊，与今洛河一小支流相接，约是北魏时洛河位置。因此，牛王庄北的残夯墙，有可能是"南临洛水"的洛阳南郭墙的遗迹。从上述大致可以比定的西、南郭墙的方位，根据前引文献记录的郭城里数，即可初步推定东北两郭墙的所在。

《洛阳伽蓝记》卷三又记："宣阳门外四里[5]至洛水上作浮桥，所谓永桥也……永桥以南，圜丘以北，伊洛之间，夹御道，东有四夷馆……道西有四夷里……别立市于洛水南，号曰四通市，民间称为永桥市……永桥南，道东有白象、狮子二坊。白象者，永平二年（509年）乾陀罗国胡王献……（胡）太后遂徙象于此坊。"由此可知，洛阳南郭的中部，夹御道的两侧，有向南突出的部分，向南突出的尽端，是位"于伊水之阳"（《魏书·礼志二》）北魏皇帝祭天的圜丘。在上述西大郊的洛河故道直北正对铜驼街处，应是"城南五里，洛水浮桥"（《文选·〈闲居赋〉》李善注引《河南郡县境界簿》），即所谓永桥的所在。从此一直向南约五里有南傍伊水河堤的王疙垱村，王疙垱村的东北有相公庄。王疙垱村和相公庄这两个地点，或许就是圜丘和白象坊的位置。从王疙垱村北到西大郊，其间既夹北魏御道；又适可东西列置四里，洛阳南郭向南突出部分，大约就在这个区域。如果这个推测无大误，北魏郭城南北的长度，说不定还有和东西同长二十里的延展拟议。看来，北魏洛阳规模之大，在我国历史上不仅是空前的，而且也超过了过去认为我国封建时期最大的都城——隋唐长安（《唐六典》七"今京城……东西十八里一百一十五步，南北十五里一百七十五步"）。

《洛阳伽蓝记》卷五记："京师……户十万九千余。庙社宫室府曹以外，方三百步为一里，里开四门……合有二百二十里。"《北史·魏太武五王·广阳王建附子嘉传》记："嘉表请（宣武）于京四面筑坊三百二十，各周一千二百步。"[6]

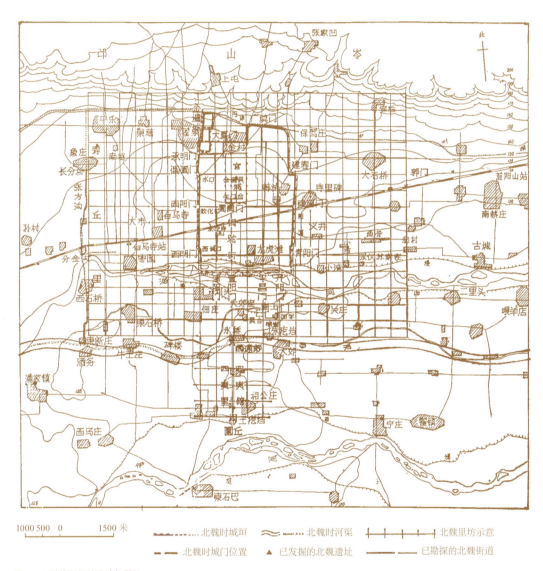

图一　北魏洛阳郭城设计复原图

由上记载，可知洛阳郭城内的规划，排满了规整的一里见方、四面开门、内设十字街的里坊。根据上面拟定的郭城方位，按一里见方的规划，我们粗略地试在今天的地形图上，描绘北魏洛阳里坊示意图（图一）。在这个示意图纸中，竟然意外地看到了以下两种情况：一、和文献记有明确里数的已知遗址，如汉魏以来的灵台（《文选·〈闲居赋〉》李善注引《陆机洛阳记》"灵台在洛阳南，去城三里"）、辟雍（《洛阳伽蓝记》卷三"灵台东辟雍"）和白马寺[《洛阳伽蓝记》卷四"（白马）寺在西阳门外三里，御道南"]等完全符合。二、有不少现存的大道、小路与试拟的里坊间的纵横界线和试拟的连续的各里坊内十字街大致相重合的情况，其较清楚的实例，列如表一。

表一

与拟定的里坊纵界相重的	平乐村向南的大、小道，枣园、牛王庄间的大道，王疙垱、西大郊间的大道，寨后、大石桥间的小路
与拟定的里坊横界相重的	翟泉向西的小路，寺里碑向西的大道，东阳门址向东的大、小道，佃庄向东的大、小道
与拟定的连续的十字街纵街相重的	南赵村向南的大道，东赵村向南的小路，枣园向北的小路，义井、义湾间的小路
与拟定的连续的十字街横街相重的	保驾庄向东的大道，小湾向东的小路，关庄向西的大道，相公庄向西的大道

这两种意外的情况，使我们进一步大胆估计我们试绘的示意复原，有可能比较接近北魏洛阳原来的里坊设计。因此，我们一方面根据文献记载，一方面参考这份试绘的复原图纸，初步考虑北魏洛阳郭城布局的若干特点。

第一，里坊制度和里坊分配与管理的问题。规整的一里见方的里坊，最为突出。《洛阳伽蓝记》卷五记："方三百步为一里，里开四门，门置里正二人，吏四人，门士八人。"里坊的划分，是中原城乡旧制，但这样大面积整齐统一的部署和对里坊这样严格的管理，则为以前所未见。《北史·魏太武五王·广阳建附子嘉传》："嘉表请于京四面筑坊……乞发三正复丁以充兹役，虽有暂劳，奸盗永止。诏从之。"可见洛阳兴建众多的规整的里坊，目的在于便于控制坊内的居民。

"后魏迁洛有八氏十姓，咸出帝族，又有三十六族，则诸国之从魏者。九十二姓，世为部落大人者，并为河南洛阳人"（《隋书·经籍志·史部谱系篇后序》）。《魏书·高祖纪下》又说："以代迁之士，皆为羽林、虎贲。"因知北魏大规模迁洛，在组织上还有相当一部分保留着旧日部落性质的军事编制。这部分既属羽林虎贲卫宿亲军，又都携带家口。如何既便于管理，又可以安排适当这样有组织的大批迁来者，恐怕也是洛阳郭城为数众多的规整的里坊出现的主要原因之一。

对洛阳里坊的分配，《洛阳伽蓝记》卷四曾记有："自退酤（里）以西，张方沟以东，南临洛水，北达芒山，其间东西二（？）里，南北十五里，名为寿丘里，皇宗所居也（《元河南志》作'皆宗室所居也'）。"皇宗所居如此集中，估计对于和皇宗亲近的其他迁洛族姓，以及其他族姓以外包括大批汉族官僚在内的各级官僚，也都有一定的规划。《魏书·韩麒麟传附孙显宗传》记："显宗又上言曰……伏见洛京之制，居民以官位相从，不依族类，然官位非常，有朝荣而夕悴，则衣冠沦于厮竖之邑，臧获腾于膏腴之里，物之颠倒，或至于斯，古之圣王必令四民异居者，欲其业定而志专……今稽古建极，光宅中区，凡所徙居，皆是公地，分别伎作，在于一言，有何为疑，而阙盛美。……高祖（孝文）善之。"可见洛阳里坊的安排，既照顾了族姓，也强调了官品。但无论族姓与官品，都只是里坊的编户。里坊的管理权，最初明确地属于北魏都城地方官，拓跋宏（孝文）内戚冯俊"恃势恣挝所部里正，（洛阳令元）志令主吏收系，处刑除官"（《北史·魏诸宗室·河间公齐附孙志传》），可以为证。不久，治安大权又由皇室系统的武官过问，《魏书·甄琛传》记拓跋恪（宣武）时，"琛表曰：京邑诸坊，大者千户、五百户，其中皆三公卿尹，贵势姻戚，豪猾仆隶，荫养奸徒，高门邃宇，不可干问……请取武官中八品将军已下干用贞济者，以本官俸恤，领里尉之任……琛又奏：以羽林为游军，于诸坊巷司察盗贼"。由此可知，北魏洛阳的里坊，形式上可以适应迁来的有组织的各族姓和各级官僚，管理上则已是封建制下的行政组织，而这个行政组织又辅有由中央直接统率的军管性质。后一点从《魏书·甄琛传》所记"国家居代，悉多盗窃，世祖太武皇帝（拓跋焘）亲自发愤，广置主司、里宰，皆以下代令长及五等散男有经略者，乃得为之。又多置吏士，为其羽翼，崇而重之，始得禁止"，可以推测大约是参考了以前平城的经验的。

第二，工商业区的安排。把工商业区有计划地安排在坊里密集的西、东、南三郭的中部，这也是以前都城布局所未见的。东、西两郭的市，都设在距洛阳旧城三里外的地方。西郭的市"周回八里"（《洛阳伽蓝记》卷四），名大市，在白马寺东。在大市范围内，近年在正骨学院附近勘探时，曾发现大面积的瓦片堆积层，有的地方厚达2米以上，有力地证明了当初大市的繁荣。东郭的市面积较小，名小市。南郭的市名四通市，在旧城南门宣阳门外，"商胡贩客日奔塞下……天下难得之货，咸悉在焉"(《洛阳伽蓝记》卷三),其地位于伊洛两水之间,拓跋宏(孝文)迁洛时敕"今移都伊洛,欲道运四方"(《魏书·成淹传》),看来,这里扼洛阳水路要道,是当时洛阳最繁盛的所在,可能是北魏洛阳最初规划的市。洛阳工商区的规模和布局,远比以前都城市场为宏大、合宜。这表明北魏自太和八年(484年)以降,实行班俸禄、立三长、行均田等有利于加速封建制的改革以来,中原地区经济已有较大的恢复和发展;还表明迁洛前后北魏统治集团极力提倡的汉化,正在迅速深化。反映在皇室和各部族的上层人物间突出的是羽仪服式仿效南朝,追求生活上的享受,"骄侈成俗"(《北齐书·慕容绍宗传》),"(河间王元)琛常会宗室,陈诸宝器。金瓶银瓮百余口,瓯檠盘盒称是。自余酒器有水晶钵、玛瑙琉璃碗、赤玉卮数十枚。作工奇妙,中土所无,皆从西域而来"(《洛阳伽蓝记》卷四),以至皇宗居住区附近的大市,虽然面积已很不小,但还不断扩大,使周围大市的十个里,都逐渐"多诸工商货殖之民"。

第三,城内外遍布佛寺。神龟元年(518年)"任城王澄奏:昔高祖(孝文)迁都,制城内唯听置僧尼寺各一,余置城外……正始三年(506年)沙门统惠深始违前禁,自是卷诏不行,私谒弥众,都城之中,寺逾五百,占夺民居三分且一……臣谓都城内寺未成可徙者,宜悉徙于郭外……然卒不能行"(《通鉴·梁纪五》)。这段文献表明了:一、北魏迁洛即安排了佛寺,开都城设计未有的前例;二、孝文以后,由北魏政府任命管理佛教事务的沙门统带头破坏禁令,于是洛阳佛寺急剧发展,之后即使像任城王澄那样的重臣,想遏制一下也"卒不能行"。按北魏迁洛前后的佛教,极力提倡观像禅定的宗教活动,以诱使广大人民脱离现实斗争。观像禅定离不开佛像佛寺,而造像修寺又是统治阶级妄图消祸追福的"善举",所以,在北魏晚期阶级斗争日趋激化的情况下,修寺造像风靡洛阳,洛阳佛寺之多大大超过了旧都平城,因而成为北魏洛阳有别于以前都城的另一特点。前述已经发掘的旧城中的永宁寺和位于西郭地址大致可以比定的汉以来的白马寺,是当时两处著名的佛寺。此外,在旧城中的韩旗屯、西郭的白马寺以西和东南、南郭的大郊村西、北郊的翟泉村南、东郭的寺里碑和义井铺等地,过去都曾有北魏和东魏的佛教石刻出土。这些地点,大约也都是当时佛寺的所在。另外,京南关口的伊阙,现尚保存不少北魏开凿的佛窟、佛龛,其中最大的是北魏皇室驱使八十万以上民工,历时二十四年[景明元年至正光四年(500~523年)]还未完工的"宾阳三洞"。这样多的佛寺遗迹,实际上还不过是当时一小部分的残存,《洛阳伽蓝记》卷五记北魏晚期洛阳寺院的数字,

北魏洛阳城和北邙陵墓　43

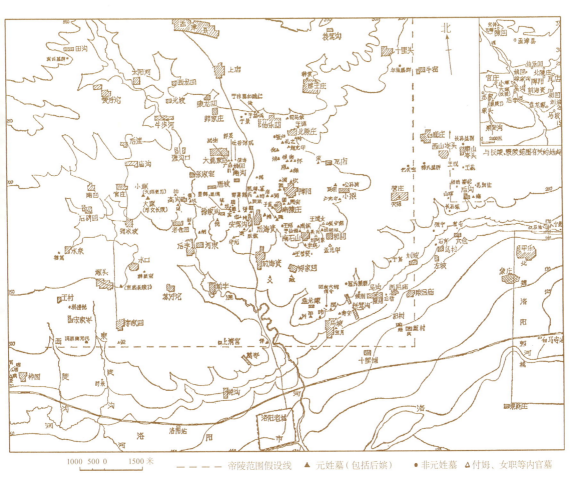

图二　北魏长陵及其附近墓葬分布示意图

竟高达"一千三百六十七所",有的里坊如东郭的建阳里,居然兴建了十座佛寺,北魏统治集团利用佛教毒害人民的情况,确实达到了惊人的地步。但是,宗教的泛滥,正反映了社会的极度黑暗,北魏的彻底覆亡,也就相去不远了。

北魏北邙陵墓的布局

20世纪10年代末到40年代,帝国主义勾结奸商大肆盗掘北魏洛阳郭城西北北邙坡上的北魏墓葬。当时有人根据出土墓志,对盗掘的各墓摘要做了一些记录[7]。解放后,河南考古工作者曾对其中较重要的墓葬,进行了调查、清理和研究[8]。现根据上述工作的成果,试绘出洛阳北魏墓葬分布示意图(图二)。

解放后,关于洛阳北魏墓葬的研究工作中,对拓跋宏(孝文)长陵和其后高氏墓(文昭皇后陵)位置的确定,是一个重要收获[9]。由于这个问题的解决,使我们拟定北魏几个帝陵的大致范围,有了可靠的根据。关于长陵的范围,从下列十件墓志的记录,可以大体比定其东、南、北三面(表二)。

表二

	墓志出土地	墓志名称	墓志中有关的记录[10]
长陵东面	障阳北岭,南陈南岭	延昌三年(514年)赵充华墓志	墓于山陵之域
	北陈南岭	延昌三年(514年)元珍墓志	窆于河南东垣之长陵
	杨凹南	正光四年(523年)孟元华墓志	葬在西陵
	刘坡西沟	孝昌三年(527年)于纂墓志	窆于芒山西陲,帝陵之东坡
	瓦店西,障阳东北	永安三年(530年)元液墓志	迁窆于长陵之东冈
长陵南面	马坡北	正光五年(524年)元昭墓志	窆于洛阳之西陵
	前海资东南	孝昌二年(526年)元乂墓志	窆于……长陵茔内
	东陡沟	建义元年(528年)元子正墓志	葬于山陵
长陵北面	陈凹	永平四年(511年)元倖墓志	窆于长陵之北岗
	陈凹西	建义元年(528年)元信墓志	窆于旧茔(按倖、信系叔伯兄弟)

许多墓志提到了拓跋宏子恪(宣武)的景陵,其中九件墓志的记录可以比定景陵位置和范围(表三)。

对照长陵的范围,至少东、南两面,两陵极为相近,这两陵有可能就是同一范围。至于景陵冢的具体地点,从孝昌二年(526年)元则墓志知现在的安驾沟位"景陵之东北",是当在长陵冢之南。东陡沟西出土的冯邕妻元氏墓志记其地为"景陵之南岗",知当在东陡沟之北。因此,今冢头村西所谓的汉冲帝冢,或许就是景陵的所在。另外有的墓志还提到了拓跋恪(宣武)子诩墓,即"孝明皇帝陵"或定陵(表四)。

表三

	墓志出土地	墓志名称	墓志中有关的记录
景陵东面	伯乐凹东	正光二年(521年)司马嫔(显姿)墓志	陪葬景陵
	徐家沟	正光四年(523年)元仙墓志	葬于景陵之东阿
	姚凹东,障阳西北	正光四年(523年)元倪墓志	迁葬于景陵东山之阳
	后李村北	孝昌二年(526年)元朗墓志	葬景陵东岗
	南石村南	孝昌二年(526年)李氏墓志	葬于洛阳景陵垣
	盘龙冢东南	武泰元年(528年)元玮墓志	归窆于景陵东山之阳
景陵南面	东陡沟西	正光三年(522年)冯邕妻元氏墓志	葬于景陵之南岗
	盘龙冢西南一里	天平二年(535年)元玕墓志	葬于景陵东山之处
景陵西面	水泉	正光二年(521年)穆纂墓志	迁窆于景陵之右

表四

墓志出土地	墓志名称	墓志中有关记录
太仓村西北,西山岭头南	永熙二年(533年)张宁墓志	窆于孝明皇帝陵西南二里
西山岭东南	永熙二年(533年)王悦墓志	兆入定陵……合葬于芒山南岭定陵西岗

可知定陵在上述两陵之东,位北魏洛阳郭城西北隅之北。景、长、定三陵左右毗连,北魏皇室这样安排帝陵,大约还是承袭了盛乐、平城时期金陵的制度,即各代帝陵实际都在一处,洛阳北魏墓志常见的"西陵"[如延昌三年(514年)元飓墓志、熙平二年(517年)元遥墓志等],可能就是它们的共名。因此,熙平元年(516年)元彦墓志和孝昌元年(525年)元显魏墓志干脆也叫这个范围作"金陵",正光六年(525年)元茂墓志叫这里作"都西金山",就都可以理解了。

北魏帝陵的位置大致拟定,即可进一步分析其布局情况。为了弄清陵区诸墓的关系,按照北邙地理形势,以长陵为中心,面对洛河,移动了一下前图的方向,并考察了已知墓葬的宗系族姓,另绘墓区布局示意草图(图三)。从这张图纸上,可以清楚地看到:

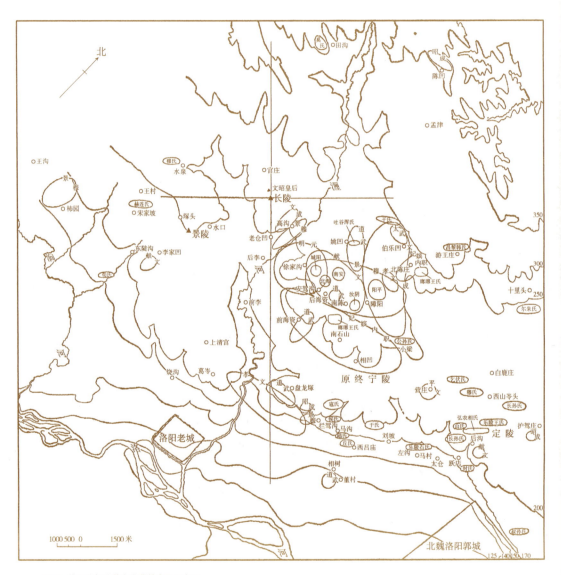

图三 洛阳北郊北魏皇室墓地布局示意图

第一，瀍河两侧的北邙山域，是北魏统治集团的一个大墓区。这个大墓区，既包括了帝陵，又包括了元氏皇室、"九姓帝族"、"勋旧八姓"和其他内入的"余部诸姓"以及此外的一些重要降臣的墓葬。它们在这大墓区内的分布，看来是有一定的规划和安排的。

1. 拓跋宏（孝文）"迁洛阳，乃自表瀍西以为山园之所"（《北史·后妃·魏文成文明皇后冯氏传》）。迁洛后的北魏帝陵虽不尽在瀍西，但瀍西的中心部位，确实在拓跋宏入葬之后，很少兴建帝陵以外的其他墓葬（长陵东、瀍河西分布的元桢、元彬、元偃和元简等墓，皆建于孝文生前；元祐墓应是元简的祔葬墓）。

2. 大批墓葬分布在瀍河以东。瀍东最重要的墓区，是位于长陵左前方的海拔250至300米等高线之间的那块高地。这块高地，与长陵相连，孝昌元年（525年）元华光墓志谓之曰"龙冈"，神龟二年（519年）元腾墓志中谓为"皇室之兆"。这里埋葬了自拓跋宏七世祖拓跋珪（道武）子孙以迄拓跋宏自己的一支子孙。拓跋珪以上的什翼犍（昭成）、郁律（平文）后裔的墓地，则远离了这块高地，或分散到下方200米等高线附近的方位，或分散到接近大墓区北部边缘的地带[11]。拓跋珪（道武）、晃（景穆）、弘（献文）子孙也有个别的安排在高地外围的，估计当另有缘故。

3. 上述长陵左前方那块高地的前沿和坡下一带，原为妃嫔葬地，拓跋恪（宣武）母文昭贵人高氏终宁陵即在该处。神龟二年（519年）迁文昭墓于长陵西北之后，这个地区除埋葬妃嫔外，扩大到付姆、大监、内司等内职。

4. 瀍河以东，长陵左侧的外围，还绕置着"九姓帝族"、"勋旧八姓"和其他内入的"余部诸姓"以及此外的重要降臣的墓地。属于"九姓帝族"的有西山岭头和后沟的长孙氏墓地、西吕庙的丘氏墓地。属于"勋旧八姓"的有营庄北的穆氏墓地、马沟的陆氏墓地、刘坡的于氏墓地。属于其他内入"余部诸姓"的有拦驾沟的寇氏墓地、侯氏墓地。属于此外的重要降臣的有后沟的乐浪王氏、弘农杨氏和左沟的乐陵石氏墓地等。这类非皇室元氏墓地，也有少数分布在250米高地的边缘地区的，如属勋旧的于氏墓地（伯乐凹），属重要降臣的辽东公孙氏（小梁北）和琅琊王氏（北陈庄和南石山）等的墓地。

5. 瀍河以西，长陵右侧的外围，有拓跋晃（景穆）子任城王世子澄一支的墓地（柿园北）和拓跋弘（献文）子赵郡王世子谧的墓地（东陡沟东）。另外，在这个区域内发现的还有勋旧穆氏（水泉西）和其他内入的余部诸姓的笱墓地（东陡沟西南）等。

第二，在这处有规划安排的大墓区里，每组墓葬的排列，虽然由于资料不完备，目前还归纳不出完整的次第，但从下面的四种情况，可以推测它们都应是井然有序的。

1. 北魏洛阳帝陵的开创者是拓跋宏（孝文），他的长陵应是祖坟，其子恪（宣武）景陵在它的右前方，恪子诩（孝明）定陵在距长陵较远的左前方。此外，拓跋宏子怿墓位瀍西，宏孙宝月墓位瀍东；两墓与瀍河相距不远，但前者在长陵直前的右侧，而后者则在长陵直前较远的左侧。

2. 上述接近长陵，位于瀍东的那块高地上的墓地，其布局是以拓跋宏（孝文）七世祖拓跋珪（道武）子孙的墓地为中心，宏六世祖嗣（明元）、四世祖晃（景穆）、二世祖弘（献文）的子孙的墓地位在右侧；宏五世祖焘（太武）、三世祖濬（文成）子孙和宏子怀一支的墓地位在左侧。

3. 拓跋宏（孝文）及其诸世祖子孙墓地中父子（女）墓葬的排列，有四种方式（表五）。

表五

I	父为祖坟，子墓位祖坟的左前方	珍（父）—天穆（子）	平文子孙
		晖（父）—信（子）倖（侄）	昭成子孙
		腾（父）—华光（女）	明元子孙
		鸾（父）—徽（子）	太武子孙
		澄（父）—彝（子）顺（子）	景穆子孙
		详（父）—颢（子）	献文子孙
II	父为祖坟，子墓位祖坟的左后方	鸾（父）—恭（子）	太武子孙
		简（父）—祐（子）	文成子孙
III	父为祖坟，子墓位祖坟的右前方	鳃（父）—子直（子）	献文子孙
IV	父为祖坟，子墓位祖坟的右后方	绪（父）—悦（子）	明元子孙
		鸾（父）—显魏（子）显儁（子）	景穆子孙
		怀（父）—悌（子）诲（子）	孝文子孙

这四种墓例，方式虽异，但左右次第为序是和1、2相同的。外围的帝族、勋旧等墓地的排列，大约也不出此四种方式：伯乐凹于氏墓地中，父景墓在右前，子纂墓在左后，与此四式中的Ⅱ同；西山岭头穆氏墓地中，父亮墓在左后，子

绍墓在右前，与此四式中的Ⅲ同。

4. 拓跋宏（孝文）及其诸世祖子孙墓地中兄弟墓葬的排列，皆自左而右，其例如表六。

表六

信、俊（叔伯兄弟）	昭成子孙
澄（兄）、嵩（澄弟）、赡（嵩弟）	景穆子孙
华光、均之（叔伯姊弟？）	明元子孙
勰（兄）、详（弟）	献文子孙

上述接近长陵，位于瀍东那块高地上的景穆子孙墓地中，自左向右分布着阳平王、汝阴王、南安王、阳城王子孙墓群，这也是按景穆子辈的长幼顺序排列的。

以上墓区布局示意草图所示的第一各项，表明了北魏洛阳北邙这处大墓区，集中以前不久还是同属于一个氏族（皇室元氏）、一个大氏族（九姓帝族）的死者；同属于一个联盟而又类乎兄弟氏族（勋旧八姓）的死者；还有同为一个联盟的其他部落的死者（其他内入的余部诸姓）；另外还集中了其他鲜卑诸部的降臣（如慕容诸燕和北燕冯氏）；甚至还把来投的中原和南方的降臣（如弘农杨氏、琅琊王氏）也集中起来，这无疑是原始社会族葬的遗风。示意草图所示的第二各项，表明了这个大族葬群内部的次第，大约是以父子（女）辈左右夹处，兄弟行并排成列为其特点的。这个特点实际是母系半部族制在墓葬制度上的反映的残迹。

族葬和族葬中反映母系半部族制的残迹，在中原地区大约即如《周礼·春官·冢人》所记的"公墓"。公墓者，"先王之葬居中，以昭穆为左右，凡诸侯居左右以前，卿、大夫、士居后，各以其族"。其遗迹现知以河南浚县辛村卫国墓地[12]、三门峡市上村岭虢国墓地[13]最为典型。其后，约自战国末期西汉初期以来，即随封建制的巩固、发展和家族葬的兴起而逐渐消失、改变。因此，洛阳这样北魏墓地的出现，自然与中原旧制无关，而是渊源于原始残余较重的代北旧习。

《魏书·高允传》记拓跋濬（文成）时："允以高宗纂承平之业，而风俗仍旧……乃谏曰……今陛下当百王之末，踵晋乱之弊，而不矫然厘改，以厉颓俗，臣恐天下苍生，永不闻见礼教矣。"高允这番议论，当时只换得"高宗从容听之"。所以到了太和七年（483年）拓跋宏（孝文）因禁氏族社会"同姓之娶"的制度，颇有感慨地说："皇运初基，中原未混，拨乱经纶，日不暇给，古风遗朴，未遑厘改，后遂因循，迄兹莫变。"（《魏书·高祖纪上》）[14]迁洛之前拓跋旧俗之重，于此可见。因此，洛阳北邙墓葬制度自当沿袭盛乐平城时期的金陵。金陵现下虽尚无实际资料可凭，但从《魏书》《北史》的记载，可以推测它的规模和内容是和洛阳的情况近似的。当然，洛阳时期已与盛乐平城时期大不相同。盛乐平城的金陵，主要是拓跋皇室和帝族诸姓的葬地，勋旧和其他的内入余部诸姓以及各地降臣入葬的为数极少[15]，一些官中内职的随葬也未见记录，洛阳墓地中出现的佛教僧人墓葬［如盘龙冢西曾出有永熙三年（534年）昭玄沙门大统僧令（杜）法师墓志］更未前闻。很清楚，金陵时期血缘纽带的原则比洛阳时期更严格，这如实地反映出：由于北魏南迁后，封建制的迅速发展，洛阳时期北魏原始族葬的形式虽尚存在，但其内部却已发生了比盛乐平城时期更多的变化[16]。北魏在墓葬制度上多存原始残迹，还可从当时皇室对陵墓的特殊重视来了解。太和十四年（490年）九月太皇太后冯氏卒，拓跋宏（孝文）亲政，"自九月至岁终，凡四谒陵"（《魏书·天象志四》）。次年又四谒（永固）陵。十七年（493年）迁洛前又谒永固陵。十八年（494年）由洛北还谒金陵、永固陵。二十年（496年）废太子恂后，又来谒两陵。拓跋恪（宣武）改元谒长陵，亲政又谒长陵。皇帝每临大事这样频繁地去祖先墓地，无疑是古风犹存的明显旁证[17]。

北魏原始葬制不仅保存在以皇室为中心的上层，文献记载迁洛以后的诸部人民似乎也存此制。神龟元年（518年）"十有二月辛未，诏曰：民生有终，不归兆域，京邑隐赈，口盈亿万，贵贱攸凭，未有定所，为民父母尤宜存恤，今制乾脯山以西，拟为九原"[18]（《魏书·肃宗纪》），这应是北魏统治集团为一般南迁的人民指定的公共墓地。它大约和《周礼·春官·墓大夫》所记的"邦墓"或《周礼·地官·大司徒》所记的"族坟墓"相似。所谓邦墓，"墓大夫掌凡邦墓之地域为之图，令国民族葬而掌其禁令，正其位，掌其度数，使皆有私地域"。所谓族坟墓，"五间为族（《郑玄注》'间二十五家，族百家'），使之相葬"，族师掌之，"族师各掌其族之戒令政事……以相葬埋"（《周礼·地官·族师》）。其在中原地区的实例，较早的如陕西长安沣西张家坡第一地点的西周春秋墓地[19]，较晚的如河南郑州二里冈东北和岗杜的战国汉初墓地[20]。汉初以后，这种邦墓或族坟墓也和公墓同样，随着社会的发展，而改变或消失了。因此，北魏乾脯山西墓地制度，也和北邙墓地同样来源于代北。《魏书·王慧龙传》："[拓跋焘（太武）]时制：南人入国者皆葬桑乾。"拓跋焘既为南人规定葬地，可以估计当时"北人"也必有集中的墓地，不过文献失载，遗迹又未发现，目前无法进行更多的推断罢了。

魏晋以来，原住边远地区的少数民族陆续内迁。十六国以后迄整个北朝时期达到了高潮。这个高潮前后连续将近三个世纪。在这样漫长的年代里，各族人民在共同的阶级斗争和生产斗争中，相互影响、融合，较为曲折地发展了汉魏时期的封建制，出现了不少和以前不甚相同的新的制度和习俗。这些新的制度和习俗，从考古遗迹方面观察，以汉族为主的各民族和逐步南迁的鲜卑民族在相互影响、融合的过程中所形成的内容，应是其中的重要来源之一。这个来源，至少在形式上还影响了其后的我国封建社会盛世——隋唐的某些制度和习俗。北魏设计的洛阳郭城显然是隋创建大兴、洛阳两城的主要根据[21]；北魏洛阳的里坊制度，甚至为隋唐新建的许多重要的地方城市所参考。残存原始葬制的北魏洛阳北邙陵墓的布局，看来也影响了唐代陵墓。李渊（高祖）献陵、李治（高宗）乾陵，特别是李世民（太宗）昭陵突出地集中了较多的陪陵墓[22]，大约即渊源于此[23]。至于洛阳北魏墓葬的形制、棺椁制度、以牛车为中心的武装俑群以及陶俑和壁画中所反映的各种衣冠服饰等，都为北魏以后迄初唐所沿袭，更是一般所习知。伟大领袖和导师毛主席早已阐明："各个少数民族对中国的历史都做过贡献。汉族人口多，也是长时期内许多民族混血形成的。"(《论十大关系》)因此，继续进行鲜卑遗迹的考古工作和进一步分析整理鲜卑遗迹，可以使我们从考古与文献相结合来加深认识关于我国历史这一特征的重要论断。这不仅是研究鲜卑民族历史所必需，也是研究魏晋南北朝隋唐时期中华民族历史的一个重要方面。

注释

[1] 北魏洛阳里坊数字，文献有三种记录：《洛阳伽蓝记》记二百二十里；上引《魏书·世宗纪》记三百二十二坊；《北史·魏太武五王·广阳王建附子嘉传》记三百二十里。按洛阳郭城东西二十

里，南北十五里（内城即汉以来的洛阳旧城，在郭城之内），全部计算里坊数字也仅三百，加上南郭中部夹御道向南突出的部分，大约也不会超过三百一十，况且在这个满数中还要除去占地广大的"庙社宫室府曹"。因此可知，后两处记录的里坊数字，显然有讹误。"庙社宫室府曹"大部在内城，但内城四面的郭城内，不属里坊的建置也很多，在专门记载洛阳佛寺的《洛阳伽蓝记》中，即附带著录了不少，如东郭有"天下贡赋所聚蓄"的租场；西郭有"周回八里"的大市；南部有汉灵台、魏辟雍和北魏正光中所建的明堂等巨大建筑群；北郭有"岁终农隙，甲士习武，千乘万骑常在"的阅武场和广种饲料苜蓿的光风园等。由此我们认为北魏洛阳里坊数字，《洛阳伽蓝记》的记录可能是接近实际的。

〔2〕 中国科学院考古研究所洛阳工作队《汉魏洛阳城初步勘查》，《考古》1973年4期。

〔3〕 参看《南齐书·魏房传》《魏书·术艺·蒋少游传》《魏书·成淹传》《北史·王肃传》。

〔4〕 中国科学院考古研究所洛阳工作队《汉魏洛阳城一号房址和出土的瓦文》，《考古》1973年4期。

〔5〕 下文引《文选·〈闲居赋〉》李善注引《河南郡县境界簿》作"五里"，疑《洛阳伽蓝记》所记有误。

〔6〕 参看注〔1〕。

〔7〕 郭玉堂《洛阳出土石刻时地记》，洛阳大华书报供应社，1941年。

〔8〕 已发表的有洛阳博物馆《洛阳元邵墓》，《考古》1973年4期；《河南洛阳北魏元乂墓调查》，《文物》1974年12期。

〔9〕 郭建邦《洛阳北魏长陵遗址调查》，《考古》1966年3期。

〔10〕 录自赵万里《汉魏南北朝墓志集释》，科学出版社，1954年。后同。

〔11〕 《北史·魏诸宗室·高凉王孤传》记"孝文时，诸王非道武子孙者，例降爵为公"的措施，是与墓地的安排相应的。

〔12〕 郭宝钧《浚县辛村》，科学出版社，1964年。

〔13〕 中国科学院考古研究所《上村岭虢国墓地》，科学出版社，1959年。

〔14〕 参看李亚农《周族的氏族制与拓跋族的前封建制》后编第九章《转形期的婚姻制度》，华东人民出版社，1954年。

〔15〕 据《魏书》《北史》等文献初步统计，从郁律（平文）后王氏葬金陵后，入葬金陵的除自什翼犍（昭成）迄拓跋弘（献文）和拓跋宏（孝文）后林氏各代帝、后外，有自拓跋珪族弟、什翼犍子弟迄拓跋晃（景穆）子孙。此外，帝族九姓中有长孙氏、奚氏、叔孙氏、车氏等陪葬。属勋旧陪葬的只有穆氏。属其他内入余诸姓陪葬的只有罗氏。属各地降臣陪葬的，只有郁律后王氏侄王建、后秦姚兴子黄眉、南凉秃发傉檀子源贺和晋宗室司马楚之。

〔16〕 母系半部族制曾在许多民族的原始社会中流行。西周的昭穆制度即是源于周人的原始残迹。战国秦汉以来把西周这种制度进一步规整化，成为统治阶级某些礼制的根据。北魏建国后，中原旧族能够据汉魏经学影响改进拓跋旧礼者，正是由于它们之间有这样一个原始的共同点。《魏书·礼志一》记，自拓跋珪（道武）以来兴建的三庙、五庙、七庙和拓跋濬（文成）时，高允进言祭祀"序其昭穆"（《魏书·高允传》），以及拓跋宏（孝文）和他的儿子恪（宣武）都优遇汉族世家，使之"参定礼仪"（《北史·崔逞传附玄孙休传》），并不是没有内在的原因的。《魏书·刘芳传》记："刘芳，彭城人也。六世祖讷，晋司隶校尉。……慕容白曜南讨青齐……芳北徙为平齐民……芳才思深敏，特精经义……于是（孝文）礼遇日隆……高祖崩于行宫，及世宗即位，芳手加衮冕。高祖自袭敛暨于

启祖山陵练除始末丧事，皆芳撰定……于是朝廷吉凶大事皆就谘访焉。"因此长陵布置的某些细节，甚至长陵的整体布局，都有可能采纳了刘芳的某些建议，也是因为有上述那样一个共同的内在原因。如果把拓跋皇室采纳某些汉族世家所主张的礼仪，完全解释作由于锐意汉化而模仿中原旧制，那就可能过于简单了。

〔17〕西周春秋时期中原地区的族葬和重视墓地问题，参看杨宽《试论西周春秋间的宗法制度和贵族组织》，《古史探源》，中华书局，1965年。

〔18〕乾脯山位置不详。但据《魏书·出帝平阳王纪》"[太昌元年（532年）四月]壬辰，齐献武王（高欢）还邺，车驾饯别于乾脯山"，知位北魏洛阳城东，当在今河南偃师县境。《隋书·地理志中》记：河南郡偃师县有乾脯山。《太平寰宇记》卷五《河南府偃师县》记："乾脯山，《九州要记》云周敬王于此曝乾脯，因以为名。"

〔19〕中国科学院考古研究所《沣西发掘报告》，文物出版社，1962年。

〔20〕河南文物工作队第一队《郑州岗社附近古墓葬发掘简报》，《文物参考资料》1955年10期；河南省文化局文物工作队《郑州二里冈》，科学出版社，1959年。

〔21〕隋创大兴城，参考了东魏、北齐邺南城的规划，但邺南城又系"上则宪章前代，下则模写洛京"（《魏书·儒林·李业兴传》）。近年河北邯郸地区临漳文化馆同志正在进行邺南城遗迹的勘探工作，北魏洛阳、东魏北齐邺南城和隋大兴城一脉相承的关系大致清楚。此将别有论述，兹不赘。

〔22〕参看《唐会要》卷二一"陪陵名位"条、昭陵文物管理所《昭陵陪葬墓调查记》，《文物》1977年10期。

〔23〕唐代陵墓制度导源于北魏，但其直接承袭则多自东魏北齐。邺城西古冢累累（包括俗传今河北磁县境内的所谓曹操七十二疑冢），据所出墓志，知有以东魏元善见（孝静）父元亶墓（"文宣王陵"）和以北齐高洋（文宣）父高欢墓（"义平陵"）为中心的两组墓群。这两组墓群的安排，大体与北魏洛阳北邙陵墓布局相似，只是规模略小，详细情况不易考定而已。关于邺城魏齐陵墓问题，容另文论述。

本文原刊《文物》1978年7期，第42～52页

隋唐长安城和洛阳城

一 隋唐京城大兴——长安城

(一) 隋京城大兴城的创建和郭城内街、坊、市、渠的布局

公元577年北周灭北齐,公元581年隋灭北周。隋文帝开皇二年(582年)六月命高颎、宇文恺等人在汉长安城东南的龙首原设计新京城。"隋文初封大兴公,及登极,县、门、园、池多取其名",这座新京城也以大兴为名,"谓之大兴城"(《太平御览》卷一五六引《西京记》)[1]。

大兴城规模浩大,规划整齐,面积达84平方公里。大兴城分郭城、宫城和皇城。宫城先筑,皇城次之,最后建郭城。郭城内由若干条东西、南北向的街道划为若干坊。这些坊又东西分属大兴、长安两县。郭城外东、西、南三面为两县的郊区[2]。郭内遍布官衙、王宅、寺院和道观,东西各置一市,还开凿了三条水渠。宫城、皇城位于郭城北部正中。再北为大兴苑。

大兴郭城东西广9721米、南北长8651.7米,周长约36.7公里。城墙夯土版筑。每版厚约9厘米。墙基宽度在保存较好的地方,一般均在9~12米,但有不少地方残存宽度仅3~5米。城墙外、距墙基3米许,有宽9米、深4米的城濠。郭城东、西、南三壁各开三门,其中南壁正中的郭城正门明德门为最大,有五个门道,各宽5米、深18.5米,其余各门均为三个门道。郭城内有南北向大街十一条,东西向大街十四条,其中通南面三门和东西六门的"六街",是大兴城内的主干大街。这六条街道,除最南面通延平门和延兴门的东西大街宽55米外,其余五条皆宽100米以上,特别是明德门内的南北大街——朱雀大街宽达150~155米。其他不通城门的大街宽度在35~65米之间;顺城街宽20~25米。各街路面皆中间高、两侧低,两侧并建有宽2.5米左右的排水沟。

这南北十一条、东西十四条的街道，除宫城皇城和两市外，把郭城分为一〇八坊。这一〇八坊，以朱雀大街为界，东属大兴县，西属长安县。各坊面积大小不一：靠朱雀大街两侧的四列坊最小，南北长 500～590 米，东西宽 550～700 米；位上列四列坊之外迄顺城街的六列坊次之，南北长度同前，东西宽则达 1020～1125 米；皇城两侧的六列坊最大，南北长 660～838 米，东西宽 1020～1125 米。城内诸坊除靠朱雀大街两侧的四列坊，因"在宫城直南，（隋文）不欲开北街，泄气以冲城阙"，"每坊但开东西二门"（《长安志》卷七），只设东西向的横街外，其余各坊都设十字街。即有东西、南北向的纵横街道各一条，街宽 15 米左右，两端开坊门。此十字街，据《两京新记》知可按位置分称东街、西街、南街、北街。坊四周筑夯土墙。墙基宽 2.5～3 米[3]。上述郭城和坊内各街道，有的部分被沿用到现代。沿用下来的部分，宽度已大大缩小，有的还出现了不同的弯斜度。各坊内部的区划，依《两京新记》和《长安志》记录坊内分布的衙、宅、寺、观方位的用词，分四类情况，即第一，××隅，第二，北（南）门之东（西），第三，西（东）门之南（北），第四，十字街东（西）之南（北），似可估计每坊内各又划为十六区[4]（图一）。各区间除十字街外，还有"巷"相隔。大约在唐天宝以后，区内发展了"曲"，所以《玉泉子》记李德裕问某僧长安通常州水脉的"井在何坊、曲"？又问其亲表裴璟、白敏中居止："璟曰知其某坊、某曲。"曲有"北曲"、"中曲"、"南曲"（《北里志》）、"小曲"（《太平广记》卷四八四引陈翰《异闻集·李娃传》）、"短曲"（《剧谈录》卷上）等称，也有按顺序的叫法，如"永昌坊入北门西回第一曲"

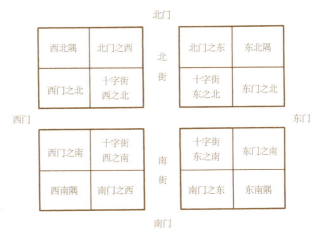

图一 《两京新记》《长安志》记录坊内方位的图解

(《入唐求法巡礼行记》卷四)、"逾子城大胜业坊西南下东回第二曲北壁,人第一家"(《玄怪录》卷三)。有的曲还有了俗称,如靖恭坊的毡曲(《酉阳杂俎续集》卷五)、胜兴坊的古寺曲(《太平广记》卷四八七引蒋防《霍小玉传》)和薛曲(吕大防《唐长安城石刻》)等。

城内诸坊基本是居民区,其全部面积占全城八分之七。和汉代都城相比,隋大兴城居民区明显扩大,这当然与其经济、文化发展有关,但从其设计意图推测,大约主要还是承袭曹魏以来的都城为了直接控制大量人口的需要而规划的。大兴城修建于开皇二年(582年),当时全国还未统一,隋统治者力图直接控制大量人口,开皇九年(589年)全国统一后,这种做法意义就不大了,所以一直到盛唐,郭城南部四列坊仍"率无居人第宅","虽时有居者,烟火不接。耕垦种植,阡陌相连"(《长安志》卷七)。中唐以后,永达里还有"园林深僻处"(《旧唐书·王龟传》)。延平门和延兴门间的东西大街之所以显著地窄于其他五条通城门的大街,当然与此有关,这都说明各代都城的规划与当时形势的需要是有直接关系的。

大兴城两市,东曰都会,西曰利人,对称置于皇城外东南和西南,各占两坊之地,周建夯土围墙,开八门,内设井字街道和沿墙街道,井字街两侧凿剖面作半圆形的排水沟。管理市场的市署和平准署位于井字街当中,两市遗迹情况如下表(表一)引。[5]

表一   (单位:米)

	面积		墙基宽	顺城街宽	井字街宽	水沟宽
	南北长	东西长				
都会市	1000	924	6~8		30	
利人市	1031	927	4	14	16	0.9

两市内"四面立邸,四方珍奇,皆所积集"(《长安志》卷八)。两市是大兴城内手工业和商业的集中地区,从其位置处于城内中部以北,接近宫城和衙署,可以推知两市的工商业主要是为贵族官僚集团服务的。

大兴城内,隋初还开掘了龙首、清明、永安三条水渠。三渠分别从城东、城南引浐水和洨水、潏水进城,北入宫苑,其用途大概主要为解决宫苑的环境用水。三渠的入口均已探得,入城后的流布,除龙首南支的一部分和经西市附近的一段永安渠以及兴化坊的一段清明渠已探得外，其余尚不清楚。

龙首渠南支自东壁通化门北兴宁坊入城。入城处有宽度为 1 米砖石合砌的涵洞两个，涵洞高 0.75 米、洞身长 5.5 米、顶部距今地表 1 米、底部宽 2.5 米。此支渠进城后，南折经永嘉坊，一支西去，一支南入兴庆坊。渠宽 6 米，渠两壁和底部均敷砌青砖。

永安渠自今南三门口村东南角以三十度斜度进城，经大安坊，然后北流，自怀远坊经西市北去。

清明渠在今北三门口村以东 200 米处，东紧靠安化门北流入城，其中经兴化坊西墙内侧的一段，探得宽 9.6 米，渠底比后来唐代路面高出 0.25～0.4 米[6]。

从上述各渠渠身宽度，可推知当坊、市门和城门处，原应设有桥梁，所以至唐开元时，长安、万年两县曾坐霖雨不修城内桥，被推按。桥石制，连以铁鑗，崔翘《县令不修桥判对》中描述该两县城内桥情况，"鹊桥牢落，虹影欹倾，石杠沉而铁锁暗移"（《文苑英华》卷五四五），也有"岁月深久，桥木烂坏"的木桥[《唐会要》卷八十六《桥梁·大历五年（770 年）敕》]。这两种渠桥的遗迹，尚有待于发现。

以上位于皇城东南、西南两侧规划完整的都会、利人两市布局和流布郭城、宫苑的纵横水渠，以及前面所述城内东西、南北向的宽广街道，明显地反映了隋王朝统一全国前后经济的恢复和发展。当然，这种引水入城和城内设立市场的做法，也曾分别见于北魏洛阳和东魏、北齐邺城[7]，但规模的大小、位置的安排，有很大的不同，可以说明，国家由分裂走向统一，经济一定要出现一个发展的阶段，这是历史的规律。

（二）从大兴城的布局看隋对宫城卫护的加强和对人民的严密控制

隋王朝的趋向统一和统一后的形势，固然对稳定人民生活、促进社会经济的发展起了一定的作用，但作为地主和农民两个阶级之间的对立关系，并不会消除，人民反抗地主阶级和封建王朝的斗争也不会停止。隋王朝为了巩固自己已经取得的权力，便极力强化对人民的控制，同时为了封建统治阶级总代表——皇帝的安全，又极力加强皇室居住区的卫护，京城大兴城内宫城、皇城的安排和郭城内王府、官衙、寺观的布局，很明显地表现了这一点。

大兴城的宫城位于郭城北部正中，前是皇城，后靠郭城之北的大兴苑，南北长 1492.1 米，东西宽 2820.3 米。今西安城内西五台和北城外自强西路北侧铁路中学院内的土岗，是宫城南、北壁的遗迹。西墙则与今西安城的西墙在同一直线上，其南部为今西安城西墙所压。城墙夯土版筑，甚为坚实，基宽一般为18米左右，只有东城墙部分是14米多。宫城南壁正中的广阳门和北壁正中偏西的玄武门门址均已探得。广阳门门址东西残长41.7米，进深19米，三个门道，门基铺石条或石板，这是其他城门所未见的设置。广阳门前即宫城和皇城之间的横街，宽220米，是大兴城最宽的街道。宫城中部为宫殿区，东西宽1967.8米，皇帝正衙大兴殿位于此区的南部。宫殿区东为太子宫——东宫，宽度不详。宫殿区西南部为宫人居处的掖庭宫，北部是曾出土唐太仓窖砖（图二）[8]的太仓的所在。掖庭宫和太仓皆宽702.5米[9]。

自东汉末期以来，由于阶级矛盾和民族矛盾的激化，各代王室贵族为了巩固统治和力保自身的安全，使宫殿更为集中，以便加强宫殿区——宫城的防御。大兴城无论是宫城本身的建筑，还是宫城内外的布局，都表明隋统治者不仅承袭了上述做法，而且比前代大大加强了。

皇城位置紧靠在宫城的南侧。中隔横街，无北墙，东西两墙与宫城东西墙相连，是同一城墙的延长，南城墙为今西安城南墙所压。皇城南北长1843.6

图二　西安出土贞观八年（634年）太仓窖砖拓本

米，东西宽同宫城。城墙亦夯土筑。皇城南壁有三个城门，东西两壁各有两个城门，其位置均已勘探确定。其中南壁正中的皇城正门朱雀门，北和宫城正门广阳门相对，南经朱雀大街与郭城南壁明德门相通。文献记载，皇城内有东西向街道七条、南北向街道五条，"各广百步"（《云麓漫钞》卷八）。其间立中央衙署及其附属机构[10]。皇城内的街道大部为后来所沿用，并一直沿用到现代；有的衙署范围也一直到今天还可考察到它的大致痕迹。

自曹魏邺城开始，诸代王朝都城内的中央衙署便开始集中，例如西晋、北魏的洛阳，其中央衙署即集中在宫城南出大街铜驼街的两侧[11]。但在衙署外围另筑一城，即皇城，则是隋以前所未有。《长安志》卷七记"自两汉以后至于晋齐梁陈，并有人家在官阙之间，隋文帝以为不便于民（《唐两京城坊考》卷一改'民'为'事'），于是皇城之内，唯列府寺，不使杂居止，公私有便，风俗齐肃，实隋文新意也"。这个隋文新意，既把一般居民和宫城隔得更远，又把皇帝住地的宫城和其他大小统治者的宅第严格分开，以使宫城的卫护更为加强。

宫城之北为大兴苑。大兴苑东靠浐，北枕渭，西包汉长安城，"东西二十七里，南北三十三里"（《长安志》卷六），为皇帝游猎禁区，当然也起着宫城北面的防卫作用。

大兴城郭城内，绝大部分还是居民区——坊。隋王朝为了对居民区加强控制，除每坊置里司（《新唐书·百官志》还记每坊"坊角有武侯铺"，"左右金吾卫左右街使，掌分察六街徼巡"，司坊市门闭启）等极力强化街坊制度外，又使城内四隅和主要街道两侧的各坊，遍布王宅、官衙和寺观。大兴地势东南高，西北低，相差30余米，其间陡起约4~6米的高坡共六条，即所谓"帝城东西横亘六岗"（《长安志》卷七）。这六岗的坡头，除第二岗坡头"置宫殿"，第三岗坡头"立百司"（《长安志》卷九）外，郭城内各坊当坡头之处，皆为官衙、王宅和寺观所据。

大兴郭城内官衙位于冲要之地的有东西市附近宣阳坊和长寿坊内的大兴县廨和长安县廨，还有位于布政坊东北隅紧靠皇城右侧顺义门的右武侯府等。王宅多在城的南部，"隋文帝以京城南面阔远，恐竟虚耗，乃使诸子并于南郭立第"（《两京新记》卷三），其实蜀王、汉王、秦王、蔡王分别在归义、昌明、道德、敦化四坊的立宅之处，正是横亘大兴郭城南部岗坡之地，其中敦化坊蔡王宅，更控制了大兴东南隅的北部。开化坊的炀帝藩邸紧接皇城外的朱雀大街东侧，北距皇城正门朱雀门仅隔一坊之地，其位置之重要最为明显。另外郭城地势最高的东南隅，

"宇文恺营建京城，以罗城东南地高不便，故缺此隅头一坊余地，穿入芙蓉池以虚之"（《太平御览》卷一九七引《天文赤集》），不久又在这里兴建了离宫[12]。后来又把郭城的另一隅头东北隅的一坊之地，也划归了禁苑。

佛教自汉代传入中国，在魏晋南北朝时期广泛流行，寺院建筑迅速发展。隋王朝为了对人民进行思想控制和直接监督，大力提倡兴立寺院。"文帝初移都，便立寺额一百二十枚于朝堂，下制云：有能修造，便任取之"（《长安志》卷十），并且还敕令大兴、长安两县各置"县寺"一座。在隋王朝的宣扬下，大兴城内寺院林立，多达百余座，其中崇贤一坊竟立八寺。隋王朝除利用佛教外，也利用道教，大兴城内立道观十处。寺观多占主要街道两侧、岗坡高地和城隅处，如对称于皇城两侧、位在靠皇城前东西大街两端的郭城金光门和春明门附近的宝国寺和禅林寺；对称于朱雀大街两侧、位于第五岗坡头的崇业坊、靖善坊内的玄都观和大兴善寺。又如占据郭城西南隅两坊之地的禅定寺、大禅定寺和位于城西北隅汉灵台旧址所在的修真坊的积善寺等。

综观全城，宫城、皇城位在北部正中。各坊内部区划整齐，外围门、墙，并置里司。主街两侧、城内四隅和城内坡岗之地遍布官衙、王宅、寺观（图三）。这种对劳动人民进行严密控制和监视的布局，反映了隋王朝残酷压迫和剥削人民的反动本质。

（三）唐初修建的大明宫的遗迹

隋大兴城唐名长安城，或曰京师城。唐初大兴城的变革，主要是新创建的大明宫，取代了以太极殿（即隋的大兴殿）为中心的旧的宫殿区。唐太宗贞观八年（634 年）于太极宫东北禁苑内的龙首原高地建永安宫，次年改名大明宫。显庆五年（660 年）武则天开始被"委以政事，权与人主侔"（《通鉴·唐纪一六》），第三年就修治大明宫，龙朔三年（663 年）迁大明宫听政，自此大明宫一直是唐代主要的朝会之所。

大明宫南宽北窄，西墙长 2256 米，北墙长 1135 米，东墙由东北角起向南（偏东）1260 米，东折 300 米，然后再南折 1050 米与南墙相接，南墙是郭城的北墙，在大明宫范围内的部分长 1674 米。宫城全周长 7628 米。宫城除城门附近和拐角处内外表面砌砖外，其余皆夯土版筑。城墙的建筑分为城基和城墙两部分，城基宽 13.5 米、深 1.1 米。城墙筑在城基中间，两边比城基各窄进

图三 隋大兴、唐长安城布局的复原

1.5米左右，底部宽10.5米。城墙转角处，其外侧两边15米之内，皆加宽2米余，有的内侧也同样加宽，估计该处城墙之上原有角楼之类的建筑物。北墙之北160米处和东、西墙外侧约50米处，发现了与城墙平行的夹城，其基宽约4米，夹城拐角处有的也包砌青砖。宫城四壁和北面夹城皆设门，其位置除南墙东部两门被今市区所压外，其他均已探得，各门只有南墙正中的丹凤门设五个门道，其余皆为一个门道。

大明宫北部有太液池，南部有三道平行的东西向的宫墙。宫内已探得亭殿遗址三十余处，绝大部分在宫城北部，现经发掘的有大明宫正衙含元殿遗址和宴会群臣的麟德殿遗址[13]。

含元殿龙朔二年（662年）建。遗址位于丹凤门正北610米处的龙首原南沿上，其地高出平地15.6米（《太平御览》卷一七五引《两京记》"含元殿陛上高于平地四十余丈"）。据现存遗迹可知：殿台基东西宽75.9米，南北长41.3米；殿面阔十三间，进深六间，间各广5.3米，殿外四周有宽5米余的副阶；殿左、右、后三面夯筑厚1.3米的土墙，墙内外壁涂白灰，底部并绘有朱红色边线；台基下周砌散水砖。台基前两侧各设高阁（东曰翔鸾，西曰栖凤）与大殿左右相连，两阁基址高出平地15米，周围包砌60厘米厚的砖壁。升殿的阶道即经此两阁下塌于地，若龙之垂尾，当时称之为"龙尾道"（《雍录》卷三附有龙尾道示意图，又引《贾黄中谈录》云"含元殿前龙尾道，自平地凡诘曲七转，由丹凤北望宛如龙尾下垂于地"）。大殿的正前方与丹凤门之间为长600多米的宽敞庭院。含元殿的布局气势宏大，与北京的故宫比较就更加清楚（明清宫城正殿——太和殿台基高出平地不过7米，殿连四周围廊合计面阔十一间，进深五间，殿前的庭院从太和殿到太和门长不过188米，从太和殿到午门也不过330米）。含元殿遗址出黑色陶瓦，大者径23厘米，约是殿顶用瓦。小者径15厘米，应是廊顶用瓦。还出有少量的绿琉璃瓦片，可知含元殿的铺瓦是使用了黑瓦顶绿琉璃脊和檐口的剪边做法。另外，从台基四周出土的残石柱和螭首等石刻残片，得知台基周围原安有石栏和螭首等装饰。

麟德殿的兴建略迟于含元殿，遗址位于太液池西隆起的高地上，西距宫城西墙仅90米。夯土台基南北长130.41米，东西宽77.55米，分上下两层，共高5.7米，台基周围砌砖壁，其下绕敷散水砖。台基上三座殿址前后毗连。前殿面阔约58米，十一间，进深四间，正中减六柱，前附副阶一间，副阶前有东西阶址。前殿后为一宽 6.2 米的过道，其北接中殿。中殿面阔同前殿，进深五间，以墙隔为中、左、右三室。前、中两殿和其间的过道地面原铺对缝严密的磨光矩形石块。后殿面阔同中殿，进深三间。后殿之后另附面阔九间、进深三间的建筑物，后殿与所附建筑地面原铺方砖。全部建筑长约 85 米。中殿左右有东西亭方形台基一处。后殿左右有矩形楼阁台基一处（《雍录》卷四"麟德殿东廊有郁仪楼，西廊有结麟楼"），左右矩形楼阁台基各有向南延伸的廊址。廊址范围宽广，玄宗"尝三殿打球，荣王堕马闪绝"（《类说》卷七引《教坊记》）。三殿即麟德殿[14]，麟德殿可打球，证实回廊内的庭院确为空敞。"大历三年（768 年）……宴剑南、陈、郑神策军将士三千五百人于三殿"（《册府元龟》卷一一〇），麟德三殿容纳这样众多人数，当然要把回廊和殿前庭院的空间都计算在内。即使如此，包括回廊在内的麟德殿的规模之大，也足以使人惊异了。

含元、麟德两座殿堂遗迹，不仅规模宏大，其布局的变革，更引人注目。高耸的正衙含元殿前列两高阁，并设有漫长的龙尾道。麟德三殿连建，翼以两楼两亭，并周绕回廊。两殿这种壮观与突出防卫性附属结构相结合的设计，不同于殿堂布局的旧传统。这既反映了武则天初期着重内防的新情况，又表明了自唐太宗以来经济、文化的逐步繁荣，使初唐时期的建筑技术也出现了一个新的发展阶段。

武则天擅政之初，为什么坚决放弃原来的太极宫，而把一代朝会正衙转移到长安城东北郊禁苑范围之内呢？我们认为其重要原因除高宗病风痹以太极宫内湫湿外，还有：第一是因为太极宫地势低，不利防变，大明宫高踞岗阜，所以《两京新记》中说："命司农少卿梁孝仁充使制造此宫（大明宫），北据高岗，南望爽垲、终南如指掌，坊市俯而可窥。"（《太平御览》卷一七三引）显然，这里既适于警卫宫廷内部，又可以掌握京城全局。第二可以根据新形势的需要，设计修建新的殿堂。总之，朝会移至大明宫，最值得重视的是出于当时政治斗争的需求。

（四）兴庆宫、夹城和曲江的遗迹

开元以后的皇室建筑遗迹，规模最大的是兴庆宫。经过考古发掘、调查的，还有大明宫西的含光殿和郭城东壁的夹城以及当时被称为"南苑"的芙蓉池（曲江池）。这些遗迹暴露了作为唐统治阶级上层代表的皇室贵族日益侈奢宴逸，初唐时期的蓬勃景象渐就澌尽了。

开元二年（714年）因兴庆坊玄宗藩邸置宫，十四年（726年）扩建兴庆宫置朝堂，十六年（728年）工竣，玄宗即移此听政。天宝十二载（753年）又"筑兴庆宫城并起（城）楼"（《唐会要》卷八十六《城郭》）。该宫城傍郭城东壁，东西宽1080米，南北长1250米，平面呈长方形。城墙宽5～6米，南壁20米之外还筑有宽3.5米左右的复墙。宫城四面皆设门，正门兴庆门在西壁北部。宫城内以隔墙隔为南北两部，北为宫殿区，南为园林区。考古试掘和钻探多在南区。南区正中为一东西915米，南北214米，面积达182000平方米的椭圆形大小池——龙池。龙池西南共发掘十七处建筑遗址，其中较重要的是一号遗址和六号遗址。

一号遗址位于宫城南部西段，西距宫城西壁125米。面阔五间，26.5米，进深三间，19米。进深正中的五间除当中一间为门道外，两侧各建一宽8米、长10余米的夯土厚墙，此墙原为荷负上层建筑物的台基。遗址四周铺有宽85厘米的散水砖。

六号遗址位于一号遗址西北，该遗址周绕东西宽63米、南北长92米的回廊址，廊内北部为一东西宽30米、南北长20余米的建筑址。此建筑址台基前设东西阶，两侧各有短廊址与东西回廊址相接。回廊内南部为一长宽各20余米的宽敞庭院。六号遗址时间较晚，其下压有较早的建筑址甚多，其中平面可以复原的有九号四出阶道的方形亭址和八号圆形建筑址。

兴庆宫以园林区为主体，建筑平面多样化。建筑装饰瓦件丰富多彩，就试掘的资料统计，不仅莲花瓦当的种类多达七十三种，还在宫城的东南隅发现了黄绿两色的琉璃滴水。这些都形象地表明了兴庆宫的豪华富丽远在大明宫之上[15]。

开元十四年（726年）外傍郭城东壁建兴庆宫北通大明宫的复壁，开元二十年（732年）又外傍郭城东壁建兴庆宫南通曲江芙蓉园的复壁[16]。此即所谓"筑夹城至芙蓉园"（《唐会要》卷三十）的夹城。复壁东距郭城壁23米。与郭东壁南北平行，但近城门处则向东斜，复壁与郭壁的间距缩小到10米左右，春明门南侧的夹城址还存有登城楼出入口的建筑物遗址。此傍郭城东壁的复壁全长达7970米，版筑坚实，夯土的硬度比郭壁还要高，劳民伤财，其目的只备人主潜行，"外人不知之"（《长安志》卷九），而且主要是为了游玩"开元中凿池引水，环植花木"（《分门集注杜工部诗》卷三引《西京杂记》）的曲江芙蓉园。自玄宗以后的唐皇室沉湎游乐，日益加甚，于曲江芙蓉园一带设南苑，进一步霸占了这个风景区，所以诗人杜牧曾讽咏云："六飞南幸芙蓉苑，十里飘香入夹城。"(《樊川文集》卷二《长安杂题长句》)

这种专为皇帝修建的夹城，在9世纪初，在大明宫的东、北、西三面也兴建起来。禁苑内还需要夹城隐避，可见唐皇室的实力已极度下降，所以这部分夹城夯筑也极为简陋，基宽不过4米。

唐皇室的游乐建筑遗址，也在大明宫内发现。大明宫北部太液池周围的宽5米余的夯土台基和在台基附近发现的大量砖瓦，表明它是元和十二年(817年)所建"蓬莱池周廊四百间"(《旧唐书·宪宗纪下》)的遗迹。

大明宫西壁外，东距宫西壁210米处的一处殿堂遗址中出土刻有"含光殿及球场等，大唐大和辛亥岁乙未日建"的石志一方，说明这处遗迹属于公元831年所建的含光殿。石志中所记的球场，虽然尚未掘出，但从它与含光殿并列题名，可以推测其规模不会一般。此外，遗址所出砖瓦中杂有前所未有的、釉色复杂的琉璃饰件。如绿色和蓝色的版瓦、筒瓦和浅绿釉色的花砖等，都表明了9世纪40年代修建的这处皇家建筑更为奢丽，它们反映的皇室的生活，看来又比兴庆宫时代更淫泆了[17]。

前述的曲江芙蓉园，在大和开成间(827～840年)更加淘治，已探明的曲江芙蓉园遗址，应是这时期的遗迹。遗址在郭城东南隅，平面长方形，"东西三里而遥，南北三里而近"[《欧阳行周文集》卷五《贞元五年(789年)曲江池记》]，面积约1441600平方米。曲江池在园西部，现已无水，据钻测其遗迹南北长约1400米，东西最宽处约600米，面积约70万平方米[18]。9世纪中叶以后，长安统治阶级在这里纵情恣欲，不仅皇室新造楼亭，作乐移日，不少官衙也在曲江各置船舫，"进士开宴常寄其间，大中、咸通(847～873年)以来……曲江之宴，行市罗列，长安几于半空"(《唐摭言》卷三)，晚唐长安侈靡游逸之风发展到如此程度，可以表明这个政权确已达到极其腐朽的状态了。

(五) 唐代的东、西市

隋初设置的都会、利人两市，唐简称东市、西市。两市的规模和布局，除永徽六年(655年)八月于"京师东西二市置常平仓"(《旧唐书·高宗纪上》)外，大体沿用未变。根据两市的考古工作并参考必要的文献记载，可以清楚地看到唐长安两市工商业的发展，已远远超过了隋代。

东市的全面钻探，首先否定了开元十四年（726年）扩建兴庆宫时占用了东市东北隅的传说。其次探明了东北隅"俗号海池"（《太平御览》卷六十二引《西京记》）的放生池的情况和该池引水的渠道，从而推测池水来源有可能引自兴庆池。这个推断如果无误，东市放生池开凿的时期就不会早于武后中期以前[19]。通渠潴池既为了运输，也为了市场用水，显然这是当时商业日趋繁荣的迹象。《长安志》卷八记"（东）市内货财二百二十行"，日僧圆仁《入唐求法巡礼行记》卷三记会昌三年（843年）六月二十七日"夜三更，东市失火，烧东市曹门已西十二行四千（十？）余家，官私钱物金银绢药总烧尽"。可见龙朔三年（663年）改在大明宫听政，"公卿以下民（居）止多在朱雀街东……由是商贾所凑多归西市"（《长安志》卷八）之后，东市仍然保持着一定的盛况。文献记载东市有笔行（《法苑珠林》卷七十四《十恶篇·偷盗部感应缘》），有药行（《三宝感应要略录》卷中《东市行证为亲写华严救苦感应》），有赁驴人（《太平广记》卷三四六引《续玄怪录》），有杂戏（《杨太真外传》卷上），有琵琶名手（《乐府杂录》），有卖胡琴者（《广记》卷一七九引《独异志》），有货锦绣彩帛者（《广记》卷四五八引《博异志》），有绢行（《大唐大慈恩寺三藏法师传》卷十），有铁行（《广记》卷二六一引《乾𦠆子》）、毕罗肆（《酉阳杂俎续集》卷一）、酒肆（《广记》卷三〇二引《集异记》）、肉行（《剧谈录》卷上）、凶肆（《广记》卷四八四引《异闻集》），曲内还有临路店（《广记》卷一九三引《原化记》）。敦煌莫高窟藏经洞发现印有"上都东市大刁家大印"字样的约属9世纪的印本历日残片[20]和据"京中李家于东市印"的《新集备急灸经》的咸通二年（861年）传抄本[21]，这两件敦煌遗书告诉我们，唐后期新兴的雕版印刷行业，在东市也发展起来了。

西市贞观以来，即为聚钱之所，释通达偿西市债，"伺觅行人……倩达西市"，一次即负钱"百有余贯"（《续高僧传·感通·唐京师律藏寺释通达传》）[22]。龙朔以后，它的繁荣更远远超过了东市，因又有"金市"之称[23]。西市的繁盛，首先也反映在开渠潴池以解决运输和用水问题上。在钻探西市和附近里坊时，发现永安渠流经西市东侧时，在沿西市南大街北侧向西伸延的长约140米、宽约34米、深约6米的支渠，横贯市内。这条支渠大约即是《长安志》卷十所记"（西）市西北有池，长安中（701～705年）沙门法成所穿，支分永安渠以注之，以为放生池"的遗迹[24]。天宝元年（742年），京兆尹韩朝宗又分滻水开漕渠，目的很清楚，就是为了漕运。《唐会要》卷八十七记漕渠云："入自金光门，置潭于西市之西街，以贮林木。"永泰二年（766年），京兆尹黎干以京城薪炭不给，又自西市引渠，"自（光德坊）京兆府，直东至（开化坊）荐福寺东街，至北（务本坊）国子监正东，至于城东街正北，又过景风门、延喜门入于苑。（渠）阔八尺，深丈余"[25]。

西市的繁荣，唐后期达到了极盛。这在部分西市街巷的发掘中，得到证实。据已发掘的西市街道，知道在早期路面和房基之上，还有中期、晚期的路面和房基各一层。它们的间距：中期层在早期层上约半米；晚期层在中期层上约四分之一米。早期路面出有"乾元通宝"，因知早期路面一直使用到安史乱后的肃宗时代，那么厚达0.75米的中、晚期两层的形成，都应在肃宗之后。晚期路面两侧的排水沟，不仅增筑了砖壁和砖底，它的阔度也加宽了（早期底宽0.75米、口宽0.9米，晚期底、口同宽1.15米）；这种晚期水沟，还和街内小巷中的砖砌暗水道相连接。看来，唐后期西市大小街巷和排水设备，都进行了一次规模较大的重建。这可能是由于某次天灾人祸的变动[26]，使西市遭受了规模不小的破坏，在重整市内街巷、排水设备时，做出比较完备周密而又全面的改进，这无疑表明了唐后期西市工商业的迅速发展。

西市"市内店肆如东市"（《两京新记》卷三），文献记载的具体行业，远比东市繁多。《两京新记》卷三："市署前大衣行，杂糅货卖之所。"《太平广记》卷十八引《仙传拾遗》记："东市东壁南第三店"为鱼店。《法苑珠林·眷属篇之余感应缘》引《冥报拾遗》记"（西）市北大街"有王会师店。此外，有卖钱贯人（《广记》卷四十二引《原化记》）、应募的善射人（《广记》卷三三五引《宣室志》）、酒肆（《广记》卷七十六引《国史异纂》及《纪闻》）、胡姬酒肆（《李太白集》卷六《少年行》）、鞦辔行（《广记》卷一五七引《逸史》）、卜者（《广记》卷二一六引《原化记》）、卖药人（《唐国史补》卷中）、卖饮子药家（《广记》卷二一九引《玉堂闲话》）、药行（《入唐求法巡礼行记》卷四）、油靛店、法烛店、煎饼团子店、秤行、柜坊（《广记》卷二四三引《乾䐤子》）、食店张家楼（《广记》卷三四八引《会昌解颐录》）、贩粥者、帛肆（《说郛》卷四引《白行简纪梦》）、绢行（《广记》卷三六三引《乾䐤子》、《玄怪录》卷三）、麸行（《广记》卷四三六引《续玄怪录》）、衣肆（《广记》卷四五二引沈既济《任氏传》)、凶肆(《广记》卷四八四引《异闻集》)、寄附铺(《广记》卷四八五引蒋防《霍小玉传》)、烧炭曝布商(《文苑英华》卷五四五《街内烧炭判》),还有收宝物的胡商(《酉阳杂俎续集》卷五《寺塔记上》记胡人市宝骨,《广记》卷三十五引《集异记》记商胡买王四郎所货化金,《广记》卷九二一引《续玄怪录》记胡客买罽宾国镇国碗等)和波斯邸(《广记》卷十六引《续玄怪录》)等。以上诸店铺大多在市内临街布置,就已发掘的部分情况看,多位于两侧排水沟内2米,毗连栉比,每个单位进深一般3米多,面阔4～10米,即一大间至三间左右。经发掘和调查的店铺遗迹计有下列五处(表二):

表二

序号	地点	遗迹内除建筑材料外的主要出土物	遗迹性质的估计	附记
I	西市南大街东端街南	盆、罐及三彩陶器残片,并且有大量瓷碗、盆等残片,其中以厚胎白釉低圈足碗、盆为多……在房址内还发现有石臼、石杵。在遗址南侧临街的地面上发现有小圆坑数处,并埋有坛和罐	推测这可能为饮食业的所在地	1960年发掘[27]
II	西市北大街中部街南	为数不少的铁钉、铁棍与小铁器的残块和一部分石刻。石刻有僧像头部和石刻卧牛	铁器店铺和石刻店铺的遗址(?)	1961年发掘[28]
III	西市南大街中部街南	大量骨制的装饰品(梳、钗、笄及刻花的骨饰等)、料珠、珍珠和玛瑙、水晶等制的装饰品。此外,还出土了少许金饰品和两件骨制的标识书笺的"牙签"(?)及大量的骰子与制作骨器的骨料等	似珠宝商的遗址	1962年发掘[29]
IV	西市东大街南部	在近代修掘的沟壕壁面上,发现长约5米,厚10～30厘米的陶器层,内出有捺印"刑(邢)娘"两字的陶片(图四)	陶器店铺的遗址(?)	1957年调查[30]
V	西市西大街中部	在现代修掘的窖穴积土中,发现唐后期的残陶俑和陶俑头部(图五)	"凶肆"的遗址(?)	1975年调查[31]

从以上五处情况,第一,知道西市各处遗迹所出的主要遗物各不相同,这可证实文献记载东西两市按行分区的布局;第二,从 I 饮食业遗址和 III 骨器与骨料同出,可知西市店铺至少有一部分是附有加工场所或作坊的;第三,IV 所出一般陶器上捺印的"刑(邢)娘"字样,大约已不属"物勒工名"的性质,有可能标志着商品竞争的意义,这位刑(邢)娘女陶工的制品,应是得到了当时使用者的赞许;第四,推测是珍宝商遗址的 III,出土了大量骰子,骰子是双陆的附件,原为中亚、西亚一带流行的玩具,唐初以降始风行于内地,这种玩

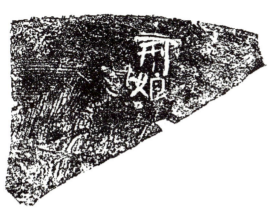
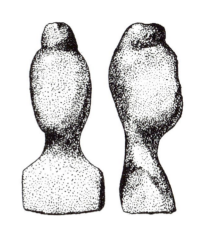

图四 西市发现的"刑(邢)娘"陶片拓本　　　　图五 西市发现的陶俑头部

具和许多珍宝饰物同出，自然引起我们联想当时来自中亚、西亚一带多营珍宝的"胡商"的记载，前引收宝物的胡商和波斯邸，说不定就和这类珍宝的行业有关。按西市附近各坊，自唐初武德四年（621年）即兴建了中亚、西亚一带人民信奉的拜火教的庙宇——胡祆祠或波斯胡寺，此后陆续增建，到开元十年（722年）韦述所撰的《两京新记》卷三中，即著录了四所之多（布政坊有胡祆祠，义宁坊有祆祠，醴泉坊有波斯胡寺和祆祠），即使如此，据近年西安发现的天宝三载（744年）《唐故米国大首领米公（萨宝）墓志》与《西溪丛语》卷上的记录相对照，知韦书尚失记西市西南邻崇化坊祆寺一处[32]。由此可知，西市及其附近集居了为数不少的中亚、西亚人，他们有的是跋涉兴贩的"商胡""胡客"，也有的早已定居这里，成为内地的居民[33]。这些定居或兴贩内地的中亚、西亚人民，在中西贸易往还和文化交流等方面，都做出了贡献。

长安工商业的日益繁盛，使限制工商业集中在东西两市的规定，很早就徒具空文了。大约自高宗以来，两市四周各坊和位于重要交通线上的城门附近以及大明宫前各坊，即逐渐出现大小工商行业，盛唐以降，发展快速。中晚唐时，东市西北的崇仁坊，已"一街辐辏，遂倾两市"（《长安志》卷八），西市东北的延寿坊，也被"推为繁华之最"（《杜阳杂编》卷下）。这些工商业聚集的坊里和两市中，中晚唐甚至更出现了夜市。《长安志》卷八记崇仁坊"昼夜喧呼，灯火不绝"。《唐会要》卷八十六《开成五年（840年）十二月敕》："京夜市宜令禁断。""宜令禁断"，足见禁断之难。唐后期，长安工商业突破了空间、时间的限制的事迹，是值得我们注意的[34]。

二　隋唐东都洛阳城

（一）隋东都洛阳城的创建和布局

隋统一后，全国经济迅速恢复，隋炀帝为了进一步控制关东和江南，即位的第二年（大业元年三月，605年）即诏杨素、宇文恺等人营建东都。"徙豫州郭下居人以实之……徙天下富商大贾数万家于东京"，"大业二年（606年）春正月辛酉，东京成"（《隋书·炀帝纪上》）。不到一年完成的隋东都：

"前直伊阙，后据邙山，左瀍右涧，洛水贯其中。"（《新唐书·地理志二》）

"宫城在皇城北。"（《新唐书·地理志二》）

"在都城之西北隅。"（《元河南志》卷三）

"宫城有隔城四重。"（《旧唐书·地理志一》）

宫城北对"曜仪门，号曜仪城。其北曰圆璧门，号圆璧城"（《元河南志》卷三）。

"皇城在都城之西北隅。"（《唐六典》卷七）

"东城在皇城之东。"（《唐六典》卷七）

"（东城）北即含嘉仓，仓有城，号含嘉城。"（《元河南志》卷三）

"郛郭（即郭城），南广北狭，凡一百三坊，三市居其中焉。"（《唐六典》卷七）"都内纵横各十街，分一百三坊。"（《旧唐书·地理志一》）"每坊东西南北各广三百步，开十字街，四出趋门。"（《元河南志》卷一引《韦述记》）"东都丰都市东西南北居二坊之地，四面各开三门，邸凡三百一十二区，资货一百行。"（《太平御览》卷一九一引《西京记》）

"定鼎门街广百步，上东、建春二横街七十五步，长夏、厚载、永通、徽安、安喜门及当左掖门等街各广六十二步，余小街各广三十一步。"（《元河南志》卷一引《韦述记》）

"（大业元年）五月筑西苑，周二百里。"（《通鉴·隋纪四》）

上述文献记录，被近年考古工作逐步证实。

宫城东西壁各长约1270米，北壁长约1400米，南壁正中有南向凸出部分，长约1710米。城壁内外砌砖，其中夯筑部分的宽度一般在15~16米之间，西南隅厚达20米。曜仪、圆璧两城紧接宫城之北，为宫城北面隔城。

皇城围绕在宫城的东、西、南三面，夯筑城壁，内外砖砌。西壁保存较好，长约 1670 米。

东城直接皇城之东,东西长约 330 米,南北长约 1000 米。东城之北的含嘉仓城,东西长 600 余米,南北长 700 余米,城内粮窖分布密集,东西成行,南北成列。

郛郭即郭城,夯筑。东壁长 7312 米、南壁长 7290 米、北壁长 6138 米,西壁纡曲,长 6776 米。南壁三门各开三个门道。正中的定鼎门门址宽 28 米,东西两门道各宽 7 米,当中门道宽约 8 米。定鼎门内大街是洛阳城的主干大路,据保存较好的路段,测得其最宽处为 121 米。南壁的西门厚载门内大街最宽处为 45 米。东壁三门,正中的建春门也是三个门道。

郭城南面五列坊和东北隅三列坊,保存遗迹较多,知东都洛阳城坊里都大致呈方形。据探定的街道和沿用下来的归路残迹,复原出来的坊市的数字,恰与前引《唐六典》所记"凡一百三坊,三市居其中焉"相符(三市共占四坊地,加一百○三坊,计一百○七坊地。此数字与由街路连接,划出的复原坊数相同)。各坊内的十字街据定鼎门东第一坊(明教坊)的普探情况,得知宽约 14 米[35]。有不少十字街的残迹也被沿用下来,其中保存较完整的,有长夏门西第一坊(归德坊)和建春门南第三坊(永通坊)的十字街的残迹。

根据以上考古工作的成果、现存残迹和文献记录,大致可复原隋东都洛阳城布局(图六)。

从隋唐洛阳城的复原图,可以看到隋洛阳和隋大兴设计显著的不同处,有以下四点:

1. 东都洛阳城的宫城、皇城位于都城的西北隅。这是有意区别于京城大兴的布局,准隋江都宫、榆林宫两例,可知这样的规划是下京城一等的。洛阳西北隅适占洛阳城地势最高的位置,在这处负隅高地上建宫城、皇城,显然比京城大兴的宫城、皇城更有利于防御。

2. 宫城除南置皇城外,北建重城,东隔东城,西面连苑。宫城、皇城本身又都内外砌砖。皇城之南并界以洛河。洛阳戒备的坚固严密,又远在京城大兴之上。

3. 缩小里坊面积,划一方三百步(一里)的里坊规格,这是洛阳故都(北魏洛阳城)旧制的恢复[36],对里坊居民的控制,显然比京城大兴更加强化。

4. 洛阳小于大兴 [《元河南志》卷一(洛阳)罗郭城……"周回五十二里"。

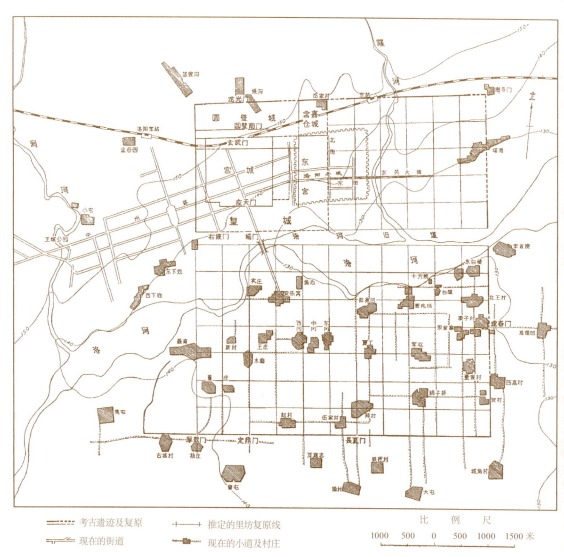

图六 隋唐洛阳城的复原

《长安志》卷七"唐京城外郭城……周六十七里"],但比大兴却多设了一个市——三个市,并且都傍可以行船的河渠:通远市南沿洛河,北傍漕渠;丰都市通运渠;大同市通济、通津两渠。根据洛阳市、渠的安排,可以推知洛阳的设计,比大兴更多地考虑了繁荣工商业的问题。当时都城的工商业主要针对统治阶级的中上层,洛阳更多地考虑了工商业,正表明了隋炀帝时期统治集团生活日益奢侈腐化。

东都洛阳与京城大兴显著的不同点,反映了隋炀帝时期阶级斗争不断激化的严峻形势,尽管东都城池修建比京城大兴更牢固,坊里居民比京城大兴控制得更严密,但以隋炀帝为首的隋晚期统治集团恣意地追求享受,横征暴敛,不能不激起广大人民的强烈反抗,所以在洛阳城建成的第四年——大业六年(610年)春正月癸亥朔旦,就有数十名洛阳壮士越过洛河,攻入了皇城,"入自建春门(即东都皇城正南门——端门)……夺卫士仗,将为乱"(《隋书·炀帝纪下》)。这次起义虽然没有成功,却发出了隋末农民大起义最初的信号。

(二)唐代洛阳的变革和工商业的繁荣

隋设计兴建的东都,唐武德四年(621年)废。贞观六年(632年)号洛阳宫,显庆二年(657年)恢复东都。武则天天授二年(691年)又"徙关外雍同秦等七州户数十万,以实洛阳"(《唐会要》卷八十四)。唐恢复东都,宫城、皇城如故。缩小了苑(周一二六里),重建了郭城。里坊大部仍旧。三市有了变化:丰都市缩小了半坊,唐名南市;迁通远市于临德坊,唐名北市;迁大同市于固本坊,唐名西市[37]。洛阳的总布局,没有大的变动。较为重要的改革和长安相似,在宫廷建筑方面。

乾封二年(667年)在东都苑东部,修建了上阳宫,其"东面即皇城右掖门之南"(《元河南志》卷四),"南临洛水,西拒谷水"(《太平御览》卷一七三引《两京新记》)。"大帝(高宗)末年,常居此宫(上阳宫)听政"(《元河南志》卷四),"武太后遂定都于此,日已营构而宫府备矣"(《太平御览》卷一五六引《两京新记》)。从此,上阳宫就成为东都的主要宫殿。它和长安的大明宫一样,避开了洛阳原来宫城的布局;更值得注意的是上阳宫的"正门正殿皆东向,正门曰提象,正殿曰观风"(《旧唐书·地理志一》)。上阳宫选地傍皇城,开门的方向又以东为上,很清楚,这是为了继续使用洛阳皇城的设备,有意和皇城组成一体的缘故。

文献记载和考古发现都表明了洛阳含嘉仓存储租粮最多的时期，是在武则天和玄宗时期。据仓内所出窖砖上的刻铭知窖粮多从江淮运来[38]。唐王朝经济来源逐渐依赖江淮，这是唐前期即已重视洛阳，武则天掌权之后，更长期在洛阳听政的主要原因。

随着农业生产的恢复和发展，东都洛阳的工商业迅速繁荣起来。隋丰都市（南市）位置未变，"其内一百二十行，三千余肆，四壁有四百余店，货贿山积"（《元河南志》卷一）。它的西南邻修善坊"韦述云坊内多车坊、酒肆"，还有"波斯胡寺"。南市东南的会节坊"有袄祠"（《元河南志》卷一）。"南市西坊……有胡袄神庙"（《广记》卷二八五引《朝野佥载》），准长安西市之例，可知洛阳南市也多胡商。南市之盛，大约继续到中唐以后，所以贞元十四年（798年）这里还有卖书肆（《文苑英华》卷三四三《吕温上官昭容书楼歌》），开成初（836年）还有卖䴷家（《酉阳杂俎前集》卷十五），大中初（847年）还可在南市雇佣作（《广记》卷五十三引《续玄怪录》）。隋通远市（北市）和大同市（西市）都迁移到邻近城门的更方便的地方。长安中（701～704年）在北市的西北，引漕渠，开新潭，以通诸州租船。这一带的漕渠上，"天下之舟船所集，常万余艘，填满河路，商贩贸易车马填塞"（《元河南志》卷四），当时北市及其附近，成为洛阳最繁盛的所在，所以文献所记洛阳的旅馆、酒家大部集中在这里[39]。北市的繁盛，在当时洛阳佛教圣地伊阙的石窟群中，也反映出来，龙门西山南部有一处具前后室的中型石窟，窟前室后壁门上方刻有"北市彩帛行净土堂"八个大字（图七），说明这座石窟是北市彩帛行修凿的；八个大字的旁边，还刻有"北市香行"等小字两行，说明北市香行的商人也参加了这座石窟的修凿工程。另外，奉先寺南一处小石窟（王祥洞）门上刻"北市丝行像龛"（图八），说明它是北市的丝行出资修凿的。古阳洞北一小龛，龛内刻有"北市香行社，社官安僧达，录事□□□、史玄策、□□□、康惠澄……右件社人等一心供奉。永昌元年（689年）三月八日起手"[40]。这几条铭记：第一，说明唐北市有多种行业，彩帛行开凿的石窟工程较大，反映了这一行财力雄厚，是当时的一种重要的工商业。香行也不弱，既独自开龛，又参加彩帛行的工程。彩帛是唐代重要的输出品，各种香是唐代重要的输入品，龙门石窟只出现这两行的铭记，大约不是事出偶然，有可能代表着当时最大的工商行业，这两个最大的工商行业集中在北市，有力地表明了北市工商业的盛况。第二，北市香行

图七 龙门石窟"北市彩帛行净土堂"拓本

图八 龙门石窟"北市丝行像龛"拓本

社铭记说明至迟至武则天时,洛阳北市即有以工商业的行为单位组成佛教组织——社[41],社中并设有社官、录事等职务。这种社即使是临时性的组织,也表明了它已具有不小的规模,因而也可反映唐前期城市工商业发展的迅速。第三,经营进口的各种香的北市香行,其社官安僧达、录事史玄策、康惠澄三人,根据当时中亚的政治形势(657年唐灭西突厥,661年唐在中亚设置州府)和寄居长安、洛阳胡人多以国名为姓的情况估计[42],他们应是来自昭武九姓的安国(今苏联中亚乌兹别克的布哈拉)、康国(今苏联乌兹别克的撒马尔罕)和史国(在撒马尔罕之南)的粟特人。所以北市西南的立德坊也建有"胡祆祠"(《元河南志》卷一)。因此,可以推测洛阳北市也有为数不少的经营工商业的中亚人。较多的中亚工商业者出现在长安、洛阳和其他内地城镇中,反映了唐代内地和西方的贸易往还,有了急剧的发展。

三 隋唐长安、洛阳布局的影响

隋唐是我国封建社会的鼎盛时期,其政治、经济、文化都出现了空前繁荣的局面。大兴——长安是当时的京城,洛阳是仅次于京城的东都,这两座城市集中地反映了隋唐盛世的诸方面，在都市布局上也不例外。由于隋唐中央集权的逐步强化和中外文化交流的日益昌盛，所以这两座都市的设计规划，既影响了当时国内新建和改建的地方城市，也影响了一些地方政权甚至邻近国家的都城兴建。

这两座都市虽然在内城（宫城和皇城）的布置上，有显著的差别，但在居民区——坊的设计上，却有一项极为明显的统一做法，即大部分坊内都设置了十字街。就现在了解的资料，唐州城大多是根据长安、洛阳坊内十字街的设计和洛阳方正的坊里制度而部署的，如南方的益州城和北方的幽州城、云州城。较小的州县城，似乎也是如此。这种具有十字街道的小城镇，随着唐代国势的西展，大约也影响了葱岭以西的中亚地区，如现在苏联中亚托克马克西的阿克彼兴（A K-Beshim）古城（即唐碎叶镇城）和阿克彼兴古城东的塔拉斯城（即唐怛逻斯城）等[43]。

唐代我国东北地区建立的地方政权渤海，曾仿唐制设五京，其上京龙泉府城遗址即今黑龙江省宁安县的东京城。经考古发掘，知该城设计大体摹自长安[44]。中京显德府城遗址即今吉林省和龙县的西古城子，东京龙原府城遗址即今吉林省珲春县的半拉城[45]。经调查，两城的宫城都在城北部正中的布局同长安，后者方整的坊里则仿洛阳。

隋唐时代正当日本巩固奴隶制的时期，日本统治集团极力吸取隋唐文化，模拟中国制度，开始兴建都城。他们从7世纪后半到8世纪后半，陆续兴建了许多处宫和京，其中藤原[46]、难波[47]、平城[48]、长冈[49]、平安[50]五座京城。经过近年的考古工作和古文献的研究工作，都已得到了程度不同的复原，复原的成果告诉我们，仿效隋唐时代长安和洛阳的制度，是它们的共同点。还值得注意的是，它们的仿效和渤海情况极为相似，都兼取了长安、洛阳两城的设计，其具体情况如下（表三）：

表三

各京的具体情况	京城面积南北长、东西窄	宫城位于京城北部正中	置朱雀大街于都城正中的南北中轴线上	京城左右对称建置东、西两市	方形坊里或大部是方形坊里*	每坊置东西两坊门	每坊内划分十六小区	朱雀大街南端（即罗城门内）两侧坊各置宗教建筑一所
藤原京	√	√	√		√			
难波京	√	√	√		√			

续表

各京的具体情况	京城面积南北长、东西窄	宫城位于京城北部正中	置朱雀大街于都城正中的南北中轴线上	京城左右对称建置东、西两市	方形坊里或大部是方形坊里*	每坊置东西两坊门	每坊内划分十六小区	朱雀大街南端（即罗城门内）两侧坊各置宗教建筑一所
平城京	√	√	√	√	√*	√	√	
长冈京	√				√*			
平安京	√	√	√	√	√*			√
形制渊源	洛阳制度	长安制度	长安制度	长安制度	洛阳制度	长安朱雀门街东西第一、二街里坊制度	长安洛阳（？）制度	洛阳制度

日本都城的布局在日本古文献中，有"东京""西京"之称。这个东京、西京，系指都城之东半部和西半部而言。日僧永祐于14世纪初所撰的《帝王编年记》卷十三记："（延历）十二年癸酉（唐贞元九年，793年）正月十五日始造平安城。东京又谓左京，唐名洛阳。西京又谓右京，唐名长安。"可知日本各都城的设计，确实是参考了长安、洛阳两城的部署，一般认为单纯模仿长安城，看来是不妥当的。

日本各京城的设计，大约在8世纪以后也影响到日本的地方城市。日本统治集团设在九州北部筑前的太宰府城[51]和本州西端的周防国府城[52]，都是当时日本京城的小型化。但主要为接待唐代使臣而设的太宰府城，东西宽于南北，一反日本各京城南北长于东西即仿自洛阳的惯例，而这个东西长、南北窄的形制，正是隋唐京城长安的制度。

注释

[1] 隋文建新都取号大兴，隋费长房《历代三宝记》卷十二曾详记此事："（开皇二年，582年）季夏诏曰：殷之五迁，恐民尽死，是则以吉凶之土，制长短之命，谋新去故，如农望秋，龙首之山，川原秀丽，卉物滋阜，宜建都邑，定鼎之基永固，无穷之业在兹，因即城曰大兴城，殿曰大兴殿，门曰大兴门，其县曰大兴县，园曰大兴园，寺曰大兴善寺。"唐初道宣《大唐内典录》卷五亦记此事，当录自《三宝记》。

〔2〕 参看武伯纶《唐万年、长安县乡里考》,《考古学报》1963 年 2 期。

〔3〕 关于大兴城遗迹的具体情况,见以下诸文:
　　a. 陕西省文物管理委员会《唐长安城地基初步探测》,《考古学报》1958 年 3 期。
　　b. 中国科学院考古研究所资料室《中国科学院考古研究所 1960 年田野工作的主要收获》,《考古》1961 年 4 期。
　　c. 中国科学院考古研究所西安唐城发掘队《唐代长安城考古纪略》,《考古》1963 年 11 期。
　　d. 中国科学院考古研究所西安工作队《唐代长安城明德门遗址发掘简报》,《考古》1974 年 1 期。

〔4〕 《长安志》卷九:"朱雀街东第五街即皇城东第三街,街东从北第一坊,尽坊之地筑入苑,十六宅。"按此入苑的第一坊为什么建十六宅?据《长安志》的解释是,先为十王宅,后又增入六王,故名。其实一坊之地,分划成十六小区,也正与当时各坊的规划相一致。

〔5〕 关于两市遗迹的具体情况,见中国科学院考古研究所西安唐城发掘队《唐长安城西市遗址发掘》,《考古》1961 年 5 期和注〔3〕之 c。

〔6〕 关于大兴城水渠的资料,见注〔3〕之 a 和陕西省博物馆、文管会钻探组《唐长安城兴化坊遗址钻探简报》,《文物》1972 年 1 期。

〔7〕 洛水经北魏洛阳南郭,水南"伊洛之间,夹御道,东有四夷馆……道西有四夷里"(《洛阳伽蓝记》卷三)。北魏洛阳东西郭各有市,东郭"孝义里东即是洛阳小市"(《伽蓝记》卷二),西郭"有洛阳大市,周回八里"(《伽蓝记》卷四)。东魏、北齐邺城,"凿渠引漳水,周流城郭"见《北齐书·高隆之传》。《魏书·食货志》记邺城有二市,《嘉靖彰德府志》卷八《邺都宫室志》记:"东市在东郭,西市在西郭。"

〔8〕 清嘉庆二十二年(1817 年)汤景涛于西安市上购得贞观十四年(640 年)"和籴米窖砖"、二十三年(649 年)"和籴粟窖砖"各一块,后两年,又购得大中十年(856 年)、十一年(857 年)"和籴粟窖砖"各一块,见录于陆耀遹《金石续编》卷四。后又出贞观八年(634 年)"转运含敖仓粟砖"一块,曾藏端方处,著录于《陶斋藏石记》卷十七和陆增祥《八琼室金石补正》卷二十。后一砖现藏北京大学考古陈列室。以上诸砖承武伯纶先生见告:皆出于西安城西北隅之北,其地即当吕大防《唐宫城图》中所记的太仓附近,陆耀遹考为"乃唐太仓粟窖砖也"。张穆校《唐两京城坊考》时,征引上述贞观十四年、二十三年两砖,因不知该砖出土地点,曾据砖文拟太仓于皇城承天门街之东,盖误(张穆校文,刻本《城坊考》已与徐松原文混淆不辨,此据北京大学图书馆所藏《城坊考》稿本)。

〔9〕 宫城遗迹的具体情况见注〔3〕之 c。东宫宽度,过去曾测得 150 米,近又推测 833.8 米,参看马得志、杨鸿勋《关于唐长安东宫范围问题的研讨》,《考古》1978 年 1 期。

〔10〕 皇城遗迹的具体情况见注〔3〕之 c。文献记载参看《长安志》卷七、《唐两京城坊考》卷一。

〔11〕 参看《洛阳伽蓝记》卷一。

〔12〕 《通鉴·唐纪十》:"(贞观七年,633 年)十二月甲寅,上幸芙蓉园。"胡注:"《景龙文馆记》芙蓉园在京城罗城东南隅。本隋世之离宫也。青林重复,绿水弥漫,帝城胜景也。"

〔13〕 大明宫和麟德殿遗迹的具体情况,见中国科学院考古研究所《唐长安大明宫》,科学出版社,1959 年。含元殿遗迹的具体情况见马得志《1959～1960 年唐大明宫发掘简报》,《考古》1961 年 7 期;傅熹年《唐长安大明宫含元殿原状的探讨》,《文物》1973 年 7 期。

〔14〕 《唐语林》卷五:"袁利贞为太常博士,高宗将会百官命妇于宣政殿,并设九部乐。利贞谏曰:

〔15〕 兴庆宫遗迹的具体情况见注〔3〕之 a 和马得志《唐长安兴庆宫发掘记》,《考古》1959 年 10 期。

〔16〕 夹城遗迹的具体情况见注〔3〕之 a 和《唐长安大明宫》。至芙蓉园的夹城建年,参看平冈武夫《长安与洛阳(地图)》长安城Ⅲ, 7. 夹城注,京都大学人文科学研究所,1956 年。

〔17〕 大明宫太液池周围遗迹和含光殿遗迹,见《唐长安大明宫》。

〔18〕 曲江池遗迹的具体情况,见注〔3〕之 a。

〔19〕 《长安志》卷九:"(兴庆宫)龙池在跃龙门南,本是平地,自垂拱、载初(685~690 年)后,因雨水流潦成小池,后又引龙首渠支分溉之,日以滋广。至神龙、景龙中(705~709 年),弥亘数顷,澄澹皎洁,深至数丈。"因知兴庆池有余水可以南引成池,当在垂拱、载初以后。

〔20〕 此印本历日残片长 17 厘米、宽 7 厘米,为英人斯坦因窃去,现藏英伦敦博物院图书馆,该件旧无编号。翟理斯编为 8101,见 *Descriptive Catalogue of the Chinese Manuscripts from Tunhuang in the British Museum*, London: Trustees of the British Museum, 1957。

〔21〕 此从印本传抄的《新集备急灸经》,为法人伯希和劫去,现藏法巴黎国家图书馆。编号为 P.2675。1962 年北京商务印书馆《敦煌遗书总目索引》所收《伯希和劫经录》于该卷下记:"书题下有'京中李家于京市印'一行。"1973 年因公去巴黎,得睹原卷知《劫经录》所记的"京市"为"东市"的笔误。

〔22〕 《太平广记》卷十六引《续玄怪录》所记周隋间人杜子春于西市波斯邸得老人钱三百万、一千万、三千万故事,是西市聚钱数字最多、时代又最早之例,但该书系传牛僧孺《玄怪录》而作,其记杜子春周隋间人,纯系托词,不可信,因不取。

〔23〕 参看石田干之助《長安の春・當壚の胡姫》注 1,东京创元社,1942 年。

〔24〕 分永安渠水以潴池事,首见《两京新记》卷三:"市西北有海池,以为放生之所,池侧有佛堂,皆沙门法成所造。"《宋高僧传・兴福・周京师法成传》详记此事:"长安中,于京兆西市,疏凿大坎,号曰海池焉。支分永安渠以注之,以为放生之所。池上佛屋经楼,皆法成所造。"

〔25〕 此事又见《旧唐书・代宗纪》:"(永泰二年,766 年)九月庚申,京兆尹黎干以京城薪炭不给,奏开漕渠,自南山谷口入京城,至荐福寺东街,北抵景风延喜门入苑。阔八尺,深一丈。渠成,是日上幸安福门以观之。"《新唐书・黎干传》亦记此事:"京师苦樵薪乏,干度开漕渠,兴南山谷口,尾入于苑,以便运载……久之,渠不就。"

〔26〕 唐后期西市路面水沟等情况,参看注〔5〕。《唐会要》卷四十四记:"贞元十五年(799 年)正月京师西市火,焚死者众。"又记:"太和九年(835 年)六月西市火。"

〔27〕〔28〕〔29〕 同注〔5〕。

〔30〕 西北大学历史系考古专业 1957 届同学调查。

〔31〕 北京大学历史系考古专业 1975 届同学调查。

〔32〕 参看向达《唐故米国首领米君墓志铭考跋》,刊《国立北平图书馆馆刊》六卷二号,1932 年。

〔33〕 崇化坊祆寺和下述西市附近的"胡客""商胡"诸项,参看向达《唐代长安与西域文明》,该文收入同名的论文集中,生活・读书・新知三联书店,1957 年。1955 年在西安西郊土门村发现咸通十五年(874 年)火祆教徒波斯人苏谅妻马氏墓志(汉、婆罗钵文合璧)。土门村所指的土门,即

唐长安外城西壁最北的城门——开远门的遗迹。因此，估计苏谅一家约即居住在距西市不远的长安的西半部。参看陕西省文物管理委员会《西安发现晚唐祆教徒的汉、婆罗钵文合璧墓志》，《考古》1964年9期。

〔34〕唐后期，长安坊里的夜禁，似亦松弛。《唐语林》卷二记见重于武宗的王式"初为京兆少尹……性放率，不拘小节，长安坊中有夜栏街铺设祠乐者，迟明未已。式过之，驻马寓目。巫者喜，奉主人杯，跪献于马前……实取而饮之"。京兆少尹竟不罪坊中通夜设祠乐，并参加饮宴，可见其时严格的坊制，也逐渐成为具文。

〔35〕洛阳城遗迹的具体情况，见中国科学院考古研究所洛阳发掘队《隋唐东都城址的勘查和发掘》，《考古》1961年3期；《中国科学院考古研究所1961年田野工作的主要收获》，《考古》1962年5期。

〔36〕《洛阳伽蓝记》卷五："京师东西二十里，南北十五里……方三百步为一里，里开四门……"

〔37〕参看《元河南志》卷四、《唐两京城坊考》卷五。

〔38〕含嘉仓遗迹情况，见河南博物馆、洛阳市博物馆《洛阳隋唐含嘉仓的发掘》，《文物》1972年3期。

〔39〕北市东北的殖业坊有客舍，见《陈伯玉文集》卷六《率府录事孙君（虔）墓志铭》。有酒家，见《广记》卷二〇一引《朝野佥载》。北市东南的时邕坊有旅馆，见《文苑英华》卷九三〇《张说瀛州河间县丞崔君（漪）神道碑》。北市西清化坊有旅店，见《广记》卷一七九引《乾膑子》。

〔40〕以上龙门石窟铭记，系据北京大学历史系考古专业1964届同学实习调查的资料。最后一条铭记曾著录于缪荃孙《艺风堂金石文字目》卷三。

〔41〕宋初僧人赞宁《大宋僧史略》卷下"结社法集"条云："晋宋间有庐山慧远法师，化行浔阳，高士逸人辐凑于东林，皆愿结香火，时雷次宗、宗炳、张诠、刘遗民、周续之等共结白莲华社，立弥陀像，求愿往生安养国，谓之莲社，社之名始于此也。齐竟陵文宣王募僧俗，行净住法，亦净住社也。梁僧祐曾撰法社建功德邑会文。历代以来成就僧寺，为法会社也。社之法以众轻成一重，济事成功，莫近于社，今之结社共作福因，条约严明，愈于公法，行人互相激励，勤于修证。"以工商业的行为单位组成的社，又见于房山石经铭记，但房山石经中的这类铭记，时代多在中唐以后，最早的也不过天宝二年（743年），较以洛阳北市香行社已晚半个多世纪了。参看曾毅公《北京石刻中所保存的重要史料》，《文物》1959年9期。

〔42〕参看冯承钧《唐代华化蕃胡考》，该文收在《西域南海史地考证论著汇辑》中，中华书局，1957年。

〔43〕中亚这类小城，或谓源于更早的希腊文化影响，但从王方翼建碎叶城和7世纪唐代在中亚的形势上估计，源于内地的可能性更大。《新唐书·地理志七下》记："调露元年（679年）都护王方翼筑（碎叶城）四面十二门，为屈曲隐出伏没之状。"《新唐书·王方翼传》也记此事云："方翼筑碎叶城，面三门，纡还争趣以诡出入，旬毕。西域胡纵观，莫测其方略。"西域胡之所以莫测其方略者，当是该城布置与西域一带城市不同。不同的具体情况，大约即如所记的"面三门"或"四面十二门"与"行回多趣"或"屈曲隐出伏没之状"两项。后者疑指如隋唐胜州城址所示的纡曲的瓮城设置，前者据阿克彼兴现存的方形内城址面各一门，内设十字街的情况估计，当如长安郭城除明德门外各门皆一门三门道之制。怛逻斯内城址略如阿克彼兴内城之制，该城据《唐会要》卷九十九所记，即高仙芝驻兵处，亦即"天宝十载（751年），高仙芝军败之地"（《通典》卷一九三引《经行记》）。除碎叶、怛逻斯两城外，自楚河流域向西以迄阿姆河中下游，类似的方形古城址，近年发现多所，这些城址的年代大多在8世纪以前，它们的出现，约与《旧唐书·地理志三》所记"龙朔元年（661年）西域吐火罗款塞，乃于于阗以西，波斯以东，十六国皆置都

督、督州八十、县一百一十、军府一百二十六"有关。关于中亚一带近年发现的古城址，参看 O. Г. БОЛЬЩАКОВ, *СРЕДНЕВЕКОВЫЙ ГОРОД СРЕДНЕЙ АЗИИ*, Часть вторая. "Город в конце Ⅷ –Начале в." Главаш. "Количество городов", ЛЕНИН ГРАД, 1973。

〔44〕 参看原田淑人、驹井和爱等《東京城——渤海国上京龍泉府址の發掘調查》，《東方考古學叢刊》甲种第 5 册，1939 年。

〔45〕 参看鸟山喜一《渤海中京考》，《考古学杂志》34 卷 1 期，1947 年；斋藤甚兵卫《半拉城：渤海の遺蹟調查》，珲春县公署，1942 年。

〔46〕《奈良县史迹名胜天然纪念物调查报告》第 25 册《藤原宫》，1969 年。

〔47〕 岸俊男《难波——大和古道略考》，该文刊《小叶田淳教授退官纪念国史论集》，1970 年。

〔48〕 参看奈良国立文化财研究所《平城宫发掘调查报告》Ⅱ，1962 年。

〔49〕 参看京都府教育委员会《埋藏文化财调查概报·长冈宫》，1965～1973 年。

〔50〕 参看京都府教育委员会《埋藏文化财调查概报·平安宫、京》，1964～1965 年。

〔51〕 福冈县教育委员会《大宰府史跡》，1971、1972 年。

〔52〕 周防国府城复原图见浅野清、小林行雄《世界考古学大系》4，日本Ⅳ. 历史时期，东京平凡社，1961 年。

隋大兴、唐长安城布局的复原图承刘慧达、魏存成两同志代为设计，清绘前魏同志又重校一遍，并改正若干处。隋唐洛阳城的复原图的设计，参考了社科院考古所洛阳工作站绘制的地图。谨向有关同志致谢。

本文原刊《考古》1978 年 6 期，第 401、409～425 页。
1979 年春曾撰刊误并略作删补

隋唐城址类型初探（提纲）

近年来，对隋唐城址的调查与研究，有了较快的进展。除了对长安、洛阳隋唐城址继续进行工作外，也注意了地方城址。地方城址有的经过勘查、试掘；有的从地方志中搜集到一些较为可靠的记录。此外，东北地区辽代城址的勘测，对我们了解唐代州县城也有启发。现就目前掌握的情况看，隋唐城址可分京城、都城、大型州府城、中型州府城和县城五种类型（图一）。

第一种类型（Ⅰ）是京城，即指长安城。长安城大轮廓早已清楚。在布局上，它的主要特点是：宫城、皇城位于长安城内北部正中。这在隋唐城址中是唯一之例。近年对于长安城址中坊的布局，有了新的了解：尽管坊的面积不一致，但绝大部分坊都以十字街分为四个大区，每个大区再以小十字街分割成四个小区。关于绝大部分坊的十六个小区的划分，韦述《两京新记》中有不大清晰的记录，这个记录由于永宁坊址的发掘，已被证实。

第二种类型（Ⅱ）是都城，最典型之例是东都洛阳城。隋大业元年（605年）于洛阳筑新都，唐武德四年（621年）废，贞观六年（632年）号洛阳宫，显庆二年（657年）曰东都。洛阳城址经近年的发掘勘探，其轮廓也已明确。它有别于长安城：最突出处是宫城、皇城位于洛阳城的西北隅；其次是大部分坊的面积一致，约0.25平方公里，这是沿袭北魏洛阳城的坊制。这种坊制影响很大，当时许多地方州县城内的方整坊里，都应是取法于洛阳，而凡置有宫的城，除隋唐京城长安外，也大都沿用了洛阳建宫城于西北的制度，如建有晋阳宫的北都太原城和建有江都宫的扬州城等。

60年代初，我们和山西省文物管理委员会都曾对唐北都太原城址做过调查，知道它西壁的一部分和西南城角还保留在地面上；另外还有东城角、罗城等地名，可供我们参考。西北角的金胜村，根据附近唐墓所出墓志，知唐时名

隋唐城址类型初探（提纲） 83

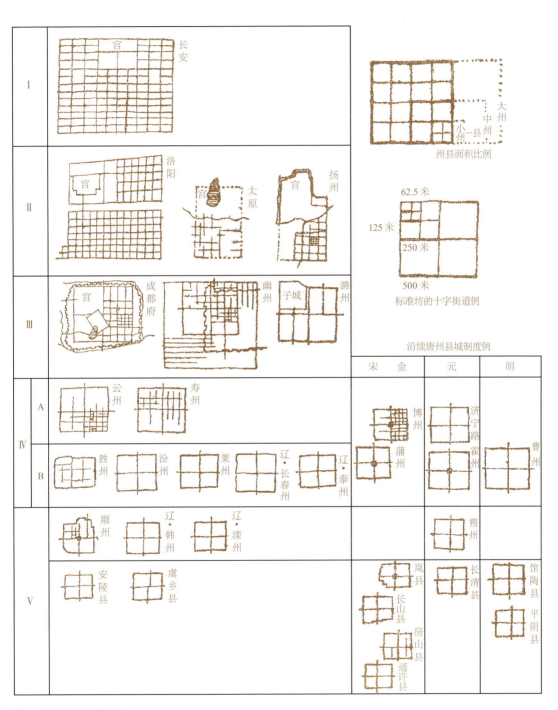

图一　隋唐城址的五种类型

金城村。唐时洛阳郭城叫金城，北都这个金城村大概就是由于地近郭城（罗城）而得名的。依照上述遗迹，参考《新唐书》关于北都城"长四千三百二十一步，广三千一百二十二步"（长约 6 公里，宽约 4.33 公里，其面积约是标准坊 0.25 平方公里的 100 倍）的记载，大体复原了它的轮廓。隋大业三年（607 年）营建的晋阳宫，《新唐书》说在"都之西北"，在我们的复原图上，北都西北隅的东部是一片低洼积水区和遍布乱砖碎石的地带，在现在的地图上，这片乱砖碎石的地带，被标为"废墟"。979 年，北宋灭北汉，攻陷太原城后，赶走了城里的居民，对这座城进行了有意识的大规模的破坏，依据我国历史上传统的迷信，宫城一定是破坏最厉害的所在。例如隋灭北周，就把北周的宫殿区划平了；灭陈后，又把建康宫犁为耕地。因此，我们认为这片低洼积水区和"废墟"是人为制造的，它曾经是隋唐晋阳宫的所在地。宫城西部是属于宫城内的仓城所在。宫城区之南有一条废河道，从西穿城东入汾水，这大概和洛阳城洛河的位置相同，利用河道把宫城和一般居民区隔开。河之南，还保存一些街道痕迹，这些道路有的是坊与坊之间的大街遗迹，有的是坊内十字街的遗迹。根据这些残存的街道痕迹，知道北都的坊也是 0.25 平方公里左右，它的整体布局，大约是东西六坊、南北九坊的六九之制。

　　隋炀帝在即帝位之前，于开皇十一年（591 年）曾作为扬州总管驻江都，即位不久又幸江都，"江都宫"在《隋书》上出现是大业六年（610 年）。近年来，对隋唐扬州城址虽有争论，但大体还可以初步论定的有以下两项：第一，明建的扬州城即今天的扬州旧城，应是隋唐扬州城的东南隅；第二，隋唐扬州城向北包括蜀岗上的子城遗址，这个子城遗址应是江都宫的位置，亦即唐大都督府的位置。这样，就可以再根据其他残存遗迹和文献记载，画出隋唐扬州城的基本轮廓。在这个基本轮廓图中，我们既可以明确江都宫的位置在扬州城的西北隅，又可以知道它的坊的布局也是整齐的边长约 0.5 公里的方形排列。明建扬州城中，这种方形排列的坊的遗迹还比较清晰，其中一坊今天还可以看出以大、小十字街分割成十六个小区的情况。

　　除了北都太原和扬州之外，我们还知道宫在西北隅的另外两例。一个是胜州榆林城址，一个是成都府城。

　　1963 年，内蒙古自治区文物工作队在伊克昭盟准格尔旗托克托西南的黄河南岸，发现了俗称十二连城的隋唐胜州榆林城址。该城址东西宽 1165 米，南北长约 1039 米。周长 4387 米，折合我国旧里，周长约八点八里有余（周长九里左右的城是唐一般的州府城制，这个问题，详见下文）。该城西北隅设有子城，子城外东、南两面都有接近方形的坊的遗迹。《隋书》记大业三年（607 年）炀帝幸榆林。《元和郡县志》卷四记："隋榆林宫在（胜）州城内，大业二年（606 年）置，因榆林郡为名，其年炀帝北巡，陈兵塞表以威北狄，因幸此宫。"胜州榆林宫的位置，从遗迹上观察，西北隅的子城应是唯一的入选之处。隋以后，唐在胜州设下都督府，子城的位置，大约就成了下都督府和州治的所在。明初还利用子城的北部兴建了砖堡，有人推测此砖堡有可能是明东胜右卫的遗迹。

唐武德元年（618 年）改蜀郡为益州，龙朔二年（662 年）置大都督府于此。天宝十五载（756 年）玄宗幸蜀，至德二载（757 年）置南京，上元元年（760 年）罢京，置成都府。成都置京的时间虽然不长，但玄宗居成都年余（756~757 年），后来僖宗又居成都四年（881~885 年），相传他们皆以府署为宫，其位置在府城西北隅的高地上。现在四川成都旧城，是在五代成都羊马城的基础上扩建的，其内部还保存着唐城遗迹。唐城东半部八个坊的痕迹尚可分辨，其中两个坊在解放初期还清晰地保留着由大、小十字街划分的十六个小区。西半部的北部，唐时是宫和地方衙署所在地，所以没有坊的遗痕；南部被明建藩王城和清设八旗驻区所破坏，坊的遗迹已不存在，但据东半部的情况，可以推测西半部也应是八个坊的面积。成都旧城内的唐城遗迹告诉我们：第一，即使到了盛唐时期，在地方城中设置宫，其方位也还沿袭旧制选在所在城的西北隅；而成都城西北隅和前例胜州榆林城相同，也是地方衙署所在地，因此可推知西北隅设置衙署应是地方城制，隋唐第二种类型的城——都城之制，实际是扩大了的地方城制。第二，成都府是大都督府所在地，府城面积相当于十六个坊，这应是唐州府城中最大的一种，因此成都府城也是我们下面将要讨论的第三种类型的隋唐城址的一个实例。

第三种类型（Ⅲ）是大型州府城，这种城平面方形，有十六个坊，除上述成都府外，北京西南郊的幽州城址也是一例。武德七年（624 年）唐于幽州置大都督府，九年（626 年）改都督府，开元十三年（725 年）又改为大都督府。936 年入辽，938 年辽建南京。辽南京城因唐幽州城未改变。1150 年金扩展其东、西、南三面建中都。金中都遗址已勘探清楚。在金中都范围内，可以看到两种街道布局，即坊里式和长巷式，后者分布在前者的东、西、南三面，清楚地表明它是后来扩展的。结合文献记载，我们知道坊里式街道布局的部分是辽南京，亦即唐幽州的遗迹。其范围和成都府相同，均为十六个坊的面积。这十六个坊的痕迹，除西南一隅不清晰外，其他都还多少有所遗留，特别是法源寺（唐悯忠寺）所在的坊，由大、小十字街分割的十六个小区还大体存在。西南一隅是州治所在，也即是辽南京宫城所在，那里原来就不是坊里建置，也就无怪乎今天看不出坊的痕迹了。

十六坊周长近 10 公里。今山西长治市旧城，元代重建时曾扩展西北隅，重建前城周长约 10 公里，系唐设大都督府的潞州城旧址，该城西北隅地处高岗，原设周长 1.5 公里多的子城，为大都督府所在，景龙二年（708 年）唐玄宗兼潞州别驾时，营第于此，开元十一年（723 年）改故第为飞龙宫。又今山西永济旧城，在金正大八年（1231 年）缩建之前周长近 10 公里，系唐河中府蒲州城旧迹，唐蒲州为四辅州之一。由上诸例可知唐大都督府城与辅州城面积相似，因可估计周长近 10 公里、十六坊面积的城制，应是当时大型的州府城制度。

第四种类型（IV）是四个坊的一般州府城址，这种州府城址细分还有大、小之别，大的周长 6.5 公里，小的周长 4.5 公里余，都是方形平面，四面各开一门，内以十字街分割成四个坊。周长 6.5 公里的四个坊，坊的面积大于 0.25 平方公里；周长 4.5 公里余的四个坊，坊的面积大约是 0.25 平方公里。周长 6.5 公里的实例有云州城，周长 4.5 公里余的实例有汾州城和莱州城。

开元二十年（732 年）唐重建云州，置下都督府。云州城，辽金设西京因而未改，明初就土城砌砖石，实际范围也没有大的变动，以迄于今天的山西大同旧城。大同旧城周长 6.5 公里，东西 1.5 公里，南北 1.75 公里。内设十字街，横街之北比横街之南长 250 米，从平面布局看，此城是以一个大十字街分城内为四个坊。这四个坊的面积，都比 0.25 平方公里的标准坊大。横街北的两个坊：西坊即城内的西北隅，是明清府衙、总镇署所在地，明清衙署应是沿用了前代衙署的旧址；明初在东坊兴建了藩王府。所以这两坊内的十字街遗迹已难辨认。但横街南两个坊内各置十字街的情况却非常清楚，其中东南一坊，又由小十字街分割成四个小区；更进一步，我们还在个别的这种小区中，看到又设有更小的十字街，这个现象很重要，它明确地反映了唐代城市布局是一套大小十字街的区划法。我们如果以 0.25 平方公里的标准坊来计算，上述被更小的十字街分割成的小方块，其面积大约在 3900 平方米左右（约合 5.91 亩，即近

6亩地），这可能是当时城内的最小单位。类似云州城的还有今安徽寿县旧城所因袭的唐寿州城。寿州，唐置中都督府。今寿县旧城北门内曾出唐经幢，东门内报恩寺原有经北宋修缮的唐塔，可知该城乃唐城旧址，所以虽屡经后代重筑，但周长6.5公里和十字街的旧制尚存。看来，周长6.5公里的城址有可能是唐中、下都督府的城制。

今山西汾阳县旧城沿唐宋汾州城旧址，该城周长4.5公里多（九里十三步），四门内设十字街，元时，在十字街中心增建鼓楼。唐莱州城即今山东掖县旧城，城周长4.5公里多，四门十字街，明时，北街的府衙尚存唐莱州刺史唐贞休德政碑。府衙之西为县衙，县衙的位置，正值掖县旧城的西北隅。唐时，汾州是望州，莱州是中州，周长4.5公里多的城制，大约是唐一般州城的制度。

近年在吉林农安发现的他虎城是辽长春州的遗址，周长约5公里，城方形，四门十字街。又黑龙江泰来县发现的塔子城是辽泰州遗址，城方形，周长约4.5公里。这两座辽代州城，都驻有节度使，它们的建制应是模仿唐一般的州城。

第五种类型（V）是小型州城和县城城址，这种类型的城大约是一个坊的面积。今北京市属下的顺义县旧城，是唐开元四年（716年）建置的归顺州城。唐末改归顺州为顺州。州城范围沿用到明清。顺州只一属县——怀柔，所以顺州城实际也是唐怀柔县城。该城原周长2公里，方形，四门十字街，东北隅的子城系后代增建。十字街口是全城最高处，其地原建石经幢一座。十字路口立经幢的做法和唐长安某些坊的情况相同。

近年在吉林哲里木盟科尔沁左翼后旗东北发现的城五家子古城，即辽圣宗并三河、榆河二县创建的韩州城遗址，城址方形平面，每面长约700米，正中开门，城内设十字街。河北滦县旧城，系辽滦州城旧址，四门十字街，平面方形，周长四里二百余步。这两座辽代州城，前者面积较顺州略大，后者与顺州相似。

一坊面积的城也是唐县城的制度，河北吴桥县旧城是唐安陵县城址，山西虞乡镇旧城是唐虞乡县城址，这些延续唐县旧城址的旧城，后世虽有变动，但都还保存了方形周长2公里多（前者周长四里三十一步，后者周长四里六十步），开四门，内置十字街（或接近十字街）的布局。明清虞乡县的县衙位于西北隅，应是沿袭前代县衙的旧址。

综上五种类型的城址，我们可以初步总结出以下六点：

1. 像长安城那样的布局，只有京城一例，这应是中央集权强有力的表现之一。

2. 除长安外，凡建宫的城，宫的位置都在该城的西北隅，这实际是地方城制，因为有些州县城的衙署区即安排在这个位置上。为什么选择这个方位？这是因中原地势一般西北高于东南，地方统治者占据城内高地，以利其控制全城并便于防御的缘故。

3. 隋唐建城有一定的等级制度，这种等级制度反映在一般的地方城上很有规律，据现有的资料，知有三个等级：十六个坊、四个坊和一个坊的面积。

4. 州府一级的地方城的内部布局，也有一个固定的模式：在基本作方形的城的每面正中开城门，内设十字街，把城内分为四大区，每大区的坊数，根据州府的大小而不同，如大州每大区四个坊，中等州每大区一个坊。

5. 县城是最小的城，面积约等于一个坊。

6. 以上各种类型的城内的坊，布局相同：即以十字街分成四区后，每区又设小十字街，被小十字街分割的四小区内，又设更小一级的十字街，层层十字街的区划是隋唐城布局的特点。就是由于这个特点，今天有些古老的城中，还保有××十字之类的街道名称，如西安的夏家十字、五味十字，又如大同的马家十字等。这种××十字之类的街道名称，显然不会出现于自宋以后街道作长巷式布局的城市之中。

最后再简单地讨论一下隋唐城制的延续问题。自宋以来，街道作长巷式布局的城制兴起后，隋唐城制，主要是唐州县城制并未退出历史舞台，特别在中原和北方地区似乎还有强大的生命力，一些唐代旧城被沿用到明清乃至更晚的且勿论；值得注意的是，宋元乃至明代新建的州县城仍有不少承袭唐代的城制，例如表一（参看图一）。根据表一，可知唐州县城制，一直到15世纪中期，即明中叶尚在使用。这清楚地告诉我们，唐以后在黄河流域，坊里式布局的城制和长巷式布局的城制一直并用，或许前者更为流行。这个现象，恰好给盛唐以降中原北方战乱频仍，人口流失，农业生产和城市经济，除个别地区外，一般陷入长期停滞不前的局势，提供了一个重要实证。反之，盛唐以后，经济重心南移，南方农业手工业日趋繁荣，城市急剧发展，因而自宋以来长巷式布局的地方城市比较多地出现在长江以南，南宋绍定二年（1229年）平江图刻石所描绘的平江府城（即今江苏苏州旧城）即是一例。

表一　沿续唐州县城制度例

	城址所在	始建年代和原名	周围里数	平面和门数	城内布局	衙署区位置
沿唐中型州城和接近中型州城制度例	山东聊城县旧城	北宋熙宁三年（1070年）建博州城	七里有奇	方形四门	以十字街分城内为四坊。其中东北坊内区划为十六个小区的痕迹，解放前尚清晰可辨	在城内西北坊中
	山西永济县旧内城	金正大八年（1231年）建蒲州城	八里三百四十九步	同上	以十字街分城内为四坊	同上
	山东济宁县旧城	元至元十六年（1279年）建济宁路城	九里有奇	同上	同上	同上
	山西霍县旧城	元建霍州城	九里十三步	同上	同上	同上
	山东菏泽县旧城	明正统十一年（1446年）建曹州城	十二里	同上	同上	在城内西北坊中
沿唐县城制度例	山西岚县旧城	宋绍圣三年（1096年）建成岚县城	四里	方形三门	以十字街分城内为四区	同上
	山东临淄市西北长山镇城	宋址，元至正二十年（1360年）建长山县城	同上	方形四门	同上	
	北京市房山县旧城	金大定间（1161～1189年）建房山县城	一千四百五十步（四里余）	同上	同上	
	河南通许县旧城	金建通许县城	四里	同上	同上	
	山东长清县旧城	元至正十四年（1354年）建长清县城	同上	同上	同上	
	山东临清西南旧馆陶县旧城	明成化三年（1467年）建馆陶县城	同上	同上	同上	

1985年1月　修改稿

本文原刊《纪念北京大学考古专业三十周年论文集》，第279～285页，文物出版社，1990年。此次重刊改正了对坊面积错误的统计数字

现代城市中古代城址的初步考查[*]

处理好文化遗产保护与城市发展的关系，首先要了解城市发展史。要了解城市发展史，最重要、也是最实在的手段，是考古遗迹的辨认。我们有不少历史名城沿用了好多朝代，甚至一直到今天还不断更新建设。这里说的历史名城主要指隋唐以来的城市。隋以前，选地多以若干高地为中心的战国汉代城市，大多由于魏晋南北朝长期战乱的破坏一片狼藉了。隋唐一统后，不少残破的旧城市逐渐被废弃，另在平坦或较平坦的地点，兴建了新城。这类沿用到现代的隋唐以来创建的城市要注意文化遗产的保护，根据近几十年的经验，我们认为首先要辨认这类城市在兴建以后范围有没有变化？城市的主要布局有没有改变，主要是指城门和主要街道的位置有没有变化？还有主要衙署和宗教建筑的位置有没有变动？城垣本身有没有增补？这几个问题基本弄清楚了，这座城市文化遗产的重要性，包括对老城区进行有计划的妥善安排就心中有数了。现在我想就这个问题谈谈个人的认识过程和辨认遗迹的简况，请予批评指正。

在现代城市中较系统地追查古代城市的范围和布局，是从1958年初，陕西省文物管理委员会在《唐长安城地基初步探测》中发表《唐长安城探测复原图》引起的[1]。这幅图是把隋唐长安外城城基遗迹实测到现代万分之一的地形图上，图上有比较清晰的明清西安城城垣（图一）。明清西安城的南垣、西垣很长一段，据文献记载是利用了元奉元城（西安，元时为奉元路治）的南垣、西垣[2]，而元奉元城又是沿用了隋唐长安的皇城[3]。以上记载已被近年考古工作一再证实[4]。根据元李好文的《长安志图·奉元城图》中所标出的地名（图二），我们

---

[*] 本文原是"中国文化遗产保护与城市发展：机遇与挑战"大会上的发言稿，此次发表论点和章节都没有变动，但为了便于检阅，增加了部分说明性的文字和附图以及全部附注。

现代城市中古代城址的初步考查　91

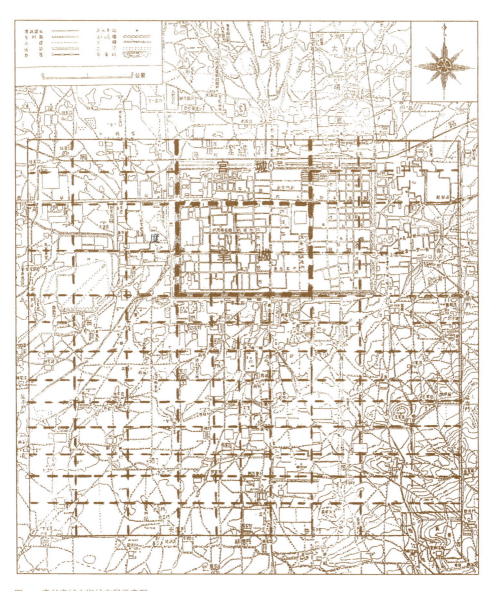

图一　唐长安城内街坊布局示意图
（摘自《考古学报》1958年3期，图中粗断线范围为唐皇城、宫城，细断线范围为唐街道）

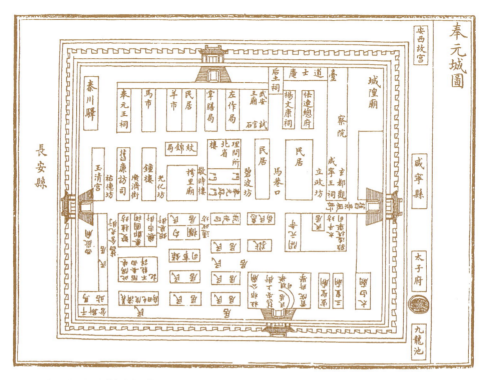

图二　元奉元城图（采自《长安志图》卷上）

知道今天西安南大街即图中的"旧安上街"，甜水井至桥梓口即"旧含光街"，东大街西段即"旧景风街"[5]。上述这些地点，从北宋元丰三年（1080年）吕大防石刻长安图上（图三）[6]，又知道都是唐皇城内主要街道；于是吕图所绘毗邻这几条旧街道的唐尚书省、将作监、少府监、太庙等重要衙署的位置与范围也可大体拟定。尤其是唐尚书省，尚书省大概相当于今天的国务院，其内的正厅（都堂）和六部二十四司的分布，宋人还有清晰的记录[7]。唐以后到解放前，此地一直是陕西地方官衙所在（尚书省的位置在今北大街南端以西，西大街东端以北，羊市至古京兆巷以南，北广济街以东。明建鼓楼大约在尚书省中心偏南的位置。尚书省中心线以东是吏、户、礼三部，为以后历代地方政府沿用，以西是兵、刑、工三部，以后为地方的军队、按察所沿用，今天还是西安市公安局驻地）[8]，其内部并未遭到大规模破坏，所以约在20世纪初这里（唐尚书省范围内）曾发现吕大防长安图石刻的残石[9]，近年这里还发现金代京兆府地区所属的一批地方官印。因此很有考古发掘价值。唐皇城以外，再根据吕

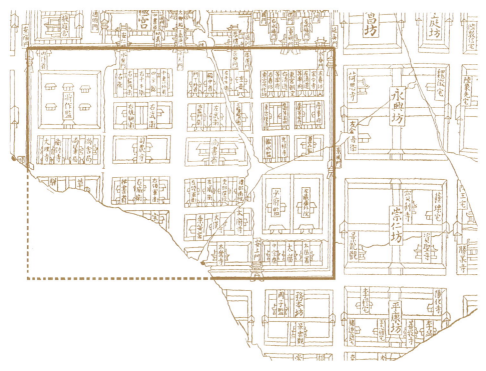

图三　吕大防唐长安图石刻拓本摹绘图中的唐皇城及其附近部分
（底图采自《考古学报》1958 年 3 期第 94 页后附图三）

图和其他唐长安图纸，在陕西文管会的实测图上，还可拟出一些唐长安各坊市的大体方位，在拟定的图纸上，居然发现长安外城的一些街道，甚至有些坊内的街道（十字街）遗迹，还断断续续地分布在明清西安城外的耕地里。以上这些情况，对照尚存地面上的少量唐代遗迹和近年考古发掘出的迹象，我们拟定的遗迹大部分都被证实了[10]。之后，用同样的方法很快把唐东都洛阳城、北都太原城也做出了初步复原描绘[11]。当然，这两个地点远没有达到复原长安城的水平，但也解决了一些问题。

"文化大革命"后，城址考古工作开展了。历史时期地方城址的调查是从山西大同城开始的。文献记载大同明初所筑砖城是因辽、金、元三代的西京旧土城增筑的[12]，而辽西京城又是沿用了唐开元十八年（730 年）兴建的云州城[13]。上述记载从近年拆除大同城垣，在多次贴筑的夯层内所含遗物得到证实（外侧明代夯土层出辽至元瓷片，内里则出汉唐陶片），更值得注意的是大同城内的街道布局与隋唐长安洛阳里坊情况相同（图四）[14]，即方形城，每面各开一门，四门

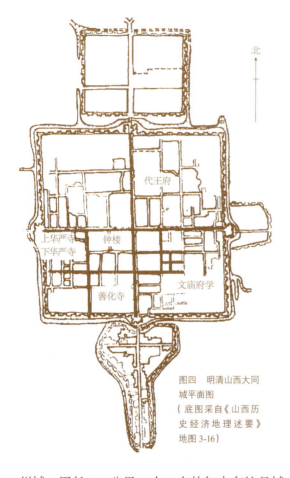

图四 明清山西大同城平面图
（底图采自《山西历史经济地理述要》地图 3-16）

内街道相通，合组成一大十字街，大十字街四隅的每一隅，又都各设小十字街，保存较好的是大同大十字街东南隅那一组小十字街。这种小十字街范围内又以小小十字街划分，这种小小十字街的地名有些叫"××十字"，反映坊里内原来即是以小小十字街为一个城市的较小的单元[15]。

山西大同城这个实例，给我们找唐代地方城址暗示出一些规律性的现象：方形城，每面各一门，内以大小十字街划分大小区域。我们参照这些现象，在中原北方找到了不少类似，甚至同样布局规格被沿用到现在的唐式城市，其实例有的是从唐代沿用下来的，也有的是后代按唐式兴建的。前者如安徽寿县城沿自唐寿州城，周长 6.5 公里；小一点的如山东掖县城，沿自唐莱州城，周长 4.5 公里；更小点的如北京市的属县顺义县城沿自唐顺州城，周长 2 公里，该城四门内十字街头原建有尊胜陀罗尼石经幢一座，十字路口立经幢也是唐长安某些坊里的做法。后者，即是唐以后按唐式兴建的，如北宋兴建的淄州城，即今山东聊城县旧城（周七里有奇）；金建的通许县城，即今河南通许城旧城（周四里）；元建的霍州城，即今山西霍县旧城（周九里十三步）；明建的馆陶县城，即今山东临淄西南的馆陶县旧城（周四里）。以上这些唐城和唐式城[16]，根据时代的发展，也不能没有改变，只是我们工作不够，目前还不能较有系统地说清楚。

晚唐五代辽宋金又是一个长期动乱分裂的时期，但也是部分地区经济发展的时代。这个阶段出现的新城市的特点，因为调查工作少，现仅能举出几项容易识别的事例可供参考。一、由于频繁的战争，一种新的、带有防御意义的城市街道布局——丁字街流行开来，北宋初在旧太原城东北三交寨新建的并州城就布置了丁字街[17]，略晚兴建的平遥城也采用南北大街不贯通的布局（图五）[18]，从元奉元城图看，南北门不对开[19]，此制最晚也当是沿袭宋金。二、城防的设备加强了，从苏州平江图和桂林修建城池图这两幅南宋石刻上可以看到，起券的城门和城门外的瓮城、羊马城、马面等建置[20]逐渐出现和增多。三、重要衙署、寺观的主要建筑流行了工字和王字平面，如《景定建康志》卷五所录《制司四幕官厅图》中正厅与后堂之间有穿堂相连的工字平面和《府廨之图》所绘前中后三堂以穿堂相连的王字平面；类似的建筑也见于山西繁峙岩山寺金大定间壁画[21]。四、一些坛庙在城内有了固定的方位，山西平遥和解县的文庙都是大定年间建于城的东南隅[22]，前者大定三年（1163年）修建的大成殿还保存完好；山西蒲州城北垣上建有玄武殿，有碑记重修于正大六年

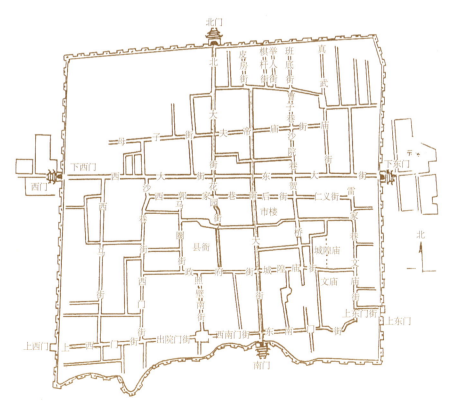

图五　明清山西平遥城平面图
（采自《山西历史经济地理述要》地图 3-14）

（1229 年）[23]，雁北一带有好几个县的北垣上原有明代兴建的北极阁，当是渊源于宋金。

大批被后来沿用的唐宋城市，在沿用期间的发展变化又如何？有没有什么规律可循？我们认为也有一些，但情况不一，大约有缩小、扩展和改造三种情况。

缩小，主要由于城市因为战乱被破坏废弃之后，压缩到保存尚好的范围，另建较小的新城。最明显的例子是唐末迁都洛阳后，在长安就皇城位置另建的新城。宋金京兆府、元奉元路沿用了它。还有后周、北宋恢复的扬州城，只保存了唐城的东南隅[24]。

扩展，主要是因为经济发展，人口流向城市。这种情况，唐宋以来南方最为突出。扩大的范围以所处的自然环境和交通路线而有区别。长江中游的湖南长沙城西傍湘江，所以只能向北、东、南三方发展[25]。江西的赣州城原选址在章水西岸和贡水东岸，即章贡两水合流处，所以它的发展只有向南一途[26]。新扩展和沿用的部分，在里巷布局上，突破了坊里大小十字式街道的拘束，流行便利交通运输的长巷。这一点，越是经济发展的城市，反映越突出，如晚唐以来兴盛起来的汴州和金时对沿用唐幽州城的辽南京的扩展[27]；宋代繁华的苏杭更是佳例。因经济发展扩展的城市，在北方较少，但北方也有少数因为军事需要扩展的，如 8 世纪兴建的雄武城，即唐末的武州城，它的遗迹在今河北宣化城内东南隅周约 4.5 公里的方形地段，此后金、明两代为了北防，向北、向西扩展了唐代的武州城。武州城原来布局的大十字街，还继续被使用到现代[28]。

缩小、扩展城市的范围，对旧城址改变都不太大。缩小了，旧街道还在，放弃的部分大多变为耕田，遗迹埋在地下，如隋唐长安外城。扩展一般不会大变动原来的街道布局。但另有一种旧城缩小被放弃在城外的部分，经过一段较长时期后，又扩展到城内的情况。这种再纳入城内的区域，有的因放弃时间较长，旧迹早已沦没，或被有意破坏：如明初西安府城北扩元奉元城，即把唐末放弃的宫城中部以南部分又扩入城内时，不可能恢复已被破坏的唐宫布局而另行区划街巷（亦见图一）；明嘉靖三十二年（1553 年），北京增筑外城，包括了金中都东半的大部分，其中金宫城中部以东和中都的东北隅，也都只能沿用金亡后，由集居在中都废墟的民众逐渐形成的不少不甚规整的新街巷[29]。对城市原来规划变动或破坏最大的是改造旧城市某些面积较大的地区。历史上这种改造涉及城市较多的，是在明清两代。大规模的改造，明清各出现一次。

一次是明初分封王子。在封地的城市营建王城。这种王城有不少建在城市中心区域，如成都蜀王城[30]，长沙潭王城[31]，北方知青州的齐王城和后来的衡王城[32]。兴建这类王城都是把原来布置在城市中部的衙署、市场和一部分民居拆了，大小街巷也改了；迁到城内别处的地方衙署，又要重新布置街道和附属机构。因此，这个城市布局，就有了较大的变化。王城也有建在城内一隅的，如大同代王城和西安秦王城，都是建在该城的东北隅。这些王城都是按一定的格式起盖的，如明初兴建的亲王城，都是内建周近2公里的宫城，宫城外再起王城，王城内东南隅建宗庙，西南隅建社稷、山川坛，王城前还要很大面积布置王国衙署和营卫。这一大片地区和它连接的街巷都要改变原貌。

另一次是清代在各重要城市建满州城，驻防八旗军眷。满州城有的建在城外，如青州满城建在城北，银川满城建在城西。这一类与原城市关系不大，但建在城内的也要大拆大改，如成都满城建在城内西侧；西安满城是扩充了明秦王城，八旗校场就建在秦王宫城的位置上，满城的东、北两面即利用西安城垣东面北段和北面东段，西南两面增建在今北大街东侧和东大街南侧，这样西安东门就变成满城的专用东门了[33]。此外，清代改建明沈州城系一特殊之例，即清初建都沈阳，改建明沈州城内十字街为井字街。

明清改建旧城市，较大规模地改变了原来相沿已久的布局和街道，这是考虑在现在城市范围内复原古城址必须注意的事项：既要注意明清遗迹下面的遗迹，也要注意明清迄现代沿续的街巷如何和以前原有的街巷相互衔接等问题。

在现代城市中研讨古代城市遗迹，是城市遗迹考古中一个重要内容，因为这类遗迹大面积揭露的条件很难具备；而它又是城市发展史上不可缺少的部分，同时在城市建设问题上，需要这方面的成果，作为妥善保护老城区的重要参考资料。因此，希望各级领导积极支持、督导考古工作者要更多更快地进行这项工作，如再迟缓，现代的城市正在快速建设时期，很可能有些今天尚存的古代重要文化遗产就被铲平毁废了。

注释

[1] 1957年，陕西省文物管理委员会杭德州、雒忠如等同志"对（唐）长安城（外罗城）的范围和各

城门的位置等做过详细勘查和探测，收获很大"（中国科学院考古研究所西安唐城发掘队《唐长安城考古纪略》，《考古》1963年11期），随即撰写了《唐长安城地基初步探讨资料》，发表于陕西《人文杂志》1958年1期。《考古学报》稍作修改后，改题《唐长安城地基初步探测》转载于1958年3期。转载时附记云："该文中钻探方法一段，另在《考古通讯》刊出（按刊于《考古通讯》1958年9期，标题作《唐长安城地基初步探测的钻探方法》）。"附记又记："为了充实这一资料的参考作用，我们将……宋吕大防刻唐长安图拓片摹绘附于文末。"本文所附图一的底图和图三即采自《考古学报》。

〔2〕《明太祖实录》："（洪武六年秋七月丙寅）长兴侯耿炳文、陕西行省参政杨思义、都指挥使濮英言，陕西城池已役军士开拓东大城五百三十二丈，南接旧城四百三十六丈，今欲再拓北大城一千一百五十七丈七尺，而军力不足；西安之民耕种已毕；乞令助筑为便。中书省以闻。上命俟来年农隙典（兴）筑。仍命中书省考形势规制为图以示之，使按图增筑，无令过制以劳人力。""开拓东大城"即东移元奉元城的东垣，此东移的东大城，其垣南端西接奉元城的南垣东端，其垣北端则与"再拓北大城"的北垣东端相接。"再拓北大城"即向北移奉元城的北垣。此北移的北垣，其西端则直抵奉元城西垣向北延长的部位，亦即唐宫城的西垣。

〔3〕元李好文《长安志图》卷上记奉元路城即唐末韩建所筑之新城："新城，唐天祐元年（904年）匡国节度使韩建筑。时朱全忠迁昭宗于洛，毁长安宫室百司及民庐舍，长安遂墟。建遂去宫城，又去外郭城，重修子城即皇城也，南闭朱雀门，又闭延喜、安福门，北开元（玄）武门，是为新城即今奉元路府治也。"（李书卷下录《泾渠图说》，其前有至正二年，即公元1342年必申达序。）

〔4〕参看中国科学院考古研究所西安唐城发掘队《唐代长安城考古纪略》所记1960~1962年勘查工作和牛象坤《唐皇城遗址探察记》所记1983~1984年西安环城建设委员会对长安皇城遗址的钻探工作。后者不易检寻，且记述较详，因转录其要点如下："维修西安南城墙时……在开通巷南口向东二十米的城墙洞穴里，发现不同的城墙夯土接茬……此一接茬处为隋大兴—唐长安皇城东南角……（由此）向北调查，沿菊花园民革工地、原陕西日报东院、碑林浴池东侧工地、省科委大楼工地、新城东墙、省政府职工宿舍院一线钻探，在五处发现有唐代城墙夯土墙基和残墙的遗存……可以确认，唐皇城东墙的走向即在这一线。""对皇城东墙的具体走向确定之后，又由东向西，对宫城南墙进行调查……从省政府职工宿舍院向西，沿省政府农办院、十九粮店以南居住区、莲湖公园承天门遗址、西五台南菜园，到香米园西口正对的城墙这一线，进行钻探，都发现了隋唐城墙墙基、残墙的遗存，为宫城南墙的走向和皇城北面准确位置的确定，提供了实物证据。"上引牛文原载1984年7月1、2日《西安晚报》，后辑入西安环城建设委员会办公室《西安环城建设资料汇编》第一辑（1984年）。

〔5〕据《长安志图·奉元城图》标出的地名考查与今地名的关系，清嘉庆间（1796~1820年）董祐诚等纂修《咸宁县志》时，即已指出。该书卷四《元奉元城图》所附《图说》云："古坊巷至今犹可考者，赖有此图。图内旧景风街即今东门大街，旧安上街即今南门大街，旧含光街即今长安含光坊，通济坊、广济街、马巷、府学、开元寺皆迄今不改。敬时楼即今鼓楼，钟楼即今迎祥观，奉元路门即今西安府治，约略计之，尚可得其仿佛。"

〔6〕此图系据中国社会科学院考古研究所藏吕大防石刻长安图残石拓本摹绘。清乾隆间（1736~1796年）毕沅校刻《长安志》时，据《长安志图》卷上所附吕图《图说》（即所谓吕大防《题记》）"予因考证长安故图爱其制度之密"一语附注云："观吕氏此言，是图之作其由来尚矣。"（见《长安

志》卷上）知吕图沿自其前之"长安故图"，并非创始之作。

〔7〕 见《长安志》卷七"承天门街之东面第四横街之北尚书省"条。

〔8〕 本文所用西安近现代地名，系据（一）清光绪十六年（1890年）《西安城关图》，采自陕西省博物馆编《西安历史述略》（1959年）；（二）《清代西安府图》，采自武伯纶《西安历史述略》（1979年）；（三）《西安商务旅游交通详图》（2000年）。

〔9〕 《长安志图》卷上录壬子年（元至大五年，1312年）府学教授邳邦用《长安图跋》云："此图旧有碑刻在京兆府公署，兵后失之。"知此石刻佚于金元兵燹。20世纪初，渐出残石，叶昌炽《语石》卷五"地图"条："宋吕大防《长安志图》已佚，近新出残石数十片，余尝从西估得拓本，离合钩贯不能得其斗笋之处。"同书卷十"残石位置"条又云："余曾得吕大防《长安志图》残石，石苍舒书，仅存七片，首尾残缺，潜心钩贯，迄未得其原次。"可见石刻已极残破。残石出土后，下落不明。民国二十三年（1934年）北平研究院何士骥于西安南门内小湘子庙街道旁污泥中，发现长宽皆不及30厘米，内有"太极宫""尚书省""大理寺""〔辅兴〕坊"等榜题的地图残石一块（何氏名之为《唐太极宫及府寺坊市图》残石）。同年冬，北京邵章得厂市帖估送来若干份吕图残石拓本二十余纸，经邵氏殚心缀接成幅，始知何氏所获即其中之一石。盖帖估送邵的拓本，系残石早年出土而施之毡拓者，施拓时间疑与前引叶氏所得"近新出残石数十片"的拓本略同。邵氏缀接本多有流传，中国社会科学院考古研究所和日人前田直典所藏〔前田拓本即《东京城》（1939年）中所据以付印者〕皆出自邵氏。邵氏精装欣赏裱轴本后归北京大学图书馆。又北大另藏丛拓一束，与邵氏轴本合校，可补考古所、前田两拓处甚多，如大明宫部分之"东内苑""皇帝殿""九仙门"，城外之"清明渠""东交河""龙骡谷"，最重要的是吕大防《图说》的位置，在"汉都城"的上方，即长安图石刻的左上隅。图与《图说》共一石，与陈振孙《直斋书录解题》卷八著录《长安图记》一卷，"丞相汲公吕大防知永兴军，以为正长安故图，著其说于上。今信安郡有此图，而别录其说为一编"，所记其说于图上相符。何氏发现的残石，与当时该氏在陕西省民政厅内发掘之兴庆宫残石皆存陕西考古会（参看何士骥《唐大明、兴庆及太极宫图残石发掘报告》，刊《北平研究院院务汇报》五卷4期，1934年），后俱入藏陕西省博物馆碑林。

〔10〕 参看马得志《唐代长安与洛阳》，刊《考古》1982年6期。

〔11〕 参看拙撰《隋唐长安城和洛阳城》，刊《考古》1978年6期；《隋唐城址类型初探（提纲）》，刊《纪念北京大学考古专业三十周年论文集》（1990年）。

〔12〕 《正德大同府志》卷二《城池》："大同府城，洪武五年（1372年）大将军徐达因旧土城南之半增筑，周围十三里，高四丈二尺，壕深四丈五尺，以砖外包。门四……"

〔13〕 参看拙撰《恒安镇与恒安石窟——隋唐时期的大同和云冈》，原刊《中国石窟·云冈石窟》二（1994年），后收入《中国石窟寺研究》（1996年）。

〔14〕 参看注〔10〕、〔11〕。

〔15〕 参看注〔11〕所录《隋唐城址类型初探（提纲）》。大同此类较小单元的面积在3600平方米左右。

〔16〕 参看注〔15〕。

〔17〕 《续资治通鉴长编》卷二十三："（太平兴国七年，982年）二月……复徙并州于三交寨，即以潘美为并州都部署。此据《潘美行状》七年二月事也。三交寨即阳曲县。"三交寨即明清太原城的前身。明洪武九年（1376年）扩旧城东、南、北三面，故明清太原城内旱水两西门间尚有东西、南北不相直的丁字街道的遗迹。参看杨纯渊《山西历史经济地理述要》地图3-18（1993年）。

[18]《康熙平遥县志》卷二《建置、城池》记:"旧城狭小,东西二面俱低……明洪武三年(1370年)重筑。周围十二里八分四厘,崇三丈二尺,濠深广各一丈……"未记创建年代,但明初重筑重点似在东西二面的加高,且现城内东南隅的文庙尚存规模宏阔的金建大成殿,因可推测县志所记相沿的旧城,至迟亦应是宋金遗制。

[19] 元奉元城南北门不相直,《嘉庆咸宁县志》已注意及之。该志卷四《宋京兆府城图说》:"(新城)北开元(玄)武门,盖因对元(玄)武门而言,犹景风门之非即唐景风门也。元(玄)武门偏西,不与安上门对,与李氏元奉元图正同,此与今城异者……"同书卷《元奉元城图图说》又云:"南北二门不相直,则北门之改在元以后矣。"

[20] 参看傅熹年《静江府修筑城池图简析》,收入《傅熹年建筑史论文集》,文物出版社,1998年。

[21] 参看傅熹年《山西省繁峙县岩山寺南殿金代壁画中所绘建筑的初步分析》,原刊《建筑历史研究》第一辑(1982年),后辑入《傅熹年建筑史论文集》。

[22]《乾隆解州全志》卷四"学校":"儒学在州治东礼贤坊东南,金大定十八年(1178年)知州李愈修。"

[23]《大金河中府重修玄武殿记》,李献能撰,20世纪50年代已断为二,尚存蒲州城北垣上玄武庙废墟中。

[24] 参看注[15],纪仲庆《扬州古城址变迁初探》之"后周和北宋的扬州城"一节,刊《文物》1979年9期。

[25] 参看黄纲正等《湘城沧桑之变》卷首所录《长沙古代城域变化示意图》和第五章《宋元明时期:古城格局的确定与城市的发展》,湖南文艺出版社,1997年。

[26] 参看李梅根、刘芳义《赣州古城调查简报》,刊《文物》1993年3期。

[27] 参看于杰、于光度《金中都》卷前的《金中都城图》和第二章《金中都城》,北京出版社,1989年。

[28] 参看拙撰《宣化考古三题》图三和"宣化城沿革"节,刊《文物》1998年1期。

[29] 参看注[27]。

[30] 参看注[15]。

[31] 参看注[25]。

[32] 参看拙撰《青州城与龙兴寺》中的《青州城考略》图四和"明代青州城内布局的改变"节,刊《文物》1999年8期。

[33] 参看武伯纶《西安历史述略》第七章《唐以后的长安》,陕西人民出版社,1979年。

本文原刊《文物》2001年1期,第56~63页

武威行

1991年4月，应武威专署之邀，与马世长同志西去河西参观古凉文物。滞武威四整天，承专署、市和博物馆诸同志的引导，重点了解了汉唐墓葬的分布、博物馆所藏重要文物和西夏蒙元遗迹。现就这三方面的资料，结合部分文献，按时代顺序，写些有关武威历史遗迹的不成熟看法，希望得到批评指正。

一

武威自汉武设郡不久即以"凉州之畜为天下饶"（《汉书·地理志下》）闻名。后汉之初，又以"仓库有蓄，民庶殷富"（《后汉书·窦融传》）见称。汉末魏晋虽多丧乱，但河西安谧，"中州避难来者日月相继"（《晋书·张轨传》），故两晋之际"国亦完富"（《晋书·张轨传赞》）。前凉以还，饥馑争战频仍，然"地居形胜"，仍是"河西一都之会"（《晋书·秃发利鹿孤载记》），迨北魏陷凉，"徙凉州民三万余家于京师"（《魏书·世祖纪上》），凉州乃渐萧条。此汉晋以来之河西重镇，其具体位置，乾隆时修《武威县志》即云："武威置自汉武，城郭基址不可考。"（《建置志》"府城"条）修志迄今又二百四十余年[1]。寻觅旧迹更非易事。唯自20世纪50年代起，武威城建工程中，不断发现汉晋墓群，根据这些墓群的所在，大体可以推定汉晋时武威居民集中地区的方位。因为在一般情况下，墓葬特别是墓群不会距离死者生前居住点太远。洛阳烧沟汉墓群位汉河南县城东北1~2.5公里，广州西汉墓群距推定的汉南海郡城的中心1~4公里；东汉后期墓地东西相距最近8公里，南北相距最远为18公里[2]。以河西地区言，张掖西北骊得故城西5公里有许三湾汉墓群；酒泉东南皇城故城西2.5公里有下河清汉墓群；酒泉旧城即汉晋福禄城址，其西北7.5公里为丁家闸魏晋墓群。武威地区发现汉晋墓葬最多的地点，即是今武威旧城内外及其周围的四郊，值得注意的是：旧城北1公里雷台以南、城内东南隅文庙（即今市博物馆）以北、城内北大街西侧以东、城东北3.5公里大柳乡马儿村和城东南清水乡十三里堡以西的地区，没有发现汉墓。汉时武威居民集中的所在，大约即在这个范围之内。魏晋墓葬的分布也在这个范围之外（图一）。武威旧城西北7.5公里金沙乡赵家磨魏晋墓地中，曾发现一件前凉晋昌太守梁舒的石刻墓表，墓表记梁舒"以建元十二年十二月卅日葬城西十七里杨墓东百步，深五丈"[3]。

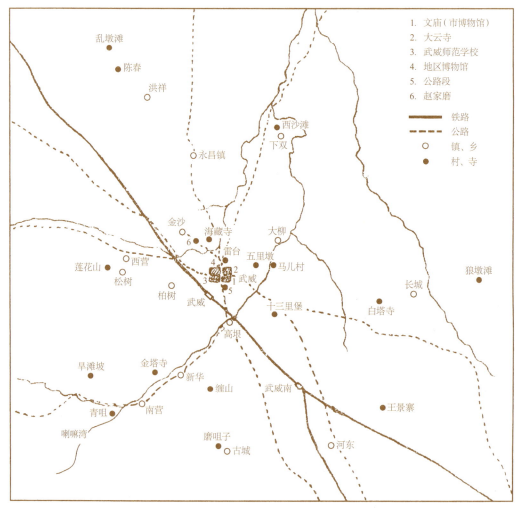

图一　武威古迹分布示意图

建元十二年（376年）秋九月前凉为前秦所灭，所以墓表用了前秦纪元。据墓表所记葬城西8.5公里的距离，可推知当时武威西城垣正位于今北大街、南大街一线附近，与上述汉墓公布的西界极为相近，因知从旧城南北大街附近向东迄发现汉墓的地点——马儿村、十三里堡，其间约有6.5～7公里。魏晋墓南北距，即城北300米二一二大队魏晋墓和城南1公里和平枣园魏晋墓之间距，也略同于汉墓分布的南北距离，其间1.5公里有余。按《水经注》卷四十《禹贡山水泽地所在·都野泽》引《王隐晋书》曰："凉州有龙形，故曰卧龙城，南北七里，东西三里，本匈奴所筑也。"所记凉州城东西、南北里数，不知是否由于传抄而出现差误？如为"南北三里，东西七里"之讹，则既可容纳于上述没有发现汉晋墓葬的范围之内；又符合河西城市因东西干线是主要交通线而自然形成南北窄、东西长的布局；同时卧龙城一名，似乎也有该城作横长形制的形象含义。《水经注·都野泽》引《王隐晋书》又记："凉州……（前凉）张氏之世居也。又张骏增筑四城厢各千步。东城植园果，命曰讲武场。北城植园果，命曰玄武圃，皆有宫殿[4]。中城内作四时宫，随节游幸。并旧城为五，街衢相通，二十二门。"此事又见《晋书·张轨传附子骏传》，唯只记筑南城及于旧城作四时宫："（张）骏尽有陇西之地……又于姑臧城南筑城。起谦光殿……殿之四面各起一殿。东曰宜阳青殿，以春三月居之，章服器物皆依方色。南曰朱阳赤殿，夏三月居之。西曰政刑白殿，秋三月居之。北曰玄武黑殿，冬三月居之。其傍皆有直省内官寺署，一同方色。及末年，任所游处，不复依四时而居。"张骏所筑凉州之四城厢，当是从军事考虑，于凉州城四面兴建之小城堡。此诸小城堡大约在前凉亡后即渐废毁，故不见于唐以后记录，其遗址亦不得踪迹，但上述汉晋凉州居民集中地区与四周墓地之间，确有容纳"周千步"之四城厢的位置，则是应予注意者。

武威汉代墓地时代较早的，分布在西南郊，傍祁连山北麓，即从地跨柏树、松树、西营三乡的旱滩坡墓群，向东南延展，迄于新华、古城二乡的磨咀子墓群。这一带多西汉、新莽和东汉中期以前的土洞墓，曾出《仪礼简》[5]、《王杖简》[6]、医药简牍[7]和大批丝织品、木器；有绥和元年（前8年）铭乘舆考工铜扣漆耳杯等[8]重要文物的墓葬，也发现在这里。时代较晚的墓地分布在城北、城东，即从城西北洪祥乡洪祥滩墓群，向东南延展，经下双乡西沙滩墓群，以迄城东长城乡狼墩滩墓群和城东南河东乡王景寨墓群，这大片地区的墓葬多

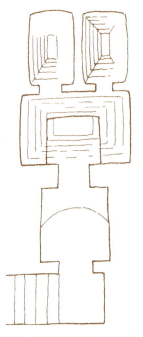 

图二　武威师范学校魏晋墓平面示意图　　图三　赵家磨发现的梁舒墓表（素描）

砖室墓，时代多属东汉中晚期，随葬多木器和釉陶器，其中以城北1公里雷台发现大批铜车马和一组陶楼院的东汉晚期张姓将军的多室砖墓最为著名[9]。魏晋墓葬多分布在城北、西北、西南和城内西半。魏晋墓，内地除洛阳及其附近外发现很少，十六国时期的墓葬更少。近年，河西各地的发现，既可为河西历史增加实物资料，又为系统的墓葬研究填补了重要空白。武威师范学校和赵家磨发现的大型魏晋砖室墓，皆具前后室。前者后室又明确隔成二内，该墓多次被盗，清理时出有二孔陶灶和铜马足残件（图二）[10]。赵家磨墓出有陶楼院和雕镂精致的十二枝铜灯[11]。地区博物馆院内发现的魏晋土坑墓，出有五铢钱和一内彩绘日（内有三足乌）、月（内有蟾蜍和兔）、云气等图像的灰陶盆[12]。因知其时随葬器物仍上沿汉制。此外，许多魏晋十六国中小型土洞墓所出陶器、木器和木俑，工艺虽嫌简略，但其形制亦多袭自汉墓；而褐釉小罐、叉形铜饰件和位至三公铭铜镜等，则是中原魏晋墓中所习见者[13]。磨咀子北新华乡缠山村土洞墓出有魏青龙四年（236年）木牍[14]和前引赵家磨所出前秦建元十二年（376年）墓表，皆是罕见的纪年文物（图三）。后者在现知自名墓表的石刻中，年代为最早。1926年，洛阳北郊高家岭村曾出土仅雕有"晋故虎牙将军王君表"九字的小石刻一方[15]，则知墓表之原始亦滥觞于中原。又据发表的赵家磨魏晋墓报告云，一号墓前室出有铜残马鞍模型、铜车件和"铁马镫及铁饰件各一件，均残甚"[16]。此残甚的一件铁马镫如未误认，即与过去所知最早的马镫——湖南长沙西晋永宁二年（302年）墓所出三件陶骑吏俑的马镫，也仅备一只的情况相同[17]，而此墓的年代应比永宁二年为早[18]。汉以来，凉州骑兵即为世所重，"凉州大马，横行天下"（《晋书·张轨传》）由来已久，武威马镫出现较早，当非偶然。

二

北魏灭北凉不久，吐谷浑、柔然困扰河西，凉州犹是军事要镇。西魏大统"十二年（546年），凉州刺史宇文仲和据州不受代，（周）太祖（宇文泰）令（独孤）信率开府怡峰讨之。仲和婴城固守，信夜令诸将以冲梯攻其东北，信亲帅壮士袭其西南，值明克之，擒仲和，虏其民六千户送于长安"（《周书·独孤信传》），此凉州城当是因前凉之旧。北周建德三年（574年）"凉州比年地震，坏城郭，地裂涌泉出"（《周书·武帝纪上》），凉城始遭毁坏。隋兴，贺娄子干、宇文庆、独孤罗、樊子盖相继御吐谷浑、突厥于凉州，凉州城防自应强化。从武威旧城西北1公里孙家园发现隋墓群［其一出仁寿二年（602年）成□墓志］和城西发现刘和墓志[19]，俱远离汉晋墓地而与唐墓毗邻，因可推知隋时武威居民集中区域应与唐居民集中区域接近。唐武威城据《乾隆武威县志·建置志》"府城"条记载："府城……旧志[20]：唐李轨筑，周一十五里，高四丈八尺。明洪武十年（1377年），指挥濮英增筑三尺，共高五丈一尺，厚六尺，周围减去三里余，止一十一里零一百八十步。"此明武威卫城即清武威府城址，亦即今日武威旧城区，即应在"周围减去三里余"的唐武威城范围之内。李轨，隋唐之际割据河西，《隋书·炀帝纪下》记："［大业十三年（617年）七月］丙辰，武威人李轨举兵反。"《旧唐书·李轨传》又记："轨自称河西大凉王，建元安乐，署置官属，并拟开皇故事……［武德元年（618年）］攻陷张掖、敦煌、西平、枹罕，尽有河西之地……［二年（619年）李轨倡言］昔吴濞以江左之兵，犹称己为东帝，我今以河右之众，岂得不为西帝，彼

（唐）虽强大，其如予何。"在这种情况下，轨筑城自固，当是情理中事，县志据旧志所云，约非虚语。前引刘和墓志所志之刘和即卒于李轨时，该志前面标题和官职，志末录和之卒年、葬地云："凉故仪同三司尚药奉御刘君墓志并序。君讳和，字善□……安乐元年（618年）岁次丁丑……葬于神鸟县建昌乡通明里。"凉安乐纪年遗物，似仅此一例，殊可珍视。武威唐城与今武威旧城区的关系，还可据现存唐代遗迹证之。旧城区西北1公里孙家园有唐墓群，曾出永徽四年（653年）郭永生墓志，可证唐城西、北两面与明清武威城西、北两面接近。旧城区南半公里余公路段曾发现唐砖墓，又旧城区南15余公里青咀慕容氏墓群东部发现的开元二十四年（736年）慕容公（曦皓）妻武氏墓志记"迁窆于凉城南卅里神鸟县阳晖谷之西原"，志云"卅里"，盖取其整数，是唐城南面亦与明清武威城南面接近。明清城东五里墩出有贞观十七年（643年）晁大明墓志和大唐上仪同康阿达墓志。五里墩因西距城五里而得名，其地是明清武威城东最近城区的唐墓分布点。唐岑参《凉州馆中与诸判官夜集》："湾湾月出挂城头，城头月出照凉州。凉州七里十万家，胡人半解弹琵琶。"（《岑嘉州诗》卷二）所咏州七里，应指当时凉州最宽的东西距离。明清武威城东西四里，若向东延伸三里，东距城东唐墓分布区尚有二里，因可推知明初减缩唐城部分，可能主要是唐城东部。唐代遗迹现存于旧城区内，较可靠的只一大云寺址。《大明一统志》卷三十七《陕西行都指挥使司·甘州左卫》"寺观"条记："大云寺在凉州卫治东北，唐景云中（710~711年）建。"该寺位明清城内东北隅，尚存唐铸铜钟一口[21]（图四）和景云二年（711年）《凉州卫大云寺古刹功德碑》一通，碑题"凉州卫大云寺古刹"，知是明迄清雍正三年（1725年）改卫为府以前所重刻者[22]。

前引康阿达墓志，系记录昭武九姓粟特人东来的一件重要文献。1943年，张维刊《陇右金石录》卷二有录文，兹据原石并参考张氏所录，移抄墓志全文如下：

大唐上仪同故康莫晕息阿达墓志铭｜公讳阿达，西域康国人也。其先盖出自造化｜□□藤苗，大唐之始，公□皇帝之胄｜胤也，蟠根万顷，玉叶千寻，宗祚皇基｜枝连帝业。祖扶达，□使持节骠骑大将｜军开府仪同三司凉甘瓜三州诸军事｜凉州萨保，当官□任，水镜无以近其怀｜；处逝公途，石

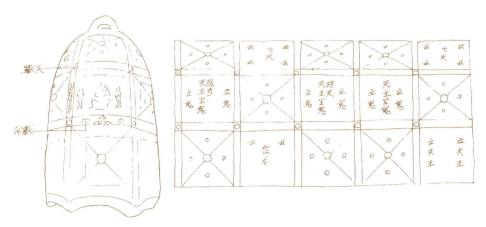

图四 武威大云寺唐和钟和钟面铸出的纹饰布局（速写）

廉不之方其志。诏赠武威」太守。父莫鼻，同葬安乐里。呜呼哀哉」乃为铭曰」：哀哉夭寿，丧此勋功，伤兹英喆，往投琼银」，生形易圮，梦影难通，阇城独立，野马众屯」，河垣桂隐，月落雩昏，一辞冠冕，永闭泉门」。

康志未记年代，但据志文可推知康阿达之夭逝在初唐。其祖扶达任职凉州当在魏周之世，约略早于《元和姓纂》卷四所记"后魏安难起至孙盘娑罗居凉州，为萨宝"之安盘娑罗[23]。1948年。张维撰《陇右金石录补》因《夏鼐札记》[24]的启示，对康志进行补考。夏、张两先生考释主要讨论萨宝系祆教官职。按20世纪30年代初，西安出土天宝三载（744年）米国大首领米萨宝墓志[25]，近年固原发现咸亨三年（672年）史诃耽墓志记诃耽"史国公之苗裔也……曾祖尼，魏摩诃大萨宝、张掖县令。祖思，周京师萨宝、酒泉县令"[26]。安、米、史俱属昭武九姓，其国王或"与康国王同族"，或为"康国王之支庶"（《北史·西域传》)，盖昭武九姓奉火袄，自北魏以来即任其上层人物为萨宝，周齐继之以迄隋唐。昭武九姓于河西既膺宗教职，又任地方官，甚至如康扶达者更掌握了河西军事大权，可见昭武九姓于唐以前，即在"地多关塞，俗杂华戎，秋月满而胡骑嘶，朔风动而加箛咽"[开皇十九年（599年）凉州刺史独孤罗墓志][27]的河西，拥有较大的势力。《旧唐书·李轨传》记李轨起兵命"（安）修仁夜率诸胡入（凉州）内苑城，建旗大呼，轨于郭下聚众应之，执缚隋虎贲郎将谢统师、郡丞韦士政……（轨谋主梁）硕见诸胡种落繁盛，乃阴劝轨宜如防察……谢统师等隋旧官人为轨所获,虽被任使,情犹不附,每与群胡相结,引进朋党,排轨旧人……初,安修仁之兄兴贵先在长安,表请诣凉州招慰轨……兴贵对(高祖)曰……臣于凉州奕代豪望,凡厥士庶,靡不依附,臣之弟为轨所信任……高祖从之。兴贵至凉州……知轨不可动,乃与修仁等潜谋,引诸胡众起兵图轨,将围其城,轨率步骑千余出城拒战"。安兴贵、修仁皆前引《元和姓纂》所记安盘娑罗之子,因疑此《李轨传》中之"诸胡""群胡",主要即是昭武九姓。昭武九姓在河西之衰微文献无征。武威行署前专员刘尔能同志告我:"武威粮食局党委书记安殿钺,城南喇嘛湾人,彼曾谓喇嘛湾安姓,相传即从前自西域迁来者。"喇嘛湾沿冰沟河,位冰沟河与大水河交汇处之青咀湾西南,两地北山即有名之慕容氏墓地所在。往访两村,知现有安姓十余户,石姓六户。石姓亦在昭武九姓中,不知此两地之安石两姓是否是昭武九姓之孑遗。武威多旧户,彼地现今犹谓人事纷杂为"天宝大乱"。此俗语之产生,疑即出自对天宝末年变乱印象深刻的陷蕃后幸存之凉民及其后裔。此诸幸存之凉民后裔中,自可包括久住凉州的昭武九姓之苗嗣,然则今日僻远之南山谷地,犹传有源出昭武之安姓,或许并非虚辞。

武威历年所出石刻,多存市博物馆,内以唐志为多[28]。其中少数民族墓志除康阿达、慕容氏诸志外,尚有纥单府君墓志一合,颇值留意。该志盖镌"大唐故牛夫人墓志",志文则作:

唐故明威府队正纥单府君墓志
君讳端,阴山人也,出自国族,拓拔归晋因而命氏,所以载于竹帛传之终古。曾祖显,隋凉益蒲广四州刺史、大都督、武威郡守、永平郡开国公、食邑二千六百石……祖贵袭爵……君秉性倜傥……授明威府队正。终于私第,春秋五十八。夫人牛氏以垂拱元年(685年)六月十六日终于寝室。
合葬于州南十八里□□山之原胡村之界……

纥单即《魏书·官氏志》所记内入诸姓之阿单氏,属鲜卑部落[29],故志云纥单端"阴山人也,出自国族"。纥单端曾祖显与袭爵之祖贵,俱不见著录。明威府为凉州开威郡六军府之首[30],军府之制五十人为队,队有正。《新唐书·百官志四上》记每府"队正二十人,正九品下……每队正领兵五十人",纥单端受任明威府兵官职,联系其曾祖官武威郡守，因知最迟在武周之世，占籍凉州之少数民族中尚有来自东北的鲜卑纥单一族。又此志出土于武威旧城南约十六七里之高坝乡境内，志云"葬于州南十八里"，两者之距城里数相若，此亦唐凉州城南壁约在今武威旧城南壁附近之一证。

三

唐末以还，凉州为吐蕃阻隔。五代后汉任吐蕃折逋嘉施为河西军节度留后。宋初置西凉府，属陕西路。咸平元年（998年）折逋游龙钵入觐，介绍凉州情况。《宋史·外国传八·吐蕃传》记其事云："咸平元年十一月，河西军左厢副使、归德将军折逋游龙钵来朝。游龙钵四世受朝命为酋，虽贡方物，未尝自行，今始至，献马二千余匹。河西军即古凉州……旧领姑臧、神乌、蕃禾、昌松、嘉麟五县，户二万五千六百九十三，口十二万八千一百九十三。今有汉民三百户。城周回十五里，如凤形……皆龙钵自述云。诏以龙钵为安远大将军。"[31]其时凉州城周回十五里，当是仍唐城之旧。景德初（1004年），西凉陷于西夏，《续资治通鉴长编》熙宁六年（1073年）夏四月记夏人修筑凉州，"河东经略司言，有陷蕃卒二人逃归言：夏人恐我大兵至，修筑凉州……上因谓执政曰：向因五路出兵，西人潜筑城邑，为伏藏之所，今凉州去河州不远，如诸路将帅得人，表里相应，则西人自此多窜归者"。此夏人修筑之凉州城，应是就凉州旧城新加修葺者，所以今武威旧城内多西夏遗迹。

1. 天祐民安五年（1094年）《凉州重修护国寺感通塔碑》原竖在今武威旧城内东北隅大云寺西北的清应寺内，其地应是西夏护国寺位置[32]。1927年，武威地震后，移陈文庙，即今市博物馆。碑一面汉文，另面西夏文，两侧各线雕饰伎乐一。

2. 东大街中部偏西路北署东巷兴建专署家属大楼时，发现西夏窖藏一处，内藏金碗二、金钵一、银锭二十等物，当是因避乱逃亡而埋藏者。埋藏的时间约与蒙人来侵有关[33]。

3. 东大街中部偏东路北水电局院内发现的西夏窖藏，内出铜钱一百二十斤，多宋钱，有少量的西夏钱[34]。

西夏墓葬则皆发现于旧城之外，距旧城最近者，是1977年于旧城西北隅外

图五　武威城西林场西夏刘姓墓所出木塔（速写）

约半华里处，即今林场区内清理的天庆元年至八年（1194～1201年）两座任职西路经略司的刘姓官员墓[35]。两墓皆火葬，墓内各出八面单层木塔两件，约是用以盛骨灰者。值得注意的是：木塔顶做出一典型藏传佛教流行的噶当觉顿式小木塔；其一木塔顶板还书有藏传佛教习见之唵、嘛、呢、叭、咪、吽六个梵字（图五），因可据以推知至迟于西夏后期藏传佛教已传播到武威地区。武威地区于西夏时期已有藏传佛教的传播，武威城南两处石窟中的发现，更提供了充分的物证：一处是小西沟岘石窟西夏中晚期遗物中，发现高7厘米的模制小陶塔，塔下部印有梵文和藏文，这类小陶塔藏语"擦擦"，是藏传佛教常见的装藏物[36]；另一处是承市博物馆胡宗秘馆长见告的亥母洞石窟[37]，该窟出土有分格式的佛像、本尊像唐卡五件，坛城唐卡一件，这类唐卡是藏传佛教所特有的供养画像。据和这批唐卡同出文书上的西夏纪年推断，其时代也是西夏中晚期。

四

1227年西夏亡，其前一年西凉即为成吉思汗所陷。1235年窝阔台封次子阔端于西夏故地。1243年，阔端承制得专封拜开府西凉，此西凉城即仍夏时之旧。现存凉州一带的元代遗迹，即以与阔端一系和与之关系密切的藏传佛教萨迦派上层人物有关者最为重要。

凉州著名的四座藏传佛教寺院：白塔寺（武威城东南20公里）、海藏寺（城西北5公里）、金塔寺（城西南15公里）、善应寺（城西10公里莲花山），相传皆为萨迦第四祖萨迦班智达贡噶坚赞（以下简称萨班）所建。后两处闻已荒废，此次走访者仅为前两寺。

白塔寺原为凉州最大的藏传佛教寺院，其范围据云：东西二里半，南北一里半，原有围墙，有若城垣。《乾隆武威县志·建置志》"寺观"条记此寺名

"百塔寺",云以"内有大塔,四环小塔九十九,因得名"。该寺近年屡遭拆毁,现仅残存大塔自覆钵以下部分,大塔相传即萨班塔,最下建方形基座,其上为十字折角塔座,塔座宽约8米。塔座之上为覆钵。自基座至覆钵残高约5米余(图六)。全部皆夯筑,但基座、塔座都残存砌砖痕迹,知塔毁之前外表包饰青砖。覆钵内曾出有大量模制小塔,又出明宣德五年(1430年)《重修凉州白塔志》、宣德六年(1431年)《建塔记》两小碑,承市博物馆孙寿龄馆长之介,得睹两碑拓本,宣德五年碑正面镌文十四行,录文如下:

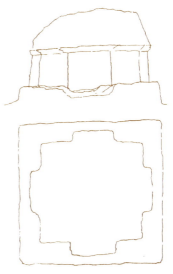

图六　白塔寺残存大塔立面与平面图(速写)

重修凉州白塔志」凉州为河西之重镇,距城东南四十里有故寺,俗名白塔,不知」起于何代,原其本乃前元之烊火端王重修,请致」帝师撒失加班支答居焉。师后化于本寺,乃建大塔一座,高百」余尺,小塔五十余座,周匝殿宇非一,元季兵燹,颓毁殆尽,瓦砾」仅存。宣德四年,西僧妙善通慧、国师琐南监参因过于寺,悯其」无存,乃募缘重修寺塔,请命于」朝,赐寺名曰庄严。宣德五年六月,塔先成,所费甚重。」肃王殿下捐泥黄金,特命琐南监参等缮写《大般若经》一部,凡一十」四函,计三百卷,不月而成,施赉无量,仍造小塔十万,实于大塔」之心。及」钦镇甘肃太监王安、平羌将军都督刘广、都指挥吴升及诸檀善等」由是书此志于塔中,俾后之君子知其所自,千百载后同善之」士幸勿毁之,必与存之,共布福惠,岂不美乎。谨志」。大明宣德五年岁次庚戌六月吉日」。

所记之"烊火端王",即阔端;"撒失加班支答"即萨迦班智达。碑阴横镌藏文二十五行。此碑圆首,据拓本测通高50厘米、宽29厘米。宣德六年碑正面碑首镌篆书"建塔记"三字,碑面镌汉文十三行:

清信奉」佛」肃府内臣黄潮宗法名福聚,感戴四恩覆荫」三宝维持,无由答报，谨发诚心喜舍赀财于凉州重兴」白塔寺，内命工起建」菩提宝塔一座，所集福利专为祝延」圣寿」肃王千秋，更祈风调雨顺五谷丰登」，国祚绵长，边疆宁谧，军民乐业」，四恩普报，三有均资，法界有情同圆种智者」。大明宣德六年岁次辛亥六月初吉日立石」肃府内臣黄潮宗」化主妙善通慧国师伊尔吉锁南监参」。

碑阴首镌梵文三，碑面镌汉文四行：

献陵尊阳生刘硕书丹」古杭儒士沈福镌字」石工贺进」泥水匠作头李常」

此碑扁圆首，据拓本测，通高 42.8 厘米、宽 26 厘米。大塔东侧耕田中竖有清康熙壬戌（二十一年，1682 年）《重修白塔碑记》一通，碑额篆书《重修塔院碑记》，碑面镌文二十五行：

重修白塔碑记」昔阿育王造塔八万四千，而震旦国□□□□□六座。甘州之万寿塔与凉之姑洗塔居其二焉。若白塔不知创自何代，近翻译」番经知系果诞王从乌斯藏敦请」神僧，名板只达者来凉，即供奉于」白塔寺，时年已六旬矣。后六载即涅槃，沐浴焚化，空中见祥云五色霞光万道，于口上坎骨显出」西天ㄨ(字，即哑字也。于顶骨显出文殊」菩萨、喜金刚佛二尊。于囟门骨显出典勺佛。于后脑骨显出释迦佛像。于两耳上显出尊圣胜塔二座。于两膝盖显出观音菩萨、救度」佛母二尊。于手指上显出弥勒佛、不动怒佛。于胸前显出金刚杵。于中间显出西天 字，即吽字也。兼舍利无数，光彩照耀，王与众」等靡不踊跃赞叹，合掌恭敬，缘建白塔，将」板只达金身灵骨装入在大塔内，其余众塔俱有舍利。缘板只达原系金刚上师化现流传，经二十五转身，故显化灵异一至于此」，予于康熙十一年间延请净宁寺法台魏舍喇轮真同弘济寺罗汉僧罗旦净从番经译出，而始知白塔之源流也。无此塔摄受」极大，据经典云：若有人观想或手摸眼观，并绕道一转，添泥一把，培土一块，赞谈经咒真言，功德无量，永不堕三途之苦。□塔土或」落在飞禽走兽身上，亦得解脱。在我中土众生或未深知，若西番之喇嘛高僧来绕塔者络绎弗绝，诚知此塔之功德实与阿育王」所造之姑洗、万寿两塔等，而我中国之人特未知耳。粤考河西自汉武帝元狩二年始行开辟，而前此，周为西戎地，秦初为月氏国」，后为匈奴浑邪、休屠二王所据，若果诞王则在浑邪休屠王之前，毋论周秦即夏商，亦不可得而考也。此塔之创建不知经几千年」，而重修加土添灰经此番才四次，大塔无甚剥落，惟小塔大多淋漓坍塌，今得三韩」都督复斋孙公与莲华山弥勒院绰尔只顾屈鉴璨首先捐资合力缮修，而予得率男芳联亲董其役，经今八载，工始告成，亦以知前」人缔造之艰难，而后来之修葺者亦非易事也。其塔院三楹即供奉」板只达与宝贝尚师并达赖喇嘛。外僧寮三间系予新建，重其所自始也，盖河西未入版图，原系西藏，若凉州之西莲华寺与」南之金塔寺、北之海藏寺并东之白塔寺俱系」圣僧板只达所建，以镇凉州之四维，俾人民安居乐业永享太平之福，获免兵革之惨，我」佛之慈悲仁覆垂示无穷，而特人阴受其福庇而莫知所自始也。予固翻译经典爰珉诸石，要知此塔当与天地同其不朽矣」。靖逆侯靖逆将军标下随征同知古匀章颜翼超薰沐撰」。时」龙集康熙壬戌年菊月□□吉旦立」。

所记果诞王即阔端，板只达即班智达。番经云云应是藏文记录。此类藏文记录或可于西藏萨迦寺求得之[38]。宣德九年（1434年）达仓宗巴·班觉桑布撰《汉藏史集》，其下篇《具吉祥萨迦世系简述》据萨迦历代祖师传记萨班塔建于凉州幻化寺："萨迦班智达护持法座三十五年，于七十岁的阴铁猪年（辛亥，1251年）十一月十四日，在诸种神异兆伴随下，在凉州幻化寺[39]去世。在该地建有纪念他的佛塔，并经常祭祀。"[40]因疑此白塔寺或即藏文文献中之幻化寺。又阿旺贡噶索南《萨迦世系史·萨迦昆氏家族之世系》记该塔建成后，由"上师八思巴前去凉州，为法王（萨班）之灵塔开光"[41]。

海藏寺位武威旧城西北郊，相传萨班曾驻锡此寺，但该寺现已无确切的元代遗物。寺内最早的建筑是最后的大殿——无量殿。殿面阔三间，进深二间，周绕副阶，外观歇山重檐，斗栱疏朗，五铺做出双假昂，殿身无内柱，用四椽栿，脊槫下有康熙三十年（1691年）重修梁记。副阶前廊左侧立《海藏寺藏经阁碑》记"明成化间（1465～1487年），太监张睿因其旧而庀材鸠工……康熙三十六年（1697年），少保孙公东莅五凉，悲庙貌之凌夷，捐贷而葺之"，碑阴镌雍正三年（1725年）钦命执照。右侧有乾隆五十四年（1789年）邑人孙俌撰修葺碑记。因知此殿原为藏经阁，创建于成化，入清屡经修葺，故结构虽多明

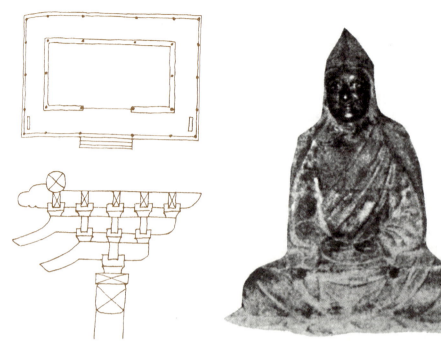

图七　海藏寺藏经阁平面图及现存斗栱速写　　图八　原火神庙大殿内的铜头铁身藏僧坐像（刘观民 摄）

制，而细部已杂清式（图七）。无量殿前为天王殿，殿基原为一高台，殿门上悬"灵均古台"匾，传说此高台筑于前凉张茂[42]，验台版夯层薄厚不匀，薄者 8 厘米，厚有超过 13 厘米者，因疑其夯筑时间似不在西夏之前，而与萨班时代接近。

又近年迁建于大云寺后的原火神庙大殿内，陈列铜头铁身藏僧坐像一尊，等身大小，面部表情严肃，原供奉于城东南 15 公里大河驿之铜佛寺。据传过此之西藏喇嘛多认定即萨迦坐像（图八）。果是，此像应是萨班逝世后不久所铸。

萨班事迹主要著录于藏文文献，中国社会科学院民族研究所王森先生曾辑录整理，所撰《西藏佛教发展史略》第五篇《萨迦派》中，有对萨班较全面的评述，现摘其有关部分："1240 年，阔端派他的将官达尔汗台吉多达率军进藏，发现藏地由各个地方势力割据，不相统属，难于单靠武力进行控制。多达建议阔端选用当地领袖，协助蒙古人进行统治。在当时的（西藏）各教派中，他见到噶丹派寺庙最多，分布最广；达垄塘巴戒律清整，最有德行；萨迦派的班智达学富五明，声誉最隆。他建议阔端召见萨班。萨班在 1244 年受阔端召，他就在当年带着他的两个侄子八思巴和恰那，以及随从等从萨迦动身。到拉萨以后，他让他的两个侄子八思巴、恰那和一部分随从先去西凉，他个人沿途逗留。看起来，这可能是他和卫藏各个地方势力对于归顺蒙古进行磋商。1246 年，萨班才到达凉州，当时阔端为推选可汗不在凉州。1247 年，阔端回凉州后，才和萨班见了面。阔端和萨班议妥了卫藏归顺蒙古的条件后，由萨班写了一封公开信，劝说卫藏僧俗各个地方势力接受条件归顺蒙古。卫藏地区从此归蒙古统治，实际也从此时加入祖国版图，同时萨班也为萨迦派取得了它在卫藏地区的政治、宗教领袖地位。""萨班个人此后就一直住在西凉……萨班在西凉曾经为阔端治愈过一次比较严重的病，因此，更得到了阔端对他的信任。相传他在西凉也讲授过佛法，在讲经时有四个人为他做翻译，分别把他的话译为蒙古语、畏兀儿语、汉语和当地的藏语。萨班又曾为蒙古语采用古畏兀儿文字母的字形，创制过一套蒙文字母。他的两个侄子，遵从阔端的命令，八思巴仍继续学习佛法，恰那则改着蒙族服装，学习蒙语。1251 年，萨班死于西凉……阔端、萨班相继逝世。同年，蒙哥即位于库腾政敖拉，将汉族地区和藏族地区划为其弟忽必烈的分地。藏族地区原为阔端领地至是易主。"萨班来凉，促成了蒙藏、藏汉民族间的团结，维护了祖国的一统。其后驻锡凉州，卒后又即西凉建塔，盖其时藏族地区隶属阔端，萨班居凉正是不断加强与内地联系的一项重要措施；而白塔寺和萨班墓塔于以后年代仍在发挥维系民族团结的作用[43]。因此，萨班的功绩值得永久纪念，其寺、塔应酌予修复；前述萨班造像亦当作为重要历史人物形象予以保护，不应仅视为艺术品陈列而已。

  阔端一系的遗迹在凉州境内有墓地、斡耳朵城址和永昌路城址。阔端墓地见录于《乾隆甘肃通志》卷二十五"凉州府陵墓"条："永昌王阔端墓，在永昌县东南一百二十里斡耳朵城，其西又有妃墓。"斡耳朵城见同上书卷二十三"凉州府古迹"条："永昌县斡耳朵古城，在县东南一百二十里，俗传为永昌王牧马城，地名广（黄）城儿。有永昌王避暑宫，遗址尚存。"阔端墓地情况不详。位于黄城儿（现写作皇城）的斡耳朵古城，甘肃文物研究所戴春阳同志曾往调查，云确有遗迹可辨。永昌路城见《大明一统志》卷三十七"陕西行都指挥使司甘州左卫古迹"条："永昌城，在凉州卫城北三十里，元永昌路治此。"该城之建，《元史·世祖纪四》云至元九年（1272 年）阔端子"诸王只必帖木儿筑新城成，赐名永昌府"，寻改府为路，至元十年（1273 年）七月"省西凉府入永昌路"。《元史·地理志三》又记："至元十五年（1278 年），以永昌王宫殿所在立永昌路，降西凉府为州，隶焉。"永昌路城明清置永昌堡，现名永昌镇。镇内王宫遗址近代犹存[44]。元城遗迹，据市博物馆胡宗秘馆长谈：夯筑城垣尚完好，方形，海面约长 0.5 公里。城南 2 公里石碑沟，有火州畏兀儿（高昌回鹘）君臣墓葬，墓冢已不显露，但遗有丰碑多座，现存原地的有至正二十三年（1363年）《西宁王忻都公神道碑》[45]，有名的至顺三年（1332年）《亦都护高昌王世勋碑》于 1927 年武威地震后移陈文庙，即今市博物馆[46]。

《亦都护高昌王世勋碑》，《乾隆武威县志·文艺志》"碑记"条曾录全文，知其时碑尚完整无损。1942 年，向达先生于武威民众教育馆（今市博物馆）见此碑仅存下段[47]，是碑石之毁当在移馆之前。该碑详记火州畏兀儿王室入属蒙古后，因海都、都哇东侵逐次移居永昌[48]和与蒙古皇室世为婚姻事：

> 至顺二年（1331年）九月□日，皇帝若曰：予有世臣帖睦儿补花，自其先举全国以归我太祖皇帝……至帖睦儿补花佐朕理天下，为丞相，为御史大夫……昔其父葬永昌，大夫往上冢，其伐石树碑而命国史著文而刻焉……太祖皇帝龙兴于朔漠，当是时，巴而术阿而的斤亦都护在位，知天命之有归，举国入朝，上嘉之，妻以公主曰也立安敦，待以子道，列诸第五……次子玉古伦赤的斤嗣为亦都护……薨。弟乌木剌的斤嗣为亦都护……薨。至元三年（1266年），世祖皇帝用其子火赤哈儿的斤嗣为亦都护……十二年（1275年）都哇、卜思巴等率兵围火州……其后入朝，上嘉其功，锡以重赏，妻以公主曰巴巴哈儿，定宗皇帝之女……还镇火州，屯于州南哈密力之地，兵力尚寡，北方军猝至，大战力尽遂死之。子纽林的斤方幼，诣阙请兵北征，以复父仇。上壮其志，锡金币钜万，妻以公主曰不鲁罕，太宗皇帝之孙女也。主薨，又尚其妹八卜义公主，遂留永昌焉……（武宗皇帝时）嗣为亦都护……仁宗皇帝始稽故实，封为高昌王……八卜义公主薨，尚公主曰兀剌真，阿难答安西王之女也。领兵火州，复立畏吾而城池。延祐五年（1318年）十一月二十一日薨。子二人，长曰帖睦儿补花，次曰篯吉，皆八卜义公主出也。次曰太平奴，兀剌真公主出也。帖睦儿补花大德中（1297～1307年）尚公主曰朵儿只思蛮，阔端太子孙女也。至大中（1308～1311年），从父入觐，备宿卫……出为巩昌等处都总帅达鲁花赤，奔父丧于永昌……嗣为亦都护高昌王……天历元年（1328年）十月，拜开府仪同三司上柱国录军国重事知枢密院事。明

年正月……让其弟篯吉嗣为亦都护高昌王。篯吉尚公主曰班进,阔端太子孙女也。主薨,又尚其妹曰补颜忽礼……"[49]

所记帖睦儿补花、篯吉所尚公主皆阔端孙女,即诸王只必帖木儿或其兄弟行之女。出嫁纽林的斤的两公主皆太宗孙,疑即阔端女,故纽林的斤以"北方军"势盛,"遂留永昌",后"丧于永昌",并"葬永昌"。永昌者,其岳家欤?阔端父子以婚姻维系邻近的地方权势,亦施之于其南邻藏族地区。1244年,阔端召萨班,同年萨班的两侄八思巴和恰那多吉即抵西凉,此后,恰那长期住在凉州,《汉藏史集·具吉祥萨迦世系简述》记恰那事迹云:"上师八思巴的弟弟恰那多吉生于其父(桑察·索南坚赞)五十六岁的阴土猪年(己亥,1239年)。他六岁时,作为法主萨迦班智达的随从前往凉州……他从萨迦班智达和八思巴那里学习了灌顶和许多经咒。诤王阔端让他穿蒙古服装,并把公主墨卡顿嫁给他。他朝见薛禅皇帝后,薛禅皇帝封他为白兰王,赐给金印,并为他设置左右衙署,委派他治理整个吐蕃地区。在整个吐蕃和萨迦派中,他是最早得到王的封号和职位的人。"[50]阿旺贡噶索南《萨迦世系史·昆氏家族之世系》记恰那后期事迹云:"恰那多吉在凉州等地住了十八年,二十五岁时返回萨迦大寺。此后三年中,他努力修行,引领众生成熟解脱。二十九岁时即阴火兔年(丁卯,1267年)七月一日于廓如书楼示寂。"[51]《汉藏史集·具吉祥萨迦世系简述》又记恰那子达玛巴拉合吉塔在凉五年:"恰那多吉(后来)娶了夏鲁万户家的女儿玛久坎卓本为妻,她于恰那多吉去世后六个月的阴土龙年(戊辰,1268年)正月生下达尼钦波达玛巴拉合吉塔。由八思巴护持此遗腹子……达玛巴拉十四岁时到了朝廷,他虽然只受了沙弥戒,但继承了上师八思巴的法座……后来,达玛巴拉娶了诸王启必帖木儿的公主丹贝为妻,住了五年,受命返回吐蕃,到了朵甘思。"[52]启必帖木儿即只必帖木儿。达玛巴拉滞凉时期约在至元晚期。至正二十三年(1363年)成书的蔡巴·贡噶多吉《红史》的《萨迦派世系简述》中,还记录了达玛巴拉的堂弟、八思巴异母弟达尼钦波桑波贝之子索南桑布年轻时也曾居凉:"达尼钦波桑波贝……住在蛮子地方时,所生的儿子为索南桑布大师,年轻时在凉州被封为国公。格坚皇帝在位时还俗,娶公主门达干,被封为王,返回蕃地,在朵甘思去世。"[53]达尼钦波桑波贝居蛮子地方的时期,是自至元十九年迄元贞元年(1282~1295年)[54],依此推算索南桑布年轻时,约当成宗大德年间,其时诸王只必帖木儿尚健在[55]。由上可见阔端父子不仅结亲畏兀儿，亦联姻萨迦，且又肩负安抚、卫护两方之重任。在元一代，特别是元朝前期，阔端一系镇抚河西，在维系西部与西南诸族和安宁边境等方面都起了重要作用。因此，有关他们的遗迹、遗物，亦应进行系统的调查，予以重视[56]。

注释

[1] 《乾隆武威县志》是《五凉全志六德集》之第一种。张之浚《五凉全志前序》谓"是志肇于丙寅（乾隆十一年，1746年）之春，成于己巳（十四年，1749年）之夏"。
[2] 参看广州市文物管理委员会等《广州汉墓》第一章第二节"墓葬分布及墓型概述"，文物出版社，1981年。
[3] 参看钟长发等《武威金沙公社出土前秦建元十二年墓表》，《文物》1981年2期。此墓表现陈列于市博物馆石刻馆中。
[4] 《王隐晋书》前记"张骏增筑四城厢"，但下文只记东、北两城，因知"皆有宫殿"之前，脱去南、西两城的记录。
[5] 参看甘肃省博物馆《甘肃武威磨咀子6号汉墓》，《考古》1960年5期；《武威汉简在学术上的贡献》，《考古》1960年8期。
[6] 参看甘肃省博物馆《甘肃武威磨咀子汉墓发掘》，《考古》1960年9期。
[7] 参看甘肃省博物馆等《武威旱滩坡汉墓发掘简报》，《文物》1973年12期。
[8] 参看甘肃省博物馆《武威磨咀子三座汉墓发掘简报》，《文物》1972年12期。
[9] 参看甘肃省博物馆《武威雷台汉墓》，《考古学报》1974年2期。
[10] 此墓现保存在武威师范学校操场原地。
[11] 参看武威地区博物馆《甘肃武威南滩魏晋墓》，《文物》1987年9期。
[12] 参看钟长发《甘肃武威出土一件魏晋时期彩画灰陶盆》，《考古与文物》1986年4期。
[13] 同注[11]。
[14] 参看黎大祥《武威发现三国墓》，《中国文物报》，1991年9月22日。
[15] 参看郭玉堂《洛阳出土石刻时地记》，大象出版社，2005年。
[16] 参看注[11]。
[17] 参看湖南省博物馆《长沙两晋南朝隋墓发掘报告》，《考古学报》1959年3期。
[18] 赵家磨1号墓，武威地区博物馆定为魏晋墓，但所出遗物皆近东汉，墓室砖砌顶、壁上彩饰之图案与武威雷台汉墓所绘极为接近（参看注[9]）。因此，此墓的年代可能早到东汉晚期。若然，所出马具的重要性应更值得注意。
[19] 本文所引石刻未注明存地者，现皆陈列于市博物馆。
[20] 此旧志即天启初刊、顺治重修之《凉镇志》，见张珌美《五凉全志序》："凉自前明改为卫所，旧有镇志，经始于蒲坂杨公[俊臣，天启二年（1622年）任西宁道]、陈留王公[顺行，天启六年（1626年）任]，草创之初，规制未备。国朝顺治丁酉[十四年（1657年）]中水苏公（铣）重

[21] 《乾隆武威县志·地理志》"古迹"条:"钟楼,城东北隅。(钟)相传五代时铸。"从该钟形制上考察,可推断为唐制。

[22] 参看张维《陇右金石录》卷二"大云寺碑"条。

[23] 《新唐书·宰相世系表五下》:"(安)婆罗周隋间居凉州武威,为萨宝。"

[24] 《夏鼐札记》未刊。夏鼐《咸阳底张湾隋墓出土的东罗马金币》中曾提及此墓云:"作者于1945年在河西走廊做考古调查时,曾到武威出土过康国人康阿达墓志的地点调查。据该地的居民说,这墓除墓志石之外,还曾出土过一枚金币,发现人拿它去银行兑换了现钞,后来大概是被熔化了,无法追踪,没有看到原物,不知道属于哪一国的金币……"《考古学报》1959年3期。

[25] 参看向达《唐代长安与西域文明》第二节"流寓长安的西域人"。

[26] 承宁夏回族自治区博物馆韩同志见告。

[27] 墓志拓本发表于《咸阳底张湾隋墓出土的东罗马金币》论文之末。

[28] 武威市博物馆所藏唐志开元以后者极为罕见,可证武威衰落,天宝时期即已开始。

[29] 参看姚薇元《北朝胡姓考》第三内入诸姓"单氏"条,中华书局,1962年。

[30] 《新唐书·地理志四》陇右道凉州武威郡:"有府六,曰明威、洪池、番禾、武安、丽水、姑臧……姑臧(县),中下,北百八十里有明威戍。"

[31] 《宋史·吐蕃传》所记凉州情况,约源于《宋会要》。《宋会要辑稿》录此段于一百九十五册"方域二一西凉府"下(按《辑稿》引自今已佚失的《永乐大典》卷六六二五凉字韵"西凉府"条)。此条又见《续资治通鉴长编》卷四十三。两书与本文所引《宋史》有关的文字似无重要差异(两书均记河西府城"城周回五十里,如凤形",疑误),因不具录。

[32] 参看陈炳应《西夏文物研究》第三章《西夏的碑刻》,宁夏人民出版社,1985年。

[33] 参看黎大祥《武威出土的西夏银锭》,《中国文物报》,1996年4月21日。

[34] 承武威市博物馆胡宗秘同志见告。

[35] 参看宁笃学等《甘肃武威西郊林场西夏墓清理简报》,《考古与文物》1980年3期。

[36] 参看甘肃省博物馆《甘肃武威发现一批西夏遗物》,《考古》1974年3期。

[37] 亥母洞,《乾隆武威县志》作"孩母洞":"孩母洞,城南三十里,山上有洞,深数丈,正德四年(1509年)修。"参看《藏传佛教寺院考古》所收《武威蒙元时期的藏传佛教遗迹》的"亥母洞"节和《后记》所录的有关部分。

[38] 达钦阿美夏·阿旺贡噶索南《萨迦世系史·萨迦昆氏家族之世系》记萨班火化后云:"(辛亥,1251年)阴历十一月十四黎明时分,曾出现各种宝幢、妙音、供赞和地震,法王萨班圆寂矣。阴历十一月二十五日,火葬遗体之青烟幻变为彩虹,众生听见各种妙音。法王(萨班)大部分遗骸变为无数的自现舍利和佛像。要赞颂法王萨利众生之事迹,正如雅垅巴扎巴坚赞所云:顶之胜髻为喜金刚,美丽无垢之文殊身,额相似如总摄轮群,后颈部位藏薄伽梵,肩骨长有喀萨巴尼,脚掌乃属观世音,背脊有密宗四佛母,双膝下跪见救度母。右手指向那伽森林,弥勒法转之大手印,十幻化乃依止此身。梵天音是空性狮声,无生意赞刻有'阿'字,二耳上有一尊胜塔,誓言金刚见名为'吽',纯洁思想生自成法身,亦有无数各种舍利。"似与此碑所记之灵异有关。《萨迦世系史》撰就于明崇祯二年(1629年),译文据陈庆英等汉译本,西藏人民出版社,1989年,97~98页。

[39] 《萨迦世系史》记此幻化寺云:"(阔端)请魔术师们在一前所未有的地方幻变一座奇有之寺庙,

此后阔端对法王萨班说：你是被我召请来的一位贤者……现在幽静地方有一圆满寺庙，特赐与你，请前往……当到达此地时，法王一看即知悉此为幻变之寺庙，遂被除许多怖畏守门之鬼魔，并把开光之花撒向其他尊者身上。据传当时未破除之幻术，现在还能看到，故称之为幻化寺。"陈庆英等译本，91页。

〔40〕据陈庆英等译本，西藏人民出版社，1986年，202页。

〔41〕据陈庆英等译本，118页。

〔42〕张茂建灵均台见《晋书·张轨传附子茂传》。谓灵均台在今武威城北，始于《大明一统志》。该书卷三十七"陕西行都指挥使司甘州左卫宫室"条："灵均台在凉州卫治北，晋明帝太宁初张茂主姑臧时所筑，遗址尚存。"

〔43〕萨班精通显密佛法和五明诸论，学识渊博，当时即闻名于世。主要著作有《三律仪论》、《正理藏论》和《萨迦格言》。萨迦派失势后，盛名不衰，为噶举、格鲁等教派僧人所尊重。"文革"前，青藏僧人过凉多谒塔礼拜。

〔44〕《陇右金石录》卷二记武威关帝庙落成碑："按此碑……在武威永昌堡先师庙，题为大明崇祯辛巳（十四年，1641年）三月庙宇落成虔赞碑有云：武威郡之北三十里有遗址曰永昌堡，乃元亦都护高昌王建都也。我太祖乘六御天，诞受万夏，内修关virtue，年深颓坏，重为修葺……盖原就高昌王宫建庙，崇祯时又复重修。清时又改为先师庙。"所云高昌王建都、高昌王宫皆因涉永昌镇石碑沟有《亦都护高昌王世勋碑》而致误。

〔45〕危素撰文，《陇右金石录》卷五有录文。

〔46〕除以上两碑外，尚有实物已佚的虞集撰至顺二年（1331年）《孙都思氏世勋之碑》，《道园学古录》卷十六录有该碑全文。

〔47〕参看向达《西征小记》，《国学季刊》七卷一期（1950年）。

〔48〕《西宁王忻都公神道碑》亦记畏兀儿移居永昌事："(中书平章政事斡栾）大父讳阿台不花……从亦都护火赤哈儿宣力靖难……仍封答融罕之号。亦都护来朝，挈家以从，跋履险阻，行次永昌，相其土地沃饶，岁多丰稔，以为乐土，因之定居焉。"

〔49〕据黄文弼复原的碑文，参看《亦都护高昌王世勋碑复原并校记》，《文物》1964年2期。

〔50〕陈庆英等译本，206页。

〔51〕陈庆英等译本，171页。

〔52〕陈庆英译本，207～208页。

〔53〕据陈庆英等译东嘎·洛桑赤列校注本，西藏人民出版社，1988年，44～45页。

〔54〕据《萨迦世系史·萨迦昆氏家族之世系》的叙述推算。陈庆英译本，173～175页。

〔55〕《元史》最后一次记录只必帖木儿见《武宗纪二》："至大三年（1310年）八月己巳，以诸王只必铁木儿贫，仍以西凉府田赐之。"知其逝世当在此事之后。

〔56〕阔端子辈与萨迦除联姻关系外，八思巴与阔端第二子蒙哥都、第三子只必帖木儿关系密切。1251年，阔端、萨班相继去世后，八思巴写给以后为其授比丘戒的堪布法主札巴僧格信最末的文句："阴水鼠年（壬子，1252年）二月三日，写于凉州王宫之佛殿，祝愿吉祥"（《萨迦世系史》，陈庆英等译本，121页）。其时，蒙哥都嗣王位。《红史》记1253年"当忽必烈汗驻在六盘山之时，凉州大王蒙哥都与上师（八思巴）一起前去会见，十分欢喜。王子忽必烈赠给凉州大王蒙古马军一百去迎萨迦人（指八思巴）……"（陈庆英等译东嘎校注本，43页）。《萨迦世系史》又记八思

巴"为同辈人及后代写了无数语言流畅易于理解的著作书信和教诫等,其中……传授给皇帝的教诫及其要义类的有《给启必帖木儿所写的珍宝串珠》……《给启必帖木儿的信》……《给王子启必帖木儿的信》……为写造佛经而作的赞词有……《为王子启必帖木儿写经而作之赞词》……回向及赞颂吉祥方面的有……《为启必帖木儿父母写的四行诗》"(陈庆英等译本,152~155页)。以上八思巴写给启必帖木儿的教诫、赞词等,内容虽不得其详,但从数量多、方面广,可以推知他们的关系远非一般施主与福田的往来。启必帖木儿即只必帖木儿。他们往来时间,据八思巴或称启必帖木儿为王子这一点考察,似应在阔端末年和蒙哥都嗣王时代,亦即自1251年迄八思巴于上都参加1258年僧道辩论前后。

> 本文原刊《文物天地》1992年1期,第4~8页,1992年2期,第7~11页,1992年3期,第5~10页。此次重刊除校字、加注〔37〕以及补录康熙壬戌《重修塔院碑记》缺文外,未作其他增删

宣化考古三题

——宣化古建筑·宣化城沿革·下八里辽墓群

1996年10月，应河北省文物研究所之邀，有宣化二日游。既瞻市容，又览古迹。归来据已刊论著，特别是河北省文物研究所和宣化区文物保管所诸同志惠赠之各种资料，勉成札记三篇。浅闻拙见推测尤多，甚盼直接参加有关工作的同志诸多匡正。

宣化古建筑

宣化古建筑首推清远、镇朔二楼。清远建自明成化十八年（壬寅，1482年），镇朔创建早于清远四十二年，即明正统五年（庚申，1440年）。二楼俱建于宣化城内主要的南北大街上，并于1986年、1996年先后经国务院批准，列为全国重点文物保护单位。

镇朔楼俗称鼓楼，楼下设墩台，台中部券拱洞，直宣化南（昌平）、北（广灵）两门。明东莞罗亨信《宣府新城记》记此楼云：

> 今上改元正统之五年（1440年）……特命都指挥使马昇督属分兵伐石陶甓……复即城东偏之中，筑重台，建高楼七间，崇四丈七尺余五寸，深（五间）四丈五尺，广则加深二丈五尺五寸焉。上置鼓角漏刻，以司晓昏昼夜十二时之节……其檐二级，南扁曰镇朔，北曰丽谯[1]。

《正德宣府镇志》卷三《祠庙》亦记此楼云：

> 镇朔楼即鼓角楼，在钟楼南，正统十年（1445年）改建。礼部郎中黄

寿正为匾，前曰镇朔，后曰丽谯。

按鼓楼即古代望敌而设之谯之遗制；宋元以来，多以设司晓昏之鼓漏为主，故常置衙、市之间。镇朔左右为府、县署，前临商市所在的四牌楼，其位置应是依据当时城市设计之规制，故与北京、西安等地之鼓楼位置大体相似[2]。

清远楼俗称钟楼，位镇朔之北，下设十字券拱，直宣化四门通衢。《嘉靖宣府镇志》卷十二《宫宇考》记其创建云：

> 成化壬寅，都御史秦纮建……制极精致完固，上置钟以司昏晓。嘉靖丁酉（十六年，1537年）都御史郭登庸镕钟益金千斤，甚巨，今用之。

宣化文物保管所李敬斋、王晓民撰《河北宣化清远楼》记述该楼建置云：

> 外观三层实为二层……立体建筑面阔五间，进深三间，前后明间出抱厦，建筑四周为有围廊的明代常用的亚字形平面布局。通面阔19.7米，通进深12.35米……[3]

钟楼建于四面通衢之上，似为明代定制。洪武十七年（1384年）所建西安钟楼即位于东西大街与南北广济街之交，嘉靖五年（1526年）巡抚王荩又移建于四门通衢的十字路口，是现存与此钟楼位置对比的最佳实例。同为边镇的甘肃张掖，于正德二年（1507年）创建的靖远钟楼，虽同建于四门通衢，但钟、鼓并置楼内，当是鼓钟二楼设施之简化形式。钟楼位鼓楼之北，应是仿自京师，而京都之制据《日下旧闻考》卷五四引元人熊自得《析津志》所云：

> ……齐政楼（鼓楼）也，更鼓谯楼。楼之正北乃钟楼也。
> 钟楼，京师北省东，鼓楼北，至元中建。阁四阿，檐三重，悬钟于上，声远愈闻之。

又系上沿元大都之旧也。

镇朔楼西北，有残破的时恩寺大殿一座（图一）。《正德宣府镇志》卷三

图一　宣化时恩寺大殿角科

《祠庙》记：

> 时恩寺在都察院东，成化时建，弘治九年（1496年）重修。

《康熙宣化县志》卷十三《祠祀志》记：

> 时恩寺在今府署东。

按康熙时府署即明都察院旧址，亦即民国县署所在，为今部队家属院位置。近期宣化文物保管所实测大殿，始于大殿明间脊檩下皮发现创建时题记：

> 钦差镇守宣府等处建寺大檀越信官太监总兵官乃胜、张进、颜彪、黄瑄。
> 大明成化六年（1470年）七月十二日午时建完。清泉、时恩二寺开山第一代比丘净澄。

知此殿之建恰在镇朔、清远二楼之间。又从题记所记创建寺施主的职衔，可以推测此寺系正统十四年（1449年）土木之役后，明廷重整北边，在要镇宣化兴建的重要寺院。唯寺荒废已久，仅存之大殿亦倾颓特甚。大殿四注顶，面阔五间，进深三间，进深末间已被拆除，中心间前接之卷棚抱厦系清代增建。

上述二楼一殿俱经清以来屡次重修，特别是镇朔、清远二楼乾隆间和 80 年代的两次大修，更换了不少大小构件，尽管如此，二楼一殿仍保存了明代甚至 15 世纪明前期的大木规则；值得注意的是，个别做法似乎还早于 15 世纪。其例如平身科斗栱尚未缩小，中心间最多四朵；两朵斗栱之间距尚以间为单位；斗䎖有䫜；假昂下皮装饰曲线开始于其上十八斗底的中线附近；额枋出头处饰霸王拳曲线者，其上端垂直线条极为短促；不用或少用雀替；彩画不施地仗等，此皆明式建制。柱头科上方伸出的梁头扁窄，与耍头同宽；假昂昂面几无凤凰台；清远楼角科尚用附角斗，三层内檐使用了 45°斜栱；时恩大殿厢栱长于瓜栱、万栱，其假昂下皮曲线有的竟开始于其上十八斗底中线之前者；清远楼平板枋出头处有的杀两角，额枋出头处有的在垂直截线下斫成斜面；时恩大殿平板枋出头处饰以海棠曲线，额枋出头霸王拳曲线中部雕饰一独立的圆球状等，似皆为 15 世纪以前流行的做法。此外，镇朔楼角科平盘斗上出象头雕饰；时恩大殿、清远楼脊槫两侧用细叉手，三架梁上脊瓜柱下用方形角背；清远楼厢栱、瓜栱、万栱两端皆截作斜面，置于上述诸栱两端的三才升亦相应截作斜方形体等，虽属自雁北以东的地方手法，但其出现有的似亦在 15 世纪之前。以上推测如无大误，则宣化古建筑当有其本地的更早的来源。

《正德宣府镇志》卷十著录（宣德）八年（1433 年）大学士杨士奇《宣府弥陀寺重修记》云：

> 寺有胜国时断碣，仅存其半，所可考者曰都功德主金紫光禄大夫中书右丞相安童建寺，既毁于元季之兵，仅存弥陀殿已敝，都督（谭）公至，乃修其敝、廊其规，而一新之……寺中为三世佛殿，殿之东观音殿，次为宝光堂，西为地藏殿，次为普庵堂。三世殿之北为弥陀殿，殿前四隅为四坛场。东西序为僧寮，西序之西为禅堂。弥陀殿之北为毗卢殿，藏经附庋毗卢殿中，殿前左右为东西方丈，殿后为法堂。三世之南为天王殿，殿之前东为清源堂，次为钟楼，西为崇宁堂，次为大悲阁。又前为三门。庖廪宾客之位咸备。寺成于宣德八年……

此弥陀寺，《乾隆宣化府志》卷十三《典祀志》附寺观亦有记录：

> 弥陀寺,《旧志》明宣德八年镇帅永宁伯谭广修,大学士杨士奇有记……为镇城第一古刹。康熙元年(1662年)修。

《民国十一年宣化县新志》卷二《建置志》记该寺当时情况云:

> 弥陀寺在城内虎溪桥……元丞相安童建,见杨士奇记……民国初零落,仅剩残址,会第五师范成立,因就寺址建筑校舍。

第五师范即今宣化东门内大东街路北的宣化师范。因知宣化城内果有元代较大的寺院建筑。其实,不仅有元代佛寺,即在重建弥陀寺同时,谭广还重修了一座旧有的道观——朝玄观。《正德宣府镇志》卷十著录大学士杨荣于宣德九年(1434年)所撰《宣府朝玄观重创记》云:

> 城之北,旧有朝玄观,毁于元季,荒废有年矣……中军都督府左都督谭公广……惟内地郡邑皆有浮屠老子之宫,为祝厘之所……而兹境乃阙焉。遂因农暇,以士卒余力,具群材,即观之故址,中建三清殿,左右翼以廊庑,而龙虎台、玉皇阁展其后,缭以周垣,树以重门,高卑位次,各得其所,金碧辉煌,规度伟壮,像设、鼓钟、方丈、庖廪莫不毕具。经始于岁辛亥(宣德六年,1431年)之七月,毕工于癸丑(宣德八年,1433年)之九月。

此朝玄观,清避圣祖玄烨讳,改作朝元观,观址位今朝元观街北侧。此外,1985年宣化文物保管所在前述时恩寺西南不远处的花儿巷还清理了一座大约是辽代中期的舍利塔地宫,内出舍利石棺一具[4]。宣化城内的古代建筑渊源久远,明代楼、殿有其本地更早的特色,亦是可以理解的事[5]。

宣化城沿革

明初御边所建宣府镇城,《正德宣府镇志》卷十录东莞罗亨信《宣府新城记》记其兴废情况云:

宣府古幽州属地，秦上谷郡，元宣德府，星野当析木之次，入尾一度，壤土沃衍，四山明秀，洋河经其南，柳川出其北，古今斯为巨镇，恒宿重兵以控御北狄。我太祖高皇帝诞膺景命，电扫妖氛，遂掩有华夷，残虏遁迹。地既入于职方，谓濒朔漠，则尽徙其民入居内郡，乃为旷墟。洪武初岁，发兵营屯[6]。二十五年壬申（1392年），始立宣府前、左、右三卫，遣将率兵镇之。癸酉（1393年），又命谷王来治焉，捍外卫内之意益严矣。旧城狭隘，不足以居士卒。甲戌（1394年），展筑土城，方二十有四里，辟七门以通耕牧，东曰安定，西曰泰新，南曰昌平、曰宣德、曰承安，北曰广灵、曰高远。岁次己卯（建文元年，1399年），太宗文皇帝举靖难之师，（谷）王遗城还京，时止留四门，其宣德、承安、高远并室之，以慎所守[7]。永乐甲辰（二十二年，1424年）秋，仁宗昭皇帝嗣大历服诏曰：西北二虏狼子野心，未易以恩信结，宜谨为备。于是，分遣将臣大饬边防，命永宁伯谭公广佩镇朔将军印，充总兵官，来镇于斯，修营垒，缮甲兵，严斥堠，复命工凳围四门，创建城楼、角楼各四座，以谨候望，铺宇百七十二间以严巡徼，二十年间边燧不兴，兵民安于无事。宣宗章皇帝履祚五年庚戌（宣德五年，1430年），立万全都指挥使司，统摄宣府、万全、怀来、蔚州、保安、怀安、永宁、龙门、开平等一十九卫所，控地东西千余里。今上改元正统之五年（1440年）……（上）特命都指挥使马昇督属分兵伐石陶甓，炼石为灰，以包砌之……四门之外，各环以瓮城……

正统五年马昇就洪武甲戌展筑之土城包砌砖石，此砖城即解放后拆除之宣化城。至于谷王还京时封室之三门位置，见录于《康熙宣化县志》卷首所附《宣化府县城图》。兹以《民国宣化县新志》卷首所附《宣化县城郭图》比对，知南壁之宣德门址位在丹儿巷南端，距南关城西壁与宣化城南壁相接处不远；南壁之承安门址位宣德门之西，直青菜园街南端；北壁之高远门与承安门相直，在龙王庙北。

明宣府镇城系就元宣德府城展筑。《嘉靖宣府镇志》卷十一《城堡考》记：

> 元宣德县城，在今镇城内……寻为府治。

又记：

皇明宣府镇城，本元宣德府城。洪武二十七年（1394年），上谷王命所司展筑，方二十四里有畸[8]。

是洪武甲戌展筑前之旧土城即元宣德府城。元宣德府因袭金宣德州和有元一代宣德府的变动，见《元史·地理志一》上都路：

　　顺宁府……金为宣德州。元初为宣宁府，太宗七年（1235年）改山〔西〕东路总管府。中统四年（1263年）改宣德府，隶上都路。仍至元三年（1337年）以地震改顺宁府。

元时宣德府——顺宁府有铁冶和银冶[9]，设织染司和八鲁局[10]，置鹰房猎户[11]和管匠官[12]，备站赤[13]，立万户府[14]。至大四年（1311年）、至顺元年（1330年）先后封帖木儿不花[15]、乃马台[16]为宣宁郡王于此。故欧阳玄谓顺宁为"燕代巨镇"[17]。

元宣德府——顺宁府上沿金宣德州。金宣德州则因袭辽归化州，《金史·地理志上》西京路记其沿革云：

　　宣德州，下，刺史。辽改晋武州为归化州雄武军。大定七年（1167年）更为宣化州，八年（1168年）复更为宣德。

宣德近中都，完颜亮迁燕后，宗室下迁常贬于此，故金晚期，州"多皇族巨室"[18]，加之屯兵御北，城已嫌小，《金史·赵秉文传》云：

　　大安初[19]，北兵南向，召秉文与待制赵资道论备边策。秉文言："今我军聚于宣德，城小列营其外，涉暑雨，器械弛败，人且病，俟秋敌至，将不利矣。"……其秋，宣德果以败闻。

按嫌小之城，是指洪武甲戌展筑以前的旧城。亦即展筑后在"镇城内"的旧城。此旧城址的方位：西壁目前尚不清楚；在今宣化城东壁外约70米处的石油公司院内，发现出有大定通宝的金火葬墓[20]，可见旧城东壁在该墓之西，疑即在今宣化城东壁的位置；今宣化城南壁外，邻近洋河，地势低下，估计旧城南壁约亦为明宣化城南壁所因袭；北壁似在安定门内大东街以北，该地段有几处遗迹应予重视。1. 前引在今宣化城内中部偏北的弥陀寺遗址和朝玄观遗址，前者系元初丞相安童创建（寺前直抵大东街的驰道，遗迹尚存），后者亦系元时旧观，此一寺一观当时俱应建于金亡前的宣德州城内。2. 皇城桥东以北、相国寺街北侧曾发现出有政和通宝的金末货币窖藏[21]，货币窖藏不宜埋在城外。3. 上述弥陀寺北约 450 米处和朝玄观北约 300 米处，即自窑子头向西一线，新发现夯土墙残段数处（图二），该墙的夯层无规律，在 10.5～20 厘米之间[22]，颇似仓卒兴建者[23]，揆之历史形势，此东西延长的夯墙疑即与上引《金史·赵秉文传》所记大安初加强北防有关。尽管《赵传》未记扩城事，但前线情急，率兵者驱戍卒急就为之，亦非不可能也。

金灭辽后，大定间改辽归化州为宣德州。辽归化州上沿晚唐五代武州，《辽史·地理志五》西京道记其经过云：

归化雄武军，上，刺史，本汉下洛县，元魏改文德县。唐升武州，僖

图二　新发现的夯土墙西端残段

宗改毅州，后唐太祖复武州，明宗又为毅州，潞王仍为武州。晋高祖割献于辽，改今名……统县一，文德县……

武州正式入辽在辽太宗会同元年（938 年），见《辽史·太宗纪下》：

> （会同元年十一月）晋复遣赵莹奉表来贺，以幽、蓟、瀛、莫、涿、檀、顺、妫、儒、新、武、云、应、朔、寰、蔚十六州并图籍来献。于是，诏……改新州为奉圣州，武州为归化州，升……刺史为节度使[24]。

此后，终辽一代，契丹皇室在归化州境内设行宫[25]，障鹰猎鹿[26]；统和中（983～1012 年），曾任"善调鹰隼"的耶律制心为归化州刺史[27]，耶律制心系耶律隆远即韩德让之侄，祖籍蓟州玉田，其祖匡嗣"得亲（辽）太祖……总知汉儿司事"[28]，制心亦当因此出身而刺归化也。辽天庆四年（1114 年），女真酋长阿骨打起兵南下，次年称帝，建金国，天辅六年（1122 年）陷归化。保大五年（1125 年）天祚帝被俘，辽亡。据《辽志》谓唐立武州最迟应在僖宗之世[29]。武州有城，《通鉴考异》卷二十八"高行珪使弟行周为质于晋军"条引张昭《周太祖实录》记武州刺史高行珪守城事：

> （燕主刘守光大将元）行钦部下诸将……请行钦为燕帅，称留后……行钦以（武州刺史高）行珪在武州，虑为后患，乃令人于怀戎掠得其子，縶之自随，至武州……行珪城守月余，城中食尽……行珪呼谓行钦曰：与公俱事刘家，我为刘家守城，尔则僭称留后，谁之过也……[30]

武州建州之前，其地为武军驻地，置雄武军使。任斯职者，会昌初（841 年）有张仲武[31]，大历间（766～775 年）有刘怦[32]。雄武筑城，两唐书俱谓始于安禄山，《旧唐书·安禄山传》：

> 禄山阴有逆谋，于范阳北筑雄武城，外示御寇，内贮兵器，积谷为保守之计，战马万五千匹，牛羊称是。

《新唐书·逆臣·安禄山传》：

> 时太平久，人忘战，帝春秋高，嬖艳钳固，李林甫、杨国忠更持权，纲纪大乱。禄山计天下可取，逆谋日炽……更筑垒范阳北，号雄武城，峙兵积谷。

自天宝三载（744年）三月，安禄山代裴宽为范阳节度、河北采访使，十四载（755年）十一月，禄山反于范阳，是雄武建城即在此阶段。雄武城应即武州城，亦即辽归化州城、金末以前的宣德州城，故宣化西北下八里辽金墓地所出墓志尚记其地名为"雄武"：

> "葬于雄武本郡之西北。"[大安九年（1093年）《张匡正墓志》]
> "先祖考世居雄武人也……弥渐于雄武私第。"[天庆元年（1111年）《韩师训墓志》]
> "先祖世居雄武人也。"[天庆七年（1117年）《张世古墓志》]
> "公讳子行，字敏之，雄武人也。"[明昌元年（1190年）《张子行墓志》]

由上可知，金末以前的宣德州城即辽归化州城，亦是因袭唐雄武——武州城，《嘉靖宣府镇志》卷一《制置考》更举出实物论据：

> 武州唐置……今镇城。正统间（1436～1449年），葛岭[33]人穴地得遗碣，谓为武川（州）是也。

现在需要进一步明确的是，明宣化城中，哪些部位是辽归化州城及其上承之唐雄武——武州城的范围？《嘉靖宣府镇志》卷十一《城堡考》透露了一点迹象：

> 唐下落县城在今镇城之东，其制少隘。

唐下落县系沿前引《辽志》所记之汉下洛县，唐武州即此县所升置，是此云县城亦即武州——雄武军城，其地"在今镇城之东"者，即指在镇城之东部。现据此线索再检讨一下历年宣化发现的晚唐五代迄辽墓的位置。因为唐辽时期在一般情况下，墓地是不会选在人们集居的城内的，但也不能离人们集居的城市太远。承宣化市文物保管所同志见告，宣化城除濒临洋河地势较低的南面外，其他三个方向皆有发现，唯分布在东面者最多，且都在明宣化城东壁外650米左右，即一市里有余的方位。现据1997年4月宣化文保所绘制的万分之一的《宣化城区图》，记录近年宣化城内外各地发现的晚唐五代迄辽代墓葬情况。参看表一（注〔34〕～〔39〕均在此表中）和图三（宣化城区示意图）。

表一　宣化城内外晚唐五代辽墓分布表

东面	a. 宣化城东南隅外约630米处县粮库内，发现辽统和十二年（994年）姜承义墓，所出墓志云"葬于州东南之原，礼也"[34]
	b. 宣化城东南隅外约680米处粮库内，发现辽代墓，墓内出有塔式罐[35]
	c. 宣化安定门（东门）外约670米北侧冷冻厂内，发现出有小型陶明器和塔式罐的辽墓[36]
北面	d. 宣化城内观桥东街路南宣化师范菜园地北端，发现晚唐五代墓[37]
	e. 宣化城内朝元观西、半坡街东侧化工厂内，发现壁面嵌有朱门、棂窗、灯檠砖雕的辽代砖室墓[38]
西面	f. 宣化城内小柳树巷东、和平街北侧、四中教学楼工地，发现有砖雕棂窗和白瓷碗、塔式罐的10世纪末的辽代砖墓[39]

根据发现晚唐五代迄辽墓的位置，即可大体将辽归化州城、五代晚唐武州城的方位估定在上表所列的范围之内：其东壁可推测与东距a、b、c三座晚唐五代迄辽墓约一市里余的明宣化城东壁一线接近。这个推测如果可以成立，即可进一步参考唐代中原北方州县城多方形或接近方形、开四门、门内设十字街、东西两横街长度相近、南北两竖街长度相近和州县衙署多位东西横街北侧等一般规律[40]，来考虑雄武军——武州城的具体方位和它的主要内部布局。

1. 主要衙署位置历代相沿，明清宣化州（府）县级衙署及其附属机构多分布在小东门大街向西直迄米市街一带。此东西横街适在商业繁盛地点的四牌楼处与南北竖街相交，构成宣化城内的主要十字街[41]。

2. 从四牌楼中心至宣化城东壁的长度，约为740米，自四牌楼中心向西，与740米长度接近的方位，是皇城墙南街与新开路一线，其长度约为760米。自四牌楼中心向南抵明宣化城南壁的长度，约为590米，此长度虽较东、西向两线为短，但据传宣化城南壁内外原是一自然界限，城外近洋河，下临低洼，

图三　宣化城区示意图（据1997年4月宣化区文物保管所绘制《唐辽时期遗迹分布图》改绘）
1. 辽舍利塔地宫　2. 金火葬墓　3. 金末货币窖藏　4. 夯土墙残段（金末）？　5. 辽姜承义墓　6. 粮库内辽墓
7. 冷冻厂辽墓　8. 宣化师范菜园内晚唐五代墓（？）　9. 化工厂辽墓　10. 四中内辽墓
------唐武州城、辽归化城范围拟定线
……明皇城范围拟定线（据《续宣镇志》引胡东瓯记镇城兴废云："宣府西草〔操〕场之东及十字口〔清远楼十字〕之
北，旧名皇城。"自《乾隆宣化府志》卷四十一《杂志》转引）

只是由于明建南关城和近年拆城修路，逐渐填平垫高，原来高低的地貌已有改变。看来，明城南壁很可能是沿袭了旧城基址。姑以此为准，自四牌楼中心向北，与南向略同的长度约610米处，即接近清远楼亦即大东街一线。这个位置北至表一所示 d、e 两墓地的距离，也恰与 a、b、c 三墓地西至宣化镇城东壁的距离极为近似（参看图三）。

以上考虑复原的辽归化州城亦即唐雄武军——武州城：南北壁各长约1500米，东西壁各长约1200米，周长约5400米，约折合10.2市里，是一座东西略长于南北，内设十字街的横方形城堡。明洪武二十七年（甲戌，1394年）展筑的宣府镇城，是自此唐武州城东壁北端向北延展约 1740 米（亦即自可能是金末北扩的宣德州城北壁又向北延展了约 550 米），自南壁西端向西延展约 1600 米，即南北两壁各总长约 2940 米，东西两壁各总长 3100 米。此四个数字加起来，即明城的周长——约 12080 米，合 24.16 市里，与《正德宣府镇志》卷二《城堡》所记"镇城，洪武二十七年谷王命所司因旧城展筑……周围二十四里一百二十五步"和前引《嘉靖宣府镇志》卷十一《城堡考》所记"洪武二十七年上谷王命所司展筑，方二十四里有畸"，大体符合。

下八里辽墓群

下八里村位于宣化城西北 4 公里，该村北发现的辽墓群，自 1975 年迄 1993 年共清理发掘了九座和一座未曾入葬的废圹[42]。根据所出墓志，知其中六座为张姓墓，一座为韩姓墓。此外，还征集到墓群附近早年出土的张子行墓志一方[43]。现依照上述八方墓志的记录，列张、韩两姓世系如表二。表内附有墓号和生卒年者的墓中出有墓志，其中除张子行墓位置不详外，皆据 1996 年第 12 期《文物》第 4 页所刊《墓群分布图》查得各墓的具体方位。

a. 张姓墓地在东，韩姓墓地在西。

b. 张姓墓可分西北、东南两组。

c. 东南组张姓墓似以张匡正墓（M10）为中心，其西有张文藻墓（M7），北有张世本墓（M3）[44]，三墓同时葬于辽大安九年（1093 年）。

d. 西北组张姓墓以葬于辽天庆六年（1116 年）的张世卿墓（M1）为中心，南有张世古墓（M5），北有张恭诱墓（M2）；后两墓皆葬于天庆七年（1117 年）。

e. 西部的韩师训墓（M4）下葬于天庆元年（1111 年），适在上述两组张姓墓之间，而葬年接近于西北组张姓墓。

f. 据上述《墓群分布图》，知东南组张姓墓之北和西北组张姓墓的西、南两方，都有原在张家茔地范围内的面积较大的空地；如从整个茔地的地势观察，在《墓群分布图》范围外的东南组张姓墓之东、南两方，可能亦应有原属张姓的茔地。

已发现的各墓的下葬之年，应即与兴建各墓的时间接近。上述 c、d、e 经

表二　张韩两姓世系表

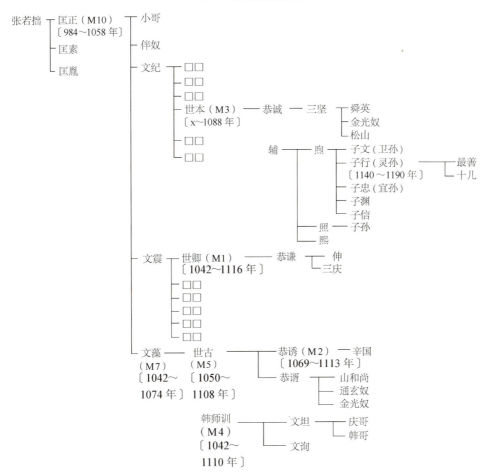

过初步对比，发现：1. 下葬年代相同或相近的每组内的墓葬，在形制、绘饰诸方面也颇有异同；2. 差异较大的是张姓两组墓葬；3. 张、韩两姓墓葬尽管年代相距不远，但各具自己的特点；4. f 提出的问题，即围绕 c、d 需要继续发掘，以确定原属张姓茔地范围内的全部墓葬和张姓墓葬时间下限的推测。以上四种情况，现略做初步分析如下。

（一）张姓两组墓葬各自的差异

张姓东南组墓地

东南组三墓，张匡正（M10）、张文藻（M7）两墓皆是前方后圆的双室砖墓，张世本墓（M3）只具砖砌圆形墓室，其实此三墓置棺之室皆砌作圆形。三墓尺寸不同，作为置棺的墓室差距尤为显著，详见表三。张匡正、张文藻两墓墓门和墓室的仿木构件基本相同，如墓门斗栱砌出单抄单栱计心四铺作，令栱上承替木；前室用一斗三升承替木；后室砌斗口跳承替木；泥道栱亦承替木，上承柱头方。张世本墓墓室斗栱同上述两墓后室，墓门亦用斗口跳。施之于仿木构件的彩画，三墓大体相似，如各处斗栱多绘团花、方胜，墓室栱眼壁绘铺地花卉，横枋和部分倚柱画朵朵流云（图四）。墓室壁画较为复杂，具体异同见表三。

表三　张匡正、张文藻、张世本三墓尺寸与壁饰简况表

			匡正墓（M10）	文藻墓（M7）	世本墓（M3）
前室	壁饰	尺寸（长×宽+高）	1.84×1.8+2.8 米	1.8×1.6+2.4 米	无前室、甬道
		前壁	门两侧各立一持杖门卫	门额上绘"五鬼图"	
		西壁	男装女乐（图五）	男装女乐舞。左侧有髡顶垂鬓装男侍	
		后壁	券门两侧各立一幞头门吏		
		东壁	备茶。男侍多髡顶垂鬓装	备茶。男侍多髡顶垂鬓装。有文具、经册桌	
	甬道壁饰		两侧各立一持杖门卫	两侧各立一髡顶垂鬓装男侍。门额上绘"三老对弈"	
后壁	壁饰	尺寸（直径+高）	约 3+3 米	2.85+2.6 米	2.64+2.52 米
		前部	券门两侧各立一幞头门吏	门两侧各立一幞头门吏	门两侧各立一持杖门卫
		西部	侍女挑灯。窗下绘上置经卷的交几。鹤、花	侍女挑灯。侍女启门。鹤、花	侍女挑灯。窗下绘一置经卷的交几。盆花
		后部	盆花。砌出山面向前的门厅。盆花	盆花。砌出山面向前的门厅。盆花	鹤、花。侍女启门。鹤、花
		东部	鹤、花。窗下绘文具桌。二侍女持物	鹤、花。窗下绘文具桌。一侍女持物	盆花。窗下绘文具桌。侍女戏犬
		壁面上端	列莲台一匝，上原置木雕十二时		墓室壁饰
		顶部	正中绘莲座，中嵌铜镜，周绕日月二十八宿，外围散花	正中绘莲座，中嵌铜镜。周绕日月二十八宿。外围散花	正中绘莲座，中嵌铜镜。周绕日月二十八宿。外围散花

图四 M3（张世本墓）墓室后部

图五 M10（张匡正墓）前室西壁男装女乐

此外，三墓皆于墓室（置棺之室）后部前砖砌彩绘棺床。以上三墓这些相似和相同，甚至可以估计三墓砌建和作画的匠师亦同出一派系，因三墓同时下葬于辽大安九年（1093年），即如张匡正、张文藻两墓志所记：

大安九年岁次癸酉四月丁巳朔十五日辛酉乙时。

且又都是出自匡正孙世卿之所筹办。又据三墓所出墓志知三墓主人皆无仕进，《张匡正志》云：

治家事亲,动式规矩。

《张文藻志》云:

孜孜勉勉,勤劳于家,果致财产饶给,方已具万,迄后,田园地宅尽付于子。

《张世本志》更明确谓:

少以家事为主,既勤且俭,庶几克家,虽农务之末,亦尝亲之至。于是,栽植菌果,经营籍产,日有所增,信其作室蓄田公之谓也。

都是务农者,因可推知张匡正墓尺寸大于张文藻墓;张世本墓仅具较小的棺室,且壁饰中无幞头门吏等,其规格又低于张匡正、张文藻两墓者,并非由于身份等级之差别,而是出于血缘辈分之高低,就筹办增广"祖考之茔"[45]之张世卿言,祖匡正,文藻属伯、叔辈,世本乃堂兄弟。

张文藻墓南5米处有M9,M9东南有M6,M9西有M8。M8"只存墓圹,即建墓未用"[46]。M9、M6两墓均"被彻底盗掘"[47],墓志已失,墓主姓氏无考,但从排列位置上考察,该两墓亦应属张姓墓的东南组。M9亦为前方后圆的砖室墓,M6为前方后八角(接近圆形)的砖室墓,从两墓仿木构件(M9、M6皆砌或绘出普拍方和M6墓门补间砌出斜栱,较为特殊)、彩画、前室壁饰和M6后室壁饰(M9后室壁饰全毁的内容、风格略同于张匡正等三墓),可推知此两墓下葬之年或与匡正三墓相同或相近,因疑亦系世卿所筹办者。两墓壁饰内容按表三之例,简录如表四。

表四 M6、M9 壁饰简况表

		M6	M9
前壁壁饰	前壁	门两侧各立一持杖门卫	门两侧各立一髡发垂鬟装持骨朵门卫
	西壁	男装女乐	男装女乐
	后壁	券门	
	东壁	备茶。男侍多髡顶垂鬟装	残存部分男侍备茶
甬道壁饰		两侧各立一持杖门卫	

续表

		M6	M9
前部		券门	"后室壁画全部被毁，只存齐地短墙"[48]
西部	左侧	鹤、花。侍女挑灯。	
	右侧	盆花。窗下绘出上置经卷的交几。盆花	
后部		花、石。砌出山面向前的门厅。花、石	
东部	左侧	盆花。窗下绘文具桌。盆花	
	右侧	侍女捧唾盂。鹤、花	
顶部		正中莲座，中嵌铜镜。周绕日月二十八宿。外围散花	

此外，M6后室后部前亦设砖砌彩绘棺床。M9后室被破坏，原有砖砌棺床与否不详。此两墓如从皆建有前、后室和现存壁饰内容等方面考虑，当属世卿的尊长，即有可能如河北省文物研究所等单位同志推测，是张文藻的两位兄长张文纪、张文震的墓葬[49]。"只存墓圹"，"建墓未用"的M8可能亦为张姓某初选之穴，因故而废弃者。

张姓西北组墓地

西北组三墓，张世卿墓（M1）为前后皆方形的双室砖墓。张世古墓（M5）为前方后六角双室砖墓。张恭诱墓（M2）为六角单室砖墓。张世古、张恭诱两墓志记下葬时日俱为：

天庆七年（1117年）丁酉岁四月己未朔（孟夏）十五日（蓂生满叶日）癸酉甲时[50]。

晚于张世卿下葬（天庆六年四月十日癸酉甲时）一年，三墓兴建的时间亦应相距不远。三墓尺寸不同，张世卿墓突出高大（详见表五）。三墓的共同特点是仿木结构的简化。张世卿墓墓门仅砌出一斗三升上承挑檐方；前后室的仿木部分，全部使用了影作，且极为简练，如柱头上绘出下附驼峰的一斗三升，略去了阑额和普拍方，并于柱头方下缘绘出月梁曲线。张世古墓略同于张世卿墓。张恭诱墓墓门、墓室亦略同于前两墓。三墓影作构件上的彩画和栱眼壁的绘饰全部略去。壁饰内容也有异同，特别以张世卿墓区别于张世古、张恭诱两墓者较为显著，具体情况略如表五。

表五 张世卿、张世古、张恭诱三墓尺寸与壁饰简况表

		张世卿墓（M1）	张世古墓（M5）	张恭诱墓（M2）
前室	尺寸（长×宽+高）	2.55×2.2+3.2 米	2.1×1.6+2.33 米	
	前壁	门两侧立一持杖幞头门吏	门左侧一拄杖老者，下方合一犬，门右侧一双手合十女侍，下方一鸡	无前室，券门上部绘一武士
	西壁	幞头男吏持物立白马后，准备主人出行（图六）	梳髻形髻男侍持物立白马后，准备主人出行	
	后壁	门两侧各立一持杖幞头门吏		
	东壁	幞头男乐，男装女乐	幞头男乐	
后室	尺寸（长×宽+高）	3.1×3.1+4.4 米	（六角）2.68×3.16+2.49 米	（直径+高）2.64+2.52 米
	前壁	门右侧两幞头男吏备饮食。门左侧一软巾男持捧大钵，内盛骰子，另一髻双垂鬟装棒一黑色箱、盆花	券门	门两侧各立一持杖幞头门吏。券门上部左侧一拄杖老者，身后一鸡，右侧一合十女侍，身后一犬
	西壁	侍女启双风木门外出。窗前两软巾男侍备茶。两幞头男吏，一捧睡盂，一持拂。两幞头男侍立四屋柜前	西南壁 茶具桌后一老饭持扇立。桌后一女侍棒睡盂	茶具桌后一男童煮茶。桌后一髻顶垂鬟装男子叉手立，一幞头男侍持杯盏
	后壁	两幞头门吏，一持巾，一髻幞头男吏门经幢自门人。双风未启门紧闭	花，石，鹤屏二扇	花，石，石屏二扇
	东壁	两幞头男吏一持扇、一幞头男侍立于经幢立	东北 花，石，鹤屏二扇	花，石，石屏二扇
	壁面上端	设莲台小盒一匣，内文武装俑等	东南壁 酒食桌后一幞头垂鬟装男持酒一髻顶垂鬟装男侍送食。未启木门内外二时送衣物	经幢，行炉桌后一幞头一软巾男人棒睡盂。一女侍启木门，持杯盏人
	顶部	正中绘莲座，中嵌铜镜，周绕黄道十二宿。外绕黄道十二宫和散花	正中绘莲座，中嵌铜镜，周绕黄道十二宫，最外绕日月二十八宿立像	正中绘莲座，中嵌铜镜，周绕黄道十二宫，外绕日月二十八宿最外绕十二时立像

图六　M1（张世卿墓）前室西壁男吏立白马后，备主人出行

以上三墓皆无砖砌棺床，张世卿墓棺下四隅垫以狮座，张世古墓似只具木棺，张恭诱墓木棺下置木棺床。张世卿、张世古两墓具前、后室，张恭诱墓无前室，墓室尺寸亦最小，如依东南组的解释，即出于辈分之差异。世古与恭诱为父子，世古与世卿为伯叔兄弟。至于张世卿墓无论形制、绘饰和随葬器物俱远高于张世古墓（如形制尺寸差距较大，壁饰役使人物多男吏装束，墓室设大小石狮和随葬多三彩器物等），当是由于张世卿已登仕途，据《张世卿志》所记：

大安中（1085～1094年），民谷不登，饿死者众。诏行郡国开发仓廪，以赈恤之。公进粟二千五百斛，以助□□，皇上嘉其忠赤，特授右班殿直，累覃至银青崇禄大夫检校国子祭酒兼监察御史云骑尉。

自应与无官职的庶民有别；也正由于世卿有这样身份、财势，才能为其祖与父辈筹办增广东南组张氏墓地。

（二）两组张姓墓葬的差异

两组张姓墓葬相距时间不过二十三四年，但无论形制、绘饰乃至随葬器物都出现了较大的差异，具体情况略如表六。

表六　两组张姓墓葬差异表

		东南组	西北组
形制	平面	双室墓前方后圆（含八角）。单室墓为圆形	双室墓前后皆方，或前方后六角。单室墓为六角
	仿木结构	墓门雕砖斗栱用替木。墓室雕砖斗栱用替木。墓室壁面除设门外，或砌出门厅、棂窗，或彩绘门钉版门	墓门雕砖斗栱上承挑檐方。墓室影作斗栱，柱头方下缘影作月梁曲线。墓室壁面除设券门外，或影作朱色棂窗，或画出门钉版门，或画出双凤版门
棺床		砖砌棺床，施彩画	个别有木棺床
彩画		棂窗绘鱼鳞旗脚。柱、枋绘流云。斗栱绘团花、方胜。栱眼壁绘铺地花卉	无彩画
壁饰	前室	男装女乐舞。多女侍、侍童。有髡顶垂鬟装男侍	幞头男乐舞。男侍（吏）驭白马，备主人出行
	后室（墓室）	多女侍，有女侍挑灯。窗下绘文具桌。两侧鹤花或盆花	多男侍（吏），有备饮食或捧持什物。男侍有髡顶垂鬟装者。花石鹤屏风
	顶部	日月二十八宿	日月二十八宿、黄道十二宫，有的外围环绕十二时
随葬品		多黄釉器，瓷器多白瓷。多木器，除桌椅外，还有盆架、衣架、镜架、木盒等	个别有黄釉器，瓷器偶有白瓷和影青。少木器，除棺、棺床外，只具桌、椅

两组张姓墓葬相距时间虽然不长，但从上表所列之差异观之：1. 墓葬形制，西北组较东南组趋向简单。2. 西北组废掉了仿木构件上的彩画。3. 壁饰内容有了不同。相同的内容出现了程式化，如西北组流行花石屏风画。4. 随葬器物也在简化。以上情况除了当时流行的题材有了变化，可能更多的是由于辽代从道宗末年以来逐渐走向衰亡，社会生产日趋没落的反映；西北组世古、恭诱两墓下葬之年，下距辽天祚帝被俘国亡之1125年，仅只八年。5. 值得注意的是，西北组后室（置棺之室）壁饰中出现髡顶垂鬟契丹装束男侍（吏）[51]，大约与辽末"国政隳废"[52]、"女直方炽"[53]，契丹与汉人间的民族界限特别在山后一带渐趋淡薄有关。

（三）韩师训墓与张姓墓葬的异同

韩师训墓（M4）位于下八里村已发现的辽墓群西南隅，估计该墓附近应存有其他韩姓墓[54]。韩师训下葬的时间是天庆元年（1111年），适在前述两组张姓墓葬之间,故有与两组张姓墓接近处,特别是晚于它才五六年的西北组张姓墓。但无论形制、绘饰,韩墓最突出的还是它独自具有的特点。前方后六角的双室砖墓、前后室皆未影作倚柱、前室壁饰有备马出行、后室后壁绘朱门及门两侧侍立门吏等皆同于西北组张姓墓。其接近东南组张姓墓者,有前室壁饰画幞头男装女乐舞、后室用砖砌出普拍方、斗口跳斗栱、后室后壁前设砖砌棺床、壁面上部设有凸出的莲台等。至于韩墓独自具有的,即不见于上述诸张姓墓者,在形制结构方面,如前室面积大于后室(韩墓前室尺寸是2.7米×2.7米+2.1米,后室东西3.1米×南北2.5米+？米)、前室不备斗栱、后室砖砌柱头斗栱与补间组织相同等;最大差异在壁饰,不仅形象、风格与张姓诸墓不同,布局与内容亦多差异:1.前后室前后壁券门两侧皆绘门吏或门卫,前室前壁门吏挂骨朵髡顶垂鬟装(图七),前室后壁门卫着甲胄作门神样[55],后室后壁门吏着幞头叉手立。2.前室西壁备马出行之后,另绘为女墓主人所备之驼车和一髡顶垂鬟装的驭手。3.后室两侧壁似表现内室情况——东南壁绘挑灯备饮食,相对的西南壁绘主妇边进食、边聆听乐人在弹奏方箱三弦,乐人前尚有髡顶垂鬟装之童子击节助兴。西北壁似绘清理各种财物,东北壁绘准备经卷,中间躬身合掌作虔诚供奉者似为女主人。以上壁饰均不见于张姓诸墓。其

图七　M4(韩师训墓)前室前壁契丹装束的门吏

中应予注目的是，在浓厚生活气息的壁饰里，后室西北壁清理财物的图像和前后室都出现了髡顶垂鬟的契丹装人物以及常见于当时契丹人墓葬中的前室西壁绘出的马与驼车并备的场面[56]。前者应与《韩师训志》所记兴贩发家的情况相应：

> （韩）得商贾之良术，栉风沐雨，贸贱鬻贵，志切经营，不数十载，致家肥厚，改贫成富，变俭为丰，田宅钱谷咸得殷厚。

后者，似乎如《韩志》所记，韩氏子辈热心谋求仕途：

> 长男文坦干父之蛊，幼仕公侯职事，渐转充当州客都之任，有果决之誉，闻干众听……爱弟文询……备进士举业，有俊逸之名，闻于乡里，优攻笔札，时辈咸推其美。

故其家居生活较同时张姓诸墓所表现的契丹化程度尤为显著。

（四）尚待发现的张姓墓葬和张姓墓葬时间下限的推测

东南、西北两组张家墓葬的前后左右都有空余茔地，河北省文物研究所、张家口市文物管理处和宣化区文物保管所等单位曾组织考古钻探，"得知张氏墓地至少还有五座未被发掘"[57]。其实，根据现知墓志的记载，似可追查到更多的数字。

1. 辽天庆六年（1116年）《张世卿志》（《大辽归化州故殿直张公墓志铭》）记：

> （公）弟兄六人，余皆先逝……（天庆六年）四月甲子朔十日癸酉甲时葬（公）于兴福、七宝二山之阳，附于先茔，礼也。

世卿既附于先茔，先世卿而逝之弟兄六人亦应附葬先茔。

2. 金皇统四年（1144年）《张世本、焦氏合葬志》（《大金归化州清河郡张君重合葬墓志铭》）记：

> 世本……大安九年（1093年）孟夏乙时葬于州西北先坟内……公之昆季六人，公居其四……长男讳恭诚……四十有六而卒。恭诚娶郑氏，生一男曰三坚，三十七而卒……公之室焦氏……享年九十有三，至本朝皇统三年仲冬十有三日寝疾而逝，皇统四年季秋二十二日巽时合葬。

先焦氏而卒的恭诚及其子三坚亦当葬于先坟之内。至于世本昆弟五人是否亦应葬于先坟？

3. 金明昌元年（1190年）《张子行志》（《保义别尉张公墓志》）记：

> （子行）祖讳辅……父讳煦……公性豪迈……其治家有父风……公兄弟五人……季曰子信，先卒……公以明昌元年七月十日病卒，年五十一，以八月壬寅归葬先茔侧。

可知子行之祖辅、父煦和先子行卒之季弟子信俱应归葬先茔。

就现存以上三方墓志统计，此张家茔地中未被发掘的确实不止五座。张氏家族自世卿于辽大安中（1085～1094年）纳粟赈荒，获特授右班殿直，其子恭谦又"曾隶北枢密院勒留丞应"，孙伸"妻耶律氏"[58]，已跻身统治阶层，且结姻皇族。金天辅六年（辽保大二年，1122年）金兵陷中京南下，《金史·太祖纪》记是年九月：

> 归化州降，戊辰（太祖阿骨打）次归化州……十一月诏谕燕京官民，王师所至降者赦其罪，官皆仍旧。

次年八月太祖卒，太宗吴乞买即位，特设恩例取士，《金史·选举志》：

> 恩例者，但考文之高下为第……其设也始于太宗天会元年（1123年）十一月。时以急欲得汉士以抚辑新附，初无定数，亦无定期，故二年（1124年）二月、八月凡再行焉。

世本次男辅"肄进士业，本朝天会二年及第，见带奉直大夫"[59]，即应金太宗初年之考试者。《金史·文艺传上》记：

> 太宗继统乃行选举之法……宋士多归之。熙宗款谒先圣，北面如弟子礼。世宗、章宗之世，儒风丕变，庠序日盛，士繇科第位至宰辅者接踵。

辅长男煦、小男熙亦均"习进士业"。煦曾官"丞务郎兴中府兴中县令"，辅"长女小字迎銮，嫁郭朝散男楒，亦已进士第，见带奉德大夫；次女小字蓬仙，嫁王节副男桐，供奉班祗候，一女小字意儿，嫁王氏，生一男一女，男曰尧温，进士第，见带承奉郎，女曰盼璋，嫁崔氏，讳寿吉，带承直郎"[60]。煦次子子行官保义副尉，其兄"子文承信校尉，任凤□□军器使，弟子忠昭信校尉守□□尉"[61]。可见张家入金后以迄明昌之世，至少世本一系即累叶官吏，且多以科举进阶，尽管官职虽远非显赫，但已改换农商门庭，所以辽金易代仍得延续其茔地而不衰。唯张家入金后兴建的墓葬尚未正式发掘，金时张家葬事变化的详情有待了解。

现知张家墓志无记明昌元年（1190年）以后事，可以推知张家之衰与茔地之废，盖在金之末世。明昌、承安间（1190～1200年），开掘新界壕[62]，大安二年（1210年）以前，置宣德行省[63]，反映了金源北防的不断加强。大安三年（1211年），成吉思汗率师南侵，即破宣德[64]。次年再次南侵，崇庆二年（1213年）又陷宣德[65]。此时蒙古军队以掳掠烧杀为目的，《建炎以来朝野杂记》乙集卷二十"鞑靼款塞"条记崇庆二年春，蒙古犯燕京情况云：

> 是时中原之兵（指金兵）皆迁往各处，山后一带防御无兵可守，悉迁乡民为兵，在土城防御，鞑靼尽驱其家属来攻，父子兄弟往往遥相呼认，由是人无固志，所至郡邑皆一鼓而下。

又记是年冬迄翌年春蒙古军肆虐情况：

> 自贞祐元年（1213年）冬十一月至二年（1214年）春正月，凡攻破九十余郡，所破无不残灭，两河、山东数千里人民杀戮者几尽，所有金帛子女牛羊马畜皆席卷而去，其焚毁屋庐而城郭亦丘墟矣[66]。

宣化及其附近当在此劫数之中，辽末以来，张家繁盛的衰歇和张家茔地之荒废，大约即出现于此时，故下八里村北一带，迄未发现金末蒙古遗迹。

（文中所附照片大部分承宣化文保所提供，部分为杭侃摄）

注释

〔1〕 引自南京图书馆藏《正德宣府镇志》卷十。《嘉靖宣府镇志》卷十一《城堡考》录此记，题"明都御史罗亨信宣府镇城记"。自《康熙宣化县志》起，清代有关宣化志书凡收录罗文者，皆多有窜改。

〔2〕 北京鼓楼创建于永乐十八年（1420年），西安鼓楼创建于洪武十三年（1380年）。两楼原皆位于当时的商业区并近地方卫署。

〔3〕 李文刊《文物》1996年9期。

〔4〕 此舍利塔地宫所出石棺与1972年山东惠民发现的五代北宋时期定光佛舍利石棺不仅形制相似，棺外壁线雕四神的题材亦同，棺内遗物主要也是铜钱（常叙政等《山东省惠民县出土定光佛舍利棺》，刊《文物》1987年3期），因而估计宣化城内出土的舍利石棺，原亦瘗于一佛寺的佛塔地宫之中，其时代约在辽中期。

〔5〕 宣化地区明代建筑多异于官式。1997年7月过宣化西北的怀安又获一例。怀安县城西大街昭化寺，据曾撰《宣府新城记》的罗亨信于正统十年（1445年）所撰《昭化寺碑》，知寺"始于正统改元丙辰（1436年）二月，落成于癸亥（正统八年，1443年）春二月"（该碑现存寺大雄宝殿内，《民国怀安县志》卷九《艺文志》有录文）。按该寺中轴线上的山门、天王殿、大雄宝殿、三大士

图八　怀安昭化寺山门

殿四座正统原建，现尚存在〔天王殿脊枋有墨书"大明正统肆年（1439 年）……重修"一行〕。山门庑殿顶，未施斗栱（图八）。天王殿歇山顶，用单昂斗栱。大雄宝殿歇山顶，用单翘重昂斗栱（翘头出跳短促，颇为特殊），此殿与天王殿厢栱两端皆斫出抹斜面，大雄宝殿最惹人注目处是纵向构架的梁柱结构。三大士殿悬山顶，斗栱用斗口跳。以上四座建筑平板枋出头俱作出海棠曲线，额枋出头皆垂直截去。上述情况，似可说明山后州县在建筑规制上，至少在明代前期仍保有浓厚的地区特点；而建筑物本身的等级标志，清晰明确，是尤为难得的佳例。

〔6〕《嘉靖宣府镇志》卷一《制置考》："（洪武）三年（1370 年）命平章汤和取宣德……诸郡县皆附，因徙其民如居庸关，诸郡县废。特遣将卒番守之，名宣德曰宣府。因宣德府旧名称之，实非府也。"

〔7〕《嘉靖宣府镇志》卷一《制置考》："文皇帝永乐七年（1409 年）置镇守总兵官，佩镇朔将军印，驻镇城。自是始称宣府。"

〔8〕洪武末期为抗外卫内建宣镇三卫，并封谷王镇宣，时以旧城狭隘，扩展城垣，此后军民凑集。《乾隆宣化府志》卷四十一《杂志》据《续宣镇志》引清胡东瓯追记当日宣镇之盛况云："明初镇城人烟凑集，里宅栉比，不独四门通衢为然，虽西北、西南两隅僻街小巷亦无隙地。盖驻防官军即不下二万，而宣府前左右三卫、兴和一所自指挥以下，官八百余员，合计官军户口不下三万有余，而绅衿士民商贾杂处其中，尤不可数计。迨至隆万已后，人烟里宅渐非昔比；至启祯时师旅频出，饥馑洊臻，流离死徙之余，遂至西北半城几同旷野，于是，居人稍稍耕作其间，历年久远渐成湮没，然当时各街祠庙碑碣及附近官宦姓名尚有可考而知者……"

〔9〕铁冶见《元史·秦长卿传》。银冶见《元史·世祖纪二》中统三年（1262 年）。

〔10〕见《元史·百官志一》工部。

〔11〕见《元史·兵志四》鹰房捕猎。

〔12〕见《元史·百官志六》大都留守司。

〔13〕见《元史·兵志四》站赤。

〔14〕见《元史·郝和尚拔都传》。

〔15〕见《元史·诸王表》。

〔16〕见《元史·文宗纪三》至顺元年（1330 年）闰七月。

〔17〕引自欧阳玄《大元敕赐秦王复建鸡鸣山永宁寺记》，该文见录于《正德宣府镇志》卷十和《康熙宣化县志》卷十八《艺文志》。

〔18〕引自《金史·循吏·张特立传》。

〔19〕应是大安三年（1211 年），参看《金史·卫绍王纪》《元史·太祖纪》。

〔20〕〔21〕〔22〕俱承宣化文保所同志见告。

〔23〕张家口地区行署文化局、张家口地区博物馆 1982 年编辑的《张家口地区文物普查资料集》所收《张家口地区古长城调查主要收获》记河北境内的金界壕云"康保大沟村东南 2000 米处，因修水渠将界壕切开近 200 米，从剖面看到夯层，每层厚 20 厘米"，与此夯土墙残段夯层的较厚部分颇为近似。盖两者皆仓卒修筑，故其工程质量亦相互接近。

〔24〕辽会同元年即晋天福三年。《新五代史·晋本纪》记"天福元年（936 年）……以幽、涿、蓟、檀、顺、瀛、漠、蔚、朔、云、应、新、妫、儒、武、寰州入于契丹"，并未交割。又契丹于辽神册元年（梁贞明二年，916 年）即曾攻陷蔚、新、武、妫、儒五州，见《辽史·太祖纪上》《兵卫志下》，五年后即辽天赞元年（梁龙德二年，922 年）又为晋代州刺史李嗣肱所收复，参看《通鉴·

后梁纪六》。

〔25〕《辽史·太宗纪下》:"(会同)五年(942年)春正月丙辰朔,上在归化州御行殿,受群臣朝。"又同书《世宗纪》:"(大同)五年(951年)九月……壬戌次归化州祥古山。癸亥,祭让国皇帝于行宫……"

〔26〕《辽史·游幸表》:"太宗会同三年(940年)七月猎于炭山……七年(944年)七月障鹰于炭山……景宗乾亨四年(982年)九月猎于炭山……圣宗统和四年(986年)五月如炭山清暑……八月障鹰于炭山,猎于炭山……六年(988年)七月观鹿于炭山……九年(991年)八月猎于炭山……十二年(994年)四月如炭山清暑……兴宗重熙五年(1036年)八月猎于炭山之侧。"炭山位宣化西北。《辽史·地理志五》西京道:"归化州……(有)炭山,又谓之陉头,有凉殿,(圣宗母)承天皇后纳凉于此。山东北三十里有新凉殿,景宗纳凉于此。"《正德宣府镇志》卷一《山川》记:"炭山,万全右卫城西南四十里,辽人谓之陉头,承天后辅政日,纳凉于此。"按宣化位万全右卫城东南七十里,依此推之,炭山当在宣化西北约三十里的方位。

〔27〕引自《辽史·耶律隆运传附侄制心传》。

〔28〕参看拙作《独乐寺观音阁与蓟州王田韩家》,刊《文物》1985年7期。

〔29〕《乾隆宣化府志》卷二《地理志》引马端临《通考》谓武州置于唐末:"唐初复置北燕州,后改妫州妫川郡,末分置武州文德县、新兴永兴县……《唐书·地理志》:'武州阙,领县一,文德。新州阙,领县四,永兴、矾山、龙门、怀安。'其阙者,《资治通鉴注》所谓史失其建置之始也。然考《唐书纪传》,武德以后无新武二州之名,至昭宗龙纪(889年)后,李克用掠地始见新武二州,则新武当置于此时。若宣、儇以前则惟有妫州,据《唐书·北狄传》奚徙冷陉,直妫州西北,后别部内附,保妫州北山为西奚。要知武州在妫州之北,若宣、儇以前有武州,则应曰直武州矣。乃不言武而言妫,则其时只有妫州,无武州可知。马贵与谓唐末置武州,良有据耳。"按马氏说见《文献通考》卷三一六《舆地考二·古冀州》。

〔30〕《通鉴·后梁纪三》记此事云:"乾化三年(913年)三月……燕主(刘)守光命大将元行钦将骑七千,牧马于山北,募山北兵以应契丹,又以骑将高行珪为武州刺史以为外援。晋李嗣源分兵徇山后八军,皆下之……李嗣源进攻武州,高行珪以城降。元行钦闻之,引兵攻行珪,行珪使其弟行周质于晋军以求救。李嗣源引兵救之,行钦解围去。嗣源与行周追至广边军,凡八战,行钦力屈而降。"

〔31〕《新唐书·武宗纪》:"会昌元年(841年)十月,幽州卢龙军逐(张)绛,雄武军使张仲武入于幽州……二年(842年)九月,幽州卢龙军节度使张仲武为东面招抚使。"

〔32〕《新唐书·藩镇卢龙·刘怦传》:"刘怦,幽州昌平人。少为范阳裨将……朱滔时(772~785年)积功至雄武军使,广垦田,节用度,以办治称。"

〔33〕《正德宣府镇志》卷二记葛峪为镇城东侧中路第一堡。《嘉靖宣府镇志》卷十一《城堡考》记该堡,"方三里三百步……宣德五年(1430年)筑……屯戍之所"。《康熙宣化县志》卷七《城堡志》记:"下葛峪,城正东三十里……"葛峪西界宣化城东郊区。

〔34〕参看张家口市文管所、宣化县文管所《河北宣化辽姜承义墓》,刊《北方文物》1991年4期。

〔35〕承宣化区文保所同志见告,此墓疑亦为圣宗时期的辽墓。

〔36〕参看张家口市宣化区文保所《张家口市宣化区发现一座五代墓葬》,刊《文物春秋》1989年3期。按此系仿木构单室砖墓,圆六角形,砌出棂窗、斗栱,随葬有小型陶质明器和塔形器。尸体置于

后壁前砖台上。此式墓葬与注〔34〕所录姜承义墓相似，疑亦为辽墓。

〔37〕〔38〕〔39〕 俱承宣化文保所同志见告。〔37〕所记的晚唐五代墓，疑亦为10世纪末的辽墓。按宣化城内和近郊所发现的墓葬多为辽中期即10世纪末迄11世纪初的辽墓，这种情况颇值注意。此阶段的辽墓，壁面多砌出仿木家具，随葬器物除小型陶明器外，多有塔式罐。

〔40〕 参看拙作《隋唐城址类型初探（提纲）》，刊北京大学考古系《纪念北京大学考古专业三十周年论文集》，文物出版社，1990年。

〔41〕 宣化城内十字街口原竖四牌楼，《正德宣府镇志》卷三《坊牌》记此四坊云："承恩坊、宣武坊、同泰坊、永安坊俱在大市中。"《嘉靖宣府镇志》卷十二《宫宇考》记四坊则云："大市坊，城中通衢四坊，南曰承恩，北曰宣武，东曰同泰，西曰永安。"此四坊解放后拆除。明代沿用旧州县城，多于中心十字街竖四坊，山西大同沿用辽金西京城，亦如此布置。

〔42〕 下八里辽墓的考古发掘，迄今共发表简报六篇：

    a.《河北宣化辽壁画墓（M1）发掘简报》，刊《文物》1975年8期。

    b.《河北宣化下八里辽金壁画墓（M2、3）》，刊《文物》1990年10期。

    c.《河北宣化下八里韩师训墓（M4）》，刊《文物》1992年6期。

    d. 宣化辽代壁画墓群（M5、9、10）》，刊《文物春秋》1995年2期。

    e.《河北宣化辽代壁画墓（M5、6）》，刊《文物》1995年2期。

    f.《河北宣化张文藻壁画墓（M7）发掘简报》，刊《文物》1996年9期。

本篇资料主要来源即是上列简报。此外，河北省文物研究所郑绍宗同志，宣化区文保所李敬斋、颜诚、刘海文等同志在辽墓资料方面，都给予了许多方便，谨向他们致以衷心的感谢。

〔43〕《张子行志》圆首，两面刻，原或作碑式竖植墓中。承宣化区文保所同志见示拓本照片和录文。

〔44〕《张世本志》作"大安九年孟夏乙时"。世本妻焦氏金皇统三年（1143年）卒，《张世本志》记："皇统四年（1144年）季秋二十二日巽时合葬。"此云合葬，系葬焦氏于大安九年所营之世本墓中，并非皇统时另建一合葬墓。

〔45〕 引自《张文藻志》。

〔46〕 引自注〔42〕之d结语。

〔47〕 引自注〔42〕之e结语。

〔48〕〔49〕 引自注〔42〕之d第9号墓。

〔50〕 括号外的文字引自《张世古志》。《张恭诱志》以"孟夏"代"四月己未朔"，以"蕤生满叶日"代"十五日"。

〔51〕 东南组中的张匡正、张文藻两墓和M6，髡顶垂鬓作契丹装束的男侍皆画在前室，且多侍童状人物。世本墓无前室，亦无髡顶垂鬓装的男侍。

〔52〕《辽史·肖胡笃传》："胡笃长于骑射，见天祚好游畋，每言从禽之乐，以逢其意。天祚悦而从之。国政寖废，自此始云。"

〔53〕《辽史·肖陶苏斡等传》："论曰：甚矣，承平日久，上下狃于故常之可畏也。天庆之间（1111～1114年），女直方炽……胡笃以游畋逢迎天祚而瘝国政……"

〔54〕《韩师训志》记："公讳师训，其先祖考世居雄武人也。"师训祖、考既世居雄武，其葬地或亦在此。

〔55〕 门神状之门卫源于中原，多施于高层墓葬中。较近之例如江苏南京南唐昇元七年（943年）钦陵李昇墓中室北壁两侧各浮雕一武士（南京博物院《南唐二陵发掘报告》，文物出版社，1957年）、

河南巩县北宋咸平元年（998年）李后（真宗生母）陵石门正面阴刻二武士（《宋太宗元德李后陵发掘报告》，刊《华夏考古》1988年3期）。辽墓多见于契丹族墓中，其例如吉林库伦旗辽墓绘于墓门西壁外侧（吉林省博物馆《吉林哲里木盟库伦旗一号辽墓发掘简报》，刊《文物》1973年8期）、辽宁巴林右旗自彦尔登辽墓绘于木门扉上、翁牛特旗解放营子辽墓绘于木椁东南和西南壁上（项春松《辽宁昭乌达地区发现的辽墓绘画资料》，刊《文物》1979年6期）。

〔56〕 马与驼车相对的壁画，亦多施于契丹族的辽墓中，如注〔55〕所举库伦旗辽墓和解放营子辽墓。前者绘于墓道两壁，后者绘于木椁左右壁。亦有绘于甬道两壁者，如内蒙古敖汉旗白塔子辽墓（敖汉旗文化馆《敖汉旗白塔子辽墓》，刊《考古》1978年2期）。

〔57〕 引自注〔42〕之d结语。

〔58〕 引自《张世卿墓志》。

〔59〕〔60〕 引自《张世本墓志》。

〔61〕 引自《张子行墓志》。

〔62〕 参看王国维《金界壕考》，该文收入《观堂集林》卷十五和《中国大百科全书·考古卷》所收李逸友"金代界壕遗迹"条。

〔63〕《金史·卫绍王纪》记"（大安二年，1210年）九月庚子，遣使慰抚宣德行省军士"，知宣德行省之设，当在大安二年九月之前。

〔64〕《圣武亲征录》记："壬申（崇庆元年，1212年）破宣德府，至德兴府失利，引却。四太子也可那颜赤渠驸马率兵尽克德兴境内诸堡而还，金人复收之。"王国维《校注》："案此年事《拉施特书》系之羊年，即辛未（大安三年，1211年）……拉氏书与《秘史》合，《元史》辛未年亦有拔德兴府事，疑此录申年无事，后人割未年末事以补之也。"白按《元史·太祖纪》记："（成吉思汗）六年（辛未，1211年）……八月，帝及金师战于宣平之会河川，败之。九月，拔德兴府，居庸关守将遁去……是冬，驻跸金之北境。""会河川"《金史·卫绍王纪》作"会河堡"："（大安三年，1211年）八月……（平章政事）千家奴、（参知政事）胡沙自抚州退军驻于宣平……九月，千家奴、胡沙败绩于会河堡，居庸关失守。"宣平为宣德州之属县，在州西北，《金史·地理志上》记："北边用兵，尝驻此地。"德兴府即辽之奉圣州，在宣德州东南，成吉思汗败宣平之敌后，必取宣德才能拔德兴府，趋居庸关。《金史》《元史》本纪辛未年未及宣德，盖略之耳。

〔65〕《圣武亲征录》记："癸酉（崇庆二年，1213年），上复破之（宣德），遂进军至怀来。"《元史·太祖纪》记此事六："成吉思汗八年（1213年）……秋七月，克宣德府，遂攻德兴府……拔之，帝进至怀来。"

〔66〕《建炎以来朝野杂记》著者南宋人李心传，该书乙集撰就于嘉定九年（1216年）。心传"有史才，通故实"，诏"许辟官置局，踵修十三朝会要"（引文俱见《宋史·儒林本传》）。《朝野杂记》亦会要体，盖十三朝会要的早期底本。所记蒙古事迹，当出自可靠传闻，其时宋人书北方事，不必有所顾忌，故可视为信史。

本文原刊《文物》1998年1期，第45～63页。2000年秋，在南京图书馆获睹现存宣化最早志书《正德宣府镇志》（明刊本），得悉《嘉靖宣府镇志》多转录此志，因据《正德志》改写文稿的有关内容；所以此次重辑此稿，前两题的部分文字，较原刊多有增删

青州城考略

一 南阳城和明以前的青州城

青州旧有南北两城，中隔南阳河。元益都人于钦撰《齐乘》[1]，该书卷三《郡邑》记南城为府城："俗称南阳城；北城为东阳城，东西长而南北狭。两城相对，抱阳如偃月，因阳以为隍，因其崖以为壁。"此南北两城，据清光绪三十二年（1906年）纂修的《益都县图志》（以下简作《光绪县图志》）卷三所录《城内外坊巷图》，可略窥其方位（图一）。

北城即《水经注》所记的东阳城（图二）。《水经注·淄水》谓该城创于东晋羊穆之："阳水又东径东阳城东南，义熙中（405～418年），晋青州刺史羊穆之筑址，以在阳水之阳，即谓之东阳城，世以浊水为西阳水故也。"南城即南阳城，该城建置不见记载，但《南齐书·刘善明传》谓："（宋）泰始初（465年），徐州刺史薛安都反，青州刺史沈文秀应，时州治东阳城，善明家在郭内，不能自拔。"此位青州郭内的刘善明家故址相传即唐龙兴寺址。《齐乘》卷四《亭馆上》："龙兴寺……《宋碑》[2]云'寺即田文宅'……详考图志[3]，实非孟尝君宅，乃《南史》刘善明宅耳。碑阴金人刻曰'宋元嘉二年（425年）但呼佛堂……唐开元十八年（730年）始号龙兴'[4]。今寺内有饭客鼓架，寺东有淘米涧，《南史》：'刘善明仕宋

图二 北城（东阳城）后营子村地面散布的5世纪陶片和8～9世纪残砖

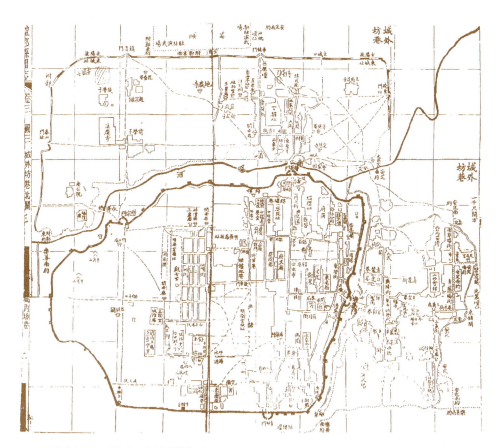

图一　光绪《益都县图志》卷三《城内外坊巷图》

为北海太守，元嘉中（424～453年）青州饥荒，人相食，善明家有积粟，自作馆粥，开仓赈救，乡里皆获全济。百姓呼其家为续命田[5]，图志相传刘善明宅饭客鼓、淘米涧皆当时事[6]，岂善明亦尝事佛，故在宋止呼佛堂，后因舍以为寺。'"如此传闻可信，则南朝刘宋时期即5世纪中叶，东阳城南郊即已建有官宦宅第。《光绪县图志》卷十二《古迹上》据《魏书·侯渊传》"渊劫光州库兵反[7]……夜袭青州南郭，劫前廷尉卿崔光韶以惑人情，攻掠郡县"，考述"东阳（城）南濒阳水，其南郭必在阳水之南，是今之城即魏之郭也矣"。此魏之青州南郭系上沿刘宋之旧，《宋书·沈文秀传》"（泰始）三年（467年）（青州刺史沈）文秀抚御将士，咸为尽力，每与虏战辄摧破之……虏蜀郡公拔式等……十月进攻南郭，文秀使员外散骑侍郎黄弥之等邀击，斩获数千"。其时既有进行攻守的"南郭"，至少应有简单的郭垣，其范围自不当如宋元以来青州南城之宽广，但其后北齐司空公青州刺史临淮王娄定远建南阳寺于此，显然也不是偶然的事。该寺据原立于唐龙兴寺内的《司空公青州刺史临淮王像碑》描述寺周围环境有"左通阛阓"句。阛阓，市肆也[8]，可知立碑之年即北齐武平四年（573年）时，东阳城南郭已形成商贾繁杂之区。唐初"武德四年（621年），置青州总管府"[9]，寻"立都督府，乃命亲王镇之"[10]。"贞观元年（627年），罢都督府"[11]。开天盛世，青州人口已增至四十万，青州北海郡和益都县遂入望郡、望县之列[12]。"至德（756～758年）之后……平卢节度使治青州"[13]。看来，7、8世纪的初盛唐阶段应是青州郭城的扩展时期。开成五年（840年），日僧圆仁入唐，所撰《入唐求法巡礼行记》卷二记有是年三四月间挂锡青州龙兴寺等候公验时，出入州城的情况：

> （三月）廿一日……到青州府龙兴寺宿。寺家具录来由，报州……廿二日，朝衙入州……尚书入球场，不得参见……晚衙时入州，到使衙门……都使出来传语，唤入使宅，尚书传语云：且归寺院，续有处分……廿三日……节度副使差一行官唤入州进奏院斋……廿四日，春节，破阵乐之日，于州内球场设宴；晚头，直岁典座引向新罗院安置。廿五日，为请公验，更修状进尚书……（四月）一日，朝衙得公验……二日，早朝……便入州。奉状谢尚书施物，兼辞尚书……三日，平明发，幕府判官差行官一人送过城门……从寺里过州城。西北去城十里有尧山……出城向北，行廿里到益都县界石羊村陈家餐，主人心平。斋后西北行十五里，到临淄县淄水驿[14]。

从上引圆仁记录得知：圆仁多次去青州州衙，皆云"入州"，最后离青时云"从寺里过州城"，又云"幕府判官差行官一人送过城门"，"出城向北"。上述有关青州城的文字，似可解作：一、"入州"约可与"从寺里过州城"相应，即由寺所在的南郭入州城；二、此州城系指东阳城，因自龙兴寺出城向北，必须经由东阳城也；三、所过之城门，亦应为东阳城北门，因自青州城过益都县界西北去淄水驿（在今淄河店附近），出东阳北门最为捷径。以上试释如无大误，则9世纪中期青州州衙仍在东阳，龙兴寺所在之南郭仍未扩展为青州南城。青州南城见于记载始于10世纪前期。《新五代史·杂传·房知温传》记后唐废帝时（934～936年），知温为平卢节度使"常厚敛其民，积赀钜万，治第青州南城，川入以声妓，游嬉不恤政事"。青州统治者在青州南城治第，说明青州南郭营建为南城，当在后唐废帝之前；另一方面也反映了当时青州南城的繁盛和它的重要性，至少已不下于东阳城。北宋明道二年（1033年），夏竦任青州兼安抚使，撰《青州州学后记》云：宋建"十八路，京东首焉……城阈之大，室居之盛，青复首焉"[15]。强调青州城大民殷，应是包括青州南北两城。故南北两城之间的阳水上，曾屡架桥梁。明道中（1032～1033年），更创建了架木为飞梁的虹桥。北宋青州人王辟之《渑水[16]燕谈录》卷八记其事云："青州城西、南皆山，中贯洋水，限为二城[17]。先时，跨水植柱为桥，每至六、七月间，山水暴涨，水与柱斗，率常坏桥，州以为患。明道中，夏英公（竦）守青，思有以捍之。会得牢城废卒有智思，垒巨石固其岸，取大木数十，相贯架为飞桥，无柱，至今五十余年桥不坏。"[18]其时，青州府治似已移设南城，故《齐乘》卷三《郡邑》引宋曾肇《南洋桥记》云："东阳城，府治之北城也。"[19]至于东阳城即北城之衰落乃至颓废，系由于金人入侵，《齐乘》卷三《郡邑》记："靖康（1126～1127年）兵烬之余，金人止据北城立府，后徙南城，（北城）遂为瓦砾之区耳。"同书、卷又引金李余庆《齐记补》云："天会中（1123～1134年），北城颓废，移州治南阳城（南城）为益都府。"元因府设路，益都路城即宋、金南城，其范围约即明清青州城，唯明初始砌甓甃，与其前仅夯土建城为异。嘉靖四十四年（1565年）所修《青州府志》（以下简作《嘉靖府志》）卷十一《城池》引嘉靖十二年（1533年）兵备签事康天爵《修城记略》记州城沿革云："今城，历唐宋金元率皆覆土，我皇明洪武辛亥（四年，1371年）始加甓甃，南枕山麓，北距河流，雉堞翚飞，楼观云丽，隐然东方一巨镇也。"此明代砌砖州城，清代屡有重修。降及民国已多颓圮。解放以来，城建发展迅速，旧城垣或被拆除，或改筑路基，但仍可依据各种遗迹和残存的片断，大致了解其具体方位。

二 明代青州城内布局的改变

历代沿用旧城，衙署、街道大都仍旧，明初青州因元之旧，亦不例外；唯洪武五年（1372年）诏建齐王府和弘治间（1488～1505年）兴建衡藩府，则对青州城内衙署、坛庙、民居的布局多做改变。

《嘉靖府志》卷八《人事志一·官署》："府治在城东北。古在城西北，即元益都路总管府。国朝洪武五年诏建齐藩，知府张思问移城东南，十四年（1381年），知府周彦皋又移城东北，即今治也。"[20]《嘉靖府志》所谓之今治，即《光绪县图志》卷三《城内坊巷图》中之"府署"（引号内的名称，俱见《光绪县图志·城内坊巷图》，以下同），亦即今青州市人民政府的东部。所谓之古府治，即指元益都路总管府和建齐藩以前的明青州府治。永乐四年（1406年）藩废国除[21]，"景泰二年（1451年）六月丙子，青州废齐府火"（《明史·五行志二》），《嘉靖府志》卷七《地理志二·古迹》引嘉靖初府同知齐之鸾[22]《咏齐府》有"齐王宫殿黍离离""烟云蒿草卧苍螭""表东处北皆陈迹"等句，知当时齐宫已沦为废墟，故嘉靖末年修《府志》谓"齐废城……颓垣尚存"。此经火后，嘉靖时犹可窥见之苍螭、颓垣等齐府陈迹，现已早无踪迹。

明制亲王府，内建宫城，外建王城。

建在元益都路总管府旧址的齐藩城系齐宫城。《明会典工部·营造·亲王府》制"明祖训：凡诸王宫室并依已定格式起盖，不许犯分……（洪武）十一年（1378年）定亲王宫城周围三里三百九步五寸，东西一百五十丈二寸五分，南北一百九十七丈二寸五分"。准此规定数字与《光绪县图志》卷三《城内坊巷图》中绘出的有关遗迹相比较，大体可推知齐宫城范围。宫城西迄"淘米涧"东侧的"明齐宫墙址"，东迄"将军巷"和"房宅"以西的"明齐藩故址"。北面临街，即今范公亭西路。路南暴露的夯土墙基，约即齐藩宫城北墙遗址（图三）。南面则约在今中心医院北墙外的东西街一线附近（图四）。

图三　齐藩宫城北墙东段遗迹

青州城考略　157

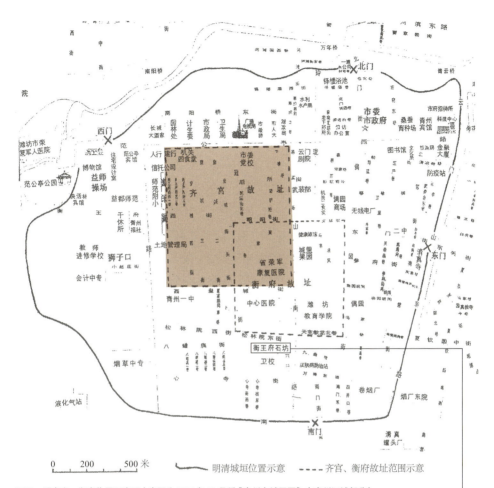

图四　明齐宫、衡府位置示意图（底图为1991年10月版《青州市城区图》中青州旧城部分）

图五　衡王府前石牌坊

有关齐藩王城的记录较宫城为少,《明会典》又是只有城高濠阔的尺寸:"洪武四年(1371年)议定。凡王城高二丈九尺,下阔六丈,上阔二丈。女墙高五尺五寸。城河阔十五丈,深三丈。"未记周围数字。但《会典》记有同时议定的"立社稷、山川坛于王城内之西南,宗庙于王城内之东南"[23]之规则。齐藩社稷、山川坛的位置,见《嘉靖府志》卷十《祀典、祠庙》:"社稷坛旧在城西五里,国初徙齐府城内,以宋矮松园为之,即今松林书院是也[24]。逮齐庶人国除,永乐五年(1407年)知府赵麟复移城外。""风云雷电山川坛旧在城南三里,国初徙齐国城内社稷坛右,国除,知府赵麟于永乐五年移置城外。"按《光绪县图志》卷三《城内坊巷图》,知"松林书院,今中学堂",其地在"松竹院街"西端北侧,因可推知王城南垣当在青州城南门(阜财门)内,今潍坊教育学院与卫校之间的东西街附近。嘉靖十二年(1533年)所修《山东通志》(以下简作《嘉靖通志》)卷十八《祠祀》:青州府"城隍庙一在西门外;一在城西隅,改齐藩旧坛为之"。《光绪县图志》卷三《城内坊巷图》绘此城西隅城隍庙于"白衣巷街"西口外。又《明会典》记录弘治八年(1495年)王府制中列世子府于王府仪仗库与典膳所之间云:"世子府一所,正房三间,后房五间,厢房十六间。"此制如系上承明初制度,则据《嘉靖府志》卷十《祀典、祠庙》所载:"城隍庙……其一在城内,即孟尝君故第……国朝洪武元年(1368年)改(龙兴寺为)城隍庙[25],八年(1375年)知州张思问因建齐藩,以其地为世子府,后徙庙于西门外洋河北岸。"依上两项所记城内城隍庙的位置,可知王城西面已逾渼米涧以西。王城北面当在宫城之北,《嘉靖府志》卷九《人事志二·学校》记:"府儒学旧在府治西北,国朝洪武四年(1371年)诏建齐藩,知府李仁徙建西南。"此在府治西北的旧儒学,其位置应近青州北门(瞻辰门)。齐王府并城筑苑墙,内通王城北门(广智门),使守吏不得登城夜巡。事见《明史·太祖诸子·齐王榑传》:"(榑)辄用护卫兵守青州城,并城筑苑墙,断往来,守吏不得登城夜巡。"《太宗实录》卷四十六录有永乐赐齐王书"[永乐三年(1405年)九月]戊午,赐齐王榑书曰:国家旧制,王府护卫官军止守王城。今闻青州城北门守以护卫之人,内通广智门[26],外接花园,筑墙横截,使城守者不得登城夜巡,此何为者……"[27]可证王城北门邻近青州北门。根据王城北门邻近青州北门,可推知王城东面约在今玲珑山南路北段附近(见图四)。

齐藩国除九十四年之后,"衡恭王祐楎,宪宗第七子,弘治十二年(1499年)之藩青州"(《明史·宪宗诸子·衡王祐楎传》)。衡王府第非袭齐藩旧址。

《光绪县图志》卷十二《古迹志上》："衡王宫在府治西南，明宪宗子祐楎故第遗址仅存。"据王士禛《池北偶谈》卷廿二"故藩址"条："衡藩故宫，乱后尚存望春楼及流觞曲池，上有偃盖松，盖数百年古物。予顺治丙申（十三年，1656年）饮于此。甘橘绣球尚有数十株。后丙午、丁未间（康熙五、六年，1666~1667年），周中丞有德另建抚署，乃即（济南）德藩[28]废宫故址，移衡藩木石以构之。落成，壮丽甚；衡藩废宫鞠为茂草矣。"知衡府废于清初[29]。今则清府治西南高楼林立，蔚成闹市，光绪时之"遗址仅存"者，只余府前两座石牌坊尚保存原地（图五）[30]。所幸《嘉靖府志》卷一《青州府治图》绘出"衡府"大概位置（图六）；府北门——"后宰门"、府东门——"东华门"还可据现存地名和《咸丰青州府志》（以下简作《咸丰府志》）卷一《青州府益都县城图》（图七）、《光绪县图志》卷三《城内坊巷图》中所示的方位，予以推测。现以作为衡府中轴线上的两座石牌坊为准，参考东华门的位置，可推知与其相对的西华门的所在，是衡府东界当在今偶园街之西，西界则在《咸丰府志·县城图》所绘"官街"，即今冠街之东，而偶园街和冠街约是

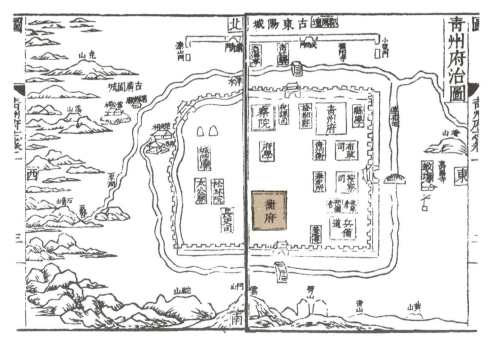

图六　嘉靖《青州府志》卷一《青州府治图》

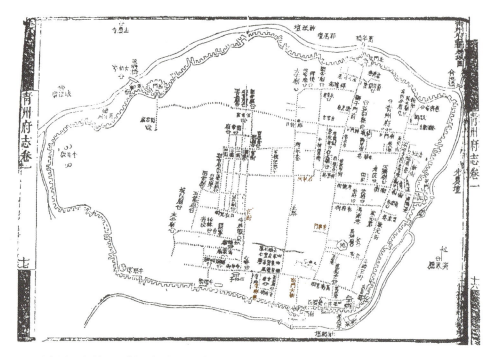

图七 《咸丰青州府志》卷一《青州府益都县城图》

衡府的东西界。后宰门适与石牌坊相直,衡府北垣应即在今南阳街、玲珑山南路中段东折和文庙街相接的位置。石牌坊两侧南迄南门(阜财门)大街北端之东西横街,约即衡府之南界;衡府南垣则当在石牌坊之北,松林院东街、天主教堂北巷一线,其南有统司衡府护卫之"守府",故遗有"守府街""守府巷"等地名。以上推测衡府位置在齐藩旧址东南,其西北部分大体与齐宫的东南部相叠压。衡府范围较上面推测的齐藩王城为小(见图四)。

齐城衡府在青州城内所据的位置,颇与位于湖南长沙城中间的潭王府[太祖第八子梓,洪武三年(1370年)册封]和在潭王府方位兴建的吉王府[英宗第七子见浚,成化十四年(1478年)就藩]相似(图八)[31]。至于齐城衡府附近的衙署、街道等布局,可参照现存遗迹较清楚的位于陕西西安城东北侧的洪武九年(1376年)建成、十一年(1378年)洪武第二子秦王樉就藩的秦王府(图九)做进一步的考虑[32]。

齐藩兴建于宋以来青州城的中西部,故《光绪县图志》卷六《大事志下》谓明初"拓地建齐藩……此城官廨、庙宇大半移建,宋元以来故址遂堙"。明中叶建

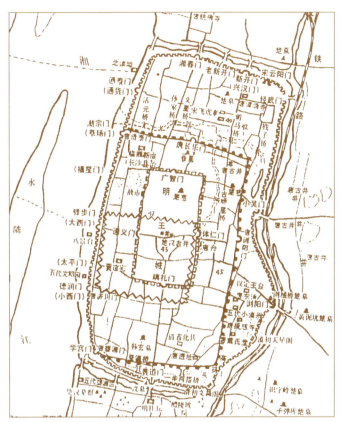

图八 《湘城沧桑之变》卷首《长沙古代城域变化示意图》

衡府，更殃及青州城南门内广大民居。因此，欲进一步探索明以前的青州城内布局，除今后注意配合城内建设进行考古发掘外，单就地面现存情况研讨分析，恐已难为功了。

注释

〔1〕《齐乘》多记至元、大德迄延祐初事。最迟的纪事是延祐三年（1316年），如卷三《郡邑》记"延祐三年，增置蒙阴县"事，又如卷六《人物》记"杨宏道……延祐三年，赠文节。"因可推知于钦撰就是书应在顺帝之前。后至元五年（1339年）冬十月，苏天爵序此书云："（钦）即卒，其家萧然，独遗是书于其子潜。余官维扬，始得阅之。"后至元五年是顺帝即位的第七年。按天爵官维扬亦在后至元五年，寻即"入为枢密，除判官。明年（后至元六年）改吏部尚书……"见《元史》本传。

〔2〕于氏所据《宋碑》已佚。

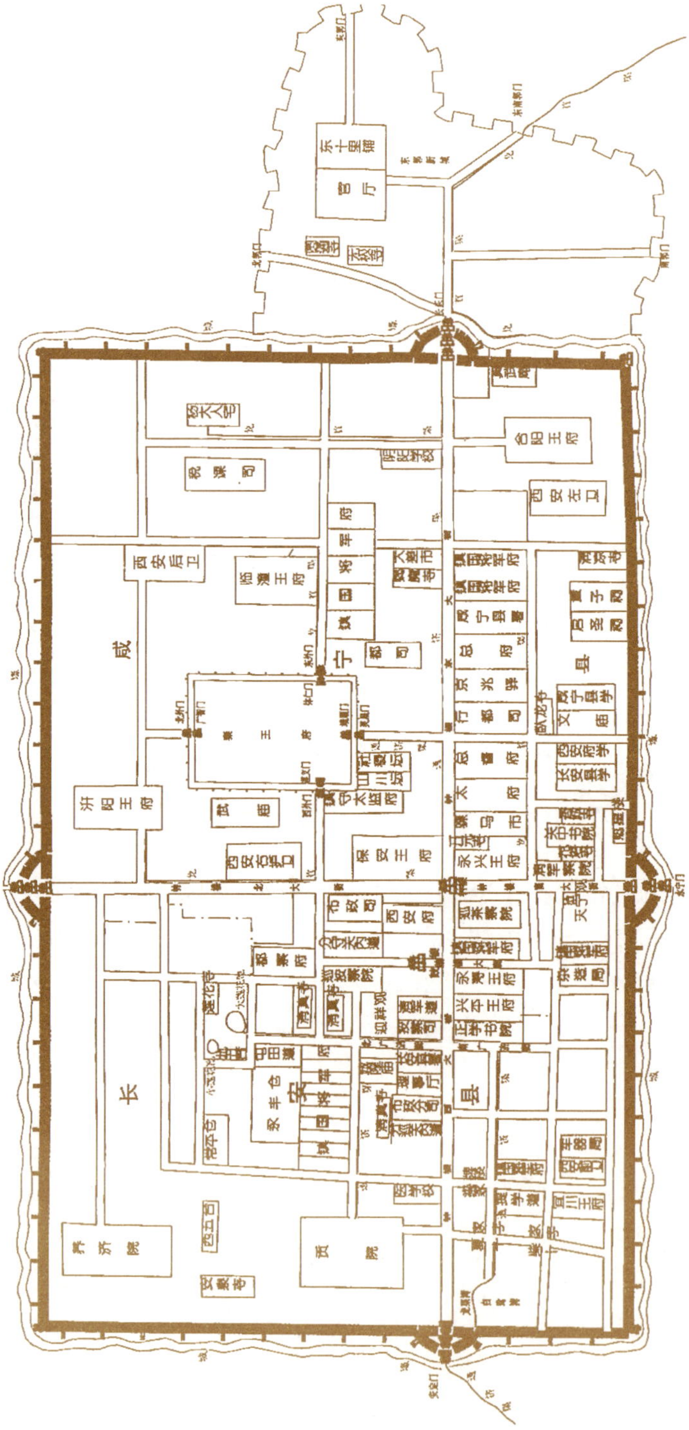

图九 《中国文物地图集·陕西分册·明西安府城图》

〔3〕 于氏所据的图志已不存。
〔4〕 金人所刻碑阴,即前引之《宋碑》碑阴。
〔5〕《齐乘》引《南史·刘善明传》文多讹误。兹据商务印书馆百衲本《南史》校字如下:"仕宋为北海太守",百衲作"仕宋为齐、北海二郡太守";"元嘉中"作"元嘉末";"自作馆粥,开仓赈救乡里皆获全济"作"躬食馆粥,开仓以救乡里多获全济";"百姓呼其家为续命田"作"百姓呼其家田为续命田"。
〔6〕 参看注〔3〕。
〔7〕《魏书·孝静纪》:"〔天平二年(535年)〕夏四月,前青州刺史侯渊反,攻掠青齐。癸未,济州刺史蔡隽讨平之。"
〔8〕"左通阛阓"指青州东侧为市肆。此碑现存,已列入全国重点文物保护单位。参见拙作《青州龙兴寺窖藏所出佛像的几个问题》,《文物》1999年10期。并见本《辑丛》二《宗教遗迹》、《嘉靖山东通志》卷二十"寺观·弥陀寺"条、《嘉靖青州府志》卷十一"寺观·弥陀寺"条、《金石萃编》卷三十五、《益都金石记》卷一俱有全文录文。
〔9〕 引自《旧唐书·地理志一·河南道》。
〔10〕 引自《通典·州郡十·古青州·风俗》。
〔11〕 参看注〔9〕。
〔12〕 据《元和郡县图志·河南道》、《新唐书·地理志二·河南道》。
〔13〕 参看注〔9〕。《新唐书·侯希逸传》:"(平卢节度使侯希逸)为奚侵掠,乃拔其军二万浮海入青州,据之……肃宗因以希逸为平卢淄青节度使,自是淄青常以平卢冠使。"
〔14〕 引文据白化文等《入唐求法巡礼行记校注》。
〔15〕 引自夏竦《文庄集》卷二十一。夏竦,明道二年(1033年)"徙青州兼安抚使,逾年,罢安抚,迁刑部尚书,徙应天府"。见《宋史》本传。
〔16〕《太平寰宇记》卷十八《河南道青州益都县》:"渑水一名阳水。《风俗通》云:羸马不渡渑水,言渑水之急也。"
〔17〕 宋时青州中贯洋水,又见《欧阳文忠公集·居士集》卷十四所录《表海亭》诗"苦寒冰合分流水"句下附注:"南洋、北洋河也,一在州中,一在城外。"在州中者,即位于南北两城之间的南阳水。欧阳修,熙宁元年(1068年)八月知青州,五年(1072年)七月改知蔡州。见《欧阳文忠公集》卷首所录胡柯《庐陵欧阳文忠公年谱》。
〔18〕《宋史·王居卿传》谓飞桥建于熙宁中(1068~1077年),居卿任京东转运使时:"青州河贯城中,苦泛滥为病,居卿即城立飞梁,上设楼橹,下建门,以时开启,人诵其智。"
〔19〕《嘉靖通志》卷二十二《古迹》记:"《南洋桥碑》在府城北门外,宋曾肇撰,米芾书。"曾肇,巩弟。元祐间(1086~1094年)曾知齐州,《宋史》有传。
〔20〕 与府治同自城西北迁出的,还有益都县治。《嘉靖府志》卷八《人事志一·官署》记:"益都县治附郭,旧在城西北,洪武八年(1375年)移西南。十四年(1381年)移东北。"按此旧县治亦仍元之旧,见《齐乘》卷三《郡邑》:"益都县倚郭……初从北门外为治所,所移府城。"
〔21〕《明史·太宗诸子·齐王榑传》:"(永乐四年,1406年),臣劾榑罪……是年八月,召其子至京师,并废为庶人。"
〔22〕《嘉靖府志》卷三《职官表》列嘉靖元年迄三年(1522~1524年)间,"同知齐之鸾,彭城人,

进士"。

[23]《明会典·礼部·王国礼·祭祀》:"明祖训,凡王国宫城外,立宗庙社稷等坛。宗庙立于王宫门左,与朝廷太庙位置同。社稷立于王宫门右,与朝廷大社位置同。风云雷雨山川神仙坛立于社稷坛西,旗纛庙立于风云雷雨山川神仙坛西。"

[24]《嘉靖府志》卷九《人事志二·学校》:"松林书院在府治西南。宋王文正公(曾)读书处,名矮松园。"王曾"青州益都人。少孤,鞠于仲父宗元,从学于里人张震,善为文辞。咸平中(998~1003年),由乡贡试礼部,廷对皆第一"。见《宋史》本传。

[25]此城隍庙,《齐乘》卷四《亭馆上》谓在"龙兴寺东"。《嘉靖府志》卷七《古迹》谓"龙兴寺,今城隍庙即其址"。《光绪县图志》卷十三《营建志上·坛庙》记:"城隍庙旧在城西北隅,龙兴寺东。明洪武初,拓地建齐藩,知府张思问移庙于西门外,阳水北岸。"看来,寺与庙毗连,庙或后建,截占原龙兴寺之东部地欤!

[26]《明会典·工部·营造·亲王府制》:"(洪武)七年(1374年)定亲王四城门,南曰端礼,北曰广智,东曰体仁,西曰遵义。"

[27]洪武五年(1372年)诏建齐王城于青州城中部之后,似又于青州北城——东阳城另建齐藩王城。事见《嘉靖通志》卷二"城池·青州府城"条:"(洪武)十一年(1378年),都指挥叶大修东阳废城,与今城相合。门皆砖甃,雄壮□巧,东曰小东,西曰泰山,北曰广固,南曰镇青。工未及

图十 传衡王府草书
"寿"字石

完，以齐藩国除而止。"同书卷廿二"古迹东阳城"条亦云："东阳城在府城北，国朝洪武间，因建齐藩，遂即故址修筑王城，寻以国除而止。"《明史》所记王府并城筑苑墙，断往来，或与此新王城有关。

〔28〕德藩"见濬，英宗第二子……初国德州，改济南。成化三年（1467年）就藩"。见《明史·英宗诸子·德庄王传》。

〔29〕《光绪县图志》卷六《大事志下》："顺治二年（1645年）秋，故明衡王朱由椵入觐。三年（1646年）夏五月，衡王世子与其宗鲁王、荆王谋反，皆伏诛。"衡府遂废。衡宫旧物除移济南抚署外，清初重臣青州人冯溥亦移花石建偶园。北京大学图书馆藏抄本《明衡藩录》引《青社遗闻》云："郡城内冯文毅公偶园山石皆衡宫假山园旧物，见李南宫《涛轩诗草》、孙文澜《观亭考》。"偶园在南门大街即今偶园街路东，与街西衡府故址隔街为邻，现为偶园公园。清迄民国一直为冯家世守，解放以后收归市有。园内玲珑软石，传为衡宫旧物，形状类福、寿、康、宁草体字之四石最奇（图十）。青州出珍石，宋时即闻名。南宋初杜绾撰《云林石谱》卷上著录青州石云："青州石产土中，大者数尺，小亦尺余。或大如拳，细碎磊块皆成物状。在穴中性颇软，见风即劲，凡采之易脆，不可胜举。其质玲珑，窍眼百倍于他石，石眼中分为软土充塞，徐以竹枝洗涤净尽，宛转通透，无峰峦峭拔势。石色带紫。微燥，扣之无声。土人以石药粘缀四面，取巧像云气、杭木、怪石欹侧之状。"

〔30〕两座石牌坊正额正背面皆刻有四字榜书。南坊正额正面刻"乐善道风"，背面刻"象贤永誉"。北坊正面刻"孝友宽仁"，背面刻"大雅不群"。

〔31〕参看黄纲正等《湘城沧桑之变》卷首所附《长沙古代城域变化示意图》和该书第五章《宋元明时期：古城格局的确定与城市的发展》，1996年。

〔32〕参看武伯纶《西安历史述略》第七章《长安城的重建和西安名称的出现》，1979年。《中国文物地图集·陕西分册》"重点文物图·西安城墙"条所附《明西安府城图》，1998年。

本文原刊《文物》1999年8期，第47～56页

太原北齐娄叡墓参观记

1981年5月，承山西省考古研究所的款待，参观了正在清理的位于太原市南郊王郭村的北齐武平元年（570年）娄叡墓[1]。此墓规模巨大。壁画内容丰富、绘艺精妙，还出土大批制作精致的陶俑、黄釉陶器和字迹清晰的"齐故假黄钺右丞相东安娄王墓志"一合，是一座保存完好、遗迹史料价值颇高的北朝大型墓葬。现应山西同志和《文物》月刊编辑部之约，谨就仓促间的参观记录，对上述各项略陈管见。

一

近年在北齐邺都附近和邻近北都太原的区域，发现了好多座北齐墓葬，其中几座大型墓的形制颇为相似，但在规模上却有显著的差异。娄叡墓的发现，使这种既相似又差异的情况，更加清楚并可以系统化了。现选三座墓例，和娄叡墓一起列附表以资对比（表一）。

表中所列四例，它们主要的相似点是：墓室都是平面作弧方形的砖砌单室；墓室前方都设置石门，又都出土70厘米以上见方的大型墓志，这些可以说明四例墓主人身份的相近。从他们的官职上看，韩裔最高官阶是从一品的封爵——高密郡开国公，厍狄回洛、娄叡、高润最高官阶都是正一品。四例间的相互差异表现在：

（一）韩裔与厍狄、娄、高差异较多。韩墓墓室尺寸在5米见方以下，墓室内不设帷帐，全墓无壁画；厍狄、娄、高三墓墓室尺寸皆在5米见方以上，墓室内原皆张设帷帐，并皆绘有壁画。看来，同属一品官阶，从、正之间在墓葬规格上还是有较多的差异的。

表一

		天统三年（567年）祁县韩裔墓	河清元年（562年）寿阳库狄回洛墓	武平元年（570年）太原娄叡墓	武平七年（576年）磁县高润墓
墓主人官职		特进，使持节青州诸军事，骠骑大将军，青州刺史，高密郡开国公。"赠使持节瀛沧幽三州诸军事，中书监，三州刺史"	"赠使持节都督瀛济恒朔云六州诸军事，定州刺史，太尉公，（顺阳郡）王如故"	"赠假黄钺，右丞相，大宰，大傅，使持节都督齐济幽沧朔云朔州诸军事，朔州刺史，开国王（东安王）如故，谥恭武王"	"神武皇帝之第十四子，文宣、孝昭、武成四帝之爱弟，皇帝之季父……赠侍中，使持节假黄钺，都督沧瀛赵幽安平常营朔肆十二州诸军事，太师，录尚书事，左丞相，太尉，冀州刺史，吕爵如故（冯翊郡王），谥曰文昭"
墓室	结构平面	单室砖砌，弧方形	单室砖砌，弧方形	单室砖砌，弧方形	单室砖砌，弧方形
	长宽	约4.5米见方	5.44×5.42米	5.7×5.63米	6.45×6.4米
	室内主要布局	"古墓曾经被盗……许多文物大部都散佚在墓室的南半部" "墓志和墓志盖各一方，置于墓室的中部" "墓室的东部……等处有三块残破不堪的棺木朽料。无棺床，亦未出现帷帐石跗	"木椁和木棺……位在墓室的中部"。无棺床。墓志置于椁东南面的中部"。"石柱础四件，位于椁室东西两部……排列应是帷帐柱的跗石"。此四础应是帷帐柱成方形的跗石	墓室西部置棺椁，砖棺床，置于椁东南面。墓茔东部原张帷帐，现存帐柱跗石四，跗石前面各置石狮一件	"此墓早期被盗"，"墓椁早已不存"。"墓底西部铺……青石或砂石板六十三块，皆作方形，似为棺合（床）"。石棺合（床）之南面和后方，件出棺合左侧可放置四件，其一佚），"石狮鼻有铁圆……高30厘米，疑是牵拉帐篷用品"
	墓门设置	设石门。门额正中雕刻兽头	设石门。"朱雀彩云一幅，绘在门楣正面"，"白虎禅云……"，"画在右扇门板上"，"青龙壁画一幅，画在左扇门板上"	设石门。门楣正中画一朱雀，两侧各绘一朵神。右门扇绘青龙，左门扇绘画卷草、摩尼	设石门。原施彩画与否不详

续表

		天统三年（567年）祁县韩裔墓	河清元年（562年）寿阳厍狄回洛墓	武平元年（570年）太原娄叡墓	武平七年（576年）磁县高润墓
壁画	墓道	无壁画	无壁画	左壁画出行队伍三栏，右壁画归来队伍三栏	"两壁上沿绘有忍冬莲花等纹样"，其下由于未将墓道清理到底，壁画内容不详
	甬道	无壁画	左右壁各画侍卫四人	左壁上栏外绘怪兽卷云气，下栏绘门卫五人。左壁上栏画莲花卷草，右壁多剥毁，内容略同左壁。后壁上方画流云、摩尼	"甬道之两壁及顶部抹白灰，有彩绘"，内容不详
	墓室	无壁画	"四壁满涂赭红的泥皮装饰"，西壁上"发现一方呈灰白色十字形的图案"	后壁上栏画十二组（存鼠、牛）；下栏画墓主人坐帐内，壁上栏已剥毁，下栏画树下侍卫。左壁上栏画十二时三组（存虎、兔），前有羽人引导，下栏画伞盖鞍马和侍卫。右壁上、中两栏已剥毁，下栏画牛车、侍卫。左右壁内隅各画击连鼓的雷公一。顶绘天象	后壁绘墓主人坐帐内，两侧有执伞盖的侍卫。左壁画牛（?）车、车前有侍者，车后列执从二人。"南（前）壁残存侍从一人。"壁画面都模糊不清（?）。室顶画天象
资料来源		陶正刚《山西祁县白圭北齐韩裔墓》，刊《文物》1975年第4期	王克林《北齐库狄回洛墓》，刊《考古学报》1979年第3期	据参观记录	磁县文化局《河北磁县北齐高润墓》，汤池《北齐高润壁画墓简介》，刊《考古》1979年第3期

（二）厍狄与娄、高也有一定的差异。厍狄与娄墓室尺寸在 6 米见方以下，而娄墓室略大；高墓室则在 6 米见方以上。厍狄墓帷帐柱跌不附狮饰，壁画简略，墓道无壁画，墓室壁面大部分只涂饰赭红色；而娄、高两墓帷帐跌石雕有狮饰，全墓满饰壁画。厍狄、娄、高虽都有郡王封爵，但娄、高都位跻三师，并有假黄钺左右丞相之赠，在追赠都督诸州诸军事一职的州数，娄、高两人也比厍狄为多。因此，娄、高两墓规格较厍狄为高，应非偶然。

（三）娄、高两墓也有区别。高墓除墓室尺寸比娄墓为大外，有娄墓所无的棺床，狮跌形制也与娄墓不同，说明原设帷帐与娄墓有异。高墓壁画不作分栏布局，壁画中成组的执扇盖侍卫也较娄墓为多。娄叡虽是北齐显戚，但不能和皇帝近支的高润相比，所以在追赠的官职上，高润左丞相、都督十二州诸军事都高于娄叡的右丞相、都督十州诸军事，因此墓室中也出现了不同的安排。

北齐最高官阶内，依然高下有别，等级森严，我们从上述墓葬的差异中，有了较为具体的了解。从娄叡墓的发现，我们获得了解这个问题的关键性资料。北齐因袭后魏制度，隋唐又多采北齐之法。事实上，从北魏迄盛唐，中原地区的大型墓葬，确实一直流行弧方形的砖砌单室、设置石门、墓志以及装饰壁画等做法。因此，整理分析北齐大型墓葬的等级规格，其意义就不仅限于研讨北齐的问题了。

二

娄叡墓壁画大部完整，剥毁漫漶处也可以据现存部分推测其原来内容。娄墓壁画依绘画的位置似可考虑区分为三个部分。

（一）墓道两壁　各绘三栏出行与归来队伍。下栏绘诞马、吹角和佩马囊箭袋的侍卫。中栏多成组骑卫。上栏有骑卫，更多的是负物驼队和马群，最前绘奔犬。三栏行列远近有序，应是当时鲜卑贵盛外出与归来时从行部众的写照。上栏骑卫中有着圆领窄袖衫的女骑。妇女男装的图像，以见于此墓壁画者为最早，这当是出自北方少数民族的风习。出行与归来的题材，同时并列于墓道壁画，不见于以后的隋唐墓葬，但出现在辽宁法库叶茂台辽萧义墓[2]和吉林（今已改归内蒙古）库伦旗一号辽墓[3]中。娄叡墓和一些辽墓题材相同，是偶然的事呢，还是反映了北方民族对墓葬的某些共同的看法呢？这是值得注意的。

(二）甬道和天井壁画　各分两栏：上栏绘神兽、云气、摩尼、散花，大约是表现天空；下栏绘拄有班剑仪刀的武士，应是墓主人的门卫。上栏壁画中的摩尼、散花都是佛教艺术中常见的画题，这有可能反映墓主人是一个佛教信徒。当时北齐境内"一心奉佛，国无两事"[4]，娄叡先为僧稠创开归戒于大冥山，大兴佛教于定州[5]，后奉灵裕为戒师，旋建宝山寺[6]，竖华严经碑[7]。僧稠、灵裕都是北齐高僧，娄叡奉之甚谨，可证娄叡也是崇倡佛教的北齐上层统治阶级人物中一重要成员。因此，其墓壁画杂有佛教艺术内容，就不是难以理解的事了。

（三）墓室壁画　墓室四壁分二或三栏，其内容与甬道和天井壁画相似，即下栏绘人间事物，中、上栏绘天上情景。前壁下栏绘树下侍卫，后壁下栏绘墓主人坐帷帐内，左、右壁下栏描绘为墓主人出行所准备的鞍马、牛车。左、右壁中栏画羽人前导、仙人乘龙虎奔驰于云中（右壁中栏已剥毁，乘虎形象已不存），作升天之象和雷公击连鼓之图。四壁上栏按子午方位画兽形十二时。十二时的上方即墓室顶部，画天象。天象、雷公与升天龙、虎和墓主人坐于帷帐中，都早见于汉、魏墓，龙、虎增绘仙人、羽人和鞍马、牛车也多见于南朝和北魏墓。娄叡墓室壁画较特殊的是四壁上栏所绘的十二时。十二时出现在墓室上部或中部壁画，就已知情况，皆作陶或木所制的立体形象安置于特设的小龛之中，其最早之例是湖北武昌，湖南长沙、湘阴，四川万县等地发现的隋唐墓[8]，后来的南京南唐二陵[9]亦沿此制。至于图绘十二时于墓壁上方，娄叡墓外，似仅见于辽墓，如近年北京八宝山发现的描绘十二时于墓室穹顶下部的辽墓[10]。以上诸例，十二时的形象，或作兽首人身；或作兽形被身着朝服的官员捧持于怀中或顶戴于冠上；只作简单兽形的，娄叡墓目前尚是孤例。饶有兴趣的是，类似娄叡墓布置的十二时图画，曾发现在日本奈良正仓院所藏的布幕上。该布幕系日本圣武天皇遗物，天皇故后，其妻藤原氏奉献于东大寺卢舍那佛。已故日本东京大学教授原田淑人有文考述此事，略云：正仓院藏布幕二，奈良朝物，麻布彩绘十二辰，残存龙尾、鸡头、犬足、猪尻和云气。此幕原应横悬于宫殿檐下，约为圣武天皇葬仪所使用者。天皇即位时，亦用此类横幕，《有职闻书》[野宫定基（1669~1711年）撰，记录有关朝章问答之著]引经信卿记平安朝后三条天皇即位时的仪式云："治历四年（1068年）……御即位也……厅南檐悬十二辰帽额。"知此物名帽额。唐姚汝能《安禄山事迹》卷上记安禄山帐具中有"夹缬罗项额织成帘二领"，是此物唐名项额[11]。按圣武天皇卒年即唐玄宗天宝末年（756年），圣武天皇葬仪当仿唐制，十二辰帽额之设，亦应源于中土。娄叡墓壁上方绘制之十二时,大约即是此物。不过十二辰帽额一词不见我国文献,我国历代仪制记录上也未记此事。日本遗物、旧闻,可补我国记载,此亦一佳例也。

娄叡墓壁画的重要,不仅因为它的内容丰富,也还因为它具有高超的艺术水平。以墓道所绘出行、归来两长幅言,其题材主要是鞍马人物,布局紧凑,既分组清楚,又相互呼应;造型准确,既姿态各异,又情趣一致。劲毫雄健,生气盎然,真所谓妙得精神,笔迹磊落恣意于墙壁的巨制。娄叡,高欢妻娄后兄壮之子,与北齐文襄(高澄)、文宣(高洋)、孝昭(高演)、武成(高湛)四帝为姑表兄弟,与北齐显戚窦、段两家亦为姑表亲,孝昭、武成两帝又为娄后所立,所以终北齐一代,外戚贵幸,娄氏居首。因此,我们猜测娄叡墓壁画有可能出自宫廷画家之手。北齐宫廷画家,杨子华"鞍马人物为胜"[12],唐阎立本曾誉之曰:"自象人已来,曲尽其妙,简易标美,多不可减,少不可逾,其唯子华乎。"张彦远又记:"杨子华,世祖时任直阁将军员外散骑常侍,尝画马于壁,夜听啼啮长鸣,如索水草……世祖重之,使居禁中,天下号为画圣。非有诏不得与外人画。"[13]北齐世祖即武成帝高湛。娄叡卒于高湛死后六年,其时高湛子后主高纬当政。按娄叡进位三公三师,即在武成、后主之世,叡晚年益得皇室重视可以推知。因此,此墓壁画或得诏特许杨子华挥毫,也非不可能的事。因献此疑,谨供画史家参考。

三

娄叡墓随葬品以陶俑和低温黄釉陶器为大宗。陶俑主要分布在墓室南部偏东,即原张帷帐位置的前方,以及甬道、墓道内。其种类、造型与韩裔、库狄回洛、高润三墓陶俑相似。看来,有别于北魏的北齐陶俑,这时已趋定型。其标准式样,从磁县高润墓陶俑更为精致来推断,大约出自当时的邺都附近。如往上溯,近似北齐的陶俑,已开始于东魏,磁县武定五年(547年)东魏散骑常侍尧荣妻西荆南阳郡君赵胡仁墓所出陶俑,可为佐证[14]。

娄叡墓室东北隅即原帷帐位置的后方,布置一大批淡黄釉有光泽的低温烧制的铅釉陶器,其造型、装饰和胎釉成分都和韩裔、库狄回洛两墓所出同类器物相似。祁县、寿阳皆距太原不远,估计这种铅釉陶器的产地,应在北齐北都附近。南北朝晚期，南北都在大型青瓷器上成功地烧制出贴花装饰，这种复杂而新颖的装饰技法也在这类淡黄釉陶器上出现了，而且发展很快。562 年的库狄回洛墓只出有一件莲花宝相尊，570 年的娄叡墓则出土了多件贴花陶瓶、陶灯和鸡首螭把四耳陶壶。数量、器类都增加了，贴花的内容也多样化了。贴花装饰是模仿金银器上的锤鍱花纹，而具有锤鍱花纹装饰的金银器当时流行于葱岭以西。北齐上层重视西域商胡和伎乐，武成、后主时，粟特诸胡尤为亲要。于是，西方器玩风靡关东，库狄回洛墓的舞蹈胡俑、宝珠形玻璃饰件和雕狮玛瑙带饰，娄叡墓的一批贴花黄釉陶器，都是在这种历史背景下出现的。

娄叡墓志一合，置墓室南部偏西，即棺椁前方。志石约 80 厘米见方，尺寸与韩裔、库狄回洛两志相近。志文记娄叡官职经历较《北史》本传所记为详，但多缺具体时间，可据《北齐书》、《北史》本纪和《通鉴》补足。志记叡"武平元年（570 年）二月三日薨于位……以其年五月八日窆于旧茔"。因知今太原市南郊王郭村为娄氏旧茔所在。娄氏原作匹娄氏，系代郡旧族。叡叔娄昭，魏时以军功封濮阳郡公，后转迁司徒，出为定州刺史，齐受禅，封太原王，并追封昭父内干为太原王，事见《北史·娄昭传》。昭，梁太清二年［即北齐武定六年（548 年）］九月卒，见《通鉴》卷一六一。《北史·娄昭传附兄子叡传》记："父拔，魏南部尚书。叡幼孤，被叔父昭所养。"知叡父卒年更早。叡志既云"窆于旧茔"，可以推测今王郭村娄氏墓地不自叡始，其祖和其父辈有可能都葬于此，至少齐建国前不久去世，建国后又被追封为太原王的娄昭，应瘗此茔地。这一点，请山西同志实测娄叡墓外地形图时多加注意。

注释

〔1〕 娄叡墓 1951 年即被发现，有人自墓顶下窥。见墓室左右壁画绘青龙、白虎（右壁白虎壁画现已不存）。不久，中央文化部文物局派谢元璐同志前往视察，以墓内积水甚深，清理工程较大，因暂封存。谢据明以来纂修的有关方志所记"斛律金墓，（在）太原县西南十五里"（《嘉庆大清一统志·山西太原府》），推定此墓为北齐斛律金墓。此次清理，获娄叡墓志，始正方志之误。

〔2〕 辽宁省博物馆文物工作队《概述辽宁省考古新收获》，刊《文物考古工作三十年：1949~1979》，文物出版社，1979 年。

〔3〕 吉林省博物馆等《吉林哲里木盟库伦旗一号辽墓发掘简报》，刊《文物》1973 年 8 期。

〔4〕《续高僧传·齐逸沙门释昙显传》。

〔5〕《续高僧传·齐邺西龙山云门寺释僧稠传》。
〔6〕《续高僧传·隋相州演空寺释灵裕传》。
〔7〕《八琼室金石补正》卷二十一,《司徒公娄叡华严经碑》。
〔8〕湖北省文物管理委员会《武汉市郊周家大湾 241 号隋墓清理简报》,刊《考古通讯》1957 年 6 期;湖南省博物馆《湖南长沙咸嘉湖唐墓发掘简报》,刊《考古》1980 年 6 期;熊传新《湖南湘阴县隋大业六年墓》,《文物》1981 年 4 期;四川省博物馆《四川万县唐墓》,刊《考古学报》1980 年 4 期。
〔9〕南京博物院《南唐二陵发掘报告》,文物出版社,1957 年。
〔10〕北京市文物工作队《北京西郊辽壁画墓发掘》,刊《北京文物与考古》1983 年。
〔11〕《正倉院の布幕》,刊《考古学杂志》36 卷 2 号,1950 年 7 月。
〔12〕《历代名画记》卷二。
〔13〕《历代名画记》卷八。
〔14〕磁县文化馆《河北磁县东陈村东魏墓》,刊《考古》1977 年 6 期。

本文原刊《文物》1983 年 10 期,第 24~28 页

宁夏固原北周李贤墓札记

北朝墓葬以北周墓资料最少。

50年代初,陕西咸阳底张湾曾有发现,出土随葬品1954年在北京历史博物馆展出一部分[1],其中四件选入《全国基本建设工程中出土文物展览图录》(1955年)[2]。1958年北京大学考古实习队在陕西华县发现一座土洞墓(58、H、C、M4),出有五行大布二枚,墓室壁面尚存壁画残迹[3]。这两次发现,迄无报告发表。1983年9月,宁夏回族自治区固原西南郊深沟村发现的北周天和四年(569年)李贤夫妇墓,不仅年代明确,墓主人夫妇又都是西魏北周间的显赫人物;该墓虽早年被盗掘,但墓室基本完好,还存有较多的壁画和遗物;1985年又公布了宁夏回族自治区博物馆和固原博物馆编写的《宁夏固原李贤夫妇墓发掘简报》(刊《文物》1985年11期)。因此,这座墓应是目前了解北周墓葬的重要实例。1984年9月,我应宁夏回族自治区文物管理委员会和文化厅之邀,参加了宁夏固原北周李贤墓学术座谈会,现将会上发言和读了《发掘简报》后的一些不成熟的看法,整理如下,请指正。

一

李贤夫妇墓凿斜坡墓道、甬道开天井、方形土洞墓室(4×3.8米)、室壁做出向外突出的弧线和墓室门开在前壁中间等做法,都是沿袭北魏旧制。但北周时期关中及其以西较大墓葬甬道顶上的天井数字日益增多,此墓与咸阳建德元年(572年)步六孤氏墓都开三天井[4]。其后隋唐时期关中陇右地区大中型墓天井的数字愈来愈多的做法,当是渊源于这个地区的北朝晚期墓制。李贤墓甬道后部和墓室皆铺设砖地面,这种制度也为关东所罕见,但在关中直迄隋唐沿用不歇，尤为西安附近武则天时期的中型土洞墓所习见，天册万岁元年（695年）李崇艺妻王氏墓[5]、神功二年（698年）独孤思贞墓[6]和神龙元年（705年）李思贞墓[7]皆是其例。

二

李贤夫妇墓墓道、甬道前部（过道、天井）、后部和墓室各壁皆绘有壁画。壁画虽因塌方已有残缺，但其经营布置还大体可考。现依所在位置列其内容如下（表一）：

表一

位置			内容
墓道左右两壁			大口袴褶、双手拄环首仪刀的侍卫，"现存两幅"[8]
甬道前部（即过道）	天井左右壁		大口袴褶明光装两裆甲、手持环首仪刀的侍卫，"原有十二幅，现存十幅"
	过洞	左右壁	"六幅，衣冠服饰、执刀方式的侍卫与天井内所绘，基本相同"
		入口上方	第一过洞上方绘上下两层各设斗栱的门楼。第二、三过洞上方各绘单层设有斗栱的门楼
甬道后部左右壁			内容不详
墓室	右壁（西壁）		"东西两壁各有五幅"，"画幅均用红色边框分隔"，"西壁南端第一幅绘一侍女……右手执拂尘（拂子），左手于腹前握一物……第二幅亦画一侍女……左手执团扇，右手握物屈至上腹前"
	左壁（东壁）		"东壁南端一伎乐女工……腰前挂一细腰鼓，左手拍击鼓面"
	前壁（南壁）	左侧	"南壁墓门两侧原各有二幅"，"南壁东端绘一伎乐女工……左侧画一鼓，双手执槌击鼓"
		右侧	"南壁西端残剩一女头像……双目前视，身着高领衣"
	后壁（北壁）		"原有六幅"，"画幅均用红色边幅分隔"，内容已漫漶

从上表可知李贤墓壁画可分三部分，以墓室门为界，第一、二部分在门外，第三部分在墓室内。

第一部分是两列值卫墓门的侍卫，绘于甬道左右壁。甬道两壁绘侍卫见于河北磁县东魏武定八年（550年）茹茹公主墓[9]和山西寿阳北齐河清元年（562年）厍狄回洛墓[10]，这大约是北魏旧制。

第二部分是绘于过洞上方的门楼。墓门上方仿作门楼，关西地区由来已久，陕西潼关吊桥杨氏墓[11]、甘肃酒泉下河清墓[12]皆东汉实例。甘肃嘉峪关市段清墓[13]、敦煌翟宗盈墓[14]属魏晋时期。此后，有内蒙古伊克昭盟巴图湾水库发现的北魏墓[15]和山西祁县发现的北齐天统三年（567年）韩裔墓[16]。以上皆用雕砖仿砌，其以壁画摹绘之例应以此墓为最早。与此墓约略同时的关东大型墓多于甬道入口上方正中绘朱雀，如上引茹茹公主墓和磁县北齐天统三年（567年）尧峻夫妇墓[17]，摹绘门楼之例迄未发现。因此，可以推测陕西唐墓过洞和甬道入口上方绘两层或单层门楼，如三原贞观四年（630年）李寿墓[18]，礼泉永徽四年至上元二年（653～675年）阿史那忠夫妇墓[19]，长安景龙二年（708年）韦泂墓等[20]，都系沿袭关西旧制。

第三部分即墓室内壁画，其内容可分两组：靠近棺椁的壁画为一组，即右壁和前壁右侧，内容是侍女；面对棺椁的一组，即左壁和前壁左侧是伎乐。墓室壁画可以如此分组，似未见前例。约略同时的关东大中型墓墓室壁画的主要内容有（表二）：

表二

墓名	年代	左壁（东）	右壁（西）	前壁（南）	后壁（北）
茹茹公主墓	550	男吏一列	侍女一列	?	墓主人及持盖、扇的侍女
娄叡墓[21]	570	鞍马羽葆	牛车扇盖	侍卫	墓主人坐帐内
高润墓[22]	576	牛车葆盖	仅北端残存侍从形象	?	墓主人坐帐内，帐侧有执物侍女和掌葆盖的男吏
徐敏行墓[23]	584	牛车女侍	鞍马扇盖	侍卫	墓主人坐帐内饮宴，帐前列乐舞

可见关东地区墓室壁画出现伎乐较晚。西安附近唐墓墓室壁画布局与李贤墓相近处颇多（表三）：

表三

墓名	年代	左壁（东）	右壁（西）	前壁（南）	后壁（北）
李寿墓	630	?	上部绘马厩、仓廪	下部绘侍女	离棺床较远的左侧绘庭院，院内左下隅绘乐舞一组
李爽墓[24]	668	有持物侍女也有伎乐	持物侍女	已脱落	靠近棺床的右侧绘捧物侍女、离棺床较远的左侧绘伎乐
李重润（懿德太子）墓[25]	706	伎乐两队四排	?	?	?
苏思勖墓[26]	745	乐舞	六扇树下人物屏风	朱雀	靠近棺床的右侧绘侍女，左侧绘玄武
宋氏墓[27]	745	乐舞	疑为墓主人像	?	?
张去逸墓[28]	748	乐舞	?	?	男侍
高元珪墓[29]	756	舞女	花卉	?	墓主人像，旁立侍女

唐墓墓室不仅多乐舞壁画，且多与李贤墓相同，布置伎乐画面于棺椁对面的左壁之上，这种情况，不能不使人考虑此类唐墓墓室壁画的来源，关西本地的因素要比关东为多。

三

李贤夫妇墓墓室内部的安排，有两点值得注意。

第一，墓室前部与甬道后部连成一体，墓志和大部分随葬器物布置于此；特别是随葬陶俑置于甬道后部的做法，不见于同时的东魏北齐墓葬[30]。其制上承北魏，北魏洛阳诸墓情况不明，但山西大同延兴四年至太和八年（474～484年）司马金龙夫妇墓[31]、曲沃太和二十三年（499年）李诜墓[32][西安正光元年（520年）邵真墓（任家口M229）置墓志于甬道[33]]都有此例。西安附近一部分较大唐墓的镇墓兽，天王俑和武卫俑置于甬道内如前引独孤思贞墓等，当是沿袭魏周之制。又李贤墓甬道后部和墓室南部所置俑群等随葬器物的排列次第清晰："从甬道（后部）门限处开始，前面左右各放置一件独角镇墓兽……其后各置镇墓武士俑一件……以后依次排列具装甲骑俑、风帽俑、武官俑、女官俑、文吏俑各一排，骑马俑两排，间置男胡俑、女侍俑。在甬道口和墓门东侧发现散置的墓志两合……墓室东南角主要放置陶制的井、磨、灶、碓、房屋（仓）、狗、马、骆驼等，西南角放置陶制的盆、钵、罐、马、牛等。"北朝墓葬多经早年盗掘，随葬器物原来位置大部不明，李贤墓虽也被盗扰，但这部分变动不大，是了解北朝随葬器物布局的难得资料。

第二，墓室右侧顺置棺椁，其左侧中部无随葬品，一片空敞。前引司马金龙墓、库狄回洛墓、娄叡墓和高润墓也大抵如此。从库狄回洛、娄叡两墓该部位的四隅各置石础一件，娄叡墓石础之前还置有石狮，可以估计该处原置帷帐一座，石础原系竖植帐杆之用[34]。库狄回洛墓四个石础之间所出铜质熨斗、镡斗、瓶、碗、高足杯、唾盂、盒、烛台等，当是原置于帷帐内的生活用具。李贤墓左侧后部所出银质提梁小壶、匙、筷等，亦应与库狄回洛墓这组铜用具用途相同。棺椁左侧设帷帐，洛阳太康八年（287年）中郎某墓（墓室左侧中部出卧虎帐座一件）、元康九年（299年）徐美人义墓（墓室左侧后部出石帷帐座一件）[35]，是现知最早之例。看来，上述北朝晚期诸墓皆是通过北魏上承西晋旧制。唐墓此制犹存，最明确的例证有西安麟德元年（664年）何刚墓[36]、神龙二年（706年）李仙蕙（永泰公主）墓[37]和前引李重润墓[38]以及西安开元十六年（728年）薛莫墓[39]。

四

李贤夫妇墓所出随葬器物甚多，据《发掘简报》统计，数字在七百七十件以上，其中以棺椁附近所出器物最为重要。

"男棺内相当死者胸腹处有玉璜一件，稍下右侧有玉佩一对，右左两侧各有蛋形石珠二枚，上百枚玛瑙珠分散在棺内前半部。棺椁间右侧有带鞘铁刀（银装）一把"，刀"通长86厘米"。这是李贤佩绶带剑入殓的遗迹。两晋南北朝时期品官盛行朝服葬，前此较明确之例甚多，如南京西晋永宁二年（302年）侯某墓[40]、南京大学北园东晋墓[41]和北齐库狄回洛、娄叡两墓[42]。此后历代相沿，隋唐实例有西安大业六年（610年）姬威墓[43]、大业七年（611年）田德元墓[44]和独孤思贞墓[45]等。

随葬品中较特殊的是女棺右侧发现的鎏金银壶、玻璃碗各一件和出自女棺的一枚金指环。

鎏金银壶，高37.5厘米，鸭嘴细颈，上小下大皮囊形腹，单把，束腰圈足高座，嘴上原有盖，已佚。形制与苏联列宁格勒冬宫博物馆藏圣兽银壶、法国巴黎国立图书馆藏圣树狮子银壶相似[46]，是一件较典型的萨珊器物，唐时呼之为胡瓶[47]。值得注意的是它的纹饰：颈腹之间，高座束腰处和座底边缘各饰联珠纹一匝；把上方饰一头戴盔形帽的胡人头像；把两端与壶身相接处做出羊头装饰；腹上部饰以叶纹一匝；腹下部线雕波浪海兽游鱼；纹饰的主要部分应是腹周锤鍱出的人物图像三组。每组一男一女，三组人物面貌相同，但动作各异，似是一个故事的连续画面。男女装束颇具希腊风格。因此，有的研究者怀疑它是萨珊工匠模拟希腊图像的产物；或是出自萨珊治下旧属大夏地区受希腊影响较深的工匠之手[48]。此说如果不误，那么这件银壶的历史价值就远远超过过去所知的萨珊银壶；其实它的艺术成就，也比一向认为最精致的萨珊银壶——伊朗德黑兰国立考古艺术馆藏五女神银壶更具气魄[49]。总之，它是反映东西文化交流的一件极为重要的遗物，是无可置疑的。

玻璃碗，碧绿色，直口矮圈足，高8厘米、口径9.5厘米、最大径在腹下部9.8厘米。外壁饰以凸起的圆形装饰两匝。60年代，在伊朗北部里海南沿的吉兰（Gilan）州发现一批具有这种装饰的玻璃器及其残片[50]，其时间约在5、6世纪。由此推知这些玻璃碗也是来自萨珊。类似的玻璃器物残片曾在新疆巴楚脱库孜萨来依遗址发现[51]；日本冲之岛8号祭祀遗址[52]也有出土，这应是经中国大陆东传过去的。

金指环，环正中的圆形部分上镶圆形青金石，"石面上雕一人双手举一弧圈，弧圈两端各垂一囊形物"。类似的指环曾发现在河北赞皇李希宗夫妇墓中李妻崔氏棺侧［李希宗东魏武定二年（544年）葬，崔氏北齐武平七年（576年）祔葬］[53]，但该指环青金石面雕一大角驯鹿。同雕大角驯鹿的青金石面饰件又见于西安隋大业四年（608年）李静训墓所出的金项链上[54]。李静训系李贤孙李敏之女。上述两指环和金项链的样式和镶嵌青金石以及石面上雕刻的纹饰，都与我国传统同类饰物不同；青金石多产于阿富汗；以青金石做装饰自古以来流行于葱岭以西；大角驯鹿又多见于中亚和西亚纹样中，因此，可以估计以上青金石饰物当亦来自葱右。

此墓所出陶俑半模制成，半模俑渊源于北魏洛阳[55]，但李贤墓俑造型简朴，远不能和关东相比。某些器形东方早已改变，这里还沿袭旧式，如短脸灶、不设圆槽的磨、方形碓和圆孔井等。镇墓兽最使人注目，它居然还是西安北魏正光元年（520年）邵真墓所出的蹲卧式。咸阳底张湾建德元年（572年）步六孤氏墓所出陶质器物与李贤墓虽有个别差异，但大体近似。可见北周文物形制的变化晚于关东，随葬陶俑和模型器具可略示一斑。

五

李贤"大周柱国河西公墓志"和其妻吴辉"魏故李氏吴郡君之铭"，可与史文互证的内容甚多。李贤志云："十世祖俟地归聪明仁智，有则哲之，监知魏贤帝齐圣广渊，奄有天下，乃率诸国定扶戴之意。凿石开路，南越阴山，竭手爪之功，成股肱之任。建国擒（拓）拔，因以为氏。"可知李贤原为拓跋氏，故《周书・于翼传附李穆传》记西魏恭帝元年（554年）贤弟穆以征江陵功，"寻进位大将军，赐姓擒拔氏"。此云赐姓，实复其原姓也[56]。因知李贤先世系随北魏之扩展而南迁，《北史·李贤传》谓："后随魏南迁，复归汧陇。曾祖富，魏太武时以子都督讨两山屠各，殁于阵，赠宁西将军、陇西郡守。"复归云云当是托词。《周书·李贤传》记贤祖父始居高平："祖斌，袭领父兵，镇于高平，因家焉。"故志仅云"公即平凉府君之孙，司空公原州史君之子"，并未上溯其祖父以前。

北朝时期，关中秦渭多变乱，自长安西趋陇右、西域，多取道泾河、清水河谷，然后西北上一线，高平据此路要冲；西魏北周之际，原州[57]又为宇文氏根本，其地一时竟跻凉州之上，故与宇文氏关系密切的原州李贤一家多获陇西西域间重镇——敦煌之职、爵。《周书·李贤传附弟远子基传》云："魏恭帝即位（554年），迁（基）使持节车骑大将军仪同三司加散骑常侍，进爵敦煌郡公。"李贤本人更于保定中出任瓜州刺史，《周书·李贤传》记贤："保定二年（562年）……仍授瓜州刺史……四年（564年），王师东讨，朝议以西道空虚，虑羌浑侵扰，乃授贤……河州刺史。"志云：贤"利建茅社，启土宇于河西。分竹敦煌，仍专万里之务；褰帷兆岳，兼总六防之师。践境临民，每有来苏之咏；秩满旋阙，咸垂去思之涕"。因此，李贤墓多胡俑，其妻棺侧多出西方器物，均不足怪。即其重孙女李静训墓中的西方器物［金项链、手镯和萨珊卑路斯所铸（457~473年）银币各一件］，或许也与此背景有关。

原州当时既位于东西交通要冲，故多西方关系。1982年，固原西南王涝坝发现的史家墓地[58]，更可进一步说明这一问题。墓地的第一号墓出有饰以联珠圈、圈内雕一蹲兽的圆形金饰，东罗马金币[59]和面部的金殓具（殓具中的额饰上方雕作新月，月上雕一圆球，与萨珊银币王冠上的装饰[60]相似），皆西方遗物；所出仪凤三年（678年）史道德墓志叙其先世及自己的身世云："原夫金方列界，控绝地之长城……棱威边鄙，挺秀河湟。盟会蕃酋，西穷月窟之野；疏澜太史，东朝日域之溟。于是，族茂中原，名流函夏……远祖因官来徙平高[61]，其后子孙家焉，故今为县人也。曾祖度，河渭鄯三州诸军事，祖多随，开府仪同左卫安化府骠骑将军……考皇朝正议大夫平凉县开国侯……（君）起家东宫左勋卫……总章二年（669年）拜给事郎，迁玉亭监……又龙朔三年（663年）诏除兰池监……"此史家即是魏晋以来由今苏联乌兹别克沙赫里夏勃兹地区东迁，后定居于原州的昭武九姓中的史国人氏[62]。此墓地的发现，使原州与西域的密切关系获得了实证。

六

　　李贤志记李家之盛云："官爵隆于四世，子孙茂于八凯。略叙一门之中，为柱国者二、大将军者三、开府者七、仪同者九、孤卿者六、方伯者十有五焉。至于常侍、侍中之任，武卫、武率之职，总管、监军之名，车骑、骠骑之号，冠盖交错，剑佩陆离，胡可称矣。"《北史·李贤传》后史臣曰："李贤和（贤字贤和）兄弟……各著勋庸，遂得任兼文武，声彰内外，位高望重，光国荣家，跗萼连晖，椒聊繁衍，冠冕之盛，当时莫与比焉。自周迄隋，郁为西京盛族，虽金、张在汉，不之尚也。"隋高作相，李贤弟穆密表劝进，高祖受禅，即诏褒穆，《隋书·李穆传》记其荣耀云："穆来朝，高祖降坐礼之。拜太师，赞拜不名。真食成安县三千户。于是，穆子孙虽在襁褓，悉拜仪同，其一门执象笏者百余人。穆之贵盛，当时无比……岁余，下诏曰……太师上柱国申国公器宇弘深，风猷遐旷，社稷佐命，公为称首，位极帅臣，才为人杰……"故《隋书·列传》后妃之后，即录李氏一门，猗欤盛哉！然穆开皇六年（586年）卒后，不过三十年，满门倾覆，《通鉴·隋纪六》大业十一年（615年）记其事云："（炀）帝即位，（穆子）浑累官至右骁卫大将军，改封郕公。帝以其门族强盛，忌之。会有方士安伽陁言，李氏子当为天子。劝帝尽诛海内凡李姓者。浑从子将作监敏（贤子崇之子），小名洪儿，帝疑其名应谶[63]，常面告之，冀其引决。敏大惧，数与浑及善衡（浑兄之子）屏人私语。（宇文）述谮之于帝……述诱教敏妻宇文氏为表，诬告浑谋因度辽与其家子弟为将领者共袭取御营，立敏为天子……三月丁酉，杀浑、敏、善衡及宗族三十二人，自三从以上皆徙边徼。（《隋书·李穆传附子浑传》云：'自余无少长，皆徙岭外。'《隋书·炀帝纪下》记：'并族灭其家。'）后数月，敏妻亦鸩死。"敏妻即北周宣帝宇文赟之女，炀帝之甥，李静训之母。由上可知，李贤一门俱殁于大业十一年（615年）三月。原州旧茔，此后则为无主孤坟，贤墓被盗发，亦当距此时不远。其后之事，不见史载，或寥若晨星[64]，一代豪杰，灰飞烟灭。

注释

[1] 参看郑振铎《在基本建设工程中保护地下文物的意义与作用》，刊《文物参考资料》1954年9期。

〔2〕 北周大腹武士俑、拥抱俑、骑马俑和陶牛车各一件。
〔3〕 见北京大学1958年度考古实习资料。
〔4〕 见北京大学考古系资料室藏全国基本建设工程中出土文物展览会资料。
〔5〕 见北京大学1962年考古实习引用资料。
〔6〕 见中国社会科学院考古研究所《唐长安城郊隋唐墓》,科学出版社,1980年。
〔7〕 同注〔5〕。
〔8〕 本文凡不注出处的引文,皆引自《宁夏固原李贤夫妇墓发掘简报》。
〔9〕 见汤池《东魏茹茹公主墓壁画试探》,刊《文物》1984年4期。
〔10〕 见王克林《北齐库狄回洛墓》,刊《考古学报》1979年3期。
〔11〕 见陕西省文物管理委员会《潼关吊桥汉代杨氏墓群发掘简记》,刊《文物》1961年1期。
〔12〕 见甘肃省文物管理委员会《酒泉下河清第1号墓和第18号墓发掘简报》,刊《文物》1959年10期。
〔13〕 见嘉峪关市文物清理小组《嘉峪关汉画像砖墓》,刊《文物》1972年12期。此文发表后,在段清墓所出陶罐外壁发现魏甘露(256～259年)纪元。
〔14〕 见夏鼐《敦煌考古漫记》,刊《考古通讯》1955年1期。
〔15〕 见陆思贤《巴图湾水库区的古墓》,刊《内蒙古文物考古》1981年创刊号。
〔16〕 见陶正刚《山西祁县白圭北齐韩裔墓》,刊《文物》1975年4期。
〔17〕 见磁县文化馆《河北磁县东陈村北齐尧峻墓》,刊《文物》1984年4期。
〔18〕 见陕西省博物馆、文管会等《唐李寿墓发掘简报》,刊《文物》1974年9期。
〔19〕 见陕西省文物管理委员会《唐阿史那忠墓发掘简报》,刊《考古》1977年2期。
〔20〕 见陕西省文物管理委员会《长安县南里王村唐韦泂墓发掘记》,刊《文物》1959年8期。
〔21〕 见山西省考古研究所等《太原市北齐娄叡墓发掘简报》,刊《文物》1983年10期。
〔22〕 见磁县文化馆《河北磁县北齐高润墓》,刊《考古》1979年3期。
〔23〕 见山东省博物馆《山东嘉祥英山一号隋墓清理简报》,刊《文物》1981年4期。
〔24〕 见陕西省文管会《西安羊头镇唐李爽墓的发掘》,刊《文物》1959年3期。
〔25〕 见陕西省博物馆等《唐懿德太子墓发掘简报》,刊《文物》1972年7期。
〔26〕 见陕西省考古所《西安东郊唐苏思勖墓清理简报》,刊《考古》1960年1期。
〔27〕 见张正龄《西安韩森寨唐墓清理记》,刊《考古通讯》1957年5期。
〔28〕 同注〔5〕。
〔29〕 见贺梓城《唐墓壁画》,刊《文物》1959年8期。
〔30〕 东魏北齐诸墓多于甬道后部与墓室入口之间砌一封门墙,故甬道后部不置随葬品,茹茹公主墓(见磁县文化馆《河北磁县东魏茹茹公主墓发掘简报》,刊《文物》1984年4期)、娄叡、高润墓等皆如此;不砌封门墙者,甬道位置亦不置随葬器物,如库狄回洛、尧峻等墓。
〔31〕 见大同市博物馆《山西大同石家寨北魏司马金龙墓》,刊《文物》1973年3期。
〔32〕 见山西省文物管理委员会《山西省文管会侯马工作站工作的总收获(1956年冬至1959年春初)》,刊《考古》1959年5期。
〔33〕 见陕西省文物管理委员会《西安任家口M229号北魏墓清理简报》,刊《文物参考资料》1955年12期。
〔34〕 司马金龙、高润两墓随葬品混乱严重,前者帷帐石础已分散于后甬道前部、后室左侧前部和椁

内，帐内屏风残件也出在后甬道前部；后者出鼻着铁环的石狮座三件，分散于墓室左侧。狮鼻之铁环，盖用以牵系帐绳，因知该墓帷帐原作帐篷式。

〔35〕洛阳两墓俱见河南省文化局文物工作队第二队《洛阳晋墓的发掘》，刊《考古学报》1957年1期。按汉制，墓具前后两室者，帷帐置于前室，洛阳涧西魏墓有正始八年（247年）铭的铁帐构即出于该墓前室，见李宗道等《洛阳16工区曹魏墓清理》，刊《考古通讯》1958年7期。江苏南京永宁二年（302年）侯某墓亦置帷帐座于前室，见南京市文物保管委员会《南京板桥镇石闸湖晋墓清理简报》，刊《文物》1965年6期。前后室皆置棺木者，帷帐或置于棺首之前，如江苏宜兴元康七年（297年）周处墓，见罗宗真《江苏宜兴晋墓发掘报告》，刊《考古学报》1957年4期；或置于棺木相对的一侧，如河南偃师第34号晋墓，见中国社会科学院考古研究所河南第二工作队《河南偃师杏园村的两座魏晋墓》，刊《考古》1985年8期。西晋以来多单室墓，且棺椁多置墓室之右，故移帷帐于墓室左侧。

〔36〕同注〔5〕。该墓墓室左侧后部有长方形土台，台四隅各置莲花覆盆陶础一件。

〔37〕见陕西省文物管理委员会《唐永泰公主墓发掘简报》，刊《文物》1964年1期。该墓后室左侧中部尚存一石帷帐座。

〔38〕李重润墓后室左侧中部存石帷帐座三件，另一件已被移至后甬道中部。

〔39〕见陕西省文物管理委员会《西安东郊唐墓清理记》，刊《考古通讯》1956年6期。该墓存石帷帐座三件，两件出在墓室左侧，另一件位于右侧前部。

〔40〕南京永宁二年（302年）侯某墓见注〔35〕，据该墓所出墓砖铭记知墓主人生前任大中大夫高平太守。该墓后室右侧出有圭形石板一件、玉璜一件、玉珌二件和铁刀一件。

〔41〕南京大学北园东晋墓破坏严重，遗物零乱。铁剑出于墓室左壁下，各种珠饰满布室内，附蝉饰金的大冠残件出于甬道。原报告谓冠为漆器，蝉形似龙或虎形皆误。类似的大冠亦出于辽宁北票北燕大司马辽西公冯素弗墓〔冯卒于北燕太平七年（415年）〕，见黎瑶渤《辽宁北票县西官营子北燕冯素弗墓》，刊《文物》1973年3期。冯也是朝服葬，所以也有各种珠饰和玉装铁剑随葬。

〔42〕《北齐库狄回洛墓》记该墓木棺内中间骨骸的情况云："头戴绿色纻漆类编织成镂空的冠饰，碎冠不成形。身穿粉红丝绸衾衣。胸际佩挂玛瑙和绿松石组成的串珠、玉璜等装饰品。腰系铁剑一把。"娄叡墓棺床上出金缘玉佩，墓室左侧前部有料珠，另外尚有玛瑙珠、玉珠和漆蚌饰等。回洛，北齐孝昭即位，封顺阳郡王，卒赠六州诸军事定州刺史太尉公。娄叡孝昭时封东安王，卒赠假黄钺右丞相太宰太师太傅十州诸军事朔州刺史。

〔43〕见陕西省文物管理委员会《西安郭家滩隋姬威墓清理简报》，刊《文物》1959年8期。该墓出有玉璜、玉琚、玉环、玉带饰和鎏金铜带钩。姬威的官爵是司农卿敦煌太守汾源县公。

〔44〕见陕西省文物管理委员会《西安郭家滩隋墓清理简报》，刊《文物》1957年8期。《简报》记田德元墓"葬具和骨架已腐蚀……葬式不明，从置物的分布上推知（骨架）可能为东西向……木剑东西放置，柄靠头骨。玉珩、璜在头骨以西，与木剑平，珩在剑的右方，璜居剑的左方。玉琚在靠近两壁的地方。玭珠散布在头骨以西至玉琚处"。田德元生前官职据墓志所载只是豫章郡西曹掾。

〔45〕独孤思贞墓墓室棺床东侧出有料珠和玉璜、玉琚和玉佩。据墓志记载思贞官职是朝议大夫行乾陵令上护军公士。

〔46〕参看深井晋司《アナーヒター女神装飾の銀製把手付水瓶に関する一考察》，该文收在《ペルシヤ古美術研究——ガラス器・金属器》，吉川弘文館，1968年。

〔47〕《旧唐书·李大亮传》："（大亮）出为凉州都督，以惠政闻……太宗下之书曰：'以卿兼资文武，志

怀贞确，故委藩牧，当兹重寄……今赐卿胡瓶一枚，虽无千镒之重，是朕自用之物。'"《通鉴·唐纪九》系此事于贞观三年（629年）冬十一月。

〔48〕见1986年2月B.I.MARSHAK与穴泽和光的通信，据穴泽寄来的复制件，未刊。

〔49〕参看注〔46〕。

〔50〕参看深井晋司等《ペルシアのガラス》，淡交社，1973年。

〔51〕新疆维吾尔自治区博物馆采集品。见安家瑶《中国的早期玻璃器皿》，刊《考古学报》1984年4期。

〔52〕见冈崎敬《冲ノ岛8号祭祀遗跡出土的玻璃碗》，刊《宗像冲ノ岛》，1978年。

〔53〕见石家庄地区革委会文化局文物发掘组《河北赞皇东魏李希宗墓》，刊《考古》1977年6期。

〔54〕同注〔6〕。

〔55〕半模俑源于贴壁影塑的形象。内蒙古包头市固阳县白灵淖北魏城址西北隅佛寺址中发现北魏影塑佛、菩萨残件甚多，见内蒙古文物工作队等《内蒙古白灵淖城圐圙北魏古城遗址调查与试掘》，刊《考古》1984年2期。同样形象近年大同市博物馆在大同城郊也有发现。以上都是北魏迁洛以前的遗物。迁洛后，熙平元年（516年）胡太后建永宁寺，寺中大塔内部亦置影塑佛像，见中国社会科学院考古研究所洛阳工作队《北魏永宁寺塔基发掘简报》，刊《考古》1981年3期。因知北魏末洛阳出现的半模俑，大约也是原贴壁而立者。李贤墓半模俑多排列于墓室入口与甬道后部中间，盖已失去半模制造之原意。

〔56〕李穆《北齐书·斛律金附子光传》作拓跋显敬，参看中华书局标点本《周书》卷三十校勘二十八。姚薇元《北朝胡姓考》（1962年）疑李贤源出高车泣伏利（即叱李）氏。

〔57〕《魏书·地形志下》："原州，太延二年（436年）置〔高平〕镇，正光五年（524年）改置，并置郡县。治高平城。"

〔58〕见宁夏固原博物馆《宁夏固原唐史道德墓清理简报》，刊《文物》1985年11期。

〔59〕此枚东罗马金币边缘铭文漫损不清楚，何时所铸已不可辨，但正背的图像与咸阳开皇二十年（600年）独孤罗墓所出查斯丁二世（565~578年）金币相似。参看夏鼐《咸阳底张湾隋墓出土的东罗马金币》，刊《考古学报》1959年3期。

〔60〕参看夏鼐《青海西宁出土的波斯萨珊朝银币》，刊《考古学报》1958年1期。

〔61〕《隋书·地理志上》："平高，后魏置太平郡，后改为平高，开皇初郡废。大业初置平凉郡。"

〔62〕参看向达《唐代长安与西域文明》。

〔63〕晋世多有因道书言"老君当诏、李弘应出"（《老君音诵诫经》）而托名李弘起义事，参看汤用彤《康复札记》"妖贼李弘"条，刊《新建设》1961年6月号。隋末亦有号李弘举事者，见《隋书·炀帝纪下》：大业十年（614年）二月"丁丑，扶风人唐弼举兵反，众十万，推李弘为天子"。李弘或作李洪，故谓李敏小名洪儿，其名应谶。参看唐长孺《史籍与道经中所见的李弘》，该文收在《魏晋南北朝史论拾遗》，中华书局，1983年。

〔64〕1940年，罗香林于广西桂林西山摩崖佛像中发现调露元年（679年）铭释迦坐像，其铭云："大唐调露元年十二月八日随太师太保申明公公孙昭州司马李寔造像一铺。"李穆谥曰明，此申明公公孙即申国公李穆之孙。昭州即今桂林东南的平乐。是贬徙南徼的李氏，唐初仍家岭外。参看罗香林《唐代桂林之摩崖佛像》，中国学社，1958年。

本文原刊《宁夏文物》1989年，总第3期，第1~9页

西安地区的唐墓形制

本文原是1979年《隋唐考古学》讲稿中唐代墓葬内的一节。1994年初，台湾大学史学系邀讲唐代墓葬简况，因而较全面地增改此节以应。此次发表又做了少许补充并添加了一些注释。

西安地区，指今陕西省西安市及其附近诸县而言。这里是唐代京城所在和毗邻京城的京兆府雍州辖地。许多唐代皇室、贵戚、功臣、将相和京畿大族的墓葬分布在这里，不少外地由于各种原因流寓京畿的人，死后也埋葬在这里。因此，西安地区是唐代墓葬最集中的地点。

京城附近的墓葬，对当时颁布的包括丧葬制度在内的各种制度的遵守，比较严格，有一定的规范意义。近年各地唐墓的发现，清楚地表明了西安地区唐墓的规范化。它所表现的规范，至少适用于黄河中下游，即一般所谓的中原地区。西安地区唐墓的另一特点，是有墓志随葬的较多。墓志既给我们提供了可靠的年代根据，又提供了准确的墓主人的社会身份。这就使我们比较容易较全面地考察唐墓的分期与类型问题。

根据墓志提供的具体年代，对照墓葬各方面的变化（除了下面论述的形制之外，还有随葬品的位置、组合及其个体的演变和壁画的布局与内容两项），西安地区唐墓大致可分三期[1]。第一期，高祖、太宗时代，即公元618～649年，这一期是唐开创时期，墓葬各方面的情况还和隋代相似，唐代特征尚未形成。第二期，高宗到玄宗时代，即公元650～756年，这一期是唐代特征形成和发展的时期；如果要细分，可以分作高宗、武则天至玄宗之前，即公元650～712年和玄宗时代即公元712～756年两个阶段。此期前段的重点在唐代特征的形成，后段的重点在特征的继续发展。第三期，自玄宗以后以迄唐亡，即公元756～907年，这一期的时间虽长，但墓葬所反映的情况，主要是因循、简化、清晰地勾画出唐代逐步衰落的景象。

唐墓承袭了北朝、隋墓的形制，从墓葬结构（砖室和土洞）、平面和墓室尺寸以及石椁、棺床等设备的差异看，主要有四个类型。

Ⅰ型 双室弧方形砖室墓（图一）

此型墓现知的实例多集中于第二期，数量不多，目前知道的不足二十座。现选择了十座，其中九座已发表。这十座墓有关形制的情况，以官品高低为顺序列表如表一。

从表一可见：第一，从前室尺寸和使用石椁[2]的情况，可知前三例较后七例等级为高。前三例前室尺寸折合唐尺约是15尺见方[3]，后室即墓室折合唐尺约17～18尺见方，都具有庑殿顶即四注顶的石椁。后七例前室折合唐尺约8.5～13尺见方，墓室即后室折合唐尺约15～17尺见方，后七例中只有三例用石椁，椁顶用拱顶。前三例墓主人身份特殊。懿德太子李重润、永泰公主李仙蕙、雍王章怀太子李贤身份都在一般王爵之上，其中懿德太子、永泰公主两墓又有"号墓为陵"[4]的明确记录。号墓为陵并不即是陵，应比帝陵低一等。总之，以上三

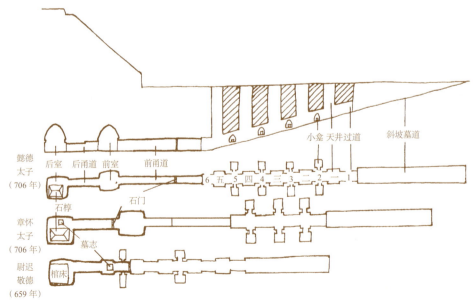

图一 双室弧方形砖室墓

西安地区的唐墓形制　187

表一

期	官品	墓主人	年代	前室尺寸（单位：米，后同）	后室尺寸	石门	石椁	棺床	小龛数	资料来源
二	二	懿德太子	706	4.45×4.45+6.3	5×5.3+7.1	√	√庑殿顶		8	《文物》1972年7期26~32页
二	二	永泰公主	706	4.7×4.9+5.35	5.3×5.54+5.5	√	庑殿顶		8	《文物》1964年1期7~33页
二	二	章怀太子	706	4.5×4.6+6	5×5+6.5	√	庑殿顶		6	《文物》1972年7期13~25页
二	正一	成王孝仁	710	3.15×3.3+?	4.5×4.5+?	√		√（石）	6	《西安郊区隋唐墓》8~13页（科学出版社，1966年）
二	正一	尉迟敬德	659	2.6×2.5+3.7	5.1×5.1+5.35	√		√（石）	4	《文物》1978年5期20~25页
二	从一	汝南郡王韦洵	708	3.5×3.6+4.8	4.2×4.5+5.1	√	√拱顶		4	《考古与文物》1993年6期47~48页
二	从一	淮阳郡王韦洞	708	3.3×3.4+4.5	4.3×4.24+5.5	√	√拱顶		4	《文物》1959年8期8~18页
二	正二	万泉县主薛氏	710	3.7×3.7+7	4.9×4.9+?	√		√（砖）	4	[5]
二	正二	郑仁泰	664	2.6×2.5+?	5×5+?		√拱顶		10	《文物》1972年7期33~44页
二	从二	苏定方[6]	667	3.9×4.4+5	4.9×5.2+6.2				10	《考古》1963年9期493~498、485页

墓,都不是依据臣子的品级规定兴建的。第二,后七墓也不是按照一般官品规定兴建的,尉迟敬德[7]、郑仁泰[8]都是开国功臣、太宗心腹;苏定方立大功于西域,高宗闻其卒,伤惜嗟悼,特诏褒赠[9];成王李仁、中宗、睿宗堂兄,对中宗复位有功,后谋讨武三思遇害,睿宗即位,平反优葬[10];韦洵、韦洞都是韦后的弟弟,他们迁葬京邑时,正值韦后当政[11];万泉县主薛氏,太平公主第二女,卒时(睿宗初),太平公主关决大政,权震天下,三子封王[12]。以上七例墓主人之使用双室墓,显然也都是受到特殊宠遇。尽管如此,毕竟还不能和前三墓相比,较为明显的差别,即是前室尺寸和使用石椁等葬具方面受到了限制。总之,从下面Ⅱ型墓(单室弧方形或方形的砖室墓)的情况观察,可以推知Ⅰ型这种双室砖墓是一般品官以上的墓制。这一点和汉代大不相同,东汉太守、刺史级即可用前堂后室的双室砖墓;也和唐以后如宋代无官品的人也可用双室砖墓者有别。在唐代,一般品官,即使是正一品,只要没有皇帝的殊宠,也是不能兴建使用双室砖墓的。

Ⅱ型 单室弧方形或方形的砖室墓(图二)

此型墓一、二、三期都有发现。在现知官品较明确的唐墓中,以此型墓的数量为最多,现选十八座墓例列表如表二。

从表二可知:第一,同品正、从一般差别不大,但品级不同,距离就较为显著。一至三品似乎可自成一级,墓室尺寸约为4米见方,折合唐尺约方14尺;二品以上可使用石棺床、石门,三品以上可设石门。四品、五品墓室尺寸就多下降到

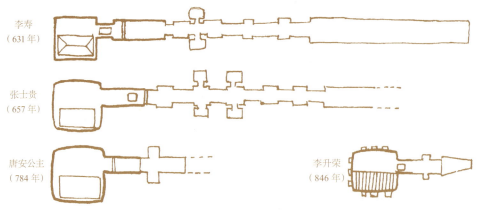

图二 单室弧方形或方形砖室墓

李寿(631年)
张士贵(657年)
唐安公主(784年)
李升荣(846年)

表二

期	官品	墓主人	年代	墓室形制	墓室尺寸（米）	石门	石椁	石棺床	砖棺床	小龛数	资料来源
三		惠昭太子	809	弧方	4.8×4.6+8.5	√		√		?	《唐惠昭太子陵发掘报告》（三秦出版社，1992年）
三		唐安公主	784	弧方	4.4×4.4+约3.35 [13]	√		√		2	《文物》1991年9期15～27页
二	正一	越王李贞	718	弧方	4.5×4.5～5.5	√		√		4	《文物》1977年10期41～49页
一	从一	淮安郡王李寿	631	方	3.8×3.9+?	√	√庑殿顶			6	《文物》1974年9期71～88，61页
二	从一	张士贵	657	弧方	4.3×4.05+4.7	√		√		4	《考古》1978年3期168～178页
二	从一	杨思勖	740	弧方	5.7×5.7+约8.7 [14]	√	√庑殿顶			?	《唐长安城郊隋唐墓》65～86页（1980年）
二	正二	苏思勖	745	弧方	4.1×4.1+5.8	√			√	4	《考古》1960年1期30～36页
一	从二	独孤开远	642	方	4.05×3.7+?					?	
二	从二	薛莫	728	弧方	3.98×3.95+4.89	√		√		?	《考古通讯》1956年6期47～50页
三	从二	杨玄略	864	弧方	4.2×4.2+3.4	√			√	8（墓室内）	
三	正三	李爽	668	弧方	4.3×3.9+6.5				√	2	《文物》1959年3期43～53页
三	正三	鲜于庭诲	723	弧方	4.9×4.94+?				√(?)	6	《唐长安城郊隋唐墓》56～65页
三	正三	翟昊謨	771	方	4.14×4.14+?				√	11（墓室内）	《文物》1978年10期49～53页
三	正三	张祐	818	弧方	3.6×3.1+?	√			√	10（墓室内）	
三	正四	李于荣	846	弧方	4×3.65+?				√		《考古与文物》1991年4期53～54页
三	正四	高克林	848	弧方	3.4×3.4+3.35				√		
二	正五	薛从简	726	方	3.2×3.3+3.03				√	4	
二	从五	牛弘满	672	弧方	3.4×3.46+?				√	?	《文物资料丛刊》第1辑199～200页（1977年）

3.5 米见方以下，折合唐尺约方 11 尺；只能砌建砖棺床。第二，在墓室形制上，弧方形似较方形为高。第一期即使是从一品的郡王也只建方形墓室，第二期弧方形墓室才渐在三品以上品官墓中流行，第三期更扩及到正四品。表二最末所列牛弘满官阶从五品，系以牛弘满墓志首题所录职衔最前的散阶为据：墓志首题的全文是"大唐故朝散大夫开府仪同三司玄都观观主牛法师墓志铭"。玄都观位长安朱雀门街西侧，东与大兴善寺相比，是创建京城时特意安置的有厌胜意义的道观，也是京城最大的道观[15]。所以，观主牛弘满还具有从一品的文散阶——开府仪同三司，因此，他所使用弧方形的墓室应视作从五品墓制的一个例外。第三，第三期德宗爱女唐安公主、宪宗惠昭太子李宁两墓皆用 II 型，从墓室尺寸看，后者高于前者，特别在墓室高度上惠昭太子墓异常突出。等级高的砖室墓墓室内空间向高发展，是值得注意的新情况。第四，第三期墓室外两侧的小龛稀见了，唐安公主墓只有二小龛；第三期有的墓在墓室内出现了既浅又窄的小龛，这种小龛与以前开在墓室外过洞或天井两侧放置随葬品的小龛不同，它应是按方位放置十二时的。因此，这种小龛应是十二个，每面壁各开三个（前壁正中一小龛在墓门上方）。第五，这型墓中也有受到殊遇的墓例，如对开国有功的皇族李寿，墓中安排了庑殿顶的石椁。又如玄宗时权宦杨思勖墓，杨先平韦氏有功，后又总兵权多战功，史载玄宗"倚为爪牙"[16]，所以，他的墓不仅置庑殿顶石椁，墓室的尺寸也特别加大，折合唐尺约 19 尺见方，甚至超过了第 I 型墓室的尺寸，墓室内空间的高度也极特殊。

III 型　单室方形土洞墓（图三）

此型墓多出现在第一、二期，显然比 II 型墓又低一级，现选十三座墓例如表三。

从表中例墓可以看到：第一，单室方形土洞墓大约是自四五品以下品官的墓制。这类墓墓室尺寸多在 3.5 米见方即唐尺方 12 尺以下，更多的是在 3 米见方左

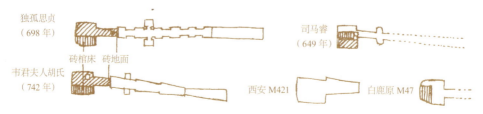

图三　单室方形土洞墓

表三

期	官品	墓主人	年代	墓室形制	墓室尺寸（米）	砖棺床	砖地面	小龛数	墓道形制	资料来源
一	正四	司马睿	649	方	3.5×3.7+?	√	√（部分）	2	斜坡	《考古与文物》1985年1期44～49页
二	正五	独孤思贞	698	方	3.46×3.48+2.9	√	√	2	斜坡	《唐长安城郊隋唐墓》29～43页
一		贺若氏（厥）	621	方	3.35×3.21+?				斜坡	《考古与文物》1993年6期50～52页
二	视正五	张难	663	方	3.04×3.1+2.8			2	斜坡	
一	正六	苏永安	625	方	2.2×2+?				竖井	
二		苏兴	653	方	3.1×3.3+2.05				竖井	
二	正九	韦君夫人胡氏	742	方	2.75×2.7+?	√	√		斜坡	《考古与文物》1989年5期72页
二	从九	高本户	730	方	3.3×2.9+?	√			斜坡	
二		向刚	664	斜方	3.05×2.95+2.5			2	斜坡	
二		独孤婉	689	斜方	2.7×2.5+2.55				斜坡	
三		白鹿原M47		斜方	2.7×(2.2～2.6)+2.7	√			斜坡	《考古学报》1956年3期57～58页
三		白鹿原M11		方	2.23×2.08+1.67	√			斜坡	《考古学报》1956年3期57页
三		西安M421		斜方	2.6×2.15+1.9				竖井	《西安郊区隋唐墓》19～20页

右，即稍多和不足唐尺 10 尺。没有官品的庶人墓则多用不规整的斜方形土洞，墓室尺寸大都不超过 3 米即唐尺 10 尺见方。第二，结合 II 型墓的例墓表，可知四、五品墓可兼用 II、III 两型。III 型墓中的四、五品如司马睿墓、独孤思贞墓不仅墓室尺寸和 II 型墓中的四、五品墓相近，而且还保存了砖棺床的设备；此外，它们在土洞墓室中还较特殊地敷砌了部分或全部的砖地面。第三，结合 II 型墓的例墓表，还可知第一期墓制比第二期简略，如李寿墓、司马睿墓和苏永安墓的墓室尺寸都比第二期品级低的墓为窄小，司马睿墓仅敷了部分砖地面，苏永安墓甚至还使用了比斜坡墓道简略的竖井墓道。更值得注意的是贺若氏（厥）墓，贺若厥是隋赵国公独孤罗夫人，独孤罗系唐高祖李渊母元贞皇后之长兄，贺若厥卒的前一年，即武德三年（620 年）独孤罗弟整之子怀恩谋反，"诛之……籍没其家"[17]，贺若厥或受此牵连，墓室规格降等，但近期发现李唐另一姻亲高祖窦皇后从兄抗之子瞰，武德初多战功，授勋上柱国（视正二品），贞观二十年（646 年）卒，亦仅建一斜坡墓道土洞墓[18]，可见第一期墓制有别于第二期并不是个别现象。

IV 型　单室长方形土洞墓（图四）

此型墓就墓室墓门位置和平面形式的差异，还可细分四个亚型：IV A 型墓门偏在前壁东侧；IV B 型墓门开在前壁东隅，即墓室东壁与甬道东壁连成一线；IV C 型墓室东壁与甬道东壁成斜线相交；IV D 型墓门位在前壁正中。表四共列三十例：IV A 型九例、IV B 型十例、IV C 型七例、IV D 型四例。

根据表四可知：第一，此型墓的各亚型，原都包括庶人在内的无官品者的墓制，只是在第三期才出现较多的品官使用之例。宋初王溥辑《五代会要》卷八《丧葬》记："诸丧葬不得备礼者，贵得同贱，贱不得同贵。"这个记录应是沿自唐代的令文。"不得备礼者"，大约不是由于政治原因，就是由于经济原因，

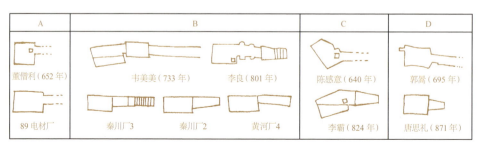

图四　单室长方形土洞墓

表四

亚型	期	官品	墓主人	年代	墓室尺寸（米）	砖棺床	小龛数	墓道形制	资料来源
A	三	从三	童橙	807	2.75×2.3+2.3			斜坡	《西安郊区隋唐墓》14~16 页
	二	正四	雷内侍妻米氏	745	3.45×2.85+1.72	√/砾岩		?	《考古通讯》1957 年 5 期 57~62 页
	三	从四	吴贲妻韩氏	765	3.18×2.6+?	√		斜坡	《西安郊区隋唐墓》14~15 页
	一	正五	李绍	642	2.9×2.44+?			?	《考古与文物》1991 年 4 期 96~105 页
	一		董僧利	652	3.6×3.22+?			斜坡	《考古学报》1956 年 3 期 63 页
	一		白鹿原 M43		3.3×2.6+2			斜坡	《西安郊区隋唐墓》14~16 页
	二		西安郊区 M547		2.3×1.9+1.6	√		?	《考古》1960 年 3 期 34~38 页
	三		中堡村墓		3.5×2.2+?			?	《考古与文物》1992 年 5 期 51 页
	三		89 电材厂墓		3.6×2.4+?			斜坡	《考古学报》1956 年 3 期 70~74 页
B	三	从一	顺政郡王李良	801	3.78×2.77+?		4	竖井阶梯	《西安郊区隋唐墓》17 页
	三	正二	曹景林	782	3.34×3.05+1.45	√		?	《西安郊区隋唐墓》23 页
	三	正四	郭恒	708	1.58×1.56+?	√		竖井阶梯	《考古与文物》1994 年 4 期 19~23 页
	三		秦川厂 M3		2.3×1.4+1.7			斜坡	《西安郊区隋唐墓》25 页
	一		西安郊区 M590		3.2×2+?			斜坡	《考古与文物》1992 年 5 期 58~63 页
	二		韦美美	733	5×2+1.15	√		?	《考古通讯》1956 年 6 期 51~53 页
	二		严明妻任氏[19]	707	2.6×1.95+1.75	√		竖井	《考古与文物》1994 年 4 期 19 页
	一		秦川厂 M2		2.2×1.1+1.48			竖井	《考古与文物》1991 年 6 期 12 页
	二		黄河厂 M4		2.1×1.3+?			?	《西安郊区隋唐墓》36 页
	三		张十八娘子	818	2.58×1.62+?				

西安地区的唐墓形制　193

续表

亚型	期	官品	墓主人	年代	墓室尺寸（米）	砖棺床	小龛数	墓道形制	资料来源
C	三	正三	陇西郡夫人董氏	837	3.55×2.75+?			斜坡	《西安郊区隋唐墓》18~19页
C	三	从五	李霸	824	3.31×2.24+1.9	∨		竖井	《考古与文物》1991年4期56~57页
C	三	正七	路复原	858	2.5×1.98+1.6			竖井	《西安郊区隋唐墓》18~19页
C	三		李文政	830	2.25×1.43+?			竖井	《西安郊区隋唐墓》18~19页
C	一		陈感意	640	2.5×1.8+?	∨		斜坡	《考古与文物》1992年5期51~57页
C	二		西安郊区M413		2.6×1.8+1.8	∨		竖井	《西安郊区隋唐墓》26页
C	二		王氏	863	2.7×1.8+1.8	∨	5（墓室内）	?	
C	三	从三	唐思礼妻俞氏	870	3.11×2.03+1.9	∨	9（墓室内）	竖井	
C	三	从三	唐思礼	871	2.85×1.74+?	∨		竖井	
D	二		郭嵩	695	4.4×3.05+3.14	∨	1（墓室内）	斜坡	《西安郊区隋唐墓》8~9页
D	?		西安郊区M208		1.14×0.64+0.82			斜坡	《西安郊区隋唐墓》20页

或是兼而有之。所以，同是第三期许多品官还是使用了 II、III 两型墓。第二，IV A 形制与 III 型接近，并多砌有棺床和多设斜坡墓道，其规格应较 IV B、IV C、IV D 三亚型为高。所以，第一、二两期即有品官使用之例。第三，此型墓甬道两侧设小龛之制，只有极个别实例，结合 II 型例墓表，知第三期墓室内开小龛的做法流行起来，这种小龛已如前述是放置十二时的专龛。

从唐墓形制的四个类型看，大体可做如下概括：

I 型墓应是一品以上的皇室和得到殊遇的重臣使用。II 型墓是一品至五品的墓制，其中可分两级：即一至三品为一级，四、五品为一级。III 型墓是五品以下品官的墓制，有些无官品的人也可使用。IV 型墓应是庶人墓制。这四种墓制和唐代一般仪制多分四级，即"三品已上"、"五品已上"、"九品已上"和"流外及庶人"的情况相似[20]。《新唐书·车服志》记："文宗即位，以四方车服僭奢，下诏准仪制令，品秩勋劳为等级……王公之居不施重栱、藻井。三品堂五间九架，门三间五架。五品堂五间七架，门三间两架。六品、七品堂三间五架，庶人四架，而门皆一间两架。"[21] 这里对营建住宅的规定，又在"三品已上"分出"王公"一级，那就更与上述墓葬分等级的情况相近。墓葬是死人的住所，当然要和其生前住宅的规格相适应，因此，它们等级规定相接近，就完全可以理解了。

最后补充一点，即对比上述 I 型墓还要高一级的帝陵地宫形制的推测。唐陵地宫没有发掘过，如何考虑它的形制？首先可了解一下已发掘的五代时期较早的前蜀、较晚的南唐的陵内地宫情况。成都前蜀王建永陵，是一个直筒式的前中后三室建制[22]，南京南唐李昪、李璟两陵都是带有耳室的前中后三室[23]。前蜀、南唐都号称继承唐制，这三座陵的地宫内都发现了唐陵使用的玉质哀册，号称继承唐制，也许是有些根据的。其次，内蒙古巴林右旗辽庆陵，即圣、兴、道三宗的地宫都清理过了，也都是带有耳室的前、中、后三室[24]。第三，宋陵地宫没有发掘，但明、清陵已发掘、清理了几座。北京明十三陵中的万历朱翊钧定陵地宫也是带耳室的前、中、后三室[25]。清东西两陵地宫有的清理了几座，有的遗留下当时建地宫的档案、模型，现以易县清西陵为例，仁宗颙琰昌陵地宫、德宗载湉崇陵地宫都设三重门直筒式三室，档案中记它们的名称，从前到后叫"明堂券"（前室）、"穿堂券"（中室）、"金券"（后室）[26]。第四，墓葬仿居室，明清宫殿中轴线上的主要建筑是外朝三殿［皇极（太和）、中极（中和)、建极(保和)]、内廷三殿(乾清、交泰、坤宁),唐大明宫中轴主殿也是三座(含元、宣政、紫宸),大明宫内另一处重要宫殿——麟德殿更是前、中、后三个空间勾连接建,所以唐人又名之曰三殿[27]。第五,佛教教主释迦牟尼从南北朝起即被比拟为人主,前些年陕西扶风发掘了法门寺佛舍利塔地官,它的直筒式构造也分为前、中、后三个部分[28]。以上五例都可以作为我们推测唐陵地宫形制的参考,恰恰又都是前、中、后三室,又恰恰比上述Ⅰ型墓多了一室。究竟如何,当然还需要后世考古发掘来证实。

1995年夏,重新增订这篇旧稿时,发现需要补充的内容有两项不便插入文内,因作附录如下(图五)。

(一)从Ⅳ型墓葬的结构和随葬器物情况推查,还应有比它更简略的墓葬。1982年,陕西雍城考古队于凤翔南郊发现一大片唐墓群,其中有不少竖穴偏洞、竖穴半洞和竖穴土坑墓[29]。它们的年代,发掘者认为均属盛唐、中唐阶段。竖穴偏洞墓即在竖井墓道长边的一侧掘一横洞,内置葬具,如M19。该墓竖穴底与横洞同长为185厘米,竖穴底宽34~55厘米,横洞宽47厘米。竖穴半洞墓系于竖井墓道一端掘一高40厘米、深50厘米左右的土洞,置葬具的头部于洞中,葬具中部以下部分即顺置竖井墓道底,如M106。竖穴土坑墓无墓道,竖井底即是置放葬具或无葬具的尸体之所,如M112。后二类墓的长宽尺寸大体在20×40~65厘米左右。以上三类墓显然都比Ⅳ型墓为简略。凤翔是紧邻长安的关辅重地,中唐阶段的肃宗时代还曾号为西京[30],那里的发现作为西安地区的补充,应该

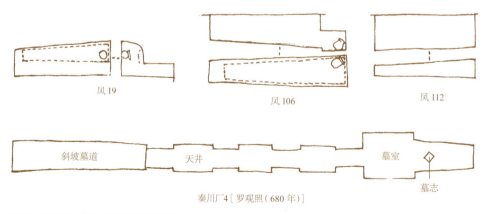

图五 竖穴偏洞、半洞、土坑墓及罗观照墓

是可以被认可的。

（二）1991年，西安市文物处于东郊韩森寨区发现调露二年（680年）徐王元礼姬罗观照墓[31]。该墓形制是斜坡墓道、三天井甬道、单室、后附棺室的土洞墓。单室长2.6米、宽2.28米、高2.5米，其后连掘一窄长的棺室，宽仅1.7米，深则在3.7米以上。《唐六典》卷二"司封郎中"条："凡亲王孺人二人视正五品，媵十人视正六品。"[32] 罗姬似属孺人、媵之列，如依制度兴建墓室，应若Ⅲ型或ⅣA型之一单室土洞，而此墓则在单室土洞后壁再开一容棺之窄洞，此种做法不知唐墓中是否尚有他例。意者，罗姬之卒上距徐王元礼逝世不远，元礼，高祖第十子，善骑射，有治名，太宗曾降玺书劳勉，卒后赠太尉、冀州大都督，并陪葬献陵[33]，营罗姬墓者仰承徐王声势，为罗姬兴建了一座这个地区前一时期——北周和隋代流行的高等级的墓室[34]。因此，此类墓不宜视作唐代墓葬的一个典型墓型。

注释

[1] 拙作《西安地区唐墓壁画的布局和内容》，刊《考古学报》1982年2期。该文曾根据壁画布局与内容的演变，试将西安地区唐墓壁画分作五个阶段。第一阶段相当于本文第一期，第二阶段大体上相当于本文第二期的第一阶段。第三阶段相当于本文第二期第二阶段的前半。第四阶段大体上相当于本文第二期第二阶段的后半迄于本文第三期的前三之一，即迄于9世纪初。第五阶段大体上相当于本文第三期后三之二，即迄于唐亡的907年。

[2]《唐六典》"司仪署司仪令"条注："凡葬，禁以石为棺椁者，其棺椁禁雕镂彩画，施户牖栏槛者。"《通典·礼·凶礼七·棺椁制》："大唐制：诸葬不得以石为棺椁及石室，其棺椁皆不得雕镂彩画，施户牖栏槛。"由此可知，凡使用石椁、石棺者皆出自殊礼。

[3] 唐尺有大、小之分，小尺用于礼乐，大尺为实用尺度。《唐六典》"户部金部郎中员外郎"条："凡度以北方秬黍中者，一黍之广为分，十分为寸，十寸为尺，一尺二寸为大尺……调钟律、测晷之景、合汤药及冠冕之制则用之（尺），内外官司悉用大尺。"小尺一尺约合24.75~25厘米，大尺一尺约在29.48~31.04厘米之间，取其中数为30厘米。

[4]《新唐书·三宗诸子·懿德太子重润传》："神龙初，追赠皇太子及谥，陪葬乾陵，号墓为陵。"《新唐书·诸帝公主·永泰公主传》："永泰公主以郡主下嫁武延基。大足中，忤张易之，为武后所杀。帝（中宗）追赠，以礼改葬，号墓为陵。"

[5] 本文Ⅰ~Ⅳ型例墓表中资料来源栏空白的例墓，其内容根据：1. 1961年作者录自当时陕西省文管会所藏发掘记录；2. 作者60年代参观现场时的笔记。以下同。

[6] 该墓墓志盖存石佚。盖铭"大唐故苏君之墓志铭"九字，故原报告亦题作唐苏君墓。前据墓葬所在地望和壁画、陶俑的内容年代诸项考察，疑为苏定方墓。参看本书《西安地区唐墓壁画的布局

和内容》231 页注〔11〕。

〔7〕 参看两唐书《尉迟敬德传》。

〔8〕 郑仁泰，两唐书无传，其事迹散见两唐书《高宗纪》《吐蕃传》《东夷高丽传》和该墓所出墓志。

〔9〕 《旧唐书·苏定方传》："(定方)乾封二年卒，年七十六。高宗闻而伤惜，谓侍臣曰：苏定方于国有功，例合褒赠……兴言及此，不觉嗟悼。遽下诏，赠幽州都督，谥曰庄。"

〔10〕 参看《西安郊区隋唐墓》附录《唐成王李仁墓志考释》。

〔11〕 参看两唐书《外戚·韦温传》。

〔12〕 参看《旧唐书·外戚·武攸暨妻太平公主》《新唐书·诸帝公主·太平公主传》。

〔13〕 唐安公主墓原报告无墓室高度的数字，此乃据发表的剖面图测得的约数。

〔14〕 杨思勖墓原报告记砖建墓室内高度为 9.6 米，经校以发表的剖面图，知所记高度系包括了室顶砖券的厚度，其确切的室内高度约是 8.7 米。

〔15〕 《元和郡县图志》卷一《关内道京兆府》："初，隋氏营都，宇文恺以朱雀街南北有六条高坡为乾卦之象，故以九二置宫殿以当帝王之居，九三立百司以应君子之数，九五贵位不欲常人居之，故置玄都观及兴善寺以镇之。"

〔16〕 参看《新唐书·宦者·杨思勖传》。

〔17〕 参看《旧唐书·外戚·独孤怀恩传》。

〔18〕 参看负安志《陕西长安县南里王村与咸阳飞机场出土大量隋唐珍贵文物》，《考古与文物》1993 年 6 期。

〔19〕 原报告未著墓主人姓氏，亦未记墓室尺寸，此据 1961 年录自发掘记录的笔记补足。

〔20〕 如《旧唐书·舆服志》所记《武德令》中之"进贤冠，三品以上三梁，五品以上两梁，九品以上一梁"。又记："(武德)四年八月敕：(衣服杂饰)三品已上……饰用玉，五品已上……饰用金，六品、七品饰银，八品、九品鍮石，流外及庶人……饰用铜铁。"《唐会要·舆服下》记："开元八年九月敕：诸笏，三品已上，前屈后直，五品已上前屈后挫，并用象。九品已上竹木，上挫下方。"此外，《新唐书·礼乐志三》吉礼所记诸臣庙室器之制、同书《礼乐志七》嘉礼记诸臣之子纳采之礼、同书《车服志》记始官之服缁布冠、养老之服通天冠和武官起梁带之制等，皆以三品以上、五品以上、九品以上（或作六品以下）分等级。至于与墓葬形制同属丧葬制度的其他事项的等级划分和上述情况相同的例证如：《唐六典》"司仪令"条注："凡铭旌，三品已上长九尺，五品已上八尺，六品已下七尺，皆书云某官封姓名之柩。"《通典·礼·凶礼八·器行序》："大唐制：鸿胪寺司仪署令掌凡引、披、铎、翣、挽歌、蒻帐之属。三品以上四引四披六铎六翣，六（五）品以上二引二披四铎四翣，九品以上二铎二翣……其下帐五品以上用素缯，六品以下练。"《通典·开元礼纂类三·序例下·杂制》："凡明器，三品以上不得过九十事，五品以上六十事，九品以上四十事。"《新唐书·礼乐志十》凶礼记诸臣大殓饭唅云："一品至于三品饭用粱、唅用璧，四品至于五品饭用稷、唅用碧，六品至于九品饭用粱、唅用贝。"又记凿木为重的等次"一品至于三品长八尺……四品至于五品长七尺，六品至于九品长六尺"等。

〔21〕 《唐六典》"左校署左校令"条注："天子之宫殿皆施重栱、藻井，王公诸臣三品已上九架，五品已上七架，并厅厦两头，六品已下五架。其门舍，三品已上五架三间，五品已上三间两厦，六品已下及庶人一间两厦，五品已上得制乌头门。若官修者，左校为之。私家自修者制度准此。"

〔22〕 参看冯汉骥《前蜀王建墓发掘报告》，文物出版社，1964 年。

〔23〕参看南京博物院《南唐二陵发掘报告》，文物出版社，1957年。
〔24〕参看田村实造、小林行雄《庆陵》，京都大学文学部，1953年。
〔25〕参看中国社会科学院考古研究所、北京市文物工作队《定陵》，文物出版社，1990年。
〔26〕参看刘敦桢《易县清西陵》，刊《中国营造学社汇刊》5卷3期，1935年。
〔27〕《唐会要》卷三十"大明宫"条："永隆二年（681年）正月十日，王公已下以太子初立，献食，敕于宣政殿会百官及命妇。太常博士袁利贞上疏曰……臣以为前殿正寝非命妇宴会之处……望请命妇会于别殿……若于三殿别所，自可备极恩私。上从之，改向麟德殿。"参看刘致平、傅熹年《麟德殿复原的初步研究》，刊《考古》1963年7期。
〔28〕参看陕西省法门寺考古队《扶风法门寺唐代地宫发掘简报》，刊《文物》1988年10期。
〔29〕参看雍城考古队《陕西凤翔县城南郊唐墓群发掘简报》，刊《考古与文物》1989年5期。
〔30〕参看《新唐书·地理志一·关内道凤翔府扶风郡》。
〔31〕参看吴春《西安秦川机械厂唐墓清理简报》，刊《考古与文物》1994年4期。
〔32〕《新唐书·百官志一·吏部司封郎中》："亲王孺人二人视正五品，媵十人视从六品。"
〔33〕参看《旧唐书·高祖二十二子·徐王元礼传》。
〔34〕参看负安志《中国北周珍贵文物——（咸阳）北周墓葬发掘报告》（陕西人民美术出版社，1993年）所举之王士良和董氏墓（565~583年）、叱罗协墓（575年）、若干云墓（578年）、独孤藏墓（578年）。以上四墓皆作单室后附窄长棺室的土洞墓，而此四墓的墓主人官职皆列一品，因知罗姬墓制来源于本地区的北周旧制，其等级较同时期的单室土洞墓为高。

西安地区唐墓壁画的布局和内容

西安地区指今陕西省西安市及其附近诸县。在唐代，这里是京城所在和毗邻京城的京兆府雍州辖地。许多唐代皇室、贵戚、京畿大族的墓葬在这里；由于各种原因，不少外地流寓到京畿的人，死后也埋藏在这里；至于开国功臣、历朝的重要将相更以陪葬帝陵为荣。帝陵集中在今西安市附近的渭水北岸。因此，西安地区是唐代大墓集中的地点。

唐代较大的墓葬一般都绘有壁画，三品官以上的大墓的壁画，内容更丰富，技艺水平更高。西安地区多唐代大墓，所以研讨唐墓壁画，解放后西安地区的发现最为重要。但西安地区的唐代大墓和其他地点绘有壁画的唐墓有类似情况[1]，墓中壁画全部完整被保存下来的极少，大多有不同程度的塌毁，甚至有的只残存一小部分。这样，本文重点研讨的项目——壁画的布局和内容，就遇到了困难，不得不使本文增加某些推测成分，这一点是事先应予说明的。另外，不少大墓墓内安装了石门，有的还使用了石棺或石椁，这类石门和石葬具都施线雕[2]，线雕内容与和它相应位置的壁画内容大体相似，因此在分析壁画内容时，个别地方也借用了这些线雕的资料。

本文所使用的资料，分别出于二十四座墓葬，其中二十座的资料全部或大部分已公开发表；另四座墓葬的资料，根据有关同志的文字记录和作者的参观记录。

二十四座墓葬都随葬了墓志，所以它们的壁画绘制时间都有接近的绝对年代可为凭据。现依年代顺序，将各墓壁画的大致内容按所在的位置列成文末附表。在检阅该表之前，需简单说明墓葬中描绘壁画方位的名称，因此请先注意一下下面的附图（图一）。

图一 墓内描绘壁画方位名称图
1. 墓道 2. 第一过洞 3. 第一天井 4. 第二过洞 5. 第二天井 6. 第三过洞 7. 第三天井
8. 第四过洞 9. 第四天井 10. 第五过洞 11. 第五天井 12. 第六过洞 13. 石门 14. 前甬道
15. 前室 16. 后甬道 17. 墓室 18. 石椁

在文末附表（见第218页）中我们看到了四处壁画布局和内容有了较大变化的所在：

文末附表序列号（下文简作序列号）1、2之间，即在630年李寿墓与653~675年阿史那忠夫妇墓之间；

序列号7、8之间，即675年李凤墓与706年懿德太子李重润墓之间；

序列号14、15之间，即729年冯君衡墓与745年苏思勖墓之间；

序列号21、22之间，即787年郑国大长公主墓与844年梁元翰墓之间。

表中出现的这四种情况，我们认为不应是偶然的现象，而是反映唐墓壁画大致分作五个阶段的标志。下面我们即从布局和内容两方面，初步分析一下各阶段壁画的时代特征。

序列号2即653~675年阿史那忠夫妇墓之前的第一阶段，只有630年李寿墓（序列号1）一例。

李寿墓壁画和其后的唐墓壁画比较，最突出的不同，是墓道、天井和墓室三部分的壁面布局分上下两栏；其次是全部壁画的安排，分成了两个单元，即以最后天井（第四天井）壁面画列戟的所在分界，前后壁画内容各成一单位。前后两单元都绘出了较宽阔的空间。前面单元即从墓道到过洞、天井的壁画：上栏，墓道最前方画飞天引导，其后是出行游猎、农牧生产和炊厨设备等内容；下栏，画骑步仪卫和为墓主人准备好的鞍马扇盖（过洞不分栏，皆画步卫）。很明显，这部分主要是描绘墓主人外出游猎的场面。后面单元即甬道和墓室的壁面：甬道前部（石门外）绘有属吏进谒的形象，后部（石门内）东壁画寺院，西壁画道观；墓室西壁上栏残存马厩和仓廪，北壁残存具有多层院落的宅第，宅第右侧有园林，宅第前后院中都绘出了歌舞正酣的情景，这座宅第应是墓主人李寿的私邸。后面单元的壁画值得注意的是，它不仅是描绘墓主人的内宅生活，而是把当时上层人物内宅的附属建筑物都包括了进去，并且在墓室壁画绘制了与墓主人内宅生活没有直接关系的马厩、仓廪等内容。

李寿墓的壁画布局和内容是不是一个偶然的孤例呢？可不可以看作唐代早期这类墓的壁画的一般情况呢？近年由于各地十六国迄隋墓壁画的发现，我们认为李寿墓壁画布局和内容的主要特点，是渊源有自的。各地新发现的有关情况如下表（表一）。

表中所例四墓资料虽不齐全，但墓室（或前室）壁画大体多作上下两栏布置[3]；另外，最近山西省考古研究所在太原南郊清理的一座大型北齐墓墓道与墓室壁画皆分上中下三栏、过洞天井壁画皆分上下两栏布局[4]。这种壁画分栏布局，可上溯到东汉魏晋[5]。可知李寿墓壁画分栏的做法系沿袭旧制。表中四墓墓室以前部分的壁画大都不存，但上述太原南郊大型北齐墓墓道壁画的发现，补足了这个缺欠。该墓墓道壁画内容是仪卫出行与归来，它与该墓墓室四壁绘墓主人夫妇内室生活和准备墓主人夫妇出行的鞍马牛车，显然不是接连紧密的一个单元的布局。这一特点与李寿墓壁画几乎完全相同。此外，洛阳北魏元乂墓和嘉祥隋徐敏行墓以及太原南郊北齐墓墓室内都描绘了四神；磁县北齐高润墓和嘉祥隋徐敏行墓墓室左壁都描绘了场面较大的牛车；徐敏行墓和太原南郊北齐墓墓室右壁还保存了与左壁牛车相应的鞍马；高润、徐敏行两墓和太原南郊北齐墓墓室后壁又都描绘了墓主人内室生活。以上情况，大约可以说明墓室壁画这样的安排与内容，应是北朝以来这类墓的流行做法[6]。依此推测李寿墓墓室后壁现存的宅院女乐，约是墓主人内宅生活的部分残存；而右壁上栏绘马厩、仓廪，其相邻的下栏塌毁的壁画，说不定就有可能如徐敏行墓、太原南郊北齐墓两例，原来也画出了鞍马。这个推论如果不误，那么与右壁相对的，壁画已全部塌毁的左壁，原来就有可能是牛车的题材了。李寿墓墓室壁面没有绘四神，但置放在墓室内的石椁的外壁，却按方位雕出了四神[7]。至于残存于李寿墓第三天井壁面的耕牧壁画，显然也和甘肃嘉峪关市十六国后期丁家闸第五号墓前室壁面所绘的耕作与放牧有关。

从以上各墓壁画的比较，可以初步了解李寿墓壁画的布局特点和主要内容大都渊源有自。李寿墓壁画中出现的新内容，我们粗略地查核了文献记载，知道也有不少是当时沿用旧制度、旧习俗的反映。如最后天井两壁绘列戟，"三品以上门皆列戟"之制，早已流行于隋代[8]。又如甬道后部（石门内）东壁画寺院，西壁绘道观，大约也和隋文帝建大兴，于皇城之南中轴大街（朱雀大街）东侧置大兴善寺，西侧置玄都观的设计[9]有关。但列戟与寺观，是否在唐初以前就出现在墓葬壁画中，目前由于资料缺乏，尚不便多作推论。

西安地区唐墓壁画的布局和内容　203

表一

序列号	墓葬	墓道	天井	甬道	墓室或前室				
					前壁	左壁	右壁	后壁	顶部
1	甘肃嘉峪关市丁家闸第五号墓（十六国后期）				前室上栏：坞壁、耕作　前室下栏：放牧、厨事	牛车、坞壁、耕作	坞壁、耕作	墓主人坐榻上，其左列乐舞、杂技	东王公、西王母、天马、飞廉、羽人、汉武云气飞纹
2	河南洛阳北魏江阳王元乂墓（孝昌二年，526年）				墓室上栏：四神　墓室下栏：漫漶	厨事、马槽、坞壁、采桑	坞壁、耕作	牛车出行	天象
3	河北磁县北齐文昭王高润墓（武平七年，576年）	上部残存莲花、忍冬，下部未清理			漫漶	四神	四神	四神	天象
4	山东嘉祥隋驾部侍郎徐敏行墓（开皇四年，584年）		武卫	卫从	卫从	牛（?）车、扇盖　墓室上栏：四神（青龙）　墓室下栏：牛车与女侍，后有两犬	上部残存侍卫二人，下部漫漶　四神（白虎）　扇盖、鞍马与控者	墓主人坐帐内　墓主夫妇坐帐内饮宴，帐前列乐舞	天象（?）

资料来源：1.《酒泉嘉峪关夫晋墓的发掘》，《文物》1979年6期。
2.《洛阳北魏元乂墓调查》，《文物》1974年12期。
3.《河北磁县北齐高润墓》，《考古》1979年3期。
4.《山东嘉祥英山一号隋墓清理简报》，《文物》1981年4期。

以上情况，大致可以说明李寿墓壁画以承袭前一时期的因素为主，较鲜明的唐代墓葬壁画的特点，还没有出现。这一点，大约可以视作唐墓壁画第一阶段的总的情况。

第二阶段，序列号2～7，即从653～675年阿史那忠夫妇墓[10]到675年李凤墓，共六座墓例。其中苏君墓志石已佚，据有关情况初步考定似为苏定方墓[11]。

这六座墓的壁画都是单栏形式，像前阶段李寿墓那样壁画分栏的做法已看不见了。整个墓壁画的布局走向一元化，墓道两侧壁绘主人出行时宅第门外准备好的各种仪卫和车、马，过洞、天井绘列戟以前的部分，有的画步卫、属吏，有的画马、驼，这些实际都是墓道壁画的延续部分，列戟以后部分多绘女侍；甬道两壁的壁画，又是过洞、天井列戟以后部分的延续，绘以捧持器物的女侍为主的男女侍从；墓室四壁也多画女侍。这样，从表示是宅第门外的墓道壁画到表示是宅第内室的墓室壁画，前后紧密连贯成为一个长卷式的既和谐又简洁的整体，显然和前一阶段分成两个单元的布局大不相同了。

第二阶段壁画内容和内容的安排，与前阶段的具体差异，首先表现在墓道壁画上，第一阶段布置在墓室的四神形象，这时其中的青龙、白虎也出现到墓道两壁的前方，取代了引导的飞天；青龙、白虎之后，是鞍马、牛车和步卫、属吏，这个内容李寿墓分画在墓道和墓室两处，这时则集中于墓道以及其后与之相连的过洞、天井壁面。其次墓道与墓室之间的过洞、天井和甬道部分的壁面外围，出现了影作的仿木结构，有的在过洞、甬道顶上还画出了天花板——平棋，这就进一步把这部分装饰成宅院的过厅。不消说，像李寿墓的农、牧、厨事的壁画没有了，就是宅院的附属建筑物如寺院、道观等图像也没有了。影作木构的两柱间画属吏和伫立持物的男女侍，女侍中有的扮男装，男或女侍之间有的还绘出了简单的花草点缀。至于墓室四壁的影作木构，有的比上述部分还复杂，如675年李凤墓墓室影作木构中画出了重栱，甚至还在影作木构的上方砌和绘出真假菱角牙子各一层。影作木构是这阶段比较普遍出现的新事物，它的出现和柱间描绘的男女侍相配合，使墓内宅院化这个唐墓壁画的特点，在第二阶段就更加鲜明了。墓室影作木构的柱间伫立成排的女侍中，多演奏乐器的形象，668年李爽墓壁画中的女乐，身高仅比真人略低，在1.44～1.47米之间；也有舞蹈的形象，如658年执失奉节墓。文献记载8世纪的著名画家王维

（698~759年或701~761年）曾在长安昭国坊的一处世家宅第的屋壁上看到"奏乐图"[12]，这个故事虽然晚些，但可证明这类乐舞壁画，也画在唐代豪贵的现实的屋壁上[13]。

出人意料的是1958年在苏联中亚塔吉克共和国片治肯特（Pyanjikent）的一处7~8世纪的居室遗址的壁画里，发现了和这阶段壁画相似的内容，有穿着与执失奉节墓、李爽墓墓室壁画中同样的衣裙和高头履的成排的女乐舞（图二），有和阿史那忠夫妇墓过洞天井壁画、苏定方墓（？）天井壁画中相似的腰垂鞶囊、手持笏板的属吏（图三），还有与执失奉节墓墓室所绘舞女衣饰相似的女近侍[14]。片治肯特当时是粟特人（Sogdian）昭武九姓的地区。5世纪以来，昭武九姓就和中原地区发生了较多的联系。6世纪中期，往还更加密切，"龙朔元年（661年）以陇州南由令王名远为吐火罗道置州县使，自于阗以西，波斯以东，凡十六国，以其王都为都督府，以其属部为州县"[15]。于阗以西、波斯以东，昭武九姓的地区应是其中的重要部分。大约就是由于这样的因缘，东西相隔八千里的长安和片治肯特，竟出现了极为相似的壁画内容。1965年，昭武九姓中的宗主国，康国描绘唐人形象的壁画也发现了。发现的地点在片治肯特西约70公里的撒马尔干（Samarkand）郊外阿弗拉西阿勃（Afrakánda）古城，即古康国都城遗址中。壁画的内容虽然不是成排的女乐和属吏，但人物形象和服饰却与上述片治

图二　片治肯特发现的壁画

图三　片治肯特发现的壁画

肯特的发现极为近似（图四、图五）[16]。看来在西突厥溃散之后，当时的东西文化交流，确实出现了空前的盛况。

第三阶段，序列号 8～14，即从 706 年懿德太子李重润墓到 729 年冯君衡墓，共七座墓例。

这七座墓从壁画内容和墓葬结构以及随葬品等情况看，都可以分作两组。第一组有四座墓，即序列号 11～14，墓主人身份与上阶段的六座墓的墓主人身份相似。第二组有三座墓，即序列号 8～10，墓主人则具有比第一组更高的等级。这两组墓的壁画布局，都和上阶段六座墓相同：不分栏；并前后延续连成一个单元。但在内容与安排上，却和上阶段的六座墓有较大的不同。现按上列组序分别叙述如下。

第一组 墓道壁画简化了，以前较重视的，为墓主人准备的外出车、马、仪卫已罕见，偶存者场面也大大缩小，被安排在天井和甬道壁面。墓道两壁主要内容变成了青龙、白虎，有的在青龙、白虎之前增画了朱雀；青龙、白虎之后，有的绘出一般的捧持器物的男女侍。影作木构扩及到墓道壁面，如 708 年韦洞墓。729 年冯君衡墓的天井壁面出现了专绘花卉的情况。韦洞墓甬道顶部绘满了云鹤，他的墓室上部影作木构间也绘有云鹤。原来较简单的影作木构中的叉手，728 年薛莫墓的墓室里绘出了繁缛的装饰。墓室四壁的男女侍大多塌毁，从韦洞石椁的人物线雕中可以知道，这时人物中间的女侍动态增多，男装的打扮也逐渐多样化。值得注意的是，前阶段点缀在人物间的花木，这时已发展成各种花树和流云禽鸟组成的较为复杂的背景了[17]。

第二组 三座例墓的墓主人身份都极为特殊，有中宗的长子懿德太子李重润、女儿永泰公主李仙蕙墓，还有武则天的第二子章怀太子李贤墓。前两墓更受到再高一级"号墓为陵"的待遇。章怀太子李贤葬时以雍王礼，"雍墓不称陵"[18]，所以和前两墓有别。前两墓墓道壁画在青龙、白虎之后，都绘有山林城阙，城阙之后是仪卫队伍。懿德的仪卫多骑卫，鞍马之外还有辂车和东宫官属；永泰在青龙、白虎前后都排列了步卫。章怀墓墓道壁画，前面绘出行、游猎、击球，后面上部画青龙、白虎，其下画宾客和陪同宾客的礼官，之后列步卫。此三墓墓道壁画比第一组复杂得多。看来，第一、第二两阶段重视墓主人外出仪卫的内容，这时第二组中还在继续。墓道与墓室之间的壁画情况，也和

西安地区唐墓壁画的布局和内容　207

图四　阿弗拉西阿勃发现的壁画（一）

图五　阿弗拉西阿勃发现的壁画（二）

第二阶段墓葬相似：大部分壁面都影作木构；列戟壁画以前的过洞、天井壁画，还是墓道出行仪卫的延续，懿德第一、第二过洞所绘架鹰、牵豹、犬和第二天井绘牛车即是一例；列戟之后的过洞、天井和甬道、前室壁面多绘男女侍，其间缀以花草树石，永泰后甬道顶绘出了云鹤。应予注目的是懿德、永泰前室左右壁和墓室左右壁，都各绘两组相对伫立的女侍群，每组最前一人形体略高大，梳高髻，有的还不捧持器物，显然与其他女侍不同，这当是高一级的女近侍的形象；至于懿德石椁门扇线雕着冠穿礼服的妇女，无疑是描绘东宫的女官。上述女侍群这个壁画题材，不见于章怀。章怀甬道和前室各壁所绘女侍动态自由：有的观鸟捕蝉，有的相对絮语，有的持物前行，也有伫立仰望，还有携带儿童（侏儒？）的。其墓室壁画生活气氛更为浓厚，东壁内外两幅，都以园林为背景，一幅绘一女坐凳上，环以女侍和内侍，另一幅一内侍面对作游乐状的女侍九人。南壁西侧也以园林为背景，描绘乐舞情景。看来，懿德、永泰壁画似按一定制度和格式所绘制，而章怀壁画则拘束甚少，题材多样，特别是墓室壁画中坐着的妇女，很有可能是该墓女主人的形象，这一点是值得注意的[19]。

这一阶段第二组地位特殊的墓葬壁画，还保持了出行仪卫的内容，和前阶段墓主人身份相似的第一组的壁画则几乎淘汰了这个传统的题材。影作木构在这阶段高度发展。墓室壁画人物形象的姿态动作和背景题材越来越自由化，这种情况反映在石椁线雕上尤为显著。背景题材中的花卉、云鹤，都出现了独立的画面。综观壁画全部，游乐内容的增多，是一、二两组的共同点。许多游乐的题材中，表现了中亚的强烈影响，章怀墓大场面的击球和懿德墓绘出的猎豹，以及懿德与万泉县主墓（序列号12）绘出的长喙细腿的波斯犬，都来源于中亚乃至西亚。唐代诸王击球，最早记录见《封氏闻见记》所记景云中（710～711年）诸王与吐蕃击球[20]，章怀壁画适绘于此时，懿德墓绘胡人牵豹与鹰犬同列，知为猎豹。波斯、粟特地区狩猎用豹，文献记载这个地区贡豹，始于开元初，盛于开元天宝间[21]。"波斯国多骏犬，今所谓波斯犬也"[22]，文献记昭武诸国贡犬，也多在开元天宝间[23]。而上述这些壁画资料或早于文献记录，或与文献记录约略同时。此外，懿德壁画女侍所捧持的短颈玻璃瓶和永泰壁画女侍所捧的高足玻璃杯，似亦来源于西方。8世纪以还，唐代上层共行奢靡，壁画绘出的西方器物与游乐，也是这种奢靡之风的一端，但从当时东西文化交流日益频繁这一方面观察，壁画和其他遗迹中出现的和西方有关的事物，都是很重要的形象证据。

第四阶段，序列号15～21，即从745年苏思勖墓到787年郯国大长公主墓，共七座墓例。

这七座墓也可分作两组。第一组五座，即序列号的14、16、17、18、20，这五座墓主人身份与上阶段的第一组相似。第二组两座，即序列号的15、19，墓主人身份较一组为低。

第一组 墓道壁面前画青龙、白虎，后画捧物女侍，也有在青龙、白虎之前画出云鹤的。过洞画男侍。天井画列戟。外出仪卫即使像身份特殊的郯国大长公主（787年）的壁画中也没有了，该墓仅存的鞍马题材被画在天井壁上。影作木构被淘汰，是和壁画内容要求进一步紧密联系相关的，如745年苏思勖墓甬道壁面绘抬盝顶箱的行列和墓室东壁画十二人成组的乐舞。还有这时墓室中流行的墓主人像，如756年高元珪墓室北壁画墓主人端坐椅上，两侧各立一女侍等。这些需要宽敞壁面的壁画，分间隔开的影作木构，显然就成了障碍。这时还出现了可以直接取代影作木构的折扇式屏风画。折扇式屏风既可绘之于一壁，也可折绘于多壁[24]，它有影作木构分格安排的优点，又可避免因全部壁面都作若干间隔而形成的单调划一。苏思勖墓墓室西壁六扇屏风画都绘树下人物，六幅人物动作不同，但形象相似，有人推测这类人物屏风画中的人物，"可能是描绘墓主人生前的生活情景"[25]，这个推测与上述这阶段墓室出现墓主人像壁画的情况是一致的。另外，墓室南壁东侧画正面朱雀[26]，与之相对的北壁东侧画玄武，看来也是首先出现在这一组墓中的。

第二组 墓道无壁画。这组墓墓道之后无过洞、天井，直接与甬道相连，甬道壁面有的绘鞍马。墓室壁画与第一组同，盛行墓主人像和屏风画。765年吴贲妻韩氏墓墓室西壁画妇女屏风，六幅妇女和第一组苏思勖墓墓室西壁的树下人物屏风情况相同，都是形象极为相似。745年雷内侍妻宋氏墓墓内西壁画墓主人像，与之相对的东壁画乐舞。这种相对壁面配合成组的安排，是这时新出现的。第一组中苏思勖墓墓室与东壁乐舞相对的西壁，即绘树下人物屏风，这应是和上例相同的有意的相对成组的安排。

这一阶段墓道壁画走向衰落，有的只剩下青龙、白虎。身份较低的第二组已把墓道两壁空置起来，不再绘制壁画了。墓内壁画女侍的比例增多。墓室壁面流行的壁画内容是墓主人像和可能是描绘墓主人形象的人物屏风；还有上面两种内容与乐舞相对成组的情景，其中最具阶段特征的是折扇式人物屏风画的流行。屏风是室内的设备，我们从敦煌约自8世纪初期和中期的洞窟壁画里，看到不少在居室床榻之后或佛龛坛座之后绘置折扇式屏风的景象[27]，新疆吐鲁番高昌古城（唐西州城址）北阿斯塔那发现的武则天长安二年（702年）张礼臣墓（M230）中随葬了折扇式人物屏风的实物[28]。墓葬中变实物为壁画，似乎也从这个时期开始，山西太原西南郊新董茹村和金胜村发现的属于武则天晚期的四座中小型砖室墓[29]，墓室棺床后面的壁面，都绘出八或六扇树下人物屏风。因此，我们怀疑这种折扇式屏风画，可能先流行在地方上的墓葬里，可是当首都长安墓葬盛行了这种题材的壁画后，不久就普遍地流行起来，远在西州的大约是大历年间（766～779年）的65TAM38墓室后壁[30]和72TAM216墓室后壁[31]都出现了人物屏风画，即是一例。

第五阶段，共三座墓，即序列号22～24。

第三座墓墓主人身份与上阶段第一组墓墓主人身份相近。壁画更简化了，简化的情况与上阶段第二组墓类似。墓道无壁画，与墓道衔接的甬道壁面，只画出一二个女侍。壁画集中在墓室，从现存西壁的壁画看，都绘屏风六扇。屏风画的内容改变了，云鹤、翎毛[32]取代了人物，特别是云鹤题材更为盛行。三座墓除一座残存鸽子的图像外，另外两座都画云鹤。云鹤入画，盛于7、8世纪之际的武则天晚期和中宗、睿宗之世，当时薛稷画鹤，时号一绝[33]，其所绘厅堂鹤壁，又见咏于李白、杜甫[34]；鹤样入屏，更为薛稷所创意[35]。9世纪，达官文士赏鹤成风[36]，寄鹤、忆鹤之什，著录繁多[37]。太和初（827年）白居易自苏州携鹤归洛阳和开成初（836年）裴度乞得白居易双鹤事，更传为佳话[38]。因此，这时的品官墓室中流行描绘云鹤屏风壁画，就不是偶然的事了[39]。晚唐李复言《续玄怪录》记成道后的裴谌于广陵幻化的宅第，其"中堂……屏帐皆画云鹤"[40]，这段记录似乎又告诉我们：晚唐云鹤屏风的流行，还可能与道教有关。

上述西安地区五个阶段的唐墓壁画特征鲜明，我们认为大体可以概括有唐一代长安及其附近墓葬壁画的演变顺序。

第一阶段虽然只有贞观四年（630年）李寿墓一例，但其壁画布局与内容沿袭北朝、隋墓壁画旧制，这一点是非常清楚的。这样的布局和内容与第二阶段差别较大，又可说明它们之间应有较长的时间间隔。因此，这一阶段大约上面可以包括高祖时期，下面可以延及太宗中期。

第二阶段唐代壁画特征开始出现。这阶段例墓的年代，最早的是永徽四年迄麟德初（653～664年），最晚的是上元二年（675年），都在高宗在位的时期（650～683年）。高宗殁，嗣圣元年（684年）"九月，大赦天下，改元光宅……改东都为神都"[41]，迄神龙二年（706年）"冬十月己卯，车驾还京师，戊戌至自东都"[42]，其间二十余年，唐代京城实际在东都洛阳。因此，西安附近未发现武则天时期较大的墓葬，所以西安地区唐代墓葬壁画缺乏这一时期的实例。

第三阶段是唐墓壁画特征的形成时期，这阶段壁画例墓，最早的是神龙二年（706年），即唐皇室西返长安之年，最晚的是开元十七年（729年）。尽管这阶段的主要例墓大部分在开元以前，但开元十六年（728年）、十七年两墓壁画接近它前面的因素比较多（如墓道人物还较多，墓室壁画的影作木构和其间布置的人物等情况）；而与它后面的天宝四载（745年）墓的壁画差别则较大。因此，我们估计第三阶段的下限，大约可以到开元后期。这阶段开元以前的例墓中三座特殊身份的墓葬主人入葬的时间，在神龙二年四至七月间[43]，即都在十月还都长安之前，其时上距神龙元年（705年）十一月武则天之死不满一年。因此，可以推测此三墓壁画所代表的时代，至少应包括武则天晚期。这样，第二阶段与第三阶段间的空缺，就可稍予补充了。

第四阶段，第二、第三两阶段所形成的壁画特征，在此阶段有了较大的改变。这阶段的最早墓例是天宝四载（745年）墓，最晚墓例是贞元三年（787年）墓。第四阶段自天宝以降，大约可以包括肃、代、德三期（756～805年），它的下限可能到了8、9世纪之际。

第五阶段与第四阶段墓例的时间间隔较长，但从壁画上观察，第五阶段应是第四阶段的简化，出现的差异，也是在第四阶段流行的主题——屏风画内出现的。它和文学作品中，晚唐不过延中唐的余响、渐入衰境的情况有些类似。这阶段包括的时间，大约从元和以后以迄唐亡（806～907年）。

1981年7月

注释

〔1〕其他地点唐墓壁画保存较好的，有山西太原和新疆吐鲁番地区的发现，具体情况见本文后面论述的第四、第五两阶段。壁画塌毁较多本文未涉及的墓葬，其中较重要的有四川万县永徽五年（654年）永州刺史冉仁才与其妻汉南县主合葬墓，见四川省博物馆《四川万县唐墓》，《考古学报》1980年4期；湖北郧县开元十二年（724年）嗣濮王李欣墓，见高仲达《唐嗣濮王李欣墓发掘简报》，《江汉考古》1980年2期；广东韶关开元二十九年（741年）尚书右丞相张九龄墓，见广东省文物管理委员会等《唐代张九龄墓发掘简报》，《文物》1961年6期。

〔2〕石门、石葬具上雕刻的各种图像，原皆赋彩，不过大多脱落无存，陕西三原贞观四年（630年）司空淮安郡王李寿（字神通）墓的石门、石椁尚保有残迹，可以为证。

〔3〕嘉峪关丁家闸5号墓原《报告》谓前室壁画分五层（栏），该墓现有原大临摹复原模型，陈列在兰州甘肃省博物馆。按自上第一二两层（栏），系绘在墓室顶部，第五层（栏）绘在壁面下的方坑内。因此，就前室四壁言，壁画只有两栏，即报告中的三、四两层（栏）。又此墓后室（墓室）壁画亦分栏，《报告》云："共分三层，第一层绘庆云，第二层以土红宽带环绕，内绘二奁、三方扇、二盒、二拂、一弓、一箭箙和一柱形物……第三层绘三丝束、三捆扎的绢帛。"

〔4〕此墓1951年发现，当时中央文物局曾派谢元璐同志前往调查，见《文物参考资料》2卷4、5合期（1951年）中的文物局纪事。1979年开始发掘，迄未完工，资料未发表。文中所列简况，系据作者参观记录。

〔5〕近年发现的河南密县打虎亭汉墓（参看安金槐等《密县打虎亭汉代画像石墓和壁画墓》，《文物》1972年10期）、内蒙古和林格尔护乌桓校尉墓（参看内蒙古文物工作队《和林格尔发现一座重要的东汉壁画墓》，《文物》1974年1期）皆如此。魏晋仍之，如甘肃嘉峪关市发现的魏晋墓（参看嘉峪关市文物清理小组《嘉峪关汉画像砖墓》，《文物》1972年12期）。与北朝同时的南朝墓葬亦然，如江苏丹阳发现的南齐墓（参看南京博物院《江苏丹阳胡桥南朝大墓及砖刻壁画》，《文物》1974年2期；又《江苏丹阳胡桥、建山两座南朝墓葬》，《文物》1980年2期）和河南邓县墓（参看河南省文物工作队《邓县彩色画象砖墓》，文物出版社，1958年）。

〔6〕四神、鞍马、牛车是南北朝以来墓室左右壁的流行画题。前引河南邓县墓出有牛车、鞍马和四神画像砖。洛阳北魏孝昌二年（526年）江阳王元乂墓墓室四壁上部"有四象图（或叫四神、四灵）的零星残迹"，下部已漫漶不可辨识（参看洛阳博物馆《洛阳北魏元乂墓调查》，《文物》1974年12期）。这样的壁画题材，还影响到东北高句丽地区，抗战时期日本人在今吉林集安洞沟挖掘的舞踊冢，墓室顶下部绘四神，左壁绘牛车出行和骑马出猎，后壁画墓主人饮宴（参看池内宏等《通沟》，东京日满文化协会，1938年）。

〔7〕石椁或石棺外壁雕四神，早于李寿墓者有洛阳上窑大队北魏墓发现的石棺，该棺左右外壁雕仙人驭龙虎（参看洛阳博物馆《洛阳北魏画象石棺》，《考古》1980年3期）。陕西省博物馆藏咸阳发现的北周石棺，左右外壁雕青龙、白虎（见王子云《中国古代石刻画选集》，中国古典美术出版社，1957年）。至于四神俱全的石棺线雕，有陕西三原开皇二年（582年）广德郡公李和墓的石棺（参看陕西省文物管理委员会《陕西省三原县双盛村隋李和墓清理简报》，《文物》1966年1期）和《中国古代石刻画选集》著录的洛阳出土现已流落国外的隋石棺。

〔8〕《隋书·柳彧传》："高祖受禅，（彧）累迁尚书虞部侍郎，以母忧去职。未几，起为屯田侍郎，固让弗许。时制：三品已上门皆列戟。左仆射高颎子弘德封应国公，申牒请戟。彧判曰：仆射之子

更不异居,父之戟槊已列门外,尊有压卑之义,子有避父之礼,岂容外门既设,内阁又施。事竟不行。"

[9] 《长安志》卷七:"(万年县所领朱雀门街之东从北第五坊)靖善坊,大兴善寺尽一坊之地。初曰遵善寺,隋文承周武之后,大崇释氏,以收人望,移都先置此寺,以其本封名焉。"又卷九:"(长安县所领朱雀门街之西从北第五坊)崇业坊,元(玄)都观隋开皇二年(582年)自长安故城徙通道观于此,改名元(玄)都观,东与大兴善寺相比。初宇文恺置都,以朱雀街南北尽郭有六条高坡,象乾卦……九五贵(贵)位,不欲常人居之,故置此观及兴善寺以镇之。"长安皇城之前,特置东寺西观,与李寿墓墓室之前,东壁绘寺院、西壁绘道观的设计全同。后者之取意,疑来源于前者。

[10] 阿史那忠夫妇墓墓道与第一天井的壁画及过洞和其他天井的壁画风格略异。《简报》记此事云:"(第一天井)西壁灰泥皮残破,可见下面还有一层壁画,也是戟架,列戟也是六根;同时墓道内好多处都发现有两层壁画。"按《阿史那忠墓志》记:"夫人定襄县主,永徽四年(653年)薨,先葬于昭陵之下……上元二年(675年)……奉迁(阿史那忠)灵榇,合葬于昭陵之茔。"知两人入葬相距二十二年。因此,可以推测该墓第一天井和墓道的上层壁画绘于上元二年,下层壁画绘于永徽四年,其他部位无下层壁画的,也应绘于永徽四年。

[11] 咸阳发现的苏君墓,简报见《考古》1963年9期。此墓早年被盗,志石已佚,仅存志盖,盖篆书铭"大唐故苏君之墓志铭"九字。简报据所出陶俑特征,定其时间"上限应在总章元年(668年)以后,下限不会超过开元年间(713～741年)";又据壁画列十戟,"初步推测死者为三品以上官僚"。简报记此"苏君墓位于陕西省咸阳市东北17.5公里的顺陵(武则天母杨氏墓)西南隅,距该陵约500米"。按顺陵唐时在咸阳县境,《新唐书·地理志一》京兆府京兆郡咸阳县下记:"又有顺陵,在咸阳原。"《新唐书·后妃传上·高宗则天顺圣皇后武氏传》记:"(武氏母杨氏)咸亨元年(670年)卒,追封鲁国……以王礼葬咸阳……(永昌元年以)咸阳墓为明义陵……(载初二年二月以)明义陵为顺陵。"苏君墓既"距该陵约500米",当亦在咸阳境内。唐咸阳故城,《嘉庆一统志》"陕西省西安府古迹"条:"在今咸阳县东,唐初徙置,即古杜邮亭也……《县志》明洪武四年(1371年)县丞孔文郁移治今所。杜邮馆在县东五里。"知自唐迄今咸阳县辖境变化不大。唐代京畿官宦多归葬故里,此苏君墓当不例外。检史籍所载开元以前咸阳籍三品以上官员无苏姓。按《新唐书·地理志一》京兆府京兆郡记领县咸阳云:"咸阳,畿。武德元年(618年)析泾阳、始平置。"而高宗时封邢国公的苏定方恰为始平人,《新唐书·苏定方传》:"苏烈字定方,以字行,冀州武邑人,后徙始平。"《旧唐书·苏定方传》记其官爵云:"(显庆三年)定方以功迁左骁骑大将军,封邢国公……定方前后灭三国,皆生擒其主,赏赐珍宝不可胜计……俄迁左武卫大将军。乾封二年(667年)卒,年七十六。高宗闻而伤惜,谓侍臣曰:苏定方于国有功,例合褒赠,卿等不言,遂使哀荣未及。兴言及此,不觉嗟悼。遽下诏赠幽州都督,谥曰庄。"又按该墓"现存的陶俑不见女俑",且多为外出仪卫俑,其中武卫骑俑和声乐骑俑约占四之一("各类陶俑共三百五十二件");现存壁画也多属步卫、鞍马,这些都与苏定方身份相应,苏君墓于前室入口处置天王俑两件,简报记述天王俑云"头戴盔,身着甲,甲涂有金色,双脚平踏于怪兽身上。一怪兽类牛,一怪兽类犬。双手握拳,拳眼向上,与李爽墓出土之天王俑酷肖";又于墓道东壁第二小龛中置与郑仁泰墓所出下着战裙、足踏岩石座相类似的武士俑两件。李爽葬于总章元年(668年),郑仁泰葬于麟德元年(664年),而苏定方卒于乾封二年(667年),又适位其间。

更契合的是，第五天井左右壁画列戟十竿，《唐六典》卷四"礼部郎中员外郎"条记："国公及上护军护军带职事三品……门各一十戟。"苏定方爵国公，其职事官左骁骑大将军或左武卫大将军皆正三品。因此，我们怀疑这座咸阳苏君墓即苏定方墓。至于所存志盖只铭"苏君"，未著官封谥号，或即如前引高宗所云"例合褒赠，卿等不言，遂使哀荣未及"，"遽下诏赠幽州都督，谥曰庄"，当是入葬之后的事了。

〔12〕见《太平广记》卷二一一引《国史补》："（王）维尝至招（昭）国坊庾敬休宅，见屋壁有画秦乐图。维熟视而笑。或问其故。维曰：此霓裳羽衣曲第三叠第一拍。好事者集乐工验之，无一差者。"

〔13〕王维等人曾为崔圆画壁，《太平广记》卷一七九引《集异记》："天宝末（755年），禄山初陷西京，（王）维及郑虔、张通等皆处贼庭。洎克复，俱囚于宣杨（阳）里杨国忠旧宅。崔圆因召于私第，令画数壁。当时皆以圆勋贵无二，望其救解，故运思精巧，颇绝其能……今崇义里窦丞相易直私第即圆旧宅也，画尚在焉。"按唐代豪贵层壁多绘壁画，唐初阎立本曾于"西京延康坊立本旧宅西亭"画山水。"则天朝……东京尚书坊岐王宅亦有（薛）稷画鹤。""玄宗时……劝善坊吏部尚书王方庆宅院有（郑）虔山水之迹"，以上俱见《封氏闻见记》卷五。

〔14〕参看 G. Frumkin, *Archaeology In Soviet Central Asia*（Leiden/Koln, 1970）第四章塔吉克。此居室遗址壁画有两层，成排的女乐舞系上层壁画，属吏和女近侍为下层壁画。但从上述对比的资料推察，这里两层壁画绘制的时间距离，似应不会太长。

〔15〕《新唐书·地理志七下》陇右道羁縻州。昭武九姓地区所置都督府和州的情况，参看《新唐书·西域传下》"康国"条。

〔16〕А. А. Абдуразаков и М. К. Камбаров, Реставрация Настенных Росписей Афрасиаεа, Ташкент, 1975.

〔17〕陕西省博物馆藏开元六年（718年）韦顼石椁线雕，其中女侍有架鹰者，还有附雕张弓射鸟的小儿等形象，比韦洞石椁线雕又复杂了一步。参看前引《中国古代石刻画选集》。韦顼石椁系清宣统二年（1910年）出土于长安县李王村，其地当距韦洞墓不远。同出墓志记项则衔为"银青光禄大夫卫尉卿扶阳县开国公护军"。项、洞俱出东眷韦氏，检《新唐书·宰相世系表四上》，知项为洞之族祖。

〔18〕懿德太子李重润墓号墓为陵，见《新唐书·懿德太子重润传》："神龙初（705年），追赠皇太子及谥，陪葬乾陵，号墓为陵。"永泰公主墓视陵制及雍王不称陵，见《新唐书·卢粲传》："武崇训死，诏墓视陵制。粲曰：凡王、公主墓尤称陵者，唯永泰公主事出特制，非后人所援比……虽崇训之亲不及雍王，雍墓不称陵。"

〔19〕章怀太子李贤墓出"大唐故雍王墓志铭"和"大唐故雍王赠章怀太子墓志铭"各一方。前志云："文明元年（684年）二月廿日薨于巴州之别馆，春秋卅有一。至垂拱元年（685年）三月廿九日恩制追赠雍王，谥曰悼，葬于巴州化城县境……神龙二年（706年）又加制命册赠雍王……仍令陪葬乾陵，以神龙二年七月一日迁窆，礼也。"后志云："景云二年（711年）四月十九日又奉敕追赠册命为章怀太子……妃清河房氏……以上元年中（674~675年）制命为雍王妃……景云二年龙集荒落六月十六日遘疾，薨于京兴化里之私第，春秋五十有四，即以其年十月上寅朔十九日庚申窆于太子之□□，礼也。"据此可知章怀柩陪葬乾陵在神龙二年（706年），后五年即景云二年（711年），重启墓道开墓门，置"大唐故雍王赠章怀太子墓志铭"和祔葬房妃；其时并重绘

壁画，所以章怀墓壁画重层。章怀墓室东壁残存的壁画中有很可能是墓主人形象的妇女坐像，更可证明这是因祔葬房妃时所重绘者。关于章怀墓壁画重层问题，参看陕西省乾县乾陵文物保管所《对〈谈章怀、懿德两墓的形制等问题〉一文的几点意见》，《文物》1973年12期。

〔20〕《封氏闻见记》卷六："景云中（710~711年），吐蕃遣使迎金城公主，中宗于梨园亭子赐观打球。吐蕃赞咄奏言，臣部曲有善球者，请与汉敌。上令仗内试之。决数都，吐蕃皆胜。时玄宗为临淄王，中宗又令与嗣虢王邕、驸马杨慎交、武秀等四人敌吐蕃十人。玄宗东西驱突，风回电激，所向无前，吐蕃功不获施。"此事适与章怀墓道所绘大场面的击球壁画为同时。击球游戏渊源于波斯，参看向达《唐代长安与西域文明》第六章《长安打球小号》。向文原刊《燕京学报专号》之二，1933年。后收入《唐代长安与西域文明》论文集，生活·读书·新知三联书店，1957年。

〔21〕贡豹文献记载始于开元初（713年），《唐会要》卷九十九："开元初，（康国）屡遣使献……狗、豹之类。"盛于开元天宝间，《册府元龟》卷九七一记："（开元）十四年（726年）二月安国遣使献豹，雄雌各一。"又"五月安国王……献马及豹。"又"十一月康国王遣使献豹。"又"十五年（727年）五月康国献……豹。"又"七月史国王……遣使献……豹。"又"十七年（729年）正月米使献……豹、狮各一"。又"（天宝）六载（747年）大食国王遣使献豹六。波斯国王遣使献豹四。"又"十载（751年）二月宁远国奉化王……遣使献……豹、天狗各一"。

〔22〕《唐会要》卷一〇〇。

〔23〕贡犬记录始于万岁通天二年（697年），《册府元龟》卷九七〇记："万岁通天二年四月安国献二头犬。"其次是开元初，见注〔21〕引《唐会要》。此后，《册府元龟》卷九七一记："（开元）十二年（724年）四月康国王乌勒遣使献……马、狗各二。"又记天宝十载（751年）宁远国奉化王献天狗，见注〔21〕。按中土重视波斯犬，北齐已然。《北史·武成诸子传》："南阳王绰……爱波斯狗……（绰）好微行，游猎无度，姿情强暴……有妇人抱儿在路，走避入草，绰夺其儿饲波斯狗。"北齐后主更封赠猎兽，"马及鹰、犬仍有仪同、郡君之号，故有赤彪仪同、逍遥郡君、凌霄郡君"（《北史·齐纪·后主纪》），《北齐书·恩幸·韩宝业等传》："后主之朝……以波斯狗为仪同郡君，分其厚禄。"出猎时，"犬于马上设褥以抱之"（《北史·齐纪·后主纪》），可见波斯犬之见重于当时了。太原南郊北齐墓墓道出行壁画前绘二犬，嘉祥徐敏行墓墓室有伺犬壁画，流风所被，延及唐代，章怀墓墓道狩猎壁画中正有类似"犬于马上设褥以抱之"的情况。

〔24〕折绘于多壁的屏风画，见山西太原金胜村第四、五、六号唐代壁画墓和金胜村东北新董茹村第五号唐代壁画墓。该四墓皆于墓室后半横砌棺床，与棺床相接的壁画即整个后壁和左右壁的后半部的壁画，画屏风；不与棺床相接的壁画即墓室前壁和左右壁的前半部的壁面上部画仿木结构。这种情况，恰好是屏风画代替仿木结构的过渡样式。参看山西省文物管理委员会《太原南郊金胜村唐墓》，《考古》1959年9期；《太原市金胜村第六号唐代壁画墓》，《文物》1959年8期；《山西文物介绍》，山西人民出版社，1954年。

〔25〕对阿斯塔那65TAM38墓室后壁六扇人物屏风壁画的解释，见新疆维吾尔自治区博物馆《吐鲁番县阿斯塔那——哈拉和卓古墓群发掘简报（1963~1965）》，《文物》1973年10期。

〔26〕单一的朱雀与相对的玄武，未画在墓壁正中。前阶段章怀墓，双朱雀相对立刻于石门门楣上方的半圆形券石正面；韦泂墓双朱雀画于墓道两壁的最前端。

〔27〕如敦煌莫高窟第217号窟盛唐所绘《妙法莲华经》如病得医图中，居室床榻之后即绘折扇式的山水和花树屏风。又如盛唐晚期安西榆林窟第25窟《弥勒变》探亲图中的山水屏风和莫高窟第195

窟佛龛内壁面上的人物故事屏风等。

〔28〕参看李征《新疆阿斯塔那三座唐墓出土的素绢画》、金维诺等《唐代西州墓中的绢画》，两文皆刊《文物》1975年10期。

〔29〕参看注〔24〕。此四墓壁画形式与内容极为相似。其中新董茹村墓出有万岁登封三年（698年）赵澄墓志，因知它们的年代，大约都属武则天晚期。

〔30〕65TAM38的人物屏风画，参看新疆维吾尔自治区博物馆《吐鲁番县阿斯塔那——哈拉和卓古墓群发掘简报（1963～1965）》，《文物》1973年10期。

〔31〕参看张勋燎《吐鲁番阿斯塔那216号唐墓壁画考释》，《中国史研究》1980年4期。

〔32〕屏风画翎毛，也应有一个发展过程。新疆吐鲁番阿斯塔那发现的72TAM215大约是8世纪晚期的一座夫妇合葬墓，墓室壁面画较复杂的翎毛屏风。画面内容是，每扇以一禽鸟（有孔雀、鸳鸯、雉、鹅等禽鸟）为中心，其后以花丛为背景，花丛上方衬以远山群燕，禽鸟前面散布石砾。这样的翎毛屏风，显然要比每扇单绘一禽鸟者为早。

〔33〕《封氏闻见记》卷五："则天朝，薛稷亦善画，今尚书省侧考功员外郎厅有稷画鹤，宋之问为赞……东京尚书坊岐王宅亦有稷画鹤，皆称精绝。"又《太平广记》卷二一〇引《唐画断》："（薛稷）画迹阎令，秘书省有画鹤，时号一绝。"

〔34〕《分类编次李太白文》卷二十九有《金乡薛少府所画鹤赞》。《分门集注杜工部诗》卷十六有《通泉县署屋壁后薛少保画鹤》。成都府西厅也有薛稷画鹤，见《益州名画录》卷下引卢求《成都记》云："府衙院西厅，（薛）少保画鹤与青牛。"

〔35〕《历代名画记》卷九："（薛稷）画鹤知名，屏风六扇鹤样，自稷始也。"

〔36〕辽宁博物馆藏周昉《簪花仕女图卷》绘贵族仕闲步庭园，庭园中有树石，有猫蝶，最突出的是丹顶白鹤一只。可见当时上层宅第养鹤观赏，已成风气。又该图卷系由五幅绢画拼接成卷，因疑原作或为小屏画。参看杨仁恺《对簪花仕女图的一点剖析》，《中国文物》1期，1979年10月。

〔37〕《文苑英华》卷三二八著录张籍《别鹤》，李远《失鹤》，贾岛《崔卿池上鹤》，刘得仁《忆鹤》，薛能《失鹤》《答贾支使寄鹤》《陈州刺史寄鹤》，李群玉《失鹤》，郑谷《鹤》，罗隐《病中题主人庭鹤》等。

〔38〕参看《文苑英华》卷三二八著录的裴度《白二十侍郎有双鹤留在洛下，予西园多野水长松可以栖息，遂以诗请之》，白居易《酬裴相公乞予双鹤》《送鹤与裴相临别赠诗》《失鹤》，刘禹锡《和裴相公寄白侍郎求双鹤》。

〔39〕《历代名画记》记"屏风六扇鹤样，自稷始也"，可见晚唐张彦远著书时，"屏风六扇鹤样"尚在流行。《益州名画录》卷上引欧阳炯《蜀八卦殿壁画奇异记》云："淮南献鹤数只，寻令（黄筌）貌于殿之间，上曰女（汝）画逼真，其精彩则又过之。"黄休复于引文之前，详记此事："少主广政甲寅岁（944年），淮南通聘，信币中有生鹤数只，蜀主命筌写鹤于偏殿之壁，警露者、啄苔者、理毛者、整羽者、唳天者、翘足者，精彩态体，更愈于生，往往生鹤立于画侧。蜀主叹赏，遂目为六鹤殿焉……先是蜀人未曾得见生鹤，皆传薛少保画鹤为奇，筌写此鹤之后，贵族豪家竞将厚礼请画鹤图，少保自此声渐减矣。"知赏鹤、画鹤之风，五代时依然盛行。《图画见闻志》卷五又记："熙宁初（1068年），命（崔）白与艾宣、丁贶、葛守昌画重拱殿御扆，鹤竹各一扇。"可见鹤样屏风更延及11世纪的中期。

〔40〕《太平广记》卷十七引。

〔41〕《旧唐书·则天皇后本纪》。

〔42〕旧《唐书·中宗本纪》《资治通鉴·唐纪二十四》记自洛阳还长安云："神龙二年冬十月己卯，车驾发东都，以前检校并州长史张仁愿检校左屯卫大将军兼洛州长史。戊戌车驾至西京，十一月乙巳赦天下。"

〔43〕懿德太子李重润陪葬乾陵，在神龙二年（706 年）四月，见《唐大诏令集》卷三十二李峤《懿德太子哀册文》："维神龙二年，岁景（丙）午，夏四月甲戌朔二十三日景（丙）申，懿德太子梓宫启自洛邑，将陪窆于乾陵，礼也。"永泰公主李仙蕙陪葬乾陵，在神龙二年五月，见徐彦伯《大唐永泰公主志石文》："以神龙元年（705 年）追封为永泰公主，粤二年岁次景（丙）午，五月癸卯朔十八日□□，有制令所司备礼与故驸马都尉合窆于奉天之北原，陪葬乾陵，礼也。"（参看武伯纶《唐永泰公主墓志铭》，《文物》1963 年 1 期）章怀太子李贤陪葬乾陵，在神龙二年七月，但该墓外层壁画绘制的时间，在景云二年（711 年），参看注〔19〕。

附表见下页，本文原刊《考古学报》1982 年 2 期，第 137~153 页

附表

序列号	年代	墓主人	官职与官品	壁画内容 墓道	壁画内容 过洞	壁画内容 天井	壁画内容 甬道（包括前室、后甬道）	壁画内容 墓室	线雕内容
1	贞观四年（630年）	李寿	司空（正一）淮安郡王（从一）	上栏：飞天引导，出行游猎；下栏：骑俑、扇盖、鞍马和胡挖	第一至第四过洞：步卫	第三天井：农牧，厨事；四：列戟；七：步卫，属吏	飞天石门外：属吏，其一面对女疟侍，侍作进谒状 石门内：西道观	西（右）壁：马厩，仓廪 北（后）：残存宅院一所，内外院皆有女乐	石门外侧：朱雀（与门内龟形墓志相应），孔雀 石门内侧：武卫 石椁外侧：四神，仙人驭龙凤，步卫，属吏 石椁内侧：三栏女乐舞，女侍和内侍
2	永徽四年至上元二年（653~675年）	李氏阿史那忠	定襄县主（视正一）镇军大将军（从二）薛国公（从一）	青龙，白虎，明驼与胡挖，鞍马，牛车与鴟毛扇御者，属吏，最后一属吏面对作仪刀土作进谒状	影作木构，顶平棋 三、四：属吏 三至五：女侍（有扮男装者）	一：列戟 二、三：属吏 四、五：女侍，有男装者			
3	显庆三年（658年）	执失奉节	常乐府果毅（从五）					北（后）：残存一舞女	
4	麟德元年（664年）	郑仁泰	右武卫大将军（正三）同安郡公（从二）	鞍马，明驼与胡挖，女侍，牛车与步卫，属吏，最后一面对作仪刀武土作进谒状	五：女侍 六：男装女侍	二至四：属吏 五：列戟，步卫 七：鞍马与控			
5	乾封二年（667年）？	苏定方？	左骁骑大将军（正三）邢国公（从一）？	青龙，白虎，明驼，鞍马与胡挖，步卫，属吏		二至四：属吏，有作进谒状者 五：列戟，步卫 七：鞍马与控	前甬道残存女侍足部	顶：天象	石椁外侧：步卫

续表

序列号	年代	墓主人	官职与封品	壁画内容					线雕内容
				墓道	过洞	天井	甬道（包括前甬道、后甬道）	墓室	
6	总章元年（668年）	李爽	司刑太常伯（正三）	残存步卫或属吏下部				属吏进谒，面对一女近侍	影作木构，柱间各立一女侍或棒器物，中有奏乐，顶：天象	
7	上元二年（675年）	李凤	司徒（正一）虢王（正一）	残存步卫	影作木构，顶平棋 一、驼与胡吏 二、步卫 四、属吏		影作木构，顶平棋，中有棒物花木装者，两侧间点烛女侍 花木		影作木构，其上砌出画出菱角牙各画一层。柱间山石画开，"为人物画，仅留遗痕"，顶：天象	
8	神龙二年（706年）	李重润	懿德太子	青龙、白虎、步骑仪卫、铠车、东官属、鞍马与胡官控者	一、胡人奉豹 二、男侍牵大、鹰 三以后皆女侍，最前一人为女近侍	影作木构 一、二、列载十二，各步卫 三：牛车与女侍	前后甬道间绘花木草石，侍有男装者，前室影作木构，东西壁各对立的棒物持烛女侍，每组最前一人为女近侍	影作木构，东西两壁对立的乐器各两组（包括拆乐器内有男装侍），每组最前一人为女近侍，顶：天象	石椁外侧东壁正中为门，门两侧对立女官	
9	神龙二年（706年）	李仙蕙	永泰公主	步卫、青龙、白虎、山林城阙、步卫属吏、列载六、鞍马与胡控	一至三：顶平棋 四、五，顶云鹤 五、东壁九人"似在拾担子"	影作木构 "有人物画"	前甬道人物花木山石，顶平棋 天象，南壁影作天象，南壁属吏进谒，中有男装，东西壁两组对立的棒物反男装烛女侍，每组最前一人为女近侍，北壁棒物女侍和女近侍，后甬道女侍，同以花木山石，顶云鹤	影作木构 南（前）：女侍笏，东侧属吏进谒，中有男装者，西侧女侍，东（左）：两组对立的棒物持烛女侍，每组最前一人为女近侍，北（后）："似为乐队"（女），顶：天象	石门外侧：持笏内侍，上有禽鸟 石椁外侧：分格，每格一女近侍，花木点缀其间 石椁其间，扇其立女近侍 石椁内侧：分格，每格有棒物的或立二女近侍，也有棒物的男装侍女，花草禽鸟点缀其间	

续表

序列号	年代	墓主人	官职与号品	壁画内容					线雕内容
				墓道	过洞	天井	甬道（包括前甬道、后甬道）	墓室	
10	神龙二年至景云二年（706～711年）	李贤房妃	雍王—章怀太子妃	上部青龙、白虎，下部出行、狩猎、击球、宾客与礼官、步卫	一：门厅（?）内有门吏二：列戟七三：内侍，有作进谒状者四：女侍		前甬道石门外，女侍有持乐器者，有内侍，进谒属吏，捧物女侍，女侍有男装者。前室影作木构以禽鸟树石，女侍有间以禽鸟树石者，有男装者。后甬道女侍间以花木，有的持乐器	影作木构，南（前）：园林，北（后）：园林内有女侍；东（左）：北侧园林内有众女侍，面对女坐塞上，环绕女侍与男侍；南（前）内侧：女坐塞上，环绕女侍与男侍顶：天象	石门外侧：门楣上方半圆券面刻双朱雀。石椁外侧：分格，每格刻人物，东壁门侧，一持勿男胡一女近侍
11	景龙二年（708年）	韦泂	卫尉卿淮阳郡王（从三）（从一）	影作木构，朱雀、青龙、白虎		二：残存人物足部	前甬道北侧残存花木前室四壁暗顶平淡后甬道顶云鹤	影作木构，影作间有云鹤南（前）（左）：人物残损东（右）：人物残损西（右）（后）：男女女侍北（后）：男女侍，男侍顶残存的捧胡瓶	石椁外侧：分格，每格刻人物，有花鸟青景，人物中有持勿属吏，残捧对对持勿门扇每格内侧：分格，多男女，捧持花，有花鸟者，也有抚禽鸟侍，有鸟青景
12	景云元年（710年）	薛氏	万泉县主（从二）	青龙、白虎、男装女侍持棒盘、女侍持莲、云鹤		列戟五，属吏	前甬道，男女侍物，女侍捧犬驾鹰		
13	开元十六年（728年）	薛莫	右骁骑大将军（正三）雁门县公（从二）						
14	开元十七年（729年）	冯君衡	潘州刺史（正四）	残存"五个人在一起，看一物"		"两壁为花开"		影作木构，"柱间原绘有人物，但已模糊不清"顶：天象	东（左）"残存一马（?）"

续表

序列号	年代	墓主人	官职与品官	壁画内容					线雕内容
				墓道	过洞	天井	甬道（包括前堂、后甬道）	墓室	
15	天宝四载（745年）	苏思勖	银青光禄大夫（从三）内侍（从四）常山县伯（正四）				前属吏、女侍，有二人抬一盏顶箱、走向墓室	南（前）：朱雀、东（左）：舞乐、西（右）：六扇树下人物屏风、北（后）：西侧一女及一男装女侍、东侧玄武、顶侧：天象	石门外侧：右持笏属吏，左执仪刀胡卫
16	天宝四载（745年）	朱氏	雷内侍（从四）妻					东（左）：乐舞、西（右）："疑为墓主人的画像"	
17	天宝六载（747年）	张去奢	少府监（从三）	鹤，青龙、白虎，捧物女侍	男侍	列戟五，男侍间有木石			
18	天宝七载（748年）	张去逸	太仆卿（正二）	青龙，白虎，捧物女侍		男、女侍	东（左）：乐舞、北（后）：男侍		
19	天宝十五载（756年）	高元珪	明威将军（从四）	青龙，白虎		骑卫	女侍	东（左）：舞女、西（右）：花井、北（后）："似为墓主人画像，坐椅上，旁有侍女"	
20	永泰元年（765年）	韩氏	扬州大都督府司马吴贲妻			鞍马与控者	鞍马与控者	西（右）：六扇屏风女屏风	
21	贞元三年（787年）	鄎国大长公主	（正一）	青龙，白虎	男侍	鞍马与控者，女侍		南（前）：朱雀、东（左）：伎乐	

续表

序列号	年代	墓主人	官职与爵品	壁画内容					线雕内容
				墓道	过洞	天井	甬道（包括前室、后甬道）	墓室	
22	会昌四年（844年）	梁元翰	桂管监军使 大中大夫（从四） 上柱国 正（正二）					南（前）：朱雀 西（右）：六扇云鹤屏风	
23	大中元年（847年）	高克从	义昌军监军使				女侍	西（右）："残存一幅（原为六幅）翎毛，两只鸽子对鸣"	
24	咸通五年（864年）	杨玄略	银青光禄大夫（从三） 开国侯（从三） 上柱国 正（正二）					西（右）：六扇云鹤屏风	

部分资料来源，按序列号顺序排列：

1.《唐李寿墓发掘简报》,《文物》1974年9期。 2.《唐阿史那忠墓发掘简报》,《考古》1977年2期。 3. 12、14、17、19、23《唐墓壁画》,《文物》1959年8期。 4.《唐郑仁泰墓发掘简报》,《文物》1972年7期。 5.《陕西咸阳唐苏君墓发掘》,《考古》1963年9期。 6.《西安羊头镇唐李爽墓的发掘》,《文物》1959年3期。 7.《唐李凤墓发掘简报》,《考古》1977年5期。 8.《唐懿德太子墓发掘简报》,《文物》1972年7期；《唐李贤墓、李重润墓壁画》重润墓壁画》，文物出版社，1974年。 9.《唐永泰公主墓发掘简报》,《文物》1964年1期；《唐永泰公主墓壁画集》，人民美术出版社，1963年。 10.《唐章怀太子墓发掘简报》,《文物》1972年7期；《唐李贤墓》，文物出版社，1974年。 11.《长安县南里（李）王村唐韦洞墓发掘记》,《考古》1960年1期。 12.《西安东郊唐苏思勖墓清理简报》,《考古通讯》1956年6期。 13.《西安东郊唐墓清理记》,《考古通讯》1957年5期。 14.《西安东郊唐亦勖墓清理简报》(M304)。 15.《西安东郊唐墓清理记》,《考古通讯》1956年6期。 16.《西安韩森寨唐墓清理记》1957年5期。 20.《西安郊区隋唐墓》，科学出版社，1966年。

关于河北四处古墓的札记

《河北古代墓葬壁画精粹展》展出的四处古墓壁画，不仅是河北古墓壁画的精粹，就全国发现的古墓壁画来讲，它们的重要性也是很突出的。现据河北省文物研究所印发的四处古墓资料，写点个人的看法，请同志们指正。

安平熹平五年（176年）墓 以巨幅多层次的车马出行和庞大的宅院鸟瞰图最称壮观[1]。出行图绘于中室；门卒、属吏与坐于帷帐中手持便面的墓主人形象绘于右侧室；陶灶、陶釜等厨事明器置于左侧室（东厨）……类似这样规模的墓室布局，它的流行年代，由于此墓的发现，可知大体界定在公元2世纪中后期，应无大误。至于它的后期演变及终止的时期，中原北方尚未发现较明确的实例。1949年，朝鲜民主主义人民共和国物质文化保存委员会在朝鲜黄海北道安岳发现的永和十三年（357年）使持节都督诸军事、平东将军、护抚夷校尉、乐浪□□□玄菟带方太守、都□侯冬寿墓，却值得我们注意[2]。如果可以对比研讨的话，比安平墓晚了近二百年的冬寿墓壁画确实出现了不少新元素：如出行场面复杂了，且由中室蔓延到后室回廊的左壁和后壁；右侧室墓主人虽仍坐于帷帐中，但手中所持物换成了饰有兽面的麈尾，在墓主人帷帐的右侧又安排了女墓主人的帷帐；表现"东厨"的左侧室壁画还增绘了马厩、车库（图一）[3]。这两座类似规模的墓室内部布局的变化，应是不同时代、不同地区社会情况出现鲜明差异的反映[4]。当然，冬寿墓远离内地，无论墓葬形制、壁画内容等，都可能比中原因袭旧制的时间要延续一个时期。

磁县6世纪中叶北朝大型壁画墓 墓室南北7.56米、东西7.14米、复原内高12.6米，是已发现的北朝晚期大型墓中的最大者，所以被推测是东魏武

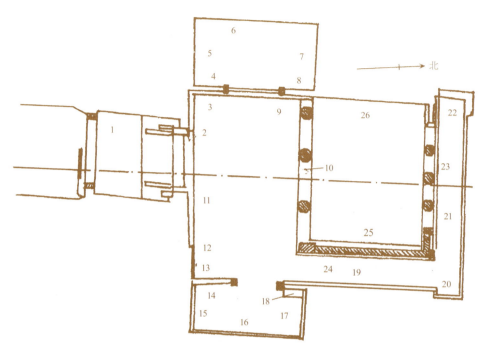

图一　冬寿墓平面及壁画内容示意

1. 下段残存矛、盾形象　2. 上段有吹胡角人物，下段画击鼓人　3. "帐下督"（附有引号的名词，是录自壁画中原有的榜题，以下同）　4. 下段"帐下督"，上段永和十三年墨书铭记　5. 女墓主人坐帐中　6. 冬寿坐帐中，帐外左侧树一节　7、8、9. "帐下督"　10. 无壁画　11. 下段"战吏"和持斧钺的武士行列　12. 下段武士行列　13. 上段角觚人物，下段武士行列　14. 上段马厩，下段马与御马人　15. 牛栏　16. 厨和肉库、车库　17. 婢女汲水　18. "碓"房　19、20、21. 以冬寿乘牛车为中心的二百五十余人的出行图　22、24、26. 不详　23. 殿阁　25. 乐舞

定八年（550年）谥为文襄王的高澄墓（同年，北齐立，追尊为文襄帝，陵曰峻成）[5]；也有人主张是北齐乾明六年（565年）谥为文宣帝的高洋武宁陵[6]。该墓墓道壁画保存较完好，是青龙、白虎（通长4.5米）引导下的四列仪仗出行队伍。青龙、白虎和仪仗出行壁画自墓内移向墓道与青龙、白虎绘在出行队伍前面，大约都开始于北朝，现知最早之例即是此墓和距此墓不远的东魏武定八年茹茹公主闾氏墓（图二）[7]。墓道壁画青龙、白虎，不见于1979年山西省考古研究所发掘的太原武平元年（570年）北齐东安王娄叡墓[8]，这个现象似乎暗示此图画内容为更高等级的墓葬所特具。它的来源如果可以和《梁书·武帝纪中》所记"天监七年（508年）春正月……戊戌作神龙仁虎阙于端门、大司马门外"、《梁书·敬帝纪》所记"太平元年（556年）……冬十一月

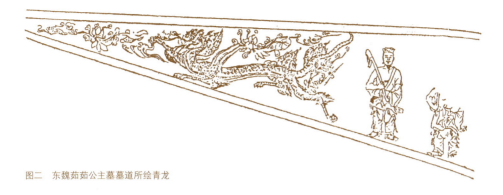

图二 东魏茹茹公主墓墓道所绘青龙

乙卯,起云龙神虎门"相比拟,那就仅限皇室可以使用;这样,这个礼仪制度溯源,有可能又找到"中原士大夫望之以为正朔所在"[9]的"江东吴儿老翁"那里去了。至于此题材的以后沿用,其等级却日益下降。20世纪60年代以来,从陕西发现的初、盛唐墓资料中,我们知道武则天以后的中宗、睿宗时代,墓道两壁画青龙、白虎,尚限于郡王墓,如淮阳郡王韦洞墓;玄宗开元间下降到县公墓,如雁门县公薛莫墓;天宝年间更出现在从四品明威将军高元珪墓的墓道壁面[10]。磁县北朝大型墓墓室内壁画破坏严重,室顶天象之下的四壁,分上中下三栏,据发掘同志的报告:上栏"九个方格,各格画一动物形象,其下还有两栏壁画,上下栏以朱红色栏框相间。上栏壁画隐约可辨有神兽、朱雀等形象;下栏壁画似以人物图像为主"。[11]其布局与娄叡墓墓室壁画有接近处。上栏"九个方格,每格画一动物形象",不知是否即娄叡墓壁画中的十二时。如果不误,此两墓墓室室顶天象下出现的十二时壁画,即应与早于它们并在北齐境内西距磁县不远的山东临淄崔氏墓地十号墓[早于同墓地一号墓——孝昌元年(525年)崔鸿墓的北魏墓]、十七号墓(晚于崔鸿墓)中发现的十二生肖及其龛台联系起来[12]。临淄崔氏是自汉以来世居东清河的豪门大姓,他们沿用的葬俗,当是自有渊源[13]。

曲阳同光二年(924年)北平王王处直墓 这是一座填补时代空白的大型墓葬,特别是在墓葬形制和较为完整的墓室壁画两方面,都提供了重要的信息[14]。

(一)该墓砖砌方形前后室,此种墓制,8世纪可用于食邑五千户的郡王,墓室尺寸也基本相应[15]，例见下表（表一）。

表一　　　　　　　　　　　　　　　　　　　　　　　　（单位：米）

年代	墓主人	墓（后）室尺寸	前室尺寸
景龙二年（708年）	汝南郡王韦泂	4.2×4.5	3.5×3.6
景龙二年（708年）	汝南郡王韦洞	4.3×4.24	3.5×3.4
景云元年（710年）	成王李仁	4.5×4.5	3.15×3.3
同光二年（924年）	北平王王处直	4.5×3.8+3.4	4.8×4.8+4.25

前室尺寸加大当属僭越，但就整体墓葬言，此墓之建似尚依唐制。五代时，依唐制建此类墓者，还有后周显德五年（958年）陕西彬县卫王冯晖墓[16]，可惜该墓简报中竟漏掉了前后墓室的尺寸。

（二）墓室室顶天象下面的四壁上嵌入彩绘的十二时浮雕。此十二时形象毗连天象图，当直接渊源于9世纪的长安墓葬，长安较早之例有元和十三年（818年）张祐墓和会昌六年（846年）李升荣墓[17]，更重要的是近年清理的文德元年（888年）埋葬唐僖宗李儇的靖陵，陵内也于墓室室顶天象下设有十二时龛[18]，可见天象图、十二时上下安排，9世纪已流行于长安墓中。10世纪中叶南京南唐二陵[19]、杭州临安吴越王室墓[20]俱于画天象的墓室顶下面的四壁建十二时龛，这些，都应与王处直墓相同是上沿长安葬制的。

（三）此墓设左右侧室似也承袭唐制，类似的墓制虽不见于长安，但后唐清泰元年（934年）成都后蜀和陵——孟知祥及夫人福庆长公主李氏合葬墓亦建有左右侧室[21]。孟知祥系李克用婿，同光三年（925年），后唐灭前蜀。次年，知祥自洛入蜀，任成都尹，所建和陵与成都地区的陵墓如前蜀王建永陵[22]、后蜀清河郡公张虔钊墓[23]等形制不同。又前引后周冯晖墓，报告记前后室之间设耳室，疑亦同此制。冯晖魏州人，孟知祥邢州人，与为宦定州的王处直，皆久居河北，他们习从中原，亦属自然之事。王处直墓左右侧室满绘壁画，左室绘有幞头、方镜架和男装侍吏，右室绘妇人饰物、圆镜和女官侍立，可知左右侧室分属男女墓主人。孟知祥墓简报谓"两个耳室用以陈放随葬物品"[24]，未详列物品内容，不知是否亦如王墓可分别备男女墓主之用。侧室分属男女为前所未见。

（四）王墓前室上部画云鹤，下部绘人物花鸟屏风和墓室内安排奉侍、伎乐

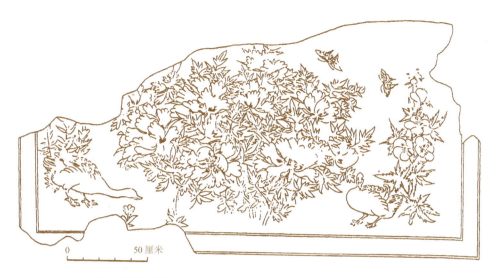

图三 北京八里庄唐墓所绘芦雁牡丹立屏

画面等皆为中晚唐两京墓葬流行的题材[25]，但场面宽大、组织紧凑，则是中唐以降地方墓葬所发展。至于王墓墓室后壁所绘禽鸟牡丹，其前身应是1991年北京八里庄发现的开成三年（838年）所建王公淑夫人吴氏墓墓室后壁所绘芦雁牡丹立屏（图三）[26]；而王墓墓室嵌入左右壁的奉侍、伎乐和前室所嵌十二时等彩绘浮雕，当为以雕造白玉石像著名的本地区——曲阳所新创。此种着彩浮雕人物，当是北宋墓室壁画中布置着色雕砖人物的先声。

（五）王墓前室通向墓室的门道用砖石封阻，此砖石墙前面白灰抹平，上绘不见前例的水墨山水。此幅山水画与前室其他壁面绘出的云鹤、人物花鸟以及室顶的天象和其下的十二时雕像相配合，似乎有意识地在创造一个退隐环境。此退隐环境，正是前室中间所置王处直墓志中记录王处直晚年所希求的境界。墓志云："（天祐）十八年（921年）冬，（处直）首谓□次子太傅（王都）曰：吾虽操朝未退，但情神已阑，况当耳顺之年，心好心闲之日……公乃归私第而习南华，蓺奇香而醮北极，行吟蒋径春草生而绿□池塘，坐酌融樽余花落而香飘户牖……公素尚高洁，遐慕幽奇。观夫碧甃千岩，春笼万木。白鸟穿烟之影，流泉落涧之声，实遂生平之所好……"事实上，处直晚年为子王都所执，幽于别室，寻见杀害，墓志云云，盖伪辞也。王处直被幽遇害事，见《旧唐书·王处存传附弟处直传》《旧五代史·唐书·庄宗纪三》《资治通鉴·后梁纪六》《五代史记·杂传·王处直传》。又《册府元龟》"将帅部怀抚"条记"王处直为定州节度使。处直为人精简,好求吏理,虽地处一隅,介于大国,招怀抚纳甚得人和",简练地概括了处直在定情况,不见前引诸书,因附录于此。

宣化辽代张氏家族墓 这是一处较为典型的汉人家族墓群。契丹渔猎畜牧,汉人农耕纺织,生产生活、风俗习惯各不相同,所以辽代实行南北分治。这个历史事实在考古学上的反映,以墓葬资料最为清楚。张氏家族墓占地二十亩,约一万多平方米,在此范围内已发掘墓葬九座,但发表资料的只有六座[27]。据发表的资料,可知其东南区为张世卿所筹划的祖茔区。此区以世卿祖父匡正墓(M10)葬壬地祖穴,壬地东南丙地 M6 为昭穴,西南庚地穆穴葬匡正之第三子文藻(M7)。如此次序,是五音中之商姓(张姓属商音),自唐以来"河南、河北、关中、陇外并用"[28]之昭穆葬法,可见此宣化张家安排墓穴仍沿唐人旧俗。已发表的六座墓的建年,大多集中在大安九年(1093年,M3、M10)和天庆六年至七年(1116年,M1;1117年,M2、M5)两段。两段相距不过二十几年,墓室形制、壁画内容和随葬器物可大部追踪它的唐代渊源,如中唐以来逐渐兴起的仿木结构的砖砌墓室和云鹤盆花与树石花禽屏风的壁面装饰;此外,在唐墓壁画基础上,日趋简化的有鞍马出行和成组的男女奉侍(此项可能与张家非官宦门第有关),日益繁缛的则有列队的伎乐(散乐)和较多的备馔场面等。壁画中出现的新题材,如 M5、M10 的"茶道",M1、M3、M10 的"备经"和 M3、M10 桌上绘出的笔砚文具,显然也是上沿中原风习。"备经"指壁画中画出的梵荚装、卷子装和装裹在经帙内的佛经;这些佛经和墓中所出写有梵文、汉文多种陀罗尼经咒的"陀罗尼棺"(M5、M10)与墓志所记墓主人勤诵佛经、兴建寺塔(M1、M2、M3、M5)等,共同说明张家世代信佛,且奉密宗,这应是会昌五年(845年)法难未及河北和天福元年(936年)幽州入契丹(宣化,唐为武州,是幽州镇山后四州之一),其地佛教日隆的实证。盛唐以后,密教蔓延民间,中原遗迹保存殊少,而沦陷契丹的汉人的遗迹中,却有不少踪迹可寻,除了过去习知的地上陀罗尼石幢,上述张氏墓中的有关情况,也应是重要的一项。张氏墓墓室壁画中值得注意的,还有 M2、M5、M10 三墓墓室顶所绘天象图。天象图由内二十八宿、外十二宫或内十二宫、外二十八宿组成,不论这两种的哪一种,它们的外围,都还布置一匝十二时(图四)[29]。

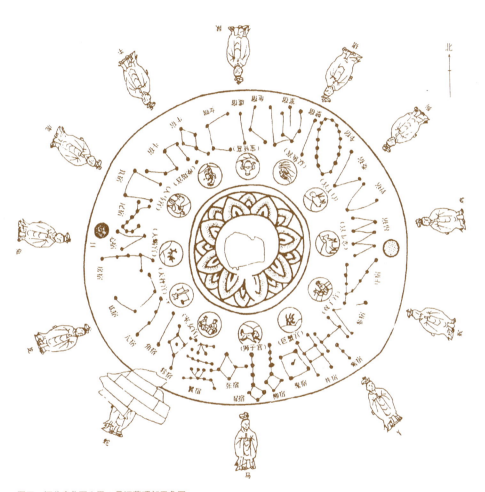

图四 河北宣化下八里 2 号辽墓顶部天象图

这样由三个内容组成的图像，正可和晚唐五代墓室顶天象之下的四壁上安排的十二时形象相衔接。因此，可知张家诸墓天象与十二时的结合，亦是出自中原，并非别有由来。综上，宣化张家墓地所提供的情况，更形象地表达了在契丹统治下的汉人生活，仍沿陷辽以前之旧；由于特殊的历史背景，他们较同时期的居于中原的北宋人家，更多地保有胜朝遗风。这一点是我们研讨辽代汉人墓葬时，应予留意的。

注释

[1] 该墓的正式报告《安平东汉壁画墓》已于1990年由文物出版社出版发行。该墓没有发现明确的墓主人姓名，原报告只是根据墓的时间和等级，"怀疑""可能同（家在安平，灵帝时封列侯的中常侍）赵忠有关"，并未做进一步的肯定，事实上也肯定不了。因此，现在有人肯定地说"安平汉墓（176年）为大宦官赵忠家族墓"是不合适的。

[2] 冬寿墓规模较安平壁画墓略小。参看洪晴玉《关于冬寿墓的发现和研究》，《考古》1959年1期。

[3] 安平墓宅院建筑壁画绘于右侧室前壁右侧，冬寿墓亦有大型楼阁图，但绘于后室北壁后面石柱下，即后室后面回廊前壁下方。参看注[2]引洪晴玉文。

[4] 冬寿墓壁画中所反映的某些变化，亦见于辽宁辽阳三道壕和上王家村等处的魏至东晋墓葬。参看东北博物馆《辽阳三道壕两座壁画墓的清理工作简报》，《文物参考资料》1955年12期；李庆发《辽阳上王家村晋代壁画墓清理简报》，《文物》1959年7期。

[5] 参看邺城考古工作队《河北磁县湾漳北朝墓》注释2，《考古》1990年7期。

[6] 参看马忠理《磁县北朝墓群——东魏北齐陵墓兆域考》，《文物》1994年11期。

[7] 磁县文化馆《河北磁县东魏茹茹公主墓发掘简报》，《文物》1984年4期。茹茹公主闾氏系柔然主阿那瑰孙女，东魏兴和四年（542年）诏与高欢第九子湛为婚。湛即北齐武成帝。

[8] 山西省考古研究所《太原市北齐娄叡墓发掘简报》，《文物》1983年10期。

[9] 引自《北齐书·杜弼传》。

[10][25] 参看拙作《西安地区唐墓壁画的布局和内容》，《考古学报》1982年2期。

[11] 引自原简报，参看注[5]。

[12] 山东省文物考古研究所《临淄北朝崔氏墓》，《考古学报》1984年2期；《临淄北朝崔氏墓地第二次清理简报》，《考古》1985年3期。

[13] 十二生肖配十二时，最早见王充《论衡·物势》。王充，东汉建武三年（27年）生于会稽上虞，及长入洛，诣太学，师事班彪，后归家开始著《论衡》。元和三年（86年）避难历阳，曾任州从事、治中。章和二年（88年）自免还乡，永元中（89～105年）卒于家。参看黄晖《论衡校释》卷三，中华书局，1990年。

[14] 本节所引王处直墓的具体情况，皆据河北省文物研究所复印资料。

[15][17] 参看拙作《西安地区的唐墓形制》，《文物》1995年12期。

[16] 杨忠敏、阎可行《陕西彬县五代冯晖墓彩绘砖雕》，《文物》1994年11期。

〔18〕承陕西省文物局同志见告。
〔19〕参看南京博物馆《南唐二陵发掘报告》，文物出版社，1957年。
〔20〕参看浙江省文物管理委员会《杭州、临安五代墓中的天文图和秘色瓷》，《考古》1975年3期。
〔21〕〔24〕参看成都市文物管理处《后蜀孟知祥墓与福庆长公主墓志铭》，《文物》1982年3期。
〔22〕参看冯汉骥《前蜀王建墓发掘报告》，文物出版社，1964年。
〔23〕参看成都市文物管理处《成都市东郊后蜀张虔钊墓》，《文物》1982年3期。
〔26〕参看北京市海淀区文物管理所《北京市海淀区八里庄唐墓》，《文物》1995年11期。
〔27〕宣化张氏家族墓已发表的简报共三篇。最早的一篇是《河北宣化辽壁画墓发掘简报》，《文物》1975年8期，该篇报告了M1张世卿墓。其次是报告M2张恭诱墓、M3张世本墓的《河北宣化下八里辽金壁画墓》，《文物》1990年10期。第三篇是《宣化辽代壁画墓群》，《文物春秋》1995年2期，该篇报告了M5张世古墓、M9张××墓和M10张匡正墓。
〔28〕参看北京大学图书馆藏元刊《重校正地理新书》卷一"五姓所属"条、卷十三"步地取吉穴"条。
〔29〕M1张世卿墓简报："后室四壁辟长方形莲花龛，四角及后室过道门上部辟长方形龛，总计二十三个。每龛内置木雕文官、侍吏、武士、伏虎俑和人首蛇身俑各一。"简报没有说明上述两种长方形龛——长方形莲花龛和长方形龛各自的数字。怀疑其中应有十二个是十二时龛。

本文原刊《文物》1996年9期，第58～62页

中国境内发现的中亚与西亚遗物

中亚指葱岭以西今阿富汗和苏联境内的中亚细亚地区，西亚指上述地区以南，西迄地中海沿岸的亚洲部分。这两个地区的人民和葱岭以东中国各族人民之间很早就开始了友好往来。公元前2世纪，张骞出使西域后，随着东方丝绸的大量西运，中亚、西亚的特产也不断逾葱岭而东。约从3、4世纪起，中亚粟特商人有的即向东移；7世纪中期西亚萨珊王朝覆灭和8世纪大食侵掠中亚，不少波斯人、粟特人移居中国，估计他们很有可能带来一些珍贵物品。8世纪以后，中西海上交通日益发达，11世纪海运更为繁盛，西亚大食商品一直在舶货中占有重要位置。以上11世纪以前传来中国的中亚西亚遗物，部分地被保存在古代墓葬、窖藏和遗址中。其中较重要的有货币、饰物、金银器、织锦和玻璃器等（图一）。

货　币　主要有两个系统：一是公元前1世纪迄公元3世纪的中亚货币；一是4世纪迄8世纪的西亚货币。中亚货币多发现在新疆南部叶城、和田一带。1906年，A. 斯坦因在这里搜集到安息米特拉达特斯二世（前123～前88年）银币一枚，贵霜迦腻色迦（2世纪）和瓦苏德瓦（波调，3世纪后半）铜币各两枚。西亚货币有4～7世纪的萨珊银币和8世纪的阿拉伯倭马亚王朝（白衣大食）的金币。

萨珊银币当时作为一种国际货币流通于东欧、中亚间，6世纪甚至还通用于中国河西地区，因此在中国发现的地点、数量都较多（已发现了四十九起，总数近一千二百枚），铸造时间前后延续近三百五十年（见附表）。

从附表可见：1. 紧接连中亚的新疆发现萨珊银币数量最多，新疆及其以东地区的发现地点，大部位于中西交通的几条重要通路和它的延长线上。2. 铸造年代最早的三起，即4世纪的萨珊银币，都集中出土在今吐鲁番县城东南约五十公

中国境内发现的中亚与西亚遗物　233

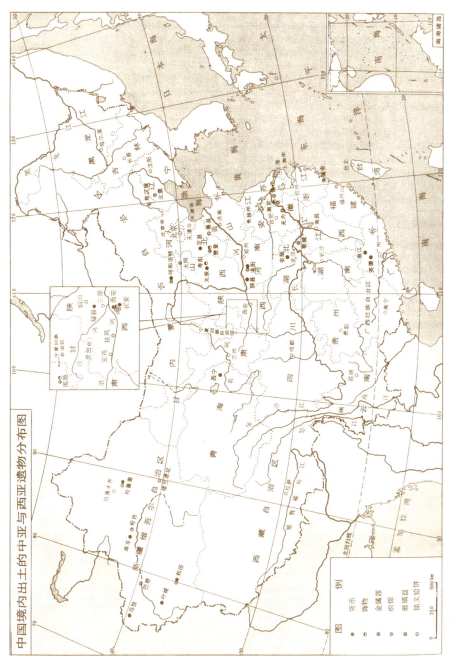

图一　中国境内出土的中亚与西亚遗物分布图（此图采自《中国大百科全书·考古卷》第 678 页）

里的高昌古城遗址之中，反映了 4、5 世纪之际，中国西北地区已与萨珊波斯有了直接或间接的交通贸易。3. 5 世纪铸造的银币，已较多地在新疆以东发现，这给 5 世纪迄 6 世纪初北魏与中亚、萨珊间密切往来的文献记载，提供了物证。河北定县北魏塔基发现的萨珊银币中，有一枚边缘压印嚈哒文字一行，反映了萨珊、嚈哒与北魏三者的关系。这个时期，海上交通也在发展，所以在广东英德、曲江的墓葬里也发现了萨珊银币。4. 6 世纪末迄 7 世纪萨珊晚期铸造的银币，和萨珊亡后于 7 世纪后期迄 8 世纪初铸造的所谓 "库思老二世式样" 即阿拉伯—萨珊式的银币，发现最多，显然这是和 7、8 世纪大食灭萨珊，掠中亚，迫使大批波斯人、粟特人东迁中国相关联的（图二）。

发现的阿拉伯金币，有 702 年、718～719 年、746～747 年铸造的各一枚，均出土于陕西西安西郊一座 8 世纪后半至 9 世纪前半的墓葬中。

饰　物　发现最早的中亚、西亚饰物，是阿富汗特产的青金石饰件。江苏徐州 2 世纪前期砖室墓中出土的兽形鎏金铜砚盒上，即嵌有小块青金石。6、7 世纪传入的饰物中，也多有镶嵌青金石的，如河北赞皇 544～576 年的李希宗夫妇墓出土的金指环和西安西郊 608 年的李静训墓出土的金项链上，都嵌有阴刻大鹿纹的圆形青金石，后者还嵌有另外几件方形和圆形的青金石。李静训墓还出土一对形制特殊的金镯，它和山西寿阳 562 年的库狄回洛墓出土的阴刻走狮纹的圆形玛瑙带饰估计都是中亚或西亚传入的。1970 年，江苏南京象山王氏墓地中的 7 号墓，出土镶嵌金刚石的银指环一件。金刚石当时是西亚、南亚的特产，这件指环应是从海路传来的。

金银器　中国 5～8 世纪，在统治集团上层盛行使用金银器皿的风气，应是受到中亚、西亚的影响。山西大同北魏平城遗址的窖藏中，出有锤鍱出海兽纹的八曲银洗、捶雕缠枝葡萄纹的高足鎏金铜杯、高雕人物纹高足鎏金铜杯、镶嵌高足鎏金铜杯和线雕人物纹高足银杯（高足佚）各一件。这五件来自西亚、中亚的器皿，埋藏时间约在 5 世纪末 6 世纪初。内蒙古呼和浩特西郊的一座古墓，时间与大同窖藏相近，所出高足银杯，器形与上述高雕人物纹高足银杯类似，同出还有东罗马利奥一世金币一枚。固原李贤夫妇墓出土锤鍱出三组人物图像的鎏金银壶和赞皇李希宗夫妇墓所出捶雕水波莲花纹银碗，器形纹饰都与中国传统工艺不同，李静训墓出土高足金杯、银杯各一件，内蒙古敖汉旗也发现一批银器，有鎏金银胡瓶、捶雕猞猁纹鎏金银盘和带柄小银壶各一件，这些

图二 中国境内出土的波斯萨珊朝银币
1. 沙普尔二世 2. 阿尔达希尔二世 3. 沙普尔三世（以上1955年吐鲁番高昌古城出土）
4. 叶兹德格尔德二世 5. 菲鲁兹A型 6. 菲鲁兹B型（以上1964年定县北魏塔基出土） 7. 库思老一世（1956年陕县隋墓出土） 8. 霍尔密兹德四世（1915年吐鲁番AS.1.3墓出土） 9. 库思老二世（1955年西安唐墓007：M30出土） 10. 布伦女王（1965年长安唐塔基出土）

大约都是中亚、西亚的输入品（图三）。7世纪中期以后，中国金银器工艺逐渐发展，但直到8世纪的窖藏和墓葬中出土的中国自制的金银器皿，还很显著地受到中亚、西亚金银器的影响，如西安何家村窖藏中的线雕高足银杯、八棱带柄鎏金银杯等。

图三　银胡瓶（内蒙古自治区出土）

织　锦　中亚、西亚的织锦纹样，多以联珠圆圈分隔为各种花纹单元，花纹题材多猪头、立鸟、大鹿和对禽、对兽、狩猎等，这些花纹新颖的中亚西亚织锦，在9世纪以前曾博得中国人民的喜爱。在吐鲁番高昌古墓中发现的5世纪购物账中，即列有"钵（波）斯锦"。吐鲁番阿斯塔那6、7世纪墓葬所出随葬衣物疏，不仅列有"波斯锦"，还列有"波斯锦面依（衣）"和"波斯锦被辱（褥）"。阿斯塔那6世纪末7世纪初的墓葬中，出土了不少中国仿制的具有中亚、西亚织锦特征的联珠圈纹锦。这种锦纹，还大量地出现在敦煌石窟隋迄初唐洞窟的塑像和壁画人物服饰上。陕西三原528年李和墓石棺上，也线雕出联珠猪头纹等织锦纹样。传世的传唐初阎立本绘《步辇图》中，朝见唐太宗的吐蕃使者也着有饰以联珠立鸟纹缘的锦袍。中亚、西亚传来的织锦实物，即一般认为比中国织锦拈线较紧，组织较疏，并都在纬线上起花的联珠纹织锦，在吐鲁番阿斯塔那墓群中多有发现。现知最早的一件，是和619年文书同出于331号墓的联珠兽头纹锦（图四）。

图四　联珠兽头纹锦（吐鲁番出土）

玻璃器　西亚玻璃器大约自4世纪以后，从陆海两途输入中国。萨珊玻璃器在20世纪初即不断在新疆各地被发现。1914年，A.斯坦因在楼兰遗址搜去5、6世纪的有椭圆形磨饰的玻璃碗和有圆形磨

图五 玻璃杯（陕西西安出土）

饰的器皿残片。类似的圆形磨饰的玻璃残片，近年还在和田、巴楚、轮台等地发现。中国发现最早的萨珊玻璃器，是湖北鄂城3、4世纪之际的墓葬中出土的有圆形磨饰的圜底玻璃碗。其次有5世纪中期固原李贤夫妇墓所出的有圆形突起装饰的玻璃碗。较迟的有8世纪的西安何家村窖藏中出土的贴饰环形装饰的平底玻璃杯（图五）。

伊斯兰玻璃器多发现在11世纪的遗迹中。浙江瑞安1043年建的慧光塔内的刻花瓶，安徽无为11世纪中期塔基中的刻花玻璃瓶，以及河北定县静志寺塔基出土的直壁玻璃杯等，都是伊斯兰玻璃手工业兴盛时期的较典型的产品。

其他遗物 在中国发现的中亚、西亚遗物中还有一种用途不明的带有铭文的铅饼。铅饼直径5.3～5.5厘米之间，重量在105～260克之间。一面凸起，并铸有兽纹，一面凹下，周缘铸有一匝铭文，并印有两个方形戳记。1949年前曾多次发现，但出土地点和出土情况均不清楚。中华人民共和国成立后，在西安汉长安城清明门内及今西查寨发现十三枚，在陕西扶风姜嫄村发现两枚，在甘肃灵台枣树台发现二百七十四枚。它们都出于汉代文化层中，有的藏于汉代陶器内，有的与汉代五铢钱和汉代陶片同出，因此埋葬时间不会晚于2世纪。铅饼上铸的铭文，据考证是传写失真的希腊文。如果不误，这类铅饼就应是中国发现的早期葱岭以西的重要遗物。

附表　中国境内发现的中亚与西亚遗物表

发现地点			埋藏年代	银币铸造年代 / 发现年代	沙普尔二世（309~379在位）	阿尔达希尔二世（379~383）	沙普尔三世（383~388）	叶兹德格尔二世（438~457）
新疆		乌恰山中窖藏	7世纪后半	1959				
		库车苏巴什寺址	约8世纪	1928				
		焉耆博格达古城	7世纪	1978				
	雅尔湖	古墓	7世纪	1928				
		斯·6号墓	约7世纪	1956				
		斯·56号墓	7世纪	1956				
	哈拉和卓	高昌古城		1915				
		高昌古城	约4世纪末至5世纪初	1950	10	7	3	
		高昌古城	约5世纪	1955	4	5	1	
		高昌古城		1957		2		
		第8号墓		1964				
		第39号墓		1969				
	吐鲁番阿斯塔那	第1区3号墓	7世纪	1915				
		第5区2号墓	7世纪	1915				
		32号墓	653	1959				
		319号墓		1960				
		322号墓	663	1960				
		325号墓	656	1960				
		332号墓	7世纪	1960				
		337号墓	657	1960				
		338号墓	667	1960				
		339号墓	626	1960				
		20号墓	8世纪	1964				
		29号墓	7世纪	1964				
		48号墓	7世纪初	1966				
		73号墓		1966				
		77号墓		1967				
		78号墓	638	1967				
		92号墓	639	1967				
		363号墓	8世纪	1967				
		118号墓		1969				
		149号墓		1972				
		115号墓	7世纪初	1973				
		206号墓	689	1973				

鲁兹 59~84）	喀瓦德一世（居和多）（488~531）	杰马斯普（496~499）	库思老一世（531~579）	霍尔密兹德四世（579~590）	库思老二世（590~628）	布伦女王（630~631）	叶兹德格尔德三世（伊嗣埃）（631~651）	库思老二世式样（651~?）	未经鉴定，铭文不清或仿制品
			2		567			281	97
								1	
					1				
					1				
					1				
									1
								1	
								1	
				1	1				1
							2		
					1				1
					1				1
					1				1
					1				
					1				
							1		
		1			1				
					1				
					1				
							1		
					1				
					1				
					1				
1					1				

中国境内发现的中亚与西亚遗物

发现地点		埋藏年代	银币铸造年代 发现年代	沙普尔二世（309～379在位）	阿尔达希尔二世（379～383）	沙普尔三世（383～388）	叶兹德格尔二世（438～457）
青海	西宁城内窖藏	约5世纪末	1956				
内蒙古	呼和浩特白道城	约6世纪末	1965				
陕西	西安 隋李静训墓	608	1957				
	张家坡401号隋墓	6世纪	1957				
	第7区30号墓	7世纪	1955				
	何家村窖藏	8世纪中叶	1970				
	长安天子峪唐塔基	7世纪至8世纪初	1965				
	耀县寺坪隋塔基	604	1970				
河南	陕县刘家渠隋刘伟墓	584	1956				
	洛阳北邙30号唐墓	7世纪	1955				
山西	太原金胜村5号唐墓	7世纪末	1958				
河北	定县北魏塔基	481	1964				4
湖北	安陆吴王妃墓	7世纪前半	1979				
广东	英德8号南齐墓	497	1960				
	曲江南华寺南朝墓	5世纪	1973				

续表

鲁兹	喀瓦德一世（居和多）（488~531）	杰马斯普（496~499）	库思老一世（531~579）	霍尔密兹德四世（579~590）	库思老二世（590~628）	布伦女王（630~631）	叶兹德格尔德三世（伊嗣埃）（631~651）	库思老二世式样（651~?）	未经鉴定，铭文不清或仿制品
6									
	1		3						
1									
1					1				
					1				
					6	1			
1	1		1						
			2						
2									14
					1				
37									
5									
3									9

参考书目

〔1〕 夏鼐《综述中国出土的波斯萨珊银币》,《考古学报》1974 年 1 期。
〔2〕 夏鼐《新疆新发现的古代丝织品——绮、锦和刺绣》,《考古学报》1963 年 1 期。
〔3〕 夏鼐《西安唐墓出土阿拉伯金币》,《考古》1965 年 8 期。
〔4〕 安家瑶《中国的早期玻璃器皿》,《考古学报》1984 年 4 期。

本文原刊《中国大百科全书·考古卷》,第 677～681 页,
中国大百科全书出版社,1986 年

中国境内发现的东罗马遗物

公元395年，罗马东西分治。以拜占庭为中心的东罗马和东晋南北朝以来的中国交往逐渐频繁。在中国境内陆续发现的东罗马遗物，虽不都是从东罗马直接传入的，但可作为中西交通日益发展的实物证据。

中国境内的东罗马遗物，以通行在当时中西交通路线上的通货之一的东罗马金币及其仿制品为多。发现单位已多达十余处。重要的发现地点计有新疆和田、吐鲁番，陕西西安、咸阳，内蒙古土默特左旗毕克齐镇和河北磁县、赞皇（见附表）。出自吐鲁番墓葬中的，多含在死者口内。陕西、河北出土的金币边缘多凿有小孔，约是作为悬系或缝缀用的装饰品。在陕西发现的东罗马金币，多为6世纪后期迄7世纪中期所铸，出在隋唐时期的遗迹中。新疆、内蒙古和河北发现的，出在北朝时期的遗迹中，多为5世纪迄6世纪中期所铸。后一种情况，似可表明北朝时期自西域东来，经由河套地区的路线，相当繁盛。这应和当时活跃在北方，并与中亚、东方都有密切联系的柔然、突厥等游牧民族有关（图一）。

图一 中国境内出土的东罗马金、银币

附表　中国境内发现的东罗马金币表

发现地点	发现时间 \ 铸造年代	狄奥多西二世（408~450在位）	利奥一世（457~474）	阿纳斯塔修斯（491~518）	查士丁（518~527）	查士丁一号查士丁尼一世合治（518~527）	查士丁尼一世（527~565）	查士丁尼二世（568~578）	赫拉克利乌斯一世（610~641）	铸年不明
新疆和田	1914									
新疆吐鲁番 阿斯塔那·第1区3号墓	1915						1*			
阿斯塔那·第1区5号墓	1915						1			
阿斯塔那·第1区6号墓	1915						1*			
阿斯塔那	1966~1969									2
阿斯塔那	1974									4
甘肃武威康阿达墓	1945				1					
陕西咸阳隋独孤罗墓	1953									
内蒙古土默特左旗毕克齐镇古墓	1959		1							
陕西西安土门村2号唐墓	1956									
陕西西安何家村唐窖藏	1969	1								
河北赞皇县北齐李希宗墓	1973					2				
河北磁县东魏茹茹公主墓	1978					1				1
河北磁县东魏茹茹邻和公主墓	1978			1		1		1	1*	

注：1. 斯·第×区×号墓为斯坦因编号。
　　2. 数字附"*"号者为仿制品。

除东罗马金币外，经由上述河套地区的北方路线上，还发现了罗马风格的玻璃器，如辽宁北票北燕冯素弗墓的绿色鸭形玻璃器。山西大同 5 世纪末北魏遗址中所出三件鎏金高足铜杯和一件银杯，器形和纹饰多具有地中海东部一带的金属器的特征。另外，河北景县北朝晚期祖氏墓的网络纹玻璃碗，大约也是通过北方路线运来的罗马制品。

南京地区的东晋墓中，多出土饰以磨出的长条花纹的直壁玻璃杯，其形制也和罗马玻璃器相似。

本文原刊《中国大百科全书·考古卷》，第 676~677 页，
中国大百科全书出版社，1986 年

中国古代金银器和玻璃器[*]

为纪念中日邦交正常化二十周年，中国文物交流服务中心应日本 NHK 大阪放送局、奈良县橿原考古学研究所等单位之邀，在日本举办了"中国博物馆藏古代金银器和玻璃器展览"。

这是近年罕见的中国古代专题文物较系统的一次公开展出。通过这次展出，既可大体显示古代中国这两种工艺的发展过程，又能部分反映古代东西文化交流的盛况。现综合学者们研究中国古代金银玻璃器的主要成果，结合有关展品，参以浅见，勉成札记一稿，请海内外同好批评指正。

湖北随县擂鼓墩曾侯乙墓出土的金盏、金杯、金匕和传安徽寿县发现的有"楚王室客为之"铭的银匜，是公元前 5～前 3 世纪（战国时期）中国在发达的青铜冶铸技艺基础上，铸造出的金银容器，是现知中国早期精致的金银容器的重要实例。展出的河北平山中山国王䁂墓出土的造型纹饰俱颇工整的衡首（龙饰银冒）、戈镦（龙嵌黑玻璃目）等铸金制品即出现于此时期。此后，延续此技艺的实物例证有河北满城公元前 2 世纪汉武帝庶兄中山靖王刘胜（卒于公元前 113 年）墓中发现的金兽和银药盒、漏斗器等。

在开展金银铸造技术的同时，锤鍱、压印的金银制品也在我国北方、西北方多有发现，河北易县燕下都 30 号墓所出多种金牌饰即是一例。

从目前的资料考察，早期传来的西方锤鍱金银器是公元前 2 世纪墓葬中出土的凸出列瓣纹银盖碗。这种银盖碗已发现两件，发现的墓葬是山东临淄西汉齐王墓随葬器物坑和广东广州第二代南越王（卒于公元前 128～前 117 年间）墓。值得注意的是这两件器物可能都是舶来品，因为两个发现地点当时都与海上交通有密切关系。

---

[*] 本文日文本发表于《正倉院の故郷——中国の金銀ガテス发展》，第 11～17 页，NHK 大阪放送局，1992 年。

西方的掐丝技艺，约在公元前 1 世纪影响到东方。公元 1~2 世纪，许多地点的东汉墓葬中都出有掐丝金饰品。河北定县发现可能是卒于 174 年的中山穆王刘畅墓出土的一批掐丝动物饰件，包括展出的镶嵌小翠石的掐丝金龙，是其中的精工之作。中亚一带流行的缀以桃形或圆形小金片的所谓步摇的饰物，大约与掐丝技艺同时传到我国。辽宁北票房身村鲜卑石板墓出土的桃形步摇金饰的年代，可能早到 3~4 世纪。内蒙古达尔罕、茂明安联合旗西南隅的西河乡和辽宁北票北燕大司马范阳公冯素弗（卒于 415 年）墓中发现的缀饰桃形金片的金冠饰，其年代都已进入 5 世纪。5 世纪后期，如展出的河北定县 481 年塔基石函内发现的耳饰，则悬缀了圆形金片。以上北方一度流行的步摇饰物通过高句丽和朝鲜半岛，渡海到达了日本。日本新泽千冢 126 号古坟出土了大量圆形小金片即是一例，此墓的年代约在 5 世纪晚期。

5~7 世纪即北朝迄初唐时期，中亚、西亚一带制造的锤鍱金银容器不断经由西域的丝绸之路输向东方。山西大同南郊北魏遗址发现的海兽纹银洗、人物纹银杯和大同西郊北魏洛州刺史封和突（504 年葬）墓所出波斯人狩猎纹银盘的年代，都属 5 世纪。河北赞皇北朝高门显宦东魏司空李希宗夫妇（544~576 年葬）墓所出波浪莲花纹银碗和宁夏固原北周柱国大将军河西桓公李贤（569 年葬）墓所出人物故事纹银壶、陕西西安隋文帝外孙女宇文娥英之女李静训（608 年葬）墓所出高足金杯、银杯的年代，都属 6 世纪。内蒙古敖汉旗李家营子墓所出猞猁纹银盘、银壶、银瓶和西安东南郊沙坡村所出雕有粟特文铭文的大角鹿纹银碗以及河北宽城发现的失柄的素白银胡瓶，约属 7 世纪。

可以肯定为 7 世纪末迄 8 世纪初期的金银器遗存极为稀少，这可能和唐玄宗开元二年（714 年）七月下令销毁金银器物并诏天下更不得刻镂器玩有关。约从 8 世纪中期起，唐代金银器的制造渐入盛期。这时的产品有纯仿西方之作，但更多的是西方器形、东方纹样。西安何家村窖藏（位唐兴化坊横街之南中间偏西）中的八棱银杯、狩猎纹高足杯和展出的河南伊川发现的缠枝花小银杯等，皆是西亚造型，但前一件人物图像胡汉杂陈，后两件花草人物更一派唐风；西安东北郊唐大明宫东内苑遗址内与天宝十载（751 年）杨国忠所进银铤同出的狮纹六曲三足银盘和展出的河北宽城所出鹿纹六菱三足银盘，两者器形与狮、鹿纹样虽属西方，但盘面外缘曲线与边饰的松散团花则采用唐式。日本正仓院南仓所藏鹿纹六曲三足银盘与宽城银盘极为相似，其年代亦应相若。正仓院北仓所藏漆胡瓶器形全仿西亚金属器，而器身却用平脱技法布满唐样花草山石飞禽奔兽，俨然一幅唐画野景。此漆胡瓶著录于756年《东大寺献物帐》，因可推知其年代亦属8世纪中期。8世纪中期也制造出不少完全唐式的金银器，何家村窖藏中的孔雀纹银盝顶方盒、西安韩森寨西唐兴庆宫遗址附近发现的鸾鸟纹九菱银盘（残）和正仓院南仓所藏称德天皇767年进奉的狩猎纹银壶、东大寺金堂镇坛具中的狩猎纹银壶，都是其中的精品。8世纪较晚阶段的金银器流行折枝花和满布团花的纹样，何家村窖藏中的团花、折枝花纹银耳杯和折枝花纹银盖碗以及内蒙古喀喇沁旗哈达沟门发现的宣州刺史刘赞进奉银器、西安北郊唐禁苑发现的越州刺史裴肃进奉银器，都是这个时期具有典型意义的金银器实例。日本奈良兴福寺金堂内发现的一批镇坛的折枝花银碗，大约也是此阶段的产品。展出的西安西北工业大学唐光德坊西北隅邻近西市处出土的两件折枝花银盘和西安东郊枣园发现折枝花银唾壶的年代，又比以上诸器为略晚。

江苏丹徒丁卯桥窖藏未发现纪年器物，大批银器造型多变化，纹饰繁缛，与以上各时期金银器差别较大，因此推论其年代说法不一。1987年，陕西扶风法门寺塔地宫中发现与丁卯桥银器风格近似的金银器群。法门寺塔地宫器物是唐懿宗咸通十五年（874年）正月封闭地宫前不久施入的，而且有些器物还镌有咸通十年（869年）、十二年（871年）、十四年（873年）、十五年（874年）纪年铭文，这几个确切年代对拟定丁卯桥银器的时间很有参考价值，我们认为丁卯桥银器即使早于法门寺塔地宫器物，其上限亦不会早过9世纪。此外，英国不列颠博物馆早年入藏传河南洛阳出土的一批金银器与丁卯桥、法门寺塔地宫所出颇多近似处，该批器物中一件有乾符四年（877年）铭。

展出的9世纪金银器中，另有出于河北定县977年北宋所建静志寺塔地宫的单层舍利银塔一座，该塔外壁錾有大中四年（850年）铭，记"静志寺会昌六年（846年）毁废，佛像俱焚，宝塔全除"，大中二年（848年）重建。佛塔地宫内以金银小塔奉藏舍利，似以此塔为最早。约自9世纪始，民间制造金银器之风，日益繁盛，静志寺银塔和丁卯桥银器俱出现于此时。丁卯桥器物多錾有"力士"两字。静志寺塔地宫所出有宋太平兴国二年（977年）铭的银薰炉錾有"李作题"，此皆为不见于一般官造金银器的民间工匠名识。

宋初金银器如静志寺塔地宫所出银军持（净瓶）、双凤纹银盒和上述有977年铭的银薰炉以及河北易县窖藏所出辽代十瓣素面高圈足银盘，皆因袭晚唐民间器物形制。至于内蒙古奈曼旗发现的 1018 年辽景宗孙女陈国公主墓所出和近期公开的传世有辽太平五至七年（1025～1027 年）文忠王（耶律隆运）府铭的两批金银器，更上沿较 9 世纪晚期为早的李唐官府金银器制度。

约自北宋中期即 11 世纪后期制造的金银器风格一变。展出的河北廊坊发现的金天会十二年（1134 年）银舍利容器造型层次多，纹饰内容丰富，在已知舍利棺中最称精巧。1134 年上距北宋之亡不过八年，因可视为北宋晚期金银器的代表作。

展出金银器最晚的一件，是江苏吴县宋降臣元淮东道宣慰副使吕师孟墓出土的镀金团花银扁盒；吕墓随葬银制生活用具十多件，俱极工致。吕生于南宋端平元年（1234 年），元大德八年（1304 年）葬，葬时南宋亡国不过二十五年，估计犹存南宋遗风。

中国玻璃质制品的出现，也和发达的青铜冶铸有密切联系。陕西宝鸡发现的公元前 10 世纪即西周昭、穆时期的强伯格墓大批青铜器与千余件玻璃珠、管同出，似乎对这个论点提供了有利物证。但公元前 5 世纪的湖北随县曾侯乙墓所出精美的蜻蜓眼料珠，据化学分析是西方输入的钠钙制品。此后，如长沙、洛阳等地所出属于公元前 4～前 3 世纪的类似珠饰，则已多是我国仿制的铅钡玻璃。大约和仿制珠饰同时或略晚，我国许多地点都出现了模仿玉器的玻璃铸件，展出的河北满城发现的公元前 2 世纪刘胜墓出土的玻璃耳杯和圆盘，是此类铸件中的精品。陕西兴平汉武帝茂陵东南约 600 米处发现的直径 23.4 厘米的蓝色谷纹玻璃璧和江苏扬州邗江"妾莫书"木椁墓所出近六百件的玻璃玉衣片（有的模印蟠螭纹），是公元前 1 世纪东方玻璃铸件的代表作。日本福冈须玖冈本（福冈县春日市）和三云南小路（福冈县前原町）两处弥生中期瓮棺中发现的玻璃璧，大约即是公元前后由大陆东传的。福冈市赤井平町、弥永原和大阪府茨木市东奈良发现的硬玉制勾玉铸模，更表明弥生中后期模铸工艺也传入日本，所以从福冈到东京的方形周沟墓中玻璃珠饰已不是罕见之物。

公元前 1 世纪，西方罗马玻璃器发展了多彩和磨光等装饰，接着又发明了吹制技艺，于是罗马领域内生产的玻璃器成为向东方输出的重要工艺品。从遗物发现地点的分布，可知罗马玻璃东输的初期多由海路。较早的模压成型的罗马玻璃多发现在南方海港及其附近。如广东广州横枝岗西汉墓的蓝色玻璃碗和江苏扬州东汉初广陵王刘荆墓发现的紫红色与乳白色相间的搅胎玻璃钵。展出的一批出于广西合浦西汉墓和广西贵县东汉墓的模压玻璃器,除一件西汉铅玻璃璧外,其他诸器皆与罗马模压的钠钙玻璃接近,但含钾较多,因此有的学者认为是当地用草木灰制造的,正如东晋著名的炼丹术家葛洪(284~364年)在《抱朴子内篇》所记"外国作水精碗,实是合五种灰以作之,今交广多有得其法而铸作之者"的情况。这个推断如果不误,最晚于公元前后我国南方海港及其附近已可仿效罗马用钠钙模压玻璃器皿。展出的洛阳东郊2世纪东汉墓出土的器表缠绕白色条饰的长颈平底绿玻璃瓶,是较典型的罗马吹制玻璃器。3世纪以后,罗马领域内的产品,多与新兴的透明度较高的萨珊玻璃器相间或同时在我国南北方发现。湖北鄂城西晋墓和北京西晋幽州刺史王浚妻华芳(304年葬)墓出有磨饰圆形球面或突起椭圆形乳钉的萨珊玻璃碗。江苏南京、镇江一带的六朝墓出有磨饰的玻璃杯碗,有的研究者认为都是萨珊产品,也有的主张展出的南京东晋墓中发现的圜底杯(发现于象山琅琊王氏墓)和另一残片皆具有罗马玻璃特征。辽宁北票发现卒于415年的冯素弗墓中的淡绿色鸭形容器,是较典型的罗马玻璃,与它同出的还有此次入展的蓝绿色凹底杯。6世纪前半,北方墓葬既出萨珊玻璃碗,又出罗马玻璃杯,前者如山西大同南郊北魏墓所出的有磨饰的圜底碗,后者如河北景县封魔奴(521年葬)墓、祖氏(550年以前葬)墓出土的波纹碗。这两种玻璃器同时出现,在由大陆传入朝鲜的遗物中更为明显。5世纪中后期新罗庆州皇南洞98号墓的北墓出有磨饰的萨珊碗,而该墓的北墓则又出波纹的罗马杯。被推定为5世纪晚期的日本新泽千冢126号墓出有玻璃碗盘各一件,碗是萨珊磨饰碗;盘呈蓝色,饰以金彩人物花木,有的研究者怀疑它属罗马玻璃,果如是,此墓则是罗马玻璃与萨珊玻璃同出一处的最佳实例;这两件玻璃器一般也都认为直接或间接由大陆传来的。

展出的河北定县发现的北魏素面蓝玻璃钵,是481年埋入塔下一批玻璃器中的一件,这批玻璃器被认为是吹制玻璃工艺传入我国最初阶段的制品,技术尚不熟练。近年发掘北魏洛阳大市遗址,发现534年以前以釉陶仿制的器表列饰圆圈纹的萨珊玻璃碗,更表明当时仿制西方吹制玻璃容器,仍处于探索时期。宁夏固原发现的北周开国显贵李贤(569年葬)墓中随葬和日本传安闲天皇(531~535年在位)陵所出的玻璃碗等都是萨珊制品。其实迟到8世纪萨珊玻璃仍为东方所珍视,西安何家村窖藏即和大批金银器共出一圆圈纹萨珊碗。何家村埋藏萨珊碗的时间,已远离制造该碗的年代,因为萨珊玻璃的生产,7世纪中期即进入尾声。

601～604年，隋文帝敕百余州各建舍利塔，塔下所奉舍利和贮藏舍利的玻璃瓶皆系朝廷颁下者，此事大约促进了我国吹制玻璃的发展。当时制造舍利瓶的原料，既有传统的铅玻璃，也有原料难得的钠钙玻璃。河北定县发现的隋舍利瓶系钠钙玻璃，而陕西耀县发现的隋舍利瓶则可能是高铅玻璃。西安李静训墓上原建有重阁（塔），墓中既随葬钠钙玻璃瓶、杯，又随葬高铅玻璃盖盒。隋代出现的钠钙玻璃与高铅玻璃共出的情况，唐初犹在继续，湖北郧县发现太宗子濮王李泰（652年葬）墓中所出玻璃瓶，有钠钙玻璃，亦有高铅玻璃。但钠钙玻璃毕竟限于原料来源，而高铅玻璃又比一般铅钡玻璃较适于吹制，所以此后我国制造的玻璃器多属高铅。朝鲜、日本所出7、8世纪的铅玻璃舍利瓶，如大邱松林寺和奈良法隆寺塔下的发现以及奈良县榛原町文祢麻吕墓出土的骨壶等，疑俱由大陆传入。值得注意的是韩国大邱市松林寺出土舍利瓶中装纳的蓝色圆圈纹侈口圜底玻璃杯，极有可能是萨珊晚期或伊斯兰早期制造。正仓院中仓所藏绀色玻璃杯（承托圜底的银柄系后补制）与此颇为类似。这两件玻璃杯无疑也是从大陆来的。近年陕西扶风法门寺塔地宫发现一大批罕见的早期伊斯兰玻璃器，多达二十件，是874年唐皇室进献之物，其中盘口贴花玻璃瓶胸部也饰有与上述两杯大小相近的突起的圆圈纹一列。

10世纪以后的宋辽时期，制造高铅玻璃的地点显著增多，所以南北各地佛塔地宫中高铅玻璃器时有发现。999年埋入河南密县法海寺塔基的可辨识器形的铅玻璃器皿即有五十件，其中宝珠形小瓶与日本奈良县于美阿志神社内桧隈寺（原道兴寺）石塔基坛出土的盛舍利的小口玻璃瓶极为类似，该瓶贮于大陆烧制的青白釉瓷罐和褐釉四耳罐中，因可推知此舍利瓶亦自大陆运来。此类铅玻璃器色虽光鲜，质则轻脆，远不及伊斯兰玻璃可注沸汤与瓷、银无异，所以辽宋人仍重大食器。定县静志寺塔地宫所出北宋时玻璃器，明显分两类，较大器皿如展出的大腹瓶、直筒杯都是伊斯兰玻璃，小型器如展出的侈口碗和未入展的葡萄串等则是自制的高铅玻璃。此外，展出的西安西关原铁塔寺所出长型小方舍利瓶、辽宁博物馆所藏长身瓶，还有许多地点发现的刻花长颈瓶，皆是10～11世纪的伊斯兰玻璃。辽宁朝阳北塔天宫所藏双层胡瓶、朝阳辽太尉左羽林统军耿延毅（1012年葬）墓发现的宽颈把杯和内蒙古奈曼旗辽景宗孙女陈国公主（1018年葬）墓所出乳钉纹长颈把杯，是11世纪伊斯兰玻璃中的精品。伊斯兰玻璃传入日本的数亦甚多，如京都清凉寺所藏 985 年奝然自宋请归的木雕释迦像五脏中的玻璃器（瓶？）和 1228 年施入奈良传香寺地藏菩萨胎内的舍利壶等。展出的西安原铁佛寺宋塔基遗址所出深蓝色敞口钠钙玻璃碗，器形与北宋瓷碗相似，有的研究者认为可能是采用伊斯兰玻璃原料在中国制造者。这个推断，可与北宋权臣蔡京子蔡绦于南宋初（12 世纪 30～40 年代）所撰《铁围山丛谈》卷五所记"政和四年（1114 年），太上始自揽权纲……检察内诸司……时于奉宸中得……玻璃母二大筐。玻璃母者，若今之铁渣然，块大小犹儿拳……或云柴世宗显德间（954～959 年）大食所贡，又谓真庙朝（997～1222 年）物也"相印证。正仓院所藏 11 世纪平氏奉进的深蓝色钠钙玻璃唾壶，系中国传统唾壶形式，因疑或亦如上述西安所出之钠钙玻璃碗，皆属北宋时期，用大食玻璃母所制，而于制成后不久东传日本。

中国古代金、银、玻璃器的制作，虽都有自己的原始开端，但在它们发展的进程中，却与西方工艺有密切联系。这种联系又自大陆向东延伸至日本。从目前已知的有关资料考察，这两种工艺在中国古代发展的各个阶段，在时间分布上颇有若干近似的情况。

战国西汉（公元前 5～公元 3 世纪初）是西方器物和工艺传入与在传统技艺的基础上仿制的阶段。大约从公元前 1 世纪大陆的玻璃工艺开始影响日本。

魏晋南北朝（3～6 世纪）是西方器物较多地传入中国的时期。这时期的较晚阶段，西方器物又从大陆输往日本。

隋至盛唐时期（7～8 世纪初）金银器开始逐步东方化。大陆发展了吹制高铅玻璃工艺，西方美观、耐用的玻璃器仍受到重视。这时期大陆传向日本的器物，既有西方制品，也有大陆制品。

盛唐迄宋元（8 世纪中～13 世纪）民间制造的金银器日益增多，金银器的中国样式逐步完成并迅速发展。高铅玻璃的生产也在扩大。随着海陆贸易的繁荣，西方新兴的伊斯兰玻璃取代了以前的罗马、萨珊器物，从海陆两途东输中国；大约从 10 世纪中期起，伊斯兰玻璃原料也运来东方，出现了用伊斯兰玻璃原料制造的中国传统器物。以上各类金、银、玻璃器在日本都有发现。

西方金、银、玻璃器通过大陆东及日本源远流长，作为东西文化交流的丝绸之路、陶瓷之路的东方终端，实际上已延长到海东。中国在西方影响下制造的新型金、银、玻璃器同样也不断为日本上下所珍贵。这次展览，日本方面的标题为"正仓院，故乡——中国金银玻璃展"，明确地显示古代中日两国密切往来的盛况；而具有悠久历史的世代往还，正是今后中日两国友好合作不断发展的深厚基础。

本文原刊《中国文物报》1992 年 4 月 26 日第 3 版；
1992 年 5 月 3 日第 3 版

西藏发现的两件有关古代中外文化交流的重要文物

1959年中央文化部西藏文物调查工作组在西藏工作时，看到两件有关古代中外文化交流的重要文物，一件是中亚—西亚制造的大型银壶，一件是印度东部制造的一组寺院木石模型。

大型银壶是拉萨大昭寺中心佛殿第二层西侧正中松赞干布殿内的一件供奉器物（图一）。寺僧相传是松赞干布生前遗物。又传自土中掘出。五世达赖阿旺罗桑嘉措《大昭寺寺内六佛像目录智者传言》记："是印、汉、藏、尼圣地的土石，各种珍宝等物做成的。"[1]该壶自外部观察，遍体银质，纹饰部分有鎏金痕迹。壶高约70厘米，上端开圆口，口缘饰八曲，口外壁饰山岳状花瓣一匝，其下饰一空心立体羊首，首后侧竖两耳，首前端上下唇间衔圆管形小流，羊首下接上敛下侈的喇叭状细颈，颈上端饰弦纹、四瓣球纹各一匝，颈下部接球形壶身，壶身最大径约为40厘米，颈、身相接处饰联珠、叶纹、四瓣球纹和弦纹组成的纹带一匝，纹带之下为三组大型垂饰，垂饰外绕卷云，中心似作宝珠，垂饰下接由竖叶、联珠、垂叶组成的纹带一匝，其下为该壶主要图像所在：图像计三组，各位于上述三组大型垂饰之间，中间一组内容为一系有鞶囊的壮胡持革带似拦护一长髯醉胡，另一着高鞫靴的幼胡屈蹲于上述壮胡胯下，并抱持其右足（图二）。两侧组为相对的弹琵琶舞胡背手反弹的姿态，值

图一　银壶

得注意。主要图像下方，间饰花簇一列。以上各种形象、纹饰皆以锤鍱技法做出，原并鎏饰金色。壶身下部焊接之流管，系后世所加。多曲圆形口缘和其下作立体禽兽首状的细颈壶，为7～10世纪波斯和粟特地区流行的器物[2]，颈上饰羊首的带柄细颈壶曾见于新疆吐鲁番回鹘时期的壁画中[3]。西亚传统纹饰中的四瓣球纹，尤为萨珊金银器所喜用[4]。人物形象、服饰更具中亚、西亚一带特色。固可估计此银壶约是7～9世纪阿姆河流域南迄呼罗珊以西地区所制作[5]。其传入拉萨，或经今新疆、青海区域；或由克什米尔、阿里一线，如是后者，颇疑来自古格地区的亚泽王室，传来大昭的时间或不早于14世纪。因为14、15世纪正是亚泽王自乌梅至布涅梅皆向大昭寺进奉重要布施的时期[6]。

菩提伽耶（Buddha Gaya）寺院木石模型一组，旧藏日喀则东南的奈塘寺度母殿（图三）。此模型印度罗睺罗（Bahula Sankrtyayan）比丘在《再到西藏寻访梵文贝叶写经》中曾有著录："1934年9月13日，到奈塘寺……（寺）有一套12世纪的佛陀伽耶大菩提寺的石制模型，那是用佛陀伽耶地方的黑色石料雕制的。在模型中，除了主殿以外，还有许多小型佛殿，很多塔，一部分雄伽（Sunga）王朝式的栏杆，全寺围墙和三座大门；不幸那块用来安置全部建筑物、排定各建筑物的位置的木板丢掉了。因此，除了主殿和三座大门（上面刻有藏

图二　银壶局部纹饰

图三　寺院木石模型

文字）的位置外，其他建筑物的位置，我们就无法知道了。由于年代久远，这套模型保存得不好。另有一套木制的模型，那是仿照石制模型而制成的。这木制模型却保存得很好，可是这套模型原来做地的木板也丢了。我们由这套模型可以看到，大菩提寺有三座大门，正门是在东面，北面有一座门，南面有一座门，主殿的东面也有三个门，两边的两个门常关着不走，只有中间一个门出入通行。在主殿的西面也有一个门，却也是关着，不能由这个门进到殿里去。上一次（1929年）我来西藏的时候，我曾经发现就由这个奈塘寺到印度去的一位卓卫采释经师（1153年生）写的一本旅途日记，当伊斯兰教军队冒犯并摧毁大菩提寺的佛教和殿堂的时候，那位大译师正在佛陀伽耶。他是一个亲眼看到这种摧毁行动的人。在他的笔记里，他叙述过大菩提寺围墙内外的许多建筑物的位置。我想这套石制的模型，就是写那本日记的那位译经师带到西藏去的。"[7]
罗睺罗所见模型石制、木制各一套，此次所见只一套，且石、木制品混在一起，石制多于木制，两种质地的个体完全相同者少；罗睺罗所见两套模型均失底板，各个体的原来位置大多不详，此次所见有底板，各个体模型的安排如图三所示；罗睺罗推测模型是12世纪本寺的一位译经师从印度带回西藏的。我们在石制主要寺门和一段围墙模型上，都发现有"大明永乐年施"细线刻文一行[8]。因此，我们认为模型中的石制一组应是15世纪初由明廷赉施此寺者。此次所见模型存寺门、塔、殿等个体共二十一件和附有角楼的方形围墙一匝。其中最大佛殿和寺门顶部皆具五塔（中间建大塔，四隅各一小塔），其余殿堂门顶部亦皆高耸作塔状，雕镂精细，形制、工艺纯属印度风格，与明成化九年（1473 年）竣工的北京真觉寺仿建的金刚宝座不同[9]。盖此组模型来自天竺，永乐施款当是模型抵中国后所补雕。按明初菩提伽耶在榜葛剌境内，《明实录》记自永乐六年（1408 年）起，榜葛剌即不断遣使进方物；《明实录》和《星槎胜览》等书又记永乐十年（1412 年）、十三年（1415 年）、十八年（1420 年）遣杨敕、侯显等出使榜葛剌。此组模型或是随此类交往流入中土。永乐十七年（1419 年）、二十一年（1423 年）明廷又再三遣内官来奈塘赍敕谕褒奖本寺堪布竹巴失剌，并颁赐彩币[10]，然则模型之来奈塘，约即与彩币等同为颁赐赍施之品欤[11]？

注释

[1] 译文引自陈乃曲札、陶长松译恰白·次旦平措《大昭寺史事述略》，译文刊《西藏研究》创刊号，1981 年。

[2] 参看深井晋司《アナーヒター女神装飾の銀製把手付水瓶に関する一考察》，该文收在《ペルシヤ古美術研究》论文集中，吉川弘文馆，1968 年。

[3] 参看 Albert Crünwedel：*Alt-Buddhistische Kultstätten in Chinesische-Turikistan* S. 334，1912 年。

[4] 参看 Oleg Grabar：*An Introduction to the Art of Sasanian Silver*，该文收在 *Sasanian Silver* 论文集中，1967 年。深井晋司《帝王狩猎图镀金银制皿》，该文收在《ペルシヤ古美術研究》论文集中。林良一《ペルシアの遺宝》2，新人物交来社，1979 年。

[5] 银壶人物中反弹琵琶的图像，多见于吐蕃占领敦煌时期（781～848 年）于莫高窟所建的洞窟壁画中，如第 112 窟南壁东侧观经变相，据此似可推测反弹琵琶的舞姿流行于 8、9 世纪。参看《中国石窟·敦煌莫高窟》四，图版 54，文物出版社，1987 年。

[6] 巴卧祖拉陈瓦《贤者喜宴》："（作为蔡巴噶举的供养者古格）亚泽王日乌梅……于阳铁狗年（元至大三年，1310 年）在（大昭寺）觉卧佛像头上造了金顶……又为十一面观音造了小金顶。此后，亚泽王布涅梅又建造了大金顶。"译文据黄颢《贤者喜宴摘译》十八，《西藏民族学院学报》1985 年 4 期。

[7] 罗睺罗原文刊 *The Journal of the Bihar and Orissa Research Society*，XXⅢ，1937 年。此据王森（子农）译文，刊《现代佛学》2 卷 4 期，1951 年。

[8] 前引罗睺罗文谓寺门"刻有藏文字"，疑即指此行刻铭。

[9] 《日下旧闻》卷二十一引明宪宗皇帝御制《真觉寺金刚宝座纪略》："永乐初年，有西域梵僧曰板的达大国师贡金身诸佛之像、金刚宝座之式，由是择地西关外，建立真觉寺，创治金身、宝座，弗克易就，于兹有年。朕念善果未完，必欲新之，命工督修殿宇，创金刚宝座，以石为之，基高

数丈，上有五佛，分为五塔，其丈尺规矩与中印土之宝座无以异也。成化癸巳（九年，1473年）十一月告成。立石。"

〔10〕永乐所颁敕谕录文见王毅《西藏文物见闻记》二，《文物》1960年8、9合期。

〔11〕永乐遣郑和等下西洋，留心天竺佛迹，并时通消息于西藏。1959年7月于布达拉宫登录所藏文物，获永乐十一年（1413年）《大明皇帝致大宝法王书》一通。该书即记永乐九年（1411年）帝夜坐宫廷，见圆光中有释迦之像，其时适与郑和击退锡兰山王之迫害获得佛牙为同时，帝因此瑞命工铸黄金佛像，遣内官侯显致此像与大宝法王得银协巴。可见永乐以天竺事物联络西藏寺院，菩提伽耶模型之施奈塘寺，并非孤例。

本文原刊《十世纪前的丝绸之路和东西文化交流》，
新世界出版社，1996年

三记拉萨大昭寺藏鎏金银壶

西藏拉萨大昭寺藏制年较早的大型鎏金银壶是值得关注的一件有关中外文化交流的重要文物。1994年和1996年我曾撰文刊露了两次。最近看到一批新拍的照片和一份实测数字，因做第三次记录。

1959年6月抵拉萨调查古代建筑，开始工作的选点即是市中心的大昭寺，很快就在寺主要佛殿第二层西侧正中的松赞干布殿内看到这件大型鎏金银壶。由于壶身较大且置于保护框架内，移动不便，所以只拍照并摹绘了该壶显露面上锤鍱雕铸出的纹饰。1988年8月再访西藏，该壶仍存松赞干布殿，但保管甚严，既不准摄影，亦无临摹之便，仅较仔细地观察了银壶外部各面的图像。1994年8月江西教育出版社出版的《纪念陈寅恪先生百年诞辰学术论文集》所收《拉萨地区佛寺调查记》（此调查记后经增补又辑入1996年10月文物出版社印行的《藏传佛教寺院考古》）内"大昭寺"条关于银壶的文字，即是根据上述资料写出的。1996年新世界出版社出版的《十世纪前的丝绸之路和东西文化交流》所收《西藏发现的两件有关古代中外文化交流的重要文物》一文中记述的大昭寺大型银壶，是第二次刊露，其文字实际是摘录上次发表的记录，并无新内容，但公布了银壶和银壶局部纹饰（即该文所记扶持长髯醉胡一组人物图像的部分）的图片。

2009年7月，因文物局郭旃同志的协助，承蒙大昭寺管委会副主任、拉萨市佛教协会副会长尼玛次仁同志惠寄一组银壶图片和银壶实测记录，始明确了解到前述第一、二两次发表的有关银壶文字既多差错，又需补充，因撰此第三次记事。

首先校正银壶尺寸问题。第一、二两次记录只有目测银壶约70厘米的高度和约40厘米的壶身最大径宽。现据实测数字知壶高度为82厘米，最宽的胸

图一　鎏金银壶左侧面　　　　图二　银壶口下面的扶持醉胡图像

图三　银壶腹部右侧

径是 50 厘米（周长 153 厘米）。此外，实测还补充了银壶口径 7.8 厘米，颈长 23 厘米。

其次是需要更正壶身中上部所饰三组大型垂饰和由联珠等组成的一匝纹带下人物图像的布局及反弹琵琶舞者的补充描述（图一）。从拍摄清晰的图片可知大型垂饰下面的壶身空间，仅能容纳三组人物图像，位于壶口下面的空间，应是该壶腹部的中心位置，其处锤鍱出的内容即是第一、二两次记录所记的扶持长髯醉胡的图像（图二）。此组图像两侧的空间位置各为一举起琵琶背手反弹并作舞姿的男胡（图一、三）。两男舞胡皆发端束冠饰，腰际系鞶囊，偏身面对长髯醉胡，如此布局似可显示此大型银壶或为盛酒之具。又对舞的男胡双足作舞姿的形象与扬开巾带形成弯曲弧度的动作等颇值得注意，因为这些情况皆与敦煌莫高窟第 112 窟（中唐）南壁观无量寿经变中佛前供养乐舞中背手反弹琵琶舞者的安排甚为类似。琵琶本是西方输入的乐器，演奏者的活动姿态和缠绕巾带的装饰等自当存有西方因素；莫高窟中唐时期亦即吐蕃占领阶段的洞窟壁画中竟出现了此未曾前见的新式舞姿——高举琵琶背手反弹，其来源参考此拉萨大昭寺银壶上姿态相同的舞胡，或可得到合理的推论。

二 宗教遗迹

四川钱树和长江中下游部分器物上的佛像
——中国南方发现的早期佛像札记

一

现知南方最早的佛像似皆出于以四川为中心的东汉—蜀汉墓葬中。佛像在墓内有两种情况：一种自1940年即开始发现于乐山麻浩、柿子湾两地崖墓后室门上方（图一）和门楣上，都是高肉髻，具项光，着通肩衣，右手施无畏印，左手握衣端的高浮雕佛坐像；一种发现略晚，但自20世纪90年代以来，较多地发现于崖墓和砖墓内随葬的钱树上，有的雕塑在树座（图二），有的铸造在树干（图三）或树顶，他们的姿态和上一种相似，发现地点可北及陕西汉中、城固，南抵贵州清镇、平坝。以上发现的这两种墓葬，根据同墓共出的其他随葬

图一　乐山麻浩崖墓后室门上方的佛像
[采自《佛教初传南方之路文物图录》
（以下简称《图录》）图版1]

图二 彭山夹江崖墓 M166 所出钱树座上的佛像
（采自《图录》图版 32）

图三 西昌高草出土汉代钱树残片
（树顶西王母）
（采自《考古》1987 年 3 期 279 页）

品，如 1981 年重庆忠县涂井沟 M5、M14 与树干坐佛同出的太平百钱、蜀五铢等蜀汉时铜钱[1]；又如 2001 年重庆丰都槽房沟 M9 出有与上述诸钱树干铸出的坐佛极为相似的树干坐佛残片同出刻有"延光四年五月十日作"铭的泥质灰陶覆斗形钱树座[2]，因而一般推定这两种在墓内发现的佛像的年代，上限是东汉中期，下限到蜀汉，即从 2 世纪中期至 3 世纪中期。值得注意的是，此上限的具体年代——延光四年（125 年），上距文献明确记载图佛形象如袁宏《后汉纪》卷十《孝明纪》"永平十三年"条追记明帝时（公元 57～75 年在位）佛像初入中国，"初，（明）帝梦见金人长大，项有日月光，以问群臣。或曰：西方有神，其名曰佛，其形长大，问其道术，遂于中国而图其形象焉"，和牟子《理惑论》所传"明帝存时，豫修造寿陵，陵曰显节，亦于其上作佛图像"（《弘明集》卷一）的时间不过五六十年[3]。看来，传佛教东播初期佛像被安置于墓葬，显然与以后皈依佛教供奉佛像的情况大不相同，而与当时流行为安置神仙形象西王母相类似。事实上西王母与佛像俱曾被置于钱树座和树顶，其例如表一。

表一

	钱树座	钱树顶、干
西王母像	一、四川绵阳何家山M2陶树座下层塑出坐于龙虎背上的西王母坐像[4] 二、四川三台崖墓绿釉陶树座一侧上层塑出西王母像坐于龙虎座上[5]	一、四川绵阳何家山M2树顶铸出西王母坐像[7] 二、四川西昌高草残汉墓树顶铸出西王母像（图三）[8] 三、四川成都钱币学会藏树顶铸出西王母像[9]
佛像	四川彭山夹江崖墓M166树座上层塑出佛像，一侧侍立胡人，下层塑出龙虎（图二）[6]	一、四川安县文管所藏绵阳永兴镇至安县界一带崖墓树顶和树干俱铸出坐佛，佛侧各铸跪奉状胡人[10] 二、陕西城固砖墓树顶铸出坐佛，其一侧跪奉状胡人（另侧残损）[11]（图四） 三、四川绵阳何家山M1树干铸出坐佛（图五）[12]

图四　城固汉墓所出钱树残片（树顶坐佛）（采自《文物》1998年12期65页）

图五　绵阳何家山M1所出钱树干上的佛像（采自《文物》1991年3期6页）

通过表一约可推知以下五事：

（一）绵阳何家山 M2 树座与树顶皆着西王母，不着佛像；同出最晚的铜钱是东汉五铢。位于此墓东侧 6 米处的 M1，所出钱树残件无西王母形象，但其树干部分则铸出佛像五，与之同出多东汉晚期的铤环、剪边五铢，是 M1 应较 M2 为晚，因可推测钱树着西王母的时间似较出现佛像者为早。

（二）西王母与佛像皆可处于钱树座和顶的相同位置，且同出器物大多相近，可知两类钱树对西王母与佛像的含义大体近似。汉晋间人视佛同列仙，故宗炳《明佛论》谓"刘向《列仙》，叙七十四人在佛经"（《弘明集》卷二）[13]。

（三）如前面"（一）"推测不误，彭山夹江 M166 树座上塑佛像、下塑西王母坐兽——龙虎，约是反映从西王母向佛像过渡的中间阶段。

（四）安县文管所藏和陕西城固所出树顶佛像两侧皆铸跽奉胡人，又彭山夹江崖墓树座佛像一侧亦侍立胡人，似俱在显示此佛像当时主要为西域胡人所侍，作为宗教的佛教尚未出现于广大汉族间，与《高僧传》卷九《晋邺中竺佛图澄传》记后赵石虎时佛图澄"教化既行，民多奉佛，皆营造寺庙，相竞出家，真伪混淆，多生愆过。虎下书问中书曰：'佛号世尊，国家所奉，里闾小无爵秩者，为应得事佛与不？又沙门皆应高洁贞正，行能精进，然后可为道士。今沙门甚众，或有奸宄避役，多非其人，可料简详议。'伪中书著作郎王度奏曰：'夫王者郊祀天地，祭奉百神，载在祀典，礼有尝飨。佛出西域，外国之神，功不施民，非天子诸华所应祠奉。往汉明感梦，初传其道，唯听西域人得立寺都邑，以奉其神，其汉人皆不得出家。魏承汉制，亦修前轨。今大赵受命，率由旧章，华戎制异，人神流别，外不同内，飨祭殊礼，华夏服祀，不宜杂错。国家可断赵人悉不听诣寺烧香礼拜，以遵典礼。其百辟卿士，下逮众隶，例皆禁之。其有犯者，与淫祀同罪。其赵人为沙门者，还从四民之服。'伪中书令王波同度所奏"的记录，恰可对照。王度所奏虽未为石虎所纳[14]，但由此可窥即使迟到石虎（344～348 年在位）之初，信佛在中原地区的汉族间，并未广播。

（五）西王母传处西荒昆陵之阙[15]，与西域胡人居处相接，钱树所奉的西王母转易为佛像，或与当时奉佛的胡人有某种联系？四川东汉墓多出胡俑，或作乐舞，或被役使[16]，也有在画像砖上绘出胡人骑吏者[17]，他们的出现，疑与《华阳国志》卷三《蜀志》所记北部"西接凉州酒泉……其地多冰寒，盛夏凝冻不释，故夷人冬时避寒入蜀，庸赁自食……岁以为常"有关。这里所谓的夷人，应包括入居河西的月支、康居诸胡。这批胡人，文献记载蜀汉时期曾大量入蜀[18]。所以他们信奉的佛教本尊形象，不仅可能在四川出现，甚至在某种情况下代替了原有传统的神明。蜀魏相峙时，蜀佣胡兵[19]，蜀降后蜀中多变乱[20]，大批强迁蜀地权贵大族[21]并"劝募"蜀人内移[22]。作为随葬品的钱树和胡俑逐渐消失，四川较大型墓葬也日益稀少，这与以上情况或许都不无关系[23]。

二

南方早期佛像另一处较集中发现的是苏南、两浙，西及武汉的长江中下游地区。这里发现的早期佛像也大部分出自墓葬[24]，其年代较四川为晚。佛像主要铸塑在随葬的铜器纹饰和陶瓷器上[25]，特别是在一种长颈高身贴饰复杂的五联罐[26]周围。佛像多为坐于双狮莲座上的禅定姿态（图六），与前述四川施无畏像有异，但两者相同处有高肉髻、项光、结跏趺坐，还有与佛像共存的深目高鼻或着尖帽的胡人形象（图七）。胡人数量较四川为多，动作也多样。有的墓葬也随葬多种胡俑。1993 年，南京博物院等单位选编《佛教初传南方之路文物图录》（以下简称《图录》）搜集了较多的附有说明的图像资料，现据该《图录》所载有年代可考的与贴饰佛像、胡人等内容有关的长颈五联罐辑出，并略补已公布的个别实例，计共二十三件，列如表二。表中五联罐贴饰布局一项，多简化刊露的说明文字，极不完备，仅可略供参考而已。

图六　江宁县索墅砖瓦厂太康元年墓所出釉陶五联罐颈部贴饰（采自《图录》图版 79）（左）

图七　嵊县苔苔山太康九年墓所出青瓷五联罐颈部贴饰（采自《图录》图版 88）（右）

表二

	坐佛			胡人			腹部	贴饰布局情况		资料来源
	颈周	颈顶	腹部	乐舞百戏	合十或拱手	不明		颈部	肩腹部	
257年吴太平二年（砖志）嵊县潘亿墓青瓷五联罐				√				无楼阙。上部多飞鸟，下部列胡人、兽	上部少量动物	《图录》58
260年吴永安三年（小碑）绍兴墓青瓷五联罐				√		√		有阙。上部多飞鸟，下部列胡人	上部少量动物，有小碑	（图人）[27]
275年吴天册元年（纪年砖）江宁上坊79M1青瓷五联罐		√4			√		√	有楼阙。上部多飞鸟，有佛像，下部列胡人	有骑兽仙人，胡人、麒麟、鸟兽、铺首	《图录》63
276年吴天玺元年（?）金坛储侯墓青瓷五联罐				√	√			有重层楼阙。上部有兽，下部列胡人、兽	有骑兽人、狮虎等兽	《图录》64
277年吴天纪元年（?）上虞墓青瓷五联罐					√	√		有圆形小殿和门阙。上部列胡十，下部列胡十	有骑兽人、朱雀、狮、铺首	《图录》65
280年晋太康元年（?）江宁墓和陶五联罐	√9	√4		√	√9			有小殿双阙。上部有鸟、胡人，下部列坐佛	有向上飞鸟一匹	《图录》79
280年晋太康元年（?）慈溪墓青瓷五联罐	√5		√	√	√			有楼阙。庑廊。上下俱有鸟兽，下部有麒麟、凤凰、胡人、骑兽人	有骑兽人、坐佛、武士	《图录》80
281年晋太康二年（纪年砖）金华古方M30青瓷五联罐			√					已残。有鸟	已残。有骑马武士	[28]
288年晋太康九年（砖志）湖州高荣墓青瓷五联罐	√	√8			√			有楼阙。庑廊。狮柱。下列坐佛	有神兽，朱雀，坐佛	《图录》87

续表

器物	坐佛			胡人颈部			腹部	贴饰布局简况		资料来源
	颈周	颈顶	腹部	乐舞百戏	合十或拱手	不明		颈部	肩腹部	
288年晋太康九年（纪年砖）嵊县M75青瓷五联罐	✓				√14		√6乐舞	有楼阙。无鸟兽，上下有合十胡人，下有小碑	有乐舞胡六	[29]
290年晋太熙元年（小碑）上虞塞青瓷五联罐				√				有楼阙庑廊。上有鸟兽，坐佛、胡人、小碑	有瑞兽、铺首	[30]
291年晋元康元年（小碑）温州平阳塞青瓷五联罐	√4			√		√		有楼阙庑廊。上有鸟兽，下有胡人、小碑	有人物骑射，凤、兽、铺首	《图录》89
292年晋元康二年（小碑）吴县狮子山M2青瓷五联罐	√			√20				有楼阙庑廊。上有鸟兽、朱雀、下有坐佛、胡人、小碑	有骑兽仙人，武士、朱雀、鸟兽、铺首	《图录》90 [31]
293年晋元康三年（?）南京郎家山塞釉陶五联罐	√5	√5						有殿、门。无鸟兽，上下有坐佛	无贴饰	《图录》91
294年晋元康四年（纪年砖）句容孙西村塞青瓷五联罐	√			√				有楼阙。有鸟、坐佛、胡人	无贴饰	[32]
295年晋元康五年（纪年砖）吴县狮子山M1青瓷五联罐	√8					√		有楼阙。有鸟，熊柱	无贴饰	[33]
297年晋元康七年（纪年砖）江宁张家山塞青瓷五联罐	√							有楼阙庑廊。下列坐佛，胡人各十余	有羽人乘龙，兽面，铺首	[34]
297年晋元康七年（纪年砖）仪征张平塞青灰陶五联罐	√							有殿、龛。无鸟兽，下有持械人六	无贴饰	《图录》92

续表

	坐佛			胡人				贴饰布局简况		资料来源
				颈部			腹部	颈部	肩腹部	
	颈周	颈顶	腹部	乐舞百戏	合十或拱手	不明				
298年晋元康八年(?)杭州钢铁厂墓青瓷五联罐	√7							有楼阙围墙。无鸟，上有熊柱	无贴饰	《图录》93
291~299年晋元康间(小碑)吴县狮子山M3青瓷五联罐		√						有楼阙。上有鸟，下有坐佛和侍胡	有骑兽仙人、麒麟、朱雀、铺首	《图录》96
302年晋永宁二年(?)南京墓青瓷五联罐						√		有楼阙。上有鸟，下列胡人	有兽，铺首	[35]
313年晋永嘉七年(纪年砖)绍兴凤凰山墓青瓷五联罐					√		√6乐舞	有楼阙围墙。无鸟兽，下有胡人	有乐舞胡六	[36]
322年东晋永昌元年(?)萧山墓青瓷五联罐			√	√9			√	有重檐楼阙。上有鸟兽，下列胡人	有鸟兽、坐佛	《图录》106

从表二似可将有贴饰的长颈五联罐分作东吴和西晋两个阶段。

（一）东吴阶段似是此种五联罐开始时期。一般认同它的前身应是没有贴饰各种形象的短颈较矮的素面五联罐。后者虽已出现于东汉，但在东吴，有可参考纪年的现知最早例，出自南陵麻桥 M2，该墓与附近随葬赤乌八年（245 年）买地券的 M1 的结构、器物基本一致，统属东吴早期[37]。最晚例是南京郭家山永安四年（261 年）王氏墓[38]所出（图九），而现知最初出现有贴饰的长颈五联罐的纪年墓，也恰在永安纪年前的太平年间。金坛薛埠永安三年（260 年）邴封墓所出上部堆塑二十余人物鸟兽的陶五联罐[39]，应是吴时素面五联罐和有贴饰的长颈五联罐间的过渡形态。

（二）东吴阶段实际是孙权殁后的东吴后期。此时五联罐颈部贴饰的楼阙还有向完备方面发展的迹象。楼阙周围飞鸟群集，有作乐舞百戏状的胡人，有的尚未见佛像。腹部出现较多的汉代传统的仙人、朱雀、麒麟等形象和少数合十

图八　绍兴墓出土的永安三年铭青瓷五联罐
（采自《故宫博物院藏文物珍品全集·晋唐瓷器》图版 1）

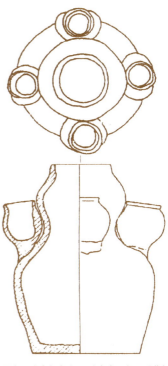

图九　南京郭家山 M6（永安四年王氏墓）所出素面陶五联罐
（采自《考古》1996 年 8 期 22 页）

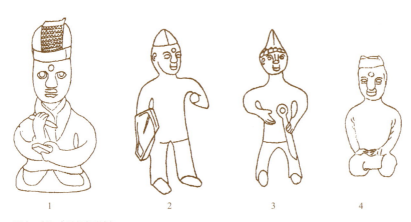

图十　长江中游胡俑举例
长沙金盆岭永安二年墓
出土胡俑：1. 属吏俑　2、3. 武俑　4. 武昌莲溪 M475 永安五年墓出土胡俑

或拱手的胡人。胡人多着白毫相，加上虞天纪元年（277年）墓所出五联罐和江宁西晋初太康元年（280年）墓所出五联罐长颈下部贴饰的胡人皆然。因而可以推知武昌永安二年（259年）墓、马鞍山吴墓、长沙金盆岭和黄陂吴——晋初墓等所出具白毫相的高鼻巨目或着尖帽的跽坐俑、操作俑、庖厨俑、武士立俑、属吏俑等皆属诸胡（图十）[40]，可见当时长江中下游多有胡人，故胡人崇信之佛亦被视若神明而与汉传统的诸仙瑞相杂错。

（三）西晋是长江下游青瓷烧造的发展时期，也是长颈五联罐发展的时期。贴饰佛像、胡人形象颇为普遍，有的一器之上列坐佛十余，也有增饰胡人多达二十者。胡人除合十、拱手礼拜外，多作乐舞状。颈部飞鸟减少，成组楼阙形成，环楼还建有庑廊、围墙样建筑。肩腹部鸟兽增多，出现武士持械卫护形象。从罐的发展和贴饰繁缛考虑，显然这里五联罐与四川钱树遭遇不同，并未受到吴亡影响而有所削弱。对佛像的安排，似仍沿旧制。东晋末，安帝元兴元年（402年），太尉桓玄与其亲信领军将军中书令王谧讨论沙门抗礼王者事，桓玄《难王中令》云："历代不革，非所以为证也。曩者，晋人略无奉佛，沙门徒众皆是诸胡。且王者与之不接，故可任其方俗，不为之检尔。今主上奉佛，亲接法事，事异于昔……"（《弘明集》卷二）"曩者"，约指百年前的西晋，故谓其时为"昔"[41]。5世纪初的桓玄认为百年前皈教信佛的徒众，"皆是诸胡"，略无晋人,所以仍可与旧传统的仙灵同处,此种情况,和较早的四川钱树上包括佛像、胡人在内的雕铸内容相比,只有数量、种类之别,并无性质、含义之差,其中的佛像都应属于汉族前佛教信仰时期的形象[42]。

（四）有确切东晋纪年的贴饰佛像和胡人的长颈五联罐现仅知出于萧山永昌元年（322年）墓一例。该年即元帝建东晋的第六年[43]。永嘉之乱,佛法玄理南渡,佛像之兴考之文献,从习凿齿《与释道安书》所记"肃祖明皇帝（322～325年在位）实天降德,始钦斯道,手画如来之容"（《弘明集》卷十二）和孙畅之、顾恺之著录约与明帝同时的卫协绘七佛图（《历代名画记》卷五）[44]开始,至4世纪后半戴逵、戴颙父子雕铸佛并菩萨组像[45],约可反映东晋一代佛像已从异域神明的列仙上升到尊崇皈依宗教的主尊的过程,所以《弘明集》卷二引5世纪宗炳《明佛论》云:佛教"妙化实彰有晋,而盛于江左也"[46]。因而随葬的五联罐上不宜再现佛像和与佛像相关的胡人[47],或许即是因此缘故,以佛像、胡人为特征之一的五联罐也在长江下游地区的随葬品中逐渐被淘汰了。其他原在长江中下游常见的如镜、薰、奁、双系罐等应用器物上铸塑佛像的做法也统统看不见了。

三

四川钱树上和长江中下游部分铜器、陶瓷器上及下游五联罐周围的早期佛像都是结跏趺坐像,但呈现的姿态却不相同。四川坐佛作施无畏印,是说法论道、施与众生安乐无畏的动的形象。长江中下游坐佛作定印,是自身禅定的静的形象。这两种坐像,耐人寻思的是,都曾在中国中原或西北地区发现过最早的金铜造像各一件。类似四川施无畏坐佛的金铜像,高20厘米,现藏地不详,见录于松原三郎《中国佛教雕刻史论·图版篇》图版3（图十一）。与长江中下游双狮座禅定坐佛相似的金铜佛（图十二）,高32.9厘米,传河北石家庄或陕西西安出土,现藏美哈佛大学福格美术馆。两像的年代都较现藏美旧金山亚洲美术馆有石赵建武四年（338年）铭的禅定金铜佛像（图十三）为早,一般拟定于3世纪[48]。由于两像面相都具较建武四年像更清晰的胡人特征,所以可能都是当时入居中国的胡人礼奉之像。至于他们与四川、长江中下游早期佛像的

图十一　金铜佛像［采自《中国佛教雕刻史论·图版编》(以下简称《史论·图版编》)图版 5］　　图十二　金铜佛坐像(采自《史论·图版编》图版 3)　　图十三　建武四年铭金铜佛坐像(采自《史论·图版编》图版 6)

关系，目前还不便做出过多的推测，只有等待陆续发现有关的新资料和情况，才宜逐步做出进一步的思考。

2004 年 5 月

注释

〔1〕　参看四川省文物管理委员会《四川忠县涂井蜀汉崖墓》，刊《文物》1985 年 7 期。
〔2〕　参看《中国文物报》2002 年 7 月 5 日第 1 版刊《重庆丰都槽房沟发现有明确纪年的东汉墓葬》。泥质灰陶覆斗形钱树座为前所未见，不知与残铜质钱树干坐佛同出的情况何似。
〔3〕　《法苑珠林》卷三十《敬佛篇·观佛部感应缘》引南齐王琰《冥祥记》亦记此事云："汉明帝……初使者蔡愔将西域沙门迦叶摩腾等赍优填王画释迦佛像……乃遣画工图之数本，于……显节寿陵上供养。"
〔4〕　参看何志国《四川绵阳何家山 2 号东汉崖墓清理简报》，刊《文物》1991 年 3 期。
〔5〕　见三台县文化馆《四川三台县发现东汉墓》，刊《考古》1976 年 6 期。
〔6〕　参看吴焯《四川早期佛教遗物及其年代与传播途径的考察》，刊《文物》1992 年 11 期。
〔7〕　同注〔4〕。
〔8〕　参看刘世旭《四川西昌高草出土汉代"摇钱树"残片》，刊《考古》1987 年 3 期。
〔9〕　由何志国等《四川安县文管所收藏的东汉佛像摇钱树》(刊《文物》2002 年 6 期)转引。
〔10〕　参看注〔9〕何志国等文章。
〔11〕　罗二虎《陕西城固出土的钱树佛像及其与四川地区的关系》，刊《文物》1998 年 12 期。

〔12〕何志国《四川绵阳何家山1号东汉崖墓清理简报》，刊《文物》1991年3期。
〔13〕《世说新语》卷上《文学篇》刘注引"刘子政《列仙传》曰：'历观在家之中，以相检验，得仙者百四十六人，其七十四人已在佛经……'"，又引《汉武故事》谓（汉武）得"金人之神置之甘泉宫……唯烧香礼拜，上使依其国俗祀之"，并云："岂当汉武之时，其经未行于中土，而但神明事之邪。"此传汉武时之议论，亦可适用于此。
〔14〕"王波同度所奏"之后《高僧传》续记："虎下书曰：'度议云：佛是外国之神，非天子诸华所可宜奉。朕生自边壤，忝当期运，君临诸夏。至于飨祀，应兼从本俗。佛是戎神，正所应奉。夫制由上行，永世作则，苟事无亏，何拘前代？其夷赵百蛮有舍其淫祀，乐事佛者，悉听为道。'于是慢戎之徒，因之以厉。"此事《晋书·艺术·佛图澄传》亦有简记，可与《高僧传》对勘，因录如下："百姓因澄故多奉佛，皆营造寺庙，相竞出家，真伪混淆，多生愆过。季龙下书料简，其著作郎王度奏曰：'佛，外国之神，非诸华所应祠奉。汉代初传其道，惟听西域人得立寺都邑，以奉其神，汉人皆不出家。魏承汉制，亦循前轨。今可断赵人悉不听诣寺烧香拜佛以遵典礼，其百辟卿士下逮众隶，例皆禁之，其有犯者，与淫祀同罪。其赵人为沙门者，还服百姓。'朝士多同度所奏。季龙以澄故，下书曰：'朕出自边戎，忝君诸夏，至于飨祀，应从本俗。佛是戎神，所应兼奉，其夷赵百姓有乐事佛者，特听之。'"
〔15〕《太平广记》卷五十六"西王母"条引《集仙录》记："《尚书帝验期》曰：王母之国在西荒……凡得道授书者皆朝王母于昆陵之阙焉。"
〔16〕参看注〔1〕、〔6〕。
〔17〕参看高文《四川汉代画像砖》，巴蜀书社，1987年。
〔18〕《三国志·蜀书·后主传注》引《诸葛亮集》："（刘）禅（建兴五年，227年）三月下诏曰……诸葛丞相ознаменитый忠壮，忘身忧国……克复旧都在此行也……凉州诸国王各遣月支、康居胡侯支富、康植等二十余人诣受节度……"
〔19〕实例如注〔18〕所载。
〔20〕参看《三国志·魏书·钟会传》。
〔21〕《华阳国志》卷八《大同志》："魏咸熙元年（264年），蜀破之明年也……后主既东迁，内移蜀之大臣宗预、廖化及诸葛显（亮孙）等并三万家于河东及关中，复二十年田租。"
〔22〕《三国志·魏书·陈留王纪》："咸熙元年（264年）十月……劝募蜀人能内移者，给廪二年，复除二十岁。"
〔23〕本节曾参考注〔6〕吴焯文。
〔24〕2002年，南京大行宫六朝遗址出有与过去南京长冈村M5吴墓所出青瓷盘口壶相似的一残件。该壶残件肩腹部贴饰有坐佛、鸟兽和铺首。参看南京市博物馆《六朝风采》，文物出版社，2004年。
〔25〕如武昌永安五年（262年）莲溪寺M475（彭卢墓）所出土鎏金佛像铜牌饰、鄂州五里墩吴墓所出夔凤佛兽铜镜、鄂州西山孙将军墓所出青瓷佛饰熏炉和湖州市元康间（291～299年）墓所出土青瓷佛饰双系罐等。参看《佛教初传南方之路文物图录》图版16、21、37、47。
〔26〕吴县狮子山M3所出此类罐上小碑有刻铭："元康……出始盆（宁），用此口，宜子孙，作吏高，其乐无极。"口内字迹较模糊，简报作者释作罋，应是器名（张志新《江苏吴县狮子山西晋墓清理简报》，刊《文物资料丛刊》3，1980年）。按此字《类编·缶部》"罍亦书作罋"，《说文解字》卷五下《缶部》"罍，瓦器也，从缶，畾声，郎丁切"，《广雅·释器》："罍，瓶也。"《大广益会

王篇》卷十六《缶部》："鑐，瓦器，似瓶有耳者。"鑐读音作灵，该器应是有神灵意义的长身似瓶的陶器。

〔27〕原为陈万里先生藏品，见陈万里《瓷器与浙江》（中华书局，1943年）所收《吴晋时代的浙江陶瓷》。图版见李辉柄《故宫博物院藏文物珍品全集·晋唐瓷器》，商务印书馆（香港），1996年。

〔28〕见金华地区文管会《浙江金华古方六朝墓》，刊《考古》1984年9期。

〔29〕见嵊县文管会《浙江嵊县六朝墓》，刊《考古》1988年9期。

〔30〕见浙江省博物馆《浙江纪年瓷》，文物出版社，2000年。

〔31〕参见注〔26〕引张志新文。

〔32〕见南波《江苏句容晋元康四年墓》，刊《考古》1976年6期。

〔33〕同注〔31〕。

〔34〕见南京博物院《江苏江宁县张家山西晋墓》，刊《考古》1985年10期。

〔35〕南京市博物馆藏品。

〔36〕见沈作霖《浙江绍兴凤凰山西晋永嘉七年墓》，刊《文物》1991年6期。

〔37〕见安徽省文物工作队《安徽南陵县麻桥东吴墓》，刊《考古》1984年11期。南京地区现知出五联罐有纪年可考最早的是随葬五凤元年（254年）买地券的幕府山M1，见南京市博物馆《南京郊县四座吴墓发掘简报》，刊《文物资料丛刊》第8辑（1983年）。

〔38〕见南京市博物馆《江苏南京市北郊郭家山东吴纪年墓》，刊《考古》1998年8期。较此略晚的是与甘露元年（265年）铭铜镜同出的南京五塘村M2的随葬五联罐，见南京市博物馆《南京北郊五塘村发现六朝早期墓》，刊《文物资料丛刊》第8辑（1983年）。

〔39〕见常州博物馆《江苏金坛县方麓东吴墓》，刊《文物》1989年8期。

〔40〕见《图录》图版114～127。吴地多有胡人，似亦始于汉末。《三国志·吴书·士燮传》："（士燮）迁交阯太守……董卓作乱，（燮弟）壹亡归乡里……燮乃表壹领合浦太守，次弟徐闻令䵋领九真太守，䵋弟武领南海太守。燮体器宽厚，谦虚下士，中国士人往依避难者以百数……燮兄弟并为列郡，雄长一州，偏在万里，威尊无上，出入鸣钟磬，备具威仪，笳箫鼓吹，车骑满道，胡人夹毂焚烧香者常有数十。妻妾乘辎軿，子弟从兵骑，当时贵重震服百蛮，尉他不足逾也。"吴境南端竟聚有众多胡人，长江中下游情况，当可推知。

〔41〕桓玄《难王中令》的撰写时间，可据《晋书·安帝纪》"元兴元年三月己巳，刘牢之降于桓玄……辛未，王师败绩于新亭"，《桓玄传》"玄至新亭……入京师……（以）王谧为中书令、领军将军……玄让丞相，自署太尉……"推之。西晋时，晋人不得作沙门，又见《法苑珠林》卷二十八《神异篇·杂异部感应缘》"晋居士抵世常"条引齐王琰《冥祥记》："晋抵世常，中山人也，家道殷富。太康中（280～290年），禁晋人作沙门。世常奉法精进，潜于宅中起立精舍，供养沙门。"晋时诸胡奉佛其具体事例，如《高僧传》卷一《晋长安帛远传》记陇上群胡奉帛远事："帛远字法祖……晋惠之末……见群雄交争，干戈方始，志欲潜遁陇右，以保雅操。会张辅为秦州刺史，镇陇上，祖与之俱行……忽忤辅意……遂便鞭之五十，奄然命终……初祖道化之声，被于关陇，崤函之右，奉之若神，戎晋嗟恸，行路流涕。陇上羌胡，率精骑五千，将欲迎祖西归，中路闻其遇害，悲恨不及，众咸愤激，欲复祖之仇，辅遣军上陇，羌胡率轻骑逆战，时天水故帐下督富整，遂因忿斩辅，群雄既雪怨耻，称善而还，共分祖尸，各起塔庙。"可略见西晋末戎胡奉佛盛况。自汉以来，敦煌系"华戎所交一都会"（《续汉书·郡国志五》"敦煌郡"下刘昭注引《耆旧

记》),其地华戎杂处。《高僧传》卷四《晋敦煌竺法乘传》谓:"竺法乘……依竺法护为沙弥……乘后西到敦煌,立寺延学,忘身为道,诲而不倦。使夫豺狼革心,戎狄知礼,大化西行,乘之力也。"当是指乘主要诲化戎胡而言。

[42] 《高僧传》卷十三《齐上定林寺释法献传》记东晋南朝沙门面对王者称名与预坐的经过,亦是沙门抗礼王者的另一事例:"(玄)畅与(法)献二僧皆少习律检,不竞当世,与(齐)武帝(482~493年在位)共语,每称名而不坐……帝乃问尚书王俭:'先辈沙门与帝王共语何所称,正殿坐不?'俭答:'汉魏佛法未兴,不见其记传。自伪国稍盛,皆称贫道,亦预坐,及晋初亦然。中代有庾冰、桓玄等,皆欲使沙门尽敬,朝议纷纭,事皆休寝。宋之中朝,亦颇今致礼,而寻竟不行。自尔迄今,多预坐,而称贫道。'帝曰:'畅献二僧,道业如此,尚自称名,况复余者。抱拜则太甚,称名亦无嫌。'自尔沙门皆称名于帝王,自畅献始也。畅以建武(494~498年)初亡,春秋七十有五。献以建武末年卒,与畅同窆于钟山之阳。"此类事迹,自可影响及于南方和中原北方对所尊崇的佛像的安排不尽相同。此问题,容另文论述。

[43] 萧山东晋永昌元年墓所出青瓷五联罐与西晋晚期贴饰趋简者不同,而与吴墓所出者相似,如嵊县太平二年墓(《图录》58)和绍兴永安三年铭(故宫藏)的青瓷五联罐。因此,上世纪80年代初,朱伯谦《中国陶瓷·越窑》(上海人民美术出版社,1983年)即疑其年代为东吴时期。盖早期器物出现在较晚的墓葬中,其例亦考古发现中所常见。

[44] 《历代名画记》卷五:"卫协,上品下……孙畅之《述画》云:'又七佛图,人物不敢点眼睛。'顾恺之《论画》云:'七佛与大列女皆(卫)协之迹,伟而有情势。'"

[45] 《高僧传》卷十三《晋京师瓦官寺释惠力传》:"(瓦官寺)有戴安道(逵字)所制五像及戴颙所作丈六金像。其铸像初成,而面首殊瘦,诸工无如之何,乃迎颙看之。颙曰:'非面瘦也,乃肩胛肥耳。'既锬减肩胛,而面相自满,诸工无不叹息。"又《历代名画记》卷五:"戴逵善铸佛像及雕刻。曾造无量寿木像,高丈六,并菩萨。逵以古制朴拙,至于开敬不足动心,乃潜坐帷中,密听众论,所听褒贬,辄加详研,积思三年,刻像乃成。迎至山阴灵宝寺。郗超观而礼之,撮香誓曰云云。既而手中香勃然烟上,极目云际。前后征拜终不起。太元二十一年(396年)也。"《法苑珠林》卷十六《敬佛篇·弥勒部感应缘》亦略记此事,但附云:"宋临川康王撰《宣验记》亦载其显端。"

[46] 《晋书·蔡谟传》:"成帝临轩(325~348年在位)……彭城王纮上言:'乐善堂有先帝(明帝)手画佛像,经历寇难而此堂犹在,宜敕作颂。'帝下共议。谟曰:'佛者夷狄之俗,非经典之制,先帝量同天地,多才多艺,聊因临时而画此像,至于雅好佛道所未闻也……今颂发王命,敕史官……为夷狄作一像之颂。于义有疑焉。'于是遂寝。"可见佛盛江左犹在4世纪中期之后。参看汤用彤《汉魏两晋南北朝佛教史》上《两晋际之名僧与名士》,中华书局,1995年。

[47] 贴饰胡人的五联罐虽已罕见,但东晋墓中却多有胡俑,如南京象山M7(王氏墓)即有高鼻巨目着尖帽的胡俑侍立于墓室前方甬道间的陶牛车附近(南京市博物馆《南京象山5号、6号、7号墓清理简报》,刊《文物》1972年11期)。文献亦多有记录,如以《世说新语》所记故事为例,其卷上《政事篇》记:"王丞相(导)拜扬州,宾客数百人,并加沾接,人人有说色,唯有临海一客姓任及数胡人未洽……因过胡人前弹指云'兰闍兰闍',群胡同笑。"此诸胡系指胡僧而言。卷中《方正篇》记:"王修龄尝在东山,甚贫乏,陶胡奴为乌程令,送一船米遗之,却不肯取。直答语:'王修龄若饥,自当就谢仁祖索食,不须陶胡奴米。'"刘注:"胡奴,陶范小字也。《陶

侃别传》曰：'范字道则，侃第十子也。侃诸子中最知名，历尚书、秘书监。'"以胡奴为小字，可知胡人居江左不仅时久人众，且处境低下已成习惯。即取胡奴为小字的陶范，余嘉锡《世说新语笺疏》于《方正篇》此条之后云："《侃别传》及今本《晋书》均言范最知名，不知其人以何事得罪于清议，致修龄拒之如此其甚。疑因陶氏本出寒门，士行虽立大功，而王、谢家儿不免犹以老兵视之……故修龄羞与范为伍，于此固见晋人流品之严……观修龄之拒胡奴，殆所谓风操太厉者欤。"（中华书局，1983年）

〔48〕参看松原三郎《中国佛教雕刻史论·本文编》所收《北朝金铜佛概论》、《中国初期金铜佛的考察》及《图版要项》，吉川弘文馆，1995年。

本文原刊《文物》2004年10期，第61～71页

4至6世纪中国中原北方主要佛像造型的几次变化

佛教传入中国中原地区，据较可靠的记录是1世纪，但中原地区现知出现最早有明确纪年的佛像是十六国后赵建武四年（338年）铸造的鎏金铜佛[1]。他的造型是穿通肩服装的禅定坐佛。这座坐佛的面相不类东方人，通肩服装也不是东方的服饰，从面相、服饰看来中亚西域地区的因素比较多。1975年，河北隆化发现的有北魏泰常五年（420年）铭的小型铜佛[2]，在面相、服饰上都和建武像极为近似，但两者前后相距已超过了八十年，而且与泰常像同类的小型铜佛近年在中原北方从甘肃泾川经陕西、河南、河北，东北抵辽宁区域，多有发现，其铸年有的已晚到5世纪后期。更值得注意的是传世宋元嘉十四年（437年）、二十八年（451年）两件铸于南朝刘宋辖区的小型铜佛[3]在服饰、坐姿上也同此式。可见建武—泰常—元嘉类型的佛像延续时间之长、分布区域之广，因而似可推测它可能是东晋十六国以前中原佛像的旧式。它在流布过程中，造型的东方化特别向容貌清秀、躯体窄肩方面转变，南朝遗迹较北朝雕铸为早。前引元嘉二十八年铜佛即是一例。

5世纪初，甘肃西部、东部都出现了着右袒式西方服装的禅定坐佛和结施无畏印的说法坐佛。这种有别于通肩的右袒服装，除右臂全部裸露外，还有半覆盖右臂（以下简作"半右袒"）的形式，稍后则流行所谓"双领下垂"的上衣。佛的面相多近方圆，双肩也显斜宽。这些皆与建武—泰常通肩装的禅定坐佛形象不同。甘肃西部实例有敦煌、酒泉等地发现的北凉小石塔肩部雕出的说法式禅定坐佛，小石塔纪年题记中现知年代最早的是承阳二年（426年）酒泉马德惠塔（右袒，说法），最迟的是缘禾三年（434年）酒泉白双且塔（半右袒，禅定和双领下垂，说法）和太缘二年（436年）酒泉程段儿塔（双领下垂，禅定）[4]。甘肃东部如永靖炳灵寺石窟第169窟北壁后部的9号成组塑像中间的立佛（右袒），11号壁画中的坐佛三（皆半右袒，说法），6号一佛二菩萨成组塑像中的坐佛（半右袒，禅定）（图一）。在6号组像左上方有西秦建弘元年（420年）题记。以上这几处画、塑的年代，一般认为都和此题记的纪年接近。甘肃以东流行右袒佛像主要是半右袒式的，它的出现比甘肃略晚，但也还在5世纪前半期。现知最早一例，是河北蔚县所存的北魏太平真君五年（444年）石雕的半右袒的禅定坐佛[5]。大批出现则在蔚县西北130公里，北魏都城平城城西武州山（今山西大同云冈）于和平初年（460年）开始开凿的昙曜五窟，其中第20窟的主像禅定坐佛和第19窟主像说法坐佛（两像皆半右袒），最为典型。双领下垂服装在云冈出现也略晚，有纪年可凭的实例是第11窟外东侧上方崖面有太和十三年（489年）铭的14号龛内释迦多宝对坐像。最清晰的形象应是第5、第6两窟的立佛和坐佛（除第5窟主像为禅定坐像外，皆为说法像）。云冈双领下垂服装约是与太和十年（486年）开始北魏参照盛行于南朝褒衣博带的服制变革[6]而流行的。这样的服装当表现为坐姿时，下部就必然出现了折垂向下的纹褶。从和平（460～465年）初迄太和（477～499年）中后期，云冈佛像圆面宽肩，较早的立佛更有头大躯短的比例（图二），整体形态比甘肃佛像雄健得多。有人推测这种异于中亚、西亚乃至中国新疆、甘肃佛像的

图一　建弘元年（420年）炳灵寺石窟第169窟6号坐佛塑像　　图二　云冈石窟第18窟立佛

造型，它的原型，或许多与中国北方草原民族有关。具体到十六国、北魏时期，即是受到了当时从东北南下的游牧—畜牧的鲜卑拓跋民族形象的影响[7]。

5世纪末，北魏王朝汉化速度逐渐加快，反映在佛像造型方面，已不满足只着类似褒衣博带式的外表服装上，更进一步追求南方上层流行的秀骨清像的体态了。这种既穿类似褒衣博带式服装，又体态清秀的佛像，大约在迁洛前后云冈就出现了，如第11窟内外有太和十三年迄二十年（489~496年）铭诸小龛（图三）。发展期则在6世纪初，如第28窟外正始四年（507年）铭龛和第35窟口延昌四年（515年）铭小龛。河南洛阳龙门出现略晚，太和十八年（494年）迁都以后，盛行则在6世纪20年代，即延昌、神龟间（512~520年），如神龟三年（520年）开凿的慈香洞。此洞主像头部虽遭盗毁，但从削肩的躯体可窥清秀造型。

大约在6世纪20年代后期，中原北方的佛像又向丰满健壮形象发展。约从洛阳附近巩县大力山石窟即已开始[8]，一直到东边东魏北齐的河南安阳宝山、河北邯郸响堂山石窟造像和西边甘肃天水麦积山（图四）、宁夏固原须弥山的北周石窟造像，大抵如此。在传世的个体佛像上，以河北灵寿幽居寺塔内的一组北齐天保七年（556年）赵郡王高睿所造白石佛像反映得最为清晰[9]。以上变

图三　云冈石窟第11窟外壁诸小龛

图四　麦积山石窟第22窟坐佛

化，应是向南朝萧梁时期流行的多肉奇伟的人物造型和以圆月形容佛像面貌[10]学习的结果。和这新的形象同时出现的，还有繁复多褶的服饰开始简化。

上述变化的后期，在东边的东魏、北齐领域内，近年发现了不少埋藏的东魏、北齐石佛造像。1996年山东青州龙兴寺发现的大批窖藏造像最为重要[11]。这批造像中石佛立像较多，且有许多新的特点，特别是北齐时的穿着薄质料服装的新型立佛。就这种新型立佛所着薄质料服装的纹饰可再细区别为两大类：一类是贴体雕出纹褶，作U字形有规律的垂向下面；一类只雕出简单身体轮廓线，不雕纹褶。这两类雕像外部原都施金彩，主要描绘出水田格的袈裟和分格画出上中下三界形象的人中像（有的还先在石体上施浅线雕后再施金彩），但当描绘的金彩被剥蚀脱落后，未雕纹褶只具体线的造像，就颇有裸体的感觉了。前一类中原北方发现较多，类似的做法也在四川成都多有发现，成都发现较早的一尊有南朝萧梁太清五年（551年）造（阿）育王像的铭记。成都佛像摹自长江下游的建康[12]，因此，可以推测北齐这类佛像，可能也是渊源于南朝。后一类不见于长江下游和四川成都，却多见于5～6世纪的新疆库车—拜城一带原龟兹地区的壁画和雕塑（图五、六）。龟兹向西即和葱岭西阿姆、锡尔两河流域的粟特区域为邻，由这再向东南，就通向穿着这种薄质服饰的佛像源头印度的秣菟罗和鹿野苑了。东方—印度这条路线上的两个中介点——龟兹、粟特，也都信奉佛教。5～6世纪粟特人和龟兹人大批迁移东方，特别在北齐受到皇室的宠信，同时还有包括印度高僧在内的东西方僧人的来往。所以北齐后期出现这类近似裸体的薄质服饰的佛像，也有可能受到西域中亚方面的影响。7世纪唐初有两位高僧——道宣、彦悰，称赞北齐时粟特画家曹仲达所画的梵像"画像之妙""传模西瑞"（道宣《三宝感通记》），"外国佛像亡竟于时"（彦悰《画评》）[13]。9世纪一位有名的绘画鉴赏家张彦远更说，"曹仲达，本曹国人也。北齐最称工，能画梵像……颇有灵感"，在佛像创作上自成一派，"曹创佛事画，佛有曹家样"（《历代名画记》卷二）。这曹家样，11世纪有名的鉴赏家郭若虚概括他的特点是"其体稠叠而衣服紧窄，故后辈称之曰曹衣出水"，并且还说雕塑佛像"亦本曹体"（《图画见闻志》卷一）。看来，这种薄质服装的佛像，唐至北宋时期即9～11世纪就认为与中亚粟特人有关系了。另外，北齐时期，汉族与北齐统治集团中的北方鲜卑人关系逐渐紧张，在朝廷上，汉官讽鲜卑人为"车马客"（只会驾车骑马的客人）（《北齐书·杜弼传》），鲜卑官骂汉人为"狗

图五　克孜尔石窟第175窟立佛壁画　　图六　克孜尔石窟第196窟坐佛壁画

汉"(《北齐书·恩幸韩凤传》),这种情况越来越和北魏孝文帝以来强调汉化,重用汉人大不相同。因此,他们对前此积极学习南朝礼仪制度的热情已大有变化,所以,对他们崇奉的佛像穿着类似汉式服装大约已生反感,因而换上了为他们宠臣们所熟悉的西域——印度的服饰,就不是什么难以理解的事了。

这种薄质服饰的佛像,到7世纪唐初还盛行于都城长安的佛寺。前引高僧道宣所记曹仲达所"传模西瑞……今寺壁正阳皆其真范"(《集神州三宝感通录》卷中)。此长安寺院传模西瑞——梵像的曹氏真范虽早已佚失,但洛阳龙门敬善寺石窟区有唐永徽末迄龙朔年间(655~663年)的薄衣倚坐的优填王造像龛,其雕凿时间适与道宣为同时,或可聊备参考。

印度式样的梵像,在7世纪中期还有玄奘、王玄策自印度携回梵像等新的刺激,在当时确曾流行一时。但这种大异于东方穿着的佛像,从现存该像的情况看,并未广泛传播,似在7世纪末即武周建号的前后(亦即中宗即位之初)即行衰微而少兴造了。其时下距8世纪著名的大画家吴道玄创出以"吴带当风"(《图画见闻志》卷一)为特点的"吴家样"(《历代名画记》卷二)繁盛的时期不远,在雕塑艺术方面即是以杨惠之[14]作品为代表的时期,即亦进入了文学艺术界所谓的盛唐时期。杨惠之、吴道玄作品和可靠的杨、吴派的作品现都不存于世,如欲考虑杨、吴派塑绘的参考资料,除各地传世约与杨、吴同时的雕刻形象外,当以敦煌莫高窟盛唐[15]时期的作品最直接,也最具系统。其具体窟例，似可从上自开元九年（721年）的第130窟，下迄大历十一年（776年）的第148窟这时间阶段的洞窟塑绘中求得仿佛。

注释

〔1〕 此像发现地点和时间俱不详。现藏美国旧金山市亚洲美术馆。

〔2〕 参看刘建华《北魏泰常五年弥勒铜佛及相关问题的探讨》，载《宿白先生八秩华诞纪念文集》委员会编《宿白先生八秩华诞纪念文集》下册，文物出版社，2002年。

〔3〕 两像发现地点和时间俱不详。元嘉十四年（437年）像现藏日本东京永青文库。元嘉二十八年（451年）像现藏美国华盛顿弗利尔美术馆，该像较前像躯体窄肩。参看松原三郎《中国佛教雕刻史论·本文编》，吉川弘文馆，1995年。

〔4〕 北凉石塔资料可参看殷光明《北凉石塔研究》，新竹觉风佛教艺术文化基金会，2000年。

〔5〕 参看蔚县博物馆《河北蔚县北魏太平真君五年朱业微佛造佛》，《考古》1989年9期。

〔6〕 参看拙作《〈大金西京武州山重修大石窟寺碑〉的发现与研究》，《中国石窟寺研究》，文物出版社，1996年。与双领下垂极为接近的，尚有圆领下垂的样式，后者出现的时间可能比前者为早。北京大学陈悦新同学认为圆领下垂可能源于通肩，或系受到南方和东方服饰影响而出现的。接着出现的双领下垂，即增多东方因素而与类似褒衣博带式的服饰渐形融合了。按前引云冈第11窟外崖面太和十三年（489年）铭的释迦多宝龛内，即一像着圆领下垂，另一像着双领下垂，两种接近的服饰在东方早期同时出现似可为证。陈文尚未发表，因附记于此。

〔7〕 参看范文澜《中国通史》第二册，人民出版社，1994年。

〔8〕 巩县大力山石窟主要佛像表现尚不清晰，但供养人形象已相当丰满。参看河南省文物研究所《中国石窟·巩县石窟寺》，文物出版社，1989年。

〔9〕 参看刘建华《北齐赵郡王高睿造像及相关文物遗存》，《文物》1999年8期。

〔10〕 7世纪20年代所纂《艺文类聚·内典部》辑出当时有关文字颇多，如梁刘孝仪《雍州金像寺无量寿佛像碑》曰"日轮照曜，月面从容"（卷七十六《内典上》），梁简文帝《释迦文佛像铭》曰"满月为面，青莲在眸"，又《维伟佛像铭》"灼灼金容，巍巍满月"，又《迦叶佛像铭》曰"照曜白毫，半容月面"（卷七十七《内典下》）。

〔11〕 参看拙作《青州龙兴寺窖藏所出佛像的几个问题》，《文物》1999年10期。

〔12〕 参看注〔11〕引文的注31和全部注释后的附记。

〔13〕 道宣、彦悰著作，俱转引自张彦远《历代名画记》卷八。

〔14〕 参看11世纪刘道醇《五代名画补遗》所记惠之事迹。

〔15〕 此处所用的盛唐，系借用14世纪（元明）以来一般划分唐诗的时间限，即指自唐玄宗开元初（713年）迄唐代宗大历初（766年）这一阶段。敦煌距当时时尚中心都城长安较远，其流风所被应略迟于长安。

本文初稿的英文本发表于美国大都会博物馆出版的 *China: Dawn of a Golden Age*，Copyright 2004。汉文初稿原刊香港文化博物馆《走向盛唐——文化交流与融合》，第28~32页，2005年

东汉魏晋南北朝佛寺布局初探

一 东汉三国的佛寺布局

佛教东传,以《魏略·西戎传》所记"昔汉哀帝元寿元年(前2年),博士弟子景庐受大月氏王使伊存口授浮屠经"(《三国志·魏志·乌丸鲜卑东夷传》裴注》)和《牟子理惑论》所记"昔孝明皇帝(公元57~75年在位)……遣使者……于大月支写佛经四十二章,藏在兰台石室第十四间;时于洛阳城西雍门外起佛寺,于其壁画千乘万骑,绕塔三匝……"(《弘明集》卷一)两事最足凭信[1]。后者,《魏书·释老志》有较详记录:

> (明)帝遣郎中蔡愔、博士弟子秦景等使于天竺,写浮屠遗范。愔仍与沙门摄摩腾、竺法兰东还洛阳……愔之还也,以白马负经而至,汉因立白马寺于洛城雍门西……佛既谢世,香木焚尸,灵骨分碎,大小如粒……胡言谓之舍利,弟子收奉,置之宝瓶,竭香花致敬慕,建宫宇谓为塔。塔亦胡言,犹宗庙也,故世称塔庙……魏明帝曾欲坏宫西佛图,外国沙门乃金盘盛水,置于殿前,以佛舍利投之以水,乃有五色光起。于是,帝叹曰:自非灵异安得尔乎。遂徙于道东,为作周阁百间。佛图故处凿为蒙汜池,种芙蓉于中,后有天竺沙门昙柯迦罗入洛,宣译诫律,中国诫律之始也。自洛中构白马寺,盛饰佛图,画迹甚妙,为四方式。凡宫塔制度,犹依天竺旧状而重构之,从一级至三、五、七、九。世人相承,谓之浮图,或云佛图。晋世,洛中佛图有四十二所矣。

魏收记录虽较晚出,但主要事迹皆有来源,其记洛阳白马寺佛图"为四方式",

故与2世纪末即汉献帝之初,笮融于彭城、广陵间兴建的浮图祠极为相似。笮融兴建浮图祠见《三国志·吴志·刘繇传》:

> 笮融者,丹阳人。初,聚众数百。往依徐州牧陶谦。谦使督广陵、丹阳运漕,遂放纵擅杀,坐断三郡委输以自入,乃大起浮图祠。以铜为人,黄金涂身,衣以锦彩;垂铜槃九重,下为重楼;阁道可容三千余人,悉课读佛经……每浴佛,多设酒饭,布席于路,经数十里,民人来观及就食且万人,费以巨亿计。

《后汉书·陶谦传》亦记此事,文字略有差异:

> 同郡人笮融,聚众数百,往依于谦。谦使督广陵、下邳、彭城运粮,遂断三郡委输,大起浮图寺。上累金盘,下为重楼,又堂阁周回,可容三千许人。作黄金涂像,衣以锦彩。每浴佛,多设饮饭,布席于路,其有就食及观者且万余人。

据《后汉书》章怀注引《献帝春秋》曰"融敷席方四五里,费以巨万",约可推知两传史实皆出袁晔《献帝春秋》。晔,晋人,曾祖绥,汉末曾领广陵事[2],所记广陵轶闻应可征信[3]。两传记录浮图祠(寺)文字可相互补充;如再参观魏收所记洛阳佛图,则自东汉迄魏晋佛寺的建置情况,大体可作以下推测:

(一)佛寺制度传自印度,以供奉舍利的塔——浮(佛)图为中心建置,故称之为浮图祠(寺)。

(二)洛阳白马寺盛饰浮图,为四方式,其形制是从一级至三、五、七、九级的重构,即重楼形式;上累铜(金)槃九重,即塔上表相之九轮;衣以锦彩的黄金涂像,应即置于塔内的鎏金铜佛像。

(三)塔周围建有宽阔的周阁(阁道、堂阁)。此周阁约即与左转礼拜道相应,其外垣则兼具围墙作用。此外,《释老志》所记白马寺佛图甚妙之画迹,据《理惑论》,系"千乘万骑绕塔三匝"作礼拜佛塔之像,是此画迹内容[4],亦足证明当时佛寺特重重楼形制之浮图也。

浮图作重楼形制,约与两汉以来上层统治者多于宅第主院之侧兴建之多层楼观有关。此种多层楼观的图像，屡见于河北东汉砖室墓壁画、山东画像石和河南、四川画像砖，而近年甘肃东汉墓一再发现的陶楼院明器，更具立体造型；其中正式刊露的以随葬铜车马群闻名的武威雷台汉墓所出的陶楼院极为壮观[5]。该陶楼院各构件全部施黄绿釉，院平面长方形，周绕院墙，墙前面正中建门楼，墙上四隅建角楼，各角楼间置设有栏杆的天桥，院墙内左、中、右三方又设复墙，复墙内中部立通高 1.05 米的五层高楼。楼院中部的五层高楼相当于佛寺的重楼，院墙与复墙之间，应即相当于周阁位置，是当时佛寺布局，约可据此类陶楼院的建置仿佛复原。盖东汉魏晋时期，人们视西方之佛同于汉地敬祀之神仙，神仙好楼居，《史记·封禅书》有武帝建楼台招候神人的纪事：

> 公孙卿曰：仙人可见……陛下可为观……神人宜可致也。且仙人好楼居……（武帝）使卿持节设具而候神人，乃作通天茎台，置祠具其下，将招来仙神人之属……方士有言：黄帝时，为五城十二楼以候神人……上许作之[6]。

下迄刘宋，鲍昭《凌烟楼铭》犹云楼为神居之所：

> 瞰列江楹，望景延除，积清风路，含彩烟途……我王结驾，藻思神居，宜此万春，修灵所挟。（《艺文类聚》卷六十三）

基于以上汉地的传统认识，奉佛像于仙人居处之重楼，自是最为适宜。

河南支谦[7]"汉献末乱，避地于吴……从吴黄武元年（222 年）……出《维摩》……等四十九经"（《高僧传》卷一《康僧会传》），是为佛教传入江南之最初事迹。南方创建佛寺，又迟至赤乌十年（247 年），其事见录于《出三藏记集》卷十三《康僧会传》：

> （康僧）会欲远流大法，乃振锡东游，以赤乌十年至建业，营立茅茨，设像行道……（孙权）即召会诘问有何灵验。会曰：如来迁蕉迹忽逾千载，遗骨舍利神曜无方，昔阿育起塔乃八万四千。夫塔寺之兴，所以表遗化也。

权以为夸诞，乃谓会曰：若能得舍利，当为造塔……果获舍利……权大嗟服，即为建塔。以始有佛寺，故曰建初寺。因名其地为佛陀里。由是江左大法遂兴。

可见江南创寺之初，亦重建塔。至于该塔的具体形制，如据康僧会与洛阳佛教关系密切[8]考察，似亦应是重楼形式。

二 东晋南北朝的佛寺布局

东晋南北朝时期佛教发展迅速，寺院布局逐渐复杂的情况，约从5世纪末以后，日益显著，而南方变革之巨远逾于北方。现为突出演变之迹，即以5世纪末为界，试分东晋南北朝时期为前后两段。

前段自晋室南渡，迄于南齐武帝（483～493年在位）和北魏孝文迁洛（494年）。

东汉以来，以佛塔为主的佛寺布局，东晋南北朝时期前段仍占优势，故葛洪《字苑》释"塔"云："塔，佛堂也。"（玄应《一切经音义》卷六）[9]所以文献也多有建塔即建寺的记录，如《高僧传》卷十三《慧受传》云：

释慧受，安乐人，晋兴宁中（363～365年）来游京师……尝行过王坦之园，夜辄梦于园中立寺……每夕复梦见一青龙从南方来，化为刹柱。受将沙弥试至新亭江寻觅，乃见一长木随流而下。受曰：必是吾所梦见者也。于是，雇人牵上，竖立为刹，架以一层，道俗竞集，咸叹神异。坦之即舍园为寺。以受本乡为名，号曰安乐寺。

又如《出三藏记集》卷十四《僧伽跋摩传》记：

僧伽跋摩……以宋元嘉十年（433年）步自流沙，至于京都……初，景平元年（423年）平陆令许桑舍宅建刹，因名平陆寺。后道场慧观以跋摩道行纯备，请住此寺……跋摩共观加塔三层，行道讽诵，日夜不辍。

刹即佛塔[10]，"舍宅建刹"，则刹即寺也。北方较早之例，有《水经注·河水》所记之平晋神庙：

> 又东径平晋城南。今城中有浮图五层，上有金露盘，题云：赵建武八年（342年），比释道龙和上竺浮图澄树德观化，兴立神庙。浮图已坏，露盘尚存，炜炜有光明。

金露盘即刹上相轮，题铭所云之神庙即佛寺，浮图五层当即指神庙而言。此后，中原北方除兴建佛寺外，还多开石窟寺。较早的石窟寺如5世纪前期北凉于武威天梯山开凿的第1、4、38窟。此三窟前部俱崩毁，后部即以一多层楼阁式塔为中心、周绕礼拜道的所谓塔庙窟[11]。正平二年（452年），北魏太武帝卒后，嗣位者令复法[12]建佛图，《魏书·释老志》记其事云：

> 高宗践极（452年），下诏曰……今制，诸州郡县于众居之所，各听建佛图一区，任其财用，不制会限……显祖即位，敦信尤深……其岁（465年），高祖诞载，于时起永宁寺，构七级佛图，高三百余尺，基架博敞，为天下第一。

所谓"建佛图一区"和永宁寺之七级佛图，皆是以塔为主的寺院。又《魏书·高祖纪上》记：

> 太和三年（479年）八月乙亥，幸方山，起思远佛寺[13]。

此寺即《水经注·㶟水》所记之思远灵图：

> （方山）岭上有文明太皇太后陵，陵之东北有高祖陵。二陵之南有永固堂……院外西侧有思远灵图。

思远灵图遗址近年已调查多次，现就1976年北京大学历史系考古实习调查的情况，著录如下（图一）。遗址位今山西大同旧城北约20公里的方山上，文明

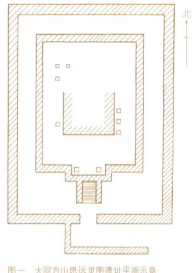

图一 大同方山思远灵图遗址平面示意

太皇太后的永固陵位遗址之北约 1200 米。灵图遗址现为一方形台地，外围绕以东西约 50 米、南北约 85.5 米、平面作长方形的院墙。墙内中部有东西约 30 米、南北约 40 米的塔基，塔基前面正中有砌阶遗迹。塔基之上，中部为约 10 米见方的中心塔柱，现存残高已不足 1 米，塔柱四周残存方形础石九个。遗址院墙内外，散布大量板瓦、筒瓦残片和莲花纹瓦当等。中心塔柱附近出有影塑佛像和菩萨像残体[14]。遗址破坏严重，原来塔的形制已无法进一步复原；但遗址内除此塔基外，别无其他殿堂遗迹，因知文献所记之思远佛寺所以又名思远灵图者，盖以该寺之主要建置，即此佛塔的缘故。兴建思远灵图之后，文明太皇太后于龙城又建思燕佛图，《北史·后妃传上》记其事云：

> 文成文明皇后冯氏……承明元年（476 年）尊曰太皇太后……孝文乃诏有司营建寿陵于方山，又起永固石室，将终为清庙焉。太和五年（481 年）起作，八年（484 年）而成……（太后）又立思燕佛图于龙城，皆刊石立碑[15]。

此思燕佛图，1989 年辽宁省文物考古研究所等单位于朝阳唐建辽修的北塔前发现其遗址，《朝阳北塔的结构勘察与修建历史》记此发现云：

> 朝阳北塔建于高大的夯土台基之上……早期塔基础即是（夯土内的）柱础石及其下部的夯土台基。经钻探，下部夯土台基平面约呈方形，接近地表处边长约 30～40 米，至底部高约 7 米，建在当时地面以下，砂质生土层之上……（其上）现在础石分两圈排列，平面布局呈正方形。外圈础石计二十个，内圈础石十二个。此外，正对南面外圈中间二础石之前，还有二个础石……础石排列有序，未经扰动……（皆）位于同一水平面上……内外圈础石横向和纵向中心距离均为 2.76 米。础石和夯土上面皆残存烧结痕迹。根据上述情况，推测是一座唐代以前的木结构建筑的基础，有可能是进

深与面阔均为五间或七间的方形木结构楼阁式塔基……我们推测该塔可能即是《魏书·后妃列传》中所记文明皇后冯氏所建之思燕佛图[16]。

上述的推测是正确的。遗憾的是，此方形木结构楼阁式塔基的外围，地层已被破坏，无法了解塔基四周的情况，但文献只强调"立思燕佛图"，估计也应如思远佛图之例，其主要建置即此木结构楼阁式塔[17]。由上诸例可以推知建寺即立塔，在北方直迄孝文迁洛以前，仍是当时北魏皇室所习用之佛寺布局。此种情况，开凿于都城——平城西郊并为皇室多次临幸的"武州山石窟寺"（《魏书·显祖纪、高祖纪》，即今山西大同城西云冈石窟）也有所反映：石窟东端的第1、2窟和中部的第6窟、第11窟，都是孝文迁洛以前兴建的塔庙窟[18]。

佛寺的主要建置即一佛塔，故当时南北方皆有以塔的层数呼作寺名者。如《出三藏记集》卷十五《道安法师传》记道安"住长安城内五重寺"。刘义庆《宣验记》记"谢晦身临荆州，城内有五层寺"（《广弘明集》卷十二）。又如《魏书·释老志》记"兴光元年（454年）秋，敕有司于（平城）五级大寺内，为太祖已下五帝铸释迦立像五"[19]。

东晋以来，佛教在南北方都得到统治阶级的大力支持，一般信徒普遍增多，寺院布局除了如上所述沿袭旧制外，文献还较多地出现了扩大寺院建置或兴建其他房舍的记录。《高僧传》卷五《道安传》记兴宁三年（365年）道安抵襄阳立寺，除起塔外，另建大批房舍，并营有堂殿：

（道安于襄阳）乃更立寺，名曰檀溪，即清河张殷宅也。大富长者并加赞助，建塔五层，起房四百。凉州刺史杨弘忠送铜万斤，拟为承露盘。安曰：露盘已托汰公营造，欲回此铜铸像事可然乎。忠欣而敬诺。于是，众共抽舍，助成佛像，光相丈六，神好明著。每夕放光，彻照堂殿。像后又自行至万山，举邑皆往瞻礼，迁以还寺[20]。安既大愿果成，谓言夕死可矣。

其后，道安弟子惠永、慧远先后赴庐，皆建精舍、起堂殿，或立房殿、置禅林。前者见《名僧传抄·惠永传》：

晋太和中（366～371年），（惠永）于寻阳庐山……南岭之上筑茸房宇，构起堂殿，与烟霞交接，名曰凌云精舍。

后者见《高僧传》卷六《慧远传》：

> 伪秦建元九年（373年），秦将苻丕寇并襄阳……远于是与弟子数十人南适……及届浔阳，见庐峰净静，足以息之，始住龙泉精舍……（刺史）桓（伊）乃为远复于山东更立房殿，即东林是也……（远）复于寺内别置禅林……营筑龛室。

沈约《枳园寺刹下石记》记王劭建精舍，亦先建房殿：

> 江左晋故车骑将军琅琊王劭玄悟独晓，信解渊微，于太祖文献公清庙之北，造枳园精舍……虽房殿严整，而琼刹未树……[21]（《广弘明集》卷十六）

《塔寺记》记王景琛所建精舍中起佛殿：

> 驸马王景琛为母范氏，宋元嘉二年（425年）以王坦之祠堂地与比丘尼业首为精舍。十五年（438年）潘淑仪施西营地以足之，起殿。又有七佛殿二间，泥素精绝。（《建康实录》卷十二）

此外，《续高僧传》卷五《僧旻传》记庄严寺建讲堂：

> 庄严讲堂，宋世祖（454~464年在位）所立。

《名僧传抄·僧伽罗多哆传》记钟山精舍和王巾《头陀寺碑文》记头陀寺，皆刹堂并举，建置日渐繁杂。前者文云：

> 元嘉十年（433年），卜居钟山之阳，翦开榛芜，造立精舍，耸刹凌云，高堂架日。

后者文云：

> 头陀寺者，沙门释慧宗之所立也……宋法师行洁珪璧，拥锡来游，以为宅……宋大明三年（459年）始立方丈茅茨以庇经象，后军长史江夏内史会稽孔府君讳觊为之薙草开林，置经行之室[22]；安西将军郢州刺史江安伯济阳蔡使君讳兴宗复为崇基表刹，立禅诵之堂焉[23]。（《文选》卷五十九）

至于刹、堂（殿）各自的方位，《律相感通传》明确著录荆州河东寺塔在殿前：

> 荆州河东寺者，此寺甚大。余（道宣）与慈恩寺嵩法师交故积年，其人即河东寺云法师下之学士也……莫测河东之号，请广而述之……答曰：晋氏南迁……此荆楚旧为王都……有宜都之目……仍于此地置河东郡，迁裴、柳、薛、杜四姓居之。地在江曲之间，类蒲州河曲，故有河东名也。东西二寺者，苻坚伐晋，荆州北岸并没属秦，时桓冲为荆州牧，要翼法师渡江造东寺，安长沙寺僧；西寺安四层寺僧。苻坚败后，北岸诸地还属晋家，长沙、四层诸寺（僧）各还本寺。东西二寺因旧广立……殿一十二间，唯两柱通梁，（长）五十五尺，栾栌重叠，国中京观，即弥天释道安使弟子翼法师之所造也。自晋至唐，曾无亏损……殿前塔，宋谯王义季之所造，塔内塑像及东殿中弥勒像，并是忉利天工所造……

而长干寺和湘宫寺还出现了双塔。长干寺双塔见录于《高僧传》卷十三《竺慧达传》：

> （竺慧达）晋宁康中（373～375年），至京师。先是，简文皇帝（371～372年在位）于长干寺造三层塔，塔成之后，每夕放光。达上越城顾望……夜见刹下时有光出……乃于旧塔之西，更竖一刹，施安舍利。晋太元十六年（391年）孝武更加为三层[24]。

湘宫寺双塔见录于《南齐书·良政·虞愿传》：

> （宋明）帝（465～472年在位）以故宅起湘宫寺，费极奢侈。以孝武（452～464年在位）庄严（寺）刹七层，帝欲起十层，不可立，分为两刹，各五层。

前引文献所记寺院中除建塔外，其他具体的建置，大体可区分为三类：

（一）奉安佛像之所，既可笼统称之曰"堂殿""高堂"，亦可径呼为"殿"或"佛殿"。

（二）堂，应包括"讲堂"和"禅诵之堂"以及前项所列之"高堂"。此类建置主要应为高僧宣讲所在。南朝重义理，尚玄讲，故重讲堂之建。

（三）禅林，应是僧人安禅之所，其大者或即"禅诵之堂"，小者为"禅房"，为"龛室"。建康栖霞山和道场寺多禅僧，《续高僧传》卷十《慧旷传》记慧旷于栖霞敷演大论之后"归善禅房"[25]；龛室或称窟室，《宋书·夷蛮·迦毗黎国传》记京师人语"斗（道）场禅师窟"，盖禅师重禅定，禅定则宜处窟室也。

以上三类建置，在寺院内的分布位置，似可参考当时与南朝关系密切、但建年略晚的位于朝鲜半岛西南部的百济寺院遗迹的布局，予以推测[26]。

寺院兴建殿堂，在北方亦出现于4世纪，如《魏书·释老志》所记：

> 天兴元年（398年）……敕有司于京城建饰容范，修整宫舍，令信向之徒有所居止。是岁，始作五级佛图、耆阇崛山及须弥山殿，加以缋饰。别构讲堂、禅堂及沙门座，莫不严具焉。

同上书《释老志》又记北魏于武州山石窟寺开始兴建的五座石窟，即属佛殿类型：

> 和平初（460年）……（沙门统）昙曜白（文成）帝，于京城西武州塞凿山石壁，开窟五所，镌建佛像各一，高者七十尺，次六十尺，雕饰奇伟，冠于一世。

此"开窟五所"，即今云冈第16～20窟[27]。五窟内皆只奉佛像，是我国现存有年代可考的最早的五座佛殿类型的石窟。云冈石窟，《水经注·漯水》亦有记录：

武州川水又东南流，水侧有石祇洹舍并诸窟室，比丘尼所居也。其水又东转，径灵岩南，凿石开山，因岩结构，真容巨壮，世法所希，山堂水殿，烟寺相望，林渊锦镜，缀目新眺。

郦道元所记石窟寺工程，主要完成于太和十八年（494年）迁洛以前[28]。其时，这里已是规模宏大建有"山堂水殿"、"石祇洹舍"及"诸窟室"的一处佛教大寺院。此大寺院的"山堂水殿""石祇洹舍"应是指内雕塔像的石窟，其他未雕塔像的诸窟室，应是僧尼之所居。《续高僧传》卷一《昙曜传》记：

去恒安西北三十里，武周山谷北面石崖，就而镌之，建立佛寺，名曰灵岩。龛之大者，举高二十余丈，可受三千许人……（窟龛）栉比相连三十余里，东头僧寺，恒供千人。

"东头僧寺"应是供僧的僧房，其具体位置，即是第3窟（图二）及其以东无塔、像的窟室[29]。《广弘明集》卷二录《释老志》文末，附道宣注文云：

今时见者传云：（武周山）谷深三十里……西头尼寺。

此"西头尼寺"疑即今云冈西高山镇对面的焦山石窟。该窟群的佛殿窟——第6、7、8窟，位于中部偏东；东部的第9、10窟和西部的第1、2、3、4、5、11窟俱为禅窟或僧房窟（图三）[30]。其中第11窟的形制与新疆拜城克孜尔石窟

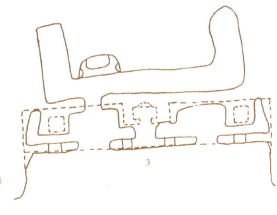

图二　云冈石窟第3窟平面示意
（虚线表示上层平面）

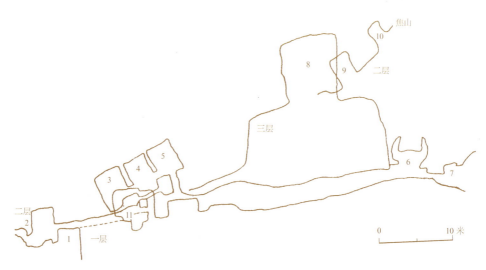

图三 焦山石窟(疑为云冈石窟"西头尼寺")平面
(据《中国石窟·云冈石窟》一,第217页图2)

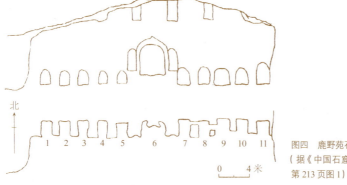

图四 鹿野苑石窟寺平面和立面
(据《中国石窟·云冈石窟》一,
第213页图1)

的僧房窟[31]极为类似。1980年,在大同市西北小石寺村发现的献文帝(465～471年在位)开凿的"鹿野苑石窟寺"(《魏书·显祖纪》),是佛殿窟与禅窟位置分布的最清楚实例:佛殿窟面积大,处于中间,左右两侧各开禅窟五所(图四)。由以上诸例可知当时石窟寺的僧房、禅窟皆建于塔庙窟、佛殿窟之两侧[32]。又武州山石窟寺值得注意的另一迹象,是至少有四处以相邻的两窟组成一组"双窟"的情况。此四处双窟有三种布局:

(一)以两个佛殿型窟所组成,即第7、8窟和第9、10窟(图五:A)[33]。

(二)以两个塔庙型窟所组成,即第1、2窟(图五:B)[34]。

（三）以一个佛殿型窟和一个塔庙型窟所组成，即第 5 窟和第 6 窟；第 6 窟位于西侧的是塔庙型窟，第 5 窟位于东侧的是佛殿型窟（图五：C）。[35] 以上四组双窟皆建于迁洛前孝文帝在位（471～494 年）时，这是由于特殊的政治历史背景而出现的[36]。同样的政治历史背景，陕西澄城发现的《大代宕昌公晖福寺碑》所记晖福寺也出现了和云冈第 1、2 窟类似的安排。碑文云：

> 我皇文明自天，超世高悟……遐想虚宗，遵崇道教。太皇太后圣虑渊详，道心幽畅……绍灵鹫于溥天，摹祇桓于振旦……散骑常侍、安西将军、吏部内行尚书、宕昌公王庆时资性明茂，秉心渊懿……翼赞之功光于帝庭……乃教竭丹诚，于本乡南北旧宅，上为二圣造三级佛图各一区，规崇爽垲。择形胜之地……旌功锐巧，穷妙极思，爰自经始，三载而就，崇基重构，层栌叠起，法堂、禅室，通阁连晖……谅罕代之神规，当今之庄观者矣……廓兹灵图，曾是晖福，庆崇皇居，爰建图寺……太和十二年（488 年）岁在戊辰七月己卯朔一日建……秘书著作郎傅思□制文[37]。（《石交录》卷三）

晖福寺除"崇基重构，层栌叠起"之二区三级佛图外，尚有法堂、禅室、通阁等其他建置，是该寺在整体布局上，疑与前述同具双塔的东晋长干寺、刘宋湘宫寺更为接近。至于碑中所记之"法堂""禅室"，当是讲堂、禅房之异名。

东晋南北朝后段，自 5 世纪末迄 6 世纪 80 年代初南北朝结束。其间关键的时期，南方是"五十许年江表无事"（《续高僧传》卷一《宝唱传》）的梁，北方则在北魏迁洛以后的宣武、孝明阶段。是时，南北两方佛教皆在急剧发展，各地普遍建寺，一般寺院的布局虽多依旧，但皇室高第的建置则日趋繁杂，如齐明帝时（494～498 年在位）鄂州建头陀寺，有层轩、飞阁，见王巾《头陀寺碑文》：

> （齐明）诏，西中郎将郢州刺史江夏王观政藩维，树风江汉……宁远将军长史江夏内史行事彭城刘府君讳谊……以此寺……功坠于几立……因百姓之有余……于是民以悦来，工以心竞……层轩延袤……飞阁逶迤……法师释昙珍业行淳修，理怀渊远，今屈知寺任。（《文选》卷五十九）

此种层轩飞阁，似可从现存原建多层木构的浙江新昌天监十七年（518 年）雕

图五　云冈石窟双窟平面示意

像竟工的剡溪龛像，推知其工程巨大[38]。天监以降，梁武帝大事修建佛寺，普通元年（520年）为父建大爱敬寺，后又为母建大智度寺。普通三年（522年）改建阿育王寺，大通元年（527年）兴建同泰寺，以上诸寺皆极庞大奢侈[39]。《续高僧传》卷一《宝唱传》著录大爱敬等三寺云：

> （梁武）为太祖文皇于钟山竹涧，建大爱敬寺，纠纷协田，临睨百丈，翠微峻极，流泉灌注，钟龙遍岭，铁凤乘空，创塔包岩壑之奇，宴坐尽山林之邃。结构伽蓝，同尊园寝；经营雕丽，奄若天宫。中院之去大门，延

裒七里，廊庑相架，檐溜临属，旁置三十六院，皆设池台，周宇环绕，千有余僧四事供给。中院正殿有栴檀像，举高丈八……及终成后，乃高二丈有二……又为献太后于青溪西岸，建阳城门路东，起大智度寺，京师夹里，爽垲通博，朝市之中途，川陆之显要，殿堂宏敞，宝塔七层，房廊周接，花果间发。正殿亦造丈八金像，以申追福，五百诸尼四时讲诵。寺成之日，帝顾谓群后曰：建斯两寺，奉福二皇……又以大通元年（527年）于台城北，开大通门，立同泰寺，楼阁台殿则宸宫，九级浮图回张云表；山树园池，沃荡烦积。

《建康实录》卷十七引顾野王《舆地志》记同泰寺建置较详：

（寺）在北掖门外路西，寺南与台隔，抵广莫门内路西。梁武普通中（520~527年）起，是吴之后苑、晋廷尉之地，迁于六门外，以其地为寺。兼开左右营，置四周池堑、浮图九层、大殿六所、小殿及堂十所。宫各像日月之形，禅窟禅房山林之内，东西般若台各三层，筑山构陇，亘在西北，柏殿在其中。东南有璇玑殿，殿外积石种树为山，有盖天仪，激水随滴而转。起寺十余年，一旦震火焚寺，唯余瑞仪柏殿，其余略尽。即更构造而作十二层塔，未就而侯景作乱，帝为贼幽馁而崩。

地方寺院规模之大者，如《律相感通传》所记之荆州河东寺：

自晋宋齐梁陈代，僧徒常有数万人。陈末隋初，有名者三千五百人……寺房五重，并皆七架，别院大小合有十所，般若、方等二院庄严最胜，夏别常有千人。寺中屋宇及四周廊庑等减一万间。寺开三门，两重七间，两厢殿宇横设，并不重安，约准地数，取其久固。

道宣所述河东寺的建置，约是梁和后梁的情况。佛寺设置中院、别院和兴造般若台，以上诸记录应是较早之例。至于寺中院内塔、殿位置，从王勃《广州宝庄严寺舍利塔碑》的纪事：

> 夫宝庄严舍利塔者,梁大同三年(537年)内道场沙门昙俗法师之所立也……法师聿提神足,愿启规模,爰于殿前更须弥之塔。(《文苑英华》卷八五二)

和《续高僧传》卷二十七《慧耀传》的纪事:

> (江陵)导因(寺),今天皇寺是也。见有柏殿五间两厦,梁右军将军张僧瑶[40]自笔图画殿,其工正北庐舍那相好威严,光明时发。殿前五级亦放光明。

可知亦如前文所述河东寺塔位殿前之制。又《梁书·诸夷·海南诸国传》记梁武改建阿育王寺曾新起双塔:

> (普通)四年(523年)九月十五日,高祖又至(阿育王)寺,设无碍大会,坚二刹,各以金罂、次玉罂[41],重盛舍利及爪发,内七宝塔中。又以石函盛宝塔,分入两刹下……(大同)十一年(545年)十一月二日,寺僧又请高祖于寺发般若经题。尔夕,二塔俱放光明。敕镇东将军邵陵王纶制寺大功德碑文。

是晋宋时出现的双塔,梁武创为分藏舍利及爪发之用。

北魏都洛约经四十年,京城表里即"招提栉比,宝塔骈罗"。据《洛阳伽蓝记》作者杨炫之统计,魏末"凡有一千余寺"(《洛阳伽蓝记序》)。《伽蓝记》记洛阳前塔后殿之寺最称博敞者,是卷一著录之永宁寺:

> 永宁寺,熙平元年(516年)灵太后胡氏所立也。在宫前间阖门南一里,御道西……中有九层浮图一所,架木为之,举高九十丈,上有金刹,复高十丈……刹上有金宝瓶,容二十五斛。宝瓶下有承露金盘一十一重……浮图有四面,面有三户六窗……浮图北有佛殿一所,形如太极殿……僧房楼观一千余间……寺院墙皆施短椽,以瓦覆之,若今宫墙也。四面各开一门,南门楼三重,通三阁道,去地二十丈,形制似今端门……

东西两门亦皆如之,所可异者唯楼两重。北门一道,上不施屋,似乌头门……永熙三年(534年)二月,浮图为火所烧。

此寺遗址,经中国社会科学院考古研究所进行了考古探查和发掘[42],得知寺院平面长方形,南北约305米,东西约215米,周长1060米。东、南、西三面墙壁基部保存较好,每面各一门址,北壁破坏较甚,未见门道痕迹。正对南门位于寺院中心的塔基平面呈方形。塔基分上下两层。下层基座在今地表下0.5~1米;东西广约101米,南北宽约98米,夯土版筑,厚达2.5米以上。在下层夯土基座的中心部位,筑有上层夯土台基,台基四面用青石垒砌包边,高2.2米,长宽均为38.2米。台基之上发现分五圈排列的一百二十四个方形柱础,在自外数第二圈柱础以内,筑有一座土坯垒砌的实心方柱体,长宽约20米,残高约3.6米,在方柱体的南、东、西三面壁上,各保存五座弧形的壁龛。这些壁龛均宽1.8米,进深20~30厘米,当为原设于方柱体上的佛龛。方柱体北壁没有壁龛,却遗有20厘米见方的木柱残迹,或许为原来登塔的木梯,即架于此处(图六)。塔基之北,有一座较大的夯筑殿堂残基(图七)。永宁寺遗址所示,可以明确:

(一)寺每面设门,北面因建结构简单的乌头门[43],所以径露的门道痕迹易毁而不显。

(二)南门内建塔,塔后为佛殿,三者皆位于中轴线上。

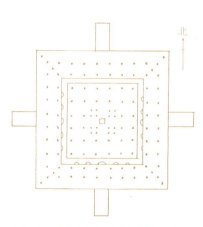 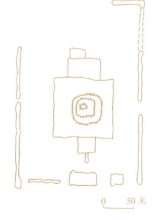

图六　洛阳永宁寺塔基、上层台基平面示意　　图七　洛阳永宁寺遗址平面

(据《考古》1973年4期第205页图3)

(三)四周环绕的围墙,疑是回廊遗迹。一千余间的僧房楼观位置不详[44]。

之外,还清楚地表现了塔内中心设有列置佛龛的塔柱和周绕塔柱的礼拜道。这种塔的设计,恰与时间略迟于永宁寺的北魏洛阳城东大力山塔庙型石窟寺,即今巩县第1窟相似[45],也和再迟些时的东魏、北齐邺城城西鼓山塔庙型石窟寺,即今河北邯郸北响堂第4、7两窟有接近处[46]。除前塔后殿的佛寺外,《伽蓝记》亦多记有只建殿堂的寺院,如卷一之景乐寺:

> 景乐寺,太傅清河文献王怿所立也……有佛殿一所……堂庑周环。

又如同书、卷所记之建中寺:

> 建中寺,普泰元年(531年)尚书令乐平王尔朱世隆所立也。本是阉官司空刘腾宅。屋宇奢侈,梁栋逾制,一里之间,廊庑充溢,堂比宣光殿,门匹乾明门……孝昌二年(526年)太后反政……没腾田宅……以宅赐高阳王雍。建义元年(528年)尚书令乐平王尔朱世隆为(尔朱)荣追福,题以为寺……以前厅为佛殿,后堂为讲堂。

此处明确记录讲堂在佛殿之后。还有先建复殿重房,后补造浮图者,如卷三所记之景明寺:

> 景明寺,宣武皇帝(499~515年在位)所立也……山悬堂光观盛一千余间,复殿重房交疏对溜,青台紫阁浮道相通……至正光年中(520~525年),太后始造七层浮图一所。[47]

此外,洛阳东南嵩岳明练寺还建有双塔,见靖彰《大唐中岳永泰寺碑颂》:

> 神龙二载(706年)七月廿五日,有嵩岳寺都维那僧道莹奏闻:此故(明练)寺……千佛二古塔者,昔[北魏孝明(515~528年在位)为其妹]明练之所起。亭亭四照,巍巍摇空……(《金石萃编》卷八十九)[48]

永泰寺现存二古塔,皆正方形密檐式砖塔,东塔十一檐,西塔七檐,形制与西安荐福寺塔(小雁塔)相类,约是曾经唐代重修者[49]。

山西襄汾县汾城乡北膏腴村东善惠寺,寺门内竖九级砖塔一座,塔后为佛殿基址,此塔虽屡经重修,但相传始建于北齐。汾城乡,清属太平县,《道光太平县志》卷十四记此寺云:

善惠寺,在县西八里北膏腴村东,内有浮图,高九层,北齐天统二年(566年)建。初名敬屈,宋嘉祐八年(1063年)赐今额。

太平县隶平阳府,故《康熙平阳府志》卷三十三亦记此寺:

太平县善惠寺,在县西八里膏腴村,北齐天统二年建。初名敬屈寺,宋嘉祐八年赐今名。明初并慈化院入焉,置僧会司。

塔建殿前,仍沿旧制。此为现知有可能是唯一的一处殿位塔后的北齐寺院遗迹。唯以该寺尚未进行详细调查;方志记录又未说明建年来源,因不便栏入文内,谨附此备考[50]。

附录 百济、新罗佛寺遗迹资料[51]

韩国忠清南道公州市及其西南的扶余郡多6、7世纪百济时代的佛寺遗迹。其中较重要的有定林、大通、金刚和陵山里古寺址。

定林寺址位扶余邑中部。该寺创建于威德王时(554~597年在位)。寺的中心区域(中院)的布局,是在东西13.1米、南北7.1米的中门基址后面的中轴线上,前竖高8.33米的五层石塔[52],其后为东西20.55米、南北15.6米的佛殿墓址,再后为东西27.05米、南北13.1米的讲堂基址。中门与讲堂址两侧,有宽5.2米的四周回廊基址。在回廊西南隅所出供养侍从残塑像,戴笼冠、着褒衣的是典型的我国南北朝时期的人物造型。由于发现有"太平八年戊辰(1028年)定林寺大藏当草"捺文的高丽显宗时重修该寺的瓪瓦,知此寺名定林。百济自武宁王（501～522年在位）以来，文物制度多受南朝影响[53]。因疑此寺上述之布局，或有仿自建康钟山当时有名的上定林寺之可能。钟山上定林寺创于宋元嘉十二年（435年）或元嘉十六年（439年），齐梁以还，律师僧祐、《成论》僧柔、《摄论》法泰等高僧多止此寺，诵经宣讲。11世纪以寺久废，有僧善鉴移寺额改建于方山，今钟山寺址已无踪可寻[54]，韩国定林之遗迹，或可仿佛其一二（图八：A）。

公州市斑竹洞曾出有"大通"押文残瓦和南朝类型的八瓣莲花纹瓦当的百济寺址。韩、日学者据《三国遗事》卷三记圣王（523～553年在位）曾"为梁帝创寺于熊川州（即今公州市），名大通寺"的纪事，疑即此寺址。该寺址现存东西53米、南北25米的讲堂基址，讲堂基址前两侧各存一新罗统一时期供奉的石莲盆。讲堂基址之北似有横长的僧房址；之南，有推定为佛殿址和塔址，塔址前东侧存有新罗统一时期所立之幡竿支柱。堂殿址西侧尚有部分回廊址。按《南史·梁本纪》中记大通之名，系"取反语以协同泰"[55]。同泰即上文所引梁武于大通元年（527年）创建有九级浮图的皇家大寺。寺已毁于梁末，遗迹无存。百济为梁武所创大通寺，或亦有取法同泰之规制（图八：B）。

金刚寺址位扶余邑西琴江川西岸台地上。遗址多出百济式莲花瓦当，知创建于百济时期。中门址、塔址、佛殿址、讲堂址和周接的回廊址的位置，俱同定林寺址。但讲堂之后和东侧回廊之东都发现有长长的僧房址。这是百济诸寺址中，僧房——禅林位置最清楚的一处（图八：C）。

陵山里古寺址位扶余邑之西。由于有"百济昌王十三年太岁在丁亥（567年）扶兄公主供养舍利"铭的石龛的出土，明确了寺址的绝对年代。该寺中院布局除了与大通、定林两寺址相近者外，中门址前方还发现了大门址；又在讲堂左右两侧的前方，即东西回廊的北端位置，发现了东西相对、横列三间的建筑址（每间约5米见方），它最初的设计有可能是寺僧的禅行之所[56]。值得注意的是，讲堂和东西回廊之后发现了连接的水槽遗迹。这种水槽不知是否是具体而微的仿自建康同泰寺的"置四周池堑"和洛阳永宁寺的"其四门外，亘以绿水"（图八：D）？

较百济兴建佛寺略晚的新罗，据《三国史记》卷四记位于庆州雁鸭池东北的皇龙寺，创建于新罗真兴王十四年（553年），二十七年（566年）竣工。此寺址经多次发掘，大体理清了历次修建情况。其创建阶段的中院布局，除佛殿左右设接连东西廊的"翼廊"外，似俱同于扶余定林寺[57]。

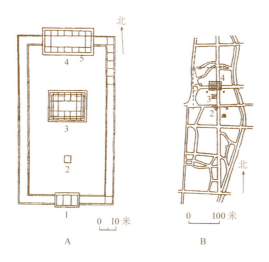
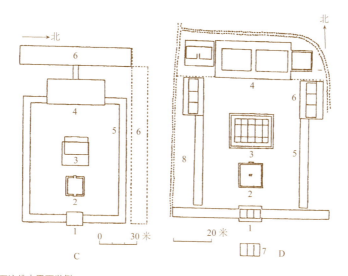

图八 百济佛寺平面举例
A. 定林寺址平面　B. 大通寺址附近　C. 金刚寺址平面　D. 陵山里寺址平面
1. 中门址　2. 塔址　3. 佛殿址　4. 讲堂址　5. 回廊址　6. 僧房址　7. 大门址　8. 水漕址
（A、B、C据《韩国の古代遗迹》2，第139、104、151页。D据《百济金铜香炉和舍利龛》图4）

注释

〔1〕 袁宏《后汉纪》卷十·永平十三年（70年）"楚王英谋叛"条记，英建"浮屠之仁祠"并涉及明帝遣使求佛像事，但均无佛寺布局的记录。

〔2〕 参看姚振宗《隋书经籍志考证》卷十二《古史类》"献帝春秋"条。

〔3〕 《弘明集》卷一录未详作者的《正诬论》亦记此事："汉末有笮融者，合兵依徐州刺史陶谦……融先事佛，遂断盗官运以自利人，大起佛寺云云。"僧祐列此文于《牟子理惑论》后，宗炳《明佛论》前。汤用彤先生谓："或作于孝武帝（372～396年在位）之前。"参看《汉魏两晋南北朝佛教史》第十一章《释慧远》。

〔4〕 "千乘万骑绕塔三匝"，疑即若新疆拜城克孜尔石窟中习见之八王争分舍利之图像。诸图绘出八国王率象兵、马兵、车兵、步兵抵于拘尸城下的情景。绘画的位置多在中心塔柱窟内中心塔柱的左、右、后三壁，其例如克孜尔第98、4、8号诸窟。参看丁明夷等《克孜尔石窟的佛传壁画》，刊《中国石窟·克孜尔石窟》一，文物出版社，1989年。

〔5〕 参看甘肃省博物馆《武威雷台汉墓》，刊《考古学报》1974年2期。

〔6〕 《艺文类聚》卷六十三引《史记》："方士言武帝曰：黄帝为五城十二楼以候神人。帝乃立神明台、井干楼，高五十丈，辇道相属。"

〔7〕 支谦字恭明。《出三藏记集》卷七录道安《了本生死经序》称"河南支恭明"。

〔8〕 参看汤用彤《汉魏两晋南北朝佛教史》第六章《佛教玄学之滥觞》"康僧会"节。

〔9〕 慧琳《一切经音义》卷二十七："塔，古书无塔字。葛洪《字苑》及《切韵》：塔即佛堂；佛塔庙也。"

〔10〕 参看钮树玉《说文新附考》卷六，罗振玉《面城精舍杂文甲编·敬史君碑跋》。

〔11〕 参看张宝玺《甘肃石窟艺术·雕塑编》图版51，甘肃美术出版社，1994年。拙作《凉州石窟遗迹和"凉州模式"》，刊《考古学报》1986年4期。

〔12〕 《魏书·高宗纪》："兴安元年（452年）……十有二月……乙卯，初复佛法。"

〔13〕 《魏书·释老志》系此事于太和元年（477年）："太和元年……又于方山太祖营垒之处，建思远寺。"

〔14〕 此次调查所获资料，俱存北京大学考古系赛克勒考古与艺术博物馆。部分资料曾于日本出光美术馆展出，见《中国の考古学展·北京大学考古系發掘成果》，1995年。

〔15〕 《魏书·高祖纪下》："[太和十四年（490年）]九月癸丑，太皇太后冯氏崩。"思燕佛图之建，当在冯氏卒前。

〔16〕 张剑波、王晶辰、董高《朝阳北塔的结构勘察与修建历史》，刊《文物》1992年7期。

〔17〕 1982年，内蒙古文物工作队在固阳北圐圙古城，即北魏六镇之一的怀朔镇城内西北隅，也发现与此相类的遗址。刘幻真《固阳县城圐圙北魏古城调查》记此遗址云："在城内西侧中部，距西墙50米处，现尚存一高出地面两米多的圆形土丘，土丘周围及顶部已经耕扰，耕土中夹杂有许多瓦片和土坯块，在当地群众掘取柱础挖出的扰土中，还发现有泥塑佛像身段的残件。1982年秋，我们清理发掘了这座土丘，发现这里是一座北魏时期的佛教殿堂遗址。这座殿堂的平面呈正方形，长宽均为16米，殿堂中央有一正方形夯土台基，长宽皆作8米，高度为80厘米。殿址共发现柱础三十二个，分三（二？）圈作网状排列，柱础大部分尚存，有的柱础上面还should存有木柱。另外在殿址里还出土了一些与佛教艺术有关的泥塑像及瓦、瓦当等建筑材料。在与佛殿遗址相毗连的南北两侧，还各有建筑遗址一处，其范围均大于殿址。在略高出地表的建筑基址上

面，都覆盖有很厚一层瓦砾，从瓦和瓦当的风格特点看，与佛殿遗址所见均一致，是否同属佛教建筑遗址，还有待今后继续深入工作。"（包头市文物管理所《包头文物资料》第 1 辑，1984 年）1995 年，北京大学考古系宿哲曾往复查，认为此佛教殿堂遗址应是木构佛塔遗址，基柱础布局与朝阳发现的思燕佛图遗址相似。至于该遗址南北两侧更大的一处遗址，似相当于洛阳永宁寺的南门址和佛殿址。

[18] 参看《中国石窟·云冈石窟》一，图版 5、11、51、53、79 和第 237 页实测图；《中国石窟·云冈石窟》二，图版 76，文物出版社，1991～1994 年。

[19] 参看中华书局标点本《魏书·释老志校勘记》一七。

[20] "神好明著"之后，迄"迁以还寺"二十六字，系依《大正藏》据"日本宫内省图书寮藏旧宋本"补。按检影印《碛砂藏》（通字号）本，亦无此二十六字。不知所云之"旧宋本"究指何本。

[21] "琼刹未树"之后，沈约续记云："勋玄孙尚书仆射南凉州大中正奂深达法相，洞了宗极……食不过中者一十一载……誓于旧寺光树五层，捐割藩俸十遗其一，凡厥所得三十有六万。齐之永明六年（488 年）六月三日，盖木运将启之……三界五道咸同斯愿。刊石厉壤，式昭厥心。"按王劭卒年约在义熙初，即 5 世纪初，是积园精舍建房殿之后八十年，才补建佛塔。

[22]《南海寄归内法传》卷三："五天之地，道俗多行经行，直来直去，唯遵一路……若其右绕佛殿，旋游制底，别为生福。"此"经行之室"似可作佛殿解，即经行于殿中之佛像，以求生福也。

[23]《李善注》："碑在鄂州，题云：齐国录事参军琅琊王巾制。"

[24]《梁书·诸夷·海南诸国传》记此事云："西河离石县有胡人刘萨何……出家名慧达，游行礼塔，次至丹阳，未知塔处，乃登越城四望，见长干里有异气色。因就礼拜，果是育王塔所，屡放光明，由是定知必有舍利，乃集众就掘之，入一丈，得……三舍利……即迁舍利近北对简文所造塔西，造一层塔。（太元）十六年（391 年）又使沙门僧尚伽为三层，即高祖所开者也。"

[25]《续高僧传》卷二十《智聪传》记唐初智聪 "至栖霞舍利塔西，经行坐禅"。按现存栖霞寺舍利塔虽属南唐重建（参看建筑工程部建筑科学研究院《中国古代建筑简史》第五章第四节 "宗教建筑·南京栖霞寺舍利塔"，中国工业出版社，1962 年），但位置未变。塔西智聪经行坐禅之处，疑即其前慧旷所归之禅房，其地址当在今栖霞寺律学院一带，与今舍利塔东侧的千佛崖——千佛岭诸窟龛无关。

[26] 参看本文末附录《百济、新罗佛寺遗迹资料》。

[27] 参看拙作《云冈石窟分期试论》，刊《考古学报》1978 年 1 期。

[28] 同注〔27〕。

[29] 同上。

[30] 参看《中国石窟·云冈石窟》一，所收丁明夷、李治国《焦山、吴官屯石窟调查记》。

[31] 参看《中国石窟·克孜尔石窟》一，所收拙作《克孜尔部分洞窟阶段划分与年代等问题的初步探索》。

[32] 参看《中国石窟·云冈石窟》一，所收李治国、刘建军《北魏平城鹿野苑石窟调查记》。

[33] 参看《中国石窟·云冈石窟》一，图版 14、19、62、174、175；《中国石窟·云冈石窟》二，图版 2～4、19、46、47、52、53、65。

[34] 参看注〔18〕。

[35] 参看《中国石窟·云冈石窟》一，图版 28、29、42、53、79 和第 237 页实测图。

〔36〕参看拙作《〈大金西京武州山重修大石窟寺碑〉的发现与研究》,刊《北京大学学报·哲学社会科学版》1982 年 2 期。

〔37〕该碑现存陕西省西安碑林博物馆。

〔38〕参看拙作《南朝龛像遗迹初探》,刊《考古学报》1989 年 4 期。

〔39〕参看陈作霖编《南朝佛寺志》。

〔40〕张僧瑶即张僧繇。僧繇作画天皇寺,又见《历代名画记》卷七:"张僧繇,吴中人也。天监中,为武陵王国侍郎直秘阁知画事,历右军将军吴兴太守。武帝崇饰佛寺,多命僧繇画之……江陵天皇寺,明帝置,内有柏堂,僧繇画卢舍那佛像。"

〔41〕《建康实录》卷十七节录《梁书·诸夷·海南诸国传》,"次玉罂"作"瓷罂"。

〔42〕参看中国科学院考古研究所洛阳工作队《汉魏洛阳城初步勘查》,刊《考古》1973 年 4 期;中国社会科学院考古研究所洛阳工作队《北魏永宁寺塔基发掘简报》,刊《考古》1981 年 3 期。

〔43〕参看《营造法式》卷六"小木作制度·乌头门"条,又同书卷三十二录有乌头门图样。

〔44〕如参考百济寺院遗址,僧房应在佛殿之后。

〔45〕参看《中国石窟·巩县石窟寺》,图版 9、42、75 和实测图 2、9~13,文物出版社,1989 年。

〔46〕参看《中国美术全集·雕塑编》13,图版 119~126、131~133,文物出版社,1989 年。

〔47〕此句有脱误,参看周祖谟《洛阳伽蓝记校释》卷三。

〔48〕该碑现存河南登封大塔沟永泰寺东北山坡下。

〔49〕参看刘敦桢《河南省北部古建筑调查记》,刊《中国营造学社汇刊》六卷 4 期,1937 年。

〔50〕张驭寰《长子法兴寺的唐宋元代建筑》曾提及此寺云:"唐及唐以前各代的佛寺里,都是塔前殿后的布局方式,例如汾城惠善寺、洪洞广胜上寺、寿州大报国寺等。"误善惠为惠善。张文刊《中国历史博物馆馆刊》总 12 期,1989 年。

〔51〕附录资料来源,除陵山里古寺址系据《百济金铜香炉和舍利龛》,韩国国立光州博物馆,1996 年(朝文,承梁银景女士口译)外,皆据东潮、田中俊明《韩国の古代遗迹》2《百济·伽耶篇》Ⅳ、Ⅴ两节和同书 1《新罗篇》Ⅴ节编译(中央公论社,1988~1989 年)。

〔52〕显庆五年(660 年)苏定方亡百济时,于该塔第一层塔身,环刻贺遂良撰文的《大唐平百济国碑铭》,因曾误称此塔为平百济塔。

〔53〕公州市内西北宋山里古墓群,俗传为百济王陵。该墓群所出文物,多与我国南朝器物类似。其中六号坟和武宁王陵都是长方形单室砖室墓,两墓砌砖形式和灯龛设置俱与南朝墓同。六号坟四壁绘四神和武宁王陵所出汉文墓志与地券、镇墓石兽等亦皆中土制度,武宁王陵随葬器物诸如瓷器、漆器、铜器等亦多来自南朝,尤值注意的是甬道出有"梁官瓦为师□□"铭文砖,更是《梁书·东夷·百济传》所记"中大通六年(534 年)、大同七年(541 年)累遣使献文物,并请涅槃等经义、毛诗博士并工匠、画师等。敕并给之"的最好实证。参看韩国文化财管理局《武宁王陵》,1973 年。贾梅仙《朝鲜南部武宁王陵简介》,刊《考古学参考资料》1983 年 6 期。

〔54〕参看《景定建康志·祠祀志》三"定林寺"条。陈作霖《南朝佛寺志》上"上定林寺"条。

〔55〕《南史·梁本纪中》记大通与同泰关系一节,不见《梁书·武帝本纪》。《南史》此节原文云:"大通元年……初帝创同泰寺,至是开大通门以对寺之南门,取反语以协同泰。自是晨夕讲义,多由此门,三月辛未,幸寺舍身。甲戌还宫,大赦,改元大通,以符寺及门名。"又近年由于日本京都青莲院藏镰仓时代中期(约当 13 世纪)写本宋齐人辑《观世音应验记》的发现,知梁武时与

百济在佛教方面确有直接的往还。该书末附有百济僧入梁事迹云："有沙门发正者，百济人也。梁天监中（502～519年），负笈西渡，寻师学道，颇解义趣，亦明精进。在梁卅年，不能顿忘桑梓，还归本土。"（中华书局排印本，1994年）此发正佚事全文，又见唐人所辑《法华传记》卷六，因知著录此事的时间应不在李唐之后。

[56] 西侧三间的建筑址（第3号建筑址）中的中间偏北，发现遗有烟道的炼炉遗迹和铁渣、铜料等遗物，因推定此建筑址后期曾被改用做手工作坊。值得注意的是，在烟道近处南侧椭圆形灰坑中，发现一完整的雕饰精致的鎏金铜博山炉，约是佛寺遇劫前有意埋藏者。

[57] 新罗佛教建筑多受百济影响。1964年，皇龙寺塔心础石下发现景文王时（861～873年在位）重修舍利函。函壁有咸通十三年（872年）朴居勿所撰《皇龙寺刹柱本记》刻铭，内述寺塔兴建始末，其略云：慈藏自唐归国，倡造寺塔，贞观十九年（645年）善德女王迎百济大匠阿非等（知）率小匠二百人于皇龙寺建九层塔，翌年完工。此事亦见《三国史记》卷五"善德王十四年"条。可见新罗较大的寺院建筑，直迄百济末期尚有赖于百济工匠之协助。又慈藏归国建寺塔，《续高僧传》卷二十五《新罗国大僧统释慈藏传》亦有记录："释慈藏、姓金氏，新罗国人……惟曰生在边壤，佛法未弘……乃启本王，西观大化……以贞观十二年（638年）将领门人僧实等十有余人东辞至京，蒙敕慰抚，胜光别院厚礼殊供……贞观十七年（643年）本国请还，启敕蒙许……既达乡壤，倾国来迎……乃敕藏为大国统，住王（皇）芬寺，寺即王之所造……又于皇龙寺讲菩萨戒本……又别造寺塔十有余所，每一兴造，合国俱崇……"

本文原刊《庆祝邓广铭教授九十华诞论文集》，第31～49页，河北教育出版社，1997年

隋代佛寺布局

隋代佛寺仍沿前期以佛塔为主要建置的传统布局[1]。《续高僧传》卷十七《昙崇传》记昙崇于长安兴宁坊清禅寺建塔为皇室所重：

> 开皇之初，敕送绢一万四千匹……（崇）建浮图一区，用酬国俸。帝闻大悦，内送舍利六粒，用同宏业。于时，释教初开，图像全阙，崇兴此塔，深会帝心……帝以功业别费，恐有匮竭，又送身所着衣及皇后所服者，总一千三百对以助随喜，开皇十一年（591年），晋王镇总扬越，为造露盘并诸花饰。十四年（594年）内方始成就。举高一十一级，竦耀太虚，京邑称最。

同书卷二十九《住力传》记住力重兴江都长乐寺亦首重建塔：

> 江表沦亡，僧徒乖散，（力）乃负锡游方，访求胜地。行至江都，乃于长乐寺而止心焉。隋开皇十三年（593年）建塔五层，金槃景耀，峨然挺秀，远近式瞻。至十七年（597年）炀帝晋蕃又临江海，以力为寺任，缮造之功故也。

仁寿间（601～604年），敕诸州建舍利塔，其选地凡在新建或重建的寺院中者，似皆以舍利塔为该寺的主要建置，如同上书卷二《彦悰传》所记之两例：

> 仁寿初年，敕令（悰）送舍利于并州，时汉王谅于所治城，隔内造寺，仍置宝塔，今所谓开义寺是也[2]……仁寿末年，又奉敕送舍利于复州方乐

寺，今名龙盖寺也；本基荒毁，南齐初立，周废颓灭，才有余址，而处所显敞，堪置灵塔，令人治葺……

其时，塔的位置仍多建殿前。1973 年，中国科学院考古研究所于唐长安青龙寺遗址范围的西部，发掘出一座早期寺院遗址。寺周绕廊庑，西、

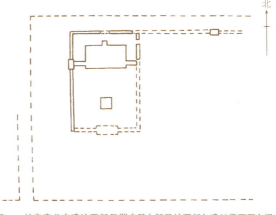

图一　长安青龙寺遗迹西部早期寺院（新昌坊西部）遗址平面图（据《建筑考古学论文集》213 页图 1)

北两廊址保存尚好，南、东两廊亦有遗迹可寻。据廊庑遗迹可复原此寺院的大致情况：南北长约 140 米，东西宽约 100 米。南廊址正中有门址。门址后有长宽约 15 米的方形塔基址。塔基址中部有长宽约 4.4 米、深 1.8 米的方形地宫遗址。塔基后约 50 米处，有长 50 余米、宽 30 米的长方形佛殿遗址。佛殿址两侧有复廊址与东西廊址相接（图一）[3]。此前塔后殿早期的寺院遗址，发掘者认为"就是隋灵感寺时的建筑遗迹"（《唐青龙寺遗址发掘简报》）。隋灵感寺见录于《长安志》卷九：

> 新昌坊南门之东，青龙寺，本隋灵感寺，开皇二年（582 年）立。文帝移都，徙据城中陵墓，葬之郊野，因置此寺，故以灵感为名。至武德四年（621 年）废[4]。

塔位殿前，除此实例外，《续高僧传》卷二十九《慧胄传》记上述之清禅寺的建置布局云：

> （胄）住京邑清禅寺，草创基构，并用相委四十余年，初不告倦，故使九级浮空，重廊远摄，堂殿院宇众事圆成[5]。

先记九级，后叙堂殿，似乎也可作为前塔后殿之旁证。又《两京新记》卷三记长安

光明寺［武后天授元年（690年）改名大云经寺］建有双塔：

> （怀远坊）东南隅大云经寺，开皇四年（584年）文帝为沙门法经所立。寺内二浮图东西相值，隋文帝立[6]。

此寺双塔位置东西对峙，或是渊源于江南长干、湘宫以及梁武之所建[7]，或是摹自临近长安的澄城北魏晖福寺之制[8]。长安西南隅又有隋"双建两塔"的二禅定寺。其一，隋文末年为妻独孤氏建，《两京新记》卷三记此寺云：

> 次南曰和平坊。坊内南北街之东，筑入庄严寺；街西入总持寺。次南曰（永）阳坊，坊西南即京城之西南隅也；半已东大庄严寺，隋初置，仁寿三年（603年）为献后立为禅定寺。宇文恺以京城西有昆明池，地势微下，乃奏于此建木浮图，高三百卅尺，周匝百廿步。寺内复殿重廊，天下伽蓝之盛，莫与为比……武德元年（618年）改为庄严寺。今庄严、总持即隋文、献后宫中之号[9]。

《长安志》卷十亦记此寺，文字略有异同：

> 次南和平坊。坊内南北街之东，筑入庄严寺……次南永阳坊，坊之西南即京城之西南隅。半以东大庄严寺，隋初置……仁寿三年，文帝为献后立为禅定寺。宇文恺以京城之西有昆明池，地势微下，乃奏于此寺建木浮图，崇三百三十尺，周回一百二十步。大业七年（611年）成。武德元年改为庄严寺。天下伽蓝之盛，莫与（逾）于此。

另一，炀帝初，于上禅定寺西邻为其父文帝所建。《两京新记》卷三记此禅定云：

> （和平坊内南北）街西入总持寺。（永阳坊）半已西，大总持寺隋大业元年（605年）炀帝为父文帝立，初名禅定寺。制度与庄严同，亦有木浮图，高下与西（东）浮图不异。武德元年改为总持寺。

两禅定寺皆建于炀帝时，故或传为隋炀为奉二皇所建，如《续高僧传》卷二十四《慧乘传》云：

> 至（大业）八年（612年），帝在东都，于西京，奉为二皇双建两塔，七层木浮图[10]。又敕乘送舍利瘗于塔所。

炀帝如此安排两寺，或因梁武为其父母各建一寺之影响；但双塔对峙，塔所属佛寺又同名禅定，是又与前期江南之长干诸寺、北方之澄城晖福，以及上述隋文为法经所建之光明寺有相类处。盖隋初一寰内，建寺取法南北之新式样，亦极有可能也。又两禅定寺皆各占和平、永阳两坊之半，面积宽阔；寺竣工后，炀帝又广召各地名德入居弘法，寺内的详细布局，在未经考古发掘之前，仅知"架塔七层，骇临云际，殿堂高竦，房宇重深；周闾等宫阙，林圃如天苑"（《续高僧传》卷十八《昙迁传》）之类的笼统记录[11]。《历代名画记》卷三记总持寺有三藏院：

> 总持寺……三藏院小佛殿四壁尹琳、李昌画。

尹琳，"高宗时得名"（《历代名画记》卷八），知此三藏院之建，当不晚于初唐，如系建于创寺阶段，则此两寺或如梁武之建大爱敬寺置若干旁院？！[12] 旁院即别院，位于寺院中线主院即中院之一侧，每一别院犹若一佛寺，亦有殿或塔之设，总持寺之三藏院为设殿之例；《两京新记》卷三记长安延康坊静法寺云：

> （延康坊）东南隅，静法寺，隋开皇十年（590年）左武侯大将军陈国公窦抗立。西院中有木浮图，抗弟璡（琎）为母成（万）安公主立，高一百五十尺。

是为别院——西院建塔之例。

隋代以殿堂为主的佛寺，文献著录较少，但图画于敦煌莫高窟隋窟者甚多。较明确的文献记载，如《法苑珠林》卷十三《敬佛篇·观佛部感应缘》记隋时荆州寺建置云：

开皇七年（587年），长沙寺僧法莦等复迎（瑞像）还（荆州）寺。开皇十五年（595年）黔州刺史田宗显至寺礼拜，像即放光，公发心造正北大殿一十三间，东西夹殿九间。

又如白敏中《滑州明福寺新修浮图记》中记隋时该寺建置：

仁寿三年（603年），崔（彦武）年三十，为滑守……请施宅为寺……由是起殿中虚屋，周廊四回，前三大门，庭二其台，架危楼以声钟，植修茎以飞幡，界宇峻严，宛若鹫山，于兹三百有余年矣。（《文苑英华》卷八二〇）

图画见莫高隋窟，多绘之于窟顶弥勒上生经变和法华经变中。上生经变所绘殿堂，系弥勒于兜率天宫说法之所在。该殿堂的布局有两种情况：

（一）第419、423两窟窟顶前披所绘五间大殿，殿后两侧各绘一座三或四层高阁，如此安排，似在表示两阁之后，还应有殿堂建置（图二）[13]。

（二）第433窟所绘佛殿前方左右各一面积较小的方形配殿（夹殿），两配殿相对而建（图三）[14]。此种殿堂布局亦见于莫高隋窟，即第306～308组窟：第307窟位于后方正中，面积大，当是模拟正殿；第306、308两窟位第

图二　敦煌莫高窟第423窟壁画中成组的佛殿（据《中国石窟·敦煌莫高窟》二，图版34）

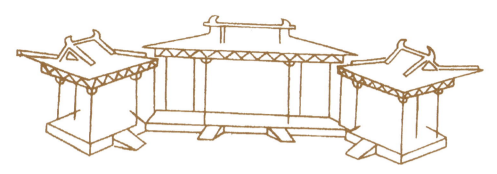

图三 敦煌莫高窟第 433 窟壁画中成组的佛殿（据《中国石窟·敦煌莫高窟》四，第 177 页图 3）

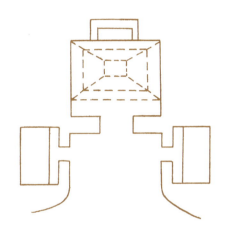

图四 敦煌莫高窟第 306～308 窟平面示意图

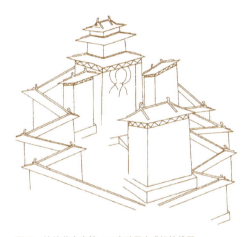

图五 敦煌莫高窟第 420 窟壁画中成组的佛殿
（据《中国石窟·敦煌莫高窟》二，图版 73）

307 窟前方两侧，面积略小，应是配殿位置（图四）。前引《法苑珠林》所记荆州寺的正北大殿与东西夹殿，大约也是同此布局。

法华经变壁画中有多处表现观世音说法和释迦说法的情景。第 303 窟窟顶西披观世音说法于三层阁中[15]。第 420 窟窟顶西披释迦说法则画出周绕多曲廊庑的寺院一所，释迦所处的殿堂是三层高阁的建筑形式，阁前方似为寺门，阁两侧有配殿（图五）。说法殿堂作高阁建置，是两隋窟法华经变的共同点。此种形制的殿堂亦见于文献，如《长安志》卷八：

（崇仁坊）北门之东宝刹寺，本邑里佛堂院。隋开皇中（581～600 年）立为寺。佛殿后魏时造，四面立柱，当中虚构，起两层阁，橑栋屈曲，为京城之奇妙，故天子以宝刹为名。

又如前述光明寺当中建筑——七宝台，《长安志》卷十：

> （怀远坊）东南隅大云经寺，本名光明寺……此寺当中宝阁崇百尺，时人谓之七宝台。寺内有浮图，东西相值。东浮图之北佛塔，名三绝塔，隋文帝所立；塔内有郑法轮、田僧亮、杨契丹画迹及巧工韩伯通塑作佛像，故以三绝为名。

此宝阁与其前方二塔并立，有若鼎峙，故《历代名画记》又记此台阁俗呼为塔：

> 大云寺，东浮图北有塔，俗呼为七宝塔，隋文帝造。冯提伽画瘦马并帐幕人物，已剥落。又东壁、北壁郑法轮画。西壁田僧亮画。外边四面杨契丹画本行经。据裴录此寺亦有展（子虔）画，其田、杨、郑并同。

前引《大唐中岳永泰寺碑颂》又记仁寿二年（602年）于中岳永泰寺所起之舍利塔，竟筑于北魏明练双塔之间：

> 神龙二载（706年）七月廿五日，有嵩岳寺都维那僧道莹奏闻：此故寺……千佛二古塔者，昔明练之所起，亭亭四照，嶷嶷摇空，龛室昤昽，重光回映，其间大窣堵波者，隋仁寿二载（602年）之所置。文帝应命，感异稀奇，忽得舍利一瓶……乃诏天下梵场，令起塔供养，为苍生之祈福也。（《金石萃编》卷八十九）

如此建置，不论是形成鼎峙，或是列队成排，似皆为特殊布局[16]。

注释

[1] 本文为《汉地佛寺布局的演变》的第二章。第一章《东汉魏晋南北朝佛寺布局初探》即刊北京大学中国中古史中心编辑的《庆祝邓广铭教授九十华诞论文集》中。

〔2〕《续高僧传》卷十一《志念传》亦记此事云:"隋汉王谅作镇晋阳……谅乃于宫城之内,更筑子城,安置露塔,别造精舍,名为内城寺,引念居之,今之开义寺是也。"

〔3〕参看中国科学院考古研究所西安工作队《唐青龙寺遗址发掘简报》,刊《考古》1974年5期。杨鸿勋《唐长安青龙寺真言密宗殿堂复原研究》,刊《考古学报》1984年3期,杨文后收入《建筑考古学论文集》(文物出版社,1987年)。

〔4〕《宋高僧传》卷二十四《法朗传》记此寺云:"法朗……诵观音明咒神效屡彰……龙朔二年(662年)城阳公主有疾沉笃……召朗至,设坛持诵,信宿而安……公主奏请改寺额曰观音寺以居之。此寺本隋灵感寺,开皇三年(583年)置。文帝移都,多掘城中陵园冢墓,徙葬郊野而置此寺。至唐武德四年(621年)废,至此更题额。"

〔5〕《慧胄传》记胄卒时"春秋六十有九,即贞观初年也"。贞观初上距前引《昙崇传》所记开皇之初建清禅寺时为四十七年即581~627年,与《胄传》谓胄创构清禅寺四十余年相符。但《崇传》谓寺塔一十一级,《胄传》又云九级,不知为何有此差异。又《胄传》"堂殿院宇"之堂,似可解作讲堂。隋寺有讲堂,又见《续高僧传》卷十一《道宗传》所记青州游德寺:"道宗……位州中游德寺……及讲大论,天雨众花,旋绕讲堂,飞流户内……(后)召入西京住胜光寺……以武德六年(623年)卒于所住,春秋六十一。"是其于青州游德寺讲大论时,当在李唐建国之前。

〔6〕《酉阳杂俎续集》卷五《寺塔记上》记大兴善寺有舍利塔云:"靖善坊大兴善寺……发塔内有隋朝舍利塔,下记云:'爰在宫中兴居之所,舍利感应,前后非一。时仁寿三年(603年)十二月八日。'"《历代名画记》卷三又记:"兴善寺……西南舍利塔内曹画,西面尹琳画。"既云西南舍利塔,似应另有相对之东南舍利塔,果如此,则隋时大兴善寺亦建有东西相值的舍利塔;而其来源当是仿效《梁书·诸夷·海南诸国传》所记梁武帝舍利兴建阿育王寺双塔故事。

〔7〕长干双塔见《高僧传》卷十三《竺慧达传》,湘宫双塔见《南齐书·良政·虞愿传》,梁武于阿育王寺起双塔参看注〔6〕。

〔8〕太和十二年(488年)《大代宕昌公晖福寺碑》记"上为二圣造三级佛图各一区",该碑录文见《石交录》卷三。

〔9〕《长安志》卷十引《景龙文馆记》:"隋主自立法号称总持,呼萧后为庄严,因以名寺。"呼萧后为庄严与《两京新记》所记不同。

〔10〕《法苑珠林》卷一〇〇《传记篇·兴福部》亦记此事云:"隋炀帝为孝文皇帝、献皇后(于)长安造二禅定并二木塔。"

〔11〕此类笼统记录,又如《宋高僧传》卷十六《慧灵传》,所记:"大中七年(853年),宣宗幸庄严寺,礼佛牙,登大塔……乃下敕曰:朕以政闲赏景,幸于庄严。其寺复殿重廊,连甍比栋,幽房秘宇,窈窱疏通,密竹翠松,垂阴擢秀,行而迷道,天下梵宫,高明寡匹。"其时,总持已废,故前引敕文续云:"其总持寺,大业中立,规制与庄严寺正同,今容像则毁,忍草随荒,香径芜侵,尚存基址。"

〔12〕参看《续高僧传》卷一《宝唱传》。

〔13〕参看《中国石窟·敦煌莫高窟》二,图版79、84,文物出版社,1984年。又同书四所收萧默《莫高窟壁画中的佛寺》,1987年。

〔14〕参看《中国石窟·敦煌莫高窟》二,图版38。

〔15〕参看《中国石窟·敦煌莫高窟》二,图版16。

〔16〕此后一种列队成排的特殊布局，曾在韩国全罗北道益山郡金马面的弥勒寺遗址见一例。该寺，《三国遗事》卷二记创建于百济武王（600～649年在位），新罗真平王（579～631年在位）曾遣匠助建。因可推知，弥勒寺兴建之年当在隋炀迄唐初，即百济、新罗深相结怨之前。据1980年韩国文化管理局全面发掘该寺遗址之所示：寺分前后两部分（图六）。

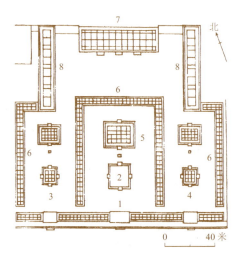

图六　韩国益山郡弥勒寺址平面图（据《韓国の古代遺跡》2，第171页插图）
1. 中门址　2. 木塔址　3. 西塔　4. 东塔址　5. 佛殿址
6. 回廊址　7. 讲堂址　8. 僧房址

前部以回廊址为界，略分左、中、右三院，院各有中门址、塔址和佛殿址。中院面积较大，门、塔殿址亦宽阔。中院塔原为木构，东、西院塔皆石建，西院塔尚残存七层。后部即于中院址北接建讲堂院，宽敞的讲堂址位中轴线上，其前两侧各有东、西向的僧房址一例。寺院的全部布局的来源，尚在探索。但前部三院内的塔址三处，即建在同一水平线上，成为列队成排的布局，这显然与上述仁寿二年所建中岳永泰寺有相似处。盖永泰寺二古塔间的大窣堵波自应较二古塔为巨大，正与弥勒寺前部中院原木塔基址比东西塔为阔深者相同。又僧房位于后院讲堂前方两侧的安排，也是值得我国寺院考古同志们予以注意的。弥勒寺址1980年发掘报告，似尚未公布；上述内容系摘自东潮、田中俊明《韓国の古代遺跡》2，Ⅴ"百濟後期：益山文化と弥勒寺"节。

本文原刊《考古与文物》1997年2期，第29～33、28页

试论唐代长安佛教寺院的等级问题

隋唐一统，南北佛教趋向融合。因而促使公私佛寺的兴建盛况空前，于是寺院占地面积范围大小的不同似可视为寺院等级差别的反映，还有寺院主院布局较明显的变化以及主院以外各类别院的建置等。以上情况隋代资料所知甚少[1]，唐代记录较多，且有可资参考的国内外的考古遗迹，因辑唐代长安佛寺的有关资料和长安以外的佛寺资料两目，现就前目组成的初稿录文如下，敬祈叱正。

从唐开元韦述所撰《两京新记》和宋熙宁间宋敏求所撰《长安志》对长安佛寺位置的记录，大体可知唐代长安知名的寺院，即是所谓官赐寺额的佛寺，至少有大小悬殊的四五个等级，至于其内部布局的较详记载虽少，但据其他资料亦可推测不同等级寺院除了具有不同的安排之外，亦多有类似的共同的规制（图一）。

第一等级 "尽一坊之地"

唐代长安明确占一坊之地的三处佛寺，都是继续隋代的建置。

庄严寺、总持寺 即位于和平、庄严两坊的隋二禅定寺各占两坊之半。两寺隋代的主要建置是各自兴建的木浮图。《两京新记》卷三记此两寺的其他建置云：

> 仁寿三年（603年）（文帝）为献后立禅定寺……寺内复殿重廊，天下伽蓝之盛，莫与为比……武德元年（618年）改为庄严寺。
> 大业元年（605年），炀帝为父立……（禅定寺），制度与庄严寺同……武德元年改为总持寺[2]。

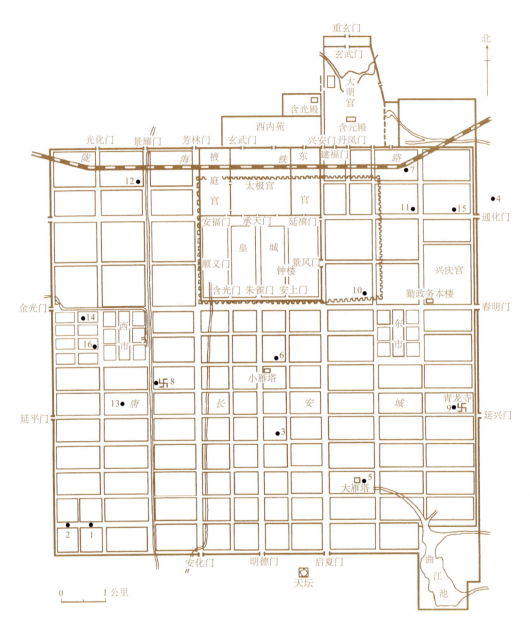

图一　本文例寺在唐长安城的位置（据安家瑶《唐长安西明寺遗址的考古发现》图1增绘）
1. 庄严寺　2. 总持寺　3. 大兴善寺　4. 章敬寺　5. 大慈恩寺　6. 大荐福寺　7. 大安国寺　8. 西明寺
9. 青龙寺　10. 资圣寺　11. 兴唐寺　12. 千福寺　13. 崇义寺　14. 真化尼寺　15. 清禅寺　16. 慧日寺

宋咸平初（998年）赞宁撰《宋高僧传》卷十六《唐京兆圣寿寺慧灵传》记：

> 大中七年（853年）宣宗幸庄严寺，礼佛牙，登大塔……望寺西北废总持寺，乃下敕曰：朕以政闲赏景，幸于庄严，其寺复殿重廊，连甍比栋，幽房秘宇，窈窕疏通，密竹翠松，垂阴擢秀，行而迷道，天下梵宫高明寡匹。当建之时，以京城西昆明地势微下，乃建木浮图高三百尺。藩邸之时游此伽蓝，睹斯盛事。其总持寺，大业中立，规制与庄严正同，今容像则毁，忍草随荒，香径芜侵，尚存基址。

总持之毁当在会昌废佛之际，宣宗敕文所记庄严布局较《两京新记》似仅描述词句的扩展，其后《长安志》除沿袭《新记》文字外[3]，亦无新内容，可知两寺入唐仍以塔为中心，在寺院布局上并无较大的改变。但"复殿重廊""幽房秘宇"之记录，似应包括众多别院，如张彦远《历代名画记》卷三《西京寺观等画壁》所记之三藏院：

> 总持寺三藏院小佛殿四壁严琳、李昌画。

又如《太平广记》卷一〇〇《僧齐之》引牛肃《纪闻》记：

> 胜业寺僧齐之……天宝五载（746年）……移居东禅定寺，院中建一堂，极华饰，专座横列等身像七躯。

此院当是庄严寺一正堂供奉七佛的别院。又日僧圆仁《入唐求法巡礼行记》卷三记庄严寺有翻经院：

> ［开成五年（840年）二月八日］登（大庄严寺）佛牙楼上，亲见佛牙，顶戴礼拜，兼入翻经院，见义净三藏影。

大兴善寺 《长安志》卷七记另一延续隋家国寺的大兴善寺云：

> 大兴善寺尽一坊之地……寺殿崇广为京城之最，号曰大兴。佛殿制度与太庙同[4]。总章二年（669年）火焚之，更营建，又广前居二十亩之地[5]。

只强调"寺殿崇广"且指出"佛殿制度与太庙同"，无前二寺特重佛塔的记录。但大历九年（774年）不空卒，敕建顶骨舍利塔于寺院，见《宋高僧传》卷一《唐京兆大兴善寺不空传》：

> （大历九年）六月十五日……以大印身定中而寂……七月六日茶毗……其顶骨不然，中有舍利一颗，半隐半化，敕于本院别起塔焉。

起塔之院即不空所处的翻经院，圆仁《入唐求法巡礼行记》卷三记其位置云：

> [开成五年（840年）十月]二十九日往大兴善寺，入敕翻经院……于翻经堂南，有大辩正广智不空和尚舍利塔。金刚智、不空三藏会于此院翻经也。

翻经院又名不空三藏院，故另一日僧圆珍《请弘传真言止观两宗关牒案再稿》记：

> 复冬至日，至街东大兴善寺不空三藏院，礼拜三藏和尚骨塔，并见三藏第三代传法弟子三藏沙门智慧轮阿闍梨。

不空塔建于该院翻经堂南，翻经堂应为翻经院的主要殿堂，不空塔建于该院主要殿堂之南即前方，是别院建塔，其位置约亦沿袭寺主院前塔后殿之传统布局。

除上述延续隋代三寺外，李唐于长安城内未另兴建"尽一坊之地"规格的大寺，但大历初，鱼朝恩在通化门外经营之章敬寺可能不小于一坊之地。《长安志》卷十记此寺云：

> 章敬寺，大历元年（766年）作章敬寺于长安之东门，总四千一百三十余间，四十八院。内侍鱼朝恩以通化门外庄为章敬皇后立寺，故以章敬为名。《代宗实录》曰："是庄连城对郭，林沼台榭形胜第一。"（鱼）朝恩初以

得之，及是进奉，穷极壮丽[6]。

由于该寺面积宽广，所以中唐以后，拥兵各方欲进据都城者多驻扎此寺[7]。

第二等级　二分之一坊地或略强

其寺院计有大慈恩寺、大荐福寺、大安国寺三寺。

大慈恩寺　大慈恩寺的位置与创建经过，见《长安志》卷八：

（晋昌坊）半以东大慈恩寺，隋无漏寺之地，武德初废。贞观二十一年（647年）高宗在东宫，为文德皇后立为寺，故以慈恩为名，仍选林泉形胜之所。

《大慈恩寺三藏法师传》卷七记寺的规模云：

［贞观二十二年（648年）夏六月］庚辰，皇太子以文德皇后早弃万方，恩报昊天，追崇福业……于是有司详择胜地，遂于宫城南晋昌里，面曲池，依净觉故伽蓝而营造焉。瞻星揆地，像天阙，仿给园，穷班倕巧艺，尽衡霍良才，文石梓桂橚樟枡桐充其材，珠玉丹青赭垩金翠备其饰，而重楼复殿云阁洞房凡十余院，总一千八百九十七间……（冬十月）戊申，皇太子又宣令曰：营慈恩寺渐向毕功，轮奂将成，僧徒尚阙，伏奉敕当度三百僧，别请五十大德同奉神居，降临行道。其新营道场宜名大慈恩寺。别造翻经院，虹梁藻井，丹青云气，琼础铜楣，金环华铺，并加殊丽。令法师移就翻译，仍纲维寺任。（永徽）三年（652年）春三月，法师欲于寺端门之阳造石浮图，安置西域所将经像，其意恐人代不常，经本散失，并防大难。浮图量高三十丈，拟显大国之崇基，为释迦之故迹。将欲营筑，附表闻奏。敕使中书舍人李义府报法师云：所营塔功大，恐难卒成，宜用砖造。亦不愿师辛苦，今已敕大内东宫掖庭等七宫亡人衣物助师，足得成功。于是用砖，仍改就西院。其塔基面各一百四十尺，仿西域制度，不循此旧式也。塔有五级，并相轮、露盘凡高一百八十尺……时三藏亲负篑畚，

担运砖石，首尾二周，功业斯毕。

值得注意的是唐高宗即位之初，对玄奘慈恩寺设计所做的一项改变，对佛教寺院布局的东方化至关重要，将自汉末以来，我国沿用印度制度置浮图于佛寺主院的主要位置，即玄奘所拟的"于寺端门之阳"，高宗敕令"改就于西院"。此后，在中原地区兴建的大型寺院，大多以佛殿为主，"塔庙"形制即趋消失。《三藏法师传》所记建于慈恩西院的五层砖塔，长安中（701～705年）更拆改造。天祐元年（904年）韩建筑新城，慈恩远弃南郊，寺院荒芜。宋金以还，就塔院建寺，现存所谓之大雁塔，即此长安中改建并经明代修整之砖塔。

又慈恩寺"塔就西院"之制，似与隋文帝独孤后姊安定长公主子窦琎为其母于延康坊静法寺西院建木浮图有关[8]。唯文献无征，仅以窦琎亦为母建塔在寺院西院的位置相同；时间又当在永徽之前，因附此疑耳。

大荐福寺 寺院位置与兴建，见《长安志》卷七：

（兴化坊）半已南，大荐福寺……文明元年（684年），高宗崩。后百日立为大献福寺……天授元年（690年）既为荐福寺。中宗即位，大加营饰。自神龙（705～707年）以后，翻译佛经并于此寺。寺东院有放生池，周二百余步。

荐福寺亦多别院，初步辑录即有十一院之多[9]，其中浮图院位安仁坊，与位于兴化坊的荐福寺寺门隔街相对，《长安志》卷七记此事云：

（安仁坊）西北隅，荐福寺浮图院。院门北开，正与寺门隔街相对。景龙中（707～710年）宫人率众所立。

荐福寺亦废于唐末，宋以来亦于浮图前建殿堂，现存唐迹亦仅一塔，与慈恩寺同。

大安国寺 寺兴建较晚。宋元丰三年（1080年）吕大防《长安城图》残石中刻画该寺占地面积约为长乐坊三之二（图二）。《长安志》卷八，亦记大安国寺范围大于半坊：

试论唐代长安佛教寺院的等级问题　327

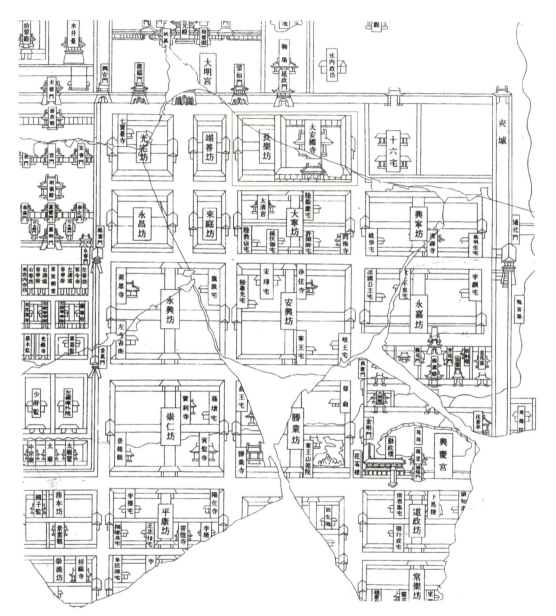

图二　吕大防《长安城图》残石部分摹本
（据小野胜年《中国隋唐长安寺院史料集成·解说篇》卷首附图）

（长乐坊）大半以东大安国寺，睿宗在藩时旧宅。景云元年（710年）立为寺，以本封安国为名。

安国寺亦多别院，初步辑录即得十一院[10]。《酉阳杂俎续集》卷五《寺塔记上》记其东禅院有塔：

长乐坊安国寺……东禅院亦曰木塔院。院门北西廊五壁，吴道玄弟子释思道画释梵八部，不施彩色，尚有典型。

《历代名画记》卷三记：

安国寺……东廊大法师院塔内尉迟画及吴画。

此疑即指东禅院木塔。

以上三寺《长安志》皆冠以大字[11]，前引吕大防《长安城图》上的长乐坊内的安国寺亦冠以大字，坊内所绘安国寺建筑亦确占如《长安志》所记该寺占坊地"大半以东"。《长安志》记录开元以前的文字，大多沿袭《两京新记》，因此似可估计长安占地半坊面积的寺院，唐人即可能视之为大型佛寺。

第三等级　四分之一坊地

现明确之例有延康坊的西明寺和新昌坊的青龙寺。两寺范围都经过考古钻探，并发表了测图。

西明寺　《两京新记》卷三记其位于延康坊"西南隅"，寺建置见录于《大慈恩寺三藏法师传》卷十：

（西明）寺以（显庆）元年（656年）秋八月戊子十九日造。时有敕曰：以延康坊濮王故宅为皇太子分造观、寺各一，命法师案行其处。还奏地窄不容两所。于是总用营寺……其年夏六月营造毕。其寺面三百五十步，周围数里，左右通衢，腹背廛落。青槐列其外，渌水亘其间，亹亹耽耽，都邑仁祠此为最也。而廊殿楼台，飞惊接汉，金铺藻栋，眩目晖霞，凡有十院，屋四千余间。庄严之盛虽梁之同泰、魏之永宁所不能及也[12]。

《三藏法师传》所记"面三百五十步"，系指西明寺东西宽度，此数字与延康坊东西宽之半数接近；"左右通衢"即谓西明寺西临皇城西第二街，东临延康坊内南街。其具体方位已由中国社科院考古所西安唐城工作队于1985年和1992年测出（图三）[13]；已进行发掘的部位在寺范围内的东北隅，系周绕廊庑，中建三座殿堂的一组建筑（图四）。从所处位置可以推知它是西明寺所属十院内位于寺东侧之一院。该院南北分三进。中殿面积最大，南殿次之。中殿和南殿之间有廊屋相接，这是现知最早的一处工字形殿堂平面遗迹。北殿未发掘，但此殿址北距寺北壁甚近，可推知其面积较小。此院如可参考后面所附道宣《关中创立戒坛图经》附图所绘中院东侧北端为"诸仙"与"他方诸佛之院"之例（参看图七：1），则应属西明寺主院东侧另一奉佛的别院，与长安佛寺多设的××法师院、禅院、浴堂院、库院等不同。至于西明寺主院可据8世纪初在唐十八年（702~719年）、主要在长安学习的日僧道慈仿效西明规模设计奈良平城京

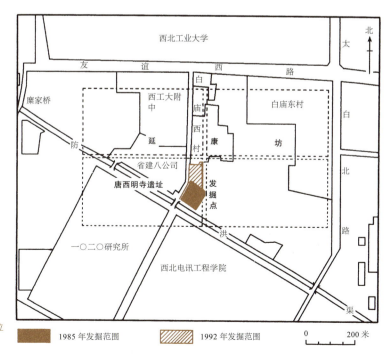

图三　西明寺遗址位置（据上引安文图2）　　1985年发掘范围　　1992年发掘范围　　0　　200米

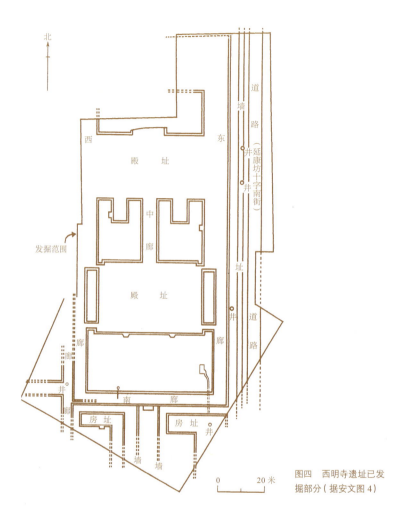

图四 西明寺遗址已发掘部分（据安文图4）

左京大安寺主院的布局仿佛之。道慈的设计多见日本古籍，现转录《扶桑略记》的记录如下：

  天平元年己巳（开元十七年，729年）……（圣武）天皇欲改造大官大寺，为遵先帝遗诏也，遍降纶命，搜求良工，爰有称沙门道慈者奏天皇曰：道慈问道求法自唐国来，但有一宿念欲造大寺，偷取图西明寺结构之体。天皇闻而大悦，以为我愿满也，敕道慈改造大寺。缘起云："中天竺舍卫国祇园精舍以兜率天内院为规模焉，大唐西明寺以祇园精舍为规模焉，本朝大安寺以唐西明寺为规模焉。"……寺大和国添上郡平城左京六条三坊矣……二七年间营造既成……法师法慈性受聪悟，为众所推，尤妙工巧，构作形制，皆具其规，所有匠手莫不叹服焉。

平城京大安寺自日本宽仁（天禧元年至五年，1017~1021年）纪年以来日益朽损[14]，其遗址经上世纪50年代迄90年代四十八次调查发掘[15]，其主院布局大体清楚，如图五所示。图中所绘主院的布置，绕主院东、西、北三面的僧房和僧房外侧设别院的情况，皆与道宣《图经》附图相符（参看图七），而有可能源

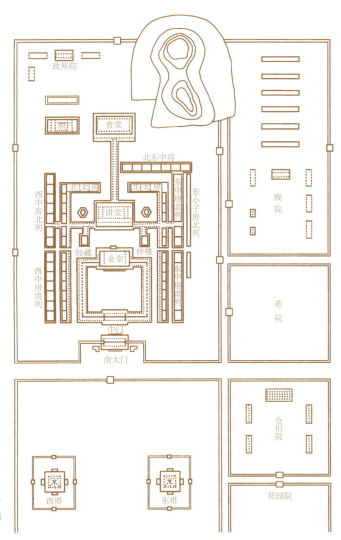

图五　奈良大安寺遗址复原平面（据安文图5）

于西明；但大安寺主院之南兴建东西两塔的塔院，既不见于有关长安西明寺的记载，也有异于道宣《图经》所绘塔的方位[16]，当如日本学者认为系由于各种原因变更道慈原设计所致[17]。

青龙寺 《长安志》卷九记其位于新昌坊"南门之东"。具体地点1973年即为中国社会科学院考古研究所西安工作队测出（图六）[18]。该寺建置《唐会要》卷四十八有云：

> 青龙寺，新昌坊，本隋废灵感寺。龙朔二年（662年）新城公主奏立为观音寺[19]，景云二年（711年）改名。

大历（766～779年）以来，青龙显密并盛。圆仁《入唐求法巡礼行记》卷三记青龙寺情况云：

> 开成五年（840年）十月十三日，差惟正共怀庆阇梨遣青龙寺，令见知

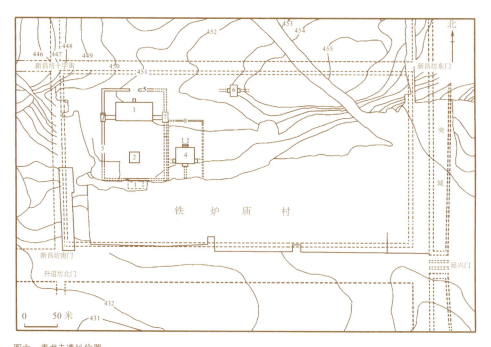

图六　青龙寺遗址位置
（据中国社会科学院考古所西安唐城队《唐长安青龙寺遗址》图1）

法人。于东塔院有义真和尚能胎藏。日本国行阇梨于此学法。更有法润和尚解金刚界，年七十三，风疾老耄……［会昌元年（841年）五月］一日，敕开讲；（长安）两街十寺讲佛教……青龙寺圆镜法师于菩提寺讲《涅槃经》。

又青龙寺"北枕高原，南望爽垲，为登眺之美"（《长安志》卷九），故多集游息之士。《东观奏记》卷中记宪宗（805~820年）、宣宗（847~859年）皆曾游此寺，宣宗并于夹城辟便门直通寺内：

> 上（宣宗）至孝勁，遵元和故事，以宪宗会幸青龙寺。命复道开便门至青龙佛宫，永日升眺，追感元和圣迹，怅望久之。

因疑至迟中唐时青龙寺范围东抵长安郭城东壁之下，如是则恰同于考古钻探测出的范围，其面积当占新昌坊的东南隅四分之一。

青龙寺亦多别院，前引圆仁《行记》记有东塔院外，1973年发掘的遗址4为中心的院落，应是位于寺主院西侧的一处别院。近年辑录有关青龙文献，计得别院六[20]，值得注意的是其中五处出自大历以后的著述。

第一、二、三级佛寺皆属唐代于长安兴建的大型寺院。此属唐代大型寺院的布局，除具备重楼复殿云阁修廊等壮丽的建筑外，最重要的特点是（一）浮图不建在主院，（二）继承甚至发展了南北朝晚期梁与北齐兴建颇多的别院。

唐代大型寺院布局的来源，当然不能不植根于前代佛寺的形制，但有关慈恩、西明两寺的文献记录都提出了另外的因素。《大慈恩寺三藏法师传》谓创建慈恩"像天阙，仿给园"。"像天阙"言其建筑之壮丽有若宫殿，主要是指其立面结构而言；"仿给园"应是就规划形制而言，即指寺院整体平面布局系仿效舍卫城逝多林给孤独园之设置。西明寺亦以祇园为准，多见于日本古籍，前引《扶桑略记》谓"大唐西明寺以祇园精舍为规模"。祇园亦即给园。约自东晋南北朝较晚的时期始，东土营造佛寺即重祇园规制[21]。至唐乾封二年（667年）春末，道宣始折中各种记录，并托以"觉梦虽异，不足怀疑"，撰《中天竺舍卫国祇洹寺图经》，该书卷前录道宣序记此事云：

> 夫寺院之基，其源远矣……自大圣入寂以来，千六百岁，祇园兴废经二十返，增损备缺事出当札，故使图经纷纶，藉以定断，其中高者三度殊绝，自余缔构未足称言。隋初魏郡灵裕法师名行凤彰，风操贞远，撰述《寺诰》，具引祇园。然人代寂寥，经籍罕备，法律通会，缘叙末伦……余以祇园本寺，主久所居二十五年，一期化迹，七处八会之鸿业，形不从于此园，五部四含之玄籍，法多从于斯寺，由是搜采群篇，特事通叙。但以出没不同，怀铅未即，忽于觉悟，感此出灵，积年沈露，需然顿写……余即所列事等文宣天王之录，亦同建安石佛之作，觉梦虽异，不足怀疑。

在撰上书之前的当年仲春，道宣曾撰《关中创立戒坛图经》，该书《戒坛高下广狭第四》记：

> 今约祇树园中总有六十四院，通衢大巷……余以恒俗所闻，唯存声说……故示见图开张视所……一佛化相事迹极多，备在本图……案北齐灵裕法师《寺诰》述祇园图经具明诸院，大有准的……

并附寺院布局图纸（即下文所引的《戒坛图经》附图）。道宣两图经行文繁缛不便征引，《戒坛图经》附图虽与两经文字互有差异，但应与灵裕《寺诰》等引述祇园的记录有密切关系，且图绘形象较为简明，因转刊如下，备了解唐大型寺院布局的参考（见图八：1）。又为了便于阅读该图，按一般地图方向，并择要以文字说明改编图纸一幅附《图经》附图之次（见图八：2）。从《图经》附图可知：（一）寺院中院即主院，位于中门之内，有四重院落，"此中院准佛独居，不与僧共"[22]；（二）第一、二两重院正中建筑为佛殿（前佛殿为单层建筑，后佛殿为说法大殿，双层建筑）；（三）第二重院院庭中间建七层浮图；（四）第二重院院庭即说法大殿前东侧建钟台，西侧建经台；（五）第三重院正中建筑为三层楼，第四重院正中建筑为三重阁；（六）第一重院院庭两侧各建一戒坛；（七）各重院正中建筑两侧各建左右对称的三或五层楼；（八）主院之外东、西、北侧各建三周房，即是众僧所处的"明（名）僧院，三方饶佛……僧房院外三周大巷通彻无碍"[23]；（九）主院和僧房之外四周建别院；（十）别院外东西两侧隔大路设园林厨库。以上布局不可能特合祇园建置，也同样非唐长安兴筑大型寺院完全如实的写照，但以当时有"声振竺乾""美留天下"[24]高誉的道宣著作的宣传和慈恩、西明两皇家大寺的模拟传闻，祇洹对东方佛寺的设置当有一定的影响。唯上述十项中的第三项置浮图于前后佛殿中间的布置，却不见于唐代长安大型的六座寺院，除西明、章敬两寺无塔外，慈恩更将原拟建塔于殿前"端门之阳"的安排，奉敕改置西院，荐福、安国、青龙三寺亦建塔于主院之前，或主院之东。此种大型寺院回避置塔于主院中轴线上的安排，应是源于东方以突出殿堂为主的传统布局，而有意区别祇园的设计。

第四等级　寺院可分 A、B 两组

长安城坊里内部除皇城之南四列坊只开东西门外，其余诸坊即皇城左右七十四坊内部都开设东、西、南、北四门，设十字街划坊内为四大区，四大区内又可各设小十字街将该坊里分划为十六小区。每小区从《两京新记》和《长安志》的记录，知各以在坊内所处的方位而有不同的三类命名：一类，坊的四隅四小区为"××隅"；二类，坊四门内两侧八小区为"北（南）门之东、西"和"西（东）门之南、北"；三类，大十字街中部四隅四小区为"十字街东（西）之北、南"和"十字街西之北、南"（见图七）[25]。部分一、二两类命名的小区为A组；部分一、二两类和三类命名的小区为B组。

A 组　初步以资圣、兴唐、千福三寺为例。

资圣寺　《长安志》卷八记此寺云：

图七　长安皇城两侧各坊内划分十六小区（附各区名称）示意（据《隋唐长安城和洛阳城》附图）

（崇仁）坊东南隅资圣寺，本太尉赵国长孙无忌宅。龙朔三年（663年）为文德皇后追福，立为尼寺。咸亨四年（673年）改为僧寺。

《太平广记》卷七十九"秀禅师"条引《西京记》记此寺建置云：

洛都天宫寺有秀禅师者……长安中（701～704年），入京住资圣寺。忽戒禅院弟子灭灯烛，弟子留长明灯，亦令灭亡。因说：火灾难测不可不备，尝有寺家不备火烛，佛殿被灾；又有一寺钟楼遭火；一寺经藏焚蓺，殊可痛惜。寺众不知其意，至夜失火，果焚佛殿、钟楼及经藏三所[26]。

此外，《酉阳杂俎续集》卷六《寺塔记下》记寺有中三门、净土院、团塔院、观音院。《历代名画记》卷三记有"寺西门直西院"。

兴唐寺　见《长安志》卷八：

（大宁坊）东南隅兴唐寺，神龙元年（705年）太平公主为武太后立为罔极寺，穷极华丽，为京都之名寺，开元二十六年（738年）改为兴唐寺，明皇御容在焉。

《历代名画记》卷三记有三门楼、中三门、讲堂、般若院、净土院、东塔院。《太平广记》卷二一二引《唐画断》记有御注金刚经院。

千福寺　《两京新记》卷三记：

（定安坊）东南隅千福寺，本章怀太子宅。咸亨四年（673年）舍宅立为寺。

《历代名画记》卷三记此寺有中三门、东塔院、西塔院、佛殿东院、西行南院。日僧圆珍《智大师请来目录》记此寺有多宝塔院。

　　B组　其例如崇义、真化、清禅、慧日四寺。

崇义寺　见《两京新记》卷三：

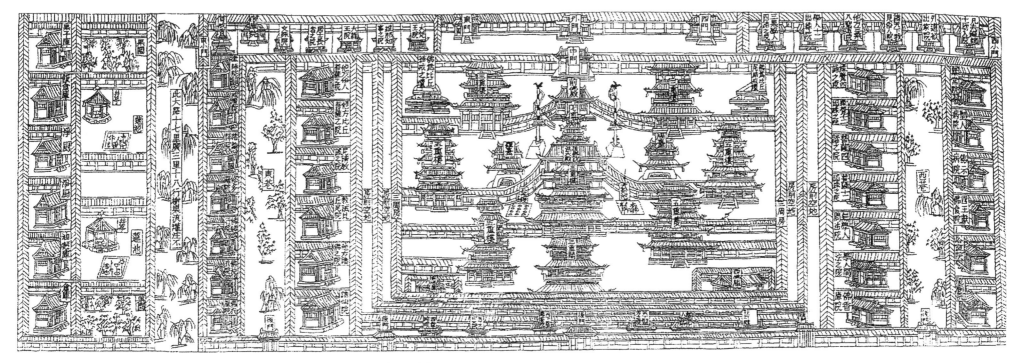

1. 道宣《关中创立戒坛图经》附图［据1962年金陵刻经处复刻宋绍兴二十二年（1152年）刻本］

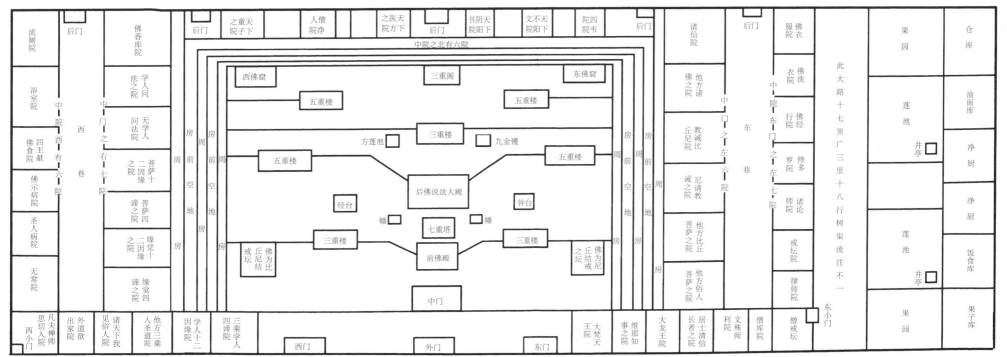

2. 据前图改绘（并附部分说明）

图八 《关中创立戒坛图经》所附唐初传闻的祇树园寺鸟瞰及据改绘的平面示意图

（长寿坊）十字街西之北崇义寺，武德二年（619年）桂阳公主为驸马赵景慈所立焉。

《法苑珠林》卷三十八《故塔部感应缘》记此寺云：

武德七年（624年）日严寺废，僧徒散配，其舍利塔无人守护，时有道宣律师门徒十人配住西市南长寿坊崇义寺；乃发掘塔下，得舍利三枚……将至崇义寺佛堂西南塔下，依旧大石函盛之，本铭覆上，埋于地府。

真化尼寺　见《长安志》卷十：

（群贤坊十字）街东之北真化尼寺，开皇十年（590年）冀州刺史冯腊舍宅所立。武太后改为光化寺。神龙元年（705年）复旧。

《金石萃编》卷一〇〇录大历十年（775年）《大唐真化寺多宝塔院故寺主临坛大德尼如愿律师墓志铭》记寺有多宝塔院。

清禅寺　见《长安志》卷九：

（兴宁坊）南门之东清禅寺，隋开皇三年（583年）文帝为沙门昙崇所立。大中六年（852年）改安国寺。

《续高僧传》卷三十《唐京师清禅寺释慧胄传》记唐初此寺竣工情况：

（慧胄）后位京邑清禅寺，草创基构，并用相委，四十余年初不告倦[27]，故使九级浮空，重廊远摄，堂殿院宇众事圆成……春秋六十九（卒），即贞观初年也。

慧日寺　见《两京新记》卷三：

（怀德坊）东门之北慧日寺，开皇六年（586年）。本富商张通宅，舍而立寺。寺内有九层浮图一百五十尺，贞观三年（629年）沙门道说所立。

以上A、B两组寺院，每寺范围似不应超过各该坊面积的十六分之一，但A组例寺原皆为皇室和显贵所建，并为京都名寺，且都建有中门和众多别院，与道宣《图经》附图所绘设有中门的寺院即应于主院外围建有多座别院相符，当是大型佛寺建置的简化[28]，因此，A组例寺的面积有的不宜等同于B组例寺。如考虑按坊里四隅小区和四门两侧的小区，即南（北）门之东、西与东（西）门之南、北共八小区的范围有的可扩及该坊面积十六分之一以外，即大于十六分之一坊如前述第三等级寺院占地四分之一坊的西明（位于延康坊西南隅）、青龙（位新昌坊南门之东）两寺之例，或许亦有八分之一坊的寺院，如是则可将B组分出第四级寺院，别增一第五级寺院，唯此八分之一坊的寺院既无考古实证，又乏文献根据，纯属推测而已。

第四级A、B两组寺院在建置布局上，可注意者有下列诸项：

A组千福寺东西塔院之制，应是前此东西对峙双塔和如慈恩、荐福等单设塔院相结合的新布局。又长安中（701～705年）资圣寺已建有与佛殿毗邻的钟楼、经藏，此是现知并建钟楼、经藏的较早记录。其时，上距道宣《戒坛图经》甚近，《图经》附图即于后佛说法大殿前两侧绘出经台、钟台，因疑此两建置的来源，约与道宣撰述有关。

B组寺院应属《两京新记》《长安志》所记唐代长安佛寺中规模较小者，四例仅知真化尼寺有一塔院。崇义、清禅、慧日三寺浮图明确建于初唐，其所处位置殊值注意：慧日建置只记九层浮图，清禅更于建置中突出"九级浮空，重廊远摄"，崇义则记埋舍利于佛堂西南塔，似在提示佛堂东南另有对应之塔，若然，此寺的布局即与隋大兴光明寺"寺内有浮图东西相值"[29]同。以上三例显然皆位塔于主院。前引大历十年（775年）真化尼寺《如愿律师墓志》记律师生前主持该寺多宝塔院，按多宝塔院出现于长安，现知以前引咸亨四年（673年）所建千福寺为最早，疑真化尼寺多宝塔院之建约亦不早于高宗时期。综长安第一至第四等级佛寺建置塔院最早之例为永徽三年（652年）改建慈恩砖塔于西院，可以估计长安佛寺主院不建佛塔即始于高宗之初。十余年后之高宗后期，此建塔于别院之新式布局即成为长安佛寺流行之规制。

《长安志》著录长安诸坊内寺院有既不记面积范围，亦无在坊内的具体位置者，如卷八宣平坊所记之宣慈寺介于太子宾客罗珦与大理卿刘道遵古（故？）宅之间，又如卷十布政坊记善果寺于左神武大将军河间郡王舍利澄宅之后。此类寺院《长安志》和其他文献皆少有记录。因此，寺院内部布局既不能详，其面积亦不便推测，但排等级于第四等级 B 组之后似可不误[30]。若然，则宜列为唐代再低一等级的佛寺。至于更低等级的或即纯属民间兴建所谓私造的招提、兰若之类的佛教设置[31]，在无考古发现的情况下，只有阙文矣。

注释

[1] 参看拙作《隋代佛寺布局》，刊《考古与文物》1997 年 2 期。

[2] 《续高僧传》卷二十四《慧秉传》："（大业）八年（612 年），帝在东都，于西京奉为二皇双建两塔，七层木浮图。"

[3] 宋敏求《长安志》与韦述《两京新记》的关系，由于宋以后《新记》已佚，难以探索。熙宁九年（1076 年）赵彦若《长安志序》谓"韦氏所记……班班梗概不可复完"，宋书"尽收其轶而成之"；司马光《河南志序》云"唐丽正殿直学士韦述为《两京记》，近故龙图阁直学士宋敏求字次道演之为《河南长安志》，凡兴废迁徙，及宫室城郭、坊市第舍、县镇乡里、山川津梁、亭驿庙寺陵墓之名数，与古先之遗迹，人物之俊秀，守令之良能，花卉之殊尤，靡不备载，考诸韦记，其详不啻十余倍，开编粲然如指诸掌，真博物之书也"（《增广司马温公全集》卷九十六），但如何收轶而成，如何演之，并不清楚。对照日本《尊经阁丛刊》所收日本旧抄《两京新记》残帙卷三的影印本，始知京城市坊部分，《长安志》皆依《新记》体例，所演者主要是开元以后的事迹，即《长安志》所记各坊迄开元时的内容，大多沿袭《新记》，其收轶演之者皆开元以后的纪事。

[4] 《续高僧传》卷二十一《灵藏传》："藏与高祖布衣知友……移都南皋，任选形胜，而置国寺。藏以朝宰惟重，佛法攸凭，乃京都中会，路均近远，于遵善坊天衢之左而置寺焉，今之大兴善寺是也。"

[5] 《续高僧传》卷三十一《慧常传附道英神爽传》："兴善大殿铺基十亩，梁扇高大……"

[6] 《旧唐书》卷一八四《宦官·鱼朝恩传》："大历二年（767 年），朝恩献通化门外赐庄为寺，以资章敬太后冥福，仍请以章敬为名，复加兴造，穷极壮丽。以城中材木不足充费，乃奏坏曲江亭馆、华清宫观楼及百司行廨、将相没官宅给其用，土木之役仅逾万亿。"《册府元龟》卷九二七《总录·佞佛》记此事较详："大历中……（鱼朝恩）请以通化门外庄为寺，以章敬为名，福资太后。许之，是庄连城对郭，林沼台榭形胜第一。朝恩初以恩赐得之，及是造寺穷极壮丽，以为城市材木不足充费，乃奏坏曲江馆、华清宫风楼月观及百司行廨署并将相殁官宅给其用焉，土木之役仅逾万亿。"

[7] 其例如《旧唐书》卷一三三《李晟传》记："[兴元元年（784 年）五月二十八日] 李晟军入京城，勒兵屯于含元殿前……二十九日令孟涉屯兵于白华（门），尚可孤屯望仙门，骆元光屯章敬寺，晟自屯于安国寺。"

[8] 参看注[1]所引的《隋代佛寺布局》。窦抗系唐太宗母太穆后之从兄弟，窦家与周、隋、唐三代皇室关系密切，相互联姻由来已久，《旧唐书》卷六十一《窦威（抗从父）传》末载："史臣曰：

（窦氏）仍以懿亲俱至显位，才能门第辉映数朝……赞曰：诸窦戚里，荣胜无比。"其最盛阶段在隋迄初唐。有关事迹可参看《周书》卷十六《独孤信传》、《隋书》卷三十九《窦荣定传》、《旧唐书·窦威传》、《新唐书》卷九十五《窦威传》。窦琎，贞观七年（633 年）卒，是静法寺西院木浮图之建，最迟当去琎卒年不远。

〔9〕此据小野胜年《中国隋唐长安寺院史料集成·史料篇》（京都法藏馆，1989 年）"大荐福寺"条统计，计有东院（《长安志》卷七）、净土院、菩提院、律院、西南院（《历代名画记》卷三）、圣容院（《游城南记》）、僧道者院（《太平广记》卷三四二引《乾馔子》）、翻经院（《入唐求法巡礼行记》卷三）、后院（《全唐文》卷三七六任华文）、栖白上人院（《全唐诗》卷五八九李频诗）、南院（同前卷七〇九宋禽诗）。

〔10〕此据小野书"大安国寺"条统计，计有：经院、大法师院（《历代名画记》卷三）、东禅院亦曰木塔院、圣容院、山庭院、璘公院（《酉阳杂俎续集·寺塔记上》）、律院（《宋高僧传·圆照传》）、经藏院（《宝刻丛编》卷八郑薰碑）、用上人院（《全唐诗》卷二三九钱起诗）、红楼院（前书卷四三八白居易诗）、静居法师故院（前书卷八一四无可诗）。

〔11〕除此三寺外，《长安志》卷九尚记有丰乐坊大开业寺一例："（丰乐坊）横街之北大开业寺，本隋胜光寺，文帝第二子蜀王秀所立，大业元年（605 年）徙光德坊；于此置仙都宫，即文帝别庙……贞观九年（635 年）……于此置静安宫，为高祖别庙。仪凤二年（677 年）废宫，复立为开业寺。"知此寺址原曾一再为隋唐皇室设宫，并为开国皇帝建庙之地，且《长安志》记丰乐坊横街之北只此一寺，因疑此寺面积可能即应该坊之北半部（丰乐坊位皇城之南，坊内只设东西一横街，与皇城两侧诸坊内设十字街者不同）。又《旧唐书》卷十六《穆宗纪》记："〔元和十五年（820 年）七月〕壬戌，盛饰安国、慈恩、千福、开业、章敬等寺，纵吐蕃使者观。"位开业于诸大寺之列，并纵吐蕃使者参观，可推知该寺在长安佛寺中的壮丽情况。

〔12〕开元四年（716 年）苏颋《唐长安西明寺碑》亦云："粤明（显）庆元年（656 年）仲秋癸酉，诏于京兆延康里置西明寺……先是三藏法师玄奘惟应真乎乃成果者，首冠延袤财输，往以绳度，还而墨顺，次命少监吴兴沈谦之倾水衡之藏，彻阿（河）宗之府，制而缩版，参以悬矩……揆阴阳之中，居子午之直，从倚层阁，层立殿堂……罔不珠缀窗窬，琁题照烛，琉璃洞辙（澈），菡萏纷敷，白日为之隐蔽，丹宛为之舒卷者凡一十二所……中国之庄严未有，大荒之神异所绝……"（《文苑英华》卷八五五）

〔13〕中国社会科学院考古研究所西安唐城工作队《唐长安西明寺遗址发掘简报》，刊《考古》1990 年 1 期；安家瑶《唐长安西明寺遗址的考古发现》，刊《唐研究》第六卷，2000 年。

〔14〕《七大寺巡礼私记》记："自宽仁以来（1017～1021 年）至于保延四年（1135 年）百二十余年，星霜口积，多以朽损者也。"（据大安寺史编集委员会《大安寺史·史料·寺志》转引，奈良，1984 年）

〔15〕奈良市教育委员会《史迹·大安寺旧境内发掘调查》，刊《南都大安寺论丛》，303～436 页，奈良，1996 年。

〔16〕道宣《图经》附图所绘塔的位置在前后佛殿之间，此应是按灵裕《寺诰》等记录印度祇洹寺布局的安排，参看本文图七。

〔17〕参看冈田英男《大安寺伽蓝之建筑》，刊《大安寺史·史料·发掘调查报告》。

〔18〕参看中国社会科学院考古研究所西安唐城工作队《青龙寺遗址》，刊《考古学报》1989 年 2 期；

杨鸿勋《唐长安青龙寺真言密宗殿堂复原研究》，刊《考古学报》1984年3期。

[19] 《宋高僧传》卷二十四《唐上都青龙寺法朗传》亦记此事："释法朗……诵观音明咒，神效屡彰……龙朔二年（662年）城阳公主有疾沈笃……公主乃高宗大帝同母妹也，友爱殊厚……既疾绵困，有告言朗能持秘咒，理病多疗。及召朗至，设坛持诵，信宿而安……公主奏请改寺额曰观音寺以居之。此寺本隋灵感寺，开皇三年（583年）置……至唐武德四年（621年）废，至此更题额。朗寻终于此寺焉。"

[20] 此据前引小野书"青龙寺"条统计，计有东塔院（《入唐求法巡礼行记》卷三）、西南角净土院（圆珍《行历抄》）、法全阿阇梨院（圆珍《大悲胎藏瑜伽记》卷下）、故昙上人院（《全唐诗》卷二六九耿㧑诗）、上方院（前书卷二八四李端诗）、僧院（前书卷五〇一姚合诗）。

[21] 其例如北魏太和十二年（488年）王庆建《大代宕昌公晖福寺碑》所记："太皇太后（即文成帝文明皇后冯氏）圣虑渊详，道心幽畅……绍灵鹫于溥天，摹祇桓于振旦……"（据《石交录》卷三录文）参看拙作《东汉魏晋南北朝佛寺布局初探》，刊《庆祝邓广铭教授九十华诞论文集》。又《水经注·漯水》亦记此人于平城建祇洹舍事："（平城）东郭外，太和中，阉人宕昌公钳耳庆时立祇洹舍于东皋，椽瓦梁栋台壁榍陞、尊荣圣像及床坐轩帐悉青石也……京邑帝里佛法丰盛，神图妙塔，桀跱相望，法轮东转，兹为上矣。"

[22] 引自《中天竺舍卫国祇洹寺图经》卷上。

[23] 引自《中天竺舍卫国祇洹寺图经》卷下。

[24] 引自《宋高僧传》卷十四《唐京兆西明寺道宣传》。

[25] 参看拙作《隋唐长安城和洛阳城》之"隋唐京城大兴——长安城"一节，刊《考古》1978年6期。

[26] 《宋高僧传》卷二十四《唐湖州法华寺大光传》亦记此事："释大光……生于邑之安居也……及遂出家……西游京邑……后诏住资圣寺。此寺赵国公长孙无忌宅，龙朔二年（662年）为文德皇后追福造。长安七（？）年遭火荡尽，唯于灰中得数部经不损一字，以事奏闻，百姓舍施，数日之间已盈巨万，遂再造其寺。光览此经，倍加精进。"

[27] 清禅寺自开皇三年（583年）建寺迄慧胄贞观初年（629年）卒，计四十六年。

[28] 其中千福寺，如前文所引元和中更被敕与慈恩、荐福、章敬诸大型佛寺同列为吐蕃使者观光寺院，其面积似不宜限于十六分之一坊的较窄小的范围。又吕大防《长安城图》中表示资圣寺位置的殿堂图像所占面积甚至超出了如《长安志》所记该寺所在坊（崇仁坊）东南隅的范围（参看图二），亦是值得关注的一例。

[29] 《长安志》卷十怀远坊记："大云经寺本名光明寺，隋开皇四年（584年）文帝为沙门法经所立……内有浮图东西相值。"

[30] 第四等级A、B两组寺院的面积是否可包括《两京新记》《长安志》所记全部的该小区，似亦不能完全肯定，如《两京新记》卷三记礼泉坊"西南隅三洞女官观，观北妙胜尼寺"，又如《长安志》卷八记胜业坊"街北之西修慈尼寺……寺西甘露尼寺"，可见第四等级A、B两组皆有在同一小区可见两处宗教建置之例。

[31] 即如《入唐求法巡礼行记》卷四于会昌四年（844年）七月十五日记："敕下令毁拆天下山房兰若、普通佛堂、义井村邑之斋堂，未满二百间，不入寺额者。"

唐代长安以外佛教寺院的布局与等级初稿

唐代长安以外各地佛寺资料较长安更为简略，初步辑录可试作综述者，仅获主院布局的差异和唐后期记录佛寺等级与别院情况两项。

一 佛寺主院布局概况

唐代长安以外各地寺院的文献记录远不如长安丰富，其遗迹更少考古发掘工作，但地方也别有优越条件，即各地沿袭唐建的佛寺一般不像长安寺院由于政治等原因，较频繁地被改造、重建，因可根据文字记载探讨其原始设计的概况，特别是地方佛寺的主院部分在唐三百年间的发展演变，却比长安寺院为清晰。此外，有的地区还有少数佛寺尚保留较多的早期主院布局的遗迹，甚至还有个别唐代殿堂巍然存在，敦煌、安西一带石窟壁画中不仅绘出大批佛寺主院图像，有的附绘部分别院；尽管一些遗迹和实物缺少较全面资料，图像内容、规范也颇属概括性质，但这类形象却都是长安所不具有的[1]。综合以上资料，约可依据长安以外各地寺院的主院布局区分以下五种情况。

第一种 主院内佛塔与殿堂、层阁并重，且竖塔于殿阁之前者。其例如贞观初郑州汜水等慈寺。颜师古《等慈寺塔记铭》：

（太宗）乃命克敌之处普建道场……此寺碑号等慈，境实郑州，县称汜水，班倕既集，矩𫐓斯备，式构宝坊，树兹灵塔……层阁峥嵘，修廊黯霭。（《金石萃编》卷四十二）

又如天授二年（691年）宣州大云寺，《文苑英华》卷八五五录李峤《宣州大云寺碑》：

> 天授二年乃下制，今天下诸州各置大云寺一所[2]。宣州大云寺者……内则香殿崛起，若朱鸟舒翼，冠南海之鹏云；前则涌塔化成，若皇娲振鳞，立东维之鳌柱，……穷壮丽于天巧，拟威神于帝室，故能使外道摧服，异方归向……

日僧圆仁《入唐求法巡礼行记》卷二记莱州龙兴寺云：

> 开成五年（840年）三月十五日……到莱州……出城外东南龙兴寺宿。佛殿前有十三级砖塔，基阶颓坏，周廊破落。

按各地龙兴寺皆系就武周或武周前所建旧寺，因神龙元年（705年）右补阙张景源疏请而改寺名者[3]，因知莱州龙兴寺之创建，当在武周或武周之前。此类唐代寺院已无完整实例，但其遗迹尚有踪迹可寻。贞观间（627～649年）创建的晋州大云寺和咸亨四年（673年）建舍利塔的长子法兴寺即是两处佳例。晋州州治在山西临汾。大云寺位临汾旧城西南隅，寺门之后为铁佛阁，内奉一高丈余之铁佛头。此阁系清康熙三十四年（1695年）地震后新建。震前阁的位置原竖一佛塔，《顺治平阳府志》卷十记此寺塔：

> 临汾县大云禅寺在安道坊，唐贞观中建，俗名铁佛寺，内有大铁佛，头上建浮图，突兀云汉。

长子法兴寺位县城东南三十里慈林山麓，山门后立平面方形唐舍利石塔一座，塔后为宋元丰间（1078～1085年）重修的圆果大殿。寺存释洪满《大唐故赠司徒荆州大都督兖□二州都督郑国潞州刺史上柱国郑惠王石□记》记建塔经过云：

> 王讳元懿，字□□，陇西狄道人也。曾祖太祖景皇帝，祖元皇帝，父

高祖太武皇帝，王即太武皇帝之第十三子也。往任潞州日，于此土奉为先圣造石舍利塔一所，下并有敕赐舍利骨参漆粒，造藏经三千卷……庆赞将毕，洪满亲承教旨，仍奉纶言，以勤补拙，猥当检校，恐河海倾竭，陵谷变移，谨件先皇子孙勒诸贞石……咸亨四年（673年）十月八日。（《乾隆长子县志》卷十五）

敦煌莫高窟第 332 窟系圣历元年（698 年）李君所开塔庙窟，该窟中起中心塔柱，窟后壁雕造涅槃大像。原竖窟内之《李君莫高窟佛龛碑》云：

后记涅槃之变，中浮宝刹，匝四面以环通……粤以圣历元年五月四日修葺功毕，设供塔前。

塔前即中心塔柱之前，是此窟亦前塔后殿之佛寺也（图一）[4]。

又敦煌莫高窟唐代洞窟壁画中有寺门后即画佛塔的寺院布局，如中唐兴建的第 361 窟。该窟南壁阿弥陀经变和北壁药师经变中所表现的佛寺，皆为周绕回廊，回廊南面正中建三门楼，门楼之后两侧各设二层阁，庭院中部偏后建顶设覆钵、相轮的二层木塔一座。阿弥陀经变中寺院的右侧二层阁上层悬钟，塔平面作方形（图二）。药师经变中寺院的钟却悬在前左隅角楼的上层，佛塔平面似作六角形。额柱皆具曲线，造型较为特殊。

敦煌所出五代写卷《五台山巡礼行记》（P.4648）[5] 记太原净明寺云：

三月十七日巡游诸寺，在河东城内……入净明寺，有真身舍利塔。

疑亦属此类前塔后殿的寺院。

第二种 主院前两侧建双塔。其例如

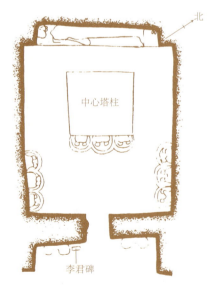

图一　敦煌莫高窟第 332 窟平面示意
（采自《中国石窟寺研究》，第 269 页图 1）

唐代长安以外佛教寺院的布局与等级初稿　345

图二　敦煌莫高窟第361窟南壁阿弥陀经变中的佛寺背景
（采自萧默《敦煌建筑研究》图37，文物出版社，1989年）

《入唐求法巡礼行记》卷二所记麟德二年（665年）建登州法云寺：

> 开成五年（840年）二月二十八日……到（登州）台村法云寺宿，知馆人了事。台馆本是佛寺，向后为馆……馆前有二塔，一高二丈，五层，镌石构作；一高一丈，铸铁作之，有七层。其碑文云"王行则者奉敕征伐东藩没落，同船一百余人俱被贼擒，送之倭国，一身逃窜，有迁还归。麟德二年九月十五日造此宝塔"云云。

又如杭州开元寺于开元二十六年（738年）竖双塔，见《文苑英华》卷八六〇李华《杭州开元寺新塔碑》：

杭州开元寺，梁天监四年（505年）豫州刺史谯郡戴朔舍宅为寺，寺号方兴，名僧惠圜营建之。后处士戴玄、范宾恭增饰之。至开元二十六年改为开元寺[6]，庭基坦方，双塔树起。日月逝矣，材朽将倾。广德三年（765年）三月，西塔坏，凶荒之后，人愿莫展，太常卿兼杭州刺史张公伯仪……乃舍清白之俸，为君为亲修而复之……

天宝十四载（755年）、乾元元年（758年），幽州悯忠寺又起二石塔，见《永乐大典》卷四六五〇[7]《顺天府》七引《元一统志》：

大悯忠寺在旧城，有杰阁奉白衣观音大像。二石塔对峙于前……玄宗天宝十四年安禄山建塔于东南隅，肃宗乾元元年史思明于西南隅对立一塔。

其后，《文苑英华》卷八六三封演《魏州开元寺新建三门楼碑》记大历九年（774年）田承嗣于魏州开元寺起塔二所分藏舍利：

开国田公之在魏也，勤四封之人而抚之，阅亡军之灾而补之，戎务之闲诠于僧曰，彼道场胜地……台观有素其可阙乎……既立三门，镇之层楼，又像双阙，校之连阁……寺自神龙（705～707年）至于宝应（762～763年），五十有七年而遇焚毁，自宝应以至于兹，十有三年而复旧物……公顷曾入寺虔恭作礼，有舍利两粒降其瓶，……遂于寺内起塔二所而分葬焉。

此外，潞州开元寺和延庆禅院皆竖二塔，见敦煌五代写卷《五台山巡礼行记》（P.4648）：

二月十一日入（潞府）城，十二日……乃礼开元寺内二塔……延庆禅（院）有二塔……

《永乐大典》卷四六五〇《顺天府》卷七引《元一统志》记幽州延寿寺双塔建于大中（847～860年）灾后：

大延寿寺在旧城悯忠阁之东……唐为龙兴，灾于太和（827～835年），又灾于大中（847～860年），节度使张信伸奏立精舍并东西浮图，曰殊胜，曰永昌。赐寺额曰延寿。

是寺院主院建双塔，大中复法之后仍在长安以外的地方佛寺流行，故咸亨中（670～674年）文偶禅师于福建泉州开元寺大殿之前东侧兴建九级木塔，直到五代贞明二年（916年）始补建西侧木塔。至于现存的二石塔系南宋时于两木塔原址所改建者[8]。

第三种 主院中部建高阁为其特点。此种约始于长安光明寺，武周时改寺名为大云经寺，寺当中建七宝台[9]。七宝台以其高显因又名塔[10]，其所处位置疑亦是原建塔之地，故景云二年（711年）刘彦《凉州卫大云寺古刹功德碑》记凉州大云寺建置重阁当阳：

大云者……本名宏藏寺，后改为大云，因则天大圣皇妃临朝之日，创诸州州各置大云……当阳有花楼重阁，院有三门、回廊……[11]（《金石萃编》卷六十九）

可能由于武周大云寺之提倡，盛唐以降原竖塔的位置建构高阁的做法风行一时。敦煌莫高窟自盛唐石窟起，以整体佛寺作背景的壁画，多于佛寺正中画重阁，如第217窟北壁观无量寿经变（盛唐）（图三）、第231窟北壁弥勒经变（中唐）、第146窟北壁药师经变以及第51窟西壁五台山图中的大清凉寺和万菩萨楼等（五代）（图四）。敦煌所出五代写卷多记太原、五台此类寺院，《五台山巡礼行记》（P.4648）：

三月十七日巡礼诸寺，在河东城内第一礼崇福寺，入得寺门有五层乾元长寿阁，又入大中寺，入得寺门有大阁，有铁佛一尊。

另一《五台山行记》（S.0397）[12]记：

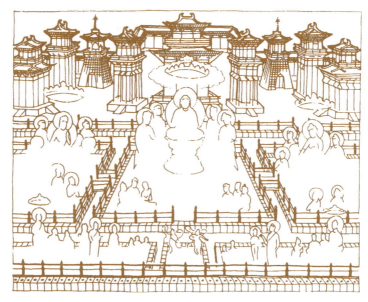

图三 敦煌莫高窟第217窟北壁观无量寿经变中的佛寺背景
（采自《敦煌建筑研究》图29）

图四 敦煌莫高窟第51窟西壁五台山图的万菩萨楼
（采自《敦煌建筑研究》图34）

（太原大安）寺前有五凤楼、九间大殿、九间讲堂……又到（五台）佛光寺四十里宿，二十七日夜见圣灯，一十八遍观。兼（建）有大佛殿七间，中间三尊两面文殊普贤菩萨。弥勒阁三层七间，七十二贤、万菩萨、十六罗汉。

《宋高僧传》卷二十七《唐五台山佛光寺法兴传》并记有阁的高度：

释法兴洛京人也……来寻圣迹，乐止甘泉，隶名佛光寺……即修功德，建三层七间弥勒大阁，高九十五尺，尊像七十二位圣贤、八大龙王，罄从严饰……大和二年（828年）春正月，闻空有声云入灭时至兜率天众今来迎导，于是洗浴梵（焚）香，端坐入灭。

两处所记五台山佛光寺主院情况，尚可与现存佛光寺建置及其遗迹相对照。寺主院现存最后高台上大中九年（855年）九月至十年（856年）十月郑涓任河东节度使时所建阔七间深四间的佛殿，即《行记》内奉"中间三尊两面文殊普贤菩萨"之"大佛殿七间"；"弥勒阁三层七间"现已无存，但方形基址遗迹尚存，位于今佛殿耸高砌阶之前、金代重建的文殊殿左上方；阁址前清末兴建的韦陀殿，应是原寺门位置（图五）[13]。

第四种 佛塔在寺院逐渐退出重要位置。从长安以外的资料观察：（一）塔或建于殿后，如敦煌西千佛洞第15窟中唐所绘西壁阿弥陀经变壁画中表现的佛寺（图六），在佛殿后方绘出单檐木塔一座；与塔有关、位于殿前的层阁，莫高窟盛唐壁画中亦有绘于殿后者，如第91窟南壁观无量寿经变所表现的寺院，在方形佛殿之后，起二层木构高阁。《宋高僧传》卷十六《后唐东京相国寺贞峻传》记大顺二年（891年）汴州相国寺主院遇灾情况：

当大顺二年，灾（汴州）相国寺重楼三门、七宝佛殿、排云宝阁、文殊殿里廊，计四百余间，都为煨烬。

所记主院建置，系自前向后的叙述，排云宝阁列于佛殿之后。该阁建年见《宋

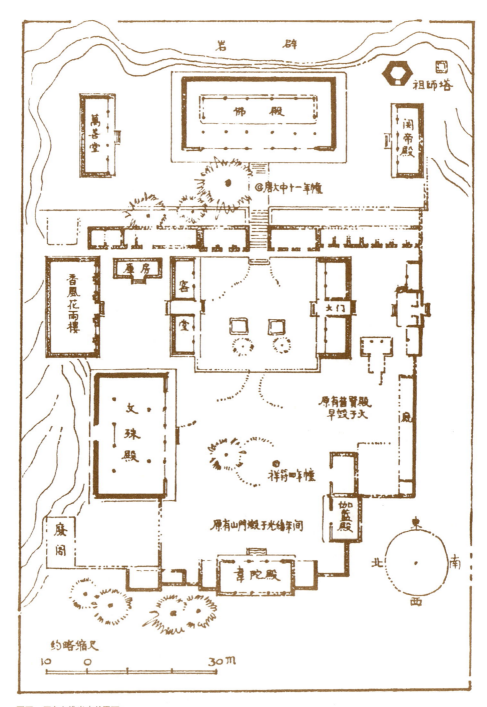

图五　五台山佛光寺总平面
(采自《梁思成文集》二，第181页，插图1，中国建筑工业出版社，1984年)

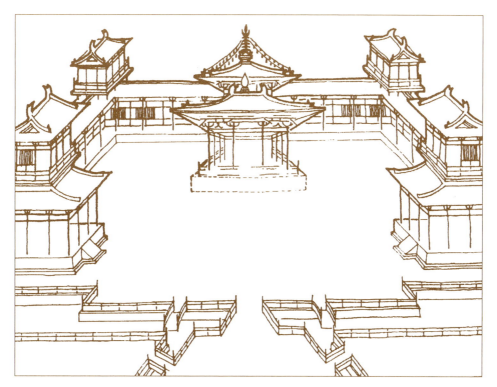

图六　敦煌西千佛洞第 15 窟西壁阿弥陀经变中的佛寺背景
（采自《敦煌建筑研究》图 38）

高僧传》卷二十六《唐今东京相国寺慧云传》：

> 睿宗潜符梦现，有敕改（汴州）建国（寺）之榜为相国（寺），盖取诸帝由相王龙飞故也……玄宗即位……上皇御书寺额……天宝四载（745年）造大阁，号排云。

殿后建高阁，此是较早的文献记录。

（二）塔或建于别院，如凉州大云寺，见前引景云二年（711年）《凉州卫大云寺古刹功德碑》：

> 大云寺……花楼院有七层木浮图……高一百八十尺，层列周围二十八间，面列四户八窗一一相似。

又如《益州名画录》卷中记福感寺有塔院。《宋高僧传》卷七《唐绛州龙兴寺木塔院玄约传》记绛州龙兴寺有木塔院。

（三）原位主殿前之东西塔独立成塔院。如汴州相国寺有东西塔院，《宋高僧传》卷七《梁东京相国寺归屿传》记梁后主时，东塔院奉御容，并为长讲院：

> 先梁后主与屿总角同学庠序……其年独赐屿紫衣，仍号演法大师，两街威仪迎导至（相国）寺，兼敕东塔御容院为长讲院。

同书卷二十六《唐今东京相国寺慧云传》记此东塔始建于至德中：

> （汴州）相国寺……肃宗至德年中（756～758 年）造东塔号普满者，至代宗大历十年（775 年）毕功[14]。

同书卷七《后唐东京相国寺贞诲传》又记西塔院有法华经堂：

> 唐天祐元年（904 年）至今东京相国寺寓舍，（诲）讲导法华经十许遍，人未归重，则知奇货之售亦有时焉。及梁氏都于是京，人物委输。贞明二年（916 年）会宋州帅孔公仰诲风规，知其道行，便陈师友之礼，舍俸财，置长讲法华经堂于西塔院，从此翕然盛集。

两塔院内或建经堂，或奉御容，又皆可为长讲佛经之所，因知此两塔院俱不在主

图七　敦煌莫高窟第 85 窟窟顶西坡弥勒经变中的佛寺背景
（采自《敦煌建筑研究》图 46）

院之内。此外，敦煌莫高窟晚唐第 85 窟，窟顶西坡弥勒经变壁画中的佛寺画出主院与左右院，右院正中画层阁，左院中庭绘单层佛塔。不知壁画中右院层阁与佛塔有无关系（图七）。又《入唐求法巡礼行记》卷一记扬州开元寺有东塔院。与东塔院相对似应有西院的安排，唯不知西院的主要建筑是否亦是浮图？抑或是包括层阁的其他建置。

第五种 不兴建装藏舍利和供奉佛像的佛塔的寺院。此类寺院就文献统计，似以东都敬爱寺较早，规模也较大。《唐会要》卷四十八《议释教下》记此寺云：

> 敬爱寺，怀仁坊，显庆二年（657 年）孝敬在东宫为高宗、武太后立之，以敬爱为名，制度与西明寺同。天授二年（691 年）改名为佛授记寺，其后又改为敬爱寺。

《历代名画记》卷三曾详细记录该寺："彦远游西（东）京寺观不得遍，唯敬爱寺得细探讨，故为详备。"其记该寺建置有三门、中门、门楼、佛殿（大殿）、讲堂、东禅院、西禅院、纱（？）廊、山亭院等，确较详备并详细各处壁画雕塑和部分供奉器，唯无一语描述佛塔，知"制度与西明寺同"者并非虚语[15]。此外，经会昌毁佛（845 年）[16]大中复法（847 年）以后，州县诸寺被描述于僧传和见诸碑记者，大多记载殿堂廊房，不及浮图，如记录越州开元寺，《宋高僧传》卷二十七《唐会稽吕后山文质传》云：

> （质）隐乐成县大芙蓉山，胎息而已。大中重兴，（越州）太守韦君累请不来，强置于榻舁出州开元寺居。檀施骈阗，回造大佛殿并讲堂房廊、形象，并写藏教无不备焉。

又如彭州九陇县龙兴寺，见《文苑英华》卷八六八陈会《彭州九陇县再建龙兴寺碑》：

> 厥初寺号大定，天授二年（691 年）为大云，我唐开元中诏号龙兴。会昌

五年（845年）废为田地。僧俄中像示灭，钟声绝耳，楼台为薪……未经岁，我皇驭九土，怀八荒……复诏天下，使率土郡府各复大寺……彭为郡得复寺之二焉。二之数龙兴居一……啸良工、度贞木，缭以周墙七百余尺，亘以备廊间百十四，然后中堂云构，三门洞开，俨八臂之瑞容，艳丈六之金质……固不可一一言之也。

又如宣州新兴寺，见《文苑英华》卷八六八卢肇《宣州新兴寺碑》：

宣城新兴寺者，会昌四年（844年）既毁，大中二祀（848年）故相国太尉裴公（休）之所立也……轮奂博敞，盖江南之首出也……构殿立门，有轩有庑……善集檀施备修房廊……而太尉所立有殿内千佛，有地藏院，有上方石盆院……

上述诸寺不录佛塔的记载，疑非偶然遗落，盖其时大小寺院兴建浮图之风已渐衰微，故现存盛唐以降佛寺及其遗迹多有不见佛塔及佛塔之遗址者。前者如建中三年（782年）所建五台山南禅寺[17]，后者如辽金时代沿袭唐云州开元寺旧址修建的西京大普恩寺，即今山西大同城内俗称南寺之善化寺（图八）[18]。

二　佛寺等级与别院的记录

有关长安以外寺院等级的纪事，似以圆仁《入唐求法巡礼行记》卷一于承和五年（唐开成三年，838年）十二月八日滞扬州记开元寺设斋列席，每席僧数按寺大中小分三级为最早：

五百众僧于廊下吃饭，随寺大小届僧多少：大寺卅，中寺廿五，小寺二十，皆各座一处长列。

此与《佛祖统记》卷二十四著录会昌五年（845年）敕文相符：

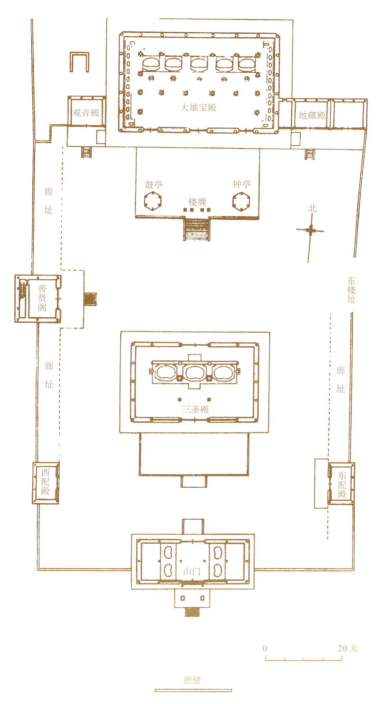

图八 大同善化寺平面
（采自梁思成、刘敦桢《大同古建筑调查报告》图版15）

（会昌五年）五月敕，天下州郡各留一寺，上寺二十人，中寺十人，下寺五人。

敦煌莫高窟藏经洞所出五代写卷《诸山圣迹志》（S.0592b）[19] 记太原、定州、镇州等地寺院亦分三等：

从此（五台山）南行五百里至太原，都城四十里。大寺一十五所，大禅（院）十所，小院百余；僧尼二万余人。

定州……其城周围二十八里，罗城四十里，大寺五所，禅院八所，小院四十所；僧尼二千余人。

镇州……其城周四十里。大寺二十三所，大禅院三十六所，小院五十七所；僧尼七千余人。

《诸山圣迹志》（S.0592b）又记：

抱腹山在太原（西南）三百里。大寺十所，兰若三十余所；僧尼三百余人。

（从盘山）南行三百里至幽州……周围五十里。大寺一十八所，禅院五十余所，僧尼一万余人。

《五台山巡礼行记》（P.4648）记潞州府有寺、有禅院：

二月十一日入（潞府）城。十二日……巡礼开元寺内二塔，龙兴寺有塔，广济禅院、延庆禅（院）有二塔……

《益州名画录》除记成都诸寺外，亦多记禅院[20]。因此，似可估计圆仁《行记》和会昌五年（845年）敕中的中寺、小寺，可能如敦煌经卷著录的无寺额属民间私建的所谓兰若、禅院，而有异于《两京新记》《长安志》所记录唐长安各坊内面积大小不同的佛教寺院。

《入唐求法巡礼行记》卷四于会昌四年（844年）七月十五日又记有关外州

大寺与长安寺院相比的记录：

　　　　长安城里坊内佛堂三百余所，佛像、经楼等庄严如法，尽是名工所作。一个佛堂院敌外州大寺。准敕并除罄尽。诸道天下佛堂院等不知其数。

"一个佛堂院敌外州大寺"，实际即是指外州大寺的设置，只有如长安寺院的主院，此应是一般概括的词句[21]，或是指长安佛寺主院宽阔的面积而言；其实圆仁《行记》记外州和佛教圣地的寺院设有别院之例甚多，如卷一记扬州开元寺有定闲院、观音院；龙兴寺有法华院、东塔院；惠照寺有禅林院；卷二记文登县惠海寺有极乐阁梨院；长山县醴泉寺有新罗院；五台山"竹林寺有六院，律院（贞元戒律院）、库院、花严院、法花院、阁院、佛殿院"；大花严寺有涅槃院、般若院、菩萨堂院、善住阁院、库院等十五院；卷三记金阁寺有坚固菩萨院，灵境寺有浴室院，"到法华寺……巡礼诸院，次入法华院"，真如大业寺有律大德院，玉花寺有求雨院等。

佛寺别院之设，应源于东晋以降信奉之者增多，乾封二年（667年）道宣撰《关中创立戒坛图经》多竖别院，亦是长安佛寺盛建别院之反映。长安之外东都洛阳、北京太原寺院亦多有别院之记录，如前引《历代名画记》卷三记东都敬爱寺有西禅院、东禅院、山亭院，又记龙兴寺有西禅院，慈圣寺有西北禅院；会昌后复法，《元河南志》[22]卷一更记洛阳晚唐五代时多建禅院[23]与寺院附建小院（或诸院）事迹，后者如记殖业坊卫国寺"光化中（898~901年）复建，有小院十一"，毓材坊安国寺"会昌中废，后复葺之，改为僧居，诸院牡丹特盛"，同坊大云寺"后唐同光二年（924年）重建，今小院七"，赐福坊"贞观九年（635年）建景福寺，武后改天女，会昌中废，后唐同光二年重建，今有小院二十九"。太原佛寺附建别院者有崇福寺，见《宋高僧传》卷七《大宋并州崇福寺佛山院继伦传》，记该寺有佛山院；同书卷二十四《周太原府崇福寺慧警传》记有九子母院；同书卷二十六《唐太原府崇福寺怀玉传》记有净土院；永和寺，亦见《宋高僧传》，该书卷二十三《晋太原永和三学院息尘传》记永和（寺）有三学院；大安寺见《五台山行记》（S.0397）记大安寺有大悲院、弥勒院、经藏院、文殊院、门楼院、三学院、药（师）院。东都、北京之外，各地寺院建有别院者，除前引圆仁《行记》所列诸处，仅就仓促检及者，得汴、潞、绛、凉、润、宣、永、益八州寺例和补记五台事例如下。汴州寺例见前引《宋高僧传》卷七《归屿传》"朱梁后主……敕（相国寺）东塔御容院为长讲院"和同书卷《贞诲传》记相同寺于"（梁）贞明二年（916年）……置长讲法华经堂于西塔院"。潞州寺例见《五台山巡礼行记》（P.4648）："二月十一日入（潞府）城，十二日参使，延唐寺常住院安置。"绛州寺例见前引《宋高僧传》卷七《玄约传》著录之绛州龙兴寺木塔院。凉州寺例见前引《凉州卫大云寺古刹功德碑》所记之花楼院。润州寺例见《历代名画记》卷三记李德裕于浙西"创立甘露寺……置张僧繇（绘）神在禅院三圣堂外壁"。宣州寺例见前引卢肇《宣州新兴寺碑》所记大中二年（848年）裴休于该寺兴建的地藏院和上方石盆院。永州寺例见《佛祖统记》卷四十九著录之柳宗元《（永州）龙兴寺净土院记》。益州寺例见《益州名画录》，卷上记圣寿寺大悲院、浴室院，宝历寺水陆院；卷中记圣兴寺新禅院、福盛寺塔院；卷下记净众寺延寿禅院。益州最大的寺院是大圣慈寺，《佛祖统记》卷四十记："至德元载（756年）……上皇驻跸成都……御书大圣慈寺额，赐田一千亩……凡九十六院，八千五百区。"但《益州名画录》叙及该寺诸院名仅得二十一项[24]；其中部分别院附记院内建置，如三学院有大厅（卷下）、真堂（卷中）、经堂（楼）（卷中）、罗汉堂（阁）（卷中），石经院有后殿（卷中），六祖院有罗汉堂（卷下），药师院有师堂（卷上）等，则是研讨别院规制的参考资料。有关五台佛寺别院的记录，除圆仁所记外，《五台山行记》（S.0397）尚记佛光寺有"常住院，大楼五间，上层是经藏，于下安众……房廊殿宇更有数院"。《宋高僧传》卷二十一《唐五台山竹林寺法照传》记大圣竹林寺有诸菩萨院，华严寺有华严院、般若院；又记法照于佛光寺感灵异事：

> 法照……大历二年（767年）栖止衡州云峰寺，勤修不懈，于僧堂内粥钵中忽睹五彩祥云，云中现山寺，寺之东北五十里已来有山……入可五里有寺，金榜题云大圣竹林寺……他日斋时，还于钵中五色云内现其五台诸寺……四年（769年）……八月十三日，于南岳与同志数人惠然肯来……五年（770年）四月五日到五台县，遥见佛光寺南数道白光。六日到佛光寺，果如钵中所见，略无差脱。其夜四更，见一道光从北山下来射照……寻光至

寺东北五十里间果有山……向北行五里已来见一金门楼……题曰大圣竹林寺，一如钵中所见者，方圆可二十里，一百二十院，皆有宝塔庄严……自后照又依所见化竹林寺题额处，建寺一区，庄严精丽，便号竹林焉[25]。

《广清凉传》卷中记《道义和尚入化金阁寺》云：

释义禅师……唐开元二十四年（736年）四月二十三日远自江表，与杭州僧普宁同游至台山清凉寺粥院安止……（自中台）向东北行二三百步，举目见……金阁寺三门楼阁，金色晃曜夺目，大阁三间，上下九间，睹之惊异……遂入寺庭，堂殿廊庑皆金宝间饰……童子引义入东厢，从南第一院登门——送阿师游十二院……至大食堂前，多有僧侣，或禅或律，或坐或行……十二院题额各异：东廊六院，大圣（文殊）菩萨院、观音菩萨院、药王菩萨院、虚空藏菩萨院、大慧菩萨院、龙藂菩萨院；西廊六院，普贤菩萨院、大势至菩萨院、药上菩萨院、地藏菩萨院、金刚菩萨院、马鸣菩萨院，义巡谒毕，老僧遣义早归……出寺百步回顾已失所在，但空山乔木而已，方知化寺，遂回长安。大历元年（766年）列其上事闻奏太（代）宗皇帝，帝下敕建置，诏十节度使照修创焉。

以上化竹林、金阁两寺，虽涉虚渺，但可推知五台佛寺附有众多别院的情况。化金阁寺十二院的布置，表现了玄宗以后佛寺内紧邻主院两侧别院的具体内容——供奉诸胁侍菩萨，与初唐如道宣《戒坛图经》附图相较有了差异。五台不仅寺院多设别院，《广清凉传》卷中《神英和尚入化法华院》还记有不附寺院单独建置的佛院：

唐开元四年（716年）夏六月中旬到山……独游西林，忽睹精舍，额题法华之院。神英直入巡礼，俄见多宝佛塔一座，四门……次后有护国仁王楼五间，上有玉石文殊、普贤像并及部从，前三门一十三间，里门两掖有行官道场……心疑化境，遂出东行……回首视之，略无所见。……即于化院之地，结庵而止，发大誓愿，我当如化院建置伽蓝。居之岁余，归依者众……院成毕功，费盈百万，题号法华之院，和尚因即住持……

此类单独佛院应与兰若近似，《广清凉传》卷下《高德僧事迹》记："取性道者……居取性院，即今王子寺东北兰若，改名为北福胜院。"圆仁《行记》兼记宿地，因多有这类佛院的记录，如卷一记扬州有嵩山院，宝应有法华院，楚州有崔家禅院；卷二记文登县有南山法空阇梨院、赤山法华院、新罗院、真庄村天门院，青州新罗院，镇州金沙禅院，行唐县西禅院等；卷三记孝义县涅槃院等，其记五台山一带更多普通院，并谓普通院或称兰若，如卷二记北台有宋谷兰若，同卷圆仁于开成五年（840）四月十八日记"向西北望见中台……此即清凉山金色世界，文殊师利现在利化，便入停点普通院，礼拜文殊师利菩萨像，因见西亭壁上题云'日本国内供奉翻经大德灵仙元和十五年（820年）九月十五日到此兰若'云云"[26]。《行记》卷三记：东台有供养院、上米普通院；"（南）台顶向南下，行十七里许，于谷内有一院，屋舍破落，无人，名为七佛教诫院"，"（日僧）灵仙三藏先曾多在铁懃兰若及七佛教诫院，院额题云：八地超兰若"；南台西南忻州胡村、宋村、石岭、大于、白杨、古城等镇村皆有普通院；同卷又记自五台南趋长安经过的龙门县有与兰若类似的招提院等。

长安以外佛寺多建别院和无寺额独立的佛院、兰若、招提和普通院较普遍的兴建，应可清晰地反映出 8 世纪后期以来中国佛教日益向民间扩展的总的趋势。

注释

〔1〕 敦煌莫高窟、安西榆林窟中绘出规模较大的以佛寺为背景的图像，都不应是本地寺院的写真，其粉本大抵来自中原，甚至直接或间接源于两京；但无较大面积的考古发现和尚未看到详细寺院文献记录之前，上述估计还只能视作有可能的推断。

〔2〕《唐会要》卷四十八《议释教下》："天授元年十月二十九日，两京及天下诸州各置大云寺一所。至开元二十六年六月一日，并改为开元寺。"

〔3〕《唐会要》卷四十八《议释教下》："龙兴寺，宁仁坊，贞观七年（633年）立为众香寺，至神龙元年（705年）二月改为中兴寺。右补阙张景源上疏曰：'伏见天下诸州，各置一大唐中兴寺观，固以式标昌运，光赞鸿名，窃有未安……夫言中兴者，中有阻间不承庆历，既奉成周之业，实扬先圣之资，君亲临之厚莫之重，中兴立号未益前规，以臣愚见……请除中兴之字，直以唐龙兴为名，庶望前后君亲，俱承正统，周唐宝历共叶神聪。'上纳之，因降敕曰：'……自今已后不得言中兴之号，其天下大唐中兴寺观，宜改为龙兴寺观……'"

〔4〕 参看拙作《武周圣历李君莫高窟佛龛碑合校》，刊《中国石窟寺研究》，文物出版社，1996年。

〔5〕 P.4648，佚名，王重民先生《伯希和劫经录》拟《旅行日记（盖是往礼五台山者）》，见《敦煌遗书总目索引》，商务印书馆，1962年。

〔6〕 参看注〔2〕。

〔7〕 《永乐大典·顺天府》卷七至十四，已于1983年标题《顺天府志》由北京大学出版社影印刊世。关于该书的发现可参看拙作《居庸关过街塔考稿》注释5，刊《藏传佛教寺院考古》，文物出版社，1996年。

〔8〕 参看《乾隆泉州府志》卷十六所录明蒋德璟《（开元寺）双塔记略》。

〔9〕 《长安志》卷十：" (怀远坊) 东南隅大云经寺，本名光明寺……武太后初，此寺沙门宣政进《大云经》，经中有女主之符，因改为大云经寺。遂令天下每州置大云经寺。此寺当中宝阁，崇百尺，时人谓之七宝台。"

〔10〕 《长安志》卷八：" (光宅坊) 横街之北光宅寺，仪凤二年（677年）望气者言：此坊有兴气。敕令掘得石函，函内有佛舍利骨万余粒，遂立光宅寺。武太后始置七宝台，因改寺额焉。《酉阳杂俎》曰：宝台甚显，登之四极眼界……丞相韦处厚自居内庭至相位，每归辄至此塔焚香瞻礼。"

〔11〕 《萃编》录此碑，题《凉州卫大云寺古刹功德碑》，其下即列"前颍修文阁学士刘秀撰""朝行郎凉州神鸟县主簿夏侯湛篆额"各一行，不及书人。凉州卫系明初改元西凉州置，清雍正初升凉州府，故《萃编》录文后，王昶按语云"碑系重刊"，并云："（多）为字，恐前'前颍'、'朝行'及不列书人，亦皆脱误也。"

〔12〕 S.0397，佚名。此据刘铭恕先生《斯坦因劫经录》拟名，见《敦煌遗书总目索引》。

〔13〕 参看梁思成《记五台山佛光寺的建筑》，刊《中国营造学社汇刊》七卷1、2期，1944年。

〔14〕 《事物纪原》卷七引《宋会要》："（相国寺）东塔曰普满，唐至德二载（757年）建。"

〔15〕 完全以佛殿为重心，不建置浮图的寺院布局，最早之例为显庆初高宗为孝敬太子李弘病愈于京城长安立西明寺和李弘又为高宗武后立"制度与西明寺同"的敬爱寺于东都洛阳。此皇室连续于两京兴建同一规制的两座佛寺的措施，似应视为其前不久，即永徽三年（652年）高宗敕令长安慈恩寺"于端门之阳造石浮图"的计划，易为砖砌并"仍改就西院"的做法，更进一步转变印度佛寺主院的安排；但此新设计显然受到较大的抵制。"西明寺初就，诏充上座"（《宋高僧传》卷十四《唐京兆西明寺道宣传》）的道宣的活动值得关注：道宣于乾封二年（667年）二月之前"撰《祇园图》上下两卷"（《关中创立戒坛图经》）；同年二月又据《祇园图》等撰《关中创立戒坛图经》，两书皆记佛寺主院中轴线上布置浮图。其后，长安又有对慈恩、西明两寺仿效祇洹之误导记录；《宋高僧传》卷三《唐洛京天竺寺宝思惟传》记："释阿儞真那，华言宝思惟……以天后长寿二年（693年）届于洛都……后于龙门山请置寺，制度皆依西域，因名天竺焉。"或许即是抵制当时改变佛寺主要布局之一实例。

〔16〕 《唐会要》卷四十七《议释教上》录："会昌五年（845年）八月制：……两京城阙僧徒日广，佛寺日崇，劳人力于木土之功，夺人利为金宝之饰……今天下僧尼不可胜数……寺宇招提莫知纪极，皆云构藻饰，僭拟宫殿……弊之可革，断在不疑……其天下所拆寺四千六百余所，还俗僧尼二十六万余人，收充两税户，拆招提兰若四万余所，收寺腴上田四千万顷，收奴婢为两税户十五万人……驱游惰不业之徒已逾千万，废丹艧无用之居何啻亿千……"当时实际情况，从圆仁《行记》卷四记会昌五年（845年）六月二十二日"到泗州……泗州普光王寺是天下著名之处……寺里寂寥，无人往来，州司准敕，欲拟毁拆"；六月二十三日"渡淮到煦眙县……有翰林学士贬下为外州司马，因相见云：五月二十九日离长安，在城之时，城中僧尼还俗已尽……诸寺见下手毁拆，章敬、青龙、安国三寺通为内园"；六月二十八日"到扬州，见城里僧尼正裹头，递归本

贯，拟拆寺舍"；八月十六日"到登州方始见海。登州者，大唐东北地极也。枕乎北海，临海立州，州城去海一二许里，虽是边地，条流僧尼毁拆寺舍，禁经毁像，收捡寺物，其京城无异"，可知废除佛教涉及地区之广和措施打击之严厉。

〔17〕参看祁英涛《南禅寺大殿修复》，刊《文物》1980年11期。

〔18〕参看梁思成、刘敦桢《大同古建筑调查报告》三《善化寺》，刊《中国营造学社汇刊》四卷3、4合期，1933年。善化寺的范围，除主院外，迄今还保存了主院左右侧原建别院的大部分面积，可供研讨唐代州级开元寺遗迹的参考。

〔19〕S.0592b，佚名。此据刘铭恕先生《斯坦因劫经录》拟名，见《敦煌遗书总目索引》。

〔20〕《益州名画录》所记禅院，如卷上有福庆禅院，卷中有新都乾明禅院、汉州崇教禅院。

〔21〕《五台山巡礼行记》（P.4648）："七日……至泽州开元寺主院内宿。"主院应是奉佛的所在，寓客于此，似可推测该寺只一主院无别院建置，或即如圆仁所述长安"一个佛堂院（主院）敌外州大寺"的实例。

〔22〕《藕香零拾》所收《元河南志》据缪荃孙跋云："《河南志》抄本一巨帙，无卷数，用《全唐文》格子，封面题《河南志》，识是徐星伯先生手笔，城池宫阙自周至唐悉具，知是宋次道《河南志》之首册，而星伯先生修《全唐文》时所录者……开卷即云河南府路罗城，方知《大典》所录为《元河南志》，而仍是宋原文，至述元时寥寥数语，必是星伯先生止录宋记，元代事则置之耳。唐朝最详，《东京城坊考》全取于此。"但取缪刻《元河南志》与《长安志》、《两京新记》卷三残帙对比观察，《元河南志》显然比《长安志》承袭《新记》内容为简略；亦与司马光《河南志序》所记"唐丽正殿直学士韦述为《两京记》，近故龙图阁直学士宋敏求，字正道，演之为《河南长安志》，凡其废兴迁徙，及宫室城郭、坊市第舍、县城乡里、山川津梁、亭驿庙寺陵墓之名数，与古先之遗迹，人物以俊秀，守令之良能，花卉之殊尤，靡不备载，考诸《韦记》其详不啻十余倍，开编粲然，如指诸掌，真博物之书也"（《增广司马温公全集》卷九十六）不符。其具体情况，如《元河南志》叙述坊里并不重视坊内的布局，而只着重于衙署、名人第舍的记录，并于定鼎街东宜人坊下记"菏泽寺详见寺类"，因此可知《元河南志》著录某处建置在坊内的位置文字大部缺漏和寺院内容亦极稀少等，均可说明《元河南志》与《长安志》庚续《韦记》的体例不同。此类改变与徐松抄录《大典》文献和《永乐大典》征引书籍的做法有异，因疑出自续修《宋志》的元人手笔。又缪刻《元河南志》卷一"（定鼎）街东凡六坊，从南第一明教坊"下记："凡坊内有韦述所记著隋唐旧迹存者大书之，改易者附见其下，湮灭者注于坊名之下，韦述记后唐事及五代后事虽毁废皆大书之，所以续旧志之阙。"疑为宋次道《河南志》原文。本文下面引录《元河南志》的资料，即以为准，盖五代事迹续接晚唐，宗教类的建置应与其前不久的事态关联密切也。

〔23〕《元河南志》卷一记洛阳晚唐五代时禅院甚多，如归仁坊香林禅院、立德坊立德禅院、广福院、寿安禅院、净众禅院、道义坊应圣禅院、道政坊法会禅院、保寿禅院、集福禅院、永福坊奉慈禅院、思恭坊普庆禅院、归义坊福胜禅院、太平禅院、智度禅院、履顺坊天胜禅院、安化禅院、进德坊应福禅院、景行坊应天禅院、邻德坊延庆禅院、普安禅院、殖业坊法寿禅院等。此外《酉阳杂俎续集》卷二《支诺皋中》记："东都龙门……天宝中（742～756年），北宗雅禅师于此处建兰若，庭中多古桐……"此北宗雅禅师所建之兰若，似与上述之禅院相类。

〔24〕《益州名画录》记大圣慈寺的别院，卷上有药师院、石经院、大悲院、三学延祥之院、竹溪院、

崇福禅院、崇真禅院、三学院、极乐院、兴善院、中和院；卷中有灌顶院、炽盛光院、观音院、六祖院；卷下有精思院、玄宗御容院、潇湘院、方丈院、多利心院、经楼院等。

[25]《广清凉传》卷中《法照和尚入化竹林寺》记此事较详，可参看。《广清凉传》，五台华严僧延一撰就于嘉祐五年（1060年），晚于太平兴国七年赞宁奉敕修的《宋高僧传》七十余年。

[26] 此类单独佛院较早的文献涉及甚少，灵仙称停点普通院为兰若，可知会昌废佛前两者已可通用，故《广清凉传》卷中《法照和尚入化竹林寺》有"于五台山十寺、普通兰若，设万僧供"，将五台山十处大寺与五台山的普通兰若明确分开记载。

本文初稿写就于 1997 年，最后一次修订于 2007 年 11 月

武威天梯山早期石窟参观记

1994年5月，应甘肃省文物局之邀去河西，想看一看武威天梯山和肃南马蹄寺千佛洞、金塔寺三处早期石窟。十多年前，我写《凉州石窟遗迹和"凉州模式"》[1]时，只是根据50年代史岩先生发表的记录[2]和60年代甘肃同仁们的调查文章[3]，略作排比，自己并没有亲临现场。这次参观总算是完成了多年想看一看的心愿。调查的时间很短，三个地点，大约每个地点只有两三个小时，所以只能算是参观。现就当时仓促间看到的情况，参照北京大学考古系同学的实习记录[4]，先对天梯山五个早期洞窟做一点简单描述，然后提出立佛像和立佛殿窟与塔庙窟可能是组合窟两个问题，进行初步探索，最后对所谓凉州模式再增订一点新的认识。因此，这篇文字实际是对《凉州石窟遗迹和"凉州模式"》做一次必要的补充和纠正。

凉州位新疆与中原北方之间，是佛教从西向东传播的重要中继点，古文献对其地石窟的建年、内容和它（凉州）与中原北方佛教，特别是与中原北方最早石窟——山西大同云冈石窟的关系，都有较明确的记录，因而凉州石窟遗迹在中国佛教石窟发展史上占有重要位置。当然，短暂的参观不可能有深入的发现，所谓提出的几个问题，也仅是肤浅的设想，希望得到对石窟有兴趣的朋友们的指教。

一

天梯山位武威南约百里，属祁连山脉东端的冷龙岭，山上冬有积雪，"春夏消液，下流成川"[5]。《晋书·张轨传附子寔传》记张寔（314~320年在位）时，即有"京兆人刘弘挟左道客居天梯第五山，然灯悬镜于山穴中为光明，以惑百姓"，可知沮渠蒙逊于412~429年间[6]，在天梯开窟造像的百年之前，其

图一　天梯山石窟群左侧（李裕群　摄）

地已是宗教布道之所。此种情况，颇与"怀道玄宗之士，皮冠净发之徒，亦往托栖"[7]之炳灵所在之小积石山相似。

　　甘肃东部是经常发生地震的地区，一般的地震大都波及武威。距今最近的1927年大地震，破坏天梯山石窟的遗迹至今犹存[8]。近年由甘肃省文物局和天梯山石窟保管单位组织的清理崩塌土石工作中，在史岩先生曾经著录的第1、第4两座早期石窟的上方和左侧，又发现第16和第17、第18三处早期石窟。这五座早期石窟俱位于现存天梯山石窟群的左侧，自下向上的第二、三、四排：第4、第18两窟位第二排；第1、第17两窟位第三排；第16窟位第四排（图一）。为了说明这五座早期石窟的相互关系，下面除了对新发现的三座石窟做简略的描述外，还对第1、第4两窟做了补充记录。

　　第1窟（图二）　塔庙窟，平面近方形，覆斗顶，中立方形塔柱，塔柱的顶部适位于近方形的覆斗斗心。塔柱前面的窟顶和窟的前壁皆崩毁，左、右壁亦俱残。史岩先生记此窟尺寸"窟高5.15公尺，广5.78公尺，左壁残存4.48公尺，右壁残存更少"，"塔基台每面阔各2.27公尺"[9]。我们这次实测的数字是：进

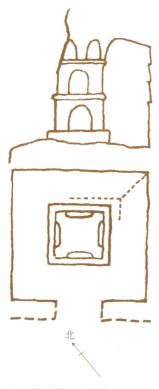

图二 第1窟平、剖面示意

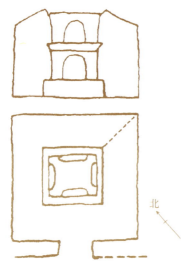

图三 第4窟平、剖面示意

深 6 米，宽 6.1 米，中心塔柱现高 4.48 米，基台长 2.8 米，宽 2.83 米。两次测量尺寸多有差异，大约是由于前者当时"窟内地面满积岩块和土沙的缘故"[10]。窟室残存壁面皆未开龛，但自壁面中部以上设三层凹入的龛台，龛台上多存贴饰影塑千佛的印痕。中心塔柱基台之上，四面各缩进约 0.8 米起塔身。塔身以突出的平棱分上下三层，每层上下俱有收分。上层塔身每面各并列二圆拱浅龛，龛内各竖一立佛像。中、下两层每面各开一圆拱浅龛，各龛内奉一坐佛，龛外壁面或绘或塑胁侍菩萨。以上立佛、坐佛皆仅存石胎轮廓，绘或塑的菩萨亦只余痕迹。

第 4 窟（图三） 开凿在第 1 窟下面，也是一座平面近方形的覆斗顶塔庙窟，但崩塌情况甚于第 1 窟。该窟进深 5.7 米，宽 5.55 米，方形塔柱基台每面宽约 2 米，塔身缩进约 0.5 米。四面塔身各分两层，上下俱有收分。每层各开一圆拱浅龛，龛内坐佛也仅存石胎轮廓，较史岩先生所见时更为残损，但左面下层龛右侧和右面上层龛外左侧上方绘出的胁侍菩萨（图四）和供养菩萨（图五）壁画，由于 1959 年揭取保存于甘肃省博物馆，得以略窥其原貌。这两幅菩萨都作高鼻细目，面相宽圆，与现存敦煌莫高窟早期洞窟第 268、第 272、第 275 等窟壁画中的菩萨异趣[11]；周绕两菩萨的散花（图六）也与莫高窟早期洞窟壁画中的落花不同[12]。又 1959 年曾于此窟揭取化生边饰一段[13]，大约也是早期壁画的遗迹。

第 16 窟 开凿在第 4 窟的上方，是一处立佛殿窟，窟室前部、左壁和窟顶俱塌毁，仅存后

图五 第4窟供养菩萨（据敦煌研究院临摹本制）

图四 第4窟胁侍菩萨（采自《丝绸之路·甘肃文物精华》图96，1994年）　　图六 第4窟散花五种

部和残长 1.55 米的右壁。后壁长约 4.6 米，其前残存头部已佚、左手下垂的立佛像石胎和石胎下低平的长方形石台。台和残像共高约 2.85 米。残立佛右侧有立菩萨石胎和半圆形石台，左侧菩萨仅存石台和部分足迹，据此可知此窟的主像是——立佛像和二胁侍菩萨。

第 17 窟　位第 16 窟的左下方，也是一座立佛殿窟，但较第 16 窟宽大。前部和窟顶俱塌毁，窟底亦洞穿。从左右两壁残迹实测，该窟进深约 9.2 米，宽

图七　第18窟中心塔柱正面（李裕群　摄）

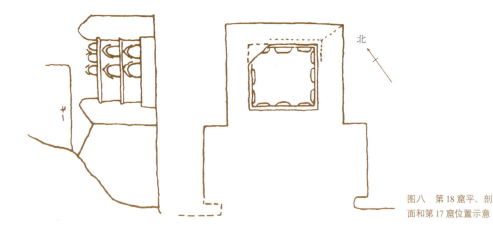

图八　第18窟平、剖面和第17窟位置示意

15.4米。后壁前正中有立像痕迹。该像痕右侧尚存有木骨胎的胁侍菩萨的泥塑残体，左侧胁侍已崩毁。

第18窟（图七、八）位第17窟下方，是较第1、第4两窟为大的塔庙窟。平面呈凸字形。敞开的前部的前壁和顶部虽已塌毁，但前壁右隅尚存，前壁中间入口部位还存有两柱遗迹，因可测得此前部深5.5米，宽14.9米。顶从残迹可推知为前后坡式，敦煌则呼之为人字披顶，顶最高处可达5.5米以上。凹入的后部略窄，深8.6米，宽10.5米，覆斗顶，中心立塔柱。塔柱基台面阔约4.4米，其上塔身面阔约3.8米，高约5米。塔身分三层，每层皆有上大下小的收分。上层每面开五龛，龛宽60厘米、深25厘米、高80厘米。中下两层各开三龛，中层龛宽90厘米、深30厘米、高10.5厘米。下层龛宽95厘米、深30厘米、高110厘米。三层龛皆作圆拱形，龛梁两侧下垂为龛柱，与第1、第4两窟同。此种龛梁下垂为龛柱即梁、柱连续，无梁尾、柱头之设的做法，应是佛龛模拟草庐的原始形制。各龛内各奉一坐佛，虽只存石胎，但可窥其作禅定姿态，部分坐佛尚存通肩袈裟自肩部垂下的遗迹。壁画残存有略同于第4窟的莲花化生忍冬边饰的片断。

二

第1窟塔柱上层每面各奉二立佛像，第16、第17两窟主像俱为立佛像——即位于后壁前的立佛与胁侍菩萨。7世纪道宣（596～667年）撰《集神州三宝感通录》卷中记沮渠蒙逊于凉州开窟造像事云：

> 凉州石窟塑瑞像者，昔沮渠蒙逊以晋安帝隆安元年（397年）据有凉土二十余载，陇西五凉斯最久盛。专崇福业，以国城寺塔修非云固，古来帝宫终逢煨烬，若依立之，效尤斯及。又用金宝，终被毁盗。乃顾眄山宇可以终天。于州南百里，连崖绵亘，东西不测，就而斫窟，安设尊仪，或石或塑，千变万化，有礼敬者惊眩心目。中有土圣僧，可如人等，常自经行，初无宁舍，遥见便行，近瞩便止，视其颜面如行之状。或有罗土垄地，观其行不？人才远之，便即踏地，足迹纳纳，来往不住。如此现相，经今百余年，彼人说之如此。

此"常自经行，初无宁舍，遥见便行，近瞩便止"的土圣僧，或可拟为立佛塑像，不知与第16、第17两窟的立佛有无关系。此种立佛形象，原为犍陀罗和罽宾地区流行的释迦成道后、游行各地广为弘法之像。此像向东传播以龟兹地区为最盛，《出三藏记集》卷十一《比丘尼戒本所出本末序》云"晋孝武帝（373～396年在位）世出"此戒本，其中述及龟兹高僧佛图舌弥统领龟兹僧尼寺以及僧尼远集其寺和龟兹佛寺与王室俱奉立佛形象事：

> 拘夷（龟兹）国寺甚多，修饰至丽，王室雕镂立佛形象与寺无异。有

寺名达慕蓝……右四寺佛图舌弥所统……。阿丽蓝……右三寺比丘尼统，依舌弥受法戒。比丘尼，外国法不得独立也。此三寺尼，多是葱岭以东王侯妇女，为道远集斯寺，用法整，大有检制。……今所出《比丘尼大戒本》，此寺常所用者也。舌弥乃不肯令此戒来东。僧纯等求之至勤……末乃得之[14]。

可知立佛形象为4世纪中期龟兹所习见。龟兹立佛兴建之盛迄7世纪20年代末，玄奘路出龟兹时仍然如此，《大唐西域记》卷一：

屈支（龟兹）国……大城西门外，路左右各有立佛像，高九十余尺，于此像前建五年一大会处。

可知龟兹供奉立姿游行像有悠久的传统。上述龟兹城外、王宫和地上寺院早已无存，但龟兹的几处重要的石窟寺院还多存有立佛遗迹[15]。北凉佛教西与龟兹关系密切[16]，东又受有当时中原佛教重地长安影响[17]。当沮渠蒙逊在412～429年间，于凉州塑造瑞像前不久，后秦弘始十五年（413年）佛陀耶舍共竺佛念译就《长阿含经》于长安[18]，该经前面所收的《游行经》即记释迦自耆阇崛山经摩羯王阿阇世处，游行各城，广为诸比丘说戒、定、慧、七法、六法乃至入涅槃、分舍利、建塔庙等事迹[19]。由是或可推知，沮渠兴造释迦游行立像之因缘，似亦不应排除东方之因素。凉州以东最早的立佛形象见于凉州、长安间的炳灵寺石窟。该窟早期的立佛如第1窟立佛[20]，和第169窟第12号坐佛壁画右上隅的两身立佛[21]，其绘制年代都略早于有西秦建弘元年（420年）题记的同窟第6号无量寿佛龛[22]，即与沮渠凉州瑞像约略同时，则推断凉州立佛不能排除东方因素，又非仅一《游行经》译就之旁证[23]。

自5世纪中叶起，即自铸出北魏太平真君四年（443年）铭的铜立佛[24]和和平初（460年）于平城武州山（即今山西大同云冈）开凿昙曜五窟出现立佛始[25]，立佛形象即流行于东方，不仅多见于武州山石窟，且为此后的洛阳、巩县诸石窟所承袭[26]，而它的铜石个体造像更盛于6世纪，四川成都万佛寺和山东青州龙兴寺窖藏，应是最集中、也是最典型的两处[27]，这两处一西南，一东北，恰好可以作为当时南北朝双方佛教遗迹的代表，而东北的青州地区立佛形象数量之多，尤为突出[28]。看来，5、6世纪即十六国后期迄南北朝阶段，东方也确曾一度流行立佛形象。6、7世纪之际，立佛形象在东方急剧减少。其时，隋唐一统，立像之衰，或许是汉族地区传统的坐而论道式的宣讲姿态恢复盛行的一种反映。

三

以立佛为主像的第16窟，位第1、第4两塔庙窟的上方；另一立佛及胁侍为主像的第17窟位第18窟塔庙窟的上方。游行弘法，宣讲解脱，最后入涅槃，建塔庙，这两类连续的事项，似可自然毗连成组。肃南马蹄寺千佛洞另有一处较上述天梯山石窟为晚，约建于6世纪初的立佛殿窟与塔庙窟组合的石窟，即千佛洞中段的第1、第2两窟（图九）。两窟前壁皆塌毁，第1窟中设中心柱，柱前壁即窟的正壁，雕塑高4.5米的大立佛。第2窟为塔庙窟，窟中间雕下具基座的四层塔身。两窟左右比邻（两窟后部有相通连的甬道，疑为后辟）[29]。此类立佛殿窟与塔庙窟成组的石窟，据李崇峰同志告我又见于昌马的第2、第4两窟[30]。以上两处组窟，似皆源于新疆古龟兹地区。新疆古龟兹地区石窟以拜城克孜尔石窟群最为典型。该石窟中早期约于4～5世纪开凿的大像窟，是组合大立佛与塔庙于一窟的形制[31]，其例如第47、第77、第10等窟（图十）[32]。各窟皆原奉大立佛于中心塔柱的前壁，而置塑或绘的涅槃像于后室后壁之前，其中后室宽阔、后壁前建长坛塑涅槃像者较早，后室较窄、绘涅槃于后壁者[33]较晚。与较晚的立佛、塔庙同窟的大像窟约略同时，克孜尔的中心柱窟中，出现了一坐佛、一立佛的双窟组合，如第192窟和第193窟，前者中心柱正面即前壁龛内原塑坐佛，而后者正面龛内原塑立佛[34]。此种形制可能与马蹄寺

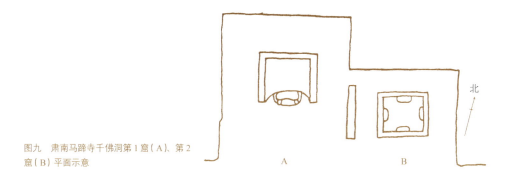

图九　肃南马蹄寺千佛洞第1窟（A）、第2窟（B）平面示意

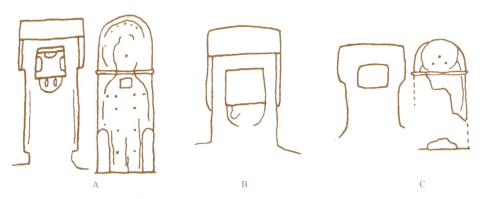

图十　克孜尔石窟第47窟（A）、第10窟（C）平、剖面示意，第77窟（B）平面示意

千佛洞和昌马的双窟组合关系更为密切。至于上述克孜尔大像窟类的向东影响，似仅及敦煌莫高窟，其最相类之例是第332窟，即武周圣历元年（698年）李君（义）所修"勒丰碑于塔前"[35]的佛龛。该龛兴建之年已晚至7世纪末，盖其时王孝杰收复四镇不久[36]，僧俗往返龟兹道路畅通，因疑此乃偶习西域窟寺形制之作，并非较大规模佛教交流之产物（图十一）。

甘肃以东似无单纯的立佛与塔庙的石窟组合，而多包括立佛、塔庙在内的题材繁缛的窟龛，以北魏平城武州山石窟即今山西大同云冈石窟为例，如第4、5、6、11等窟[37]，特别是第6窟。该窟约始凿于5世纪80年代，是云冈工程最大、内容最丰富、雕饰最豪华的一座，不仅中心塔柱上层四面俱雕立佛；窟后壁（除塔柱外最重要的壁画）上方和窟左右壁也雕立佛；此外，塔柱下层除雕释迦坐像龛，还杂有释迦、多宝对坐龛，交脚弥勒龛；窟内四壁壁面和部分塔柱壁面雕文殊、维摩龛和佛传、佛传与坐佛相结合的列龛等[38]。北魏迁洛以后，约开凿于6世纪前期的巩县大力山第1窟（塔庙窟）创造出另一种立佛与塔庙的组合形象，即于塔庙窟窟门外壁两侧各雕一组立佛与胁侍，窟内除了弥勒、释迦多宝、维摩文殊诸龛外，还出现了龛内雕凿比丘辩论造型而具体含义不详的内容[39]。甘肃以东这些题材繁缛的立佛与塔庙结合的石窟，

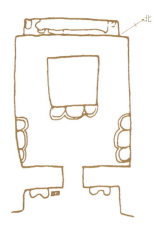

图十一　敦煌莫高窟第332窟平面示意

虽与河西乃至龟兹诸窟尚有某些关联，但反映在佛教信仰上，则应有一定差异。这种差异，大约与4~6世纪自龟兹向东传播的佛教，随着时间的推移，小乘因素渐趋微弱，而大乘内容逐渐增多有密切关系。

四

《凉州石窟遗迹和"凉州模式"》曾对我国新疆以东现存最早的佛教石窟模式——凉州石窟模式的大体内容进行过初步分析，现据此次参观天梯山早期石窟所了解的新情况，试作以下六项补正。

1. 石窟形制有塔庙窟、佛殿窟两种。

2. 方形平面的塔庙窟，顶作覆斗形即盝顶。其前有的残存横长形的前室遗迹。从遗迹可知：其前壁敞开，中部列置廊柱，横长的前室室顶为前后两坡式，即敦煌谓之为"人字披"者。

3. 塔庙窟中心塔柱上开凿的浅龛，皆作圆拱状，龛梁两端下垂为龛柱。龛内坐佛皆作禅定姿态，立佛皆作游行像。

4. 塔庙窟左右壁主要布置上下成列的千佛。

5. 佛殿窟的主像为立姿的游行像，两侧各立一胁侍菩萨像。

6. 塔庙窟与游行像为主像的佛殿窟或上下布置，或左右毗邻，有可能是以前未曾留意过的组合石窟。此类组合石窟与《长阿含经·游行经》先叙释迦游行布道，后讲涅槃建塔的内容有一定联系，而《长阿含经》又与新疆龟兹石窟，特别是分布于拜城、库车一带的早期石窟有密切关系[40]。因此，似可推测新疆龟兹石窟与现存新疆以东各石窟的关系，最为接近的当首推凉州石窟；而它们相互接近的石窟，其重要内容又皆与小乘佛籍《长阿含经》有关，这是值得研究者注意的。

注释

[1] 该文发表在《考古学报》1986年4期，修订后收入《中国石窟寺研究》，文物出版社，1996年。
[2] 史岩《凉州天梯山石窟的现存情况和保存问题》，刊《文物参考资料》1955年2期。
[3] 甘肃省文物工作队《马蹄寺文殊山昌马诸石窟调查简报》，刊《文物》1965年3期。
[4] 实习报告存北京大学考古系资料室。当时参加实习的暨远志同学曾发表两篇文章可以参看。两篇

〔4〕 文章分别是《武威天梯山早期石窟分期试论》，刊《敦煌研究》1997 年 1 期；《张掖地区早期石窟分期试论》，刊《敦煌研究》1996 年 4 期。
〔5〕 引自《魏书·崔浩传》。
〔6〕 关于沮渠蒙逊在凉州开窟造像的年代问题，参看注〔1〕。
〔7〕 引自《水经注·河水》。
〔8〕 参看注〔2〕。
〔9〕〔10〕 引自注〔2〕所录史岩记录。
〔11〕 参看《中国石窟·敦煌莫高窟》一，图版 6、8～10、12、17。
〔12〕 参看《中国石窟·敦煌莫高窟》一，图版 8～10 著录的第 272 窟落花和图版 12～14、17～18 著录的第 275 窟落花。
〔13〕 参看注〔1〕引文的图 2。
〔14〕 汤用彤《汉魏两晋南北朝佛教史》第十章《鸠摩罗什及其门下》记："此序原失作者之名，但审之当是道安亲闻僧纯所言而记出者。"
〔15〕 参看拙作《新疆拜城克孜尔石窟部分洞窟的类型与年代》，该文收入《中国石窟寺研究》。
〔16〕〔17〕 参看注〔1〕。
〔18〕 见《出三藏记集》卷九所收僧肇《长阿含经序》。
〔19〕 4 世纪迄 5 世纪初，《游行经》多别出异译本。李崇峰同志于《开元释教录》卷十三译有本录中声闻三藏录中检出"《佛般泥洹经》二卷，西晋河内沙门白法祖译；《大般涅槃经》三卷，东晋平阳沙门法显译；《般泥洹经》二卷……附东晋录。右三经，出《长阿含经》第二至第四卷，与初分《游行经》同本异译"。可证《游行经》当时在东方流行之盛。
〔20〕 参看阎文儒、王万青《炳灵寺石窟》图 3，甘肃人民出版社，1993 年。
〔21〕 参看《中国石窟·炳灵寺石窟》图版 6，文物出版社，1989 年。
〔22〕 参看注〔21〕图版 21。又常青《炳灵寺一六九窟塑像与壁画的年代》，刊北京大学考古系《考古学研究》一，文物出版社，1992 年。
〔23〕 炳灵寺石窟第 169 窟表现的画塑内容亦多有异于凉州者，如该窟第 12 号坐佛左下方有释迦多宝对坐和维摩诘等壁画题材罕见于凉州及其以西，而为此后东方所习见。上述两题材，东方石窟中最早见于云冈石窟第 7 窟。参看水野清一、长广敏雄《云冈石窟》卷四"第七洞"，图版 29，103～104 页，京都大学人文科学研究所，1952 年。该窟的开凿时期约在孝文帝初年，即 5 世纪 70 年代初期，参看拙作《云冈石窟分期试论》，刊《考古学报》1978 年 1 期，修订后收入《中国石窟寺研究》。
〔24〕 该像为日本大阪某氏收藏，参看松原三郎《增订中国佛教雕刻史研究》，图 12、13a、b，吉川弘文馆，1966 年。
〔25〕 和平初（460 年）开凿的昙曜五窟第 18、第 16 两窟主像皆为立佛，第 18、第 20 两窟主佛左右两像皆为立佛。参看《中国石窟·云冈石窟》二，图版 141、162、171～172、183，文物出版社，1994 年。第 5 窟立佛左右两侧亦各雕立佛，参看《中国石窟·云冈石窟》一，图版 28～31，文物出版社，1991 年，此窟开凿时期当在太和十八年（494 年）迁洛之前。
〔26〕 如洛阳龙门石窟宾阳中洞内左右两立佛，参看《中国石窟·龙门石窟》一，图版 8、9，文物出版社，1991 年。又巩县大力山第 1 窟外两立佛，参看《中国石窟·巩县石窟寺》，图版 3、30，文

物出版社，1989 年。
〔27〕 参看刘志远、刘廷璧《成都万佛寺石刻艺术》，中国古典艺术出版社，1958 年。又《山东青州龙兴寺出土佛教石刻造像精品》，文物出版社，1999 年。
〔28〕 参看拙文《青州龙兴寺窖藏所出佛像的几个问题》，刊《文物》1999 年 10 期。
〔29〕 参看注〔4〕所引暨远志有关文章。
〔30〕 昌马两窟左右布局与肃南马蹄寺千佛洞第 1、第 2 窟相同。
〔31〕 克孜尔石窟除大像窟外，后室置涅槃像，前室中心塔柱正龛多有安奉释迦坐像者，如第 38 窟，参看《中国石窟·克孜尔石窟》三（文物出版社，1997 年），图版 82。此类窟据考证为帝释窟，参看 Grünwedel A., *Altbuddhistische Kultstätten in Chinesisch-Turkistan*, Berlin: Druck und Verlag von Georg Reimer, 1912。又姚士宏《克孜尔石窟部分窟主室正壁塑绘题材》对克孜尔石窟保存较好的十一个窟内佛像为帝释宣说正法的绘塑详细描述，并论证 "这些窟约修建于 4 世纪中期至 5 世纪中期这一阶段"。姚文刊《中国石窟·克孜尔石窟》三。
〔32〕 除克孜尔石窟，库车龟兹石窟中亦多此类大像窟，如森木赛姆第 11 窟、克孜尔尕哈第 23 窟、库木吐喇第 63 窟，参看注〔15〕引文的图 47～49。
〔33〕 参看注〔15〕。
〔34〕 参看《中国石窟·克孜尔石窟》三，图版 82、86。
〔35〕 引自原竖于第 332 窟前室左侧的《李君莫高窟佛龛碑》，参看拙文《〈武周圣历李君莫高窟佛龛碑〉合校》，该文收入《中国石窟寺研究》。
〔36〕 参看《旧唐书·王孝杰传》。
〔37〕 参看《中国石窟·云冈石窟》一，图版 23、29～30、32；《中国石窟·云冈石窟》二，图版 76。
〔38〕 参看《中国石窟·云冈石窟》一，图版 51～140。
〔39〕 参看《中国石窟·巩县石窟寺》，图版 43、46、62～63。
〔40〕 参看李崇峰《克孜尔中心柱窟主室正壁画塑题材及有关问题》，收入《汉唐之间的宗教艺术与考古》，文物出版社，2000 年。

本文原刊《燕京学报》新 8 期，第 215～225 页，2002 年 5 月

西部大开发中维修和保护新疆石窟寺遗迹应注意事项

属于佛教寺院的石窟寺和佛教其他遗迹一样，由于地理环境、社会经济、历史传统和所在民族等差异，而出现不同的形制、形象、形象组合和装饰纹样等。根据这些不同，就分布地区来讲，我国石窟寺遗迹，可以粗分三个大区，那就是新疆地区、青藏地区和内地地区。内地地区，包括北方、中原和南方。就各地区的民族而言，内地主要是汉族，青藏主要是藏族，新疆早期是印欧语系的民族，后来是回鹘系（也就是维吾尔系等民族）。三个地区，地域毗连，尤其是各地区的边缘地带，由于民族杂聚，相互间的贸易往来与文化交流，因而相互影响是可以理解的；但这并不排除它们各有特点，而这些特点应当是主要的，所以才能明显地区分开来。

佛教最早是从我国西部传入的，所以西部是早期石窟寺遗迹最集中的地方。新疆、青藏这两个大区都在西部，内地的石窟寺遗迹，至少有一半以上的重要石窟群也在西部，像敦煌、炳灵、麦积、须弥山等。因此，今天我们开发西部，作为旅游重点的石窟寺遗迹就突出了。而这些石窟寺开始雕凿的时间绝大部分都在千年以上，还经过程度不同的自然的和人为的损坏，它们又都没有经过全面的科学研究，甚至还没有完整的档案资料。而这些工作，就是说全面的科学研究和完整的档案资料，又不是短期内所能补做竣工的。这种情况下，摆在我们文物考古人员面前的已经是刻不容缓的石窟寺遗迹的维修保护工作，在更好地迎接旅游大潮的今天，该如何进行呢？尽管这个工作已经是刻不容缓，但我们还要做心中有数的准备。现在，我以一个对保护工程完全外行的人，从文物考古的角度，根据过去的工作，包括新疆同志们的工作，谈谈自己的一些想法，请同志们指正。我想就以新疆地区石窟作为重点来谈谈它的特点和维修保护中应予注意的事项。

新疆临近中亚、印度，佛教大乘、小乘向中国传播大都首先经过新疆，一般说大乘流行在以于阗为重点的天山南路的南道，小乘流行于以龟兹为中心的天山南路的北道。在南道上，多兴建地上的寺院；北道除建地上寺院外，还多开凿石窟。北道石窟的集中点主要是龟兹和高昌这二区，再集中一点，龟兹石窟可以拜城、库车的克孜尔和库木吐喇作代表；高昌就是吐鲁番地区，可以吐峪沟和伯孜克里克为代表，下面谈新疆石窟特点，我想大都不超出这几个地点，主要还是龟兹石窟。

新疆大约从4世纪的龟兹石窟起，就出现了合释迦立像和表现释迦在帝释窟说法的坐像、还有释迦的涅槃卧像在一起的这种石窟，我们一般称它为中心柱窟；还有旁边开凿门道、里面建灶台的僧房窟。主要是出现这两种窟，这两种窟都是券顶，前壁开门窗。到4、5世纪出现了组窟，那就是成组的石窟，也可以说是石窟寺院吧。这种成组的石窟，大约先是简单的，只有中心柱和僧房这一类型的，如38～40窟（图一）。后来石窟的种类和数量增多了，增加了大概是高僧讲经的方形窟，如38、39、40窟。再后来，主要是数量再增多，最好实例是克孜尔的96～105窟（图二），这组窟可以表现一个组窟的发展过程：96～98窟至96～102窟，即又在右方开凿了一大二小中心柱窟和一座僧房窟，并把原来的僧房窟（98窟）改造为中心柱窟，这样就形成了五个中心柱窟位于中央的一组窟，之后又在102窟的右方开凿了一大中心柱窟、一僧房窟和一方形窟即103～105窟，这样从96～105这组窟就包括十个窟了。此例出现应是成组的石窟最繁荣的时期，然后就进入了衰落期。进入衰落期再回复到数量减少、种类简单，时间约是6世纪以后。还以克孜尔为例，克孜尔组窟衰落时期的特点是较大的中心柱窟减少，小型窟增加，僧房窟被改造，克孜

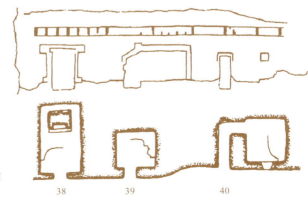

图一　第38～40窟平面及外崖立面
　　38　　39　　40

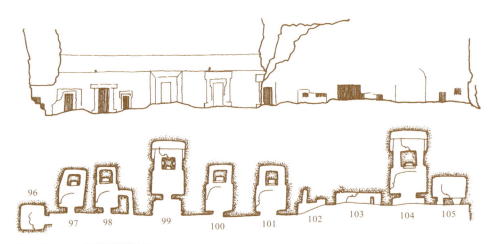

图二　第96~105窟平面及外崖立面

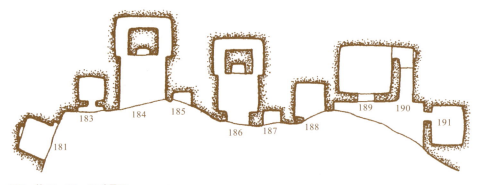

图三　第181、183~191窟平面

尔181~191这十座窟的组合变化最为清晰（图三）：181~191这十座窟只有两座较大的中心柱窟（184、186窟），方形窟和小型窟多到四座（181、183、185、187窟），还有一座较大的僧房窟（189~191窟），这座较大的僧房窟后来又被改造为僧房，即189、190、191窟则属方形和小型窟，前者即191窟，后者即满壁画千佛的190窟，此190窟原是僧房窟的门道。以上是克孜尔主要的石窟形制的特点[1]。

形象和形象组合方面的特点：4~6世纪主要的尊像，只有释迦和弥勒的形象，窟内的主像包括中心柱前站着的大立佛或帝释窟说法的那种坐佛以及涅槃像的卧佛像，窟前壁上方多画未来佛在兜率天说法的弥勒坐像，反映的是小乘佛教。在这个时期，小乘佛像的服饰，从现存的塑像来看，较多受到流行在中亚地区的犍陀罗后期服饰的影响，壁画则较多地受到中印度笈多时期的影响。这是说龟兹在早期和盛期的情况，到了 7～8 世纪，由于和内地的往返频繁，特别是内地的僧人到新疆布道，有的还在这里建寺修禅，因而出现了不少所谓的汉寺，库木吐喇的窟群区的汉风石窟是一批典型实例，这种石窟，在形制上有上述龟兹式的中心柱窟；也有中建佛坛的内地式，塑像已毁不存在了，壁画则存有不少，所据大约是从内地带来的粉本绘制的大幅各种变相如无量寿经变、观经变。除了这种汉寺之外，内地影响到的还有千佛壁画也出现在许多新疆石窟中，有的还出现了密教壁画，如库木吐喇 7 号窟的千手观音的形象。再晚一些，像吐鲁番伯孜克里克回鹘时期的石窟的大幅所谓誓愿画和库木吐喇 75 号高僧的壁画也都是一派内地风格的形象，从形象看是属于佛教大乘系统的。其实吐鲁番较早的吐峪沟石窟已有不少内地因素，最近在库车东雀离大寺（即苏巴什佛寺遗址）的北方铜厂河畔又发现有汉文"文殊师利菩萨，似先兰[2]为合家大小敬造""清信佛弟子寇廷俊敬造卢舍那佛"等榜题和刻画"己巳年五月十五日"字样的大约开凿于 8 世纪后期迄 9 世纪的阿艾石窟一座。其实这类从内地来的人们开凿的石窟并不罕见，7 世纪 20～30 年代王玄策出使印度，就记载了罽宾（即克什米尔）都城内有汉使所建汉寺，罽宾又远在新疆的西南界外了。

到了 10 世纪和 11 世纪这个阶段，伊斯兰教进入新疆。新疆居民就开始逐渐改奉伊斯兰教。所以有些石窟的早期破坏是因为宗教的一些问题。但是，伊斯兰教传入新疆中部以东那就比较晚了，有的晚到 14 世纪和 15 世纪，所以在吐鲁番回鹘时期的石窟里面可能还有流行藏传佛教——喇嘛教的因素，这是值得我们注意的另一类问题。

根据新疆石窟形制和现存各种形象及形象组合的特点。我们进行维修保护，应予注意什么呢？我认为要考虑以下七个方面：

（一）石窟崖面上的遗迹。石窟成组，它的遗迹既要在平面上找根据，更主要是在立面上找证据。因为石窟崖面上遗留下来的表现窟檐的这种痕迹和这种痕迹的变化，说明这组窟的发展过程，如克孜尔 38～40 窟崖面的刻画（见图一），就是重要的证据。另外，石窟上下层的布局，如 2～17 窟上中下三层分布，这就产生了如何从下层向上去中、上两层的问题[3]，梯道早已无存，其遗迹只有根据插置梯道的桩孔来推测。为了说明石窟的发展过程，上述的窟檐痕迹和插置木桩的孔穴,都要保护,不要因维修给弄没了;后者如果还可适用今天修复梯道用,也可以全面考虑后利用旧孔,以免再损坏崖面。关于这类崖面遗迹,20世纪60年代敦煌常书鸿先生请铁道兵团搞莫高窟崖面维修之前就做了各种记录,现在遗迹虽被覆盖,但有记录可考察研究。

(二)石窟前面的遗迹。许多石窟前壁已崩塌,但原地面还埋在窟前,有的可能还存有前室遗迹,如克孜尔4、5窟(图四),有的甚至还保存有遗物和崩塌下来的壁画、塑像残块,这些遗迹、遗物需要维修前做考古发掘和清理。另外一些曾被前人发掘过的遗迹,如德国人在新疆各地石窟清理过的遗迹也要弄清楚,看明白他们盗掘的情况和遗留下来的问题。因此石窟维修不仅是维修,还有考古工作要做在维修之前。这在新疆有好的经验和效果,如1989~1990年维修克孜尔谷西区中段50~57窟之间、60~77窟之间和90窟附近时,清理发掘了三十多座下层洞窟,从洞窟形制到各种生活用品等遗物看,这类下层洞窟主要应是人们居住生活的所在。这里发现的遗物有木器、陶器、铜器、铁器、石雕、残塑、残画,还有麦、粟、豆、羊骨、梵文贝叶经和木简、龟兹文纸文书、织品、骰子、铜钱(五铢、龟兹小钱、开元通宝、大历元宝)等。又如在有的崩坏的窟前发现原接建木结构的遗迹。上述这两次工作在石窟考古工作中是很重要的,可惜我们只发了两篇简报[4],图印得也不清楚,更重要的是没有注明各种遗物出土时的上下层次,因而削弱了我们工作的影响面,没有得到学术界应有的重视,应尽快整理出详细的正式报告刊行。

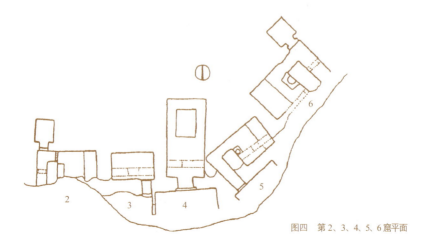

图四 第2、3、4、5、6窟平面

（三）石窟内部的清理。有些石窟内部有很多堆积，更不应忽视，有些高处、僻处的石窟，近现代很少有人上去，过去西北科学考察团黄文弼先生就曾在克孜尔这类石窟中发现不少开元时期的重要文书和残存的文件，德国人也曾从克孜尔和吐鲁番石窟中盗掘去不少重要文件和各种文字的佛经以及木雕、泥塑，甚至还有牙雕和各种供具。这类文物，解放后我们在1989～1990年也曾清理出不少。

（四）注意石窟形制。要保存现存的原状，石窟因自然崩塌，窟面不规整，维修时不要为了好看轻易加工复原，也不要轻易整齐化。

（五）新石窟的发现。在下层居住生活用窟的上面和附近也有被沙石埋盖的石窟，维修上层石窟时，无意中被发现。这些石窟内的塑像、壁画往往保存较好，但重见天日最易风化，因此要在维修前，做好这方面的准备。解放前韩乐然先生在克孜尔发现的新1窟即是一例，我们要吸取这个经验，不要让它重见天日后又很快地毁损。

（六）现存壁画和极少数塑像的处理问题。一定要保存原状，在没有经过试验前不要轻易维修。残破的也要保持原状。特别要注意新安装门窗时，不要触及壁画、塑像。壁画起甲问题要向敦煌研究所求教，看看他们的办法是否可取。这类洞窟最好暂不开放。

（七）石窟附近的寺院遗址，过去和近现代都有不同程度的破坏。新疆佛教寺院大多历史悠久，延续时间长，遗迹丰富，很有考古发掘价值，所以应予保护现场。有些寺院遗址位于交通要冲，因此附近还有古代关隘等军事遗迹[5]，这就更应特别注意保护现场，不应忽视和轻易清理发掘。

总之，我们认为维修保护这种石窟工程，不是一个简单的工程问题，应当在石窟研究工作的基础上进行。维修保护工作的水平，实际是反映研究工作的一个侧面。因此，我们建议维修保护工作一定要和石窟研究人员结合。因为维修保护哪一个石窟必须要对哪个石窟有深入的了解，不然这个维修保护工程是做不到家的，甚至还会出现意料不到的差错，就新疆石窟而言，我建议维修保护工作的班子中，一定要有从事石窟研究的同志认真了解新疆的历史，特别是石窟所在地的历史，其次是新疆佛教史，然后再浏览一些新疆历史考古资料和石窟考古资料，后者还应包括点印度、中亚方面的佛教考古资料，如果有条件还可参考一点外国人有关新疆石窟的著述，哪怕是通过汉译本也好。以上提出的要了解的方面虽然不少，但数量都不太多，准备时间也不需要太长，只要持之以恒，是不难完成的。

注释

〔1〕 参看拙作《新疆拜城克孜尔石窟部分洞窟的类型与年代》，刊《中国石窟·克孜尔石窟》一，文物出版社，1990年。

〔2〕 南宋邓名世于绍兴四年（1134年）撰就的《古今姓氏书辨证》记似先是高丽复姓，见该书卷二十二上声六止下："似先，高丽扶余种也。唐武德中有右骁卫将军似先英问。又《陈儒传》荆南监军朱旼攻杀节度使段彦謩，僖宗遣中人似先元锡慰抚之。又《李训传》训尝遣中人似先希逸按边。"按似先希（义）逸见《新唐书》卷一七九《顾师邕传》："（李）训遣宦官……似先义逸、刘英誧按边，既行，命师邕为诏赐六道杀之，会训败不果。"李训败在大和九年（835年）十一月，同年十二月顾师邕赐死，事见《新唐书·文宗纪》。［西安碑林博物馆藏1993年西安东郊灞桥区务庄出土《似先义逸墓志》记义逸"以大中四年（850年）二月廿四日薨于大宁里之私第，享年六十五"］似先元锡见《新唐书》卷一八六《陈儒传》："僖宗入蜀……（朗州刺史段）彦謩代（荆南）节度，彦謩与监军朱敬玟不平，谋杀之。敬玟觉，先率兵入其府，彦謩……俄见害……（敬玟）诬彦謩以罪。帝遣中人似先元锡、王鲁琪慰抚，密戒曰：若敬玟可诛，诛之……敬玟盛兵出迎，元锡等不敢发而还。"中和元年（881年）僖宗入蜀，是《新唐书》所记两中人似先事，皆在9世纪中后期。较多的高丽人移居内地，甚至西及陇右，其时多在初盛唐，此两似先中人，特别是似先兰合家大小奉养题记出现在中晚唐阶段遥远的新疆中部石窟中。殊值注意。有谓似先兰如当时寄寓龟兹，则可能是天宝九载（750年）随高丽族大将高仙芝西讨军中之一员或其后裔之留居安西者，此亦别无根据之推测。

〔3〕 参看《新疆克孜尔石窟考古报告》第一卷，文物出版社，1997年。

〔4〕 参看《1989年克孜尔千佛洞窟前清理简报》，刊《新疆文物》1991年3期；《1990年克孜尔石窟窟前清理报告》，刊《新疆文物》1992年3期。

〔5〕 如库车库木吐喇石窟附近的遗迹。清雍正四年（1726年）迄乾隆元年（1736年）谪居外蒙古乌里雅苏台的谢济世奉大将军平郡王福彭命，巡视库车地区，其《戎幕随笔》中记："丁谷山（即《唐书》所谓阿羯田山，亦即库车北侧的白山）千佛洞（即库木吐喇石窟）……山势自西北迤逦趋东南，天山所分一大干也……上下山谷，佛洞以百数……考白山以西北唐为突骑施沙雁州界，东为鹰娑都督府地，皆隶于安西府者。白山西北势极悬绵亘如崇墉，坚垒开合云气中。自（库车城北）石浮屠至千佛洞可五六十里，东南斩崖一带，横亘如城，减嵌至顶，下层望上层呼之可应，然陡绝不可登，须绕出山背，盘道迂回几十里，乃得到。有潭水亩许，不涸不盈，唐时有关隘以防御突骑施。塔下旧有两截碑，文字可辨者三之一，唐开元三年（715年）安西都护吕休璟为监察御史张孝嵩平阿了达干纪功碑（按：此碑已佚）也。孝嵩以奉使至，愤比蕃之跋扈，念拔汗那之式微，以便宜征兵戎落，出安西数千里，身当矢石，俘斩凶夷，故碑中多以常惠、陈汤比之，今仆以大将军之命奉使至此，其有愧于古人多矣。"（转引自俞浩《西域考古录》卷十二"库车"条）是除关隘遗迹外，谢济世在此关隘附近还意外发现记录战事的碑石，这类文字遗物当是

更为重要的历史文物。

本文发表后,得读金宪镛、李健超合撰的《陕西新发现的高句丽人、新罗人遗迹》(刊《考古与文物》1999年6期),该文记录20世纪80年代永寿县发现的北魏神龟三年(520年)造像碑,碑记邑子题名中有高丽似先氏四人。1982年黄陵县发现的西魏大统十四年(548年)造像碑供养人题名中有似先氏十一人。可见高丽似先氏迁入今陕西中部由来已久。此阿艾石窟题记中出现的似先兰一家,或许来自今陕西、陇西一带。

本文系2000年9月在乌鲁木齐出席国家文物局西部文物工作会议上的发言稿,原刊《中国文物报》2001年2月21日第7版。这次整理刊发,除改动正文少许词句外,还增补了文末的第(七)项和最后的全部注释文字

有关新疆拜城克孜尔石窟调查工作纪略[*]

一

公元纪元前后一直到 8 世纪，龟兹都是西域中部的一个文化重心。佛教东传，在龟兹发展的佛教艺术通过丝绸之路，更给今新疆以东的中原、北方和葱岭以西的中亚以广泛的影响。龟兹现存的佛教艺术主要集中在当时龟兹都城今新疆库车一带的东西两侧：库车东侧位于铜雀河两岸的苏巴什东西佛寺遗迹，是有名的雀离大寺遗址；西侧今属拜城的克孜尔石窟则是诸龟兹石窟中窟数最多、形制遗物最丰富的一处。此处新疆石窟和龟兹其他佛教遗迹同样在 13 世纪至 14 世纪伊斯兰教流行之后，都遭到破坏，此后一直到 18 世纪才又见于汉文记录，19 世纪初流放到伊犁的徐松，更具体地记录了赫色尔（克孜尔）千佛洞[1]。从 20 世纪开始许多外国人来克孜尔考察，较重要的是 1906 年和 1913 年德国柏林民族学博物馆的格林威德尔和勒考克到这里，两次总计在克孜尔约三个半月，他们割取大批壁画和塑像，还搜掠了大量包括龟兹文文书在内的各种实物资料；他们和后来的瓦尔德斯密特都主要从美术史角度研究壁画，认为克孜尔石窟壁画有两种画风，可以代表前后两个时代：一种是可以与印度壁画多用浅赭色等柔和的暖色晕染人体有清晰立体感的画风相比较，其时代瓦氏拟在公元 500 年前后；另一种在用色上增加了蓝色，晕染的画法也较生硬，这种壁画的时代，瓦氏拟在公元 600 年左右及其以后的一段时间[2]。主要根据现存的印度

---

[*] 这篇文稿是 2006 年 6 月间和某媒体记者谈论过去对新疆拜城克孜尔石窟进行调查工作的一份记录底稿，内容虽嫌简略、片面，但提出编写石窟考古报告的建议，还应是当前各重点石窟保管单位的紧急任务，希望能引起有关同志的注意。

壁画风格来判断洞窟的年代，显然太简单化了。德国人的工作之外，一直到上世纪50年代新疆"文化大革命"之前，克孜尔石窟的工作没有较大的新的进展。"文化大革命"后，1979～1992年，北京大学考古系和克孜尔石窟保管所断断续续合作清理编写克孜尔谷西区十九个洞窟报告，是较有成果的一次[3]。

二

这次工作拖的时间很长，但真正连续系统工作最长的一次，也只有1979年9月至11月三个月。这次工作主要是北京大学考古系研究生石窟组师生和克孜尔石窟保管所的部分同志共同组织的考古实习。

考古属历史科学。考古学方法首先要掌握对象的全部资料。就克孜尔石窟而言：一、第一步开始的工作，即要掌握克孜尔石窟的分布情况。由于时间关系，我们只粗看了两遍克孜尔四个石窟区（谷西、谷中、谷东、后山），画出了一张步测的前三个区和后山区的联络平面草图，这样就初步了解了每个洞窟的类别（类别计有中心柱窟、大像窟、方形窟、僧房窟及其他），洞窟间的打破关系和洞窟的组合问题以及洞窟组合的先后发展情况，这些就是考古学对研究对象的形制的了解；二、接着第二步就要注意洞窟内部塑像和壁画的关系、壁画的重层与各层的布局，研究它们不同层的内容的变化和同层的不同设计等现象；三、第三步，再进行个体形象的变化和艺术风格的分析。二、三步相当于考古学对遗物的类型的探讨。以上三步工作当然都要和西方（中亚、印度）、东方（中国内地）包括石窟寺在内的佛教艺术遗迹联系起来，考虑它们之间的关系与影响。此外，还要参考内容丰富的汉文古代文献，特别是东汉以来的汉文佛籍，包括译经、僧传、佛籍目录和音义之类的书；还有重要的有关史籍，因为这些书籍记录了大批龟兹事迹。最后我们还考虑了当时新发展起来的C^{14}测年技术。根据这些，我们选择了克孜尔部分洞窟（七十座）初步分出三个阶段；即第一阶段多单独存在的僧房窟，例如第6窟（图一），时间约在公元4世纪；第二阶段约在5世纪迄6世纪前期，这阶段是克孜尔石

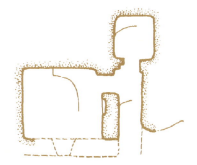

图一　克孜尔第6窟平面

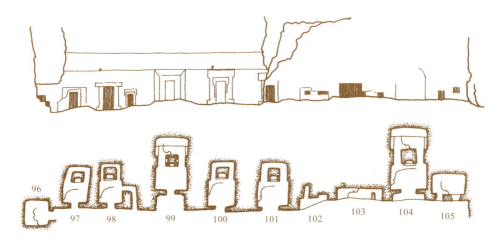

图二　克孜尔第96～105窟平、立面

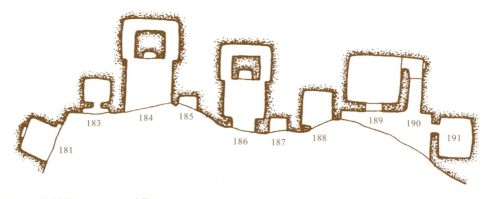

图三　克孜尔第181、183～191窟平面

窟的兴盛时期，也是洞窟组合大发展的阶段，其例如图二所反映的大约经过三次扩展的第96～105窟；第三阶段约在6世纪的中后期，其例如第181窟、第183～191窟（图三）。第三阶段以后，克孜尔的佛教逐渐衰落，这与7、8世纪迫胁龟兹的各种军事力量来自龟兹国都西侧有直接关系。开元三年（715年）所立张孝嵩击破入侵的吐蕃军队的纪功碑在克孜尔附近被发现[4]，克孜尔谷西区第18窟更发现有开元间（713～741年）记录有于阗字样的汉文军事文书[5]，应该都是很好的证明。刻画在谷西区第105窟的开元十四年（726年）的游人题记和刻画在后山区第220窟的天宝十三载（754年）游人题记似乎更暗示着这里有的洞窟已忽视了看管，甚至接近荒废了。

在初步分出了三个阶段之后，我们认为德国人提出壁画的两种画风代表前后两个时代的说法，有可能并不完全可靠，由于喜用暖色的所谓第一种画风，人物的面部眼鼻相距较为舒展，第二种画风即出现冷色画风中的人物面部五官布置较为逼近，这种不同的特征，应当是表现不同民族的面型；还有在我们初步分析的三个阶段中，上述德国人所谓的两种画风的壁画同时出现在我们拟定的第一、二两阶段中，甚至所谓第二种画风在第一阶段中出现的时间略早，数量似乎也较多。总之，这个问题还值得进一步深入探讨[6]。

三

1979年我们除了考虑部分克孜尔石窟兴建的阶段问题外，还重点注意了大像窟这个石窟类别。大像窟的特点是在中心柱窟内的中心柱前面曾塑造高大的立佛（此高大立佛本身在13～14世纪伊斯兰教流布之后被破坏掉了，这与前年塔利班击毁阿富汗巴米扬东西两大立佛窟中的立佛的做法相同）。克孜尔三个阶段都建有大像窟：第一阶段的第47窟大像，据现存中心柱上的遗迹测算应在10米以上。根据这类遗迹统计，克孜尔原共有大像窟七处。龟兹其他石窟也多有大像窟，如森木赛姆南北崖各有一处，北崖第11窟大像原高可达15米；克孜尔尕哈有四处，第22窟大像原高也近10米；库木吐喇也有四处。看来，大像窟是龟兹石窟的特征之一。大像窟布局的演变也值得关注：第一阶段大像窟中心柱后面安置涅槃像的后室宽大，如第47窟（图四：1）；第二阶段显著窄小了，如第139窟（图四：2）；第三阶段即约6世纪中后期的大像窟已废弃了大

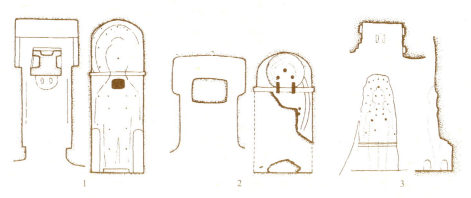

图四 克孜尔石窟平、立面
1. 第47窟 2. 第139窟 3. 第70窟

图五　巴米扬东大立佛窟（第155窟）平、立面

像立在中心柱前面的形制，而改为在大立像两腿后面开通道（礼拜道）的方式，并废掉了涅槃像的安排，如第70窟（图四：3）；又这第三阶段的布局和阿富汗巴米扬东、西两大立佛洞窟（即第155窟和第620窟）布局接近，如除去巴米扬两大立佛窟内左、右、后三壁较迟开凿的小型窟龛不计外，特别是东大立佛窟的布局（图五）更与克孜尔第70窟类似。巴米扬大立佛据近年研究，大多同意开凿于6世纪，这样，巴米扬大佛的来源有可能与葱岭以东的龟兹佛教联系起来。这当然是更值得深入研讨的问题[7]。

四

1979年北京大学这次和克孜尔石窟保管所合作进行的考古实习，对克孜尔石窟考古工作来说，仅仅是撰写克孜尔石窟考古报告的开始，当时所思考的问题都只是极初步的。在石窟年代问题上，只能说试图大概分几个阶段，真正搞清楚克孜尔全部洞窟的排年分期，那当在克孜尔石窟考古报告接近全部编竣之时；至于根据洞窟分期研究其历史意义，以完成作为历史科学的克孜尔石窟考古工作的最终目的，那是更长期的事业。作为一项学术事业，是需要有毅力、有恒心，更重要的是工作领导的支持，才有可能逐步完成的。遗憾的是，1979年开始工作，二十多年过去了，今天还没有看到它的继续清理编写的计划。我们认为设在包括克孜尔石窟在内的各处石窟单位，从保管所到研究院，他们的本职工作，除了保护维修之外，就应是经过编写详细的洞窟档案，然后产生考古报告的工作。前些年，各地抓经济建设，近年我们已有些余力照顾到文物单位，许多石窟的经济情况有了改变，但不少单位不抓紧编制详细的档案记录，当然更谈不到考古报告了；更严重的是，有的石窟单位为了所谓的发展旅游，竟在石窟前面过分扩展道路、广场、停车点，对埋在现在地面下的石窟遗迹，不经考古发掘的工作，而大肆推平破坏，要知道被破坏的遗迹，有可能就是它后面现存石窟的前室部分，所以那里出现了残碎的彩塑和坍落的壁画，这并不是什么奇怪的事。话说远了，我们希望包括克孜尔石窟在内的各地石窟单位重视经过详细档案的编写产生考古报告这项石窟单位的本职工作。如果重视这项工作，划平破坏窟前遗址的情况，自然就会避免了。

2006 年 6 月 26 日

注释

〔1〕 见徐松《西域水道记》卷二。
〔2〕 参看《新疆克孜尔石窟考古报告》第一卷附录一所刊晁华山《德国人研究克孜尔石窟的概况》。
〔3〕 1997 年 12 月文物出版社出版了《新疆克孜尔石窟考古报告》第一卷。
〔4〕 见谢济世《戎幕随笔》。谢书似佚，此事据俞浩《西域考古录》卷十二转引。
〔5〕 见黄文弼《塔里木盆地考古记》，科学出版社，1958 年。
〔6〕〔7〕 参看拙文《克孜尔部分洞窟阶段划分与年代等问题的初步探索》，刊《中国石窟·克孜尔石窟》一，文物出版社，1989 年。

试释云冈石窟的分期

——《云冈石窟卷》画册读后

即将刊行的《云冈石窟卷》画册是《山西文物精品典藏》中的一册，它与已出版的同类画册相比，较突出地显示了云冈石窟可分早、中、晚三期的时间特征。我想就这个问题汇辑一些具体内容试述如下。这样的文字作为全面概括《云冈石窟卷》画册的序言很不合适，勉强跋于书后，供读者作为欣赏古代雕塑之余的参考吧。

云冈早期石窟即《魏书·释老志》所记"和平初（460年）……昙曜白（文成）帝于京城西武州塞，凿山石壁，开窟五所"，亦即今云冈第16～20窟。此五窟内早期设计并雕凿的部分，有近椭圆形平面、穹隆顶、模拟草庐形式的窟室；充满窟内的巨大佛像；佛像的主要内容是与昙曜当时一再翻译佛教历史《付法藏传》相配合的三世佛[1]；以及佛像的姿态、布局和浑厚磅礴的造型等。这些都与比它早的河西北凉以佛塔为中心的塔庙式石窟有异。因此，似可认为是综合了东方和西方多方面的因素，在当时北魏都城平城新出现的一种模式。五窟中第19窟的西胁洞、第16窟和五窟内外的小龛大都竣工较晚，有可能迟到云冈中期乃至晚期。

中期即位于云冈石窟中部的第7、8窟，第9、10窟，第11～13窟，第5、6窟和东端的第1、2窟与第3窟[2]等。这一期石窟有前后两室，也有单室，俱较方整，顶多凿平棋，且多双窟并开的组窟；窟内壁面上下分层、左右分栏地排列，内雕佛龛和本生、佛传题材，后者并附雕榜题；还有佛像出现宽大多褶的衣着和石窟的整体雕饰追求工丽等，都与前期情况异趣，显然这是石窟日趋东方化的演变。特别值得重视的是，中期石窟的造像，出现了汉译《妙法莲华经》和《维摩诘所问经》的内容（前者如《见宝塔品》所记释迦、多宝并坐塔内的形象，后者如《示疾品》所记维摩诘和侍者像）。这些形象早于云冈的，现仅见于甘肃永靖炳灵寺石窟第169窟壁画一处，壁画的时代约与该窟第6号龛左侧的墨书题记中西秦建弘元年（420年）纪年相距不远[3]，而炳灵壁画的来源有可能与406年鸠摩罗什与门下在西秦东邻——当时佛教圣地的姚秦都城长安，重新译就并宣讲《法华》《维摩》两经有关[4]。至于云冈中期《法华》《维摩》形象题材的雕造，似亦受到长安影响。云冈中期的具体时间，主要在北魏迁洛之前文成文明皇后冯氏执政时的孝文帝在位时期（471~494年）。冯氏，长乐信都人，家世奉佛[5]，5世纪中期其父朗曾任秦、雍二州刺史，441年生冯氏于长安，冯氏执政后又于长安为父朗兴建燕宣王庙。417年姚秦亡，罗什弟子留中原者东聚彭城，其后彭城高僧又多为冯氏和孝文帝所敬重，且颇有北入平城者[6]。因可推测，冯氏、孝文期间崇奉的佛教与长安派系关系密切[7]，因而云冈中期和前期比较，石窟的许多方面出现了差异，这种差异应是北魏平城地区佛教更进一步汉化的反映。

晚期石窟的时期，始于迁洛（494年）前后迄于正光年间（520~525年）。迁洛后，上层亲贵对"旧都意重"（《魏书·广陵王羽传》），宣武帝时（500~515年），犹"冬朝京都（洛阳），夏归部落"（《魏书·尔朱荣传》），景明四年（503年）"诏尚书左仆射源怀抚劳代都、北镇，随方拯恤"（《魏书·世宗纪》），孝明帝熙平二年（517年）诏还说："北京根旧，帝业所基，南迁二纪，犹有留住，怀本乐故，未能自遣，若未迁者，悉可听其仍停，安堵永业……"（《魏书·肃宗纪》）可见迁都二十余年之后，平城尚大体维持着旧都风貌，云冈当亦不应有太大变化。云冈晚期石窟的特色，主要表现在多建中小型窟室和单独的佛龛：中小型窟龛多开凿在云冈西部，其形制在中期平棋顶近方形平面的石窟的基础上缩小、简化，流行三壁三龛式或三壁设坛式的窟内布局；单独的佛龛遍布于早中期石窟内外，龛楣雕饰复杂。此外，窟龛中的造像多成组配置，佛像都渐趋清秀，下垂衣襞折叠增多，菩萨披帛出现交叉穿壁装饰等，也多展现于晚期。这类云冈晚期窟龛的新情况，应予关注的是它们发生或流行的时间，都早于类似的洛阳龙门的北魏窟龛，前引熙平二年诏明令"若未迁者，悉可听其仍停"，但接着又说"门才术艺应于时求者自别征引，不在斯例"，因知此时平城仍有"门才术艺"之士为洛京所征求，所以推测龙门魏窟受到云冈晚期发展的影响，并不是不可理解的[8]。

2007年12月5日

注释

〔1〕 参看《云冈石窟分期试论》，刊《考古学报》1978 年第 1 期。后辑入《中国石窟寺研究》，文物出版社，1996 年。《历代三宝记》卷九记元魏北台译经云："《付法藏传》四卷……和平三年（462年）诏玄统沙门释昙曜慨前凌废，欣今载兴，始于北台石窟寺内集诸僧众，译斯传经流通后贤。"为了译文内容准确，文字工丽，"西域沙门吉迦夜……延兴二年（472 年）为沙门统释昙曜于北台重译，刘孝标笔受"（《付法藏因缘传》六卷）。462～472 年，恰是昙曜于武周塞（今云冈）石窟雕造"昙曜五窟"期间。开窟、译经和译经地点显然不是偶然集聚，而当是关系密切的反映。这种密切关系，汤用彤先生《汉魏两晋南北朝佛教史·佛教之北统》"昙曜复兴佛法"条论释云："太武帝毁法之时，诬言佛法本是虚诞，胡无此教，乃汉人无赖者所伪造。昙曜于大法再兴之后，乃译《付法藏传》以明释教之传来历然可考。而且不数年中，吉迦夜又为曜重译之，盖皆意在昭示传灯之来由，而'庶使法藏住持无绝'也。"

〔2〕 以上皆以开凿石窟的时间言，有的窟内龛像雕造较晚，其或迟至北魏以后，如第 3 窟右侧的一佛二菩萨。

〔3〕 炳灵寺第 169 窟内约绘于西秦时期的壁画有此二内容的共三号：第 10 号壁画右侧绘"维摩诘之像"，中绘"释迦牟尼佛"，左绘"文殊师利"；第 11 号壁画分上、下两栏，上栏绘"维摩诘之像"与"侍者之像"，下栏绘"释迦牟尼佛多宝佛"并坐塔内；第 24 号壁画千佛下方绘"多宝佛与释迦牟尼佛"并坐塔内。其中第 10 号壁画维摩诘示疾的布局与大同云冈石窟第 7、8 两窟同题材的雕刻极为相近。参看炳灵寺文物保管所《炳灵寺石窟内容总录》，刊《中国石窟·永靖炳灵寺》，文物出版社，1989 年。

〔4〕 僧人宜讲，多辅以有关宣讲内容的壁画——"变相"，《历代名画记》卷五记晋宁兴中（363～365年）顾恺之"曾于瓦棺寺北小殿画维摩诘"，应是较早之例。

〔5〕 参看《中国石窟寺研究》第 132 页。

〔6〕 如《广弘明集》卷二十四孝文帝为亡僧《施帛设斋诏》所记"唱谛鹿苑"（平城北苑西山鹿野佛图）的徐州慧纪和"唱法北京"（平城）的徐州僧统等。

〔7〕 参看《云冈实力的集聚和"云冈模式"的形成与发展》，刊《中国石窟·云冈石窟》一，文物出版社，1991 年；后辑入《中国石窟寺研究》。490 年，冯氏卒，孝文亲政，494 年迁洛后，益重罗什，《续高僧传》卷六《道登传》记罗什再传弟子道登及其同学法度"及到洛阳，（孝文）君臣僧尼莫不宾礼"。496 年，又诏曰："罗什法师可谓神出五才，志入四行者也，今（长安）常住寺……可于（罗什）旧堂所为建三级浮图。"并访其"子胤，当加叙接"（《魏书·释老志》）。

〔8〕 参看《中国石窟寺研究》第 139～192 页。

本文原刊《文物》2010 年 7 期，第 63～65 页

定州工艺与静志、净众两塔地宫文物*

河北定州西依太行，东展沃原，既富林木矿藏，又饶农植麻桑，且当大漠南下华北大平原之要冲，故自古以来，既是工艺精巧的城邑，又是中原与北方交往之重镇。结合历代出土文物与文献记载，探讨定州主要手工业的兴替情况，自先秦迄北宋大体可分四个阶段，静志、净众两塔地宫的时代适在第三阶段的末尾。

一

第一阶段 考古发现主要是战国两汉中山国遗迹。从太行山东麓唐县—平山一线，中山国陵墓的发现到两汉中山王墓的遗物，最引人注目的是精致的青铜器。中山国陵墓所出多有动物纹饰和动物吞噬造型以及黄金饰品[1]。盖建国中山的鲜虞白狄，原自陕北迁来，其北方游牧民族之风习仍多遗存。两汉中山王墓多出各种精致的青铜器和锋利的工具，其中凡无明确标记为外地制造者，即不能排除产自中山[2]。定州境内"有铜有铁"[3]，故可资其长期发展器用。

第二阶段 六朝隋迄盛唐佛教艺术品和丝织工艺之兴起。公元4世纪，燕赵地区即建有塔、像，故北魏皇始二年（397年）拓跋珪平中山，致敬所径郡县佛寺[4]。现存太武废佛之前，有明确纪年和造像人乡里铭文的佛教遗物多定州及其附近雕铸，如太平真君三年（442年）定州常山鲍纂所造弥勒石像[5]和太平真君四年（443年）高阳蠡吾苑申所造金铜弥勒立像[6]。文成初复佛法之

---

* 此定州的范围约指以今定州市为中心，西界太行，南及平山，北逾满城，东抵博野、武强，大概相当北宋河北西路的北部。

明年，即 453 年，高僧昙曜即"自中山被命赴京"[7]，可见定州佛教根基深固。复法不久，即有侨居定州的凉州张埯主大写佛经送回故乡流布[8]。太和五年（481 年），孝文帝与文明太皇太后"路径（定）州市临通逵"建五层佛图"于州东之门"[9]，佛图下瘞石函，内藏有我国采用西亚吹制技法制造的七件玻璃制品和波斯萨珊银币四十一枚，这些都是定州与西方交往的直接物证[10]。20 世纪初，定州城内料敌塔前发现的北魏正始二年（505 年）《七宝瓶铭》记有太和十八年（494 年）僧晕为七帝建三丈八弥勒金铜大像事[11]。兴铸如此巨像，说明定州雕铸工艺水平高超。所以，历年于定州及其附近发现自北魏太和迄盛唐的金铜、白石造像无虑千百[12]，而一座高 4 米有余西向的北朝晚期雕镌的白石佛像犹立于州东垣内的原来位置。北魏至盛唐约三百年间，正处在我国佛教形象逐渐完成东方化的过程，定州工师在这个创新过程中，无疑做出了重要贡献[13]。其金铜精品有太和元年（477 年）安熹县堤阳□□造释迦闻佛坐像[14]、正光五年（524 年）新市县□午□造弥勒组像[15]和开皇四年（584 年）武强县丞董钦造弥勒组像[16]。白石精品有天保八年（557 年）张零根造释迦像[17]和 1975 年西安汉城东北李家树村发现的北朝晚期白石方形塔龛[18]，还有 1959 年西安唐大安国寺遗址发现的一批盛唐贴金敷彩的白石造像[19]。定州多石材，美者出曲阳黄山、嘉山，其地世传哲匠迄今不绝[20]。

丝绸织造也是这阶段定州的著名工艺。北齐太府寺中尚方领有"定州䌷绫局"[21]，显然不是偶然的事。开元天宝间，定州土贡八种丝织品，其中绫有六种之多[22]。张鷟《朝野佥载》记："定州何明远大富，主官中三驿，每于驿边起店停商，专以袭胡为业。资财巨万，家有绫机五百张。远年老，或不从戎，即家贫破，及如故，即复盛。"[23]可见当时定州民间织绫之盛和大批输出境外有密切关系。

第三阶段 自中唐迄于北宋初太祖、太宗之世。这阶段发展了绘画、浮雕和制瓷工艺。安史乱后，河北群藩割据，定、易介冀镇、幽州两雄藩之间，先有张孝忠一家固守安辑四十年，后有王处存三世招怀抚纳，续以后晋割地契丹，定州差谧又得六十余年；再后经孙行友弟兄或弃或保，旋入于宋。在此长时期变乱频繁之际，定、易虽屡罹兵祸，但平靖时多，故定州工艺不仅未曾歇废，转而趋向精细。北京房山万佛堂壁画镶嵌大历五年（770 年）"文殊普贤万菩萨法会图"浮雕，系用三十多块曲阳白玉石拼接而成，通长 23.80 米、高 2.47 米[24]，这样大型群体浮雕为前所未见。石料出自曲阳，当是定州雕作。1994 年，曲阳发现的后唐同光二年（924 年）王处直墓[25]墓壁镶嵌的整幅奉侍人群和伎乐演奏以及单幅的十二时造像浮雕，在形象生动、起伏得序等方面，超过了"法会图"。该墓壁所绘大面积的初春山水，禽鸟牡丹，层次清晰，疏密有致，无论意境、技法都远在唐墓壁画流行的屏风人物、个体侍从之上。王处直墓多次被盗，残存的少量金银饰品亦多精细之作。一件敛口白釉瓷钵，底部阴刻行书"新官"，说明是定州官窑烧制。定州设官窑约在晚唐，近年西安在唐长安城西北隅发现窖藏定瓷盘、碟、碗、注子等三十多件，釉色莹白，胎薄无纹饰，真上乘佳作。器底多刻出"官"字[26]，其烧造年代似应早于"新官"。定窑窑址在曲阳北涧磁岭下涧磁村北和村东[27]，村东有五子山禅院遗址，光绪《重修曲阳县志》卷十一《金石录上》著录定州开元寺僧守諲所书后周显德四年（957 年）《大周五子山禅院长老和尚（敬晖）舍利塔之记》碑文，文前所列职官中有署"□□使押衙银青光禄大夫检校太子宾客兼殿中侍御史充龙泉镇使铃辖瓷窑商税务使冯翱"者。涧磁村附近多产瓷土和釉料，其地唐宋时隶龙泉镇[28]，故《县志》卷十下《土宜物产考》谓："县境三面皆山，土石相间，多不能种……龙泉镇则宜瓷器……白瓷龙泉镇出，昔人谓定窑是也。"以龙泉镇使铃辖瓷窑商税务使，可知其所司瓷器商税，主要出自涧磁诸窑，是五代时定窑作为商品生产，当已具有相当规模，故有司设瓷窑商税务于此。近年北京市，内蒙古赤峰，辽宁法库、建平等地发现的 10 世纪辽墓中，多出有"官"或"新官"款的素白定器，同样字款的白瓷，也出现在浙江临安和湖南长沙的晚唐五代墓中[29]。看来，定瓷在这阶段已逐渐走向全国；其实已不仅走向全国，有"官"字款的白瓷片既出于遥远的埃及开罗南郊福斯塔特遗址[30]，又发现于朝鲜半岛南部庆州的皇龙寺遗址[31]，均是远输国外的佳例。按上述《大周五子山禅院长老和尚（敬晖）舍利塔之记》碑立后三年即 960 年，北宋代周。又十二年，即静志寺建真身舍利塔地宫之太平兴国二年（977 年）。又十八年，即至道元年（995 年），兴建净众院舍利塔地宫。

二

静志寺、净众院地面建筑俱已不存。1969 年发现两寺舍利塔地宫[32]。静志寺塔地宫系太平兴国二年新建，内藏自北魏兴安二年（453 年）以来，经隋大业二年（606年）、唐大中十二年（858年）、龙纪元年（889年）、宋太平兴国二年（977年）等历代递藏供养舍利的各种遗物，而以最后一次新建地宫时奉纳的遗物为大宗。净众院创建于宋端拱元年（988年），地宫建于至道元年（995年），其中遗物多当时制造。两塔地宫供奉物和地宫建筑、绘饰是了解10世纪末期定州社会生活的重要史料。

两地宫供奉物中，定窑烧造的陶瓷器不仅数量多，质量好，而且时代可靠——最晚的也应是977年即太平兴国二年或至道元年即995年的产品。静志地宫入藏的一百六十多件陶瓷器中，过去较为罕见的瓶、盒、罐、炉类器物竟多达六十件以上。此外，波浪纹海螺（图一）、龟形水注（图二）和四人肩舆（图三）等更属初靓的珍品；三件仿金属器造型的青釉器——长颈瓜楞瓶、六曲盘（图四）、莲花龟心碗（图五）是耀州窑还是本地烧制？这种中原青瓷的制造地点，值得进一步研讨[33]；酱釉盖罐（图六）不知是否是紫定前身；镶饰金口的洗和镶宽银口的盘，应是细巧金银扣定器的初期形态。但不知这几件的金银扣是出自本地，还是吴越新装[34]，以上当然也都是稀见的定器。净众院地宫入藏陶瓷品计四十七件，其中把壶（图七）、竹节筒盒（图八）等亦属少有造型，而器高60.7厘米的刻花龙头大净瓶（图九），更是难得的大型定器。静志白瓷有"官"字款者十多件，其中一件有"新官"款；净众白瓷据说只有划书"官"字者，是两地宫的供奉瓷器多为官窑烧制。《宋会要辑稿》"食货五二之三七"记："瓷器库在建隆坊，掌受明、越、饶州、定州、青州白瓷器及漆器以给用。以京朝官三班内侍二人监库。宋太宗淳化元年（990年）七月诏，瓷器库纳诸州瓷器，拣出缺璺数目等第……"[35] 此事与《太平寰宇记》卷六二记河北道定州贡瓷器对读，可知瓷器库纳诸州瓷器的时间，恰与两地宫入藏大批定瓷的时间相接，由此似可推知，当时定州官窑之生产其质量、数量并未降低，至少还保持着晚唐的水平。静志所出绿釉净瓶（图十）、黄釉鹦鹉壶（图十一）和净众所出的三彩（黄、褐、绿）净瓶等低温釉陶，系延续唐三彩工艺的佳作。应予注意的是，内蒙古和林格尔土城子较早的辽墓（M3）出土黄绿釉鹦鹉壶和静志的鹦鹉壶雕饰、造型如出一手[36]。显然，这是定州低温釉陶也参与了向北输出的物证。

两地宫入藏不少玻璃器，据统计静志共三十七件，净众三十四件[37]。据安家瑶女士调查，静志玻璃器有一部分属伊斯兰钠钙玻璃，净众则全部为国产的高铅玻璃[38]。有些静志入藏的钠钙玻璃器，可以根据地宫内的几件石刻记录推

定州工艺与静志、净众两塔地宫文物 397

图一 白釉波浪纹海螺

图二 白釉龟形水注

图三 黑白釉四人肩舆

图四 青釉六曲盘

图五 青釉刻花莲瓣碗

图六 酱釉盖罐

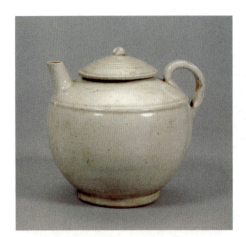

图七　白釉把壶

图八　白釉竹节筒盒

图九　白釉刻花龙头净瓶

测其入藏年代：

（一）大小直桶杯各一件，小者浅色无纹（图十二），大者蓝色有简单竖线磨纹。此二件直桶杯，疑即大中十二年《唐定州静志寺重葬真身记》[39]所记大中二年（848年）发旧塔基时所得"银塔内有琉璃瓶二，小白大碧，两瓶相盛，水色凝结……"，其入藏年代比陕西扶风法门寺咸通十四年（873年）整修之佛骨舍利地宫中的伊斯兰玻璃器为早。

（二）细颈瓶二件，可能是太平兴国二年《重建静志寺真身舍利塔铭》[40]所记："开宝九年（976年）岁次丙子三月中旬，申上欲开塔基，重取舍利，寻蒙（祁廷训）太尉俞允，即日于塔身内取得银棺子一所……又于地宫内石函中得银塔子一、琉璃瓶二枚……"此二枚琉璃瓶中透明度好、略呈浅绿色的那枚（图十三），据说与日本唐招提寺所藏传由鉴真和尚携去"西国琉璃瓶"形制相似[41]，此推断结果不误，这枚玻璃瓶的年代可能比上述二直桶杯尤早，应是国内发现的伊斯兰玻璃器中的最早例。

（三）大中十二年《唐定州静志寺重葬真身记》末记："其塔中小石塔者，本天祐寺隋塔，有舍利两粒，贮瓶四重：琉璃、金、银、漆，安在小塔顶旧函中。"[42]此四重瓶最里层的琉璃瓶，疑即无色透明的附有莲花银盖的方形小瓶（图十四）。此瓶据同位素 X 射线荧光分析，其成分与上述细颈瓶接近[43]，它的时间可能也与细颈瓶相近。因此，也应是静志地宫所藏伊斯兰玻璃器中的较早者。

图十　绿釉净瓶

图十一　黄釉鹦鹉壶

图十二　浅色无纹直桶玻璃杯（瓶）

图十三　浅绿色琉璃瓶

图十四　无色方形小琉璃瓶

图十五　刻花细颈琉璃瓶

（四）另一件刻花细颈瓶（图十五），则应是上引《塔铭》中所记："（郧）崇信因舍俸钱……筑石塔基三间，旧基取土，又掘得石函一所，内有……琉璃瓶子一。"[44] 此类刻花细颈瓶是10世纪伊斯兰玻璃器中常见物，国内外多有发现。就国内言，凡有可靠纪年器物为依据的，都已进入11世纪[45]，而静志地宫系977年封藏，且此得之于旧基石函中，其年代最迟亦应在10世纪中期。

静志和净众入藏的国产玻璃器多小型薄体器，有各种颜色的葫芦瓶、成串的葡萄（图十六）、小细颈瓶、四联瓶，较大的只有六曲钵、侈口碗。两地宫所出国产玻璃器数量、种类都远比唐代为多，而净众的三十四件玻璃器竟全部为国产，这些清楚地反映了我国晚唐以来玻璃工艺的急剧发展[46]，而它的发展有迹象表明与制瓷工艺的繁荣有直接关系，然而静志、净众的入藏很有可能是与定瓷同一产地。

太平兴国二年《重建静志寺真身舍利塔铭》最末记载新入藏的一批金银器云："太平兴国二年岁在丁丑五月辛酉朔二十二日，三处舍利葬于地宫内。又新施到银棺子一、小金棺子三、银塔子二、银香炉一、银净瓶一、银香合子一、银瓮子一……相次起立石塔，伏愿一切有情，同沾福润。（郧）崇信素不能文，聊直书耳。"[47] 这批金银器中，有的还錾出供奉文字，如银香炉上錾有"……解脱……涅槃……太平兴国二年五月十六日造记"等字样。看来，是专为此次重葬舍利的功德而特制的[48]。器物制作虽嫌单薄，但器类多，线雕纹饰简洁，与当时烧制的瓷器有相通处，这应是10世纪后期某些工艺品的共同特征。此外，还有高15.5厘米金铜天王和高14.6厘米的金铜力士各一件（图十七）。天王威武，力士雄

图十六　玻璃葡萄

张，两像既精练，又生动，应是定州长期雕铸佛教人物造型的传统作品。净众地宫入藏银器八件，其中缠龙银瓶和重层银塔皆遍体附贴龙云和莲瓣银片装饰（图十八），较静志银塔为繁缛。金银器上附贴工艺的发展，是晚唐五代为此后北宋金银器皿所开创的新的装饰技法。

静志地宫瓷器都有丝织品包裹。定州丝织自古有名。两地宫都出有多片紫绢地绣品（图十九），花叶纷陈，布局紧密，有可能是帐幔残件。同类帐幔如内蒙古赤峰大营子辽应历九年（959年）驸马赠卫国王墓所出加绣金线龙凤的残

图十七　金铜天王、力士

图十八　重层银塔

图十九　紫绢地绣品残件

幡[49]和辽会同四年（941年）赤峰阿鲁科尔沁旗东京太傅耶律羽之墓所出遍地球纹绣残幡以及同出的簇宝花绫、团窠卷草锦等残片[50]，皆是当时的纂组精华，但不知与定州巧手有无关系。

两地宫除入藏大量珍贵供品外，建筑本身和附属于它的彩画、壁画也都是10世纪末罕见的遗迹。

静志地宫平面略呈方形，四壁砖砌仿木构建筑。四隅砌倚柱，转角内柱头铺作和后、左、右三壁上的补间铺作，皆砌出一斗三升斗栱一朵。转角内柱头正中耍头作出稍向前伸的栱头状，补间的耍头则斫作批竹式。铺作之上以通替木承托长榑，其下部的栌斗皆未设耳，宽大如盘。两倚柱柱头间的阑额异常纤细。以上做法多不见于木建筑，盖用砖仿木初期不能袭用木结构形制之处尚多，此种不甚成熟的仿木建筑的实例至为稀少。而尤应重视的是仿木结构上的鲜艳彩画：阑额画束莲；泥道栱或画流云，或画铺地卷成，或画鱼鳞旗脚；斗面多画团科柿蒂，或画松纹；通替木画松纹；长榑画牡丹；栱眼壁画各种写生花，空间填以云朵（图二十）。彩画题材大部与11世纪末的《营造法式图样》异趣，其偶有相近者，在布局和描绘上亦较《法式图样》为简洁明快。因此，它是了解唐宋之间建筑彩画演变的最好资料。静志壁画内容：北壁十弟子敬礼"释迦牟尼真身舍利"灵牌；南壁券门两侧各一天王（图二十一、二十二）；左右壁画范（梵）王（天）、帝释礼佛，帝释戴宝冠，饰璎珞，手执白拂（图二十三）。白拂画作麈尾状，应是源于较早的画本。梵天、帝

图二十　塔基舍利阁内部结构

图二十一　五号塔基券门东侧天王像

图二十二　五号塔基券门西侧天王像

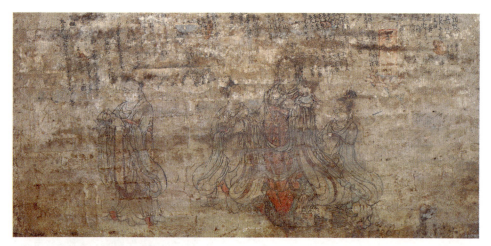

图二十三　五号塔基内东壁壁画及题记

图二十四　六号塔基内北壁壁画

释礼佛题材又见山西临猗双塔寺熙宁二年（1069年）西塔地宫入藏的石函和银棺[51]，差异较大处是银棺左右壁线雕的梵天、帝释皆手持莲花，前后眷属人数增多并俱现于云气之中。此种差异，应是符合北宋中晚期各种工艺日趋繁缛的共同规律。净众地宫平面亦方形，但四壁无仿木构件，壁画内容亦与静志不同。北壁绘较大场面的涅槃图（图二十四），左右壁各绘乐人六，乐人皆戎装（图二十五）；就着装言，颇似《药师经变》中守护药师佛的十二神将[52]。舍利地宫绘画戎装乐队，不知尚有他例否。净众地宫壁画应予注意的是墓顶，飞天、凤凰间以散花、流云，以白描笔法布满穹隆，如此设计似乎亦无先例。目前墓顶白灰皮层脱落严重，线条笔迹亦渐漫漶隐没，考虑保护措施已刻不容缓。

图二十五　六号塔基内右壁壁画

三

景德二年（1005年）澶渊之盟后，进入定州工艺的第四阶段。此阶段已在静志、净众两地宫之后，但直迄女真大举南下灭亡北宋的靖康之变（1126年）之前，其间基本承平百有余年，定州工艺达到了最盛时期。作为定州工艺较系统的说明，似有继续考察下去的必要。第四阶段就现有资料看，制瓷、丝织和建筑三个方面都留下了文字记录和实物。

11世纪，定瓷在装饰上发展了对称、清新的印花图案，在制造上流行了支圈覆烧技法。前者似乎受到当时丝织品纹样的影响，后者则大大地扩大了生产。"官""新官"款罕见了，这大约是一方面窑业者直接承应了皇室、贵族的订货，所以发现了有"尚食局"、"尚药局"和"五王府"的刻铭。故宫所藏定瓷有"奉华""风华""慈福""德寿""聚秀""北苑""禁苑"等入宫以后在器底刻出的文字，更说明定窑在宫廷中并未因有芒而绝迹。另一方面供应民间的数量增多了，一些较粗的白瓷碗心书有段、李、刘、元等姓氏字样[53]；这类粗瓷时代可能晚些，但可见定瓷已日渐走向民间。《光绪曲阳县志》卷十一著录后唐天成元年（926年）王都《重修五子山院碑》右侧镌有行书体铭："愚尝谓此山乃境中绝胜之所也，然有记事之碑，经其雨雪，字体亏残，愚虽不达，恻然悯之，于是请匠以重镌之，庶后观者得以□。时宋宣和二年（1120年）庚子八月十五日，中山府贩磁器客赵仙重修记……院庄僧智弁，岳阳杨刊。"据此可知12世纪初已有专门贩瓷器客商到窑场附近洽谈生意，定窑盛况因可推知。20世纪40～50年代，东北博物馆李文信先生调查内蒙古东部未经金元利用过的辽城遗址和陵区，采集了大量瓷片，对其中定瓷情况和所占比例有所记录[54]，现摘要如下表。

遗址名称	遗址地点	定瓷片在瓷片中所占比例和定瓷简况
上京临潢府址	巴林左旗林东街	约占50%，素白的最多，划花的次之，印花的较少。大内址中分布较多
祖州城址	巴林左旗林东街西，独石山中	约占80%，有光素、划花、印花三种。城内西北和东北两方分布较多
庆州城址	巴林左旗林东街西北白塔子村	约占70%，光素的最多，雕刻花的较少，印花的最少；定窑红瓷、黑瓷各获一片；较粗的仿定窑白瓷片占5%
永庆陵区	巴林右旗庆州城址北	约占45%，雕印花纹的较少，较粗黄的仿定窑白瓷片约占总数35%

表中几处地点分布的定窑白瓷有些属于10世纪的产品，但大部分是这个阶段前半所烧造，其中较粗黄的仿定估计也有一部分是定窑的民间产品。至于广大地区发现的辽墓随葬的定瓷和辽塔天宫、地宫入藏的定瓷更屈指难数。而且除白瓷外，这阶段还烧造了上表所列的红定、黑定，另外还有紫定、绿定和金花定器。和制瓷关系密切的低温三彩器，似乎也应考虑在内，尽管目前尚未发现属于这阶段定窑烧造的三彩，但我们知道20世纪初易县西北山中发现一处罗汉窟，窟内供奉十多座三彩罗汉[55]，这组群体塑像工艺水平在北宋罗汉造像中亦属上乘，因而似乎也应和有雕铸佛教人物传统的定州联系起来。按自唐建中三年（782年）设义武军节度使以来，一直到辽统和七年（989年）易州沦陷契丹之前，二百多年间易、定两州皆统领于义武军，而定州为设军衙之地，故此易县三彩即使非定州烧制，其技艺亦有出自定州之可能。

"河朔、山东养蚕之利，逾于稼穑"[56]，而河北丝织中心向在定州。这个阶段，定州以发展了细巧的高技术的织物——缂丝闻名于世。泉州惠安人庄绰记两宋间佚事，撰《鸡肋编》[57]，其卷上有云："定州织刻（缂）丝，不用大机，以熟色彩经于木棦上，随所欲作花草禽兽状；以小梭织纬时，先留其处，方以杂色线缀于经纬之上，合而成之，若不相连，承空视之，若雕镂之象，故名刻丝。如妇人一衣终岁可就，虽作百花使不相类，亦可盖纬线非通梭所织也。"确凿的定州缂丝迄未发现，但10~11世纪的契丹贵族墓却多有缂丝出土，辽宁法库叶茂台辽墓出有金线龙云海兽缂丝尸衾、金线云水缂丝靴面[58]，内蒙古翁牛特旗辽墓出有缂丝，简报未详记内容，但同出有金线海水龙云绣[59]，以上织有金线的作品，不知是否是定州所产。另外存素堂朱氏旧藏传北宋紫鸾鹊缂丝匹料[60]，颇有如庄绰所记"随所欲作花草禽兽状"，就织纹言，应属缂丝的早期作品，其为定州织造的可能性，似较上述加饰金线者为大。

其时，定州建筑艺术亦雄踞北方。现存著名的遗迹是定县城内开元寺的料敌塔。《民国定县志》卷二《古迹篇》记："料敌塔，《康熙志》名曰大塔，在县治南。宋真宗时，开元寺僧会能尝往西竺取经，得舍利子以归。咸平四年（1001年）诏会能建塔，伐材于嘉山[61]。至和二年（1055年）始成。高十三（一）级，围六十四步，因可以瞭望敌，又名料敌塔。知州宋祁尝记年月其巅……光绪间（十年，1884年），塔东北一角塌坏。"20世纪80年代已修整复原。该塔八角，外轮廓有轻微收分，外观至为秀丽，外壁内绕以回廊，自第1~7层廊壁上部设砖制华栱二跳，其上施支条、背版与木建筑同。背版结构在第2、3两层用方砖，浮雕各种花纹，无一雷同；第4~7层以彩绘版代雕砖；第8~11层只筑券洞，无斗栱、平棋。塔内部中央建一个八角砖柱，内置梯级。第1层高度较大[62]，因建后不久即因故封阻，所以壁画、彩画仍极艳丽[63]。此塔外观简洁，比例匀称，建筑装饰既整齐华丽，又富变化，是现存砖塔中最高大者，也是砖仿木建进入成熟时期的代表作。此外，见于著录的定州名建筑：如与料敌塔同年于城东北隅兴建的华塔；庆历八年（1048年）安抚使韩琦于县治后兴建的阅古堂和皇祐三年（1051年）于华塔侧营建的众春园，绍圣元年（1094年）知州苏轼于文庙营建的雪浪斋等虽早已不存[64]，但1934年中国营造学社刘敦桢先生调查河北西部古建筑时尚在的易县开元寺辽建毗卢、药师、观音三座大殿，似可聊备参考。刘先生记开元寺三大殿云："殿内平棋藻井的分划和襻间结构，多少与《营造法式》类似，而和我们从前所调查的辽建筑两样。"又云其中的毗卢殿"跪在平盘斗上的角神……在木建筑中此系第一次碰见的实例，可与《营造法式》互相印证……药师殿……明间（襻间）用两材，次间成为单材，和《营造法式》卷三十榑缝襻间一图异常接近，可算为辽代遗构的一个例外"[65]。以上所记与辽建不同而与《法式》相近者，当是源于北宋中期以后的新发展。北宋中期以后的新情况出现于易州，应是自其南邻定州而北传者。刘先生又记毗卢殿内的佛像云："殿内安置如来、文殊、普贤三像……姿态都很潇洒自然，一见之下，几疑与大同华严寺薄伽教藏殿诸像同出一人之手。"[66] 此事殊值重视，与薄伽教藏殿的佛、菩萨形象相似的造像，辽中京以南多有发现。然则辽圣宗以后一部分辽代佛教造像的变化，如涉及易州，应又与前述之三彩罗汉的情况相同。当和有造像传统的定州关系最为密切。

建炎三年（1129年），中山陷金。兴定三年（1219年）蒙古下中山，此北方重镇经金元兵燹，人物多有流散，旧有工艺虽时有恢复，如《金史·地理志中》记河北西路"真定府，上，总管府……产瓷器"[67] 和《元史·百官志一·工部》记真定路设纱罗兼杂制造局[68]、中山设织染提举司等建置[69]，实是定州传统工艺已进入尾声的部分反映。至于定州工艺的彻底衰落，盖由于明初燕王朱棣之南犯。建文初（1399年），都督平安守真、定，屡挫燕兵于燕南，《民国定县志》卷十七《志余兵事篇》分析此战役云："燕兵之屠戮燕南，赤地千里，燕王厉讳，不见史册一字。其实燕赵之民随在起义抗拒，燕兵所至屠戮无遗，观定州及各县氏族多永乐迁徙而来，土著绝少，即知当时残杀已空，不能不迁民以实之，其视战争蹂躏之害为尤烈也。"[70] 金元之世，定州工艺虽已式微，但两千年来工艺重地的走向解体，实是罹于明初所谓"靖难之役"。

注释

〔1〕 参看河北省文物研究所《譻墓——战国中山国国王之墓》下，彩版15：1、6、32、33、34、36：2、37：1，文物出版社，1996年。

〔2〕 参看河北省文物管理处《河北省三十年来的考古工作·秦汉时期》，刊《文物考古工作三十年：1949～1979》，文物出版社，1979年。

〔3〕 《新唐书·地理志三》："定州博陵郡……县十……唐、上，有铜有铁。"

〔4〕 《魏书·释老志》："太祖平中山，经略燕赵，所径郡国佛寺，见诸沙门道士皆致精敬。"

〔5〕 此像仅存石座，原为端方藏品，《陶斋藏石记》卷六有铭记录文。该座现藏日本东京书道博物馆。常山在今定县西南，北魏属定州。

〔6〕 参看东京国立博物馆《金铜佛：中国·朝鲜·日本　特别展》，图版8，1987年。蠡吾在今定县东南。该像现由日本大阪私人收藏。

〔7〕 引自《魏书·释老志》。

〔8〕 敦煌发现薄黄绢《金光明经》卷二尾题云："皇兴五年（471年），岁在辛亥，大魏定州中山郡卢奴县城内西坊里住，原乡凉州武威郡租厉县梁泽北乡武训里方亭南菅亭北张壃主……自慨多难……兴造素经法华一部、金光明一部、摩维一部、无量寿一部，欲令流通本乡……"该卷现藏法国巴黎国立图书馆，P.4506。参看池田温《中国古代写本识语集录》98，1990年。

〔9〕 引自石函盖铭，参看河北省文物局文物工作队《河北定县出土北魏石函》，《考古》1966年5期。

〔10〕 参看夏鼐《河北定县塔基舍利函中波斯萨珊朝银币》，《考古》1966年5期。

〔11〕 《民国定县志》卷十八《志余金石篇上》著录此铭石，石末署"前定州刺史彭城王元勰、定州刺史城阳王元鸾"。

〔12〕 发现最多的一次，是1953～1954年曲阳修德寺遗址的发掘，共出土二千二百余件。参看罗福颐《河北曲阳县出土石像清理工作简报》；李锡经《河北曲阳县修德寺遗址发掘记》，两文俱刊《考古通讯》1955年3期。

〔13〕 太平真君四年（443年），高阳蠡吾任丘村苑申所造弥勒佛装金铜立像犹是胡人形象。参看注〔6〕图版8。

〔14〕 参看注〔6〕图版12。安熹即今定县。该像现由日本东京私人收藏。

〔15〕 参看注〔6〕图版17。新市位今定县西南。该像现藏美国纽约大都会美术馆。

〔16〕 图版见西安市文物管理委员会《千年古都文物胜地》，60页，1995年。武强在今定县东南。

〔17〕 参看《全国基本建设工程中出土的文物》，图版47，《文物参考资料》1954年9期。

〔18〕 参看保全《西安文管处所藏北朝白石造像和隋鎏金铜镜》，《文物》1979年3期。

〔19〕 参看程学华《唐贴金画彩石刻造像》，《文物》1961年7期。

〔20〕 参看刘敦桢《河北省西部古建筑调查记略》附录《曲阳石刻》，《中国营造学社汇刊》五卷4期，1935年。

〔21〕 见《隋书·百官志中》。

〔22〕 《新唐书·地理志三》："定州博陵郡上……土贡：罗、䌷、细绫、瑞绫、两窠绫、独窠绫、二色绫、熟线绫。"《通典·食货六》记天宝末，博陵郡年贡绫五种，计一千五百七十五匹："天下诸郡每年常贡……博陵郡贡细绫千二百七十匹，两窠细绫十五匹，瑞绫二百五十五匹，大独窠绫二十五匹，独窠绫十匹。"

〔23〕 据《太平广记》卷二四三引。张鷟，开元时人。《金载》多有增补，增补部分有天宝间及其以后事迹。

〔24〕 参看北京市文物管理处《北京万佛堂孔水洞调查》，《文物》1977年11期。

〔25〕 参看河北省文物研究所等《河北曲阳五代壁画墓发掘简报》，《文物》1996年9期。

〔26〕 这批定窑白瓷曾个别发表，如注〔16〕所引《千年古都文物胜地》40页之白瓷碗。此外，西安唐西市、含元殿等遗址亦曾发现刻有"官"字款的白瓷器。

〔27〕 参看陈万里《邢越二窑及定窑》，《文物参考资料》1953年9期。

〔28〕 《光绪重修曲阳县志》卷六《山川古迹考》；"（涧磁）岭在龙泉镇之北，（岭）下为涧磁村……龙泉镇今俗称南北镇里。"南北镇里位今涧磁村东1公里处。《县志》卷九《礼仪风俗考》又记："曲阳龙泉镇宋以来旧有磁窑。"参看河北省文物工作队《河北曲阳县涧磁村定窑遗址调查与试掘》，《考古》1965年8期。

〔29〕 参看李辉柄《关于"官""新官"款白瓷产地问题的探讨》，《文物》1984年12期。

〔30〕参看马文宽等《中国古瓷在非洲的发现》"四 非洲，中国古瓷的宝库"，紫禁城出版社，1987年。

〔31〕参看韩国文化财管理局等《皇龙寺·遗迹发掘调查报告书Ⅰ》，245页，插图9、10，1984年。

〔32〕参看定县博物馆《河北定县发现两座宋代塔基》，《文物》1972年8期。

〔33〕参看冯永谦《叶茂台辽墓出土的陶瓷器》，《文物》1975年12期。

〔34〕《吴越备史补遗》："太平兴国五年（980年）……九月十一日，王（吴越王钱俶）进朝，谢于崇德殿，复上金装定器二千事。"

〔35〕紧接这段文字，《宋会要辑稿》记："景德四年（1007年）九月诏，瓷器库除拣封桩供进外，余者令本库将样赴三司行人，估价出卖……"已纳入宫廷的贡瓷既可出售，似可推知如定窑的白瓷器在产地出售多余的贡品，亦非不可能。大批官窑器出现于两地宫，或即来源于此。

〔36〕参看内蒙古自治区文物工作队《和林格尔县土城子古墓发掘简介》，《文物》1961年9期和该刊封面图版。

〔37〕据注〔32〕引文后《五号塔基出土文物简表》统计。

〔38〕〔41〕〔43〕〔46〕 参看安家瑶《中国的早期玻璃器皿》，《考古学报》1984年4期。

〔39〕〔42〕 据注〔32〕文图14拓本。

〔40〕〔44〕〔47〕 据注〔32〕文图6拓本。

〔45〕同注〔38〕。安文发表后续有发现，如蓟县独乐寺白塔上层发现的与清宁四年（1058年）石函同出的刻花玻璃瓶，见天津市历史博物馆考古队等《天津蓟县独乐寺塔》，《考古学报》1980年1期。由于定县、蓟县的发现，可以大体上排出刻花玻璃瓶的早晚顺序：定县地宫者最早（977年），其后颈、身俱向高发展，如安徽无为景祐三年（1036年）塔所出刻花瓶；蓟县白塔最晚（1058年），颈愈细，身愈高，而且出现了外翻的平口。浙江瑞安庆历三年（1043年）建成的慧光塔所出刻花瓶平口细颈与蓟县者同，但身作椭圆形，且出现了圈足，当是与以上三例不同的一种新类型。

〔48〕专为供奉舍利而特制的器物，不止此银香炉，净众地宫还有定窑带盖舍利瓶一件，该瓶瓶身刻铭云："……至道元年四月日弟子□□记。"

〔49〕参看前热河省博物馆筹备组《赤峰县大营子辽墓发掘报告》，《考古学报》1956年3期。

〔50〕参看内蒙古文物考古研究所等《耶律羽之墓发掘简报》，《文物》1997年3期。

〔51〕参看乔正安《山西临猗双塔寺北宋塔基地宫清理简报》，《文物》1997年3期。

〔52〕药叉十二神将形象，可参看敦煌莫高窟第220窟贞观十六年（642年）所绘北壁《药师经变》，唯十二神将戎装持兵器与此戎装持乐器者不同。参看《中国石窟·敦煌莫高窟》三，图版27，文物出版社、日本平凡社，1987年。

〔53〕参看冯先铭《古陶瓷鉴真·定窑及定窑系诸窑》，燕山出版社，1996年。

〔54〕参看李文信《辽瓷简述》，《文物参考资料》1958年2期。

〔55〕其地位清西陵西北二十里山中，窟内原奉三彩罗汉于1913年被发现后，即陆续被盗运出国，现分藏于美、英、加拿大博物馆。参看原田淑人《直隸省易縣舊在の陶羅漢に就いて》，《考古学杂志》第18卷1号，1928年。

〔56〕引自庄绰《鸡肋编》卷上。

〔57〕庄绰父公岳，《万姓统谱》卷五十记："庄公岳，惠安人，嘉祐四年（1059年）进士，历秘书（丞）、吏部右侍郎，元祐初（1086年）上书极谏时事……"可知庄绰时代当在两宋之际。参看余

嘉锡《四库提要辨证》卷十八"《鸡肋编》"条。
〔58〕参看辽宁省博物馆、辽宁铁岭地区文物组发掘小组《法库叶茂台辽墓纪略》，《文物》1975年12期。
〔59〕参看翁牛特旗文化馆等《内蒙古解放营子辽墓发掘简报》，《考古》1979年4期。
〔60〕该件纵132厘米、横56厘米，幅边完整，现藏辽宁博物馆，见《中国博物馆·辽宁省博物馆》，图版143，文物出版社，1983年。参看朱启钤《存素堂丝绣录·宋刻丝紫鸾鹊谱轴》，《纂组英华》附录，1934年。
〔61〕《光绪重修曲阳县志》卷六《山川古迹考》："嘉乐山，《元和郡县志》在县东十里。《旧志》平地崛起，蜿蜒十余里，挺拔耸秀……《州志》山本多乔木，固定州造浮屠，采伐一空，谚云：砍尽嘉山木，修成定州塔。"
〔62〕以上参看注〔20〕"定县开元寺塔"条。
〔63〕参看马瑞田《定县开元寺料敌塔基彩画》，《文物》1983年5期。
〔64〕华塔、阅古堂、众春园、雪浪斋均见《民国定县志》卷二《舆地志古迹篇》。
〔65〕〔66〕以上均见注〔20〕"易县开元寺"条。
〔67〕金河北西路总管府设真定府，统辖府三，即真定府、彰德府和中山府。
〔68〕元中山府隶真定路，见《元史·地理志一》。
〔69〕《元史·百官志一》记中山织染提举司下尚有"中山刘元帅局""中山察鲁局"两项。
〔70〕《民国定志》记此役后，附载《盐山志》纪事，该纪事见《民国盐山新志》卷廿八《故实略兵事篇》，其文云："燕王即位，屠戮忠节之士，凡畿南抗拒起义及燕军虐刘一空，均厉讳之。山西李柳西者，永乐时始迁盐山者也。初至时，白骨青磷，怵惊心目，乃搜访遗事，辑为《义民录》一书，以文禁方严，遗教子孙永不得示人，以贾祸其家。传至清代，犹守其训不敢出。"盐山位定、真之东，濒渤海湾，距燕兵南下路线甚远，建文初亦未逃脱屠杀，可见"靖难"为祸燕南之甚，殊出料外。

本文原刊《文物》1997年10期，第36~46页。日文版刊于《中国河北省定州北宋塔基出土文物展——地下宫殿の遗宝》，第9~18、19~24页，出光美术馆，1997年

青州龙兴寺沿革

北宋景祐四年（1037年），前任知青州的夏竦撰《青州龙兴寺重修中佛殿记》（《文庄集》卷二十一）[1]，明确记载龙兴寺位于青州城中：

……（青州）城萦带山岳，控引川渎，气候高爽，风物懋盛，雅俗杂处，修涂四达，富焉庶焉，东夏之都会也。中有佛图，实曰龙兴寺。

元益都人于钦《齐乘》卷四《古迹》更具体述及寺的位置：

龙兴寺，府城西北隅修身坊。

又记：

寺东淘米涧。

淘米涧，近代犹存此地名，《光绪益都县图志》（以下简作《光绪县图志》）卷三《城内坊巷图》绘在"明齐宫墙址"（引号内地名，俱见《城内坊巷图》，以下同）之西。1996年10月，青州市博物馆和山东省考古研究所合作，于青州北门内，上图所绘"阎王庙"之西，即今青州市博物馆南侧发现面积较大的寺院遗址。此遗址西南为范公亭公园。范公亭见录于北宋青州人王辟之《渑水燕谈录》卷八：

皇祐中（1049~1054年），范文正公（仲淹）镇青，兴龙僧舍[2]西南洋溪中有醴泉涌出，公构一亭泉上，刻石记之。其后青人思公之德，目之曰范公泉……

所记龙兴僧舍之方位，正与此寺院遗址相符。《齐乘》卷四《古迹》又记龙兴寺的沿革云：

（宋碑）碑阴金人刻曰："宋元嘉二年（425年）但呼佛堂。北齐武平四年（573年）赐额南阳寺[3]，隋开皇元年（581年）改为长乐，又曰道藏。则天天授二年（691年）改名大云。玄宗开元十八年（730年）始号龙兴。"[4]……寺有北齐八分碑，制刻精妙，碑阴大刻四字，曰龙兴之寺，是唐人续刻者[5]。

所记"寺有北齐八分碑"者，即北齐武平四年娄定远所立的《司空公青州刺史临淮王像碑》（以下简作《娄定远像碑》）[6]。该碑谓当时寺名南阳：

南阳寺者，乃正东之甲寺也。即左通阛阓，亦右凭涧谷，前望窟磐，却邻沘弥。层图迈于涌塔，秘宇齐于化宫……

寺内既建有多层的佛塔，又建有可与化现的宫殿相比的佛殿。前塔后殿，寺的主要建置有可能与北魏永熙三年（534年）毁于火的洛阳永宁寺的布局相似[7]，该碑文誉此寺：

乃（齐国）正东之甲寺……（临淮王娄定远）遂于此爱营佛寺，制无量寿一区，高三丈九尺，并造观世音、大势至二大士而侠侍焉。

又竖立了确是"制刻精妙"的高444厘米、宽160厘米的丰碑[8]，可见当日南阳寺的规模已相当宏大[9]。此后，武周时设大云寺于此，中宗因之改为龙兴寺，显然皆非偶然。现存较多的开元时遗迹：

1. 1997年，青州市博物馆建南陈列楼时，发现鳍部内侧饰有圆珠一行的陶制鸱吻[10]残件（图一）和兽头瓦件，均属大型的盛唐遗物。

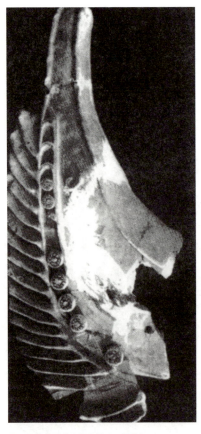

图一 唐代鸱吻上部（长160厘米）

图二 北齐《临淮王像碑》碑阴摹刻唐李邕书"龙兴之寺"寺榜拓本

2. 开元中，名书家北海太守李邕为书寺榜，"龙兴之寺"四字，（每字）径尺五寸，正书[11]（图二）。大字榜书，反映悬榜之建筑物规模巨大。

3. 庚寅（天宝九载，750年）北海郡铸龙兴寺铜钟[12]，"高可七尺，螭纽，口径三尺，无翅，翠色欲滴，叩之声甚清越。序与铭共十四行，题名十行……书衔后有'龙兴寺钟铭'五字"[13]。

以上遗迹俱可表明盛唐时期此寺之盛况。盛唐以降，永泰元年（765年）建长明灯[14]。贞元十六年（800年）以前，寺僧曾以三十石铁镬燃长明灯，以七八石铁釜贮灯油[15]。开成四年（839年），入唐日僧圆仁被安置在龙兴寺新罗院[16]。光启四年（888年）"文者建幢于龙兴寺"[17]。天福六年（941年）陀罗咒"石幢残刻在西门内阎王庙后田间，应亦龙兴寺物也"[18]。太平兴国二年（977年）龙兴寺僧人又竖立经幢[19]，可见中晚唐迄五代宋初，龙兴寺犹未衰微。北宋仁宗时，寺曾重建，并增设殿亭，前引夏竦《青州龙兴寺重修中佛殿记》云：

……龙兴寺，旧为田文之第。地势斗绝，堀圽洋水之阴，楼观飞注，翱翔重闉之表，东跂绝涧，径度于阛阓，西瞰群峰旁属乎原野，十二之胜尽于兹焉。寺中有殿，宋元嘉二年建，甲子十周，栋宇隳圮，常坐比丘昼枢化青人得镪三百万以新之。又锢以石阶，缭以槛檩。后增二亭：

左以荫铭识；右以藏鼓格。世传孟尝饭客以鼓为节，其格存焉。载祀寝久，木石刓脱，但上画飞仙，殆非当时器，而寺僧宝之，以传疑焉……予尝守兹境，目枢之勤，聊记胜因以刊石。时景祐四年（1037年）八月朔日记。

从夏竦所记，既悉11世纪前期寺的范围"堀圽洋水之阴……东践绝涧（瀞米涧）"，尚极宽阔；又记"楼观飞注，翱翔重阐之表"，有伟丽的楼观建筑；更值得注意的是文章标题之"重建中佛殿"，佛殿曰中，当与前佛殿、后佛殿对应；如此布局适与1997年于博物馆南邻益都师范体育场北部考古钻探出前、中、后三殿相连的王字形殿基平面相应；唯"后增二亭"的基址未见踪迹。二亭中的左亭"以荫铭识"，有可能为《娄定远像碑》所建，此涉及该碑原立位置并关系到北齐南阳寺址问题，殊宜重视。北宋记龙兴寺建置，寺有老柏院，院原有布衣张在题诗，院有廊，院内建筑用石柱，事见《渑水燕谈录》卷七：

青州布衣张在少能文，尤精于诗，奇蹇不迁，老死场屋。尝题兴龙寺[20]老柏院，诗云："南邻北舍牡丹开，年少寻芳日几回，唯有君家老柏树，春风来似不曾来。"大为人传诵。文潞公（彦博）皇祐中（1049~1054年）镇青，诣老柏树，访在所题，字已漫灭。公惜其不传，为大字书于西廊之壁。后三十余年。当元丰癸亥（六年，1083年）东平毕仲甫将叔见公于洛下，公诵其诗，嘱毕往观。毕至青，访其故处，壁已圮毁不可得，为刻于天宫石柱[21]，又刊其故所题之处。

《齐乘》叙此事较详，可并观之[22]。金元两代，龙兴少见记载，前引《齐乘》卷四《古迹》所记金人于宋碑碑阴镌刊寺的沿革，似在忆昔辉煌。皇统丙寅（六年，1146年）济南孙慤据李邕书榜"龙兴之寺"四个大字拓本摹刻于《娄定远像碑》碑阴，而未复制可以悬挂之新榜和"益都府僧正司大定十三年（1173年）十二月验记官囗"[23]附刻庚寅岁（天宝九载，750年）所铸龙兴寺钟铭之后，而未另铸新钟，似乎都可说明金时龙兴之盛已非昔比。该钟大定验记之前，又刻有：

大元天历二年岁次己巳（1329年）庚午月己未日益都路总管府建。皇帝万岁，臣宰千秋，佛日增辉，法轮常转。佛说大明神咒："唵牟尼钵诺吽"铭[24]。

表明元时仍在利用旧钟，并增刊祝辞和神咒，以充新铸，益都路治下龙兴寺的经济状况，可见一斑；但寺的旧日建置尚多维持，故《齐乘》还记有娄碑、宋碑和传孟尝"饭客鼓架"；又记"寺东有淘米涧……寺后天宫院，古老柏树院也"和院内北宋毕仲愈补刻张在诗的石柱亦尚存在[25]。至于龙兴之废，当若《嘉靖青州府志》卷十《祀典祠庙》所记：

龙兴寺，元末兵毁。

明初，寺东扩建齐王城，寺址与迁向青州城内东、南两方的衙署、居民往来不便，故《光绪县图志》卷十三《营建志上·坛庙》记：

图三　北齐至唐龙柱残段（高122厘米）

龙兴寺……宋元以来代为名刹，明洪武初，拓地建齐藩，而寺址遂堙[26]。

龙兴寺没为废墟，历明、清、民国六百余年，直迄1984年10月，在寺址北部兴建青州市博物馆，又十二年即1996年10月，在该馆南楼之南发现上述的大型唐代建筑构件，大约是宋元时期的主要殿堂基址和残佛像窖藏。

近接青州市博物馆夏名采同志来信云：在博物馆南侧寺院殿址附近发现雕有盘龙的石柱一段，残高122厘米、直径80厘米，并附有照片。从照片所示（图三），肢长头细的龙形特征，应不晚于盛唐；如详按细部，似又与《娄定远像碑》的年代接近。唯躯体紧缠石柱的姿态，北朝末期尚未见先例。

注释

〔1〕 据1986年台北商务印书馆影印《文渊阁四库全书》本。

〔2〕 "兴龙僧舍"当为"龙兴僧舍"之讹。

〔3〕 《光绪县图志》卷十三《营造志上》"坛庙龙兴寺"条末记:"按此(赐额南阳寺)据《临淮王像碑》也。碑虽立于是年,然不云赐额事;寺在南阳水上故名耳。"

〔4〕 唐改寺曰龙兴,始于中宗神龙元年(705年)张景源疏,见《唐会要》卷四十八:"龙兴寺,宁仁坊。贞观七年(633年)立为众香寺,至神龙元年二月改为中兴寺。右补阙张景源上疏曰:'伏见天下诸州,各置一大唐中兴寺观……中兴立号,未见前规……请除中兴之字,直以唐龙兴为名,庶望前后君亲,俱承正统,周唐宝历共叶神聪。'上纳之。因降敕曰……其天下大唐中兴寺观,宜改为龙兴寺观。诸如此例,并即令改。"

〔5〕 清乾隆益都县令周嘉猷撰《齐乘考异》附于《齐乘》每卷之后。卷四《考异》"龙兴寺"条下,云"按此四字本李北海书龙兴寺额,金皇统中(1141~1149年)摹刻于《娄定远像碑》之阴。左方有济南孙豰题跋,于氏偶未见耳"。

〔6〕 清乾隆间郡人段松苓撰《益都金石记》,该书卷一"北齐临淮王像碑"条记:"(此)碑不知何时裂断上截,以铁束之。李南涧谓:寺废后,明商河王[《嘉靖府志》卷十二封建衡藩'(衡王厚矫之子)商河王名载塽,嘉靖三十六年(1557年)封。']辇建城北弥陀寺(寺为商河王重修),东向。今弥陀寺复久就圮,乾隆四十七年(1782年)八月初三日夜大风雨,所束铁脱,上截岌岌欲西倾(周君嘉猷之子庆承缮修府城,以其徒徙碑),乃移于滚水桥北文昌神祠,而欲倾者已龟裂作七八段矣。"同书又录嘉庆七年(1802年)杨峒撰《重建北齐临淮王像碑记》云:"是后越二十载,太守李公(戴春)苍郡之二年……洵及金石著录之古且巨者,躬造祠下,摩挲遗刻,相度地形,出奉金之余……鸠工筑基,承以方趺,洗剔补锢,树之庭左,累甓以翼其侧,盖瓦以覆其颠,千载断碑屹然再峙矣。"清末,文昌祠废,碑立于田间。1979年,青州市博物馆移竖于当时设在偶园内石刻陈列室外北侧。

〔7〕 参看中国社会科学院考古研究所《北魏洛阳永宁寺》第一章《寺院平面布局及主要建筑遗址》,中国大百科全书出版社,1996年。拙作《东汉魏晋南北朝佛寺布局初探》,刊《庆祝邓广铭教授九十华诞论文集》。

〔8〕 碑高、宽数字,录自王华庆、庄明军《青州龙兴寺考略》注1,刊《中国文物报》1998年10月14日第3版。该碑碑额雕镂精致,正面中间圭首雕篆书"司空公青州刺史临淮王像碑";圭首两侧及上方、左右龙体纠缠,双龙后肢爪于圭首尖端处共奉一宝珠,珠上立一朱雀;圭首与左右龙首之间,各雕一龛,右龛内一交脚佛像,左龛内一倚坐佛像。交脚、倚坐姿态的佛像,北朝晚期多为弥勒成佛的形象,与此《像碑》所强调的无量寿佛不符。《像碑》背面原无文字,圭首处亦空白,圭首两侧亦未雕龛像,左右龙爪上只托一宝珠,无其他雕饰。《文物》1990年9期所刊孙新生《山东青州北齐临淮王像碑》附有此碑图版可参看。

〔9〕 南阳——龙兴寺原来范围:西、北两面傍阳水,东抵洢米涧,已如上文所述。其南面,青人传谓可抵狮子口。对照《府志》《县志》所附地图,可知该寺规模宏大。

〔10〕 陕西礼泉昭陵献殿遗址所出唐初鸱尾高而窄(《中国文物地图集·陕西分册》上,446页,西安地图出版社,1998年),黑龙江宁安渤海上京龙泉府遗址所出鸱尾矮而宽(中国社会科学院考古研究所《六顶山与渤海镇》,图版99,中国大百科全书出版社,1997年),后者约是8世纪末渤海

成王大华屿还都以来的遗物。龙兴所出鸱吻的高、宽比例即其形体特征适在上述两例之间。

〔11〕录自《益都金石记》卷二"唐李邕龙兴寺额摩刻"条。该条记四字榜书之后"有金皇统中济南孙愨题跋，字漫灭，读不可通。约是寺额，愨家旧有拓本。愨过青州，访此额已不可见，故借此碑，出所藏双钩摩勒之。按邕以开元中官北海太守……龙兴寺，武后时名大云，开元十八年（730年）乃改为龙兴，此额乃易称时所书无疑"。按李邕官青州，始于开元末，《新唐书·文艺·李邕传》："开元二十三年（735年），起（邕）为括州刺史……后历淄、滑二州刺史，上计京师……以谗媢不得留，出为汲郡、北海太守。"（《旧唐书·文苑·李邕传》："天宝初，为汲郡、北海二太守。"）天宝六载（747年）卒于北海任上，见《旧唐书·玄宗纪下》："（天宝）六载正月辛巳朔，北海太守李邕、淄川太守裴敦复并以事连王曾、柳勣，遣使就杀之。"是邕书寺匾当在开元末迄天宝六载正月之间。

〔12〕钟铭缺字甚多，系后人有意劖毁，但钟铭开题和铸钟时间有关字句，尚可辨认"北海郡□钟铭并序""余以庚寅聚铜□究□率指□铸钟"。天宝元年（742年）改置北海郡，乾元元年（758年）复曰青州，其间的"庚寅"，只有天宝九载（750年）这一年。

〔13〕录自《益都金石记》卷一"唐龙兴寺钟铭"条。该条记："右铜钟在城北门内西街真武庙，俗谓之铎楼……"按此钟，寺废后用作市钟，初悬于县十字街北，后迁于玄帝观，见《嘉靖府志》卷八《人事志一·官署》："钟楼，旧在十字街北，弘治十一年（1498年）知县金录改筑玄帝庙内。"玄帝庙即真武庙。此钟于1953年移藏济南山东省博物馆。

〔14〕《宝刻丛编》卷一引赵明诚（密州人）《金石录》："唐龙兴寺长明灯颂，唐邵贞撰，王世则行书并篆额，永泰元年（765年）五月。"《益都金石记》卷四据《丛编》著录此颂，附有按语云："《金石录目》贞作真，亦不云龙兴寺。"按陈思辑《丛编》，在13世纪南宋理宗时；思书肆中人，多聚众本，所据《金石录》与今存诸本（包括《古逸丛书三编》所收宋刻本）有异，亦非不可理解之事。又按龙兴寺建长明灯时，适值侯希逸据青，《旧唐书·侯希逸传》记："希逸初领淄青，甚著声称，理兵务农远近美之……后渐纵恣，政事怠惰，尤崇奉释教，且收畋游，兴功创寺宇，军州苦之。"

〔15〕《封氏闻见记》卷八"孟尝镬"条："青州城南（《齐乘》卷四引作'青州南城'，疑误）佛寺中，有古铁镬二口，大者四十石，小者三十石，制作精巧。又有一釜。可受七、八石……至德初，蕃寇南侵，司马李侁毁其大镬以造兵仗；其小镬及釜，僧徒恳请得免。至今以镬烧长明灯，釜以贮油。"《闻见记》撰于贞元十六年（800年）十月之前，参看余嘉锡《四库提要辨证》卷十五"《封氏闻见记》"条。

〔16〕见《入唐求法巡礼行记》卷二。据《行记》所载，其时东南各地多有新罗人来往，故泗州涟水县、楚州皆有新罗坊，文登县清宁乡赤山村还有新罗人所建赤山法花院，"其讲经礼忏皆据新罗风俗"。又按《行记》知圆仁一行在淮南、河南大邑俱被安置在龙兴寺或开元寺，如楚州、莱州、青州曾住龙兴寺，扬州、登州皆住开元寺（过河北道的贝州、赵州亦住开元寺），盖龙兴、开元皆各州之首寺也。

〔17〕见《益都金石记》卷二"唐文耆尊胜经幢"条："佛顶尊胜陀罗尼……文耆建幢于龙兴寺……光启四年（888年）。"

〔18〕引自《益都金石记》卷二"后晋天福六年（941年）陈渥书石幢残刻"。

〔19〕《光绪县图志》卷二十七《金石志中》："龙兴寺僧残幢，太平兴国二年（977年），在海岱书院。"

〔20〕"兴龙寺"当为"龙兴寺"之讹误。宋姚宽《西溪丛语》卷上讹作"青龙寺"。

〔21〕《西溪丛语》卷上亦录此诗，但谓"元祐中（1086～1094年），州学教授毕仲愈题跋刻石于平岚亭上"。
〔22〕《齐乘》卷四《亭馆上》"龙兴寺"条："寺后天宫院古老柏院也。有石刻布衣张在诗云……旁刻云：青州教授毕仲愈元丰六年（1083年）至洛，谒太尉文公（彦博）。公曰：'昔范讽补之好论诗，尝曰：青州富庶，地宜牡丹，春时游乐之盛不减洛阳，古今人作诗者甚多，而布衣张在一绝最为可爱。补之为余诵之，诚有意思。皇祐中（1049～1054年），余为青守，大书于西廊之壁，今二十年矣，子归试往观之。'仲愈还，至老柏院，其壁已坏。因题于天宫院之石柱，俾匠者刻之。张生之诗既为四方所传，而诗之所自不可不知也。故具书公语而刻于左。"
〔23〕此据《光绪县图志》卷二十六《金石志上》录文。
〔24〕此据《益都金石记》卷一"唐龙兴寺钟铭"条录文。
〔25〕参见注〔22〕。
〔26〕明嘉靖四十四年（1565年）修《青州府志》时，对龙兴寺址即不甚清晰。卷七《古迹》"齐废城"条谓"唐李邕大书龙兴之寺碑刻在普照寺，济南孙懿题跋"，卷十一《寺观》"弥陀寺"条下附录"北齐重建南阳寺无量寿佛碑"碑文。即将碑阳、碑阴分列两处；又不记此碑原在地点，可见修志人的龙兴寺概念已极淡薄。《康熙青州府志》卷二十《寺观》"龙兴寺"条记："龙兴寺旧在镇青门内，今废。有唐李邕所书碑额、移弥陀寺。"镇青门系青州北城（原东阳城）北垣西侧城门，是又混南城为北城。盖寺址湮废年久，所以正如《光绪县图志》卷十三《坛庙》所记，已无法知其详矣。

本文原刊《文物》1999年9期，第37～42页

青州龙兴寺窖藏所出佛像的几个问题

青齐入魏即为要邑[1]。东魏之世又与并州并称"霸业所在，王命是基"[2]。周齐交兵，青州地处高齐大后方。武平四年（573年）《司空公青州刺史临淮王（娄定远）像碑》谓青州龙兴寺前身南阳寺为齐国"正东之甲寺"[3]，并于该寺雕制无量寿佛像及观世音、大势至二胁侍。可知此处窖藏所出魏、齐石雕佛像，在当时北中国的东部地区应具有一定的典型意义。

龙兴寺佛像窖藏位于1996年钻探出前、中、后三殿相连的王字形殿基之北（后方）约7米处，距地表深345厘米，东西长870厘米、南北宽680厘米，面积近60平方米。窖内有次序地分层叠放大小造像四百余尊。"其中尤以北魏、北齐时期造像数量最多，形体最大"[4]。值得注意的是：（一）北魏造像俱属北魏末期遗物，有明确纪年的最早形象已晚到6世纪的20年代；（二）东魏一代不过十六年（534～550年），青齐地区的石雕工艺发展迅速；（三）北齐造像不仅造型多姿，其单体造像服饰也极富变化，而且愈晚愈突出。现据已发表的资料，就上述几个问题试作初步探索如下。

一

雕凿较大的石质佛教造像，在我国始于5世纪前半的北凉[5]，5世纪后半流行于北魏[6]。青齐地区469年入魏之前，其地佛教沿袭中原旧惯，重义理，阐教法，与晋宋同风。兹略辑僧传与应验记中所录4、5世纪的青齐佛事，以觇其地与5世纪初以来偏尚禅观形象，重在宗教行为的北方释教的差异。

(一) 4世纪，多世家子弟出家受业，重讲诵众经。

　　竺潜，字法深，姓王，琅琊人，晋丞相武昌郡公敦之弟也。年十八出家，事中州刘元真为师。元真早有才解之誉……潜伏膺已后，剪削浮华，崇本务学，微言兴化，誉洽西朝……至年二十四，讲法华、大品，即蕴深解，复能善说。故观风味道者，常数盈五百。晋永嘉初，避乱过江……以晋宁康二年（374年）卒于山馆（剡县之仰山），春秋八十有九。(《高僧传》卷四《晋剡东仰山竺法潜传》)

　　剡东仰山，复有释道宝者，本姓王，琅琊人，晋丞相道（导）之弟。弱年信悟，避世辞荣……后以学行显焉。(《高僧传》卷四《晋剡葛岘山竺法崇传附件》)

　　释普明，姓张，临淄人，少出家，禀性清纯……以忏诵为业。诵法华、维摩二经……以宋孝建中（454~456年）卒，春秋八十有五。(《高僧传》卷十二《宋临渭释普明传》)

琅琊、临淄皆青州要邑，王姓又是当地大族。二十曰弱，三十以前曰少，竺潜、道宝、普明信悟出家，皆在公元400年之前。其时正值西晋末迄中原两秦之日。青齐地区多承魏晋风习亦势所必然。

(二) 5世纪，青州僧俗仍重义学，尚讲诵。

　　释僧远……勃海重合人，其先北地皇甫氏，避难海隅……远幼而乐道……年十八方获入道。时有沙门道凭，高才秀德，声盖海岱，远从受学，通明数论，贯大小乘。宋大明中（457~464年）渡江，住彭城寺。昇明中（477~479年），于小丹阳牛落山立精舍，名曰龙渊。远年三十一，始于青州孙泰寺南面讲说，言论清畅，风容秀整，坐者四百余人莫不悦服。琅琊王僧达才贵当世，藉远风素，延止众造寺……以齐永明二年（484年）正月，卒于定林上寺，春秋七十有一。(《高僧传》卷八《齐上定林寺释僧远传》)

　　释法晤，齐人，家以田桑为业，有男六人，普皆成长。晤年五十丧妻，举家郁然慕道。父子七人悉共出家。南至武昌……时武昌太守陈留阮晦……因为剪径开山（樊山），造立房室，晤……诵大小品，法华……以齐永明七年（489年）卒于山中，春秋七十有九。（《高僧传》卷十一《齐武昌樊山释法晤传》）

释法申……祖世居青州，申幼出家……夙怀儒素，广学经论……大明成论，誉美州乡。值宋太（泰）始之初（465年），庄严寺法集，敕请度江，住安乐寺，累当师匠，道俗钦赏……以天监二年（503年）卒，春秋七十有四。（《续高僧传》卷五《梁扬都安乐寺沙门释法申传》）

释宝亮，本姓徐氏，其先东莞胄族。晋败，避地于东莱弦县。亮年十二出家，师青州道明法师。明亦义学之僧，多高当世。亮就业专精，一闻无失。及具戒之后，便欲观方弘化。每惟训育有本，未能远绝缘累。明谓曰："沙门去俗，以宣通为理，岂可拘此爱网，使吾道不东乎。"亮感悟，因此客游。年二十一至京师，居中兴寺，袁粲一见而异之。粲后与明书曰："频见亮公非常人也……天下之宝当与天下共之，非复上人之贵州所宜专也。"自是学名稍盛。及本亲丧亡，路阻不得还北……后移憩灵味寺，于是续讲众经，盛于京邑……天监八年（509年）初，敕亮撰《涅槃义疏》十余万言。上为之序曰："……有青州沙门释宝亮者，气调爽拔，神用俊举……流通先觉，孜孜如也，后世晚生莫不依仰。以天监八年五月八日乃敕亮撰《大涅槃义疏》，以九月二十日讫。光表微言，赞扬正道，连环既解，疑网云除。条流明悉，可得略言。朕从容暇日，将欲览焉。聊书数行，以为记莂云尔。"……以天监八年十月四日卒于灵味寺，春秋六十有六。（《高僧传》卷八《梁京师灵味寺释宝亮传》）

释僧密，未详氏族，乐安人。曾未胜衣便从剪落，幼而易悟，情解过人。年至十六，学友如林……将欲广闻视听，师弗之许也。因尔潜遁出寺，从道明沙门受业。一二年中，声华负海。泰始之初（465年），济江住庄严寺……徒众甚盛，无经不讲，专以成实缮奇……天监四年（505年）卒于江北，春秋七十三矣。（《续高僧传》卷六《梁扬都庄严寺释僧密传》）

重合、东莞、东莱、乐安皆青齐郡县，上举诸释若僧远之讲说，道明之义学，道明弟子宝亮之光表微言，僧密之以成实擅奇，皆名高当世。故青州释子客游江表者，每为南人所重，多留而不归。

（三）又流行于江南的观音应验，亦为青州所信奉。

> 徐荣者，琅琊人，常至东阳，还经定山。舟人不惯，误坠回洑中……垂欲沉没，荣无复计。唯至心呼光世音……还得平流……荣诵经不辍口，有顷……举船安稳……荣后为会稽府都护……其自说如此。（傅亮《光世音应验记》）[7]

> 宋元嘉廿六年（449年），青州白苟寺道人释惠缘，忽病聋盲……誓心归观世音，诵此（经）一千遍。诵数裁满，耳目不觉豁然自差。（陆杲《系观世音应验记》）[8]

以上情况，皆可表明青齐佛教与南方关系密切，因而两地僧俗供奉之形象当亦相类。所以，469年青齐入魏之前，其地造像同于江表，仅闻铜木，不见石雕。此种差异，即在469年以后，长达半个世纪似亦无显著变化。博兴、诸城之发现可资旁证[9]。至于较多石质佛像的出现，已迟至北魏正光（520~525年）之后[10]。就龙兴寺之窖藏言，有明确纪年最早的石像，是永安二年（529年）韩小华造弥勒及胁侍三尊立像。该像晚于青齐以西的北魏地区石质佛教造像出现的时间，约有八九十年之久[11]，可见有关宗教传统风尚的转移，不是一件容易的事。

二

北魏晚期青齐地区出现石质佛像之后，从近年的不断发现，可知先后经历不过三十年，即至东魏北齐之际，其地的造像水平已可与河北、邺都接近。按魏末以还，北中国战乱相寻，青齐一隅亦远非宁土，然而镂雕之工何以于此出现异乎常态的迅速发展？孝庄时，河北流民散处青齐[12]，应是予以注意的一项重要因素。

北魏工艺，河北是重镇[13]，孝明（515~528年）之初，"河北数州国之基本，饥荒多年，户口流散"[14]，"正光二年（521年）夏，定、冀、瀛、相四州大水"[15]，《北齐书·阳休之传》记紧接正光的孝昌年中（525～528年），河北流民多聚青州：

> 魏孝昌中……葛荣寇乱，河北流民多凑青部。

这批流民，寻为河间邢杲所聚集，众逾十万，逾青而东趋胶东，事见《魏书·高凉王孤传附六世孙天穆传》：

> 初，杜洛周、鲜于修礼为寇，瀛冀诸州人多避乱南向。幽州前北平府主簿河间邢杲拥率部曲……南渡，居青州北海界……时青州刺史元世俊表置新安郡，以杲为太守，未报……（杲）遂反，所在流民先为土人凌忽，闻杲起逆，率来从之，旬朔之间，众逾十万……东掠光州，尽海而还。又破都督李叔仁军。

《魏书·孝庄纪》记邢杲率河北流民多达十余万户[16]，并击破来讨的李叔仁于潍水。永安二年（529年），杲败于齐州：

> （建义元年，528年）六月，幽州平北府主簿河间杲率河北流民十余万户反于青州之北海，自署汉王……（八月乙亥）改为永安元年……（冬十月）车骑大将军、仪同三司李叔仁讨邢杲于潍水，失利而还……十有二月庚子，诏行台于晖回师讨邢杲，次于历下……（二年，529年）夏四月……辛丑，上党王（元）天穆、齐献武王（高欢）大破邢杲于齐州之济南。杲降，送京师，斩于都市。

邢杲投降遇害之后，所率之大批流民大部应即逃散于青齐地区。河北既是北魏工艺要地，其流民中当不乏镂石技巧，青齐石雕造像急剧兴起于魏末高齐，且其造型、服饰又多与定州曲阳所出造像接近，甚至相同[17]。因此，讨论其突然发展之缘由，自不宜忽略北魏末十余万户河北流民散处青齐地区这一异常事件。

三

约自东魏晚期起，一种有别于褒衣博带式服饰的佛教造像逐渐兴起，高齐立国发展尤速。其特征是：衣裙质薄透体，纹褶舒叠下垂，衣纹多作双线；特别是单体形象数量增多。高齐后期单体立姿佛像更流行贴身薄衣，隐现肌体，不雕饰衣纹的做法。佛像外施彩绘；彩绘遗迹较清晰者，多见于服饰上画出袈裟框格，有的还在水田框格内描绘人物。以上这种薄质衣饰的新型佛像当时虽多处存在，但最初以一定数量和较大体积使上述衣饰特征明显表现出来，是由于1976年山东博兴龙华寺遗址和1988～1990年山东诸城北朝寺院遗址的发现[18]；此次青州龙兴寺窖藏更以量大类繁引人注目（图一）。按轻薄叠褶服饰，源于地处亚热带的中印度秣菟罗艺术，盛于4～5世纪的印度笈多王朝[19]。在笈多王朝之前，此种艺术的佛像已出现于印度西北部和中亚两河流域犍陀罗佛教艺术流行地区（图二）。大约从4世纪起，即影响到我国新疆中部（图三）[20]，到了5世纪前期，类似特征的佛像才出现于新疆以东的内地，现存有明确纪年可以参考的最早实例，是甘肃永靖炳灵寺第169窟和北壁建弘元年（420年）龛（S.6）时间接近的其东侧的诸立佛塑像（S.7、S.9）；5世纪中叶，才出现于甘肃以东各地石窟和散存的铜石造像中（图四：1～4）[21]，5世纪80年代即北魏孝文帝中后期以来，此类见于石窟和散存的薄衣造像，在内地逐步为褒衣博带服饰的造像所取代[22]。值得注意的是，此后半个世纪后的6世纪中叶，薄衣佛像却又以多种样式较普遍地再现于东方[23]。看来，此次高齐佛像的新趋势，大约不是简单的前此出现的薄衣形象的恢复，而与6世纪天竺佛像一再直接东传、高齐重视中亚诸胡技艺和天竺僧众以及高齐对北魏汉化的某种抵制等似皆有关联。

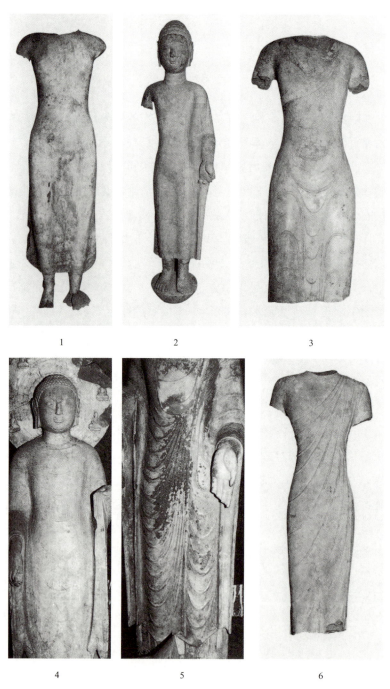

图一　青州龙兴寺窖藏出土佛像举例

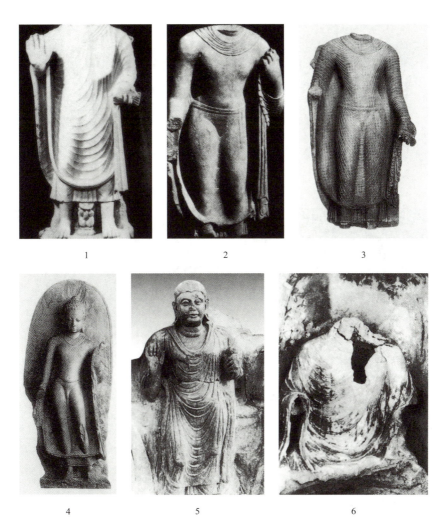

图二　印度、中亚出土 3～5 世纪佛像举例

1. 3、4 世纪之际　印度马土腊市（秣菟罗）Govindnagar 遗址出土　现藏印度秣菟罗博物馆　采自 *Buddhist Art: Mathura School*, pl. 113。
2. 笈多早期　4、5 世纪　印度马土腊市（秣菟罗）Govindnagar 遗址出土　现藏印度考古调查局　采自 *Buddhist Art: Mathura School*, pl. 118。
3. 笈多中期　5 世纪　印度马土腊市（秣菟罗）Jamalpur 遗址出土　现藏印度秣菟罗博物馆　采自《法相传真》, pl. 22b。
4. 5 世纪　印度萨尔那特（鹿野苑）出土　现藏加尔各答印度博物馆　采自《法相传真》, pl. 23a。
5. 4 世纪　巴基斯坦 Swat 地区 Butkara I 遗址出土　采自 *Early Buddhist Art of China & Central Asia*, Vol. I, fig. 4.45。
6. 3 世纪　乌兹别克斯坦共和国特尔梅兹（怛密）Kara-tepe 遗址 D 寺出土　采自 *Early Buddhist Art of China & Central Asia*, Vol. I, fig. 3.16。

图三 新疆发现的4～6世纪佛像举例
1. 5、6世纪 新疆和田拉瓦克大塔遗址出土 采自 *Ancient Khotan* Ⅱ, pl. XV. a。
2. 3、4世纪前后 新疆和田喀拉墩遗址N61号佛寺壁画残块 采自《考古》1998年12期, 图四。
3. 约4世纪 新疆库车苏巴什西岸佛寺壁画 现藏巴黎集美博物馆 采自 *Mission Paul Pelliot* Ⅳ *Douldour-Agour et Soubachi Planches*, pl.125。
4. 4、5世纪 新疆拜城克孜尔第196窟壁画 采自《中国石窟·克孜尔石窟》三, 图100。
5. 4、5世纪 新疆拜城克孜尔第175窟壁画 采自《中国石窟·克孜尔石窟》三, 图27。
6. 6、7世纪之际 新疆库车玉其吐尔·阿胡尔佛寺遗址出土燃灯佛授记木雕 现藏巴黎集美博物馆 采自 *Mission Paul Pelliot* Ⅳ *Douldour-Agour et Soubachi Planches*, pl.59。
7. 约5、6世纪 新疆拜城克孜尔第27窟上方窟出土木版画 现藏德国柏林印度艺术博物馆 采自《中国石窟·克孜尔石窟》三, 图182。

青州龙兴寺窖藏所出佛像的几个问题 429

图四　甘肃、山西5世纪佛像和四川6世纪佛像举例（附日本所藏10世纪摹刻的优填王旃檀瑞像）
1. 420年前后　甘肃永靖炳灵寺石窟第169窟第7龛　采自《中国石窟·炳灵寺石窟》图34。
2. 420年前后　甘肃永靖炳灵寺石窟第1龛　采自《甘肃石窟艺术·雕塑编》插图10。
3. 460年　山西大同云冈石窟第16窟罗睺罗因缘　采自《中国美术全集·云冈石窟雕刻》图版164。
4. 5世纪70年代　山西大同云冈石窟第7窟　采自《中国美术全集·云冈石窟雕刻》图版78。
5. 529年　四川成都万佛寺遗址出土　采自《成都万佛寺石刻艺术》图8。
6. 551年　四川成都西安路出土"育王像"　采自《文物》1998年11期彩色插页贰：1。
7. 562～565年　四川成都万佛寺遗址出土"阿育王像"　采自《成都万佛寺石刻艺术》图9。
8. 985年　日本京都清凉寺藏优填王旃檀瑞像　采自《古寺巡礼·京都清凉寺》图版25。

1. 南朝梁武帝奉请天竺佛像的影响

萧衍（502~549年在位）建梁，境内基本安谧近五十年，扶南、天竺沙门相继浮海东来，南朝寺刹之建斯时为全盛[24]，对于佛像的供奉，似出现了重视天竺形制的迹象，唐初记录梁武帝迎奉天竺佛像事迹甚多，谨辑《梁书》《广弘明集》两书所载者如下。

> 荆州长沙寺瑞像者……金像也，长沙寺僧迎至寺。光上有梵书云：育王所造。梁武闻，迎至都，大放光明。及梁灭，迎上荆州，至今见存。（《广弘明集》卷十五《佛德篇·列塔像神瑞迹》）

> 晋咸和中（326~334年），丹阳尹高悝行至张侯桥，见浦中五色光……得金像，未有光趺，悝乃下车载像……付（阿育王）寺僧……经一岁，捕鱼人张系世于海口，忽见有铜花趺浮出水上，系世取送县，县以送台，乃施像足，宛然合会。简文咸安元年（371年），交州合浦人董宗之采珠没水，于底得佛光艳，交州押送台，州施像，又合焉……像趺先有外国书莫有识者，后有三藏那求跋摩识之云：是阿育王第四女所造也。及大同中（535~546年）……广（阿育王）寺域，造诸堂殿，并瑞像周回阁等，穷于轮奂焉。（《梁书·海南诸国传》）[25]

> 荆州大明寺檀优填王像者，梁武帝以天监元年（502年）梦见檀像入国，乃诏募得八十人往天竺，至天监十年（511年）方还。及帝崩，元帝于江陵即位，遣使迎至荆都……（《广弘明集》卷十五《佛德篇·列塔像神瑞迹》）[26]

> （天监）十八年（519年）（扶南国）复遣使送天竺旃檀瑞像。（《梁书·海南诸国传》）

《续高僧传》卷二十九《唐扬州长乐寺释住力传》记梁武得另一优填王像：

> 初，梁武得优填王像，神瑞难纪，在丹阳龙光寺。及陈国云亡，道场焚毁，力乃奉接尊仪……延长乐，身心供养[27]。

以上梁武所奉摹自传天竺阿育王、优填王造像的原物虽已无存，但从其同类模作如四川成都西安路发现的太清五年（551年）铭育王贴金石立像（图四：6）[28]

和日本京都清凉寺所藏的北宋雍熙二年（985年）日僧奝然携归的台州张延皎、延袭兄弟仿刻的优填王栴檀瑞像（图四：8）[29]，可知皆属薄衣叠褶服饰之形象。遗憾的是，此种天竺薄衣形象的实物，在以南朝都城建康为中心的长江下游地区迄未发现。而地处长江上游重地的益州治所成都，却不断有南北朝石质薄衣单身立佛出土。成都所出薄衣单身立佛雕造最早的，像正面右半身衣褶雕多行竖线，左半身雕叠垂衣纹，其一有铭："中大通元年太岁己酉（529年）……鄱阳王世子囗上于安浦寺敬造释迦像一躯。"（图四：5）[30] 按鄱阳王萧恢为梁武帝第九弟，谥忠烈，其世子范，《南史·梁宗室传》下记："范字世仪……为卫尉卿，每夜自巡警，武帝嘉其劳苦，出为益州刺史。行至荆州，而忠烈王薨，因停自解，武帝不许，诏权监荆州。及湘东王至，范依旧述职。"鄱阳忠烈王恢，普通七年（526年）秋九月卒于荆州，同年冬十月以丹阳尹湘东王绎为荆州刺史，见《梁书·武帝纪下》。因知鄱阳王世子范于益州造释迦像，距其离京西来为时不久，约可推测益州此种新型佛像的图样有可能源自建康。成都发现此类佛像渊源建康的另一旁证，是同地所出像正面衣褶自胸迄腿全部作叠垂纹的薄衣单身立佛，此类立佛雕造时间略晚，有二件附刊纪年铭：其一即上引之育王贴金石立像，铭云："太清五年（551年）九月卅日佛弟子杜僧逸为亡儿李佛施敬造育王像。"[31] 另一件为北周保定二至五年（562~565年）益州总绾（管）柱国赵国公（宇文）招敬造阿育王造像（图四：7）[32]。后者应是源于前者，而前者疑即渊源前述梁武于建康供奉之传阿育王所造像之仿品[33]。类似上述两种衣纹的薄衣单身立佛，俱见于青州高齐遗物中。按高齐礼仪受有萧梁影响[34]，约亦影响及于崇奉的佛教形象，但青州薄衣立佛数量多，形制繁杂，其源头似远非江南一处所能尽括。

2. 葱岭东西诸胡和天竺僧众的影响

6世纪"不信佛法，多事外神"[35]的嚈哒雄踞中亚，居住在葱岭东西的诸胡或以商贩，或以技巧东来中原，北魏分裂之前宅洛者众[36]，543年高欢迁孝静于邺，多附高齐东去[37]，盖高欢集团出身北镇，以鲜卑自居，既沿拓跋旧制，崇信佛教[38]；又深染胡俗，优处胡人故也[39]。东魏初，安吐根投奔高欢是较早之例[40]，其后有亲狎于高湛的和士开[41]；及至后主高纬时，《北齐书·恩幸传序》记：

> 甚哉齐末之嬖幸也……西域丑胡，龟兹杂伎，封王者接武，开府者比肩。

西域、龟兹约系泛指葱岭东西，其地向以歌舞名世，"龟兹者，起自吕光灭龟兹，因得其声。吕氏亡，其乐分散，后魏平中原复获之"。[42] 高齐得之于魏，至隋因有"齐朝龟兹"与七部乐之"龟兹伎"[43]。

《北史·恩幸·韩宝业等传》后附记恩幸之西域子弟云：

> 武平时（570～576年），有胡小儿，俱是康阿驮、穆叔儿等富家子弟，简选黠慧者数十人以为左右，恩昵出处，殆与阉官相埒，亦有至开府仪同者。其曹僧奴、僧奴子妙达以能弹胡琵琶甚被宠遇，俱开府封王。又有何海及子洪珍开府封王，尤为亲要。洪珍侮弄权势，鬻狱卖官。其何朱弱、史丑多之徒十数人，咸以能舞工歌及善音乐者，亦至仪同开府……至于胡小儿等眼鼻深崄，一无可用，非理爱好，排突朝贵，尤为人士之所疾恶。

此外，《隋书·音乐志中》还记有：

> （齐）后主唯赏胡戎乐，耽爱无已。于是繁乎淫声，争新哀怨。故曹妙达、安未弱、安马驹之徒，至有封王开府者，遂服簪缨而为伶人之事。

上面所记康、穆、曹、何、史、安诸姓，皆属昭武九姓之粟特民族。当时，龟兹、粟特亦盛行佛教[44]，粟特曹姓中有精于梵像的曹仲达。唐初道宣于《集神州三宝感通录》卷中"隋释明宪五十菩萨像缘"条记相传天竺阿弥陀佛五十菩萨像，魏晋以前即传来洛阳，年代久远，殆将不见，有曹国画工曹仲达于北齐传模西瑞，遂广流传事：

> 阿弥陀佛五十菩萨像者，西域天竺之瑞像也。相传云：昔天竺鸡头摩寺五通菩萨往安乐所请阿弥陀佛，娑婆众生愿生净土，无佛形象，愿力莫由，请垂降许。佛言：汝且前去，寻当现彼。及菩萨还，其像已至……汉明感梦，使往祈法，便获迦叶摩腾等至洛阳，后腾姊子作沙门，持此瑞像方达此国，所以图之，未几，赍像西返，而此国传不甚流广，魏晋以来，年载久远，又经灭法，经像湮除，此之瑞迹殆将不见。隋之开教，有沙门

明宪从高齐道长法师所得此一本。说其本起与传符焉，是以图写流布遍于海内。时有北齐画工曹仲达者，本曹国人，善于丹青，妙尽梵迹，传模西瑞，京邑所推，故令寺壁正阳皆其真范。

事虽可疑，但早期天竺佛像东传，除南海舶来外，亦有自西北陆路赍至并中介粟特画工之手而流布之事，可借此知悉。曹仲达又见誉于唐初的高僧彦悰所著之《画评》：

曹（仲达）师于袁[45]，冰寒于水。外国佛像，亡兢于时[46]。

9世纪精于鉴赏的张彦远撰《历代名画记》卷八北齐画家录有仲达简介：

曹仲达，本曹国人也。北齐最称工，能画梵像，官至朝散大夫。国朝宣律师撰《三宝感通记》，具载仲达画佛之妙，颇有灵感。

同书卷二"叙师资传授南北时代"条称曹画佛自成一派：

曹创佛事画。佛有曹家样、张（僧繇）家样及吴（道玄）家样……吴道玄师于张僧繇。

吴师于张，约可说明南北朝末期迄盛唐，我国佛画有两派：张—吴；曹。此两派特征，11世纪中叶郭若虚撰《图画见闻志》卷一"论曹吴体法"条有进一步的描述：

曹吴二体学者所宗……吴之笔，其势圜转而衣服飘举；曹之笔，其体稠叠而衣服紧窄。故后辈称之曰：吴带当风，曹衣出水……雕塑佛像，亦本曹吴。

"其体稠叠"，系形容曹画人物衣褶重叠垂下；"衣服紧窄"，则指衣服质料轻薄，紧贴躯体；"雕塑铸像，亦本曹吴"，谓雕塑铸像的风格特征与绘画相同，也有曹吴二体的区别。由此可知，高齐流行的新型的稠叠薄衣佛像，即是当时粟特人所工的"曹衣出水"式的天竺佛教形象。不巧的是，现存可以肯定的粟特佛教遗迹颇为罕见,幸好其东邻同属接受印度艺术影响较深的龟兹,多有遗迹存世。龟兹与高齐的密切关系,并不限于前述的歌舞,其佛教寺院也得到了高齐的重视。《北齐书·赵郡王深附子睿传》记邺都内苑建有雀离佛院:

> (睿)出至永巷,遇兵被执,送华林园,于雀离佛院,令刘桃枝拉杀之。

此雀离佛院当是仿效远近驰名的龟兹雀离大清净所兴建[47]。雀离大清净,《出三藏记集》卷十四《鸠摩罗什传》作"雀离大寺":

> 鸠摩罗什……天竺人也……父鸠摩炎……辞避出家,东度葱岭,龟兹王闻其弃荣,大敬慕之,自出郊迎,请为国师。王有妹……逼炎为妻,遂生什。什之在胎,其母慧解倍常,住雀离大寺听经,忽自通天竺语,众咸叹异……什生之后……于雀离大寺读大乘经……[48]

7世纪玄奘西行,经龟兹,《大唐西域记》卷一记此寺作昭怙厘[49]:

> 屈支(龟兹)国……荒城北四十余里,接山阿隔一河水,有二伽蓝,同名昭怙厘,而东西随称。佛像庄饰,殆越人工,僧徒清肃,诚为勤励。

该寺遗址在今新疆库车东北约20公里的苏巴什村库车河(铜厂河)东西两岸。寺址内发现的佛像虽少(图三:3)[50],但库车、拜城一带的4~6、7世纪的龟兹石窟寺院和佛寺遗址尚存有与雀离大寺风格相同的壁画(图三:4、5)[51]和被劫去国外的木雕形象[52]、木版画(图三:6、7),其中佛、菩萨等人物服饰大部与高齐新型造像有共同的薄衣透体或叠褶的特征。所以,研讨高齐新造型的缘起,龟兹遗迹亦极宜重视[53],其实叠褶服饰之天竺檀像东来与龟兹颇具密切关系,唐初释氏间已有传闻,《续高僧传》卷二十五《唐京师胜光寺释慧乘传》即记有鸠摩罗什从龟兹负来栴檀像事:

> (东都)龟兹国檀像,举高丈六,即是后秦罗什所负来者,屡感祯瑞,故用传持,今在洛州净土寺……

至于此罗什故事是否可信[54]，则属另外一研讨课题。

龟兹与粟特地区虽非此种新型造像的最后源头，而两地区同为中印佛教联系中继点上的流行佛教地区，其地人民又多东来高齐，且多居权要职位，以其习闻乐见之天竺佛像的形制影响东方，应是不难理解之事[55]。

除流滞高齐的葱岭东西诸胡外，直接自天竺东来中原的沙门、信士，尤应予以关注，李崇峰同志从《续高僧传》卷二检出北天竺那连提黎耶舍事迹：

> 那连提黎耶舍隋言尊称，北天竺乌场国人……舍年十七，发意出家，寻值名师备闻正教。二十有一得受具篇。闻诸宿老叹佛景迹……遂即起心，愿得赡奉……六人为伴，化行雪山之北……循路东指到芮芮国，值突厥乱……远投齐境。天保七年（556年），届于京邺。文宣皇帝极见殊礼……安置天平寺中，请为翻译三藏……初翻众经五十余卷，大兴正法，弘畅众心。宣帝重法殊异，躬礼梵本……耶舍每于宣译之暇，时陈神咒，冥救显助立功多矣。授昭玄都，俄转为统。所获兵禄不专自资，好起慈惠，乐兴福兴……又往突厥客馆劝持六斋……又曾遇病百日不起，天子皇后躬问起居。耶舍叹曰：我本外客，德行未隆，乘舆今降，重法故尔……（《隋西京大兴善寺北天竺沙门那连提黎耶舍传》）

同书同卷又有中天竺优婆塞达摩般若事迹：

> 优婆塞姓瞿昙氏，名达摩般若，隋言法智……中天（竺）国人，流滞东川，遂响华俗，而门世相传，祖习传译。高齐之季为昭玄都。齐国既平，佛法同毁，智因僧职转任俗官……（《隋西京大兴善寺北贤豆沙门阇那崛多传附传》）

天竺僧人、信士在高齐除了译经，还可立其他的功绩，所以他们可以被授予掌管佛教事务和中央诸卿寺并列的昭玄寺的官员——昭玄都，有的甚至可以升任更高一级的昭玄统。可见他们"极见殊礼"并非虚辞。因此，高齐出现天竺形制的佛像，大约和他们也不无关系，唯目前尚乏直接证据，仅可芹献此疑耳。

3. 高齐反对北魏汉化政策例

高齐上层深染胡俗，提倡鲜卑化，佛教造像一反北魏孝文以来褒衣博带式之服饰，接受多种形式之薄衣叠褶的印度服制。佛像天竺化，高齐远较同时之南方的梁陈和西部的北周为积极、彻底。此种情况虽不见记载，但从当时处于北齐统治集团上层的"鲜卑车马客"[56]对汉人采取蔑视压制态度可知，如《北齐书》所记文宣后李氏及其子殷事：

> 文宣皇后李氏……赵郡李希宗女也……及帝将建中宫，（平原王）高隆之、（侍中）高德正（政）言："汉妇人不可为天下母，宜更择美配。"（《文宣李后传》）
>
> 废帝殷……文宣之长子也，母曰李皇后。天保元年（550年）立为皇太子……文宣每言："太子得汉家性质，不似我。"欲废之。（《废帝纪》）

又如后主时，"累迁侍中、领军、总知内省机密"的韩凤，动叱汉族人士：

> 凤于权要之中，尤嫉人士……每朝士咨事，莫敢仰视，动致呵叱，辄詈曰："狗汉大不可耐，唯须杀却。"若见武职，虽厮养末品亦容下之。（《恩幸·韩凤传》）

类似之例，屡见齐史[57]。由是约可推知，此次高齐急剧改变了源于南朝贵族服饰的佛装，应是反对北魏孝文以来汉化政策的最具形象的一项实例。

此后，隋及初唐寺院多有沿袭高齐佛装如前引道宣所记曹仲达所"传模西瑞……今寺壁正阳皆其真范"者[58]，此既因隋唐礼乐多承高齐旧制[59]，更多因中印之间王路大开，往还渐多。故佛教形象更多地是直接接受天竺影响，如玄奘携归模拟印度各地的重要佛像[60]，王玄策使"宋法智等巧穷圣容，图写圣颜，来到京都，道俗竞模"[61]等事迹最关綮要。唯此问题已超出本文范围，容当另文讨论。

注释

[1] 青齐入魏虽强迁人士于京畿，实力受到削弱，但仍是东方重镇。故孝文之初，即以威服秦雍的京兆王子推刺青，其后又委"镇抚代京，内外肃然"的广陵王羽、"都督……北讨，大破蠕蠕"的阳

平王颐任青州刺史。宣武景明时，继任青州刺史的有"高祖时历内外显任"的江阳王继及其子罗等重要宗室，是青齐地区之重要当可推知。

[2] 引自《北齐书·文宣纪》。

[3] 《司空公青州刺史临淮王像碑》现存青州市偶园内。全碑录文以《嘉靖山东通志》卷二十"寺观·弥陀寺"条为最早。《金石萃编》卷三十五、《益都金石记》卷一皆有录文。

[4] 引自山东省青州市博物馆《青州龙兴寺佛教造像窖藏清理简报》，《文物》1998 年 2 期。

[5] 参看拙作《凉州石窟遗迹和"凉州模式"》，《考古学报》1986 年 4 期。后辑入《中国石窟寺研究》。

[6] 北魏雕凿较大的石质佛教造像，以和平初（460 年）开凿的平城武州山石窟（即今大同云冈石窟）昙曜五窟的形象为最早，也最著名。参看山西省文物工作委员会等《云冈石窟》，图版 82、88、92、96，文物出版社，1997 年。

[7] 傅亮《光世音应验记》中土佚书。1943 年日本发现古抄本。此据 1994 年中华书局排印、孙昌武点校《观世音应验记三种》本摘录。此节《法苑珠林》卷六十五《救厄篇·感应缘》有引文。

[8] 陆杲《系观世音应验记》中土佚书。为注[7]所录《观世音应验记三种》中之一种。此节为《法华经传记》卷六《讽诵胜利篇》所引，但记道人名为慧胜。

[9] 参看常叙政《山东省博兴县出土一批北朝造像》，《文物》1983 年 7 期；杜在忠等《山东诸城佛教石造像》，《考古学报》1994 年 2 期。

[10] 青齐地区出土正光造像计有：青岛市发现正光二年（521 年）造像碑（孙善德《青岛市新征集一件北魏石造像》，《文物》1985 年 1 期）；博兴般若寺发现正光六年（525 年）王世和造像碑（引自刘凤君《山东地区北朝佛教造像艺术》，《考古学报》1993 年 4 期）；青州市西王孔庄发现的正光六年张宝珠造一佛二菩萨立像（山东省博物馆《北魏正光六年张宝珠等造像》，《文物》1961 年 12 期）。现藏山东省博物馆原出土于黄县的皇兴三年（469 年）赵坰造弥勒菩萨像（引自《山东地区北朝佛教造像艺术》）是否为青齐地区所雕凿尚需斟酌。盖皇兴二年（468 年）三月慕容白曜始自历城东围东阳；三年正月陷东阳，四月徙青州民于京畿；四年（470 年）十月青州刺史慕容白曜被冤见诛。可见皇兴二年迄四年，青州战乱不靖，人民流离，该区域内雕造佛像的条件似未具备。

[11] 北魏石质造像纪年最早的是太平真君元年（440 年）。该年雕凿的佛像现知有二件：一件是著录于史岩《中国雕塑史图录》卷二的路定造石佛像（1988 年）；另一件为现藏正定县文物保管所的禅定佛像，见张秀生等《正定文物精华》，文化艺术出版社，1998 年。

[12] 河北流民多迁青州，并非偶然，盖其前随慕容德南徙颇多河北人士，清河崔氏、张氏、傅氏，渤海封氏、高氏皆其尤著者。参看唐长孺《北魏的青齐土民》，该文辑入《魏晋南北朝史论拾遗》。

[13] 河北工艺重心在定州，参看拙作《定州工艺与静志、净众两塔地宫文物》，《文物》1997 年 10 期。

[14] 引自《北史·魏诸宗室·常山王遵传附三世孙晖传》。

[15] 引自《魏书·灵征志上》。

[16] 邢峦所聚河北流民的数字，《资治通鉴·梁纪八》亦作"十万余户"。参看中华书局标点本《北史·魏本纪五》《校勘记》三。

[17] 参看杨伯达《曲阳修德寺出土纪年造像的艺术风格与特征》，《故宫博物院院刊》1960 年 2 期。

[18] 参看注[9]。

[19] 参看 R. C. Sharma, *Buddhist Art：Mathura School*，图版 113、128、138，1995 年。

[20] 我国新疆中部的主要遗迹，如拜城克孜尔石窟的龟兹遗迹，参看新疆维吾尔自治区文物管理委员

会等《中国石窟·克孜尔石窟》一~三卷。于田喀拉墩古城南的于田佛寺遗址，参看中法克里雅河考古队《新疆克里雅河流域考古调查概述》，《考古》1998年12期。和田北拉瓦克大塔遗址，参看A. Stein, *Ancient Khotan* II, 图版15a, 1907年。

〔21〕炳灵寺实例参看甘肃省文物工作队等《中国石窟·炳灵寺石窟》，图版18、27、29、30、32~35。甘肃以东各地铜、石佛像例：太平真君四年（443年）高阳蠡吾任丘村菀申造鎏金立佛，参看松原三郎《增订中国佛教雕刻史研究》图12、13a，1996年；云冈第16窟西南隅罗睺罗因缘中的释迦立像，参看中国美术全集编辑委员会编《中国美术全集·云冈石窟雕刻》，图版164，文物出版社，1988年。

〔22〕褒衣博带式的释迦形象，以云冈第6窟最为典型（参看《中国美术全集·云冈石窟雕刻》图版47、58）。该窟完工于太和十八年（494年）迁洛前。云冈有纪年可考的褒衣博带式佛像，以"太和十三年（489年）七月十二日敬造"的第11窟外崖面左上方附号14窟后壁释迦多宝两像为最早（参看《中国石窟寺研究》图版42）。

〔23〕再现的时间，从已知的实物观察，大约从东魏后期即已开始，其例如河北曲阳修德寺出土武定以来的造像（参看注〔17〕）此后，河北邯郸北响堂石窟（参看丁明夷《巩县、天龙、响堂、安阳数处石窟》，《中国美术全集·巩县、天龙山、响堂山、安阳石窟雕刻》，文物出版社，1989年）和河北灵寿祁林院天保七年（556年）赵郡王高睿造像（刘建华《北齐赵郡王高睿造像及相关文物遗存》，《文物》1999年8期）等皆属北齐较早实例。以上诸例约可略窥东魏北齐之际，此类薄衣大造像已渐普遍地出现于青齐以西地区。

〔24〕参看汤用彤《汉魏两晋南北朝佛教史》下"佛教之南统·梁武帝"条。

〔25〕《集神州三宝感通录》卷中《东晋扬都金像出渚缘》亦记此事，可参看。

〔26〕《法苑珠林》卷十四《敬佛篇·观佛部感应缘之余》"梁荆州优填王㭑檀像缘"条记此事，可参看。

〔27〕此像据北宋僧元照《四分律行事抄资持记》卷下三之二《释僧像篇》据《龙光记》诠释道宣《行事抄》卷下之二所记，"今在扬州长乐寺，又曰龙光瑞像"云："（系鸠摩）罗什赍至姚秦，后南宋孝武破秦，躬迎此像还于江左，此龙光寺，故号龙光瑞像，至隋朝于扬州置长乐寺。"后入洛转长安，北宋迁汴，奉于太宗诞生之地开圣禅院（《佛祖统记》卷四十三）。金陷汴，"天会五年（1127年）迎旃檀瑞像到燕京，……奉安于悯忠寺"（《日下旧闻考》卷六十"城市·悯忠寺"条引《归田类稿》，按《四库》所收二十四卷本《归田类稿》佚此记录）。入元，移圣安寺、万安寺等处（《楚国文宪公雪楼程先生文集》卷九《旃檀佛像记》）。明初迁庆寿寺，嘉靖十七年（1538年）迁鹫峰寺。清康熙四年（1665年）奉像于新建之弘仁寺（《日下旧闻考》卷四"皇城·弘仁寺"条）。光绪二十六年（1900年）八国联军陷北京，寺与像并毁于兵火（陈宗藩《燕都丛考》第二编第七章）；一说寺毁之际，像为俄国人攫去，已北运俄罗斯（日人高田修《仏像の起源》，18页，岩波书店，1994年）。此像西藏康马乃宁寺存永乐十年（1412年）临摹绢本轴画，画左侧书《大明皇帝御制旃檀佛像赞》，知为明廷所颁下者（西藏文管会文物普查队《西藏康马县乃宁曲德寺的明代佛像绢画》，《南方民族考古》第四辑，1991年）。又圣安寺天王殿后有瑞像亭，内奉铜摹旃檀佛像；东廊有万历己酉（十七年，1589年）旃檀佛像刻石。前者乾隆时移大内寿宁宫供养（《日下旧闻考》卷六十"外城西城·圣安寺"条）；后者有拓本传世（叶恭绰《印旃檀佛像石刻拓奉跋》，《遐庵小品》，北京出版社，1998年，叶跋系徐苹芳同志检示），刻石已不知去向。

〔28〕参看成都市文物考古工作队等《成都市西安路南朝石刻造像清理简报》，《文物》1998年11期。太清是梁武最后一个纪元。梁武重视育王，除前引广建阿育王寺外，《续高僧传》卷一《梁扬都正观寺沙门僧伽婆罗传》又记天监五年迄十七年（506~518年）间，敕召扶南国沙门僧伽婆罗译《阿育王经》事："初，翻经日于寿光殿，武帝躬临法座，笔受其文。"可见梁武敬慕育王之兴隆正法，故汤用彤先

生据《广弘明集》卷二十六《慈济篇》所录梁武帝"《断酒肉文》有曰:'但经教亦云,佛法寄嘱人王,是以弟子不得无言.'盖其弘法似阿输迦,而且或以之自比也"(参看注[24])。因此,似可推测此成都所出太清五年铭育王贴金石立像与梁于扬都所奉之育王像当有关联。参看注[31]。

[29] 此像即传写貌于汴梁者,日人谓之为"清凉寺式释迦像",平安后期日本开始摹刻,镰仓时期极盛一时,据统计仅京都、奈良一带,此像之摹本即近百尊。参看《古寺巡礼·京都清凉寺》,图23～35,清水善三《解说》,淡交社,1978年。

[30] 据刘志远等《成都万佛寺石刻艺术》录文。

[31] 太清五年像铭据《成都市西安路南朝石刻造像清理简报》录文。此像雕造时,益州实际的统治者是武陵王萧纪。《南史·梁武帝诸子传》记武陵王事迹云:"武陵王纪,字世询,武帝第八子也……纪特为帝爱……大同三年(537年)为都督益州刺史。以路远固辞。帝曰:'天下方乱,唯益州可免,故以处汝,汝其勉之。'纪欷歔既出,复入。帝曰:'汝尝言我老,我犹再见汝还益州也。'纪在蜀,开建宁、越嶲,贡献方物十倍前人。朝嘉其绩。(大同十一年,545年)加开府仪同三司……太清初(547年),帝思之,使善画者张僧繇至蜀,图其状。"梁武帝卒,益州沿用太清纪元。简文太宝三年即太清六年(552年),纪僭号于蜀,"四月乙巳,(纪)改号天正元年"(《梁书·武陵王纪传》)。是武陵王纪虽"在蜀十七年",但为梁武所特爱而与建康联系密切,此太清五年所雕育王像,自可疑其源出京师也。又李裕群同志见告,纪亦像教信徒,出京时,邀丹阳释慧韶入蜀,于诸寺讲论,开导如流,且"营尊像未就……遗属道俗,凭为庄严",事见《续高僧传·梁蜀郡龙渊寺释慧韶传》。可知受纪之召同由京师西来益州的高僧,有经营尊像之事,然则太清五年育王像渊源建康,或亦非无因之推测。

[32] 据《成都万佛寺石刻艺术》记录。

[33] 参看注[31]。

[34] 《隋书·薛道衡传》:"武平初,诏与诸儒修定五礼。"武平初(570年),南朝陈立国已十余年,是北齐修礼参考江南者,不能不注意陈制,而"陈因梁旧,史志所载甚明",故可推知高齐礼仪受到萧梁影响。参看陈寅恪《隋唐制度渊源略论稿》"二、礼仪",上海古籍出版社,1982年。

[35] 引自《洛阳伽蓝记》卷五引《宋云行纪》。

[36] 引自《洛阳伽蓝记》卷三:"西夷来附者处崦嵫馆,赐宅慕义里。自葱岭已西,至于大秦,百国千城莫不款附。商胡贩客日奔塞下,所谓尽天地之区已,乐中国土风因而宅者不可胜数。是以附化之民万有余家。门巷修整,阊阖填列,青槐荫陌,绿柳垂庭。"

[37] 《隋唐制度渊源略论稿》"五、音乐"曾作此推断:"(高齐)为承袭北魏洛阳之遗风……并北魏洛阳既有万有余家之归化胡人居住,其后东魏迁邺,此类胡人当亦随之移徙。"

[38] 参看《汉魏两晋南北朝佛教史》下"佛教之北统·东方佛法与经学"条。

[39] 迁邺后,东西往returns仍其频繁,如《周书·异域·吐谷浑传》记:"魏废帝二年(553年)……(吐谷浑主)夸吕又通使于齐氏,凉州刺史史宁觇知其还,率轻骑袭之于州西赤泉,获其仆射乞伏能拔、将军翟潘密、胡商二百四十人、驼骡六百头、杂彩绢以万计。"《续高僧传》卷二《阇那崛多传》:"建德廃运,像教不弘……五众一期同斯俗服……(崛多)路出甘州……为突厥所留……有齐僧宝暹、道邃、僧昙等十人,以武平六年(575年)相结同行,采经西域,往返七载,将事东归,凡获梵本二百六十部,回至突厥……"取道突厥,似为高齐晚期西行之通道。职是之故,高齐领域多有胡人形象之石刻、器物之发现,其著者如传河南安阳出土的石刻(参看 O. Siren,*Chinese Sculpture* IV,图446~449,1925年)、安阳武平六年(575年)范粹墓所出黄釉瓷扁壶(参看河南

省博物馆《河南安阳北齐范粹墓发掘简报》，《文物》1972年1期）和山东益都北齐石室墓之线刻画像（参看夏名采《益都北齐石室线刻画像》，《文物》1985年10期）。1996年，龙兴寺窖藏所出北齐石佛绘有深目高鼻的胡人，看来并非偶然。

〔40〕 参看《北史·恩幸传·安吐根传》。

〔41〕《文艺英华》卷七六一卢思道《北齐兴亡论》："有和士开者，素有和氏之庶孽，其面目亦似胡人轻薄儿，猥为衣冠所弃。武成在田日，引为参将，闻好弹胡琵琶，亦解歌舞，一面之后，便大爱悦……"

〔42〕〔43〕 引自《隋书·音乐志下》。

〔44〕 参看日人羽溪了谛《西域之佛教》第三章《安息国及康居国之佛教》、第五章《龟兹国之佛教》（贺昌群译本，1933年）。

〔45〕 此袁皆疑为"颇善画，入梁官至中书监"的袁昂（《历代名画记》卷七）。据《梁书》本传，昂卒于大同六年（540年），享年八十。然《名画记》卷七引僧惊云："（昂）裹则郑公，亡所失坠。"此郑公即自周入隋的郑法士，故《名画记》卷八记："郑法轮、郑德文、袁昂、陈善见、刘乌、阎立本皆师郑公（法士）。""皆师郑公"似宜解作师法郑公，非有亲炙师弟之谊也。《名画记》卷三记"开业寺，《裴录》云：有曹仲达、李雅、杨契丹、郑法士画"。按开善寺位长安丰乐坊横街之北，"本隋胜光寺，文帝第二子蜀王秀所立"（《长安志》卷九），是曹仲达于齐亡后，亦自周入隋，因得与郑法士同画于一寺。

〔46〕 引自《历代名画记》卷八。彦惊，《宋高僧传》卷四有传。

〔47〕《资治通鉴·陈纪四》胡注："《释氏西域记》：龟兹国北四十里山上有寺，名雀离大清净。故仿以建佛院。"按胡说是也。所引《释氏西域记》系据《水经注·河水》。《释氏西域记》为释道安"据西来人传述而作"（《汉魏两晋南北朝佛教史》下《南北朝释教撰述》）。龟兹大清净之雀离一名源于东邻印度河之乾陀罗城之雀离浮图。该浮图为迦腻色迦王所建，"上有铁柱高三百尺，金盘十三重，合去地七百尺……西域浮图，最为第一"（《洛阳伽蓝记》卷五引《宋云行纪》）。参看法人伯希和《吐火罗语与库车语》，1934年。此文冯承钧先生译汉，辑入《吐火罗语考》，中华书局，1957年。

〔48〕《高僧传》卷二《晋长安鸠摩罗什传》亦记雀离大寺事，文字略有差异："……什在胎时，其母自觉神悟超群，有倍常日。闻雀离大寺名德既多，又有得道之僧，即与王族贵女德行诸尼弥日设供，请斋听法。什母忽通天竺语，难问之词必穷渊致，众咸叹之。"

〔49〕 参看注〔47〕所引《吐火罗语与库车语》；王炳华《新疆库车玉其吐尔遗址与唐安西柘厥关》，该文辑入王著《丝绸之路考古研究》，新疆人民出版社，1993年。

〔50〕 库车苏巴什寺址，1907年曾经盗掘，出有壁画及其残片和残塑、舍利盒等遗物，见 *Douldour-Aqour et Soubachi* 第一、二、四章和第三编（1982年）及该书图版 XLV～CXⅢ，1967年。

〔51〕 参看新疆维吾尔自治区文物管理委员会等《中国石窟·克孜尔石窟》一～三。

〔52〕 例如 *Douldour-Aqour et Soubachi*，图版 XXX：59 所录燃灯佛本生木雕，该像出土于库车西21公里的都勒杜尔—阿胡尔（夏克吐尔、玉其吐尔）遗址。

〔53〕 北魏以来，并州胡姓多曹、白两姓，曹是昭武九姓之一，白是龟兹国姓，可见粟特与龟兹人入居高齐兴起的区域由来已久（参看周一良《北朝民族问题与民族政策》下"四种胡"条，《燕京学报》39期，1950年。后辑入《魏晋南北朝史论集》，中华书局，1963年）。因可推知高齐上层对龟兹的了解，并非偶然。所以武平四年（573年）十月陈将吴明彻陷寿阳，事闻北齐内廷，后主曾谑戏作"龟兹国子"，事见《北齐书·恩幸·韩凤传》："寿阳陷没，凤与穆提婆闻告败，握槊不辍

曰'他家物，从他去'。后使于黎阳临河筑城成曰：'急时且守此，作龟兹国子，更可怜人生如寄，唯当行乐，何因愁为。'君臣应和若此。"《资始通鉴·陈纪五》太建五年记此事略有差异："齐穆提婆、韩长鸾闻寿阳陷，握槊不辍曰'本是彼物，从其取去'。齐主闻之颇以为忧。提婆等曰：'假使国家尽失，黄河以南犹可作一龟兹国，更可怜人生如寄，唯当行乐，何用愁为。'左右嬖臣因共赞和之，帝即大喜，酣饮鼓舞，仍使于黎阳临河筑成。"

〔54〕《法苑珠林》卷十四《敬佛篇·观佛部感应缘之余》引《宣师感通记》又云此像"乃宋孝武帝征扶南获之⋯⋯何得云什师背负而东耶"。按此像即元照释道宣《行事抄》所记之像。参看注〔27〕。

〔55〕高齐上层接受西域宗教影响，《隋书·礼仪志二》记有后主事胡天事："（北齐）后主末年，祭非其鬼，至于躬身鼓舞以事胡天⋯⋯其仪并从夷俗，淫僻不可纪也。"以此可窥北齐接受西域佛教情况，应较祠袄为尤甚。

〔56〕《北齐书·杜弼传》："显祖（高洋）尝向弼云：'治国当用何人？'对曰：'鲜卑车马客，会须中国人。'"

〔57〕参看周一良《领民酋长与六州都督》，《历史语言研究所集刊》第20本（1948年），后辑入氏著《魏晋南北朝史论集》。

〔58〕道宣所谓今寺壁正阳所奉之传模西瑞的真范，虽不可见，但洛阳龙门敬善寺石窟有唐显庆、龙朔间（656~663年）的薄衣倚坐优填王像（龙门文物保管所《龙门石窟》，图版131，文物出版社，1981年），其雕凿的时间适与道宣为同时，因可参考。

〔59〕参看陈寅恪《隋唐制度渊源略论稿》。

〔60〕《大唐西域记》卷十二《记赞》和《大慈恩寺三藏法师传》卷六皆列有玄奘携归自西域各地所摹造的释迦形象的名单。

〔61〕引自《法苑珠林》卷二十九《感通篇·圣迹部》引《王玄策行传》。参考冯承钧先生《王玄策事辑》，《清华学报》八卷1期（1933年），后辑入《西域南海史地考证论著汇辑》，中华书局，1957年。《王玄策行传》此处所录宋法智等图写之圣颜，是弥勒菩萨像。《历代名画记》卷三记："（东都）敬爱寺佛殿内菩萨（提）树下弥勒菩萨塑像，麟德二年（665年）自内出王玄策取到西域所图菩萨像为样，巧儿张寿、宋朝塑，王玄策指挥，李安贴金。"应即是宋法智等图写之圣颜。70年代洛阳龙门文物保管所在宾阳南洞西壁左下方发现一处王玄策造像铭"王玄策⋯⋯敬造弥勒像一铺，麟德二年九月十五日"（李玉昆《龙门石窟新发现王玄策造像题记》，《文物》1976年11期）。遗憾的是，该铭所在的像龛已残毁。

此文发排后，李裕群同志告我，文中自《成都万佛寺石刻艺术》转引的中大通元年鄱阳王世子造像记录文（参看注〔30〕所注文字）有讹误；1990年四川大学出版社出版高文、高成刚所辑《四川历代碑刻》收有该造像记全文："中大通元年太岁己酉籍莫（姥）道猷（予）见景光（及）景焕母子侍从鄱阳世子西上于安浦寺敬造释迦像一躯。"知此像系随鄱阳王世子西上的侍从人士所造。侍从人士来自建康，其造像图样渊源当亦出自建康。

本文原刊《文物》1999年10期，第44~59页

大功德主苻（苻璘？）重修安阳修定寺塔事辑

修定寺位河南安阳市西北清凉山东南麓。寺现仅存一砖塔[1]。砖塔建于原山门与原大佛殿之间。该塔平面方形，边长8.3米，单层，塔身只南壁下部设券门，通内室，内室亦方形。1982年，经国务院正式以"修定寺塔"名称公布为全国第二批重点文物保护单位（图一）。

此塔身形制与河北灵寿城西幽居寺北齐天保八年（557年）赵郡王高睿所建砖塔第一层颇为相似（图二）[2]。塔外壁壁面满砌拼嵌的模制雕砖。砖雕精致，人物纹饰极具中唐特色。此满嵌极具中唐特色雕砖的外壁装修，其时代自20世纪80年代以来始为人们所关注。

图一　1973年维修后的安阳修定寺塔
（采自河南省文物管理局《河南文物精华·古迹卷》第98页）

1981年6月，张之先生发表《修定寺方塔始建年代考》，公布镌刻于塔南壁拱券石门额上的铭记"大功德主银青光禄大夫前相州刺史兼御史中丞摄相州刺史仍充本州防御使上柱国苻"（图三），并据所记地名、官衔考定"这则铭刻之镌于758～762年（唐肃宗乾元元年至唐代宗宝应元年），也就是说方塔建于这五年间"[3]。这显然是误以"大功德主……苻"为创建该塔时的铭刻。

1981年8月，河南省文物研究所等单位撰《安阳修定寺塔》，在该书"修定寺塔及饰面雕砖的年代"节中，据上引"大功德主……苻"的官衔和门额上"林虑县令杨去惑，邺县令裴郑康□古咸通十一年（870年）五月八日同题"的游人题刻，认为苻某"题铭时间应在唐懿宗咸通元年（860年）以前，唐肃宗乾元元年（758年）以后"[4]。

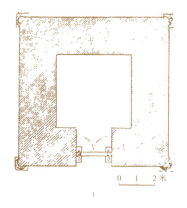

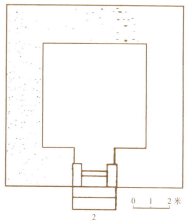

图二
1. 修定寺塔平面（据《安阳修定寺塔》第9页图8）
2. 幽居寺塔一层平面（据《文物》1999年8期，第67页图3）

图三　修定寺塔南壁门额中部大功德主铭记（拓本）（据《安阳修定寺塔》图版127）

1994年12月，温玉成同志在河南省文物考古学会年会上发表《豫北佛教文物丛考》，于"安阳修定寺（合水寺）"项内第一次指出"大功德主……苻"，即《新唐书》著录之符璘（731～795年），然后据符璘的经历和璘与马燧的关系"可以判断修定寺塔大约建于783～795年（即唐德宗建中四年至贞元十一年）之内"。此下限止于贞元十一年，和温文所记符璘生卒年的拟定，皆未作明确的解释[5]。

2002年，李裕群同志撰《安阳修定寺丛考》，根据唐开元三年（715年）、七年（719年）两碑和宋乾德三年（965年）《存留记》石刻谓现在所称的修定寺塔，"龙华塔，可能是原有塔名……龙华塔被毁的时间，大约在唐开元七年（719年）至会昌灭法（845年）前"；但该文注释25中又记："按壁面拼镶砖的花纹图案具有晚唐的风格，因此，对现存之塔的年代，仍需作进一步的研究。"[6] 而忽略了"大功德主……苻"是具有重修意义的铭刻。

上述四文都各有所见，我们认为在没有发现更多资料的情况下，从重修该塔拼嵌外壁的雕砖的年代和当时在这个地区握有实权的苻姓的重要人物来推测塔南壁门额中部铭刻所记的"大功德主……苻"，可以考虑温玉成同志提出的即是《新唐书》著录的符璘的推断。但至少还需要进一步说明下面两个问题：一、苻与符的关系；二、在解决前一问题即苻璘＝符璘的基础上，研讨一下能否把符璘的经历与"大功德主……苻"的结衔结合起来，以求较近似地测估出重修修定寺塔时间的上下限。

一 苻璘与符璘

苻、符有别，《元和姓纂》卷二上平声"十虞"有明确记载[7]。苻璘与符璘问题，北宋赵明诚《金石录》卷三十《唐义阳郡王苻璘碑[8]跋尾》即已指出："右苻璘碑，按《唐书列传》璘姓符而碑作苻，以姓氏书[9]考之，琅琊符氏出于鲁顷公之孙公雅，为秦符节令，因以为氏；而武都苻氏出于有扈之后，为启所灭，奔西戎，代为氏酋，本姓蒲，至苻坚以背有文改焉。"但又强为诠释云："今此碑以璘为苻（按疑应作符）氏，又云其先琅琊人，皆不可知。然按璘与弟瑶皆封邑于琅琊，岂书碑者误以符为苻，其家出于武吏，不知是正乎。"[10] 南宋王楙《野客丛书》卷二十二"苻符二姓"条又另作新解："苻坚其先本姓蒲，其祖以谶文改为苻。符融其先鲁顷公孙，仕秦为符玺郎以为氏。故苻坚之姓从艸，符融之姓从竹，二姓固自不同，而《唐义阳郡王符璘碑》合从竹而书作苻，而苻坚之苻又有书从竹者，皆失于不契勘耳。仆又考之，汉碑隶书率以竹为艸，少有从竹者，如符节之字皆然，今《西汉书》符瑞多从艸，魏晋以下真书碑亦有书符節即为苻莭者，盖古者皆通用故耳，此又不可不知。颜鲁公《干禄书》曰：'从艸者为姓，从竹者为印。'[11] 亦未之察也。不知符融之符果非姓乎。"此后，著录《苻璘碑》的金石书籍，凡涉及苻符问题者，包括清初顾炎武、孙承泽著作皆少新意[12]，因不录。

意者，苻字冷僻，符却习见，作为姓氏更易讹误。岑仲勉《元和姓纂·四校记》卷二校《姓纂》苻姓下"唐金州刺史苻子珪"句，曾举例云："约开元十八年（730年）顷，子珪官定州别驾，见《全（唐）文》九一四释具《大忍寺门楼碑》（唯讹苻为符）……《全（唐）诗》十一函七册收符子珪诗一首。"又郁贤浩、陶敏《元和姓纂（卷上）整理记》更举苻子璋，唐石刻不误而《全唐文》有误例："按苻子璋见《御史台精舍题名》。又《全唐文》卷六二一作符。"苻子璋于《御史台精舍题名》监察御史题名中凡二见，赵钺、劳格《唐御史台精舍题名考》卷二"苻子璋"下又记："《文苑英华》二十四有符子璋《漏赋》。"此御史台题名二见的苻子璋题名与《苻璘碑》以及被推断《唐书》著录的苻璘即修定寺塔额铭记中之"大功德主……苻"，则石刻之苻被误为符，已得三例，似可表明镌字上石与传抄、模印相比，自当少有差错而易正确[13]。

二 苻璘事辑

两《唐书》苻璘本传纪事简单，其主要根据的《唐义阳郡王苻璘碑》亦详后略前，而修定寺塔额"大功德主……苻"铭记列举的官职，又与本传、墓碑先后著录的经历、结衔大都有异。因此，据铭记官职来推断修定寺塔重修的年代，则需要较全面系统地了解有关苻璘事迹，特别是苻璘在田承嗣、田悦统治下和归降马燧初期的情况。现依年代顺序，衷辑苻璘有关纪事如下（表一）

表一

年代	记载	出处
大历七年（772年）	"幽州乱[14]，（卢龙军裨将符令奇）挈子璘奔昭义，节度使薛嵩署为军副。"	《新唐书·符令奇传》
大历八年（773年）	"正月，（相州刺史相卫洺邢等州节度观察使薛嵩）卒。诏遣弟崿知留后。"	《旧唐书·薛嵩传》
大历十年（775年）	"正月丁酉，昭义军兵马使裴志清盗所将兵逐崿，举众归田承嗣以叛。"	《旧唐书·薛嵩传》
	"田承嗣知公父子（符令奇、璘父子）有材略，各以左右职处之。"	《符璘碑》
大历十四年（779年）	"二月癸未，魏博七州（魏博相卫洺贝澶）节度使、太尉、检校尚书左仆射、同中书门下平章事、魏州大都督府长史田承嗣卒。甲申，以魏博中军兵马使、左司马田悦兼御史中丞，充魏博节度留后。"	《旧唐书·代宗纪》
	"（悦）寻拜检校工部尚书御史大夫充魏博七州节度使。"	《旧唐书·田承嗣传附侄悦传》
建中初（780年）	"德宗立，不假借方镇……（平卢军节度使李正己）遣人说悦同叛……（悦）以邢曹俊、孟开祐、李长春、符璘、康愔为爪牙。"	《新唐书·田承嗣传附侄悦传》
建中二年（781年）	"正月，魏博节度使田悦反……河东节度使马燧……讨之。"	《新唐书·德宗纪》
	"十二月庚寅，河东节度使马燧检校左仆射……赏破田悦之功也。"	《旧唐书·德宗纪上》
建中三年（782年）	"王师进逼魏城，时公与先公（璘与父令奇）在重围中……先公密语璘……归降（王师）……时（马）燧知公才略勇敢，使间以祸福谕公……籀是公计遂决，乃使家竖潜通其诚，燧因遗公犀带以示要约。"	《符璘碑》
	"诏（河阳节度使李芃）与河东节度马燧等诸军破田悦于洹水……进围悦于魏州。（悦）将符璘以精骑五百夜降，芃开营以纳之。明日，归璘于招讨使。"	《旧唐书·李芃传》
	"正月，田悦求救于淄青，……（李正己子）李纳遣大将卫俊将兵万人救悦……（马）燧率诸军进屯于邺……迫洹水……悦军乱……溺死者不可胜纪，淄青军殆尽，悦收败卒千余人走魏州……数日，李再春以博州降，悦兄昂以洺州降，王光进以长桥降。悦遣符璘、李瑶将五百骑送淄青兵还镇，璘、瑶因来降（马）燧。"	《旧唐书·马燧传》
	"悦收兵得千余人生，夜至魏州……婴城自守……悦遣大将符璘、李瑶将五百骑送淄青遗兵还镇，因降燧。"	《册府元龟》卷三五九

续表

时间	内容	出处
建中三年（782年）	"春正月……李纳军于濮阳，为河南军所逼，奔还濮州，征援兵于魏州。田悦遣军使符璘将三百骑送之……璘遂与其副李瑶帅众降于马燧。悦收族其家，（璘父）令奇慢骂而死。瑶父再春以博州降，悦从兄昂以洺州降，王光进以长桥降。悦入（魏州）城旬余日，马燧等诸军始至城下，攻之，不克。"	《通鉴》卷二二七
	"闰（正）月庚戌，马燧及田悦战于洹水，败之。是月，悦将李再春以博州降，田昂以洺州降。"[15]	《新唐书·德宗纪》
	"（符璘）率所部锐师降燧，由是寇始弱而王师益壮。燧既纳公（璘），署为军副以闻。诏授特进试太子詹事兼御史中丞封义阳郡王实封百户。既而，（闻父见害……号）绝泣血……燧口就抚勉，复列上其事。德宗皇帝嘉而悼之，诏公（璘）起复，加左散骑常侍兼御史大夫赐晋阳第一区 祁 县田五十顷。追赠先公（令奇）户部尚书。"[16]	《符璘碑》
	"五月丁酉，加河东节度使、检校左仆射马燧同平章事……赏破田悦功也。"	《旧唐书·德宗纪上》
	"六月，（卢龙军节度使）朱滔、（恒冀观察都防御使）王武俊联兵五万来救悦，至于（魏州）城下。诸将议退兵。"	《旧唐书·马燧传》
	"秋七月，燧与诸军……退保魏县……甲辰……又以河东节度使马燧兼魏博澶相节度使。"[17]	《通鉴》卷二二七
建中四年（783年）	"十月，（泾原节度使姚令言反）泾师犯阙，帝幸奉天，燧引军还太原[18]……燧至太原，遣行军司马王权将兵五千赴奉天，又遣男汇及大将之子与俱来，壁于中渭桥。及帝幸梁州，权、汇领兵还镇。燧以晋阳王业所起……时天下骚动，北边数有警急（宜固险以示敌）……（诏燧）兼保宁军节度使。"	《旧唐书·马燧传》
兴元元年（784年）	"正月，加（燧）检校司徒，封北平郡王"。	《旧唐书·马燧传》
	"二月甲子，李怀光为太尉，怀光反。丁卯，（帝）如梁州……（三月）癸酉，魏博兵马使田绪杀其节度使田悦，自称留后……六月癸卯，姚令言伏诛。……癸丑，以梁州为兴元府……（七月）壬午，（帝）至自兴元。"	《新唐书·德宗纪》
	"八月癸卯……河东保宁军节度使、太原尹、北都留守、检校司徒、平章事、北平郡王马燧为奉诚军晋绛慈隰节度行营兵马元帅……时方命（河中同陕虢等州及管内行营兵马副元帅浑）瑊与马燧各出师讨怀光故也。"	《旧唐书·德宗纪上》

续表

贞元元年 （785年）	"七月，燧因（自行营）朝京师……自朝京师还行营，凡二十七日而河中平。诏书褒美，迁光禄大夫兼侍中，仍与一子五品正员官。宴赐毕，还太原。"	《旧唐书·马燧传》
	"（八月）甲戌，朔方大将牛名俊斩李怀光，传首阙下，马燧收复河中……己卯诏……燧可待中。"	《旧唐书·德宗纪上》
	"李怀光寇蒲反，诏燧以河东之师讨之。公（璘）为燧心腹之将，将五千先济河，与西师（浑瑊等）合势据要，同收长春宫，除（贼将）徐庭光，怀光平，加赏封百户。"[19]	《苻璘碑》
贞元二年 （786年）	"西蕃（尚结赞）寇边，攻逼盐夏，公（璘）偏师击虏，解围而还。"	《苻璘碑》
贞元三年 （787年）	"（璘）从燧入觐，擢拜辅国大将军行左神策军将军知军事，复赐靖恭里第一所、蓝田田十□□[20]。贞元初，德宗之幸梁还也，惩神策兵□将轻，缓急非有益，乃搜卒谋师，以公（璘）充选，时谓得人，禁暴戒严，上心倚赖。"	《苻璘碑》
贞元八年 （792年）	"《唐赠户部尚书符令奇碑》唐郑叔规撰，贞元八年立，在富平。"[21]	《宝刻丛编》卷十引《京兆金石录》
	"□年[22]，丁（璘母）邓国太夫人忧……上又思先公（令奇）之忠烈，再赠尚书左仆射，公之弟琳授检校太子宾客琅琊郡公，瑶授忻州别驾琅琊县男，皆号开府，分领禁职，赏与公同忠劳也。"	《苻璘碑》
贞元十一年 （795年）	"八月辛亥，司徒兼侍中、北平郡王马燧薨（时年七十），赠太傅……十一月丙申司徒马燧葬（谥庄武）。"	《旧唐书·德宗纪下》
贞元十四年 （798年）	"（璘）居环卫凡十二年[23]，上知其忠勤谨重，方将大用，不幸寝疾，以贞元十四年七月廿四日终于靖恭里赐第，享年六十有五，赠越州都督。其年黄钟月庚寅日葬于京兆富平之薄台，从先仆射之兆也。"	《苻璘碑》
大和八至九年 （834～835年）	李宗闵撰《苻璘碑》。	据《金石证史》[24]
开成三至四年 （838～839年）	"（三年）冬十月己酉，前邠宁节度使史孝章卒……十二月……以兵部侍郎狄兼谟为河东节度使……（四年）六月辛亥朔，以（璘子）长武城使苻澈为邠宁节度使。"	《旧唐书·文宗纪下》
开成三年九月十八日后，五年（840年）三月九日前	柳公权书《苻璘碑》。	据《贞石证史》[25]
	"（苻）澈前为邠宁节度使，后为河东节度使、太原尹、北都留守、检校兵部尚书、御史大夫、琅琊郡开国侯，食邑一千户，袭实封一百户。"[26]	《苻璘碑》

续表

会昌元年 （841年）	"今上元年[27]，再赠公刑部尚书……按国典官至三品墓得立碑。又按□葬令，诸追赠官位得同正。"	《苻璘碑》
	"大约公权既书碑，又迟一二年而后立。于时澈任重镇，故再修改碑文，乃树于墓。"	《金石证史》[28]
会昌二年 （842年）	"二月……河东节度使苻澈[29]修杷头烽旧戍以备回鹘。"	《通鉴》卷二四六
	"三月戊申，李拭巡边还，称振武节度使刘沔有威略，可任大事。时河东节度使苻澈疾病，庚申，以沔代之。"[30]	《通鉴》卷二四六

三 苻璘先后经历和"大功德主……苻"重修修定寺塔年代的估计

据前表可知苻璘任职可分三个阶段，即"符璘者，田悦之将"（《旧唐书·符璘传》）阶段，"帅众降于马燧"（《通鉴》卷二二七），"为燧心腹之将"（《苻璘碑》）阶段和"居环卫凡十二年"（《苻璘碑》）阶段。

第一阶段 苻璘随父令奇自卢龙投昭义节度使薛嵩于相州[31]，旋归田承嗣，承嗣处令奇父子以左右职。承嗣卒，田悦以苻璘为爪牙，史载璘冠"大将"或"军使"衔，奉悦命将五百精骑送淄青残兵还濮州。这个阶段是从大历七年（772年）秋至建中三年（782年）闰正月或三月前后[32]。如从以苻璘为爪牙的田悦"寻拜检校工部尚书御史大夫充魏博七州节度使"的大历十四年（779年）二月以后[33]算起，仅满三年左右。

第二阶段 苻璘送淄青兵回，即与其副李瑶降马燧，燧引为心腹。建中三年秋七月，河东节度使马燧兼魏博澶相节度使。四年（783年）十月，燧自魏县引军还太原，璘或从燧去太原。此阶段约始于建中三年三月前后，迄于兴元三年（786年）璘随马燧入朝之前。第二阶段苻璘的经历似可细分五段：（一）归燧之初"（燧）署为军副"；（二）"诏授特进试太子詹事兼御史中丞封义阳郡王实封百户"；（三）随后，"闻父见害，号绝泣血，燧表其冤，加检校左散骑常侍，赠晋阳第一区，祁田五十顷"（《新唐书·符令奇传》），此段似在建中四年十月随燧去太原之后，所以与加官职同时还膺赠第、田于太原地区之荣；（四）兴元元年（784年）二月朔方李怀光反，八月诏马燧讨之，燧命璘率五千兵先济河与西师合，贞元元年（785 年）八月怀光死，收复河中，"加（璘）赏封囗户"；（五）贞元二年（786 年）苻璘自太原出师解盐夏之围。此役璘又有何擢赏，传、碑俱佚记录。

第三阶段　贞元三年（787 年）苻璘"从燧入觐，擢拜辅国大将军行左神策军将军知军事"，"居环卫凡十二年"，"忠勤谨重"，"禁暴戒严，上心倚赖"，"方将大用，不幸寝疾，以贞元十四年（798 年）七月廿四日终于靖恭里赐第"。这个阶段，苻璘久隶环卫，可以估计璘与马燧的关系不可能不愈益疏远，远处东方的相州更难想象与推测是重修修定寺塔苻某的苻璘有什么往还联系了。

初步清理苻璘三个阶段的经历之后，即可与重修修定寺塔时于塔额镌刻"大功德主……苻"铭记中的官职相比对。铭中所记"苻"的结衔似可分前后两部分：

前一部分即"银青光禄大夫前相州刺史兼御史中丞"。这大约相当上述苻璘任职的第一阶段；即大历十四年二月以后田悦兼御史大夫之后[34]迄建中三年三月前后苻璘归降马燧期间的苻璘的官职。田悦遣苻璘送淄青兵归濮州，如璘即是前任相州刺史的苻某，则除以璘统有精骑外，相濮皆位洹卫两水之南，田悦或许还有另立一与魏作犄角据点的企图。

后一部分官职是"摄相州刺史仍充本州防御使上柱国"。这组官职，约属苻璘第二阶段的（一）段，即马燧署璘为军副之际，极有可能命前相州刺史摄理旧职以待任命；防御使例由本州刺史兼[35]，反映了重视军事的当时形势。前一部分所列的文散官银青光禄大夫（从三品）、兼朝官御史中丞（正四品下）当如故；后一部分官职最后的勋官上柱国（视正二品，是勋官最高级）可能也是沿袭了以前授予的勋阶。又从前述苻璘事辑似可推测苻某任这组摄职的时期不会太久，约在《苻璘碑》所记"燧既纳公，署为军副以闻。诏授特进试太子詹事兼御史中丞封义阳郡王实封百户。既而……加左散骑常侍兼御史大夫"句中的"以闻"与"诏授"之间。因为诏授官职的品级都高于苻某此前的实职和兼、散诸官：特进是正二品的文散官；太子詹事、左散骑常侍都是正三品文职官，俱高于摄理的从三品上州刺史（相州刺史），尽管前者是试官，后者品阶在正三下，且是并未即真，即未正授的检校；兼官御史大夫（正三品）更是其前的兼职御史中丞的直接上司；最后还有高居从一品的义阳郡王封爵。所以，可以推测后一部分的官职当在"诏授"这一组新职之前。其具体时间则应在建中三年、四年（782～783年）这两年中。建中四年十月，马燧即从魏县行营引军还太原，苻璘约也随之西去。因此，在未发现其他资料之前，推断"大功德主……苻"即是苻璘的话，则上述的年代既可视作镌刻"大功德主……苻"铭记的时间，当然也应是这次重修修定寺塔，包括以具有中唐特色的模制雕砖拼嵌修定寺塔外壁的时间。

2003年5月23日抄竟，6月4日校讫

注释

〔1〕参看河南省文物研究所等《安阳修定寺塔》，文物出版社，1983年。此塔创建于北朝。《安阳修定寺塔》之《四、修定寺塔及饰面雕砖的年代》记："该塔东北角倚柱的莲花柱础，其造型为明显的北朝风格。同时，清理发现的塔基饰面残砖不仅皆为浮雕砖，而且在时代特征上，亦多为北朝时期遗物，因此推断修定寺砖塔清理发现的塔基饰面残砖，其时代应早于现存塔身四壁的饰面雕砖，而且还说明该塔最初也是用浮雕砖嵌砌的。"《五、结语》又云："从调查清理出土的塔基残雕砖看，塔的创建年代似可追溯到北朝时代（其中有不少雕砖还带有明显的北齐作风）。"

〔2〕参看刘建华《北齐赵郡王高睿造像及相关文物遗存》，刊《文物》1999年8期。该文记此塔云："方形密檐式七级，边长5.2米、高约20米……塔身第一层较高，南面设圆拱形石券门。二层以上，每层面阔和高度逐渐递减，外轮廓渐收杀，每层塔檐为五层叠涩的棱角牙子……现存砖塔的整体造型似具唐代风格……但拱券门框上的龙、凤、卷云、莲花、联珠等纹饰，都是北齐石窟中常见的纹饰……在天保八年所立修寺碑（《大齐赵郡王□□□之碑》）中已有灵塔的记载。据此，幽居寺灵塔始建年代应与（塔内一层供奉的天保七年铭）三尊佛像同时；后代重建时，使用了原塔的拱券、门框。"因而似可推知此塔第一层的形制尚沿旧式。

〔3〕该文发表在《中原文物》1981年2期。

〔4〕参看注〔1〕。又注〔5〕温玉成文谓"杨宝顺先生之说（760～860年）约略近之也"，即指此文而言。

〔5〕该文后发表在《河南文物考古论集》，河南人民出版社，1996年。文内记："据《新唐书·苻令奇传》，苻璘（731～795年）……"按《新唐书·苻令奇传附子璘传》，只记（璘）"卒年六十五"，未记璘生卒的具体年代。1999年，河南省文物管理局主编的《河南文物精华·古迹卷》"河南古建筑概述"部分著录安阳修定寺塔所附简单说明。径谓"此塔建于唐建中三年（782年）到贞元十年（794年）"，未列任何证据，盖即采取温说而略做修改者。

〔6〕该文发表在《宿白先生八秩华诞纪念文集》下，文物出版社，2002年。

〔7〕据郁贤浩、陶敏整理的孙校十卷本《元和姓纂（附四校记）》，中华书局，1994年。书中所记符、苻两姓的文字颇多脱误，下录《金石录》引释的内容可供参考。

〔8〕《唐义阳郡王苻璘碑》，北宋欧阳修《集古录目》卷八列《赠越州都督符元亮碑》始著其目。其后，现存录入铭刻全文并附集释者，当以乾嘉间王昶编著的《金石萃编》最为完备。《萃编》卷一一三于此碑录文前记："（此）碑高一丈，广四尺五寸三分。三十一行，行六十二字，正书。在

富平县学。"碑全名作《唐故辅国大将军行左神策军将军知军事检校右散骑常侍兼御史大夫义阳郡王食实封二百户赠越州都督刑部尚书苻公神道碑铭》，李宗闵撰，柳公权书。又按该碑系柳公权传世的著名楷书丰碑之一，题明拓以来的墨本流传甚多，如北京大学图书馆所藏罗振玉书签《明拓苻璘碑》并旧藏的裁裱帖装本，刘燕庭、缪荃孙递藏和柳风堂张氏旧藏的两整幅清拓本，三本内容阙泐情况俱与《萃编》所录相近。下文所引碑文因皆据《萃编》录文。

〔9〕沈涛《十德斋文存》（抄本）卷二《书元和姓纂后》云："此所云姓氏书，当即《姓纂》。"（此据岑仲勉《元和姓纂·四校记》卷末附录三转引）

〔10〕岑仲勉《贞石证史》"再跋苻璘碑"条曾有疑义云："按璘、澈等虽武吏，姓之从竹从艸，未必不分，《璘碑》作苻，而史家、金石家均作符，则其误或在此而不在彼，若郡邑误封，爰作《姓纂》，封于琅邪，窃恐不能据以定令奇之元姓矣。"岑文刊《历史语言研究所集刊》第八本四分册，1939年，后收入《金石论丛》，上海古籍出版社，1991年。

〔11〕源于宋宝祐丁巳（五年，1257年）衡阳陈兰孙镂木的诸本《干禄字书》于平声下录苻符二字云："苻符，上人姓，下符契。"与王楙庆元、嘉泰间（1195～1204年）撰《野客丛书》时所据《干禄字书》有异。

〔12〕顾炎武《金石文字记》卷四、孙承泽《庚子销夏记》卷七对苻璘姓的诠释，皆删节王楙文字，无新解；但顾改正了王误书《干禄字书》撰者颜元孙为颜鲁公（真卿）之讹。

〔13〕政和七年（1117年）河间刘跂《金石录后序》早有此议："昔文籍既繁，竹素纸札转相誊写弥久不能无误。近世用墨版模印便于流布，而一有所失，更无别本是正。然则誊写模印其为利害之数略等……惟金石刻出于当时所作，自与事接不容伪妄，皎皎可信，前人勤渠郑重以遗来世，惟恐不远，固非所以为夸，而好古之士忘寝废食以求，常恨不广，亦岂专以为玩哉。"

〔14〕《新唐书·代宗纪》："（大历）七年……是秋，幽州卢龙将李怀瑗杀其节度使朱希彩。经略军副使朱泚自称留后。"

〔15〕《旧唐书·德宗纪上》作："（建中三年）三月……戊戌，田悦洺州刺史田昂以城降。"

〔16〕"□"内字据《新唐书·苻奇传》补。

〔17〕《新唐书·德宗纪》系此事于四年："（建中四年）七月，马燧为魏博澶相节度招讨使。"《旧唐书·马燧传》亦系在三年七月，但作"诏加燧魏州大都督府长史兼魏博贝四州节度观察招讨等使"。

〔18〕《通鉴》卷二二八："（建中四年冬十月）上遣中使告难于魏县行营，诸将相与恸哭……马燧、李芃各引兵归镇（胡注：马燧归太原，李芃归河阳）。"

〔19〕《苻璘碑》记璘"实封二百户"。按碑文记诏封璘义阳郡王时，曾"实封百户"，因知此"□"阙字为百字。

〔20〕《金石萃编·苻璘碑按语》云："以《新（唐书本）传》证之……再赐蓝田田四十顷，碑于蓝田田下有十字，则当是十几顷，非四十顷也。"

〔21〕《宝刻丛编》卷十所列陕西永兴军路耀州石刻，另引《诸道石刻录》著录"《唐赠越州都督苻璘碑》"，璘姓从艸与前引同书卷其苻令奇碑姓氏从竹有异。

〔22〕"□年"，上接贞元三年事，下接贞元十四年璘卒，可知此一阙文，应是三年迄十一年之间的某年；如在贞元八年立赠户部尚书苻奇碑之后，则当在贞元九或十两年之间。

〔23〕《金石萃编·苻璘碑按语》云："碑云公居环卫凡十二年。《新传》云十三年。据碑璘以贞元三年拜辅国神策，以十四年卒，是居环卫正十二年，《传》误也。"

〔24〕岑仲勉《金石证史》"苻璘碑撰书建各不同时"条:"尝考旧碑之撰文、书篆、建立三事,常有不同时者,以(李)宗闵结衔(银青光禄大夫守中书侍郎同中书门下平章事充集贤殿大学士上柱国襄武县开国侯食邑一千户)观之,谓撰文于大和八年末九年初是也。"岑文刊中山大学《史学专刊》一卷4期,1936年。后收入《金石论丛》,中华书局,1991年。

〔25〕《贞石证史》"再跋苻璘碑"条:"今考《重修学士壁记》柳公权下云:'(开成)三年九月十八日,迁工部侍郎知制诰加承旨,五年三月九日,加散骑常侍出院。'与(柳)结衔(翰林学士承旨兼□侍郎朝议大夫守尚书工部侍郎知制诰上柱国河东县开国男食邑三百户赐紫金鱼袋)比观而严义言之,则此碑应书于开成三年九月十八日后,五年三月九日前。"

〔26〕碑文记苻澈经历分前后两部分:前一部分即"澈前为邠宁节度使",其时当在上引开成四年六月以澈为邠宁节度使之后;后一部分即"后为河东节度使……"等。此后一部分结衔即使是同时所命,似亦应在岑仲勉考订的柳公权书写《苻璘碑》之后。

〔27〕《金石证史》"苻璘碑撰书建各不同时"条:"王氏《王昶〈萃编〉》云:'文宗大和纪元之后,称元年者即开成,则所称今上,仍是文宗。'语殊费解,盖文宗初改元大和,凡九年,继改开成,凡五年,如是开成元年必无称'今上元年'之理……然则今上者武宗……元年者会昌元年也。"

〔28〕岑氏推测立碑之时,苻澈任重镇,即如碑所记尚在"河东节度使太原尹北都留守"任上。如是,则当在会昌二年三月庚申刘沔代澈之前。

〔29〕《通鉴》《四部丛刊》所收影印南宋刻本、清胡克家重刻元刻本和1956年中华书局标点排印本,此卷两见的苻澈皆从艸,与前引卷二二七所记苻璘之姓从竹有异。可见《通鉴》自宋刻本以来,著录苻澈一家姓亦有不误从竹者。一书之中,父符子苻,苻符并用,不知是出自剞劂手民,抑或俗体互用之讹。

〔30〕《旧唐书·武宗纪》记此事云:"(会昌二年)三月……以振武麟胜节度使、银青光禄大夫、检校、右仆射、单手大都护、兼御史大夫、彭城郡开国公、食邑二千户刘沔可检校右仆射,兼太原尹、北京留守,充河东节度、管内观察处置等使,代苻澈。"(中华书局排印《旧唐书》,此处与前引《文宗纪下》所记苻澈,其姓皆从艸。但商务印书馆百衲本影印明嘉靖复刻宋绍兴本俱从竹作符。因疑《旧唐书》模印之始即已误刊符澈,排印本作苻澈疑是以后核订时改正。)《新唐书·刘沔传》亦记此事:"会昌二年,(回鹘)又掠太原、振武,天子使兵部郎中李拭调兵食,因视诸将能否,拭独称沔,乃拜河东节度兼招抚回鹘使。"

〔31〕以贞元十四年璘六十五岁计算,其生年当在开元二十一年(733年)。璘随父投薛嵩之年,约在大历七年的幽州之乱,其时璘约四十岁。

〔32〕苻璘降燧的时间,当距建中三年闰正月或同年三月戊戌田昂降期不远。参看注〔15〕。

〔33〕大历十四年二月甲申,始以田悦兼御史中丞,可知此时苻璘不可能与悦同兼此职。璘兼御史中丞当在田悦兼御史中丞不久,"寻拜御史大夫充魏博七州节度使"之后。

〔34〕参看注〔33〕。

〔35〕《旧唐书·职官志三》:"至德(756~758年)后,中原置节度使。又大郡要害之地置防御使,以治军事,刺史兼之,不赐旌节。"

本文原刊《燕京学报》新15期,第81~93页,2003年11月

独乐寺观音阁与蓟州玉田韩家

独乐寺观音阁兴建年代，现知以清康熙间朱彝尊《日下旧闻》卷三十引《盘山志》的记录为最早，其文云：

> 独乐寺不知创自何代，至辽时重修。有翰林院学士承旨刘成碑，统和四年（986年）孟夏立，其文略云：故尚父秦王请谈真大师入独乐寺，修观音阁，以统和二年（984年）冬十月再建。上下两级，东西五间，南北八架，大阁一所。重塑十一面观世音菩萨像[1]。

所记尚父秦王，1932年梁思成先生撰《蓟县独乐寺观音阁山门考》，拟之为辽太祖异母弟南府宰相苏之孙耶律奴瓜[2]。1980年莫宗江先生校订梁文时，附注云：

> 查辽史，统和四年碑上提到的故尚父秦王，应是韩匡嗣，而不是开泰初（1012年）始加尚父的耶律奴瓜[3]。

按莫说是也。韩匡嗣赠尚父、封秦王俱不见《辽史》本传，但著录于本纪："（乾亨元年，979年）十一月乙卯，燕王韩匡嗣遥授晋昌军节度使，降封秦王。"（《景宗纪下》）"（乾亨四年，982年）十二月辛未，西南面招讨使秦王韩匡嗣薨……（统和三年，985年）秋七月……赠尚父秦王韩匡嗣尚书令。"（《圣宗纪一》）至于匡嗣号尚父的时间，据乾亨三年（981年）十一月文秀撰《彭城郡王刘公（继文）墓志》所记"以昭义军节度使检校太傅耿绍纪长女以妻之，即尚父秦王韩氏之甥也"[4]，知在乾亨三年十一月以前。是韩匡嗣封秦王，号尚父，皆始于生

表一 韩氏世系表

表例

1. 名字旁附顺序号系表明兄弟行次
2. □名字佚
3. ● 仅见其子,不知所出,因附表末
4. ⎡⎦发现墓志
5. 未附注出处者,俱据《辽史》

知中节令佐命功臣 — 古

匡嗣 — 屋一
　西南面招讨使、尚父、秦王

德源 — 崇义兴国军节度使、检校太师 — 一

德让(即隆运) 李氏[5] — 大丞相、晋王、赠尚书令、谥文忠 — 二
　　魏王贴不古,嗣德让[6] — 耶鲁
　　天祚将军,晋德让继嗣[6] — 散骨

德威 — 西南面招讨使、开府仪同三司政事门下平章事、赠中书令 — 三
　　彰国军节度使 — 劳金
　　　　谢十[楊穩]
　　　　　南院宣徽使东北路详稳、汉王 — 鲁二
　　　　　南京步军都指挥使 — 燕五

德崇(即德冲) 萧氏[8] 宋国夫人 — 四(即)
　　武定军节度使、检校太师、赠中书令 — 紫
　　遂制心即直心[9]
　　漆水郡王,隐,南院大王,赠政事令,封陈王
　　　左牛卫小将军[10] ⎡⎦
　　　崇德宫汉儿渤海都部署、检校司空[11] ⎡⎦
　　　帅府将军[12] ⎡⎦
　　　女[13]
　　　歌(即谢奴)[14] ● — 昭德军节度内都指挥使[15]
　　　女,适彭城刘供奉[16]
　　　女,适南院使[17] — 高家奴
　　长,适耿延毅夫人[18] ●
　　童姐[19] — 继耿延毅漆水郡夫人

德疑[20] — 大同军节度使 — 五
　　女,适睿智皇弟魏国夫
　　郭三 — 天德军节度使 — 圣宗齐天皇后[21]
　　季,适在罗杯统军,赠大尉赠纪陈国夫人[22]
　　耿延毅● — 适王部使,加大尉陈鹿郡开国公[23]
　　　高家奴 — 辽兴军节度使[24]
　　　长女,适彭城刘郡继文[25]

匡美 — 燕京统军节度使、天雄军节度使、郭王赠守太师、兼政事令[26] — 二
　　　秦国夫人,郭王妃[27] 萧氏
　　　萧氏[29] 兰陵郡夫人
　　　　左监门卫将军[47]
　　　　长女,适刘未州侍中男[48]
　　　　次,适左监门卫大将军、知楹州刺史张恭[49]
　　　张氏[50][51][52] 萧八氏 — 萧二(即)[梅]哥[36]
　　　　宣徽南院使检校太尉,昌黎群开国侯[37]
　　萧氏[44] ●[瑜二][28] — 内客省使、昌黎郡开国侯、赠太尉
　　感孙[31]
　　阿驳儿[32]
　　骏里四奴[33]
　　室神五奴[34]
　　福六[35]
　　棒七[36]
　　　贻三孙[53]
　　　贻一家奴[54]
　　　　左丞相阁祇候侍宣检校左散骑待[54]
　　　贻训[55] — 右班殿直阁祇候
　　　长女[56] — 适右口军萧乞得[57]
　　　次女 — 适护军萧未[58]
　　　三女 — 适班殿直张玫[59]
　　　四女 — 适通事班祇候康德润[60]
　　　五女

匡胤 — 镇安军节度使,赠太傅[61] — 三
　　观[62] — 辽兴军节度使检校太师
　　萧氏[63]
　　[64]
　　三萧氏[67] 刘氏[66] ● — 辽兴军衙马军步军都指挥使[65]
　　一萧氏[68]
　　奴一子[69]
　　长女[71] 大狗奴[70]
　　次女[72]

知九世孙企先 — 辽进士、尚书右丞相、齐国公[73]
　　铎一[74]
　　　金顺天军节度使[75]
　　　　入内承制

前,《契丹国志·耶律隆运传》云"匡嗣追封秦王"有误。匡嗣具尚父秦王衔,又见统和三十年(1012年)史克忠撰《漆水郡夫人耿延毅妻耶律氏墓志》和重熙六年(1037年)李万撰《宣徽南院使韩橁墓志》。前者记耿延毅妻耶律氏"王父讳匡嗣,西南招讨使、晋昌军节度使、尚父、秦王,赠尚书(令)",后者记韩橁伯祖父"西南路招讨、晋昌军节度使、行京兆尹、尚父、秦王讳匡嗣"[76]。

韩匡嗣蓟州玉田人,与父知古俱发迹于太祖之初起,其后一门贵盛于辽代。辽亡,犹有裔孙企先及其子铎显于金太祖迄世宗之世[77]。现先谱韩氏世系[78],次择录韩家重大事迹。所据大抵源于《辽史》(本文征引《辽史》皆据1974年中华书局点校排印本)和近年出土石刻,宋人记录得自传闻,故仅略为摘引。若《契丹国志》系年既不详,纪事又夸诞,因多不取;其偶与《辽史》、石刻可互证者,除个别情况外,均移录于附注,以资参考(表一、二)。

表二

系年	韩氏事迹择录	
康昭宗天复三年(903年)	"冬十月(辽太祖)引兵略蓟北,俘获以还。"(《辽史·太祖纪上》)"韩知古,蓟州玉田人,善谋有识量,太祖平蓟时,知古……为淳钦皇后兄欲稳所得。"(《韩知古传》)	知古时期
辽太祖元年(907年)	"春正月庚寅……燔柴告天,(太祖)即皇帝位……立(淳钦)皇后萧氏。"(《太祖纪上》)"(皇)后来嫔,知古从焉。……太祖召见与语,贤之。"(《知古传》)"有韩知古:韩颖(延徽)、康枚(默记)……皆中国人,共劝太祖不受代。"(《通鉴考异》卷二十八引赵志忠《虏庭杂记》)	
三年(909年)	"夏四月乙卯,诏左仆射韩知古建碑龙化州大广寺,以纪功德。"(《太祖纪上》)	
七年(913年)	"冬十月……诏群臣分决滞讼,以韩知古录其事。"(《太祖纪上》)"太祖初有汉儿司,韩知古总知汉儿司事。"(《百官志三》)	
神册初(916年)	"遥授(知古)彰武军节度使。"(《知古传》)"太祖平奚及俘燕民,将建城,命韩知方(古)择其处,乃完葺柳城,号霸州彰武军节度。"(《地理志三》)	
天赞四年(925年)	太祖"亲征渤海,(康)默记与韩知古从"。(《康默记传》)	
太祖时(907~925年)	知古子"匡嗣以善医,直长乐(宁)宫,(淳钦)皇后视之犹子"。(《匡嗣传》)	
太宗天显元年(926年)	春正月平渤海有功,"韩知古……为中书令"。(《百官志三》)"秋七月……辛巳……上(太祖)崩。……壬午,(淳钦)皇后称制,权决军国事。"(《太祖纪下》)	
天显二年(927年)	"十二月庚辰,尊(淳钦)皇后为应天皇太后。"(《太宗纪上》)	
天显中(926~937年)	"天显中(知古)卒,为佐命功臣之一。"[79](《知古传》)	

续表

系年		韩氏事迹择录
世宗大同元年（947年）		"秋闰七月……迁（应天皇太后）于祖州。"（《世宗纪》）
穆宗应历三年（953年）		"六月丁卯，应天皇太后崩。"（《穆宗纪上》）
应历十年（960年）		匡嗣"为太祖庙详稳"。"（十月）宋王喜隐谋叛，辞引匡嗣，上置不问。"（《匡嗣传》）
应历中（951~968年）		匡嗣弟匡美子瑜"初补天雄军衙内都指挥使，寻诏赴阙，授银青崇禄大夫检校工部尚书、右金吾卫将军，兼御史大夫、上柱国"。（《韩瑜墓志》）
景宗保宁元年（969年）	匡嗣时期	"初，景宗在藩邸，善匡嗣。即位，拜（匡嗣）上京留守，顷之，王燕，改南京留守。"（《匡嗣传》）
		匡嗣子德让"侍景宗以谨饬闻，加东头承奉官，补枢密院通事，转上京皇城使，遥授彰武军节度使，代其父匡嗣为上京留守，权知京事。甚有声。寻复代父守南京，时人荣之"。（《耶律隆运传》）
保宁初（969年）		匡嗣子"德源早侍景宗邸，及即位，列近侍"。（《德源传》）
		匡嗣子"德威性刚介，善驰射……历上京皇城使、儒州防御使，改北院宣徽使"。（《德威传》）
		"景宗皇帝绍位之始……授瑜控鹤都指挥使、绛州防御使、检校司空，寻授金紫崇禄大夫、检校太保、左羽林大将军。"（《韩瑜墓志》）
保宁三年（971年）		春正月辛酉，匡嗣弟"南京统军使、魏国公韩匡美封邺王"。（《景宗纪上》）
保宁中（969~978年）		匡嗣子"德凝谦逊廉谨……迁护军司徒"。（《德凝传》）
		德源"官崇义兴国二军节度使，加检校太师。……后加同政事门下平章事，遥摄保宁军节度使。乾亨初卒"。（《德源传》）
保宁末（978年）		匡嗣"以留守摄枢密使"。（《匡嗣传》）
乾亨元年（979年）		七月"宋兵围（南京）城，隆运（即德让）登城日夜守御。……及战高粱河，宋兵败走，隆运邀击，又破之，以功拜辽兴军节度使"。（《隆运传》）
		"九月……燕王韩匡嗣为都统（南伐）。……冬十月乙丑，韩匡嗣与宋兵战于满城，败绩。……乙亥，诏数韩匡嗣五罪"（《景宗纪下》），"促令诛之，（睿智）皇后引诸内戚徐为开解……乃杖而免之"。（《匡嗣传》）"十二月乙卯，燕王韩匡嗣遥授晋昌军节度使，降封秦王。"（《景宗纪下》）
乾亨三年（981年）		"三月以秦王韩匡嗣为西南面招讨使。"（《景宗纪下》）
		"十二月以辽兴军节度使韩德让为南院枢密使。"（《景宗纪下》）
景宗时（969~982年）		匡美子瑜任"内客省使、检校太傅兼御史大夫，上柱国、昌黎郡开国侯"。（《韩瑜墓志》）

续表

系年	韩氏事迹择录	
乾亨四年（982年）	匡嗣时期	"九月壬子，（景宗）次焦山，薨于行在。"（《景宗纪下》）德让"与耶律斜轸俱受顾命，立梁王为帝。（睿智）皇后为皇太后称制，隆运（即德让）总宿卫事，太后益宠任之"。（《隆运传》）"景宗崩，尊（睿智）为皇太后，摄国政。后泣曰：母寡子弱，族属雄强，边防未靖奈何。耶律斜轸、韩德让进曰：信任臣等，何虑之有。于是，后与斜轸、德让参决大政。"（《睿智皇后萧氏传》）"是岁契丹主明记卒，谥景宗孝成皇帝。有子三人，……隆绪封梁王继立。……尊母萧氏为承天太后，……专其国政。初，萧氏与枢密使韩德让通，明记疾极。德让将兵在外，不俟召，率其亲属赴行帐，白萧氏易置大臣，立隆绪。……隆绪亲书铁券，读于北斗下以赐之。……赐不拜，乘车上殿，置护卫百人，护卫惟国主得置之。隆绪每以父事隆运，日遣其弟隆裕问起居，望其帐，即下车步入。"（《续通鉴长编》卷二十三）[81] "十二月辛未，西南面招讨使秦王韩匡嗣薨。"（《圣宗纪一》）"睿智皇后闻之，遣使临吊，赙赠甚厚。"（《匡嗣传》）
圣宗统和元年（983年）	德让（隆运）时期	"春正月甲申，西南面招讨使韩德威奏党项十五部侵边，以兵击破之。"（《圣宗纪一》） 德让"加开府仪同三司"。（《隆运传》） 耶德敌鲁"统和初为……韩德让所荐，官至节度使"。（《敌鲁传》）
统和二年（984年）		"二月壬子，韩德威以征党项回，遂袭河东，献所俘，赠诏褒美。"（《圣宗纪一》）
统和三年（985年）		"四月癸未，彰武军节度使韩德凝为崇义军节度使。"（《圣宗纪一》） "七月甲子，遣郎君班袅赐秦王韩匡嗣葬物。……赠尚父秦王韩匡嗣尚书令。"（《圣宗纪一》） "冬十一月甲戌，诏吴王稍领秦王韩匡嗣葬祭事。"（《圣宗纪一》） "冬十一月……辛卯，以韩德让兼政事令。"（《圣宗纪一》）
统和四年（986年）		"雍熙三年……先是知雄州六宅使平州团练贺令图……等相继上言：虏主年幼，国事皆决于母，有大将韩德让者，以恩悻持权，国人愤焉。"（《宋会要辑稿·兵八》） 三月宋来侵，四月"庚子，（大内）惕隐瑶升（即耶律善补）、西南面招讨使韩德威以捷报。……庚戌，以斜轸为诸路兵马都统……以代善补、韩德威。……六月戊戌朔，诏韩德威赴阙"。（《圣宗纪二》） "隆运从太后出师，败之（宋军），加守司徒，封楚国公。师还，与北府宰相室昉共执国政。"（《隆运传》） 九月"辛巳纳皇后萧氏"。（《圣宗纪二》）后，"平州节度使萧猥思之女（《后妃传》作'睿智皇后弟隗因之女'），耶律隆运之甥"。（《东都事略》卷一二三）
统和五年（987年）		匡美子瑜扈从"南行国讨……攻长城口，俄为流矢中首，……承天皇太后愈怜忠赤，爱之如母子之慈。皇帝复念旧勋，……迭颁医诏，亲视殒伤。……以统和五年十一月十日薨于行次，……追赠太尉"。（《韩瑜墓志》）"韩（瑜）为先锋，指麾于城外，我师以巨弩射之，中脑而毙，虏丧之如失手足。"（《宋朝事实类苑》卷七十七引《乘轺录》）

续表

系年		韩氏事迹择录
统和六年（988年）		"夏四月丁酉，（太后观击鞠），胡里室横突韩德让堕马，皇太后怒杀之。"（《圣宗纪三》） "秋七月己亥，遣（西）南面招讨使韩德威讨河湟诸蕃违命者。……壬子，加韩德威开府仪同三司，兼政事令、门下平章事。"（《圣宗纪三》） "九月丁酉，皇太后幸韩德让帐，厚加赏赉，命从臣分朋双陆以尽欢。……十一月庚寅，上与韩德让邀击（长城口宋兵），杀获殆尽。"（《圣宗纪三》）
统和七年（989年）		"二月乙卯……枢密使韩德让封楚国王。"（《圣宗纪三》）
统和八年（990年）		瑜子楁"初授西头供奉官，迁御院通进"，十二月"以公（楁）持节封李继迁为夏国王，……改颁给库使"。（《韩楁墓志》）
统和九年（991年）		"五月己未，以秦王韩匡嗣私城为全州。"（《圣宗纪四》） "十二月，夏国王李继迁潜附于宋，遣招讨使韩德威持诏谕之。"（《圣宗纪四》）
统和十年（992年）		"二月，韩德威奏李继迁称故不出，至灵州俘掠以还。"（《圣宗纪四》）
统和十二年（994年）	德让（隆运）时期	"五月庚申，（匡嗣子）武定军节度使韩德冲（即德崇）秩满，其民请留，从之。"（《圣宗纪四》） "（枢密使兼北府宰相监修国史）室昉致政，以隆运代为北府宰相，仍领枢密使，监修国史，赐兴化功臣。"（《隆运传》）
统和十三年（995年）		"至道元年正月，寄班殿直王德钧自府州驰奏：今年五月，契丹寇府州界，节度使折御卿率蕃汉兵士掩袭之，斩获约五千人，得马五百匹……二十一日，帝又谓诸将曰：契丹前寇府州，众约二万，败绩之日，殆亡其半，韩德咸（威）探知府州兵少将，谓我师不设备，所以率众轻来，折御卿果于克敌，能以少敌众，此亦天赞其勇，使败其丑类耳。昨得奏报，又称得马数百匹，韩德威一男死于锋刃之下，犬羊丧沮，无似此时。"（《宋会要辑稿·兵一四》）
统和十三年（995年）		"至道元年正月，（契丹）首领韩德威率数万骑，诱近蕃勒波马尾族，自振武入寇，大败之，德威仅以身免。"（《宋会要辑稿·蕃夷一·辽上》）[82]
统和十四年（996年）		"三月甲寅，韩德威奏讨党项，捷。"（《圣宗纪四》） "邢抱朴……以枢密使韩德让荐，按察诸道守令能否而黜陟之，大协人望。"（《邢抱朴传》）
统和十五年（997年）		"春正月丙子，以河西党项叛，诏韩德威讨之。……二月丙辰，韩德威奏破党项捷。"（《圣宗纪四》） "夏四月丙午，广德军节度使韩德凝有善政，秩满，其民请留，从之。"（《圣宗纪四》）
统和十七年（999年）		"九月……北院枢密使魏王耶律斜轸薨，以韩德让兼知北院枢密使事。"（《圣宗纪五》）

续表

系年		韩氏事迹择录
统和十九年（1001年）		"三月……赐大丞相韩德让名德昌。"（《圣宗纪五》） "五月丙戌，册萧氏为齐天皇后。"（《圣宗纪五》）"燕京留守尚父秦王季女……乃姚也，……齐天章德皇后乃姨兄妹也。"（《耿延毅墓志》） "及德让为大丞相，荐（乌不吕）材可任统军使。"（《乌不吕传》）
统和二十二年（1004年）		韩德昌"从太后南征，及河，许宋成而还"。（《隆运传》）"十二月……皇太后赐大丞相齐王韩德昌姓耶律，徙王晋。"（《圣宗纪五》）
统和二十三年（1005年）		"十一月丁巳，诏大丞相耶律德昌出宫籍。"（《圣宗纪五》）"隶横帐季父房后。"（《隆运传》）
		"以公（杞）充贺正之副，达于汴都……回授引进使，转客省使。"（《韩杞墓志》）"景德元年十一月二十八日，曹利用至自契丹，与其使左飞龙使韩杞同至十二月一日，对韩杞于行宫之前殿。"（《宋会要辑稿·蕃夷一》）[83]"十二月庚子，契丹遣使……右金吾卫将军韩杞奉书礼来贺来年元旦。"（《续通鉴长编》卷六十一）
统和二十七年（1009年）		"十二月辛卯，皇太后崩于行宫。"（《圣宗纪五》）"契丹国母萧氏卒。……萧氏有划谋，善驭左右，大臣多得其死力。……归政于契丹主，未逾月而卒。"（《续通鉴长编》卷七十二）
统和二十八年（1010年）	德让（隆运）时期	"夏四月甲子，葬太后于乾陵。赐大丞相耶律德昌名曰隆运。庚午，赐宅及陪葬地。"（《圣宗纪六》）"位亲王上。"（《隆运传》） "九月辛卯，遣枢密直学士高正、引进使韩杞（杞）[84]宣问高丽王询。……十一月乙酉，大军渡鸭绿江。"（《圣宗纪六》）"即授公（杞）左第一骁骑部署。"（《韩杞墓志》）
统和二十九年（1011）		"春正月乙亥朔，（自高丽）班师。"（《圣宗纪六》）"军还，加（杞）左监门卫大将军、知归化州事。……秩满，除章愍宫都部署，……出充燕京留守衙内马步军指挥使改易州兵马都监，……转弘义宫都部署，拜侍卫亲军步军指挥使、利州观察使，领禁旅也。"（《韩杞墓志》） 隆运"从伐高丽还，得末疾，帝与后临视医药"。（《隆运传》）"韩德让病，帝问孰可代卿。德让曰（耶律）世良可。……统和末，（世良）为北院大王。"（《世良传》）"（萧义父）恭在圣京朝，高尚自晦，丞相韩德让因事奇而举之，起家授南面承旨，历林牙、夷离毕等官，拜平章事。"（《萧义墓志》）[85] "三月己卯，大丞相晋国王耶律隆运薨。"（《圣宗纪六》）"官给葬具，建庙乾陵侧，无子。"（《隆运传》）"冬十月甲寅，赠大丞相晋国王耶律隆运尚书令，谥文忠。"（《圣宗纪六》）"拟诸宫例，建文忠王府，正户五千，蕃汉转户八千，出骑军一万，州一，提辖司六。"（《营卫志上》）宫卫骑军"文忠王府正丁一万，蕃汉转丁一万六千，骑兵一万"。（《兵卫志中》）"宗州，下，刺史，在辽东石熊山，耶律隆运以所俘汉民置，圣宗立为州，隶文忠王府。王蘷，属提辖司，统县一：熊山县，本渤海县地。"（《地理志二》）"川州，长宁军，中，节度。本唐青山州也。……初隶（承天太后）崇德宫，统和中，属文忠王府，统县三：弘理县、咸康县、宜民县。"（《地理志三》）
统和中（983~1011年）		德崇子"制心……为归化州刺史"。（《制心传》）

续表

系年	韩氏事迹择录	
开泰元年（1012年）		"秋七月丙子，以耶律遂贞（即制心）为辽兴军节度使。"（《圣宗纪六》）
开泰二年（1013年）		"府君姓韩氏，讳相，……曾祖讳知古，……祖讳匡胤，镇安军节度使、判户部瓮事，赠太傅。……列考讳瑑，辽兴军节度使、检校太师。……府君（辽兴军衙内马步军都指挥使韩相）则太师之第二子也，……以开泰二年七月十八日终于永安军之私第。"（《韩相墓志》）
开泰中（1012~1021年）	制心（遂贞）时期	制心"拜上京留守，进汉人行宫都部署"。（《制心传》）
开泰六年（1017年）		"夏四月……以枢密使、漆水郡王耶律制心权知诸行宫都部署事。"（《圣宗纪六》）
		槆"忽生蠚蠈于私门，歘被累囚于制狱，……遂以答刑断之，仍不削夺在身官告，念勋旧也。明年奉使沙州。"（《韩槆墓志》）
开泰八年（1019年）		正月槆"奉使沙州，册主帅曹恭（贤）顺为燉煌王，……（归来）寻授乾显宜锦建霸白川七州都巡检，再任章愍宫都部署，依前左监门卫大将军"。（《韩槆墓志》）[86]
		"二月丁未，以前南院枢密使韩制心为中京留守。……十二月乙巳，以……韩制心为惕稳。"（《圣宗纪七》）
开泰九年（1020）		"十一月丁巳，以漆水郡王韩制心为南京留守、析津尹、兵马都总管。"（《圣宗纪七》）
太平三年（1023年）		"十一月辛卯朔，以……南京留守韩制心（为）南院大王兵马都总管。"（《圣宗纪七》）
太平四年（1024年）		"六月己未，南院大王韩制心薨。……十一月追封……为陈王。"（《圣宗纪七》）
太平五年（1025年）	涤鲁时期	"秋七月辛巳朔，契丹遣监门卫大将军韩槆来贺生辰。"（《高丽史·显宗世家二》）"其年冬，授（槆）口州观察使，知易州军州事，兼沿边安抚屯田使充兵马钤辖。……未几，授长宁军节度白川州管内观察处置。"（《韩槆墓志》）
太平八年（1028年）		"秋，逆贼大延琳窃据襄平。……假公（槆）押领控鹤义勇护圣虎翼四军，充攻城副部署。贼平，就拜永清军节度贝博冀等州观察处置，管押义勇军，驻泊于辽东。……未遑受代，复南使于宋。……使回，迁宣徽北院使、归义军节度沙州管内观察处置。在任二岁，进位南院使，加检校太尉。"（《韩槆墓志》）
		"十二月壬申，（以德威孙、雱金子）谢十（为）永兴宫都部署。"（《圣宗纪八》）
圣宗时（982~1031年）		德威孙、雱金子"涤鲁……幼养宫中，授小将军。……涤鲁神情秀彻，圣宗子视之，兴宗待以兄礼，虽贵愈谦"。（《涤鲁传》）
兴宗重熙初（1032年）		涤鲁"历北院宣徽使、右林牙、副点检，拜惕隐，改西北路招讨使，封漆水郡王"。"初为都点检，扈从猎黑岭，获熊，上因乐饮，谓涤鲁曰：汝有求乎。对曰……惟臣叔先朝优遇，身殁之后，不肖子坐罪籍没，四时之荐享，诸孙中乃赦一人以主祭，臣愿毕矣。诏免籍，复其产。"（《涤鲁传》）

续表

系年		韩氏事迹择录
重熙五年（1036年）	涤鲁时期	榆"在燕京……以九月二十五日，榆告薨于宣徽衙之正室。……诏赠榆官，旌德表功，恩荣至矣"。（《韩榆墓志》）
重熙十二年（1043年）		"冬十一月辛巳，契丹遣册封使萧慎微……传宣检校左散骑常侍韩贻孙（榆子）等一百三十三人来。"（《高丽史·靖宗世家》）
重熙十九年（1050年）		涤鲁"改乌古敌烈部都详稳，寻为东北路详稳，封混同郡王"。（《涤鲁传》）
道宗清宁初（1055年）		涤鲁"徙王邓，擢拜南府宰相。以年老乞骸骨，更王汉"。（《涤鲁传》）
清宁三年（1057年）		"以皇族魏王贴不子耶鲁为（隆运）嗣，早卒。"（《营志卫上》）
清宁七年（1061年）		嘉祐六年"四月甲子，契丹国母遣林牙左威卫上将军萧㦷、四方馆使宁州防御使韩贻孙……来贺乾元节"。（《续通鉴长编》卷一九三）
咸雍三年（1067年）		治平四年六月"十八日，有右班殿直阁门祇候韩贻训赐臣（陈襄）等酒果。"（《神宗皇帝即位使辽语录》）
大康中（1075~1084年）		涤鲁"薨，年八十"。（《涤鲁传》）
天祚帝乾统六年（1106年）	敖卢斡时期	"十一月戊戌……封皇子敖卢斡为晋王。"（《天祚纪一》）"敖卢斡，天祚皇帝长子。……甫髫龀，驰马善射。出为大丞相耶律隆运后，封晋王。"（《晋王敖卢斡传》）
乾统间（1101~1110年）		知古九世孙"企先中进士第"。（《金史·企先传》）
保大二年（1122年）（即金太祖天辅六年）		春正月"天祚西狩奉圣州，又以耶律撒八等欲劫立敖卢斡，遂诛撒八，尽其党与。敖卢斡以有人望，即日赐死"。（《刑法志下》）"诸军闻其死，无不流涕，由是人心解体。"（《天祚纪三》） 金"都统杲定中京，擢（企先）枢密副都承旨，稍迁转运使"。（《金史·企先传》）
金太祖天辅七年（1123年）（即辽天祚保大三年）	企先时期	"宗斡为都统，经略山西，表署（企先）西京留守。"（《金史·企先传》）
太宗天会三年（1125年）（即辽天祚保大五年）		"二月，（天祚）为金人完颜娄室所获"（《天祚纪四》），辽亡。
天会七年（1129年）		"正月甲午，以南京留守韩企先同中书门下平章事、知枢密院事。"（《金史·太宗纪》）
天会八年（1130年）		"正月丁巳，以同中书门下平章事韩企先为尚书左仆射，兼侍中。"（《金史·太宗纪》）
天会十二年（1134年）		"以企先为尚书右丞相。"（《金史·企先传》）
熙宗皇统元年（1141年）		企先"封濮王"。（《金史·企先传》）
皇统末（1149年）		企先次子韩铎"以大臣子，授武义将军"。（《金史·韩铎传》）
海陵正隆二年（1157年）		企先"例降封齐国公"。（《金史·企先传》）
世宗大定初（1161年）		铎"迁本部（兵部）郎中，累官河州防御使，……迁中都路都转运使，……改顺天军节度使"。（《金史·韩铎传》）

续表

系年		韩氏事迹择录
大定十一年（1171年）	企先时期	"将图功臣像于衍庆宫，上曰……前后汉人宰相参能及（企先）者，置功臣画像中，亦足以示劝后人。"（《金史·企先传》）
大定十五年（1175年）		企先"谥简懿"。（《金史·企先传》）

据韩氏世系和事迹系年两表，大致可以勾画出已知的韩家情况。现就韩家与契丹皇室、后族和韩家与独乐寺两事，略辑其始末如下。前一事中的引文，凡不附注出处者，俱已见于事迹系年。

一

唐末，辽太祖耶律阿保机略蓟北。韩知古为淳钦皇后（应天皇后）兄欲稳所获。太祖元年（907年），知古与子匡嗣俱作为淳钦后之媵属来归，因受知于太祖[87]。知古初总汉儿司事，后累官至中书令。匡嗣更早得太祖信任，"以善医，直长乐（宁）官"，"皇后视之犹子"（《匡嗣传》）。此知古一家所以煊赫于辽代，并与后族关系极为密切之最初缘由。故淳钦故后，淳钦弟室鲁之外孙穆宗因任匡嗣为太祖庙详稳。

世宗怀节皇后为淳钦另一弟阿古只之女，生景宗。"景宗在藩邸，常与韩匡嗣……等游，言或剌讥"穆宗时政（《耶律贤适传》），并与匡嗣长子德源善。及即位，匡嗣兄弟子侄俱贵显。保宁、乾亨间，匡嗣王燕；弟匡美为"元后（景宗睿智后）腹心"（《韩瑜墓志》），任燕京统军使，王邺；弟匡胤任镇安军节度使（《韩相墓志》）；匡嗣子德源、德让、德崇、德凝皆任节度使；德威任西南面招讨使；德让更右迁南院枢密使；匡美子瑜任左羽林军大将军；匡胤子琬亦任节度使。乾亨元年（979年），匡嗣都统大军与宋战，败绩，景宗怒，"（睿智）皇后引诸内戚徐为开解"，"降封秦王"。匡嗣卒，"睿智皇后闻之，遣使临吊"，乾亨三年（981年），赠匡嗣尚书令，诏世宗弟吴王稍领匡嗣葬祭事。

德让"事景宗以谨饬闻"，其为人"重厚有智略，明治体，喜建功立事"（《耶律隆运传》）。景宗卒，德让"与耶律斜轸俱受顾命，立梁王（即圣宗）为帝，（睿智）皇后为皇太后称制，隆运（即德让）总宿卫事"，参决大政，"有宠[88]

于太后"(《耶律隆运传》)。统和四年(986年)圣宗纳德让之甥萧氏为后(后册为齐天皇后)。统和中,德让"位兼将相,其克敌制胜,进贤辅国,功业茂矣"(《耶律隆运传论》),至王齐、晋,赐国姓,属籍于宗室。圣宗亲政,又"赐名隆运,联其御讳"(《韩楷墓志》),"位亲王上"。及卒,为建庙于景宗与睿智后之乾陵侧,谥文忠,"拟诸宫例,建文忠王府"。统和之际,当辽盛世,德让位极人臣,盖亦韩家之最盛期也。

德让弟德崇子制心,"以皇后外弟,恩遇日隆",太平中,先王燕,寻迁南院大王,卒"赠政事令,追封陈王"。德让弟德威之孙涤鲁,"幼养宫中","圣宗子视之,兴宗待以兄礼",重熙初,历北院宣徽使,封漆水郡王。时涤鲁叔子"坐罪籍没"[89],韩氏约即因此中衰,故《辽史》兴宗一代,少韩家纪事。然重熙六年(1037年)《韩橁墓志》犹谓除知古、匡嗣、匡美、德让、遂贞(即制心)外,韩氏"其余戚属族人,拜使相者七,任宣猷者九,持节旄,绾符印,宿卫交载入侍纳陛者实倍百人"[90]。

道宗立,擢拜涤鲁为南府宰相,徙王邓、汉;又以圣宗弟隆祐子魏王贴不之子耶鲁为德让嗣。耶鲁早卒,天祚帝更以皇长子晋王敖卢斡嗣德让。敖卢斡"性乐道人善,而矜人不能,……一时号称长者,及长,积有人望,内外归心"(《晋王敖卢斡传》)。保大二年(1122年)"金克中京,进下泽州,上出居庸关,至鸳鸯泺"(《天祚纪三》),"知敖卢斡得人心……令缢杀之"(《晋王敖卢斡传》)。后三年,天祚为完颜娄室所获,辽亡。是韩家之兴衰,概与有辽一代相终始[91]。

又据已知资料统计,韩氏女适后族者四人,萧家女适韩氏者九人,萧韩世代联姻,迄于辽亡。1964年,河北省博物馆、文物管理处于迁安上芦村清理开泰六年(1017年)韩相墓,所出墓志记相为匡嗣弟匡胤之孙,其父琬曾任辽兴军节度使、检校太师,相墓地则"近太师玄堂"。墓地所在群岗相连,墓室所据之长岗俗呼娘娘岗。辽时皇后皆出萧氏,而相与其父琬俱娶萧家女,俗名来源久远,亦韩萧联姻一考古发现。

辽官制有北面、南面之别,南面官治汉人,北面官治契丹。北面官又分南、北府,南府要职多出皇族四帐,北府要职多出国舅五帐[92]。韩氏一族既多任南面官,又兼任北面两府要职。其任南府之要职,有南院枢密使(德让)、南府宰相(涤鲁)、南院大王(制心)、南院宣徽使(橁);其任北府之要职,有北院枢密使(德让)、北府宰相(德让)、北院宣徽使(德威、橁、涤鲁)。此外,韩氏尚多任皇族四帐要职和北面边防要职，前者如惕隐（谢十、涤鲁、制心）、详稳（匡嗣），后者如西南面招讨使（匡嗣、德威）、西北路招讨使（涤鲁）等。韩氏家族多任北面官和皇族、舅帐要职，可见其与耶律、萧氏之关系，远非其他汉官所能比拟。大中祥符初（1008年）宋路振使契丹时，"虏相韩德让……韩氏世典军政，权在其手"，故幽州客司刘斌言："虏政苛刻，幽蓟苦之……征敛调发，急于剽掠，加以耶律、萧、韩三姓恣横……"（《宋朝事实类苑》卷七十七引《乘轺录》）。大中祥符初即统和晚年，其时幽州人以耶律、萧、韩三姓并称，应为当时契丹情况之实录。

二

　　蓟州玉田韩家自被掳离蓟之后[93]，其主要人物或随宫卫迁移，岁无宁居；或驻任所，亦多迁转。神册初（916年），太祖命知古茸柳城，遂"徙居柳城"（《金史·韩企先传》）。故其次子匡美之裔瑜、楷墓志出土于"柳城白虞（崖）山之朝阳"（《韩楷墓志》），即今辽宁朝阳西二十里朝阳沟。但知古三子匡胤子琬一系之墓地，则在"辽城西安喜县砂沟乡福昌里"（《韩相墓志》），即今河北迁安县西南五十里之上芦村。因知韩氏遇俘之后，并未集居一地[94]。且幽蓟地区，太宗天显十年（935年）即正式划入契丹版图，韩氏仍重蓟州之旧贯可以推知。匡嗣在蓟州重建独乐寺，除一般做功德外，立佛寺于乡里，应是其主要目的。

　　前引统和四年（986年）刘成碑云："故尚父秦王请谈真大师入独乐寺，修观音阁，以统和二年（984年）冬十月再建。"知观音阁兴建于统和二年冬十月，统和四年刘成撰碑文时应已竣工。按匡嗣卒于乾亨四年（982年）十二月辛未，是请谈真大师入独乐寺当在乾亨四年十二月辛未之前。匡嗣于景宗初（969年）王燕，任南京留守，乾亨元年（979年）十二月降封秦王，其关心独乐寺似应在王燕之时，即在969年迄979年之间。由上可知，观音阁兴工时，匡嗣已卒，该阁当系其子女追匡嗣遗志而营缮者。其时，匡嗣子女皆跻显要，且有睿智太后之奥宠：赠匡嗣尚书令，并诏营葬祭，为再建阁后一年事；立刘成碑之后五年，又诏立匡嗣私城为全州。是自兴建观音大阁迄建碑纪事，正当韩家势盛之世，在这种形势下，大阁使用较高规格之形制，如结构形式采用金箱斗底槽的做法，又如上下檐斗栱俱用七铺作，上檐更用双抄双下昂的组织和阁内设置平暗、藻井等；约建于同时之山门，使用分心斗底槽的殿堂结构，其屋顶亦用高规格之庑殿形式，皆是不难理解之事（图一）。

观音阁正南，面对观音寺内之砖建白塔，过去梁思成先生曾推测该塔原与观音阁有关："登独乐寺观音阁上层，则见十一面观音，……随菩萨目光之所之，则南方里许，巍然耸起，高冠全城，千年来作菩萨目光之焦点者，观音寺塔也。塔的位置，以目测之，似正在独乐寺之南北中线上，自阁远望，则不偏不倚，适当菩萨之前。故其建造，必因寺而定，可谓独乐寺平面配置之一部分。"（《蓟县观音寺白塔记》）[95]

1976年，唐山地震，波及蓟县，该塔中裂。1983年，天津市文物管理处修理时，于塔内发现舍利石函，石函三面有铭记：

"中京留守、兼侍中韩知白[96]葬定光佛舍利一十四尊"（前面）；"守司空、辅国大师沙门思孝[97]葬释伽佛舍利六尊"（右面）；"知州、守太子太保秦鉴[98]葬定光佛舍利二尊[99]。清宁四年岁次戊戌，四月二日记"（左面）[100]。

知该塔为清宁四年（1058年）中京留守韩知白、沙门思孝、知州秦鉴等建。按清宁四年，即道宗以德让无子，命皇族魏王子为文忠王嗣之后一年。文

图一　独乐寺观音阁纵断面图［据《梁思成文集》（一）卷首图5复制］

忠王府所属川州和匡嗣弟匡美一系葬地所在属于兴中府的柳城，皆为中京所辖，中京留守韩知白或即以此种因缘而为独乐寺增建此舍利塔欤！

1979 年，独乐寺保管所于寺内东北隅发现乾统九年（1109 年）十一月独乐寺沙门云□等新立的唐大兴善寺沙门不空译《千手千眼观世音菩萨大悲心陀罗尼》经幢残石。乾统六年（1106 年）十一月，天祚帝出皇子敖卢斡为德让后，封晋王，此幢之建上距此事仅三年。而敖卢斡本人，据宋人相传，因"诵经受诛"（《侯鲭录》卷七），知亦一佛教信徒也。自乾亨四年十二月以前匡嗣请谈真大师入独乐寺起，统和二年至四年修建观音阁、山门和立刘成碑，清宁四年建舍利塔，乾统九年立千手千眼观世音陀罗尼幢，约皆与韩家特别是匡嗣、德让一系有密切关系。

五代以来，建立家寺之俗盛于辽境。后晋大同节度使沙彦珣，山阴人，入辽，太祖"礼遇同于宿将，以功升始平安（军）节度、检校太尉，忠诚天植，百战开疆"（《崇祯·山阴县志》卷四），后建佛寺于乡里。乾隆《大同府志》卷六记："沙家寺，在（山阴）县南三十里迎岚里，……寺或其（彦珣）故宅也。"[101] 又北京大学图书馆藏缪荃孙抄本《顺天府志》卷七[102] 引《元一统志》："胜严寺，在（燕京）旧城仙露坊，辽侍中牛温舒建为新兴院，至今俗呼为牛家道院。乾统五年（1105 年）赐额曰净土，金大定初（1161 年）改名胜严。"此营家寺风习，亦影响及于契丹上层，"太宗幸幽州大悲阁，迁白衣观音像，建庙木叶山，尊为家神"（《礼志一》）。木叶山，契丹始祖诞生之地。道宗母仁懿皇后，即"兴宗皇后萧氏，应州人"（《契丹国志·兴宗萧皇后传》），清宁二年（1056 年）道宗于应州建宝宫寺，仁懿皇后父晋国王萧孝穆，重熙间"称国宝臣，目所著文曰宝老集"（《萧孝穆传》），宝宫寺名即因此而得，是应州宝宫寺即孝穆一系之家庙[103]。韩家重建后之独乐寺，疑亦具有韩氏家寺之性质，故其与韩家兴衰之关联特为紧密。

顷检《高丽史·智蔡文传》，悉 1010 年韩杞遇害于高丽西京。文云："（辽）帝又差遣其阁门引进使韩杞以突骑二百至西京城北门，呼曰：皇帝昨遣刘经、卢颋等赍诏晓谕，何至今无消息也？若不拒命，留守官僚来听我旨谕。（城守卓）思政闻杞语，与蔡文谋，使麾下郑文等将骁骑突出击，斩杞等百余人，余悉擒之，无一人还者。"然则，上文疑韩杞即韩橁有误，应予更正。

1985 年 4 月校后记

注释

[1] 乾隆初，厉鹗撰《辽史拾遗》，该书卷十四记独乐寺所引智朴《盘山志》文字，除在"不知创自何代"之前，多"在州治西南"一句外，皆与此同。但查阅北京图书馆藏康熙刻本《盘山志》[前存康熙三十三年（1694年）智朴自述]，却无此条。朱、厉所据或有别本。1982年刊印的陈述《全辽文》卷五录《重修独乐寺观音阁碑》，亦引智朴志，并云该碑撰于统和十年（992年），与朱、厉引文不同。又关于刘成碑问题，韩嘉谷《刘成碑考略》曾详述该碑存佚始末，兹不赘。韩文刊《独乐寺重建一千周年纪念论文》（1984年）中。

[2] 梁文原刊《中国营造学社汇刊》三卷2期，1932年。后收入清华大学建筑系编辑的《梁思成文集》（一），中国建筑工业出版社，1982年。

[3] 见《梁思成文集》（一），44页。

[4] 《刘继文墓志》，《全辽文》卷四有录文，该志1926年出土于今辽宁喀喇沁左翼蒙古族自治县图萨喀喇山麓，参看《国立历史博物馆丛刊》第一年第3册，1927年。

[5] 《宋朝事实类苑》卷七十七引《乘轺录》云："（萧后）鸩杀德让之妻李氏。"《宋会要辑稿·蕃夷一》记此事云："（知雄州贺令图等）又访得……（隆绪）母萧氏与韩（德让）私通，遣人缢杀其妻。"

[6] 德让无子，其嗣《东都事略》卷一二三和《契丹国志·耶律隆运传》所记与《辽史》有异。《事略》云："（隆运）无子，以隆裕子周王宗业为后。"《国志》云："隆运薨，无子，帝特以皇侄周王宗业绍其后，始封广王，未几，徙封周王，历中京留京、平州锦州节度使，宗业薨，葬乾陵侧。宗业无子，帝复以周王同母弟宗范继隆运后，历龙化州节度使、燕京留守，封韩王。"此周王宗业，疑即《辽史·皇族表》所记圣宗弟隆祐子周王胡都古。宗范或即胡都古弟魏王合禄；也有可能是《皇子表》所记胡都古之弟贴不。总之，道宗以景宗一支嗣德让，以明其隶属季父房也。

[7] 见《耿延毅妻耶律氏墓志》。参看罗振玉《宣徽南院使韩楷墓志跋》，罗跋收在罗福颐《满洲金石志》卷二（1937年）。

[8] 见《耿延毅妻耶律氏墓志》。

[9] 制心《韩楷墓志》作直心："陈王讳遂贞，赐名直心。"遂贞一名亦见《圣宗纪六》："开泰元年（1012年）秋七月丙子，以耶律遂贞为辽兴军节度使，遂正北院宣徽使。"疑遂正亦匡嗣裔。又《圣宗纪七》："（太平）二年（1022年）秋七月己卯，以……耶律遂忠长宁军节度使，耿延毅昭德军节度使。"耿延毅系遂贞婿，其前所列之遂忠，亦遂贞之兄弟行欤！又《圣宗纪八》："太平七年（1027年）十二月丁卯朔，遣耶律遂英、王永锡充贺宋太后生辰（使）。"此遂英，不知与遂贞有无关系。参看前引罗振玉《韩楷墓志跋》。

[10]～[12] 见太平七年（1027年）王知微撰《耿知新墓志》，该志《全辽文》卷六有录文。耿知新与其父延毅同一墓地，该墓（第1号辽墓）发现于1975年，参看注[76]。

[13][14] 见《耿延毅墓志》。

[15]～[17] 见《耿知新墓志》。

[18][19] 见《耿延毅妻耶律氏墓志》。

[20] 《辽史·韩匡嗣传》记匡嗣五子。《耿延毅墓志》云："彼懿舅氏，丞相太傅，而复封王，以晋易楚（按指德让），七人昆弟，尽开相府，以侄以孙，节旄森布。"《契丹国志·耶律隆运传》又云：

"隆运兄弟九人，缘翼戴恩，超授官爵，皆封王。"俱与《辽史》不同。又《匡嗣传》记："五子：德源、德让——后赐名隆运，德威，德崇，德凝。德源、德凝附传，余各有传。"中华书局点校排印本《辽史·匡嗣传》后附《校勘记五》云："今按德让、德威传见卷八二，德崇仅于其子韩制心传中追叙，无专传。此处当是沿袭耶律俨或陈大任旧史之文，而德崇传实已删去。"按今本《辽史》，韩氏传分列两卷：一即卷七十四《韩知古传》，后附传匡嗣及其子德源、德凝两支；一即卷八十二《耶律隆运传》，后附传其弟德威、德崇两支。如此分列，当有所准。德崇子制心，《圣宗纪六》作耶律遂贞，德崇女适耿延毅，其墓志题"耶律氏"，是德崇亦有国姓之赐，故附传于耶律隆运。因疑德威一系附传隆运，或亦有赐姓之宠。《辽史》简率，未能详记原委，姑献此疑附此备考。

[21] 《耿延毅墓志》："齐天彰德皇后乃（延毅）姨兄妹也。"《东都事略》卷一二三："（圣宗）其妻曰齐天皇后，妃曰顺圣元妃（即钦哀后）。齐天，平州节度使萧猥思之女，耶律隆运之甥，有姿色，隆绪宠爱之，事其姑燕燕（即睿智后）甚谨，燕燕亦以隆运故，深爱之。"《契丹国志·兴宗文成皇帝纪》记"法天后（即钦哀后），平州节度使萧思狠之女，丞相耶律隆运之甥"云云，系误引《事略》文，非隆运另有一法天甥也。

[22][23] 见《耿延毅墓志》。

[24] 关于耿延毅先娶德崇女，继娶制心女事，参看前引《辽耿氏墓志考略》。

[25] 见《刘继文墓志》。

[26]～[42] 见《韩瑜墓志》。

[43]～[53] 见《韩橁墓志》。

[54] 见《韩橁墓志》《高丽史·显宗世家》。

[55] 见《韩橁墓志》、陈襄《神宗皇帝即位使辽语录》。

[56]～[60] 见《韩橁墓志》。

[61]～[72] 见开泰六年（1017年）赵用撰《韩相墓志》。韩相墓，1964年发现于河北迁安上芦村，参看河北省博物馆、文物管理处《河北迁安上芦村辽韩相墓》，刊《考古》1973年5期。《全辽文》卷六有该志录文。

[73] 见《金史·韩企先传》。

[74][75] 见《金史·韩铎传》。

[76] 《耿延毅妻耶律氏墓志》，《全辽文》卷五有录文。该志与开泰九年（1020年）李万撰《耿延毅墓志》，1976年同出辽宁朝阳姑营子第2号辽墓中，参看朝阳地区博物馆《辽宁朝阳姑营子辽耿氏墓发掘报告》，朱子方、徐基《辽耿氏墓志考略》，两文俱刊《考古学集刊》第3册（1983年）。《韩橁墓志》，《全辽文》卷六有录文，该志出土时间不明，当在1916年发现橁父《韩瑜墓志》[统和九年（991年）郝云撰，《全辽文》卷五有录文］之后，参看日人园田一龟《朝陽縣出土の韓公墓誌銘に就て》，刊《奉天图书馆丛刊》第20册（1935年）。

[77] 见《金史·韩企先传》《韩铎传》。

[78] 注[76]所引园文中即附有韩氏世系表，其后，《全辽文》卷五《韩瑜墓志铭》后和日人松田光次《辽朝汉人官僚小考》（刊《小野胜年颂寿纪念·东方学论集》，1982年）中附表，增谱匡胤一系。本文世系表除补正前三表之遗误外，增配偶一项和官职栏，并择列较重要的婿家世系，以见韩氏显盛之大略。又附注根据，用备复核。

[79] 太祖有二十一功臣,曾喻以心腹、耳目、手足。其中汉臣,《辽史》明确记录的,有康默记、韩延徽、韩知古三人。见《辽史·列传》一至四。

[80] 匡美,《辽史》只记此一事。北京大学图书馆藏缪荃孙抄本《顺天府志》卷七(按即《永乐大典》卷四六五〇《顺天七》)引《元一统志》:"大开泰寺,在(燕京)昊天寺之西北。寺之故基,辽统军、邺王宅也。始于枢密使魏王(耶律汉宁,见《续通鉴长编》卷七十九引《王曾行程录》)所置,赐名圣寿,作十方大道场。圣宗开泰六年(1017年),改名开泰。殿宇楼观,雄壮冠于全燕。"此统军、邺王当即匡美。《韩瑜墓志》记邺王"文武敌万人之英,将相备累朝之杰,三分上爵,一字真封,忠贞则元后腹心,仁惠则黔黎膏沐……邺王夫人方承天眷,深被国恩"。《韩橁墓志》记"行魏州大都督府长史、上柱国、邺王匡美……抱船骥之宏用,膺带砺之盟,高揭将坛,始糜王爵。先娶秦国太夫人,……又以寿昌恭顺昭简皇帝(即太祖第三子李胡)失爱之嬉妻之,……后娶魏国夫人邺妃之侄,皆出于萧氏矣"。知匡美于景宗时,曾极煊赫,唯具体事迹不传,斯为憾耳。松田光次从匡美继娶淳钦侄女一事,推测匡美受宠于淳钦。参看前引松田《辽朝汉人官僚小考》。

[81] 参看《东都事略》卷一二三、《契丹国志·耶律隆运传》。

[82] 995年,韩德威败绩事,又见《宋会要辑稿·兵二七》、《方域二一》和《续通鉴长编》卷三十七。

[83] 韩杞疑即韩橁。按杞或为枑之讹,《书·禹贡》"枑干栝柏",《孔传》:"木似樗漆,或作枑。"《说文》:"橁,枑也。"《左传·襄公十八年》"孟庄子斩其橁以为公琴",知橁为琴材,故《韩橁墓志》云:"公讳橁,字正声。"

[84] 《高丽史·显宗世家》作"阁门引进使韩杞"。

[85] 天庆二年(1112年)孟初撰《萧义墓志》,《全辽文》卷九有录文。该墓1976年发现于辽宁法库叶茂台西山,参看温丽如《法库县叶茂台古墓群》,刊《法库文物考古》1977年4期。

[86] 参看罗继祖《韩橁墓志补考》(《满洲金石志》卷二)。

[87] 《辽史》记录知古入辽事迹,有脱误,参看前引罗振玉《韩橁墓志跋》。

[88] 北京大学图书馆藏缪荃孙抄本《顺天府志》卷八(按即《永乐大典》卷四六五一《顺天八》)引《析津志》:"耶律隆运,本汉人,姓韩名德让,性忠厚谨恪,智略过人。"

[89] 《涤鲁传》:"臣叔先朝优遇,身殁之后,不肖子坐罪籍没。"涤鲁叔当即德崇子制心(遂贞),制心显贵于圣宗朝,其传无一语记其子辈事,《耿知新墓志》亦仅记舅氏官职,未及名字,概皆以"坐罪籍没"之故。此"坐罪籍没",《辽史》未详记此事,疑与重熙二年(1033年)钦哀皇太后谋废立,事发,兴宗剪艾后党有关。事见《兴宗纪一》、《刑法志下》和《圣宗钦哀皇后萧氏传》。《东都事略》卷一二三和《契丹国志·圣宗萧皇后传》记兴宗严治后党情况较详,《事略》云:"景祐元年(即重熙二年),(兴宗)率兵逐其母,以黄布车送至庆州,使守санчес(圣宗)冢。杀永兴军都统高常哥及内侍数十族,命内军都提点王继恩、内侍都知赵安仁监南北面蕃汉臣寮。"《国志》云:"太后之废也,诸舅满朝,权势灼奕,惧内难,乃与殿前都点检耶律喜孙、护位太保耶律刘三等定谋废后,召硬寨拽剌护位等凡五百余人,帝立马于行宫东之二里小山上,喜孙等直入太后宫,驱后登黄布车,幽于庆州,诸舅以次分兵捕获,或死或徙;余党并诛,是时乃重熙之二年也。"

[90] 文献记录德让时期贵盛情况,又见《耿延毅墓志》:"(舅氏德让)七人昆弟,尽开相府,以侄以孙,节旄森布,女嫔后族,甥匹天枝。"《契丹国志·耶律隆运传》亦云:"隆运兄弟九人,缘翼戴恩,超授官爵皆封王,诸侄三十余人一时王者五人,皆任节度使、部署等官。"参看前引《辽耿

氏墓志考略》。

[91] 金初，知古九世孙企先，虽"入相两朝凡二十年，成功著业，世宗称其贤"(《金史·企先传赞》)，然亦仅跻一般汉人大臣之列，故其贵显只及其子铎，铎以后遂泯无闻。这种情况，显然与韩家在契丹之世所具有之特殊地位完全不同。

[92] 参看中华点校排印本《辽史·百官志一》之《校勘记二》。

[93] 《太祖纪上》："[唐天复三年（903 年）] 冬十月，引军略至蓟北，俘获以还。"韩知古被掳当在此时。其后太祖经常侵扰蓟州：太祖五年（911 年）三月，"复略地蓟州"；又十一年即太祖天赞元年（922 年）"夏四月甲寅，攻蓟州，戊午拔之，擒刺史胡琼，以卢国用、涅鲁古典军民事"(《太祖纪下》)；天赞三年（924 年）夏五月，"徙蓟州民实辽州地"因疑韩氏家族有可能非同时离蓟，故匡美一系与弟匡胤一系之墓地不在一处。

[94] 德崇女耿延毅夫人葬于"霸州西青山前"(《耿延毅妻耶律氏墓志》)，耿延毅"葬于章武军霸城县八角山前原，以祖考（绍纪）之茔，即柳城西北是也"(《耿延毅墓志》)。延毅父绍纪为匡嗣婿，是匡嗣、德崇父子之婿家墓地，与匡美一系的墓地相距不远，因知北迁柳城之韩氏应是其主要一支。又此支韩氏或因多官于南京而有迁居于燕者，故《金史·韩企先传》既谓知古"徙居柳城"，又云其九世孙"韩企先，燕京人"。

[95] 《蓟县观音寺白塔记》附刊《蓟县独乐寺观音阁山门考》之后，参看注 [2]。

[96] 韩知白，疑非蓟州玉田韩氏家族。知白于圣宗晚期，太平九年（1029 年）六月曾"充贺宋两宫生辰及来岁正旦使副"(《圣宗纪八》)。后知名于兴宗朝，曾与杨绩、杜防等"擅给进士堂帖"(《杨绩传》)，"重熙十九年（1050 年）十一月壬子以前任南府宰相，后迁武定军节度使"，见《兴宗纪二》。元好问《中州集》卷八记知白家世云："韩内翰玉……五世祖继宁，仕石晋为行司马，从出帝北迁，居析津。曾孙知白，仕辽为中书令。孚为中书门下平章事。赐田盘山，遂为渔阳人。"孚或为知白兄弟行，《道宗纪二》记："咸雍二年（1066 年）九月壬子……以参知政事韩孚为枢密副使。"此韩知白或即石函铭记之韩知白。

[97] 思孝，辽代高僧。王寂《辽东行部志》记其事云："《海山文集》乃辽司空大师居觉华岛海云寺所制也，故目其集曰海山。师姓郎，名思孝，早年举进士第，更历郡县。一旦厌弃尘俗，祝发披缁，已而行业超绝，名动天下。当辽兴宗时，尊崇佛教，自国主以下，亲王贵主皆师事之。尝赐大师号曰崇禄大夫守司空辅国大师。凡上章表，名而不臣。自重熙十七年（1048 年）离去海岛，住持缙云山。"

[98] 秦鉴，又见《兴宗纪一》："重熙六年（1037 年）十二月……遣耶律幹、秦鉴……贺宋生辰及元旦。"

[99] 定光佛或译锭光佛、燃灯佛。《太子瑞应本起经》卷上记："锭光佛时，释迦菩萨名儒童……具地泥泞，解皮衣覆地，不足，乃解发布地，使佛蹈之而过，佛因授记。"舍利塔合瘗定光、释迦两佛舍利，似流行于辽末，除此塔外，朝阳南曾发现辽灵感寺塔地宫，地宫壁嵌天庆二年（1112年）慧材撰《释迦定光二佛舍利塔记》，文记重和（即重熙）十五年（1046 年）铸铁塔，天庆二年移建该塔时，"坼至千檐，获定光佛舍利六百余颗，至地宫内，获释迦佛舍利一千三百余颗……依旧如法安葬"(《道光·承德府志》卷五十)。

[100] 舍利石函铭记，承蓟县文物保管所白晨旭同志见告，又承天津市文化局魏克晶、蓟县文物保管所王桂贞两同志抄示录文，谨此致谢。

[101] 1950 年 8 月，雁北文物勘查团曾去该寺调查。该寺建于高台上，现存殿宇皆明以来建筑，唯散

置之覆盆石础和沟纹残砖，尚是辽金旧物。乾隆《大同府志》卷六所记"明正德中（1506～1521年），水冲出"之"辽节度使开国伯沙彦珣墓碣铭"已无存。

〔102〕 按此卷系过录《永乐大典》卷四六五〇《顺天府七》。参看赵万里辑本《元一统志》卷一。

〔103〕 应州宝宫寺即今山西应县佛宫寺，清宁二年（1056年）敕建之释迦塔，尚保存完好。关于宝宫寺与释迦塔，予别有文论述，兹不赘。

本文原刊《文物》1985年7期，第32～48页

记新剥出的蓟县观音阁壁画

1972年1月,河北蓟县文化馆因修整辽统和年间所建独乐寺观音阁,在阁下层四壁剥出了十六罗汉和两天王壁画,其分布位置如下列图表(表一、图一)。

表一

顺序	壁画榜题	"重修信士"姓名
1	第一尊罗汉跋罗惰暗尊者[1]	僧正司僧官玉(?)泉
2	第二尊罗汉迦诺迦跋蹉尊者	邵一辅
3	第三尊罗汉迦诺迦跋厘惰阇尊者	
4	第四尊罗汉苏频陀尊者	纪学武
5	第五尊罗汉诺矩罗尊者	焦廷贵
6	第六尊罗汉跋陀罗尊者	金环
7	第七尊罗汉迦哩迦尊者	
8	第八尊罗汉伐阇弗多罗尊者	
9	第九尊罗汉戌博迦尊者	□□民
10	第十尊罗汉半托迦尊者	(姓名被剜去)
11	第十一尊罗汉罗怙罗尊者	(姓名被剜去)
12	第十二尊罗汉那迦牟那罗尊者	(姓名被涂去)
13	第十三尊罗汉因竭陀尊者	潘尧爱
14	第十四尊罗汉伐那婆斯尊者	马□□
15	第十五尊罗汉阿氏多尊者	郭子化
16	第十六尊罗汉注荼半托尊者	
17	焰□□忿怒大明王	傅仲银
18	□能胜大忿□明王	吴自仙

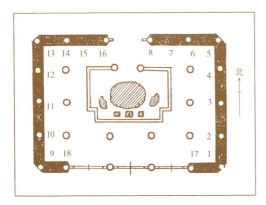

图一　观音阁下层平面示意图

第一尊罗汉下方的供养牌记，给我们提供了考证壁画绘制年代的资料。牌记原文是：

"重修僧正司僧官玉（？）泉"

僧正司，是明代的建置，见《明会典》卷二二六"僧录司"条："国初置善世院，洪武十五年（1382年）改僧录司……在外僧人，府属僧纲司，州属僧正司，县属僧会司管领，皆统于本司。"蓟县，明置蓟州，所以壁画上的供养僧官隶僧正司[2]。因此，新剥出的壁画的绘制年代，不会早到明以前。两天王所执法器和璎珞上的金饰皆使用了沥粉；壁画人物的风格和山云形式、走龙细部都与十一面观音立像背后的倒坐观音塑壁相似，说明它们应是同时所制作。按壁画饰沥粉和倒坐观音这种题材，在冀晋北部，明中叶开始流行；又壁画中书写"重修信士"姓名的那种上覆莲叶、下设莲座式的供养牌记，更盛行在明嘉靖以后。因此，又可进一步推测新剥出的壁画的绘制，大约不早于明中叶[3]。

壁画的绘制年代，并不等于壁画设计的创造年代。十六罗汉下部世俗男像中屡见有元代流行的斗笠帽，许多妇女的衣饰也和山西洪赵广胜寺元代壁画的描绘相仿佛（图二）。更值得注意的是，壁画的主要内容，即十六罗汉两天王的形象还比元代为早。十六罗汉皆作直立姿态，这是宋以来十六罗汉画像受禅宗影响，或依山石，或坐禅床以前的样式[4]；而足踏莲座作力士形象的天王变相（东侧天王四臂，西侧天王三头六臂），更与观音阁立像十一面观音相应，同属唐辽密教的造像[5]，因此可以推测，剥出的壁画，除"重修信士"的供养像外，一部分世

图二　独乐寺观音阁壁画（明）

俗题材应出自元代，而主要内容的设计还可早到元以前，说不定也许和塑造十一面观音的时间相近。《元一统志》"大都路古迹吴王寺"条引辽咸雍三年（1067年）翰林学士王观奉敕撰御笔寺碑云"中广殿而崛起，俨三圣之睟容，傍层楼而对峙，拿八藏之灵编。重扉呀启，一十六之声闻列于西东……"（《永乐大典》卷四五〇引）[6]，如果这个"列于西东"的十六罗汉，可以理解为立像而不是坐像的话，倒是这十六罗汉立像设计时间的重要参考资料[7]。

　　匆促间的初步调查，我们在东壁和北壁东侧的壁画下，发现有两次重层痕迹多处。现在剥出的壁画，除改画和增绘的"重修信士"的供养像外，大体上是在薄薄的一层浅色粉土上重描内层的内容；内层壁画下平涂了约半厘米厚的一层泥土，泥土层之下还有最内层壁画。这最内层壁画，从零散的显露处，推查其内容，似仍为罗汉像。上述迹象如无大误，那就正和我们从壁画题材分析出的结果恰相吻合，即新剥出的壁画，为明中叶重描内层的元代壁画；而内层元代壁画的主要内容，又渊源于元以前所绘的最内层壁画。因此，展现在我们面前的新剥出的壁画，虽绘制于明代，但它主要内容——十六罗汉立像的设计，却远在元以前；而且这种题材，既在罗汉画的演变历史上有它一定的地位，又是现存古代塑绘中仅见的孤例。所以这个新发现是值得重视的。

注释

〔1〕 框内文字系据玄奘译《大阿罗汉难提蜜多罗所说法住记》补,以下同。

〔2〕 康熙《蓟州志》卷二记僧正司设于独乐寺。因疑此僧官即是独乐寺僧人。清中叶僧正司逐渐废除,所以道光《蓟州志》卷三记:"僧正司署在州治西,今无存。"

〔3〕 1932年,梁思成著《蓟县独乐寺观音阁山门考》(刊《中国营造学社汇刊》三卷2期),文末自道光《蓟州志》卷十抄录明万历间任蓟州户部分司的王于陛《独乐寺大悲阁记》全文,记中有云:"创寺之年,邈不可考,其载修则统和己酉(统和二十七年,1009年)也,经今久圮,二三信士谋所以为缮葺计,前饷部柯公实倡其事,感而兴起者殆不乏焉。柯公以迁秩行,予继其后,既经时,涂塈之业斯竟,因瞻礼大士,下睹金装辉映,其法身庄严钜丽……"因疑壁画绘制,大约即在此时。

〔4〕 十六罗汉故事见《大阿罗汉难提蜜多罗所说法住记》,其形象在佛寺中出现,原和十弟子同列,为谛听佛法"常随护持"而设,所以作立像(见段成式《寺塔记》卷上"大同坊灵华寺"条)。自卢楞伽始有"坐立两样"(见邓椿《画继》卷九)。晚唐禅宗渐盛,五代贯休创"倚松石""坐山水""胡貌梵相"的禅坐式(见黄休复《盖州名画记》卷上),北宋则又别兴李公麟赋彩式白描增加了供养场面的坐于禅床上的汉僧形象。此后,无论塑、绘,如现存苏州甪直塑壁(北宋),原易县三彩(辽晚期),晋城、长清塑像(宋元),陆信忠、金大受卷轴(宋元),义县奉国寺壁画(明)等,皆折中上述两家,并踵事增华,而十六罗汉之立像遂不流行。

〔5〕 足踏莲座作力士形象的天王变相流行于唐辽,见敦煌壁画和流传到日本的曼荼罗幡画。还值得注意的是,这两个天王与独乐寺山门的辽塑天王形象(除变相部分)、姿态有共同处。

〔6〕 见赵万里辑本《元一统志》卷一。

〔7〕 辽代绘塑罗汉,尚多沿用十六之数,除上引大都昊天寺一例外,翻检所及,还有易州圣塔院寺堂塑像,见《辽文汇》卷八所录乾统三年(1103年)释惠察《易州重修圣塔院记》。

本文原刊《文物》1972年6期,第45~46页

我和中国佛教考古学

我和中国佛教考古学发生联系，主要由于工作关系。50年代初，当时各地较大规模的建设工程尚未展开，考古工作以调查地上文物的现况为主。文化部文物局组织的几次重要调查：1950年雁北地区勘查、东北辽西地区调查和1951年敦煌莫高窟的调查，我都参加了。这几次调查，佛教遗迹是主要对象，因此对这个工作发生了兴趣，同时也积累了一些第一手资料。1952年，北大文科研究所与文物局、中国科学院考古研究所合办考古工作人员训练班和北大历史系成立考古专业，为了开设中国考古学课程，我分工担任汉以后一段考古学教学。宗教遗迹是这一段考古学不可缺少的部分，而佛教遗迹又是宗教遗迹中的重要内容，于是分配的工作和个人的兴趣就结合起来了。

佛教遗迹以建筑构造的不同，可分寺院遗迹和石窟寺遗迹；以地区和派系分，主要是汉地佛教遗迹和藏传佛教遗迹。"文化大革命"前我着重的是汉地的寺院遗迹；"文化大革命"后，逐渐扩展重点范围，既包括了石窟寺，又包括了藏传佛教遗迹，因而产生了应当考虑较全面、较有系统的中国佛教考古学的想法。

考古学是以调查、发掘为手段，强调实践的学科，中国佛教考古学也不例外。调查、发掘，强调实践，就是要以理清遗迹演变的过程为基础，然后再结合文献，进一步分析遗迹的性质与历史。对寺院遗迹是这样要求，对石窟遗迹也是这样要求。现在我想谈谈最初引起我兴趣的几件事例。

1950年，在雁北浑源调查了一座俗呼大寺的永安寺和一座俗呼小寺的圆觉寺[1]。永安寺尚较完整，面阔五间、进深三间六椽的大殿，还是元延祐二年（1315年）创建时原物。从寺内所存各种铭刻知道该寺自创建大殿以来，经过两次大整修（每隔二百多年一次，目前又到该整修的年代了），全寺布局大体上仍保持着元代旧制。大殿当心间外面檐下悬"传法正宗之殿"匾牌，匾字浮雕牌面，方正古劲，据匾牌右上隅所书"昭文馆大学士荣禄大夫掌诸路头陀教特赐圆通玄悟大师雪庵溥光书"，知是元书法家李溥光的笔迹[2]。溥光书匾时，正如题款所记"掌诸路头陀教"，因此似可估计，其时永安寺不是一般的禅寺，而是头陀教派的寺院。头陀教盛于金元间[3]，其寺院如何布置久已无考，今于雁北获可资参考的寺例，殊出意料之外。圆觉寺位永安西南，该寺仅存一座密檐砖塔，屹立于一片废墟中。我们在做记录时，发现塔身第一层有许多有纪年的游人刻画题记，其中最早的是金初天会三年（1125 年），知道该塔的兴建最晚在金初。《乾隆浑源州志》，卷首有此寺鸟瞰式全景图，对照遗迹，大体可以恢复寺院平面布局，是一座以塔为中心的佛寺。以塔为中心的佛寺渊源于印度，在我国中原地区流行到唐初[4]。此后中轴线上的塔让位给殿、阁，但在边远地区盛唐以降，特别是五代北宋，契丹—辽的范围内，还时有以塔为中心的寺院的兴建，浑源此寺应是此尾声阶段的一例。在雁北以塔为中心的寺院最著名的是建有五层木塔的应县佛宫寺。该塔始建于辽清宁二年（1056 年），塔内安置的佛像，说明这种处于中心位置的辽金时代的佛塔在性质上有了和以前不同的变化。塔最初是藏舍利和经卷的所在，其后为塔庙奉佛像，有的是墓塔。应县木塔虽然在底层奉释迦，但第四层奉四方佛，顶层奉大日如来，四、五两层供奉的形象保存了原设计的意图，即是视此塔为一座立体的曼荼罗，显然这是当时佛教密宗的一种特殊建置，实际也是我国北方以塔为中心寺院的晚期重要特征。由此，即可进一步了解许多辽金密檐塔在高耸的第一层塔身外壁的主要位置大都雕塑出头戴宝冠、双手作智拳印的大日如来形象的道理。

石窟寺是开凿在岩壁上的寺院，由于选地多在河谷两岸，窟前空地无多，考察它的遗迹除了洞窟本身外，只有了解与它毗连洞窟的关系和窟面两侧与上部的遗迹。有确切开凿年代可以作根据的早期石窟，是有名的山西大同云冈石窟西部的昙曜五窟，《魏书·释老志》记"和平初（460 年）……昙曜白帝（北魏文成帝），于京城（平城）西武州塞，凿山石壁，开窟五所，修建佛像各一"，即今大同云冈第一期洞窟——毗连成组的第 16~20 窟。其后，孝文帝时期开凿的云冈第二期洞窟主要也是成组存在，或双窟，或三窟[5]。看来我国早期洞窟多是组窟。这类组窟在形制结构上相互配合，形象题材上彼此联系。至于这些配合与联系的意义，则是我们进一步研讨的课题。简单试释一下：昙曜五窟都是模拟草庐形制，窟内面积几乎被本尊形象所充满，这种佛殿型洞窟本尊的题材只有立或坐式的释迦和交脚坐姿的弥勒菩萨。云冈第二期组窟绝大部分是开凿了较宽敞的方形单室或具前后室的洞窟，组窟的配合情况：有的是两座佛殿窟成组（7、8，9、10）；有的是两座塔庙窟成组（1、2）；有的是一塔一殿成组（5、6）；有的是一塔两殿成组（11~13）。洞窟本尊除已见于昙曜五窟的形象外，出现了倚坐佛（9）和释迦多宝对坐（7、12）。在组窟本尊相互联系上：有一释迦多宝对坐、一释迦坐像（7、8）；有一倚坐佛、一交脚弥勒（9、10）；有一释迦坐像、一交脚弥勒（1、2）；有一释迦立像、一释迦多宝对坐和一交脚弥勒（11~13）。其中释迦多宝对坐像应出自《妙法莲华经·见宝塔品》，以他作主尊大约是当时流行的"法华三昧观"和"入塔观像"结合起来的缘故。此外，窟内的次要形象中出现的新的题材有佛装交脚弥勒（7、8，9、10、12）和维摩文殊（7、8，9、10，1、2、6）。维摩文殊出自《维摩诘经》，维摩的形象是佛教东传后在我国出现的。出现的时间虽早在北魏废佛之前，但维摩、文殊流行起来却在云冈石窟的第二期[6]，这应和孝文帝重视义行，当时高僧昙（惠）度、道辩（弁）皆善《维摩》等情况有关。石窟盛行组窟，在中原一直继续。北魏迁洛以后，《魏书·释老志》记"景明初（500年），世宗诏大长秋卿白整准代京灵岩寺石窟（即云冈石窟）于洛南伊阙山为高祖、文昭皇太后营石窟二所……永平中（508~511年），中尹刘腾奏为世宗复造石窟一，凡为三所"，即今洛阳龙门石窟中的宾阳三洞，是中原组窟较晚的一例。在西陲的敦煌莫高窟，组窟也出现在早期，莫高现存最早的三座窟是一组佛殿窟（275、272、268，后两窟兼作禅堂）；莫高纪年最早的285窟[壁画有西魏大统四、五年（538~539年）发愿文]和它右邻288窟是一禅堂佛殿和一塔庙成组的双窟[7]，251~260一列及其南北诸窟有可能是多塔庙窟的组窟，只是由于窟前崩圮、洞窟改建和窟内重修等因素，无法进一步肯定罢了。这种早期石窟成组现象，70年代末，我们追踪到新疆库车、拜城一带的龟兹石窟，拜城克孜尔石窟组窟的情况最为典型。那里的遗迹可以直接说明一组石窟即是一处寺院，石窟寺院从建立到发展还可清楚地分出几个阶段，如分布在克孜尔谷内区的96~105这一组；而谷西区的38~40组窟窟面上部还保留着作为一组见证的梁孔遗迹[8]。窟面遗迹除了有助于了解组窟的范围外，有的还可以表明洞窟的性质，河北邯郸地区北朝晚期开凿的南、北响堂和小响堂，这三处主要洞窟窟面都雕凿出塔的形式，这应是把禅观者入塔观像的塔庙窟更加立体形象化的措施，其中北响堂北窟（即 1、2 窟）上部覆钵中（即 2 窟）雕出释迦多宝对坐像，就更形象地体现了法华三昧观的要求；这类窟也是藏舍利的塔庙窟，所以北齐时人就相传迁魏于邺的北齐高祖高欢瘗骨于北响堂石窟佛顶之旁，而司马光竟据之写入《资治通鉴》[9]。

50 年代末，进藏调查藏传佛教遗迹。西藏寺院的主要建置多历代增修或大体依据旧式重建，所以判定年代、分清阶段的问题比汉地佛教遗迹更为棘手。现笼统地以 14 世纪布敦重建的夏鲁寺和 15 世纪宗喀巴兴建的甘丹寺之间划前、后两段，大致可以看到：（一）前期寺院选址在平原，后期则移向有利于防御的山麓。（二）寺院大殿的礼拜道，前期设在大殿佛堂内外的周围；以后出现大殿外的礼拜道；再后如大昭寺的"八廓"，即围绕寺院兴建的礼拜道出现在 17 世纪五世达赖的一次扩建；至于再向外扩展成为围绕拉萨的"林廓"，则出现在五世达赖之后。礼拜道一再向外围安排，显然是加强寺院的防御。（三）下寺院大殿一等的札仓佛殿约始于 15 世纪，札仓的大活佛兴建"喇让"，18 世纪中期以后渐成风气，拉萨四大林是"喇让"中最具规模者。"喇让"实际是当时掌握西藏地方政府实权人物的家寺，所以那里的佛堂主要供奉的是该大活佛的塑像和灵塔。以上三项有关藏传佛教寺院建置的演变，清晰地反映出西藏政教合一制度的发展。西藏石窟遗迹一般时代较晚，属于前弘期的似只拉萨药王山东麓札拉鲁浦一处，也是西藏地区唯一的一座塔庙窟，从形制和佛像题材看，有可能是在河西诸窟影响下出现的。此外，在许多寺院附近分布有面积较小、鲜有雕饰的所谓"修行洞"的禅窟。这种禅窟多附属于寺院，与一般石窟寺遗迹有异。近年阿里地区发现的石窟群，佛殿窟、曼荼罗窟和数量较多的禅窟并存，这应是具有特色的藏传佛教石窟寺遗迹，但它的时代可能迟到 14 世纪以后，详细情况还有待了解[10]。

佛教考古学除了寺院、石窟寺遗迹外，还应包括各种佛教遗物，如各地发现的造像、造像碑、法具和有关的经卷、文书等。这类遗物有的现已无法附丽于某遗迹，有的虽知所属，但屡经扰乱，混杂已久。前者如早年传世之品，后者如本世纪以来西北诸石窟的发现，其中以 1900 年敦煌莫高窟藏经洞的发现最为重要。藏经洞发现以经卷为主的各种遗物，从敦煌佛教考古方面考察，它的重要性恐怕不低于古代文献的研究，因为这批遗物也是了解莫高窟各洞窟内容以及敦煌地区包括佛教史在内的自南北朝以来的历史的基本资料。

佛教考古学尽管内容丰富，但80年代以前这门学科似乎还处在累积资料阶段。自80年代改革开放逐渐扩展以来，许多工程建设的地点发现了新的寺院遗迹和零散的佛教遗物；主要石窟大都发表了简报和图录；另外，历史上受到我国佛教影响的国家如朝鲜、韩国、日本的佛教遗迹与遗物的调查与研究，近年也开展了较广泛的交流，使我们的部分缺环可以借以估定[11]。以上情况大体表明构成中国佛教考古学物质基础的遗迹、遗物，已初步具备了较系统的条件。现在的问题是如何进一步整理这批资料，特别是结合文献记录进行历史背景与社会意义的探讨，还有待于深化。当然，远不可能一蹴而就，我们设想能有一个不大不小的组织，经过一定的讨论、分工，集体先完成一部中国佛教考古学长编之类，借以总结以往成果，在此基础上再通过个体研究，不断扩大范围，以期真正建立起较全面的中国佛教考古学。

注释

[1] 参看拙作《浑源古建筑调查简报》，刊中央人民政府文化部文物局《雁北文物勘查报告》，1951年。

[2] 《图绘宝鉴》卷五："宗师溥光字玄晖，号雪庵，俗姓李氏，大同人。特封昭文馆大学士，赐号玄悟大师。善真、行、草书，亦善山水，学关全，墨竹学文湖州（同），俱成趣。"《书史会要》卷七："释溥光……为诗冲澹粹美，善真、行、草书，尤工大字。国朝禁扁皆其所书。"

[3] 艺风堂抄本《顺天府志》卷七（按即《永乐大典》卷四六五〇《顺天府七》）记大都头陀教胜因寺云："胜因寺头陀教即康禅。《析津志》（寺）在四隅头。"并录大德七年（1303年）闫复所撰寺记云："薄伽梵以贪嗔痴为世之通患，须定力以摄之。头陀氏以衣食住为人之甚欲，先戒行以节之，由戒入定发慧，定慧胜而贪痴远，贪痴远而佛道立矣。按释典头陀之义，华言抖擞也。斗擞世缘若尘然。其学以慈俭为宗，真实为据，伏妄想为切务……大头陀教胜因寺，圆通玄悟大禅师溥光所造也。始祖曰纸衣和尚，立教于金之天会（1123～1137年）……十有一传而至溥光大禅师，师……励志精勤，克嗣先业，虽寓迹真空，雅尚儒素，游戏翰墨，所交皆当代名流。世祖皇帝尝问宗教之原，师援引经论，应对称旨。至元辛巳（十八年，1281年）赐大禅师之号，为头陀教主师……圣上（成宗）御极之切，玺书赐命加昭文馆大学士、中奉大夫、掌教如故，宠数优异……寺役起于至元丁亥（二十四年，1287年），讫于大德癸卯（七年，1303年）……寺既落成，荅石请记兴造始末。予闻头陀氏之说，毘尼为之室宇，不假缔构而崇，杜口为之法门，不待文字而传。惟师平生戒行清修，能得人之愿力如是。晚节亦自刻苦，有含吾儒恶衣恶食而志于道者，宜其教风之日竞也……师姓李氏，字玄晖，云中人，自号雪庵……"耶律楚材《湛然居士文集》卷八《寄赵元帅书》谓："夫糠蟹乃释教之外道也。此曹毁像谤法，斥僧灭教……"溥光既掌诸路头陀教，又为释寺奉佛之大殿书"传法正宗"匾额（甘肃兰州尚存溥光书"大庄严寺"匾），可见楚材对头陀之斥责亦有不尽然者。

[4] 参看拙作《东汉魏晋南北朝佛寺布局初探》，刊《庆祝邓广铭教授九十华诞论文集》，1997年；

《隋代佛寺布局》，刊《考古与文物》1997年2期。
〔5〕参看拙作《平城实力的集聚和"云冈模式"的形成与发展》，该文收入《中国石窟寺研究》，1996年。
〔6〕维摩形象的出现，据张彦远《历代名画记》记载始于晋代的张墨、顾恺之。该书卷二记"顾生首创维摩诘像，有清赢示病之容，隐几忘言之状，陆（探微）与张（墨、僧繇）皆效之，终不及矣"；卷五引"《京师寺记》云，兴宁中（363～365年），瓦棺寺初置，僧众设会，请朝贤注疏……长康（顾恺之字）直打刹注百万……后寺僧请勾疏。长康曰，宜备一壁。遂闭户往来一月余日，所画维摩诘一躯，工毕。将欲点眸子，乃谓寺僧曰，第一日观者请施十万，第二日可五万，第三日可任例贡施。及开户，光照一寺，施者填咽，俄而得百万钱"，可系顾画布局只维摩诘一躯。与此内容相近的最早图像，是甘肃临夏炳灵寺石窟第169窟北壁11龛中部南侧所绘面对一侍者、作半卧状的"维摩诘之像"（参看甘肃省文物考古所等《炳灵寺一六九窟》图版33，1994年）。此像绘制的年代，与同窟有西秦建弘元年（420年）题记的六龛接近，即相当于东晋末期；约略早于云冈第二期维摩、文殊相对辩难的雕像半个世纪。
〔7〕参看拙作《莫高窟现存早期洞窟的年代问题》《参观敦煌莫高窟第285窟札记》，两文俱收入《中国石窟寺研究》。
〔8〕参看拙作《新疆拜城克孜尔石窟部分洞窟的类型与年代》，该文收入《中国石窟寺研究》。
〔9〕参看柴俊林《试论响堂石窟的初创年代》，刊《考古》1996年6期。
〔10〕参看拙作《西藏寺庙建筑分期试论》，该文收入《藏传佛教寺院考古》，1996年。
〔11〕参看注〔4〕《东汉魏晋南北朝佛寺布局初探》附录《百济、新罗佛寺遗迹资料》。

本文原刊《学林春秋》上，1999年

永乐宫创建史料编年

蒙元一代全真教盛,永乐纯阳万寿宫为全真根本宫观之一,1275年(乙亥,元世祖至元十二年)《道藏尊经历代纲目》谓之为"东祖庭"[1],盖与终南山刘蒋村重阳万寿宫相对而言也。祖庭创建为全真之大事,故有关永乐宫之营造,见录于全真石刻、传记者颇多,兹衷辑著有明确纪年之文毕,得知"是宫之成,非一朝夕、一手足所能集",自创议迄绘塑妆銮了,先后亘百余年。其中三清(无极)、纯阳(混成)、重阳(七真、袭明)三殿等建筑物之土木巨工,虽尽先完成,但自兴建始,亦历十三至十五年之久。至于所辑诸文,其相互抵牾处,除疑而并存者外,亦偶有臆测,浅闻所见当难论定,留心永乐创建问题诸同志,幸垂教焉。

1222年(壬午 金宣宗兴定六年)

"永乐镇东北隅行百步许,招贤里通道之北,即有名唐得道吕公之故居也。乡人恭其德,因旧址而庙貌之,岁时享祀,甚谨严……顷岁暮秋,会条阴兵乱,因避地芮之西郊,始获展敬祠下,永乐镇道契袁公益且以祠堂记见祝,仆虽无文不敢固让,谨述其始末云。兴定六年二月清明后二日记。"壬子潘德冲重刻《袁从义有唐吕真人祠堂记》[2]

"唐末已来,土人即其故居屋□□□曰吕公祠,每遇毓秀之辰,远近士庶毕集其下,张乐置酒终日乃罢。近世土官以隘陋故,增修门庑,以祠为观,择道流高洁主之。"中统三年王鹗《大朝重建大纯阳万寿宫之碑》[3]

1240 年（庚子　元太宗十二年）

"庚子，（宋德方）自甘棠来永乐，拜谒于纯阳词（祠）下，见其荒残狭隘无人葺之，遂召诸道侣而谓之曰……予年运而往，将以其宫易祠，不惟光大纯阳之遗迹，抑亦为后来继出者张本耳。汝辈其勉之哉。寻即元帅张忠暨先住持人王志瑞、韩志冲、雷志和、杨志□等将祠堂并地基尽具状以献，都统张兴又施水地三十亩，众人又施磨窠一区，（披云）真人（宋德方）乃运智于精微之间，斟酌事势，复择其可任用者，令主持之，谋行兴建事。"_{中统三年李鼎《玄都至道披云真人宋天师祠堂碑铭》[4]}

"庚子，（披云）真人乃谒纯阳祠于永乐，叹其荒陋，谓道侣曰：祖庭若此吾辈之责也……盍易祠为宫，上光祖德，下启后人。咸稽首再拜，以主持为请，真人允之。迄今回廊邃殿真人□张本焉。"_{至元十一年商挺《玄都至道崇文明化道行之碑》[5]}

按李道谦《终南山祖庭仙真内传》（据影印明《正统道藏》本）卷下《披云真人传》系此事于 1243 年（癸卯，太宗后二年）[6]。

1244（甲辰　太宗后三年）

"甲辰，（披云真人宋德方）再来（永乐），天理人为鹤鸣子和，自相感召，致伊趋事劝功者若雷志养……数十人，奔奏疏附唯恐其后，乃指授节次，使之渐进。"_{李鼎《宋天师祠堂碑铭》}

"甲辰，河东永乐祠堂灾，祠盖吕纯阳之仙迹也。"_{李道谦《甘水仙源录》（据影印明《正统道藏》本）卷五徒单公履《冲和真人潘公神道之碑》[7]}

1245 年（乙巳　太宗后四年）

"岁甲辰暮冬野火延之，一夕而□□□□□故鼎新之兆。明年，有敕升观为宫，进真人号曰天尊。披云真人宋德方在陕右，谓其徒曰：师升其号，观易以宫，苟不修崇，曷以称是。以是□□□□□教清和（尹志平）、真常（李志常）二真人乃命燕京都道录冲和大师潘德冲充河东南北路道门都提点办其事，以完颜志古、韩志元辅翼之。"王鹗《大朝重建大纯阳万寿宫之碑》

"乙巳春，（尹志平）命潘冲和（德冲）主领河东永乐纯阳宫之法席，以事建立。"《终南山祖庭仙真内传》卷下《清真人传》

"乙巳奏请河东永乐纯阳祠宇及师真堂下，并赐宫额，以彰玄化。"《终南山祖庭仙真内传》卷下《真常真人传》

1246年（丙午 定宗元年）

"敬请潘公大师（德冲）住持永乐镇纯阳宫，为国焚修、祝延圣寿无疆者……河东永乐镇纯阳宫道德祖宗，玄元枝派，名著唐朝已久，教传蒙古方兴，殿宇殊无，垣墙粗立。计尔门徒则虽有度，其材木则未完，不凭有德之明师，难结全真之善果。今扎古歹等恪修短疏，悬涉长途，敬邀鹤驭以遄行，谨命鸾舆而远致，天将干远，庶思四圣之乡，人若和全，必离五华之馆，原蒙金诺，诸陟云程，谨疏。"《丙午年十月宣差河东南北两路杠桥都管疏》[8]

按1274年（甲戌，至元十一年）宣差河解总管万户徐德禄夫人刘志源等立请疏之碑，碑阴阳各刊敬请潘德冲来永乐住持纯阳宫之疏文三通，其纪年自丙午年十月迄同年十二月，因知潘虽于乙巳受命主领"永乐纯阳宫之法席，以事建立"，但直迄次年之末尚未抵任。且据上疏知丙午年十月潘在燕城之北"五华之馆"[9]，而永乐宫"殿宇殊无，垣墙粗立"，正式之营建工程迄未开始也。

1248年（戊申 定宗三年）

"甲寅十月十六日改葬（宋德方）于此。其改葬之由，盖戊申秋通玄张公奉朝命以迁之也。且（披云）真人之德在玄门，如召伯之于周人，夫周人之思召伯，尚爱其甘棠，岂玄门之人思真人不爱其灵骨乎。夫洪河（按指黄河）南北皆愿得而时祭之，非伪为也。当灵柩之北行，既道于绛，抵平阳，及改辕而东，其郊迎路祭之际，自京兆达于河东等处，数千里之内皆向已争挽，日不半舍。及别出古万户下宣差贾侯参谋知事杨郭辈乘骑而往逆之，长驱而南，至此莫有敢阻滞之者，非惟势之不侔，亦无声无臭之中，有运之者存焉耳。是后万户遣使刘公往禀于清和、真常二大宗师，清和尹公乃言曰：披云宋公……尝与我言其所游甚爱永乐，今虽化其不化者良在也，兹以委蜕，如以道人分上论，蝼蚁乌鸢无有不可，以人情观今乃如此，似彼门人中有知公之深者，盖欲成其生前之本志尔……我辈可不从与。仍以藏经板归之。由是李公命桢干奋钵木植，工役百色并举，宁神有室，安措有地，吉兆有日。宣差河解都总管徐君夫人刘氏、宣差诸军总管万户札忽解施小麦千斤，以充赗禭。解州盐大使阎公助石椁。葬地乃里人高千所施。沁州长官杜侯暨夫人王氏输己资，买邻人物以备之，欤以白金三伯两以周不给，并画天师殿壁。至于妆塑庙貌，俾补阙乏，卫护师梗开导壅塞，皆出万户并宣差贾侯等尽诚而为之也。真常复委河东两路教门提点冲和大师潘公主其事……今年（1262年，壬戌，中统三年）春，门人藏经提点李志烈、杨志素，太原玄都官提点宋志勤三人不远千里而来，令予作铭，特刻石以传……"李鼎《宋天师祠堂碑铭》

"丁未，（宋德方）归自乎终南之重阳宫……怡然而逝……寻改葬于永乐纯阳宫，会葬者余万人。真常大宗师命提点潘公司其事。仍以所镂藏经板归之祠下。"商挺《披云真人道行之碑》

"戊申冬，门人迁（宋德方）仙柩于河东永乐镇纯阳宫，葬之。建祠立碑以事香火。"《终南山祖庭仙真内传》卷下《披云真人传》

按戊申冬迁宋德方柩于永乐，潘德冲若始终其事，则可推其来永乐最迟当在戊申。但细绎李鼎碑文，似戊申为朝命往迁之年，宋柩北来行程甚缓，抵宫后似又因循多年，迄甲寅（1254年，宪宗四年）冬始安葬，然则潘究竟何年主其事，盖难论定矣。

1252年（壬子 宪宗二年）以前

"师（潘德冲）率其徒至永乐，百工劝缘源源而来，如子之趋父事，陶甓伐木云集川流，于是略基址，度远迩，程功能，平枝干，合事庀徒，百堵皆作，不数稔，新宫告成，堂殿廊庑斋厨厩库下至于寮舍湢浴之属，各有位置，莫不焕然一新。北逾一舍，有山曰九峰，土人云此纯阳得道处也，遣其徒刘若水起纯阳上宫[10]，及于宫侧创下院十余区，市良田竹苇及蔬圃果园舟车碾硙，岁充常住百色之费，至于四方宾侣过谒宫下者，同爰四顾，见其严饬壮盛，俨敬之心，油然而生……己酉秋，中宫懿旨，凡海岳灵山及玄教师堂遣近侍护师悉降香以礼之。"《甘水仙源录》卷五徒单公履《冲和真人潘公神道之碑》

"（纯阳宫之营建也）远近助役源源而来，其指授作新则潘之力居多……朝命以披云所刊道藏经板委官辇贮是宫，故宫门益崇。壬子，真常奉香祀五岳回驻于此……"王鹗《大朝重建大纯阳万寿宫之碑》

按上列两碑皆记潘德冲开始营建纯阳宫在壬子之前，徒单公履碑更系于己酉之前。

1252年（壬子　宪宗二年）

"壬子，真常奉旨祀五岳回驻于此。翌日登九峰，憩于纯阳洞，爰其峰峦秀拔，以玉椅（椅）名之。且命其徒刘若水辈别营上宫，倾囊倒橐□□□□□□□□三，曰无极，以奉三清，曰混成，以奉纯阳，曰袭明，以奉七真。三师有堂，真官有祠，凡徒众之所居，宾旅之所寓，斋厨库厩园囿井湢，靡□□□□□□□□……"王鹗《大朝重建大纯阳万寿宫之碑》

"壬子夏四月，真常因奉朝命祀岳渎，过永乐见其规模宏敞，喜谓师曰：非师不能毕此胜缘，乃倾帑以助其经费。明且与师同跻九峰之巅，见其秀拔如椅，遂易其名曰玉椅峰。"《甘水仙源录》卷五徒单公履《冲和真人潘公神道之碑》

"辛亥，宪宗皇帝嗣登宝位……越明年春正月初吉，（李志常）来终南祖庭，敬展精衷，恭行祀礼，规度营建，整治玄纲，凡山下仙宫道观皆为一列（例）……至四月既望，仙仗东归，由中条之纯阳宫，亦如终南故事。秋九月还燕。"《终南山祖庭仙真内传》卷下《真常真人传》

按王鹗碑铭有云："是宫之作，肇于德冲，十年于兹，告成厥功。"该碑立石于1262年（壬戌，世祖中统三年），上推十年，应为1252年（壬子，宪宗二年），与上引同碑碑文内容相互矛盾，意者，王鹗为铭，盖取十年之整数也[11]。1324年（甲子，泰定元年）大纯阳万寿宫提点段通祥等重创《有唐纯阳吕真人祠堂记》附记云："圣朝尊道贵德，比比化荆棘为道林，岁在壬子，冲和大师潘德冲奉清和宗师命提点河东，于是辟垣墉，新宫宇。"疑即据王鹗铭而云然。至于王鹗碑于壬子真常奉旨祀五岳回驻永乐之后，列无极、混成、袭明三殿之事，当与前引《祖庭内传》所记真常此行有统一全真宫观之规度营建意有关，疑潘德冲所建三殿之重要问题如命名、供奉尊像等之最后定案，盖决自李志常全真大宗师也。又徒单公履碑系刘若水营上宫于己酉之前，王鹗碑则记在壬子，两相抵触，其如何从舍，殊难遽断。

1254年（甲寅　宪宗四年）

按"1248年"条所引李鼎《宋天师祠堂碑铭》与山西省文物管理委员会于1959～1960年发掘宋德方墓所得之甲寅小春望日立、李鼎撰文《先师玄都至道披云真人宋天师真赞》刻石[12]知宋德方葬于是年。又据李鼎碑铭永乐宫西隅之宋天师祠堂当亦建于是年。宋天师祠堂，光绪《永济县志》卷首《永乐官图》作披云道院，现已废圮，1956年调查时，仅存基址及上引之李鼎商挺两碑铭、请疏之碑与至大圣旨碑[13]等四石。

1256年（丙辰　宪宗六年）

"丙辰夏四月，（潘德冲）适上官，至五月朔旦，忽谓左右曰：吾幼遇长春师，授以秘传，终身诵之，粗有所得，继而清和、真常以纯阳师祖世缘见付，吾比年经营，略有次第，今世缘道念亦庶几兼修而并举，无复事矣，吾其行乎……二十六日……抵下宫……就枕翛然而逝。"《甘水仙源录》卷五徒单公履《冲和真人潘公神道之碑》

按丙辰潘德冲卒，其时纯阳万寿宫之工程仍仅略有次第。

1260 年（庚申　世祖中统元年）

"庚申岁三月初五日，葬（潘德冲）于官之乾位，仍建别祠，令嗣事者以奉岁时香火。"《甘水仙源录》卷五徒单公履《冲和真人潘公神道之碑》

按潘祠，康熙《蒲州府志》、光绪《永济县志》卷首《永乐宫图》皆作□□道院，位披云道院之西北。久圮。1956年调查时，其仅存之堂基较披云道院犹为残破。1959～1960年山西省文物管理委员会于基址之北掘得潘墓，墓内未发现铭刻[14]。

1261 年（辛酉　中统二年）

"俄真常与潘相继谢世。辛酉诚明真人（张志敬）就命韩冲虚志元兼知河东南北路教门事有未完□□□□□□□□□□春三月初吉，诚明状前后事迹以示慎独老人（按王鹗号慎独）……顾是宫之成，非一朝一夕、一手足所能集，不假丰碑记述以传永久，则先辈勤勤将泯灭无闻，今巨石已砻，敢以斯文为请。而铭其后……是宫之作，肇于德冲，十年于兹，告成厥功。"王鹗《大朝重建大纯阳万寿宫之碑》

"既而冲和谢世，厥后积以岁年，宫事大备。"段通祥等重刻《有唐纯阳吕真人祠堂记·附记》

按潘德冲卒后，纯阳宫营建事尚有未完，1324年（甲子，泰定元年）段通祥等云"积以岁年，宫事大备"，考以下列诸事，知非虚语。是王鹗碑铭所云"告成厥功"者，当为约略概括永乐宫大部分建筑物土木之工毕而言也。

1262 年（壬戌　中统三年）

按是年六月初六日立李鼎撰文《玄都至道披云真人宋天师祠堂碑铭》，九月十五日立王鹗撰文之《大朝重建大纯阳万寿宫之碑》。此两碑在永乐宫现存碑石中最称巨制，俱由当时全真大宗师张志敬所请立，而后者且为记录永乐宫创建之唯一的记事碑。

1274年（甲戌　至元十一年）

是年二月立商挺撰文之《玄都至道崇文明化道行之碑》，己巳月立请疏之碑。

1294年（甲午　至元三十一年）

永乐宫"无极之门"榜右侧有细书两行："正奉大夫参知政事枢密副使商挺书[15]。三官提点刘志和□施。""时大元国至元三十一年岁次甲午九月重阳日建。少府监梓匠翼城县朱宝□□朱光造。"

1301年（辛丑　成宗大德五年）

"大堂殿已成砌堁，其三门犹是土基，不赖英豪无成胜事，须资众力可建福缘。今为般载压阑石。助缘人奉道舍百姓名于后……时大德五年五月十六日。"《纯阳万寿宫化功缘记》

按《纯阳万寿宫化功缘记》刻石嵌砌于无极门前基台之侧。无极门基台敷石，竟迟在建门七年之后，由此可窥永乐宫晚期工程之进展，较之早期尤为缓慢。

1325年（乙丑　泰定帝泰定二年）

三清殿扇面墙正面墨书题记二通："河南府洛京旬山马君祥长男马七待诏把作正殿前面七间、东山四间、殿内到（？）心东面一半正□云气五间。泰定二年六月工毕。门人王季先、王二待诏、赵待诏、马十一待诏、马十二待诏、马十三待诏、范待诏、魏待诏、方待诏、赵待诏。"[16]"河南府□山马七待诏正尊五间,六月日工毕云气。"

1358年(戊戌　顺帝至正十八年)

纯阳殿内南壁东朵墙右上方墨书题记:"禽昌朱好古[17]门人,古新远斋男寓居绛阳待诏张遵礼、门人古新田德新、洞县曹德敏。至正十八年戊戌季秋重阳日工毕,谨志。"[18]

纯阳殿内南壁西朵墙右上方墨书题记:"禽昌朱好古门人,古芮待诏李弘宜、门人龙门王士彦、孤峰待诏王椿、门人张秀实、卫德。至正十八年岁在戊戌季秋上旬一日工毕,谨志。"[19]

纯阳殿内后壁正中上方右侧墨书壁画施钞花名计二十一行,首行:"纯阳帝君神游显化之图,今将本宫提点职事人等施钞花名下项。"末行"时大元至正十八岁次戊戌季秋重阳日,彩画工毕。"

按无极门建成,潘德冲谢世已三十五年。纯阳殿壁画工毕,潘谢世整整百年。重阳殿壁画无纪年题记,以其风格笔意论,似又迟于纯阳殿。殿宇完工,壁画最末,是永乐宫主要建筑,即今存之无极门、三清殿、纯阳殿、重阳殿工程之全部告竣,当去永乐宫开始营造之日,已逾一世纪矣。

康熙《蒲州府志》卷首《永乐宫图》于七真(重阳)殿后,绘有丘祖殿[20],殿久圮,1956年调查时,台基垣址保存尚好,台基前置月台,台基上布置整齐之石础行列,据之可测该殿原面阔五间、进深三间,月台前存小石狮一,其式与无极门之元狮相类,再前立1643年(癸未,明崇祯十六年)重修丘祖七真(重阳)二殿碑记。此碑记与其他永乐宫现存各种纪年文字,皆未述及丘祖殿之兴建年月,兹依遗址之平面布局与所存石狮推察,约亦建于元代。按全真宫观规制谨严,兹略辑《甘水仙源录》、《秋涧先生大全文集》、《金石萃编未刊稿》(嘉草轩丛书本)、《山右石刻丛编》四书所录各地全真宫观殿堂之文,列如下表(表一)。

表一

碑记撰人、名称	有关内容摘要	宫观建年
商挺《增修华清宫记》（《甘水仙源录》卷十）	为殿者八，曰三清，曰紫微，曰御容，曰四圣，曰三官，曰列祖，曰真武，曰玉女。为阁者二，曰朝元，曰经藏。为汤所者二，曰九龙，曰芙蓉。钟鼓有楼，灵官有堂，星坛云室、蔬圃水轮以次而具……	
张本《修建（景州）开阳观碑》（《甘水仙源录》卷十）	营三清正殿及云堂于西，香积于东……方壶宾馆……蔬圃……果林……适观之落成，长春真人以中旨赐还遂趋赴谒。	
张本《德兴府秋阳观碑》（《甘水仙源录》卷九）	（大翮山羽士韩志久，既服丘公之命）起三清正殿，七真殿、两庑、东西方丈、中外二门……至于宾馆云庵泉厨蔬圃。	
商挺《大都清逸观碑》（《甘水仙源录》卷十）	（潘德冲）建正殿翼左右二室，以居天尊泊诸神像，讲堂斋庖方丈客寮，靡不有所。	1232年（壬辰，元太宗四年）～
唐璎《圆明朗照真人功行之碑》（《金石萃编未刊稿》卷上）	重修（栎阳）延寿宫……修殿者三，曰寥阳，曰通明，曰七真……	1239年（己亥，太宗十一年）
王粹（崞）《神清观记》（《甘水仙源录》卷十）	其宫宇则三清之殿、七真之堂、真官山祇之祠、云台丈室斋厨廪厩之属。	
赵复《燕京创建玉清观碑》（《甘水仙源录》卷九）	燕有隐君子姓马氏名天麟……礼清和老师……署正殿四楹，将立元始像，斋堂寝室……庖湢蔬井。	
宋子贞《顺德府通真观碑》（《甘水仙源录》卷十）	首建大殿于其东，以像三清；次筑祖堂于其西，以祀七真；然后斋堂方丈、静位散室、膳馐之厨、云众之居，相望而作。至于井灶厩库、级甃采绘，罔有不备。	
王道亨《大元创建晋宁路解州芮城县上庄真常宫记》（《山右石刻丛编》卷三十）	里人有张果善者……将复旧观……凡三十年，三清有殿，祖真有堂，灵官有祠，道众有室，若斋厨库厩，蔬圃果园陆田水砲之属按绪而毕。	～1268（戊辰，世祖至元五年）
王磐《创建真常观记》（《甘水仙源录》卷九）	真常弃世，诚明张真人嗣掌玄教，继真常遗意，构三清殿、九真堂、斋堂厨舍、祈真之坛、灵官之祠。	张志敬掌教期间为1256年（丙辰，宪宗六年）～1270年（庚午，至元七年）
王恽《大都路漷州隆禧观碑铭》（《秋涧先生大全文集》卷五十二）	起三清殿，绘玄圣于堵，所谓上九位者居其中……	1276年（丙子，至元十三年）
郝毅《（稷山）洞神宫碑铭》（《山右石刻丛编》卷二十九）	张志朴者慨然有兴立之志……行丐于汾晋间……三十余年……乡人悯其勤，即所居之地，起三清、七真之殿，门庑毕备……绘塑庄严，金碧交映。	～1277（丁丑，至元十四年）

续表

碑记撰人、名称	有关内容摘要	宫观建年
魏初《重修蹯溪专春成道宫记》(《金石萃编未刊稿》卷上)	构大殿三,曰玉虚、曰通明、曰大宗。玉虚之南、大宗之北曰南昌、曰思真。	~1280年(庚辰,至元十七年)
王恽《卫州创建紫极宫碑铭》(《秋涧先生大全文集》卷五十六)	建吴殿七钜楹,内设三清大像……中起通明观以奉玉皇……后复作七真殿五筵,叙列仙品,见玄教之传也……	经始于壬子(1252年,宪宗二年)之春,迄至元甲申(1284年,至元二十一年)秋,工告迄功。
王恽《大元奉圣州新建永昌观碑铭》(《秋涧先生大全文集》卷五十八)	改亭为殿奉三清睟容,下逮斋厨库廪,以次修举。	

由上可知,1284年(至元二十一年)以前全真宫观尚无丘处机专殿之设,永乐既为祖庭之一,当更恪守规制,然则丘祖殿之建,其在元中叶以迄末世之季欤!

附　记

永乐宫正门南,笔直大街之左右,各有小庙废墟一处,东者为东岳岱山庙,存1349年(己丑,至正九年)立石、大都大长春宫三洞讲经师诸路道教评议提点清远明□弘真大师周德洽撰、大纯阳万寿宫提点事张玄德书之《重修东岳岱山庙碑》。西为护国西齐王庙,存1326年(丙寅,泰定三年)立石、玄正大师徐道安书之《重修护国西齐王庙记》。两碑碑阴皆刊施钞善信,其中永乐宫之知宫、提举、提点皆为施主中之重要者。《岱山庙碑》且云:

(永乐)爽垲高平,有城数雉,下瞰纯阳故宅,今已宫庭轩豁……(岱山庙)比年之营缮弟叙,则各有梁记存焉,不烦重述。其六管社耆宿副使张进、众维那、六管社人等及大纯阳宫提点梁道从等,就诸人内校之,舍资用功最多……

由上可知，两庙之重修，主要出自永乐全真之规划，盖其时永乐宫土木巨工已粗就，即三清、纯阳、重阳三殿以及无极之门俱完工，全真之徒已有余力整齐宫前之附属建筑物；重阳殿后之丘祖殿，其亦兴建于此时乎？

永乐宫全部石刻俱未见著录，本文所引皆据北京大学考古教研室所藏1957年拓本。

注释

〔1〕《道藏尊经历代纲目》附载明《正统道藏（据1923年上海涵芬楼影印本）阙经目录》内，其记东祖庭一段云："披云子宋真人收索到藏经七千八百余帙，锓梓于平阳永乐镇东祖庭藏之。"

〔2〕《袁从义祠堂记》，永乐宫现存二石，潘刻砌入重阳殿外南壁东朵墙下，记末有附记三行云："此祠堂记乃藏云先生袁用之所撰。里人进士段元亨书丹，桑原马柔刊字。金之末年为劫火所裂，幸而文意且完，恐其岁久湮没，于是复镌于石，以示来者，庶传无穷。大朝岁在壬子孟夏十四日十方大纯阳万寿宫提点冲和大师潘志冲等重立。"另一石存纯阳殿前东侧，为1324年（甲子，泰定元年）宫提点段通祥等重刻。段刻改题《有唐纯阳吕真人祠堂记》，末有井道泉附记云："……祠之建肇于唐金之末年，隐士袁用之始为作记，里人杨士荣辈建石于正大间，未几为劫火所裂，然文意仅可寻，圣朝尊道贵德，比比化荆棘为道林。岁在壬子，冲和大师潘德冲奉清和宗师命，提点河东，于是辟垣墉，新宫宇，四方之荐力施贿者云会。五期而缋成。命工刊于石，高才二尺许，盖草创之际，崇美未暇及也。既而冲和谢世，后积以岁月，宫事大备。议者谓是记宫原委存焉，苟无大书深刻，非所以传永久，将易之不果。延祐庚申冬，宫宰郭志进等勤恪自力，克果重建，既丰且侈，方诸异日，可谓尽善者矣……"

〔3〕碑存三清殿前东侧。碑中多有意镌废处，细玩镌处，似皆有关赞颂全真之辞。按1281年（辛巳，至元十八年）大焚道书之后，全真被抑，陶宗仪《南村辍耕录》（据《四部丛刊三编》影印明刻本）卷十三："至元间，释氏豪横，改宫观为寺，削道士为髡。"此碑被镌，其在此时乎。王鹗，苏天爵《国朝事略》卷十二、《元史》卷一六〇有传。鹗与全真往还甚密，《甘水仙源录》一书所收鹗撰之全真传记、碑铭即有四篇之多。全真另一根本道场大都《天长观重修碑铭》亦为所其撰。参看注〔11〕。

〔4〕碑存披云道院前院西侧。碑文多镌废后又另行补刻处。其补刻之文，按上下文义极相连属，知系据原文所补者。按此碑镌废原因，当与上述王鹗碑同，至于再度补刻时，应在1295年（乙未，成宗元贞元年）全真禁驰大行之后。参看陈垣《南宋初河北新道教考》（据1941年北平辅仁大学印本）卷二全真篇下《焚经之厄运》章。此碑撰人题名作"门人前进士虚舟野人太原李鼎撰"，知鼎号虚舟，为金进士，入元后，奉全真。《甘水仙源录》卷三王鹗《玄门掌教大宗师真常真人道行碑铭》记"（诚明真人张志敬）持虚舟道人李鼎之和所为（李志常）传"，知鼎字之和，又曾为李志常作传。此外《甘水仙源录》录鼎所撰全真碑碣二篇，诗序一篇；北京大学藏有1254年（甲寅，宪宗四年）李鼎撰文之《重修终南山上清太平宫记》拓本和1263年（癸亥，世祖中

统四年）李鼎撰文之《重修古楼观宗圣宫记》拓本。另外北京大学图书馆藏缪荃孙传抄本《顺天府志》卷八引《元一统志》记大都洞神观、宁真观、玉华观等全真道观皆有李鼎所撰碑记。其中纪年最迟者为《玉华观碑》，志云："按旧记都西北隅广源坊有观曰玉华，……大德元年（1297年）五月刘慧真请于虚舟老人李鼎为记立石。"综合以上现存资料，知李鼎为全真作碑记，前后近五十年，遍布于当时全真三大中心（即终南山、永乐和大都），且与全真宗师之往还，亦极为密切，是其与全真之关系，较之王鹗和下述商挺诸显赫文人尤为深厚也。

〔5〕 碑存披云道院前院东侧。撰人商挺，《国朝名臣事略》卷十一、《元史》卷一五九有传。《甘水仙源录》收挺全真宫观碑记二篇、题甘河遇仙诗一首，亦一与全真过从甚密之文人也。

〔6〕 李道谦号天乐，为洞真真人于善庆弟子，先后领重阳万寿宫事者多年。1284年（甲申，至元二十一年）编《终南山祖庭仙真内传》，后四年编《甘水仙源录》。陕西盩厔楼观有1303年（癸卯，大德七年）宋渤天乐真人道行碑记其事。参看《南宋初河北新道教考》卷一全真篇上《教史之编纂》章。

〔7〕 徒单，女真姓。王恽《秋涧先生大全文集》（据《四部丛刊》影印明弘治刻本）卷五十九，碑阴先友记有公履小传："徒单公履字云甫，辽海人，经义第，学问该贯，善持论，世以通儒归之。性纯孝，乐海人，官至侍讲学士。"

〔8〕 碑存披云道院后院。碑螭首正面之圭首中刻1262年（壬戌，中统三年）天生气力里皇帝福荫里昌童大王赐潘德冲冲和微妙真人号之令旨。昌童大王为元世祖忽必烈九弟末哥之子，见《元史》卷一○七《宗室世系表》。又昌童，《新元史》卷一一○有传。

〔9〕 五华山在大都西北，其上有道观，盖即"五华之馆"。缪荃孙传抄本《顺天府志》卷十一引洪武《宛平县图经志书》："五华山，山在城西北三十五里，五峰秀峙，宛如列屏。按五华观碑记，金翰林待制朱澜所撰，其略云：燕城西北，有山曰五华，挺秀于玉泉、香山两峰之间，山腹有平地，可起道院，大定二十七年落成，命高道宋先生与众住持，为修炼之所。西北约二三里，有泉出焉，引之以渠，直至飞泉亭，东南流不逾寻丈，伏而不见，至山趾乃复涌出，环之以堤，渺若江湖，此玉泉之至源也。"全真宗师如尹志平、李志常、张志敬诸人俱葬其地（见《甘水仙源录》卷三《弋毂清和妙道广化真人尹宗师碑铭》、王鹗《玄门掌教大宗师真常真人道行碑铭》、同书卷五王磐《玄门掌教宗师诚明真人道行碑铭》）。明以来，五华名废，清朱彝尊《日下旧闻》谓即今北京西郊卧佛寺所在之寿安山〔参看《日下旧闻考》（清乾隆刻本）卷一○一"卧佛寺"条〕。

〔10〕 上宫，明清时名通元观。光绪《永济县志》卷三"山川"条："九峰在县南六十里纯阳宫之上。其峰有九，形势秀拔，道流爱之，名为玉椅，建宫于上，额曰通元观。"明万历间曾赐其道藏，康熙《蒲州府志》卷三"古迹"条："通元观在永济县南六十里九峰山下，现有明万历二十七年赐道书经藏一部，并明神宗皇帝赐救一道，今并存。"可知明代该观在道教宫观中尚有一定地位。1956年前往调查时，已一片瓦砾，几行土阜已。

〔11〕 如从丙午之次年（1247年）计，迄1261年或1262年为十四年或十五年。从戊申（1248年）计为十三年或十四年。元初，全真宫观工程进行缓慢，不独此处为然，当时全真最重要之大都天长观，重建时间垂二十年，缪荃孙传抄本《顺天府志》卷八引《元一统志》："《天长观重修碑铭》，国期元贞二年翰林学士承旨王鹗所撰。其略曰：'燕京之会仙坊，有观曰天长，其来旧矣，肇基于唐之开元……泰和壬戌正月望日焚毁殆尽，贞祐南迁，止余石像。观额为风雨所剥，委荆棘者有年。圣代龙兴，玄风大振，长春应聘还，命盘山栖云子王志谨主领兴建，垂二十年。建正殿五

间,即旧额曰玉虚,妆石像于其中,层檐峻宇,金碧烂然。方丈庐室舍馆厨库,焕然一新,凡旧之存者,罔不毕具,永为圣朝万世祈福之地,顾不伟欤。'"(《日下旧闻考》卷九十四引此条颇多删略)其他各州县全真宫观之基本落成,耗时在二十年以上者,更所在多有,参看表一。

〔12〕 见山西省文物管理委员会《山西芮城永乐宫旧址宋德方、潘德冲和"吕祖"墓发掘简报》,刊《考古》1960年8期。

〔13〕 碑存披云道院中院。碑阴为1317年(丁巳,仁宗延祐四年)众门人所立之自宋德方以来之道统表。

〔14〕 同注〔12〕。

〔15〕 无极之门榜,参看《永乐宫壁画选集》(文物出版社,1958年)图版2。商挺"善隶书",见《元史》本传。《秋涧先生大全文集》多记商书法事,卷七十二《题左山所书春露堂后》云:"余构春露堂之明年,参政左山商公作三大字自燕见遗,因刻而榜之,吾庐为烂然也。公今岁寿登八秩,观其书端庄婉娜,略不见衰老之气,吾喜其所养至刚,非唯书之尽善也。公为人雅重深谋,其翰墨之工,在公为余事,然嗜好之笃,营求之功,殆饥渴之于饮食……至元戊子夏四月十二日谨题。"至元戊子为公元1288年,即至元二十五年,此无极之门榜,尚后于春露堂者六年。按商挺所书碑铭石刻传世尚多,北京大学图书馆所藏拓本即达九种。至于榜书,此似仅存者。又卞永誉《式古堂书画汇考》(据1921年上海鉴古书社影印清康熙刻本)书考卷八所录《杨景度神仙起居法帖》,画考卷十所录《阮郜阆苑女仙图卷》均各附商挺题跋,但不知是二品尚在人间否。

〔16〕 参看《永乐宫壁画选集》图版42。

〔17〕 北魏改汉襄陵为禽昌。《元和郡县图志》(据1880年金陵书局刻本)卷十二《河东道》:"襄陵县,本汉旧县也,属河东郡。高齐省。周平齐,自临汾县移禽昌县于今理,属晋州。隋大业二年改禽昌为襄陵,取汉旧名也。县东南有晋襄公陵,因以为名。先是以禽昌名者,后魏禽赫连昌以置县故也。"唐以后,皆因之。但禽昌之名,元初年民间犹多使用,除此朱好古一例外,又见于《山右石刻丛编》(清光绪刻本)卷二十四著录1242年(壬寅,太宗后元年)乡宁县后土庙重修记末之石工题名"禽昌石匠龙嵒老人陈敏刊"。

朱好古为元平阳一带的画家,抗战前于稷山县兴化寺壁画中即曾发现朱好古门人题记:"襄陵县绘画待诏朱好古门徒张伯渊。"朱本人,康熙《山西通志》、康熙《平阳府志》和光绪《襄陵县志》俱有传,康熙《山西通志》卷二,云:"朱好古,襄陵人,善画山水与人物,工巧,宛然有生态,与同邑张茂卿、杨云瑞俱以画名家,人有得者若拱璧,号襄陵三画。"

〔18〕 参看《永乐宫壁画选集》图版46。

〔19〕 参看《永乐宫壁画选集》图版45。

〔20〕 光绪《永济县志》卷首《永乐宫图》作"立祖殿",误。

本文原刊《文物》1962年4、5合期,第80～87页

永乐宫调查日记

——附永乐宫大事年表

1956年6月因事有山西之行，是月20日，自风陵渡抵永乐镇，27日离永乐北返。匆匆七日于兹，当时所拟归来整理之计划，除《永乐宫创建史料编年》一目完稿[1]外，余均搁置。顷《文物》征文，以时间仓促，无暇考虑专题，谨择当日日记中有资料价值者，略为编饰，以供研究永乐宫问题诸同志参考。

6月20日

下午抵永乐镇，寓永乐宫保管所。

近年学术界注意永乐宫，始于元刊《道藏》之研究。1941年陈垣先生撰《南宋初河北新道教考》，文中述及主持元《道藏》刊印的披云真人宋德方，即葬于河东永乐镇纯阳宫[2]。1949年陈国符先生撰《道藏源流考》，据《道藏尊经历代纲目》，谓经板雕就，贮藏于平阳永乐镇纯阳万寿宫[3]。此在元代文化史上占有一定地位的纯阳万寿宫现况如何，殊值忆念。抗战时期，日人永野清一、日比野丈夫等人曾到永济调查古迹，不闻有此宫消息[4]。意者，盖荒废已久。1952年山西省文物管理委员会突然传来永乐宫（即纯阳万寿宫）保存无恙之喜讯，并进行了整修，且谓"元代壁画艺术极佳"[5]。1954年北京文物整理委员会工程组前往复查[6]，同年11月《文物参考资料》即刊出该工程组的永乐宫调查简报，得知不仅建筑完好，且保存巨大面积的元代壁画[7]。此惊人之大发现，除震动文物界和艺术界外，我们考古工作者也受到强烈吸引。此次专程晋南，永乐宫即为主要目的地。

少憩即进宫参观。现宫门为清建，现宫门北之无极门为元代宫门。现宫门与无极门之间距，长在70米以上，此当为当时之驰道部位。庙观建筑前置较长驰道为元代通行制度[8]。无极门后即宫之主殿三清殿。主殿正当宫门之次，似为当时大小道观布置的通例[9]，而与其时大型佛寺正殿的布置颇异其趣。其制疑源于宫阙衙署，盖道教尊像据云皆有所司，有所司则一若人间大小主宰，需要受朝听事。此种情况殊与释迦专在讲经布教和受人礼拜供养，可以深处奥堂者有别。因此，诸多模拟释子的道家，在建筑布置上就不能不根据道教的特点另做安排了。

三清殿之北为纯阳殿，再北为重阳殿。自无极门起，此四座中轴线上的元代建筑，从殿前甬道、月台，以迄开间、结构，甚至内外装饰都各不相同（表一）。

表一

	殿前甬道长度	月台	开间与面积	屋顶形式	斗栱	装饰	
						室内	屋顶
三清殿	约75米	台阔15.60米，深12.15米。两侧各设单层朵台	阔七间28.44米，深四间15.28米	庑殿	六铺作单抄双下昂	藻井、天花建筑彩画用五彩遍装，间施雕、塑	龙形鸱吻，脊多雕饰
纯阳殿	约35米	台阔13.50米，深9.20米。两侧各设重层朵台	阔五间20.35米，深三间14.35米	歇山	六铺作单抄双下昂	藻井、天花建筑彩画用五彩遍装	吻、脊均少雕饰
重阳殿	约15米	台阔12.30米，深8.00米。两侧无朵台	阔五间17.46米，深四间10.86米	歇山	五铺作单抄单下昂	彻上露明造，彩画与《营造法式》所记之碾玉装相似	吻、脊均少雕饰
无极门		无月台	阔五间20.68米，深两间9.60米	庑殿	五铺作单抄单下昂	彻上露明造	吻、脊均少雕饰

此种不同显然不是风格问题，试以故宫例之，可以推测这是封建社会不容逾越的等级制度在建筑物上的表现。正殿奉三清，最为崇高，所以如上表所示其甬道最长，月台最大，开间也最阔，顶用庑殿，且多瓦饰，使用较复杂的斗栱、藻井和彩画。建筑物的等级规定，各时代不尽相同，明清有故宫建筑群，宋辽金有正定龙兴寺、大同善化寺等建筑群，一向缺较完整的实例的元代，得此可以无憾矣。

6月21日

记录无极门和三清殿。

无极门内正中悬"正奉大夫参知政事枢密前使商挺书""无极之门"额。额左右两侧各有细书两行，左侧外行云："太原府录事司三桂坊居住奉道功德主安远大将军保宁等处万户府万户石抹不老夫人马氏谨施。"知此门之建，出于石抹不老夫人马氏之功德。石抹不老事迹见《元史》卷一五四，其父石抹按只传。不老任保宁等处万户系自至元十八年（1281年）始。前引商挺书款在额右侧内行，其下另书"三宫提点刘志和妆施"九字。右侧外行书"少府监梓匠翼城县朱宝并男朱元造"，据此可知此门营造出自少府监梓匠之手。古建筑家多谓永乐宫元建甚合《营造法式》制度，而与山西其他元建风格不同，此应与建筑工师之来源有关。少府监梓匠当以当时官式为准。果如斯，可依永乐宫建筑推测元建官式矣。

无极门前存石刻四，编号B.1～B.4。

B.1 大德五年（1301年）纯阳万寿宫化功缘记。嵌砌于门前基台东侧。

B.2 至正七年（1347年）所立白话令旨碑。位门前东侧。碑分上、下两栏，上栏刊兔儿年脱帖木儿荆王令旨，下段刊猴儿年脱火赤荆王令旨，碑阴刊弘教纯素□德真人刘志和门徒世系及篆额、刊石人等。此碑所刊两白话令旨为中外辑录元代白话碑诸书所未载，因录全文如下：

  天的气力里、皇帝洪福里脱帖木儿荆王令旨里：管民官人每根底，管城子达鲁花赤官人每根底，来往的使臣每根底，军官每根底，军人每根底，在先圣旨里，如今皇帝圣旨里：和尚、也里可温、先生每，不拣是么差发不着，告天祈福者么道说有来。依着圣旨体例里，属咱每年管的河中府里有的永乐大纯阳万寿宫里住持三宫提点保和冲妙崇教真人丁道融他的名□□了呵，每日与上位咱每根底祝寿者么道，这的宫观里，使臣休安下者，铺马祗应休着者。水土、人口、头匹、园林、碾磨、店舍、铺席，任是么地的，不拣是谁，休倚气力夺要者。这壁那壁诵经行的时分，不拣是谁休栏当者么道。执把的金印令旨与了也。这的每根底与了令旨呵，无体例的勾当休做者。令旨俺的。兔儿年二月初三日，昌平县有时分写来。

  长生天气力里、皇帝圣旨里脱火赤荆王令旨：俺的管民官人每根底，城子里达鲁花赤官人每根底，往来使臣每根底，管军官人每根底，军人每根底，在先圣旨里，如今皇帝圣旨里：和尚每、也里可温、先生每、答失蛮根底，不拣甚么差发休着者，告天祝寿行者道来。圣旨体例里，晋宁路河中府永乐镇有了十方大纯阳万寿宫里住持的三宫提点保和崇德明义大师萧道遇先生根底，执把的金宝令旨与了也。从今后，他的宫观里、房舍里，使臣休安下者，差发铺马首思休要者，田地、水碾、人口、头匹、园林、磨店、铺席、房舍，不拣甚么他的，不拣是谁休倚气力者休夺要者。这的每文书与了也么道，没体例的勾当休行者。令旨俺的。猴儿年四月二十四日，大都有时分写来。

荆王脱帖木儿、脱火赤俱见《元史》卷一〇八诸王表，唯脱帖木儿，《元史》作脱脱木儿。据蔡美彪同志考证：前一令旨所系之兔儿年为顺帝至元五年（己卯，1339年）；后一令旨所系之猴儿年为文宗至顺三年（壬申，1332年）。

B.3 崇祯九年（1636年）纯阳万寿宫重修墙垣记。位B.2之东。碑记是时"殿宇虽存而院基颓圮，几如一荒坂矣"。

B.4 顺治十三年（1656年）重修龙虎殿记。位于极门前西侧。无极门俗名龙虎殿，首见于此碑。清代重修无极门之记录，除此碑外，尚有"无极之门"额右侧内行所记"大清道光十年（1830年）六朵重修"及光绪十六年（1890年）重修殿壁两事，参看B.12。

无极门北，三清殿月台之前，立碑四，编号为B.5～B.8。

B.5 中统三年（1262年）大朝重建大纯阳万寿宫之碑（图一）。立三清殿月台前甬道东侧，后世覆砖券建物以护之。此碑之巨，为永乐诸碑之冠。碑石原多裂痕，碑文多有躲避裂痕而空置之处。碑文为"翰林学士承旨知制诰兼囗史王鹗撰"，"大司农姚枢书并篆额"。此碑叙纯阳宫重建经过甚详，为考是宫历史的重要文物。碑末"中统三年（1262年）岁舍壬戌九月十五日囗石"下记"功德主……河解总管万户徐德禄"等题名。碑阴亦刊当时题名。

B.6 康熙二十八年（1689年）大清重修万寿宫碑记。立三清殿月台前甬道西侧，与B.5遥遥相列。碑石甚大，其形制与清碑不同，估计此康熙碑记系磨毁旧文所重镌者。碑记记重修情况云：

合镇乡耆咸认重修……或募粟于六府……于是鸠集群役囗囗囗囗囗殿阁囗饰午门楣囗甍甓之有损者易之，丹雘以髹漆之，有墁者涂之，千楹耀目，万栱凝烟……是役也，经始于康熙二十六年（1687年）丁卯春三月，落成于二十八年（1689年）己巳秋八月，厥功告竣。

图一　永乐宫　元中统三年大朝重建大纯阳万寿宫之碑（正面）

B.7 康熙二十八年（1689年）重修题名碑。位 B.5 之北。

B.8 万历四十五年（1617年）永乐镇纯阳宫肇修缮事碑文。位于 B.6 之北。碑记重修情况云：

> 是役也，同事者凡一千二百余人，用金五百三十余两。余金一百余两恭备建玉皇阁之费云。

玉皇阁，据光绪《永济县志》卷首《永乐宫图》知在永乐宫西院吕祖祠内。碑阴刊助资人名。

6月22日

继续记录三清殿。

三清殿台基上两侧列刻石七，编号为 B.9～B.15。

B.9 嘉庆九年（1804年）蒲州府知府蒋某功德碑。立于台基东侧。

B.10 泰定四年（1327年）立牛儿年白话圣旨碑记。位 B.9 之东。此白话圣旨碑也不见中外著录，录文如下：

> 长生天气力里、大福荫护助里皇帝圣旨，管军每根底，军人每根底，城子里达鲁花赤官人每根底，往来的使臣每根底宣谕的圣旨：成吉思皇帝、哈罕皇帝圣旨里，和尚、也里可温、先生、答失蛮，不拣甚么差发休着者，告天祈福与者这般道有来。如今依着在先的圣旨体例里，不拣甚么差发休着者，告天祈福与者么道，这河中府有的玄都广道冲和真人起盖来的纯阳万寿宫、九峰上宫、河渎灵源宫里，有的提点文志通、白志纯、朱士（？）完（？）为头儿先生每根底，执把着行的圣旨与了也。属这的每官观里、房子里，使臣休安下者，铺马祗应休当者，商税、地税休与者，水土、园林、碾磨，不拣甚么他的，休侵夺者。更这先生每倚着有圣旨，没体例的勾当休做者，做呵，他每不怕那甚么。圣旨俺的。牛儿年二月十七日，大都有时分写来。

按玄都广道冲和真人即潘德冲，潘德冲兴建纯阳万寿宫事，详《永乐宫创建史料编年》。

B.11 天启甲子（四年，1624 年）京口吴淑题诗刻石。位 B.10 之后。

B.12 光绪十六年（1890 年）重修混成殿、三清殿、真武阁后檐碑记。位 B.10 之东。混成殿为纯阳殿之俗称。真武阁不详所在。碑记此次工程云：

> 万寿宫……重修于皇朝乾隆三十八年（1773 年）……奈历年日久……混成殿后檐将近倾圮，首事人触目恻然，意欲重修，……因禀于本镇分府云轩李公……各解囊余，……所有混成殿、真武阁后檐、三清殿、龙虎殿室壁，不日焕然一新焉。

B.13 天启甲子（四年，1624 年）永乐宫重修诸神牌位记。位三清殿基台西侧。碑记三清殿壁画神像及牌位云：

> 壁绘天神像三百六十，计牌有四百余座，供桌有数十余张。明神赫奕，灿然昭列，禋祀岁举，聿成盛典。历至于今，越数百年，庙貌虽未改，而牌位存颓敝者，或朽以蠹，或损以缺，寥寥若晨星，且紊次失序也。……购木鸠工，……焕然景色一新，而焜耀煜焯较旧制加隆也。

现传三清殿壁画为三百六十值日神，约即渊源于此。按殿壁所绘朝三清之神像，即使包括侍者天王在内，也不过二百八十六人，碑云"三百有六十"，当别有所据。

B.14 崇祯十六年（1643 年）创立建醮功德碑记。位 B.13 之东。碑记有云：

> 每岁建醮三百六十分位，使神明永有依归，则地益以灵，人益以杰。

碑末刊本宫道官张德印等人题名。

B.15 嘉靖甲子（四十三年，1564 年）张佳胤宿永乐宫诗刻石。在 B.13 之西。

三清殿内原来三清塑像背后，即扇面墙内侧的云气壁画，有泰定二年（1325 年）画工题记两则：

T.1 "河南府洛京勾山马君祥长男马七待诏把作正殿前面七间东山四间殿内斗心东面一半正尊云气五间。泰定二年六月工笔（毕）。门人王秀先、王二待诏、赵待诏、马十一待诏、马十二待诏、马十三待诏、范待诏、魏待诏、方待诏、赵待诏"。位扇面墙内侧东上端。

T.2 "河南府句山马七待诏正尊五间，六月日工笔云气"。位扇面墙内侧西下隅。

T.1 内容似可理解为河南洛京勾山马君祥长男马七待诏率门人十人承担了：1. 正殿前面七间和东山四间的工作；2. 殿内斗心的工作；3. 东面一半的工作；4. 正尊五间云气的工作。泰定二年六月画完。正殿前面七间和殿内斗心除建筑彩画外，无其他绘事，因疑1、2两项系指彩画。以"正尊云气五间"一语推测"东面一半"，估计此3、4两项系指三清殿壁画。这样理解如果不误，则此殿精华朝三清壁画的东一半即找到画家的人名了。其中正尊五间云气，据T.2所示为马七待诏所绘，以此云气与东壁壁画中之云气相较，其构图方式颇为相近，即多有如清代之所谓三幅云者，而西壁壁画中云气构图，则少此特征。记录匆匆，不暇多作对比，但即此一端，也可推测，"尊正云气五间"与东壁壁画的关系密切。

最近承古代建筑修整所杜仙洲同志见告，自1954年起，该所同志陆续在三清殿梁柱等结构的隐蔽处，发现不少元代题记，其中有明确年代者，有至正二十五年（1365年）一则补录如下：

T.3 "至正二十五年，岁在乙巳，孟春元宵吉日，本宫制授提点杜德椿并合宫道众，换此柱一条。木匠西祖庭王提常（？）"。位东侧前金柱上。西祖庭即鳌屋大重阳万寿宫。

此外，殿南壁东朵墙，扇面墙东、西两翼的外侧，前檐柱内侧和后金柱上，尚有后人题记甚多，兹将已觅得者摘录如下表（表二）。

表二

编号	位置	内容摘记
T.4	扇面墙西翼外侧南沿	洪武六年（1373年）题记
T.5	东端后金柱	洪武二十一年（1388年）蒲州判官李彦文妆饰殿柱门窗题记："切见纯阳宫系神仙洞府，殿柱门窗年深枯损，幸得智人口换一新，未曾妆饰，发心自备己俸，收买颜料，命工从新妆完。"
T.6	南壁西朵墙东侧	嘉靖二十三年（1544年）九月十六日题记
T.7	西壁西朵墙东侧	嘉靖三十三年（1554年）七月十七日题记
T.8	南壁西朵墙东侧	嘉靖三十三年（1554年）七月二十一日题记

续表

编号	位置	内容摘记
T.9	前檐自东第五柱内侧	嘉靖三十七至三十八年（1558~1559年）舍银重油格门题记
T.10	前檐自东第二柱内侧	嘉靖三十八年（1559年）重油门一间题记
T.11	前檐自东第三柱内侧	嘉靖三十八年（1559年）重油门一间题记
T.12	前檐自东第四柱内侧	嘉靖三十八年（1559年）重油门一间题记
T.13	前檐自东第六柱内侧	嘉靖三十八年（1559年）重油殿堂一间题记
T.14	前檐自东第七柱内侧	嘉靖三十八年（1559年）杨文化等舍资重油殿堂一间题记
T.15	西端后金柱	嘉靖三十八年（1559年）孟夏吉日本州明达世人题记
T.16	西端后金柱	"蒲州故市里人，见在东关明教厢居住，信女……银一两油柱四根……"题记
T.17	西端后金柱	"敬信坊善人赵邦洛舍……"题记
T.18	扇面墙东翼内侧上隅	嘉靖四十一年（1562年）看庙住持刘题记："□□殿后壁于……地震摇损……张登室……自倍己资于嘉靖四十年三月十五日请到泥匠尚鲁薛守艺泥饰完全□于四十一年……仍倍己资请到待诏谷守益赵玄泥壁完全……"
T.19	南壁西朵墙东侧	隆庆元年（1567年）二月六日题记
T.20	扇面墙东翼外侧南端	万历庚辰（八年，1580年）夏五月十日题记
T.21	扇面墙西翼外侧南端	万历十七年（1589年）题记
T.22	扇面墙西翼外侧北端	崇祯三年（1630年）正月二十九日题记
T.23	前檐自东第七柱内侧	顺治十一年（1654年）题记
T.24	东端后金柱	康熙二十八年（1689年）泥金三清老爷神面一堂，布施花名开后……

综上列碑记、题记，三清殿历代修葺情况大略可考，唯T.18所记嘉靖四十年至四十一年（1561~1562年）泥饰后壁之工程，从现存壁画观之，似无踪迹可寻，颇为异事。

6月23日

记录纯阳殿。

纯阳殿月台前甬道两侧立碑五，编号为B.16~B.20。

B.16 顺治十三年（1656年）恭立吕祖殿长灯碑记。位甬道东侧。吕祖殿即纯阳殿。碑阴刊立灯人名。

B.17 乾隆三十八年（1773年）重修永乐宫碑记。位甬道西侧。碑记当时永乐宫情况云：

癸巳（乾隆三十八年）春，蒲州司马刘君木言，永乐宫之阶圮为驰道矣，缭垣荡然，谋所以雕饰之者，余（徐洗）欣然领之……（是年）五月二十日蒇事。

碑阴刊捐资人名。

B.18 嘉庆九年（1804年）永乐宫地亩租稞碑记。位B.17之西。碑记有云：

（蒲州府知府蒋荣昌）斋宿祠内，有道士牛本诚言及宫墙内外旧多膏腴之田，向被住持匪徒典卖一空，今贫道一人住此糊口。……且恐将来殿宇渐就倾圮，昌闻之……敢不急为筹划。……凡庙中旧有水地若干亩、柿树若干株，全数赎还。

碑阴刊官产项目。

B.19 泰定元年（1324年）立兴定六年（1222年）袁从义《有唐纯阳吕真人祠堂记》。位B.16之东北。此祠堂记记永乐宫前身吕真人祠堂之创建及吕洞宾事迹云：

永乐镇东北隅行百步许，曰招贤里，通道之北，即有唐得道吕君之故居也。乡人慕其德因旧址而庙貌之。……真人自成道以来，有重名于天下，凡谭及神仙者，必曰锺、吕也。惜乎《唐书》偶遗吕傅，所纪异事独见于图经野史而已。……又考其得道之由，粗得大概。真人讳嵓，字洞宾，道号纯阳子，世为河中永乐人，礼部侍郎渭即其祖也。当敬宗宝历元年（825年）举进士甲科中选，未及调官，时季春出游澧水，遇汉隐士钟离公，公见其风骨不凡，诱以仙道，真人倾心恳祷，乃口授内丹秘旨及天遁剑法，于是谢绝尘累，遂结茅于庐山。

吕洞宾传说似起于北宋初，两宋笔记诗话多有记录[10]，此袁氏记中之吕氏故居、宝历进士诸事，均与宋人记录不尽相同，殊值注意。祠堂记后附刊延祐庚申（七年，1320年）井道泉后记，后记有叙祠堂记原石毁裂，一再摹刻之经过：

祠之设，肇于唐。金之末年隐士袁用之始为作记，里人杨士荣辈建石于至大间（1308～1311年），未几为劫火所裂，……圣朝尊道贵德，……岁在壬子（宪宗二年，1252年），冲和大师潘德冲……复命工利于石，高才二尺许，盖草创之际，崇美未暇及也……延祐庚申冬，宫宰郚志进等以勤恪自力，克果重建，既丰且侈。

此记之后，列泰定元年（1324年）大纯阳万寿宫提点段道祥等立石人题名。碑阴续刊题名并列宫产项目。

B.20 延祐四年（1317年）立至大三年（1310年）褒封五祖七真圣旨碑。位B.18之西北。碑额题"□□褒封五祖七真全真之辞"。其下分碑面为四栏。每栏刊两篇至大三年二月付苗道一收执之诏书。第一栏刊赠东华帝君和钟离权、吕洞宾、刘海蟾、王嘉四人称号诏。第二栏刊赠丘处机和马钰等人称号诏。第三栏刊赠尹志平和李志常称号诏。第四栏刊赠宋德方和赵道坚、潘德冲等人称号诏[11]。碑阴刊延祐四年三宫提点郭志进等人立石题名和助缘人题名。

纯阳殿前立石四，编号为B.21～B.24。

B.21 弘治十一年（1498年）进士蒋昺诗刻石。位殿前东侧。
B.22 乾隆二十四年（1759年）孙谔吕公祠、永乐宫诗刻石。位B.21之西。
B.23 乾隆癸巳（三十八年，1773年）高宫玺记重修工竣刻石。位殿前西侧。
B.24 后至元二年（1336年）河中府付晋宁路道门提点头目劄。位B.23之西。碑面刊劄文。劄文主要内容：

三宫提点张道宥呈，今初见本府……永乐纯阳上下二宫系是纯阳帝君诞育炼真之地，自丙午年间（定宗元年，1246年）清和大宗师法旨，以为鼻祖根本之宫，所在宜加优邮隆重，遂径属堂下所管，不令晋宁路道司节制，后之嗣教真人仍为旧贯，遵而不革，及天阳真人退堂闲居，不谙分量，擅与纷更教所权宜令晋宁路道司宰治……今来伏惟宗师大真人初政玄纲，凡教门所属……整治更新，一还前代宗师旧政，但未有能申复者，今道宥不避僭越，敢先冒进呈乞照详施行。……今据见呈，使所合下仰照验照依旧例施行。须议劄付者。右劄付晋宁路道门提点头目，准此。

碑阴刊自刘志和以来三宫提点等主要官职人名、本宫道众人名和所属观院及宫产诸项。

纯阳殿内东、西、北三壁画吕洞宾事迹传说组画五十二组。北壁正中后门西侧中部有此壁画毕工题记（编号为 T.25）。该题记共二十二行，首两行为：

　　　　十方大纯阳万寿宫彩画，纯阳帝君神游显化之图。今将本宫提点职事人等施钞花名下项。

以下为施钞花名十九行。末行为：

　　　　时大元至正……岁次戊戌（十八年，1358 年）季秋重阳日彩画工毕。

题记中未著绘画人名。纯阳殿内南壁东西两朵墙似绘准备斋供的内容，此两堵壁画的外侧上隅各有"禽昌朱好古门人……至正十八年（1358 年）戊戌季秋……工毕谨志"题记 [编号为 T.26（东），T.27（西）]。此两题记毕工的年月与上述之 T.25 相同，因疑此 T.26、T.27 与 T.25 颇有密切的内部联系。意者，此纯阳殿壁画亦与三清殿同，绘画人分两组同时进行，一组画东面一半，一组画西面一半。T.26、T.27 两题记各在分界之首，而 T.25 适在分界之末。此种解释如可成立，则 T.26、T.27 两题记中之画工，不仅画南壁两朵墙，且分画东、西、北三壁之纯阳帝君神游显化之图也[12]。

纯阳殿北壁正中一间，当心辟后门，后门东侧中部有康熙十四年（1675 年）重修混成殿题记（编号 T.28）。题记记重修情况云：

　　　　混成殿历年久远，□植墙壁损坏良多。于大清康熙十四年（1675 年）岁在己卯，郡士左逢源等费油会及柏树价共银二百余金，鸠工庀材，补葺修理，妆画神像、斗栱、墙壁，上下内外焕然重新矣。

按此题记下，隐约压有字迹，是 T.28 系抹去旧题记而竟画其上者。

最近承杜仙洲同志见告，古代建筑修整所同志在调查工作中，于纯阳殿新发现题记甚多，其中较重要者，有如下两则，谨补录如下：

T.29 "宣差同州达鲁花赤拿住施料栱材壹殿。雷副使施树十根"。位东山面六椽栿。"施料栱材壹殿"之"料"，疑为"斗"之讹，是此殿全部斗栱之材为达鲁花赤拿住所施。"雷副使施树十根"，是否全部作柱材，不能遽断。按此项题记虽甚简略，但当初筹资建纯阳殿并不简单的情况，可据此推知。

T.30 "元统（1333～1334年）已后改元至元。至元五年（1339年）岁次己卯，二月□□□祖师殿至六月工毕"。位东次间天花板背面。按此题记所云之工毕，系指天花板工程，是纯阳殿大木工程虽早已完工，但内部之小木作，却迟至至元五年（1339年）；而壁画告竣，又在此后将二十年。

6月24日

记录重阳殿。

图二　永乐宫　壬子（宪宗二年，1252年）立兴定六年有唐吕真人祠堂记

重阳殿前和殿东侧存石刻四，编号为 B.25～B.28。

B.25 壬子（宪宗二年，1252 年）立兴定六年（1222 年）有唐吕真人祠堂记（图二）。嵌于殿南壁东朵墙外侧。此祠堂记内容与 B.19 全同，即 B.19 后记中所记潘德冲立"高才二尺许"的石刻。此石末刊潘志冲（即潘德冲）等人重立记云：

> 此祠堂记乃藏云先生袁用之所撰，里人进士段元亨书丹，桑泉马柔刊字。金之末年为劫火所裂，幸而文意且完，恐其岁久湮没，于是复镌于石，以示来者，庶传无穷。大朝岁在壬子（1252 年）孟夏十四日，十方大纯阳万寿宫提点冲和大师潘志冲等重立。

B.26 康熙三十九年（1700 年）鲁养顺朝谒武当山祈福缴愿碑记。位殿基台下东侧。

B.27 康熙十一年（1672 年）鲁公义等朝谒武当山祈福缴愿碑记。位 B.26 之东北。

B.28 康熙四十一年（1702 年）杨茂金等虔修会同事大和山回勒石于永乐北帝行宫前以为志刻石。位 B.27 之西。B.27 与 B.28 间存一龟趺，其上碑石已佚。

重阳殿东、西、北壁和扇面墙南北壁壁画中部以下多明末清初游人题记，其较清晰者如下表（表三）。

表三

编号	位置	内容摘记
T.31	扇面墙南壁西端	万历三十三年（1605 年）题记
T.32	扇面墙北壁西端	万历三十七年（1609 年）题记
T.33	北壁自东第五间	万历四十年（1612 年）题记
T.34	西壁自南第四间	万历四十五年（1617 年）题记
T.35	东壁自南第三间	天启三年（1623 年）题记
T.36	东壁自南第二间	崇祯二年（1629 年）题记
T.37	北壁自东第四间	康熙五年（1666 年）题记
T.38	东壁自南第二间	雍正二年（1724 年）四月十三日题记
T.39	北壁自东第四间	雍正十年（1732 年）四月初八日李某题诗
T.40	扇面墙北壁西间	雍正口年题记

此殿壁画后补处极多，补笔新拙，时代当不甚远，其具体时间的上限，似可从上述游人题记分布的位置上推得，即表中所列无一题于新补画内，则补绘之年月，绝不在雍正十年之前也。

6月25日

记录丘祖殿、披云道院、潘公道院等遗址和永乐宫南端的西齐王庙、东岳庙。

丘祖殿遗址在七真殿之北，现已划在永乐宫围墙之外。遗址自具围墙，南墙正中为门址，门北为月台址和丘祖殿基台遗址。门址东南存崇祯十六年（1643年）重修丘祖七真二殿碑记（编号为B.29）。碑记重修事迹云：

> 今睹桑田骤变……兴废繫人。乃有本官道人张和气慨然建经营之议，作是虔心不惮千里跋涉，募化京畿商贾……繄是二殿焕然……不惟是也，曾建玉皇阁，修潘真祠，创二仙楼，立诸神牌，写黄箓像，整山门，砌甬路，栽柏树，垒便门，庙貌聿新。

据此碑记知丘祖殿原为永乐宫最北的一座殿堂；如此布置，据光绪十二年（1886年）所修《永济县志》卷首《永乐宫图》，又知在其时尚未改变，是划丘祖殿于永乐宫外，而建一单独院落者，当在光绪十二年以后。碑阴刊重修人名。此碑形制甚古，碑阴螭首正中雕圭形龛，龛内镌一立佛，佛首已残。此圭龛、立佛皆典型唐物，而碑身收分也和永乐镇西街北侧元和二年（807年）唐故虢州刺史王府君（颜）神道碑相似，因可推知此崇祯十六年（1643年）重修碑记系移来一旧唐碑而加以利用者也。

宋天师祠堂或云披云道院，其遗址位今永乐宫之西。潘公祠堂或云潘公道院，其遗址位披云道院之北。两道院遗址南北相连。遗址中现存碑四，编号为B.30～B.33。

B.30 中统三年（1262年）玄都至道披云真人宋天师祠堂碑铭。位披云道院遗址前端西侧。碑铭为"门人前进士虚舟野人太原李鼎撰"，周志通、周志全书丹篆额。碑铭详记披云一生事迹及卒后迁葬建祠于永乐诸情况，取与李道谦《终南山祖庭仙真内传》卷下披云真人传校，知两者内容大体相同。李书撰于至元二十一年（1284年）；后于此碑者几二十年。碑记永乐宫创建事多与B.5相表里，此已详《永乐宫创建史料编年》。按披云一生重要的事迹为《道藏》之重刊，此碑记此事云：

> 遂与门人通真子秦志安等谋为锓木流布之计，胡相君（胡天禄）闻而悦之，伽白金以两计一千五百。真人乃探道奥以定规模，稽天运以设方略，握真机以洞幽显，并独断以齐众虑，审人材以叙任使，约□程以限岁月，量费用以谨经度，权轻重以立质要。兹所素既定，即受之秦通真，令于平阳长春总其事。至事成之日曾不愆于素，若夫三洞三十六部之零章，四辅一十二义之奥典，仁卿（李治）藏经碑文□真人参校政和明昌目录之始，至工墨装禙之毕手，其于规度旋斡，靡不编录，读之一过，见其间补完亡缺搜罗遗逸，直至七千卷焉。况二十七局之经营，百二十藏之安置，或屡奉朝旨，或借力权贵，而海内数万里，皆经亲历之地，使他人处之纵不为烦冗所困，则必厌其勤矣……复恐学者乍见玄经广文不知有一贯之实，或致望洋之叹，故每藏立一知道之士主师席，令讲演经中所载圣贤之所以为圣贤之事……

碑末刊立石人和功德主。碑阴续刊功德人名。

B.31 完颜德明重刊至元十一年（1274年）玄都至道崇文明化真人道行之碑。位披云道院遗址前端东侧。"正奉大夫参知政事同签枢密院事商挺撰。嘉议大夫河东山西道提刑按察使王博文书。中顺大夫中书给事中田介篆额"。额题"披云真人道行之碑"。此碑所记披云事迹，不见于B.30和《仙真内传》者甚多，其中尤重要者，为叙重刊《道藏》事最详：

> （披云）慨然以兴复藏室为任。丞相胡公奉白金三十笏为助，乃购求遗经。首于中阳晋绛置四局，以事刊镂。东宫合西鲟奖以勤劬，令侍臣齐公赐真人以披云之号。继于秦中为九局，太原七、潞泽二、怀洛五，总为二十七局，置通□之士，典其雠校，俾高弟秦志安总督之，役功者无虑三千人，衣粮日用皆取给于真人之身，首尾凡六载乃毕，又厘为六局以为印造之所，真人首制三十藏，藏之名山洞府，既而诸方附印者有百余家，虽楮札自备，其工墨装题真人仍给之，于是三洞三十六部之玄文，四辅

一十二义之奥典，浩之乎与天地流通，日星并耀矣。储宫阔端闻厥功告成，又加以玄都至道之称[13]。

碑末记"大元至元十一年岁次甲戌三月日玄门演道大宗师存神应化洞明真人祁志诚立石"，其后，有都功德主题名和"特进神仙演道大宗师玄门掌教重玄蕴奥弘仁广义大真人完颜德明重刊"各一行。完颜掌教在元统元年（1333年）以后，《金石萃编未刊稿》卷二所录元统三年（1335年）九月所建孙德或道行碑末完颜德明题名之署衔，即与此全同，是此碑重刊当在元统三年前后。又按此碑碑阴刊完颜德明记追赠披云称号事，其时为至正七年（1347年），则完颜重刊是碑的具体时间，其即此时乎？

又上引刊藏一段，多有磨去后又补刊之处，盖至元十八年（1281年）焚禁道经之后，全真讳言《道藏》，故全真文献凡涉刊藏之语，俱为删改，完颜重刊之时系据删改本，其后原本发现乃又行刊正也。

B.32 延祐四年（1317年）立圣旨碑。位披云道院遗址与潘公道院遗址之间。碑面分上、下两栏。上栏刊至大三年（1310年）二月赠宋德方称号诏，此诏与 B.20 第四栏所刊者全同。下栏刊至大元年（1308年）七月赠苗道一称号诏。碑阴上部刊玄都至道崇文明化真人宋德方传授表，表中宋德方下祁志诚、苗道一并列，是苗道一亦宋德方之门徒也。碑阴中下部刊本宗祠下道众题名和宋德方门人所主持之观庵的财产清目。最末二行为"桂轩居士耶律德思刊""时大元国延祐四年正月上元吉日众门人等立石"。

B.33 至元十一年（1274年）立丙午年（定宗元年，1246年）敦请潘公住持纯阳宫疏碑。位潘公祠堂遗址中部。碑面螭首正中刻中统三年（1262年）二月十二日昌童大王令旨：

天底气力里、皇帝福荫里昌童大王令旨：据河东南北两路提点潘德冲清标迈俗，雅趣不凡，万里随师，预十八之高选，平生所志，唯五千字之秘文，重兴永乐之助缘，兼复潍阳之旧观，能事甫毕，乘化而仙，可赐号冲和微妙真人，尚服殊恩，以光仙籍，准此。

碑面分上、中、下三栏，每栏刊一疏：上者为宣差平阳府都达鲁花赤疏；中者为宣差河东南路都总管府疏；下者为宣差平阳总府官疏。碑面左侧刻"至元十一年（1274年）宣差河解总管万户徐德禄夫人刘志源男万户徐澂立石"一行。碑阴额刻"请疏之碑"。其下也分三栏：上者为宣差河东南北两路舡桥都总管疏；中者为宣差河中府长次官疏；下者为河中府河东县录事司长次官疏。前后六请疏末年月俱为丙午年（定宗元年，1246年）十月至十二月。碑东侧西附刻崇祯九年（1636年）重修潘公祠堂记云：

> 永乐宫西隅有潘公祠堂。公之素履旧碑备载，不必重述。第祠宇创自胜国，历至于今越数百年，风雨飘摇，墙壁寥落，木植朽蠹……有本镇寨下村杨继增等图议修复……乃托本宫……道官张和气并徒德印募缘化众，集资鸠工，始完成玉皇阁，继补修神牌五百余座，供桌数十张，终重修七真殿及潘公祠堂、丘祖钵堂、三门踊路，栽柏树五十余株，前台、后台、东西便门灿然景色一新。

记云之潘公旧碑现已不存。丘祖殿此作丘祖钵堂，该殿之见于记录，似以此记为最早。按 B.29 和此记的化主俱为张和气并徒德印，两碑所记重修的范围也大体相同，但 B.29 的时代为崇祯十六年（1643年），因知张和气之重修工程，前后历时七载。碑西侧面附刻崇祯九年（1636年）重修时之助缘人名。

永乐宫南，夹大道东西各存一小庙，西者原为西齐王庙，东者原为东岳庙。就其所处之位置推察，当为永乐宫附属建筑，其取意一若佛寺之天王堂，唯天王堂建于寺院山门之内，此则置之宫门之外，斯为异耳。两庙建筑皆清重建，但各存元碑一，编号为 B.34、B.35。

B.34 泰定三年（1326年）重修护国西齐王庙记。位西齐王庙正殿前西侧，李钦撰文。玄正大师徐道安书。西齐王即崔府君，其灵验传说似始盛于北宋中叶，大盛于南宋金元，此碑记其历代诏封一段云：

> （玄宗）诏封为显圣护国嘉应侯。至唐武宗加护国威应公。至祥符元年（1008年）加护国西齐王。大定初（1161年～）封为亚岳摄行南岳事。我国家至元十五年（1278年）二月□日加齐圣广祐王。

碑阴刊庙产和十方纯阳万寿宫众提点施钞花名。碑西侧浮雕缠枝莲花甚精致。

B.35 至正九年（1349年）重修东岳岱山碑。位东岳庙正殿前东侧。"大都大长春宫三洞讲经师诸路道教详议提点清远明逸弘真大师西山老人周德洽撰"。"大纯阳万寿宫提点凝真冲素知常大师兼本宫玄坛提点张玄德书"。碑阴刊纯阳宫并各村施钞善信。碑两侧亦浮雕纹饰。

摘录永乐宫日记既竟，现存永乐宫历史资料，其重要者，大约皆出于《永乐宫创建史料编年》和此文中。为清晰计，谨附永乐宫大事年表于末（表四）。

表四　永乐宫大事年表

系年	大事简记	参考
金宣宗兴定六年（1222年）	袁从义撰吕真人祠堂记	《永乐宫创建史料编年》（以下简称《编年》）1222年条
元太宗十二年（1240年）	宋德方来永乐谒纯阳祠	《编年》1240年条
太宗后三年（1244年）	冬纯阳祠焚	《编年》1244年、1245年条
宪宗二年（1252年）以前	潘德冲来永乐，营新宫	《编年》1252年以前条
宪宗二年（1252年）	李志常来永乐纯阳宫	《编年》1252年条
宪宗二年（1252年）	潘德冲重刻袁从义祠堂记	B.25
宪宗四年（1254年）	迁葬宋德方于永乐宫西北峨嵋岭上。建宋天师祠堂。《道藏》经板约于是年贮于纯阳宫	《编年》1254年条
宪宗六年（1256年）	潘德冲卒	《编年》1256年条
世祖中统元年（1260年）	葬潘德冲于永乐宫西北峨嵋岭后，建潘公祠堂	《编年》1260年条
中统三年（1262年）	立大朝重建大纯阳万寿宫之碑，是时"是宫之作，肇于德冲，十年于兹，告成厥功"	《编年》1261年、1262年条
至元十八年（1281年）	诏焚河中府等处《道藏》经板，禁道经，全真势衰	《南宋初河北新道教考》全真篇下《焚经之厄运》章
至元二十八年（1291年）以后	全真事渐解，全真于是复苏	姚燧《牧庵集》卷十一长春宫碑铭。《南宋初河北新道教考》全真篇下《焚经之厄运》章
至元三十一年（1294年）	建无极之门	《编年》1294年条
成宗大德五年（1301年）	"大堂殿已成砌墁，其三门犹是土基……今为般载压阑石"	《编年》1301年条
仁宗延祐四年（1317年）	立至大三年褒封全真圣旨碑二	B.20、B.32

续表

系年	大事简记	参考
泰定帝泰定二年（1325年）	三清殿壁画毕工	《编年》1325年条。T.1、T.2
泰定三年（1326年）	重修护国西齐王庙	B.34
泰定四年（1327年）	立牛儿年白话圣旨碑	B.10
顺帝至元二年（1336年）	河中府劄纯阳宫此后由堂下管理，晋宁路道司不得节制	B.24
至元五年（1339年）	纯阳殿天花板毕工	T.30
至正七年（1347年）	立兔儿年、猴儿年荆王白话令旨碑	B.2
至正九年（1349年）	重修东岳岱山庙	B.35
至正十八年（1358年）	纯阳殿壁画毕工	《编年》1358年条。T.25、T.27
至正二十五年（1365年）	拆换三清殿个别殿柱	T.3
明太祖洪武二十一年（1388年）	粉饰拆换不久的三清殿个别殿柱门窗	T.5
世宗嘉靖三十七至三十八年（1558~1559年）	油饰三清殿	T.9~T.14
嘉靖四十至四十一年（1561~1562年）	前此地震摇损三清殿后壁，此时进行泥饰	T.18
思宗崇祯九年（1636年）	"院基颓圮，几如荒坂"，因重建墙垣	B.3
崇祯九至十六年（1636~1643年）	重修丘祖、七真两殿和潘真人祠。建玉皇阁、二仙楼。整山门。砌甬路	B.33
清世祖顺治十三年（1656年）	重修无极门	B.4
圣祖康熙十四年（1675年）	补葺修理纯阳殿，并妆画神像、斗栱、墙壁	T.28
康熙二十六至二十八年（1687~1689年）	重修纯阳万寿宫，此次规模较大	B.6、B.7、T.24
高宗乾隆三十八年（1773年）	"阶圮为驰道""缭垣荡然"，因重修之	B.17、B.23、B.12
仁宗嘉庆九年（1804年）	"宫墙内外……之田……典卖一空"筹资赎还	B.18
宣宗道光十年（1830年）	重修无极门	无极之门额附题
德宗光绪十六年（1890年）	重修纯阳殿、真武阁后檐，三清殿、龙虎殿画壁	B.12

续表

系年	大事简记	参考
1952 年	山西省文物管理委员会发现永乐宫主要元建无恙,并进行修整	《二年来新发现古建简目册》
1954 年	北京文物整理委员会(古代建筑修整所)开始实测永乐宫	
1956、1957 年	北京大学考古教研室调查永乐宫及附近遗迹,并选拓永乐宫现存石刻	
1958 年	文物出版社编印《永乐宫壁画选集》	
1959 年	因国家水利工程的需要,迁建永乐宫全部建筑及附近遗物于芮城中龙泉村	
1950~1960 年	山西省文物管理委员会发掘宋德方、潘德冲等与永乐宫有关的墓葬	《山西芮城永乐宫旧址宋德方、潘德冲和"吕祖"墓发掘简报》,刊《考古》1960 年 8 期

注释

〔1〕 拙文《永乐宫创建史料编年》一稿,已刊《文物》1962 年 4、5 合期。

〔2〕 陈垣先生《南宋初河北新道教考》原为辅仁大学丛书第八种,初刊于 1941 年 12 月。该书所记纯阳宫一段,见卷一全真篇上《藏经之刊行》章。

〔3〕 陈国符先生《道藏源流考》初刊于 1949 年 7 月,中华书局排印。其记纯阳万寿宫一段,见历代道书目及《道藏》之纂修与镂板章中之"元宋德方刊《道藏》"条。

〔4〕 日人永野清一、日比野丈夫的正式报告《山西古迹志》,迟至 1956 年 6 月才由日本京都大学人文科学研究所出版。

〔5〕 山西省人民政府文物管理委员会《二年来新发现古建简目册》:"永济县纯阳宫前中后三殿,城东南一百廿里永乐镇……五二年整修,元代壁画艺术极佳。"(1953 年 7 月油印本)

〔6〕 参看北京文物整理委员会工程组《山西省新发现古建筑物的年代鉴定》,刊《文物参考资料》1954 年 11 期。

〔7〕 参看祁英涛等《两年来山西省新发现的古建筑》,刊《文物参考资料》1954 年 11 期。

〔8〕 元代寺观前置较长驰道除此例外,较清楚的尚有永济陶城村元泰定间创建之崔府君庙和西安元迎祥观遗址。

〔9〕 参看《永乐宫创建史料编年》附表。

〔10〕 关于吕洞宾传说可参看赵翼《陔余丛考》卷三十四"八仙"条。近人浦江清《八仙考》(刊《清华学报》11 卷 8 期)亦可参阅。

〔11〕至元末年全真复振之后，全真掌教曾大刻此类诏书，以资宣传。据陈垣先生所得至大加封七真圣旨碑拓本，有拓自陕西耀县者，有拓自甘肃天水者，亦有拓自山东掖县者（参看《南宋初河北新道教考》全真篇下《末流之贵盛》章，除石刻外，刘志玄又锓梓流传，《金莲正宗仙源像传》卷首录志玄云："武宗皇帝褒以帝君、真君之封，十八大师普赠真人，可谓千古盛事矣。……顷年侍教主开玄大宗师孙真人于京师之大长春宫，得睹列圣诏书，谨录锓梓以示四方，使见闻之，有悉知圣期重道之美意云。"当时所撰全真传记亦遍载之，如《金莲正宗仙源像传》卷首附刊武宗制词八篇即为一例。

〔12〕此五十二组纯阳帝君神游显化之图，每组俱有榜题，简记图画内容。此榜题文字与苗善时《纯阳帝君神化妙通纪》关系极为密切，因此，此五十二组画的先后顺序，即可据苗书排列。东壁南端为开始处，向北延长，迄北壁折而向西，以抵北壁自东第二间西端。北壁第三间为殿后门。此后，组画不自北壁第四间而从西壁南墙续起，向北延长，迄北壁折而东向以尽于北壁第四间之东端。如此布置，正可作为上述壁画绘制系同时分两组进行的推测之旁证。

〔13〕焚禁道经之后，全真讳言《道藏》，故现存有关记录既略且少，兹得此 B.30、B.31 两碑，可以稍补其阙矣。此外，芮城西北二十五里水峪乐全观所存至元二十二年（1385年）立石，杜思问撰《修建水谷乐全观记》亦记有刻藏事云："师（何志渊）往来汾晋间，适故天师宋公阐教于彼，因得而师事之。是时，方镂云章，遂令师雠校，兼领并门钧天局，其余七局皆隶焉。授以讲演之职。既而披云仙去，上命萃板于河东永乐之纯阳宫，师遂领本宫提举，掌教真常宗师以朝命，赐师□衣，加号渊靖大师……掌教洞明真人祁公起师充藏室提点，兼纯阳宫事，又令提点平阳路天师门下道众。"此记额为纯阳宫掌籍庞志徽篆。

本文原刊《文物》1963 年 8 期，第 53～64 页

附 录

朝鲜安岳所发现的冬寿墓

李启烈同志译完朝鲜都宥浩《在朝鲜安岳发现的一些高句丽古坟》之后，要我们再写点东西帮助说明冬寿墓的重要性。我想在没有看到正式报告之前，只能就朝鲜原刊物（《文化遗产》创刊号，1949年12月，朝鲜物质文化遗物保管委员会出版）上所附的几幅图版和一幅不甚清晰的墓室透视图以及简报中所记的墨书铭文三项，来做些补充。

墓室结构

墓室四壁都是由整块岩石所凿成（图一、二），其上涂白粉，绘壁画，这种作风是间接受到我国山东、河南一带汉代"画像石"墓的影响，而直接承袭了

图一　冬寿墓构造简图

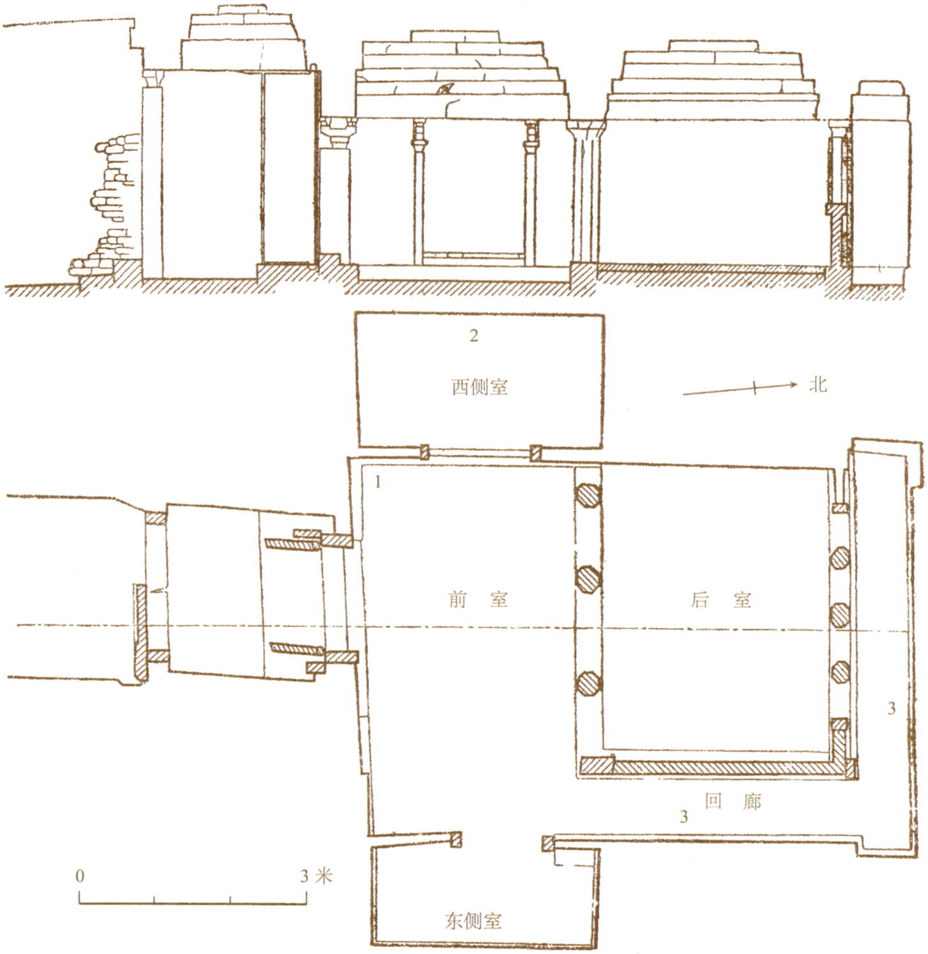

图二　冬寿墓平、剖面图
1. 墨书铭记
2. 墓主人冬寿像
3. 墓主人出行

我国东北辽阳一带三国时期的壁画石墓的做法。但墓内结构和墓顶砌法，则是我国六朝以来的样式；墓分前后室，两室间，隔以八角柱三、四角柱一，后室后壁也置八角柱三，前室两侧各有侧室，侧室入口各置四角柱二。八角柱柱顶都略施卷杀，其上置栌斗以承条石，斗面上彩绘饕餮面，四角柱柱顶亦置栌斗，但栌斗上设栱，栱两端各设小斗一，这种在墓内大量使用石柱的方式，虽然未见他例，但八角柱、一斗二升的柱头铺作、栌斗面上彩绘饕餮，以及栌斗上承梁枋等做法却都是我国六朝初期的流行手法，敦煌翟宗盈墓墓门上的装饰，就是一个很好的例证；墓顶砌法，系用条石自四周向内砌出叠涩，最上做成错叠方形石块式的藻井，这种藻井多见于佛教建筑，如我国大同石窟、敦煌魏洞以及中亚一带5、6世纪以前佛教建筑中的屋项部分，即常常绘出或雕出这种形式的图案。

壁画体裁

墓内壁画，有墓主夫妇像（图三、四）、"记室"、"小吏"等人物像，此

图三　西侧室西壁中间
冬寿像
（据《文化遗产》1957年
3期，第4页）

图四　冬寿夫人像
（据《文化遗产》1957年
3期，第4页）

外还有厨房、肉架、马厩、碓、舂、汲水等图,并且在这许多人物、器物的旁边,都附有"榜题",这一些还是我国汉代画像石的内容和形式。但藻井上面的彩绘莲座,以及莲花、舒叶等边饰花纹,却都是我国六朝以来佛教艺术的装饰课题,而人物画中墓主夫妇和"记室""小吏""省事""侍女"的图像,在比例上,已发生了大小不同的等差,这种画法,也是接受了印度绘画理论的结果。

由以上这两项,我们可以很清楚地看出,冬寿墓是如何地上承着我国的汉墓,又如何地下衔着我国六朝时期的佛教艺术。因此,尽管在国内还没有发现和冬寿墓类似的六朝壁画石墓,但我们有理由相信它应该划归我国墓葬系统之内,这样也就明白了高句丽中期为什么突然放弃了他们以前的"冢上石墓"的做法而兴建了壁画石墓的缘故。

墨书铭记

前室进西侧室入口的南壁上,有墨书铭记七行:

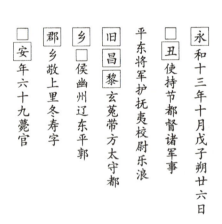

图五　冬寿的墨书铭记
(据《文化遗产》1957 年 3 期,第 5 页)

第一行是冬寿卒的年月:"□和十三年十月戊子朔廿六日",第一字漫漶不清,但根据冬寿的时代,可以断定是"永"字。永和十三年即是高句丽故国原王二十七年(357 年)。过去日本帝国主义曾在我国辽宁省集安一带和朝鲜人民共和国首都平壤附近盗掘了好多与此相类的壁画石墓，但从未发现一座记有年月的墓葬，因此关于这类壁画石墓的时间，就没有一个可靠的尺度去衡量，所以许多人的推测，都不能一致，这次由于冬寿墓的发现，便解决了这个重要问题。

最后我想把冬寿的事迹大略补述一下：冬寿是前燕慕容皝的司马，后来投降了慕容仁，仁兵败，寿奔高句丽。《晋书》无寿传，《慕容皝载记》也只记了冬寿事迹的前段：

> （慕容）仁杀（慕容）皝使，东归平郭，皝遣其弟建武（将军慕容）幼、司马佟寿等讨之，仁尽众拒战，幼等大败，皆没于仁。……仁于是尽有辽左之地，自称车骑将军平州刺史辽东公……咸康初……皝将乘海讨仁……乃率三军从昌黎践凌而进……仁狼狈出战，为皝所擒，杀仁而还。

《通鉴》卷九十五咸和八年（333年）所记比较详细：

> （咸和八年）闰月……（慕容皝）遣军祭酒封奕慰抚辽东，以高诩为广武将军将兵五千，与庶弟建武将军幼、稚、广威将军军、宁辽将军汗、司马辽东佟寿共讨（慕容）仁，与仁战于汶城北，皝兵大败，幼、稚、军皆为仁所获，寿尝为仁司马，遂降于仁……（九年三月）慕容仁自称平州刺史辽东公……［咸康二年（336年）春正月］慕容皝将讨慕容仁……轻兵取平郭……大破之，仁走，其帐下皆叛，遂擒之。皝先为斩其帐下之叛者，然后赐仁死。丁衡、游毅、孙机等，皆仁所信用也，皝执而斩之。王冰自杀，慕容幼、慕容稚、佟寿、郭充、翟楷、庞鉴皆东走，幼中道而还，皝兵追及楷、鉴，斩之。寿、充奔高丽。

冬寿《晋书》《通鉴》都作佟寿，这是传写或传刻之误，因为《广韵》《姓解》两书中，都有慕容皝司马冬寿的记载。《广韵》卷一"冬"字注：

> 前燕慕容皝左司马冬寿。

《姓解》卷三ノ部"冬"字注：

> 前燕慕容皝有司马冬寿。

咸康二年（336年）冬寿奔高句丽，永和十三年（357年）卒，计寿留高句丽共二十二年。至于铭记上所列举的职衔，史无可考，但我们由铭记中使用东晋穆帝的纪元一项，似乎可以推测可能是东晋所命。

冬寿是辽东人，官于朝鲜二十余年，这是中朝关系史上的一件大事，但记录阙如，这回经朝鲜人民共和国物质文化遗物保管委员会的考古发掘，才大显于世。固然，冬寿当时是代表着汉族的统治阶级统治着朝鲜人民，可是在两国文化交流尤其是帮助朝鲜民族汲取汉文明上，我想他是起了一定的作用的。

本文原刊《文物参考资料》1952年1期，第101～104页。该文刊出时系附在朝鲜都宥浩《在朝鲜安岳发现的一些高句丽古坟》（李启烈译文）之后，所以没有重复录入有关插图，现单独刊露此文，除了补入构造简图外，文字也略作增删修正。另外据洪晴玉《关于冬寿墓的发现和研究》中的插图（刊《考古》1959年1期）转引了冬寿墨书铭记，冬寿墓平、剖面和冬寿像、冬寿夫人像各一幅，供参考。又冬寿墓后室外东回廊东壁和后回廊后壁满绘墓主人出行图（图六）。墓主人乘坐牛车的四周仪从多达百二十余人，前绘导骑后设扩军，两侧内列步卫，外绕骑吏，可窥冬寿奔高丽之后犹保持较多的武装实力，值得注意。因转录菅谷文则《安岳三号坟出行图札》（刊2002年2月《清溪史学》16、17合辑）第一图所刊东京朝鲜大学校藏较完整的该出行图的摹本（中川穗花、安达茧摹）于本文之末。

图六 冬寿墓后室东后壁墓主人出行图（据《清溪史学》2002 年 16、17 合辑，第 305 页）

日本奈良法隆寺参观记[*]

奈良法隆寺多日本飞鸟、奈良时期遗迹，为研究我国六朝隋唐考古者极应见学之处。二十年前，承高田良信执事长盛情招待，三次参观该寺，唯以时间仓促，走马看花，归来追忆，已感迷离；现据当日记录整理出下列杂记诸项，不过志鸿爪、备遗忘而已。

一 金堂上层梁架与叉手

1984年1月16日，参观东院梦殿法要讫，绕西院伽蓝一周。近年法隆寺研究者一般多主张持统天皇施入天盖之年——公元693年，应是金堂竣工之时；金堂告竣即续建五重塔、中门和回廊，堂、塔、门、廊皆奈良前期建筑物。此后，屡经重修，庆长四、五年（1599、1600年）和元禄九年（1696年）更一再大修缮[1]，此历代修建之迹，日本学人研讨已详。不过若金堂上层四橼枕以上举架高耸之结构，似非原式。金堂上层中间三架的脊槫、平梁间和平梁、四橼栿间所立的细长的蜀柱以及歇山两际处的结构，无论1949年火灾前所见的虹梁式的平梁及其上的瓶式蜀柱，还是修复后，即今天所见的平梁以上的细长蜀柱和窄而陡的叉手，都与回廊虹梁及其上的宽而斜的大型叉手不同，也和建于天喜元年（1053年，宋皇祐五年）京都平等院凤凰堂中堂歇山两际所见的粗短叉手不同。如以我国现存古建筑例之，若上述金堂

---

[*] 此文初稿的英文版发表于纪念张光直的论文集第三卷（*Journal of East Asian Archaeology*，Vol. 3, pp. 333-347, 2001）。经修订后，补写了第四节"法隆寺平面布局"，并增入伊东忠太明治二十五年（1892年）摹写的法隆寺藏该寺古平面图一张，重行发表。

梁架上部的结构，皆非宋以前形制。或云：今天所见金堂歇山两际处的梁架组织，系仿自玉虫厨子。按厨子是小木作，小木作制度与大木作不同，即以玉虫厨子言，其高而瘦的檐柱与金堂低而壮的梭柱式檐柱大相径庭，亦可以推知。因此，我们怀疑金堂屋顶坡度向高耸改变，有可能出自庆长或元禄时之大修缮。

叉手使用于梁架，亦使用于两朵柱头铺作之间，但两者的变化情况有别[2]，前者由宽而斜向窄而陡发展，后者则由斜直向弯曲演变。金堂和中门平座上的叉手，过去村田治郎曾指出与大同云冈石窟所见的斜直叉手不同[3]。但此种弯曲叉手在我国古建筑中，也还可再分几个变化阶段：南北朝后期已出现明显的曲线和两脚下端略宽的形式；隋、初唐盛行翘脚，有的还向横长发展；开元、天宝流行高身舒脚形式（图一）。金堂、中门平座上使用的叉手，与上述最后一种即盛唐式样接近。这种情况，似乎可做出以下两种推测：（一）金堂、中门平座上的叉手系兴建后不久所增置；（二）如果不是后来增置的，结合金堂、中门上下两檐下的铺作中并未使用叉手的情况，估计这两座建筑物兴建的时间，已经接近叉手将要退出铺作的舞台——我国古建筑铺作中废除叉手结构，大约在天宝以后不久，敦煌莫高窟中竣工于大历十一年（776年）的第148窟壁画里的叉手已完全装饰化，即是一个最好的证据。再后，即出现了如大中十年（856年）五台佛光寺东大殿四椽明栿上所置的驼峰。驼峰之施于外檐铺作，现知以开泰九年（1020年）所建的义县奉国寺大殿为最早。

二　玉虫厨子屋顶和扉绘菩萨

1月27日幸逢玉虫厨子解体检查的机会，得以详细考察这一实物。厨子上部为歇山顶小殿，殿顶前后两坡布瓦的情况颇为特殊，即在垂脊、戗脊相接处中断，位于上部即垂脊间的瓦顶较下部即戗脊间的瓦顶高一阶梯。这种屋顶做法，曾见于传公元622年织造的天寿国绣帐中的钟楼和7世纪的百济画砖中的建筑物。见于我国遗物中，以东汉墓所出陶屋、陶楼和画像砖上的建筑物为最早，有名的雅安高颐阙上的四柱顶也是分段的做法；此后，又见于6世纪初的北魏石刻和有太和元年（477年）铭的铜佛背面线雕的屋形龛上[4]。但就目前所知，这种屋顶的建筑物，以见于敦煌莫高窟6世纪中期

时期	图	出处
南北朝晚期		南京尧化门墓（梁）
		麦积山 4（北周）
		天龙山 16（北齐）
		麦积山 5（北周～隋）
		寿阳厍狄回洛墓（562 年）
		五台佛光寺祖师塔（北齐？）
隋·初唐		天龙山 1（586 年）
		莫高窟 423、420、419（隋）
		莫高窟 380（隋）
		莫高窟 445（隋）
		莫高窟 37（初唐）
		西安李静训石棺（608 年）
		三原李寿墓（631 年）
		西安大雁塔（704 年）
		乾陵永泰公主墓（706 年）
盛唐		西安中堡村墓（唐）
		登封净藏禅师塔（746 年）
中唐		莫高窟 148（776 年）
	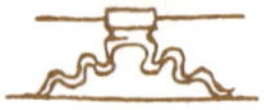	莫高窟 148（776 年）
		莫高窟 112（吐蕃早期）
晚唐·辽		五台佛光寺东大殿（856 年）
		义县奉国寺大殿（1020 年）

图一　南北朝晚期迄晚唐·辽补间铺作叉手的演变

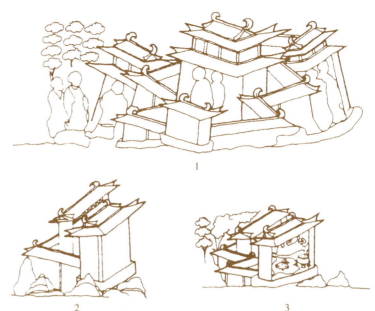

图二 敦煌莫高窟第296窟北周壁画中屋顶布瓦情况
1. 窟顶 2. 南壁
3. 窟顶

即北周中期壁画中的数量为最多，现以第296窟为例，该窟窟顶和腰壁所绘的本生因缘故事画中绘出这种屋顶的建筑物至少在三十座以上（图二），值得注意的是，这种屋顶的建筑物在莫高窟北周以后的壁画中已不见踪迹。其实这种屋顶的建筑物，即是在一般常见的硬山造建筑的四周，再接建一匝一面坡屋顶的建筑物，它是扩展一般建筑物面积的最简便的做法，所以它虽在较高等级的殿堂建筑中消失得很早，却为民间所沿用，20世纪50年代初，这类屋顶的民间草房，我们还在河南许昌一带看见过[5]。

厨子上部的小殿，前、左、右三面设门，各开左右扉。左右两面门扉外面各绘与邻扉相向而立的持莲供养菩萨一身。菩萨的姿态、服饰可与敦煌莫高窟画塑中的菩萨相比较处甚多，举例如下表（表一）。

表一

玉虫厨子绘画	菩萨姿态与服饰	敦煌莫高窟壁画、塑像						
		北魏	西魏	北周	隋早期	隋中期	隋晚期	初唐
√	腹部向前弓出	√	√	√	√	√		
√	全祖上身		√	√	√	√		

续表

玉虫厨子绘画	菩萨姿态与服饰	敦煌莫高窟壁画、塑像						
		北魏	西魏	北周	隋早期	隋中期	隋晚期	初唐
	上身腰部出现衣着					√	√	√
	上身出现斜披内衣			√	√	√	√	√
	璎珞下垂至膝部及其以下					√	√	√
	璎珞置于帔带之上					√	√	√
√	两肩上各有珠状饰物		√	√	√	√	√	√
√	自两肩垂下的帔带横绕腹下，后交叉于左或右侧			√	√	√	√	√

莫高窟现存早期洞窟中的菩萨腹部向前弓出的姿态，较玉虫厨子菩萨更为显著，如第272、275等窟，至隋中期渐趋缓和，如第295窟，与厨子菩萨前弓的情况相似。全袒上身也见于莫高窟早期洞窟；北周晚期已有少数菩萨出现向左斜披的内衣，如第428窟；隋前期情况类似，如第303窟；中期还出现类似围腰的衣着，如第295窟；但上身全袒的数量迄隋中期还占多数；到隋晚期全袒上身的菩萨形象才渐淘汰。两肩上各着一珠状饰物，莫高窟始见于有大统四、五年（538、539年）发愿文的第285窟北壁和南壁[6]，其后一直流行到初唐，如第217窟。厨子菩萨服饰最具特征的是帔带的缠绕形式——

图三 敦煌莫高窟第423窟壁画中的菩萨

自左、右肩垂下的帔带，横绕腹下，然后交叉于左或右侧，这种绕式的帔带，系由北魏"X"式帔带演变而来，在莫高窟最早见于北周晚期壁画，如第297窟；盛行于隋早、中期，如第303、305窟和第417、423窟（图三）；但自隋早期起，璎珞开始繁缛，有的下垂至膝部，如第301窟和第311、429窟；中期有的还将璎珞置于帔带之上，如第311、427窟，这样就使璎珞的形象更为突出，过去作为菩萨主要服饰的帔带，逐渐退居于次要地位。隋代菩萨服饰这种多种多样的情况，一直延续到初唐，如第390、57窟。根据上面的初步比较，我们认为厨子菩萨的姿态和服饰，与莫高窟隋早、中期的菩萨最为接近。

就小殿顶部分段布瓦的结构和殿扉所绘菩萨的姿态、服饰这两项，我们初步考察的结果，认为大体可与我国 6 世纪后期的遗物相比较。当然，这只能作推测厨子这两项的时代上限的参考，至于进一步研讨它们的绝对年代，则需要考虑日本当时的具体情况，才能做出较确切的论断。

三 金堂壁画和五重塔塑像

1 月 30 日，参观 1949 年火灾后的金堂壁画原物和蒙特殊优待进入五重塔内部详细考察四面的塑像群。

法隆寺将灾后金堂下层残迹，全部移建到西院伽蓝东侧现仓库院（大宝藏殿院）内北仓之北特建的收藏库（古材仓）内。这种原物不变的保存灾后的重要古代遗迹的措施，是很完善的做法。在库内，由高田执事长引导，参观了有名的四净土壁画。壁画的时代，日本学术界一般认为绘制于公元 697 年至 711 年间[7]，即我国唐武则天神功元年迄睿宗景云二年。如与我国现存遗物比较，法隆寺满月面容的佛像和方宽颜面的菩萨，以及它们共同具有的宽肩雄健的姿体等，都和洛阳龙门石窟潜溪寺（斋祓堂）造像相近；在莫高窟的壁画中，与法隆寺金堂壁画接近的是第 322、220、329、332 等窟中的形象。潜溪寺的雕凿，推测在贞观（627～649 年）晚期；莫高窟第 220 窟有贞观十六年（642 年）造窟题记，第 332 窟据原存窟内的碑记《李君莫高窟佛龛碑》，知完工于圣历元年（698 年）。此外，原存西安宝庆寺的一批造像[8]，亦多有与法隆寺壁画相似处，这批造像的年代，有的有长安三年（703 年）、四年（704 年）铭。总之，与法隆寺金堂壁画可以比较的形象，其年代约在 7 世纪中期迄 8 世纪初。看来，比上述推定的金堂壁画年代为略早。我国同类造像应是法隆寺金堂壁画模拟的原型，其时间略为早些是合理的。

五重塔内塑像群，除后世补制者外，日本学者一般推定原作的年代在公元 734 年即唐开元二十二年前后[9]。试以塔内南面弥勒和北面、东面菩萨（包括东面的文殊）塑像与我国遗物比较：南面弥勒与龙门石窟东山擂鼓台中洞后壁本尊有类似处，北、东两面菩萨也和擂鼓台中洞后壁菩萨相似。擂鼓台造像大约雕凿于武则天时期（684～704 年）。与莫高窟比较，和五重塔南面弥勒接近的是第 45 窟坐像，与北面、东面菩萨最接近的是第 328 窟菩萨，其次是第 384 窟。第 45 窟和第 328 窟的时间约在 8 世纪初，第 384 窟的时间较晚，大约可迟到 8

世纪的 60 或 70 年代。看来，与五重塔弥勒、菩萨塑像相似或接近的形象，在我国出现当在 7、8 世纪之际，略早于五重塔同类塑像，这种情况和上述金堂壁画相同。在五重塔塑像中，值得注意的是东面维摩塑像，维摩作凭几端坐姿态，右手所执麈尾作竖立状（麈尾原物已佚，从右拳所遗留的麈尾柄孔可推知原执麈尾的样式），与我国维摩图像多斜倚帐中，手中麈尾或高举如云冈第 6 窟、龙门宾阳洞和莫高窟第 420 隋窟，或斜垂如莫高窟第 220 窟初唐窟、第 103 窟唐窟全然不同，但维摩形体造型却与自北朝以来的老君造像颇为相似。维摩造型摹自老君，不知始于何时何地。

四　法隆寺平面布局

三次参观法隆寺，除了注意金堂和五重塔外，也留心了金堂、五重塔在法隆寺正中佛院的分布位置和现存法隆寺的整体布局。

法隆寺自东迄西分三大部分，即东院、西院和东、西两院间的大小院落。东院即以前述举行法要的梦殿为主殿的院落。西院是法隆寺的主体所在。从西院内部安排看，似乎还可追溯 7、8 世纪之际法隆寺重建后大体的设计规模及其遗迹。

法隆寺西院系指该寺南大门和东、西大门范围内的部分。东、西大门内辟一条横街，街南从南大门内向北直抵横街设长巷，并以此长巷为界分左、右两部。两部都列置若干所别院及其遗迹（图四）[10]。横街之北的中间部位是寺的主要院落——正中佛院。佛院左右两侧有名为东室、西室的后建的僧坊和圣灵院、三经院。西室西侧、东室东侧都还遗有诸别院的位置[11]。东室东侧诸别院位置之东，隔南北小巷即上述东、西两院间的偏西诸院及其迤北地带[12]，疑是为出家僧俗所置的车马、仓厨、供食、浴厕之所的所谓"供僧院"[13]的位置。类似以上法隆寺西院布局（除下述堂、塔并列这一项外）的佛寺，当时并不罕见，值得注意的有如下两种例证：一种如较法隆寺略晚的奈良大安寺（745 年）和东大寺（752 年）的遗迹[14]；另一种是唐道宣于乾封二年（667 年）所拟中天竺舍卫国祇洹寺的建置及其附图的情况[15]。前一种实际上反映了这样的佛寺布局，是当时日本皇室所重视的模式；而大安寺的设计，日本古代文献明确记载是摹写源于祇洹寺的唐长安西明寺的布局[16]。

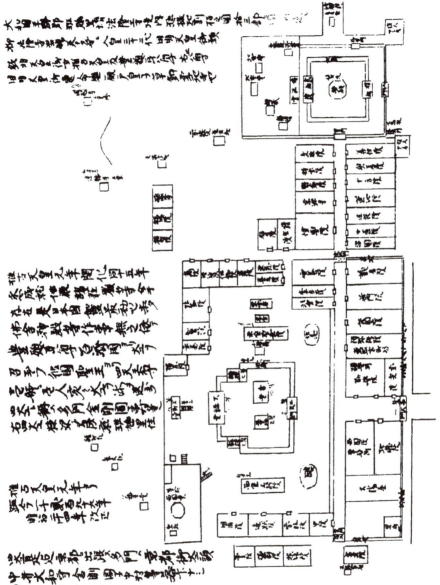

图四 大和法隆寺伽蓝古平面图[法隆寺所藏·明治二十五年(1892年)伊东忠太博士摹写]
(采自《伊东忠太建筑文献·日本建筑の研究》上,图13)

后一种更可说明这种布局与道宣祇洹寺记录有一定的关联，进而显示了该记录在7、8世纪的东方佛寺设计中起着某些规范意义。因此，我们似可估计现在尚存较多早期建置及其遗迹的法隆寺西院，对了解隋唐大中型佛寺的布局，特别对建有众多别院、僧坊以及供给僧俗的设置等所处方位的合理考虑[17]，是具有启示作用的。

位于法隆寺西院横街中间北侧，是周绕回廊只于南面设一中门的寺的正中佛院。中门与回廊北面的讲堂相对，其间院庭内偏东建金堂，偏西建五重塔，这样堂、塔并列于佛院中间的设计，应是前塔后堂（殿）向移塔于佛院外之间的过渡安排。这样安排，过去曾考虑过可能与河北正定开元寺寺门、佛殿间，东建钟楼、西立方塔的布局有关[18]，后来又考虑和西藏江孜白居寺的东殿西塔相同的设置有某种联系[19]。其实这两处孤例，经过仔细分析，确有与法隆寺不能对比的因素。前者虽属沿用唐代旧基，但东侧钟楼何以必与佛殿有关？既无实际证物，又无文献记载。后者是15世纪藏传佛教的建筑物，不仅佛教派系有别，彼此相距的年代也太久远。看来这两种考虑过于着眼形式的相似，而忽略了内涵和时间的差异了。

* * *

日本佛教遗迹多渊源于中土，但在流传过程中，为了扩大宗教影响，必然要与当地情况相结合，于是产生自己的特点，从而逐渐形成日本自己的佛教遗迹。这一点我们在考察法隆寺时应予特别关注。西院伽蓝东堂西塔的设计即是一佳例[20]。此外，若前文所述堂内四净土壁画的布置（东壁释迦净土、西壁阿弥陀净土、北壁西侧弥勒净土、北壁东侧药师净土）和五重塔底层四面塑像的安排（东面维摩文殊，西面金棺、分舍利，南面弥勒净土，北面涅槃）无论实物图像，抑或文献记载，似乎都在我国找不出先例。因此，我们认为与其推测其来源于外地[21]，不如作创自当地之设想。圣德太子制定冠位（603年）、颁布十七条（604年）和以后藤原京（694年）、平城京（710年）的营造等重要建置，都具有日本自己的特点，并非当时外地原样之移植。参考有关法令、制度方面的情况，我们认为对研讨法隆寺各方面的问题，也会有重要的借鉴意义。

注释

〔1〕 参看相贺彻夫编《名実日本の美術》第 2 卷《法隆寺》首章《法隆寺の歴史と美術》和附录《法隆寺史と西院、东院迦蓝の变迁》年表，小学馆，1982 年。

〔2〕 两朵柱头铺作间作为补间铺作的叉手，自 20 世纪 30 年代中国营造学社诸先生即名之为人字拱。此构件，1973 年承福山敏男先生见告，日本匠师呼作"权首"。按权首见《倭名类聚抄》卷十："权首，杨氏汉语抄云权首。"因知其名亦传自我国。权首，《营造法式》卷五作"叉手"，附侏儒柱（蜀柱）下，谓为斜柱之异名，仅施之于平梁上蜀柱两侧。盖盛唐以后，补间用叉手之制已被淘汰，故其名北宋时似已失传，《法式》仅有平梁上叉手之著录矣。

〔3〕 参看村田治郎《支那建築史より見たる法隆寺建築樣式の年代》，刊《宝云》第 36 册，1946 年。

〔4〕 参看上原和《玉虫厨子の研究（增補版）》所收《玉虫厨子における鍛葺形式の樣式史の意味について》，严南堂书店，1968 年。杨鸿勋《建筑考古学论文集》所收《中国古典建筑凹曲殿面发生与发展问题初探》。

〔5〕 参看拙作《从许昌到白沙》，刊《文物参考资料》1956 年 4 期。

〔6〕 菩萨肩上各着一珠状饰物，云冈第二期窟中已偶有之，龙门、巩县等地魏窟中也多有此饰物，但在莫高窟出现较晚。

〔7〕 参看高崎富士彦《金堂壁畫について》，刊《金堂壁畫·法隆寺》，便利堂，1978 年。

〔8〕 西安宝庆寺造像原为唐光宅寺遗物。西安现仅存七件，其他现藏日本二十一件（国立东京博物馆东洋馆陈列其中的九件）、美国四件，共三十二件。

〔9〕 参看西川新次《法隆寺五重塔の塑像》，二玄堂，1966 年。

〔10〕 左部现尚设有西园院、地藏院；右部有弥勒院、宝光院、实相院、普门院。伊东忠太《日本建築の研究》上（龙吟社，1936 年）所收《法隆寺建筑论》中附刊的 1892 年伊东据法隆寺藏传绘于日本天正十三年（1585 年）顷的寺图的摹本上，右部今弥勒院位置为硕学与劝学院，实相院位置为花园院，硕学与劝学、实相两院之间尚有阿弥陀院，普门院之右尚有观音院（参看图四）。

〔11〕 西室西侧尚有宝珠院、中院。伊东附图在此两院之北还有遍照院、圆满院；之西还有西方院、药师院和照口院。东室东侧今细殿、食堂之北和纲封藏之南，伊东附图有弥勒院和宝藏等院；之东即今仓库院自南向北迄古材仓诸多藏仓的方位，伊东附图则有自安养迄多门等一系列别院（参看图四）。

〔12〕 即今西院东大门外街北律学院和法隆寺塔头之一的宗原寺及其以北的位置。

〔13〕 唐释道宣《中天竺舍卫国祇洹寺图经》记祇洹寺"大院有二：西方大院僧佛所居"，东院在"大院东大路之左，名供僧院……"。两院的布置可参看道宣《关中创立戒坛图经》附图，该附图疑摹自道宣原图，从删简南大门内左右的诸多别院和图中殿堂形制等项，皆可推测为唐以后人所补绘者。

〔14〕 从现存遗迹和文献记载观察，两寺与法隆寺最大的差异处，是移建塔于正中佛院外的南方，且建东西双塔。

〔15〕 参看注〔13〕所引道宣两图经。

〔16〕 如《扶桑略记》天平元年己巳（729 年）记："（圣武）天皇欲改造大官大寺，为遵先帝遗诏也。遍降纶命，搜求良工。爰有称沙门道慈者奏天皇曰：道慈问道求法自唐国来，但有一宿念，欲造大寺，偷图取西明寺结构之体。天皇闻而大悦，以为我愿满也，敕道慈改造大寺。缘起云：'中天竺舍卫国祇园精舍以兜率天内院为规模焉。大唐西明寺以祇园精舍为规模焉。'本朝大安寺以

唐西明寺为规模焉。寺大和国添上郡平城左京六条三坊矣。其宝塔、花龛、佛殿、僧坊、经藏、钟楼、食堂、浴室，内外宇构，不遑具记。二七年间营造既成，天皇欢悦，开大法会，加施三百町之水田，得度五百人之沙弥，即以道慈补权律师，兼赐食封百五十户，褒赏有员，不能具记。"

［17］如贞观二十二年（648年）建长安大慈恩寺"凡十余院，总一千八百九十七间，敕度三百僧"（《长安志》卷八）。显庆元年（656年）建西明寺"凡有十院，屋四千余间"（《大唐大慈恩寺三藏法师传》卷十）。大历元年（766年）建章敬寺"总四千一百三十余间，四十八院"（《长安志》卷十）。

［18］参看梁思成《正定调查纪略》，刊《中国营造学社汇刊》四卷2期，1935年。

［19］参看拙作《西藏江孜白居寺调查记》，刊《藏传佛教寺院考古》，文物出版社，1996年。

［20］佛寺布局中佛院内由前塔后殿的设计，向移塔于院外的过渡期的安排方式，除法隆寺东堂西塔外，日本尚有橿原市南川原寺遗迹（662～671年）所表现的东塔西堂的形制，这显然又是另一种创自当地的实例。

［21］朝鲜半岛近年调查、发掘三国和新罗时代的古寺遗址甚多，亦未见此种东堂西塔的佛院布局。

本文原刊《燕京学报》新15期，第227～238页，2003年11月

后　记

　　1952年高等院校调整，北京大学文科研究所奉命停办，研究所所属科室之一的古器物整理室并入北京大学历史系的考古教研室，并负责组织历史系考古专业的教学任务；我被安排在考古教研室担任中国考古学东汉以降阶段的讲授。随着国家工程建设的开展和考古资料的陆续公布，这一阶段的内容日益增多，50年代后期，遂逐渐改扩为魏晋南北朝、隋唐五代、宋辽金元三个单元。因此，直迄80年代我的主要工作即不断修补这三个单元的教材。修改教材就要一再从头整理考虑有关的考古成果和必要的文献资料，并写出且刊布了一些包括论文、提纲、综述和札记、文评等文稿，以便及时小结和征求诸方指正。这类文稿相关部分曾辑入1996年文物出版社出版的《中国石窟寺研究》和《藏传佛教寺院考古》两书。现将未收入上述两书的文稿择录若干篇荟集于此。回顾瞬间逾甲子，工作疏略，不胜愧赧；不贤识小，更难免诸多差误。读者方家不吝赐教，实所至盼。

宿　白

2010年10月